담배 관련 법률과 사건 해설

담배 관련 법률과 사건 해설

이동형 · 김태민 지음

담배에 관한 국내 법령과
관련 국내외 사례

위메이크미디어

머리말

술. 담배. 차. 커피. 이들의 공통점은 무엇일까? 짧게 수백 년, 길게는 수천 년 동안 인류와 함께 한 기호품이라는 것이다. 우리나라가 담배를 처음 접한 것은 지금부터 약 400여 년 전후로 포르투갈 상인이 일본에 전한 것이 조선에 전래되면서부터라고 한다. 그러니 호랑이 담배 피우던 시절은 그리 먼 과거가 아닌 셈이다. 담배는 전래된 이후로 남녀노소를 가리지 않고 많은 사랑을 받았는데, 애연가였던 정조는 담배를 우울증을 해결하는 특효약으로 민생에 이롭게 사용되니 여기에 필적할 만한 것이 없다고 할 정도였다. 이렇게 영광을 누렸던 담배는 수십 년 전부터 많은 사람들로부터 배척당하는 처지가 되었는데, 선인들은 몰랐던 담배 연기에 포함된 니켈, 카드뮴, 폴로늄, 나프탈아민, 아미노비페닐, 벤젠, 비소, 포름알데히드, 니트로사민 등 4,000여 종의 화학물질이 사람들의 생명과 건강에 유해한 영향을 미친다는 것이 알려졌기 때문이다. 만인의 총아가 인류의 공적이 된 것이다. 1998년 35.1%에 이르던 우리나라의 평균 흡연율(남성 흡연율은 무려 66.3%였다)이 2022년 17.7%로 감소한 것은 이러한 현실을 잘 보여준다. 그렇다면 이제 담배의 사용은 금지되어야만 하는 것일까? 현행 담배사업법은 담배 산업의 건전한 발전을 도모하고 국민경제에 이바지하는 것을 입법목적으로 한다. 반면 국민에게 건강에 대한 가치와 책임의식을 함양하도록 건강에 관한 바른 지식을 보급하고 스스로 건강생활을 실천할 수 있는 여건을 조성하여 국민의 건강을 증진할 목적을 가진 국민건강증진법은 담배광고를 제한하고, 금연구역을 지정하는 등 흡연에 적대적인 입장을 보이고 있다. 또한 국제조약인 담배의 규제에 관한 세계보건기구 기본협약은 궁극적으로 담배 없는 세상을 지향한다. 이제는 담배를 거부할 수 있는 혐연권과 간접흡연 피해로부터의 보호가 강조되고 있는 실정이다. 이렇게 상충되는 규제환경은 담배에 대한 인식변화를 반영하는 것이겠지만 여전히 우리는 담배를 피우고 있고, 그것은 오랜 전통이었다고 주장하는 애연가들이 한편을 차지하고 있는 것처럼 담배를 절대악으로서 배제할 수 없는 이상 현실에서는 균형 있는 시각이 필요하다. 이 책은 이러한 문제의식에서 출발하였다. 담배의 제조, 유통 등을 규율하는 담배사업법에서부터 조만간 시행이 예정되어 있는 담배의 유해성 관리에 관한 법률에 이르기까지 담배에 관한 국내 법령과 관련 국내외 사례를 간략하게나마 살펴보고, 싫든 좋든 담배와 함께 살아가야 하는 현실에서 흡연과 혐연의 조화를 이룰 수 있는 방법을 고민해 보았다. 이 책의 부족함과 불완전함은 온전히 저자들의 책임이다. 그럼에도 불구하고 이 책이 담배에 관한 규제상황을 이해하는 데 작은 보탬이 되기를 기대해 본다.

2024. 7. 25.

이동형, 김태민 씀

목차

제1편

담배법 총론

현대 사회에서 산업은 발전과 규제라는 측면에서 하나의 정부가 양날의 칼처럼 또는 동전의 양면처럼 다른 모습을 띠는 경우가 많다. 기술발전 등을 위해서 정부가 적극적으로 지원하기도 하지만 소비자 보호를 위해서 제품 생산과 표시·광고에 대해서 강력한 규제를 하기도 한다. 가장 대표적인 예가 식품으로 산업발전을 위한 법령과 위생·광고 규제를 위한 법령이 동시에 존재한다.

그런데 담배산업은 독특하다. 주류 산업과 함께 전 세계 어느 국가도 산업 발전을 장려하거나 기대하지 않는다. 오로지 규제만 있다, 아니 그래야만 하는 산업이다. 담배보다 더 엄격하게 관리되는 마약의 경우에는 의약품의 용도로 사용될 수도 있어서 산업발전도 약간은 필요하다. 그리고 주류 산업의 경우도 대다수의 국가가 전통 산업 발전을 위해서 기술적이든 관광자원 측면에서든 정부가 단편적으로 통제만 하지는 않는다. 예를 들어 와인의 경우에는 이탈리아나 프랑스, 아메리카 대륙의 국가들처럼 국가의 자존심처럼 여겨지기도 한다.

공식적으로 전 세계 어떤 나라 혹은 어느 전문가도 담배를 옹호하거나 장점이 있다고 언급한 경우는 없다. 그런데, 담배 제조나 판매를 금지하는 나라도 없다. 그저 세금을 통해 가격을 계속 높이는 방법이 흡연율을 감소시키는 가장 이상적인 방법이라고 선전한다. 왜 담배는 대마초 등 마약과 같이 대한민국 정부가 적극적으로 퇴치를 위해서 노력하지 않는 것인지 의문이다. 다른 나라와 달리 군대에서도 흡연을 권장하는 듯하는 정책을 펼쳐왔고, 지금도 다른 나라는 심각하게 금지했거나 하려는 가향 담배나 액상형 전자담배에 대해서 정부는 아무런 조치도 취하지 않고 있다. 국회도 마찬가지다. 특정 업체나 단체의 로비 때문도 아닌 듯하다. 단지 무관심으로 부작위라고 하는 것이 정확하다.

2023년 10월 31일 담배의 유해성 관리에 관한 법률이 제정되기 전까지 담배산업은 대한민국에서 오로지 세금의 조달창구로 여겨져 왔으며, 국민 건강을 위해서 국민건강증진법의 일부 규정이 존재하는 것이 전부였다. 그래서 대한민국에서 2023년 10월 31일은 담배에 대한 기준을 달리하는 매우 중요한 기점이다. 그전까지 세금의 원천으로만 생각했던 담배산업의 의미가 국민의 건강을 위해서 과학적으로 산업을 관리한다는 측면으로 커다란 변화가 있었다. 그리고 법률적으로도 향후 담배의 유해성 관리에 대해 시행령과 시행규칙, 관련 고시 등을 통해 국민의 건강을 지키기 위해서 대한민국 정부가 담배업계와 제대로 된 전쟁을 시작할 강력한 무기를 갖게 되었다고 해도 과언이 아니다.

백해무익하지만 2024년 현재 대한민국 성인의 약 20%가 흡연을 한다. 과거 60%에 육박하던 남자의 흡연율이 2022년 기준으로 30%로 감소했고, 여자의 흡연율이 5%라고는 하나, 청소년의 전자담배 등을 통한 흡연율은 집계되지 않고, 공식적으로 파악도 어려운 상황이라 희망적인 상황만은 아니다. 실제로 중·고등학교 근처에서 흔히 볼 수 있는 담배꽁초를 본 적이 있는 성인이라면 그 심각성은 성인에 비할 바가 아니라고 한다. 게다가 최근 액상형 전자담배의 요란하고 흥미로운 디자인과 다양한 향기 등으로 청소년의 흡연 시도가 죄책감을 느끼지 않도록 하는 것도 큰 문제다. 이미 이 문제는 사회적인 이슈로 여겨져 급기야 담배산업법에서 가장 핵심인 담배의 정의를 개정하고자 국회가 나서는 일이 발생하기도 했다.

결국, 흡연 문제에 대한 담배산업을 관리하기 위해서는 법률개정이 필요하다. 1956년 1월 20일 제정된 연초전매법(1970. 1. 30. 담배전매법으로 법령 개정)이 1988. 12. 31. 폐지될 때까지 국가가 국민의 건강을 해치면서 오로지 수익만 챙기는 매우 비정상적인 체제였다. 그러다가 담배사업법이 1989년 1월 1일 시행되면서 담배를 민간기업만 판매하도록 하고 외국 담배가 수입되었다. 그러나 당시 정부는 고율의 세금과 건강증진기금을 통해 전매제도 때와 크게 다르지 않은 수입을 확보할 수 있었다. 그리고 2023년 10월 31일 담배의 유해성에 관한 법률이 제정되기 전까지 국민 건강보다는 세수에 중점을 둔 정책을 뒷받침하는 법률인 담배사업법만이 유일하게 존재했다는 지적도 있다.

담배사업법은 제정목적에서 담배산업의 발전을 도모하고, 국민경제에 이바지한다는 명확한 목적으로 제정된 법령으로 제조와 판매, 담배사업에 관련된 법률이다. 우리가 흔히 사업(Business)이라고 하면 제품을 만들기 위해서 원료를 구매하고, 제조 공정을 거쳐 완성된 제품을 소비자에게 판매하는 일련의 과정을 범위로 한다. 2014년 1월 21일 전문 개정된 담배의 정의는 당시에는 분명히 이전보다 선진적이었겠지만 2020년대 청소년들의 흡연 문제와 연관된 액상형 전자담배를 포함하지 못했다. 또한, 최근 대법원에서 무죄 선고를 받은 영업자의 원료제공과 소비자의 직접적인 담배 제조와 관련해서는 담배사업법에 커다란 입법불비가 발견되고도 있다.

세금과 사업적인 측면에서만 담배를 바라보았던 정부의 관점을 국민의 건강이라는 목적으로 대한민국 정부가 바라보고 있다는 것을 국민에게 알려준 담배 유해성분에 관한 법률이 2023년 10월 31일 제정되었다. 2025년 11월 1일 시행될 때까지 다소 여유가 있어 보이긴 하나 법률 집행을 위해서 필요한 하위 규정들을 준비하기 위한 시간을 고려해보면 그리 충분하지 않다. 지구상에서 가장 자본력이 탄탄한 글로벌 담배 회사의 수백 년에 걸친 연구 자료와 비교하면 대한민국 정부가 보유한 담배 성분 자료들은 분명하게 빈약할 수밖에 없다. 그리고 아직도 담배에 사용된 혹은 담배를 통해 생성된 물질들이 정확하게 무엇인지 그리고 인체에 어떤 영향을 끼칠는지 완벽하게 파악되지 않았다.

담배 유해성 관리에 관한 법률은 국민 건강 관리를 위해서 대한민국 정부가 담배 회사보다 더 똑똑해지고, 건강에 피해를 주는 성분을 사전에 관리하거나 이를 통해 담배산업을 절대적으로 좌지우지할 수 있는 강력한 무기를 정부에 제공할 것으로 기대되고 있다. 그래서 이 법률은 매우 유연하게 정리되어 수많은 시행착오를 겪으면서 개정도 쉽게 진행되면서 담배산업계를 완전하게 통제할 수 있어야 하고, 그동안 감춰져 왔던 수많은 담배 회사의 비밀을 풀어낼 수 있는 열쇠가 되어야 한다. 현재 식품의약품안전처 등 관련 부처에서 하위 규정인 시행령과 시행규칙을 제정하기 위해서 노력하고 있으며, 사실 더 구체적인 내용은 여전히 고시 등이 나와봐야 알 수 있을 것이다.

앞으로 정부는 담배산업, 소비자단체, 전문가 집단인 학계 등의 다양한 구성원들의 의견을 취합할 수 있는 위원회를 구성해야 하며, 객관적이고 공정하게 유지될 수 있도록 개별 당사자들의 의견만큼이나 국민 건강을 위해서 어떻게 철저하게 유해성 관리를 진행할지 결정해야 한다.

담배 관련 법령은 상기 2개의 법령 외에 국민건강증진법이 있기는 하다. 그러나 국민건강증진법은 담배에 국한된 법률은 아니고, 보건교육, 질병 예방, 영양개선, 신체활동장려, 건강 관리 및 건강생활의 실천 등이 포함된 국민건강증진사업을 영위하기 위한 것으로 그 중 일부인 담배의 광고 금지, 경고 문구, 금연지도원 등에 관한 일부 조항을 포함하고 있다. 담배사업법이 주로 세금과 사업자 등록 등에 관한 규정으로 구성되어 있다면 국민건강증진법은 유일하게 영업자에 대한 제재를 포함하고 있는 행정법이다.

특히 담배에 관한 경고문구 등의 표시, 가향 물질 함유 표시 제한, 담배에 관한 광고의 금지 또는 제한 등 담배사업자에 대한 구체적인 의무를 부과하고 있으며, 영업자에게는 세금처럼 인식되고 있는 담배에 대한 국민건강증진부담금 부과 및 징수에 관해서도 규정하고 있다. 최근 논란이 되는 액상형 전자담배는 담배사업법에 따른 담배의 정의에 포함되지 않고 있기 때문에 국민건강증진법에 따른 국민건강증진부담금의 부과 대상이 아니다. 이런 이유로 기존 담배에 부과되는 국민건강증진부담금만큼 가격을 낮출 수가 있어 청소년들에게 비교적 저렴하게 공급될 수 있어 급속도로 확산하는 효과가 있다는 지적도 있다.

지금까지 살펴본 대로 2023년 10월 31일 담배 유해성분에 관한 법률이 제정되기 전까지 우리나라에서는 담배를 오로지 조세를 통한 세수의 관점으로 담배를 관리하거나 일부 표시나 광고를 통한 간소한 제재가 전부였다. 담배로 인해 발생한 피해에 대한 배상이나 피해를 발생시키는 원인을 찾고 감경시키려는 노력이 부족했던 것이 사실이다. 그리고 앞으로는 외국처럼 피해 배상을 위한 법률이 발의되기를 기대해 본다. 임기만료로 폐기되긴 했지만 2021년 10월 6일 발의되었던 '담배책임법'은 흡연으로 인해 증가하는 피해를 방지하고, 피해자들이 부담하는 입증책임을 완화하기 위한 규정 등이 포함되어 있었다.

본서에서는 현재 대한민국에 존재하는 담배 관련 법령을 살펴보고, 관련된 각종 사건의 판결문을 통해 과거를 되짚어 보고자 한다. 이런 작업을 통해 향후 발전적인 규제와 법령의 필요성도 유추할 수 있으리라 기대한다.

제2편

법령과 사건

제1장 담배사업법

1. 법률 제정 배경과 목적

> 제1조(목적) 이 법은 담배의 제조 및 판매 등에 관한 사항을 정함으로써 담배 산업의 건전한 발전을 도모하고 국민경제에 이바지하게 함을 목적으로 한다.

1988년 12년 31년 국내 담배산업의 발전을 위하여 종전의 전매제도를 개편하되, 제조담배의 제조에서는 독점체제를 계속 유지하도록 하고, 수입·판매에서는 자율성을 부여하며, 잎담배 생산 농가를 보호할 수 있게 하도록 잎담배의 생산 및 수매제도를 개선·보완하기 위해서 담배사업법이 제정되었다. 1956년 1월 20일 제정 및 시행된 연초전매법이 1972년 12월 30일 전부 개정되면서 법령 명칭도 담배전매법으로 변경되었고, 1989년 1월 1일부로 폐지되면서 담배사업법이 탄생한 것이다. 당시 연초의 전매권이 정부에 속한다[1]고 규정되어 있던 것을 1988년 12월 31일 한국담배인삼공사법을 제정하면서 정부가 자본금 4조원의 과반수를 차지하는 한국담배인삼공사를 설립했고, 담배사업에 큰 변화가 시작되었다.

제정 당시 담배사업법 제1조는 다음과 같았다.

---

1) 연초전매법 [시행 1956. 1. 20.] [법률 제382호, 1956. 1. 20., 제정]
    제2조(전매권) 엽연초와 제조연초의 전매권은 정부에 속한다.

제1조 (목적) 이 법은 원료용 잎담배의 생산 및 수매와 제조담배의 제조 및 담배의 판매등에 관한 사항을 정함으로써 담배산업의 건전한 발전을 도모하고 국민경제에 이바지하게 함을 목적으로 한다.

담배전매사업이 전환되었지만, 여전히 독점적인 지위로 정부의 사업을 수행했던 한국담배인삼공사의 주요 업무를 포함한 것이었으며, 현재 법령에서는 잎담배 생산과 수매에 관한 내용이 삭제된 상태다.

담배사업법은 제정목적에 나타난 대로 담배산업 발전과 국민경제 이바지를 위한 것으로 정부와 공급자를 위한 법령이기 때문에 흡연자 혹은 비흡연자인 소비자가 제외되어 있으며, 흡연에서 가장 문제가 되는 위해성에 관한 내용이 제외되어 있다. 과거 담배전매법에서 정부가 주도하던 것을 민간에 이양한 것은 맞지만 여전히 세금과 국민건강증진부담금과 같은 담배로부터 국가가 확보할 수 있는 세수 확보 등 경제적 부분이 주된 내용이고, 일부 사업자에 대한 감독 권한 내용이 전부다.

담배사업법이 제정되기 전까지 유지되었던 담배전매법에 제정목적이 추가된 것은 1981년 12월 31일 담배전매법 전부개정 때였으며, 다음과 같이 개정이유를 제시하고 있다.

현행 담배전매법은 1956년에 전매권 옹호와 사제담배 제조방지에 주안을 두고 제정되었기 때문에 국민의 편의보다는 행정위주의 불필요한 규제가 많았던 바, 이번 기회에 사회·경제발전에 부응하여 각종 허가제도 등 현실과 괴리된 사항을 개선하여 전매사업의 효율적인 운영을 기하려는 것임.

① 연초경작의 허가요건을 보다 완화함.

② 전매청장은 연초경작개시전에 잎담배수납예정가격을 공고하고, 잎담배수납전에 등급별로 수납가격을 확정·고시하도록 함.

③ 연초경작의 승계, 수확기전의 채엽, 연초의 시험재배등을 허가제로 하던 것을 신고제로 완화함.

④ 제조담배 재료품은 허가를 받은 자만이 생산·공급하도록 하던 것을 판장엽을 제외하고는 허가제를 등록제로 완화함.

⑤ 제조담배의 판매가격을 제외한 소매인에 대한 매도가격·특수용 제조담배의 매도가격을 재무부령으로 정하던 것을 전매청장이 이를 정하여 고시하도록 함으로써 전매사업을 신축성 있게 운영할 수 있도록 함.

⑥ 소매인 지정에 있어 그 지정요건을 완화하고, 취소요건을 강화하며, 지정기간제도를 폐지하는 등 지정절차를 간소화함.

⑦ 제조담배의 판매를 촉진하기 위하여 외상판매제도를 도입함.

⑧ 각종 벌금을 현실화하여 그 금액을 인상하고 과태료에 관한 규정을 신설함.

당시 담배전매법의 제정목적[2]은 '연초의 경작, 제조담배의 제조, 담배의 판매등에 관한 사항을 정함으로써 담배전매사업의 건전한 발전을 도모하고 양질의 담배공급을 원활하게 하며, 아울러 연초 경작자의 소득증대와 국가재정수입에 기여함'이었다. 전매제도의 특성상 연초를 경작하는 농민과 정부가 관리하는 제조와 판매 관리를 위한 법령임을 명확히 하면서 국가재정수입에 이바지한다는 목적이었다.

1956. 1. 20. 연초전매법이 제정될 당시부터 1981. 12. 31. 담배전매법 전부개정 때까지는 제정목적도 명확히 제시하지 않았고, 당시 만연해 있던 개인이 제조하거나 위법하게 제조 및 판매되었던 담배 유통을 방지하는 것이 유일한 목적이었다. 엽연초와 제조연초의 전매권이 전부 정부에 속하는 것을 확실하게 규정한 것[3]을 보면 알 수 있다.

---

2) 담배전매법 [시행 1981. 12. 31.] [법률 제3484호, 1981. 12. 31., 전부개정]
    제1조(목적) 이 법은 연초의 경작, 제조담배의 제조, 담배의 판매등에 관한 사항을 정함으로써 담배전매사업의 건전한 발전을 도모하고 량질의 담배공급을 원활하게 하며, 아울러 연초경작자의 소득증대와 국가재정수입에 기여함을 목적으로 한다.
3) 담배전매법 [시행 1981. 12. 31.] [법률 제3484호, 1981. 12. 31., 전부개정]
    제2조(전매권) 엽연초와 제조연초의 전매권은 정부에 속한다.

1) 헌법재판소 결정(헌법재판소 2015. 4. 30. 선고 2012헌마38 결정)

> 구 담배사업법은 담배산업의 건전한 발전을 도모하고 국민경제에 이바지함을 목적으로 하는 한편(제1조), 국민의 생명과 신체의 안전에 대한 국가의 보호의무 실현을 위하여 담배의 제조, 생산, 유통, 소비의 전 과정을 규제하고 있으며, 특히 담배의 유통 단계에서도 행정관청이 개입하여 엄격하게 관리하고 있다.

2) 대법원 판결(대법원 2001. 5. 29. 선고 2001다1782 판결)

> 구 담배사업법(1999. 12. 31. 법률 제6078호로 개정되기 전의 것) 제12조 제1항은, 한국담배인삼공사가 제조한 담배는 공사가 위 법 소정의 도매업자 또는 소매인에게 이를 판매하여야 한다고 규정하고 있는바, 같은 법 제1조가 규정하고 있듯이, 담배사업법은 "원료용 잎담배의 생산 및 수매와 제조담배의 제조 및 담배의 판매등에 관한 사항을 정함으로써 담배산업의 건전한 발전을 도모하고 국민경제에 이바지하게 함을 목적"으로 제정된 것으로서, 그 입법 취지에 비추어 볼 때 위 제12조 제1항은 강행규정으로 보아야 할 것이고 이에 위반한 행위는 그 효력이 없다고 보아야 할 것이다.

2. 담배의 정의

가. 법률 규정의 변천사

1956년 1월 20일 제정된 연초전매법이 시행될 당시에는 담배의 정의는 없었고, 오직 연초, 엽연초, 제조연초에 대한 정의만 존재했다.

> 제1조 (정의) ① 본법에서 연초라함은 연초속식물을 말한다.
> ② 본법에서 엽연초라함은 연초의 엽을 말한다.

③ 본법에서 제조연초라함은 엽연초를 주원료로 하여 끽연용, 교용 또는 후용에 적합한 상태로 제조한 것을 말한다.

그러다 1981년 12월 31일 연초전매법이 전부 개정되면서 담배전매법으로 명칭만 바뀐 것이 아니라 담배와 연초를 구분해서 정의했고, 잎담배, 제조담배, 담배유사품, 담배부산물 등으로 세분되었다.

제2조 (정의) 이 법에서 사용하는 용어의 정의는 다음과 같다.
1. "담배"라 함은 연초·잎담배·제조담배·담배유사품 및 담배부산물을 말한다.
2. "연초"라 함은 가지과 연초속식물을 말한다.
3. "잎담배"라 함은 연초의 잎을 말한다.
4. "제조담배"라 함은 잎담배를 주원료로 하여 피우거나 씹거나 또는 냄새 맡기에 적합한 상태로 제조한 담배를 말한다.
5. "담배유사품"이라 함은 잎담배 및 제조담배에 유사한 니코틴향미 함유물품을 말한다.
6. "담배부산물"이라 함은 연초의 경작, 잎담배의 손질, 제조담배의 생산과정에서 생기는 연초의 대·잎부스러기·각초부스러기·원줄기·잎줄기·조각 및 담배가루를 말한다.

이후 1988년 12월 31일 담배전매법이 폐지되고 담배사업법이 시행되면서 담배유사품과 담배부산물이 제외되었다.

제2조 (정의) 이 법에서 사용하는 용어의 정의는 다음과 같다.
1. "담배"라 함은 연초·잎담배 및 제조담배를 말한다.
2. "연초"라 함은 가지과 연초속 식물을 말한다.
3. "잎담배"라 함은 연초의 잎을 말한다.
4. "제조담배"라 함은 잎담배를 주원료로 하여 피우거나 씹거나 또는 냄새 맡기에 적합한 상태로 제조한 것을 말한다.

이후 2000년대 들어서 담배의 정의를 보다 포괄적으로 변경해 왔다.

담배사업법 [법률 제6460호, 2001. 4. 7, 일부개정]	담배사업법 [법률 제7067호, 2004. 1. 20, 일부개정]
제2조(정의) 이 법에서 "담배"라 함은 연초의 잎을 주원료로 하여 피우거나 씹거나 또는 냄새맡기에 적합한 상태로 제조한 것을 말한다.	제2조(정의) 이 법에서 "담배"라 함은 연초의 잎을 원료의 전부 또는 일부로 하여 피우거나 빨거나 씹거나 또는 냄새맡기에 적합한 상태로 제조한 것을 말한다.

2004년 개정 이후 10년 동안 지속하였던 담배의 정의는 2014년 1월 21일 다시 '저발화성 담배'가 추가되었다.

제2조(정의) 이 법에서 사용하는 용어의 뜻은 다음과 같다.

1. "담배"란 연초(煙草)의 잎을 원료의 전부 또는 일부로 하여 피우거나, 빨거나, 증기로 흡입하거나, 씹거나, 냄새 맡기에 적합한 상태로 제조한 것을 말한다.
2. "저발화성담배"란 담배에 불을 붙인 후 피우지 아니하고 일정시간 이상 방치할 경우 저절로 불이 꺼지는 기능을 가진 담배로서 제11조의5제2항에 따른 인증을 받은 담배를 말한다.

2014년 1월 21일 개정안은 담배의 정의에 있어서 획기적인 변화가 있었는데, '증기로 흡입하거나'를 추가하여 전자담배를 포함했다. 이미 2008년 11월 10일 법제처가 유권해석을 통해 기존 담배사업법 제2조에 정의된 담배에도 연초 잎을 사용하면서 형태가 담배의 형태를 하면서 흡연용으로 사용된다면 담배로 볼 수 있다고 하면서 전자담배를 포섭하려는 시도가 있기는 했지만 이를 법령으로 명확하게 규정한 것은 처음이었다. 이는 2014년 1월 21일 개정이유를 통해 확인할 수 있다.

◇ 개정이유

담배의 정의에 전자담배가 포함되도록 하여 전자담배를 규제할 수 있도록 하고, 담배대용품을 「담배사업법」의 적용 대상에서 배제하여 「약사법」의 적용대상으로 일원화함으로써 담배대용품에 대한 중복규제의 문제를 해소하는 한편,

담뱃갑 포장지 등에 허위·오도문구 등을 사용하여 제품에 대한 잘못된 정보가 소비자에게 제공되는 것을 금지하고, 담뱃불로 인한 화재를 예방하기 위하여 국내에서 시판되는 담배에 화재안전성능을 의무적으로 포함하도록 함으로써 저발화성담배를 도입하려는 것임.

◇ 주요내용

가. 담배의 정의에 전자담배가 포함되도록 하여 전자담배의 허위광고, 품질관리 소홀 등을 규제하고, 전자담배에 대한 부정확한 광고로 인한 소비자의 혼란을 방지함(제2조 제1호).

나. 담배대용품에 대해 「담배사업법」에 따른 담배에 관한 규정과 「약사법」에 따른 의약외품에 관한 규정이 모두 적용되어 중복규제를 받는 문제를 해소하기 위하여, 담배대용품에 대한 「담배사업법」의 적용을 제외함(현행 제3조 삭제).

다. 세계보건기구(WHO)가 2003년 5월 채택하고, 우리나라가 2005년 5월 비준한 「담배규제기본협약 (Framework Convention on Tobacco Control)」에 따라, 담뱃갑 포장지 등에 허위·오도문구 등을 사용하여 제품에 대한 잘못된 정보가 소비자에게 제공되는 것을 금지함(제25조의5 신설).

라. 담배의 정의에 저발화성담배를 규정하고, 담배제조업자 또는 수입판매업자는 기획재정부장관에게 화재방지성능인증서를 제출하도록 하며, 소방방재청장은 필요한 시설 및 전문인력을 갖춘 기관을 화재방지성능인증기관으로 지정할 수 있도록 하는 등 저발화성담배에 관한 사항을 정함(제2조 제2호, 제11조의5 및 제11조의6 신설).

〈법제처 유권해석〉

1. 질의요지
연초의 잎에서 추출한 니코틴의 농축액이 들어있는 필터와 니코틴을 흡입할 수 있게 하는 전자장치로 구성된 전자담배가 「담배사업법」 제2조에 따른 담배에 해당되는지?

2. 회답
연초의 잎에서 추출한 니코틴의 농축액이 들어있는 필터와 니코틴을 흡입할 수 있게 하는 전자장치로 구성된 전자담배는 「담배사업법」 제2조에 따른 담배에 해당됩니다.

3. 이유

○ 「담배사업법」제2조에서는 이 법에서 "담배"라 함은 연초의 잎을 원료의 전부 또는 일부로 하여 피우거나 빨거나 씹거나 또는 냄새 맡기에 적합한 상태로 제조한 것을 말한다고 규정하고 있으며, 같은 법 제3조 제1항에서는 담배와 유사한 형태의 것으로서 연초의 잎을 원료로 사용하지 아니하고 제조되어 끽연용으로 사용될 수 있는 것(이하 "담배대용품"이라 함)은 담배로 보아 이 법을 적용한다고 규정하고 있는바, 연초의 잎에서 추출한 니코틴을 흡입할 수 있도록 전자담배가 같은 법의 담배 또는 담배대용품에 해당하는지가 문제되고 있습니다.

○ 「담배사업법」제2조에서는 "담배"를 연초의 잎을 원료의 전부 또는 일부로 하여 피우거나 빨거나 씹거나 또는 냄새 맡기에 적합한 상태로 제조한 것이라고 정의하고 있는바, "원료"의 사전적 의미는 어떤 물건을 만드는 데 들어가는 재료라는 뜻이고, "제조"의 사전적 의미는 원료에 인공을 가하여 정교한 제품을 만듦이라는 뜻이므로, 원료로 하여 제조한다는 의미는 제품을 제조하는 과정에서 원료에 대하여 다양한 물리적 · 화학적 처리가 이루어지는 것을 포함한다고 할 것이며, 그 의미가 원료가 되는 물질을 그 자체로 사용한다거나 또는 단순한 물리적 가공처리만을 하여 사용하는 것으로 한정되는 것은 아닙니다. 또한 "빨다"의 의미는 입을 대고 입속으로 당겨 들어오게 하다는 것으로서 흡입(吸入)과 같은 의미라고 할 수 있습니다.

○ 그렇다면 이 사안에서의 전자담배는 연초(煙草) 잎이 아닌 다른 식물에서 추출한 니코틴이나 인공적으로 합성한 니코틴이 아닌, 연초의 잎에서 추출한 니코틴 농축액을 사용하고 있고, 흡입의 방식으로 니코틴을 체내에 흡수하는 제품이므로 "연초의 잎을 원료로 하여 빨기에 적합한 상태로 제조한 것"이고, 따라서 「담배사업법」제2조의 담배에 해당합니다.

○ 그리고 「담배사업법」제3조 제1항에서는 담배와 유사한 형태의 것으로서 연초의 잎을 원료로 사용하지 아니하고 제조되어 끽연용으로 사용될 수 있는 담배대용품에 대하여 담배로 보아 이 법을 적용한다고 규정하여, 「담배사업법」은 담배뿐만 아니라 담배와 유사한 형태의 것에 대해서도 비교적 폭넓은 제한(판매업 등록, 판매가격 신고 · 공고, 경고문구의 표시 및 광고의 제한 등)을 가하고 있는바, 이 사안의 전자담배에 대하여도 「담배사업법」상의 담배로 보아 규율하는 것이 같은 법의 취지에도 부합한다고 할 것입니다.

○ 따라서 연초의 잎에서 추출한 니코틴의 농축액이 들어있는 필터와 니코틴을 흡입할 수 있게 하는 전자장치로 구성된 전자담배는 「담배사업법」제2조에 따른 담배에 해당됩니다.

다만 상기와 같은 유권해석과 법령 개정을 통해 담배사업법에 전자담배를 포함시켰지만, 여전히 합성 니코틴 혹은 니코틴 합성물을 원료로 사용하면서 형태가 담배 모양인 액상형 전자담배는 담배사업법에 따른 담배가 아니라는 문제가 있다.

나. 담배의 범위 변경 시도

현행 법령을 피해가기 위해 다양한 영업자들의 시도가 진행되고 있으며, 합성 니코틴 함유 액상형 전자담배와 연초의 줄기나 뿌리에서 추출한 천연니코틴을 사용한 신종 유사담배의 확산을 방지하기 위한 움직임이 있다. 비록 임기만료로 폐기되기는 했지만 의안번호 제2121036호(제안일자 2023년 3월 30일) 류성걸 의원 등 12인이 발의한 담배사업법 일부개정법률안에는 연초의 줄기나 뿌리에서 추출한 천연니코틴을 사용하여 제조한 신종 유사담배도 담배의 정의에 포함하려는 시도가 있었다.

제안이유 및 주요내용

연초의 줄기나 뿌리에서 추출한 천연니코틴을 사용하여 제조한 신종 유사담배에 대해서는 제조·수입·판매허가, 경고 문구 및 성분 표기 등 법적 규제를 적용할 수 없을 뿐만 아니라 담배소비세 등의 제세부담금 부과도 어려운 상황임. 이에 담배의 정의를 연초의 전부를 원료로 하는 것까지 확대·규정하여 담배를 체계적으로 관리하고 기존 담배와의 규제 및 과세 형평성 문제를 개선하려는 것임.

담배사업법 일부개정법률안

담배사업법 일부를 다음과 같이 개정한다.
제2조 제1항 중 "연초(煙草)의 잎을"을 "연초(煙草)를"로 하고, 같은 항에 제3호 및 제4호를 각각 다음과 같이 신설한다.
  3. "담배첨가물"이란 제조장에서 담배를 제조하는 과정에서 연초 및 니코틴 용액 이외에 첨가하는 일체의 물질을 말한다.
  4. "담배배출물"이란 담배로부터 생성되거나 방출되는 연기 또는 증기를 포함한 일체의 물질을 말한다.

이와 유사하게 '연초의 잎'에 '줄기와 뿌리 등'을 포함한 일부개정법률안도 있었으며, 내용은 크게 다르지 않다(의안번호 제2102273호, 제안일자 2020년 7월 22일. 정춘숙 의원 등 10인). 또한, 최근 사회적인 문제로 대두되고 있는 '합성 니코틴'이 포함된 액상형 전자담배

를 담배사업법상 정의에 포함해서 관리하자는 목소리가 높아지고 있는 가운데 이런 내용을 포함한 의안번호 제2101652호(제안일자 2020년 7월 8일 최혜영 의원 등 17인) 담배사업법 일부개정법률안도 있었다.

제안이유 및 주요내용

현행법은 담배의 정의를 연초의 잎을 원료의 전부 또는 일부로 하여 피우거나, 빨거나, 증기로 흡입하거나, 씹거나, 냄새 맡기에 적합한 상태로 제조한 것에 한정하고 있음.

그런데 최근 연초의 잎뿐만 아니라 줄기, 뿌리 등을 이용하거나 합성니코틴 등으로 만든 담배의 판매 및 유통이 증가하고 있음. 또한 니코틴을 이용하여 만든 전자담배의 경우 현행 기준 상 개별소비세의 부과대상에 속하지 않으며 경고그림·문구 표기 등의 관리대상에서도 제외되어 있음.

이에 연초의 잎뿐만 아니라 줄기, 뿌리 등을 이용하거나 니코틴으로 만든 담배에 대하여도 규제가 가능하도록 담배의 정의를 수정하고, 니코틴을 이용하여 만든 유사 담배를 흡연 및 흡입 용도로 판매하는 것을 금지하고자 함

담배사업법 일부개정법률안

담배사업법 일부를 다음과 같이 개정한다.

제2조 제1호 중 "연초(煙草)의 잎"을 "연초(煙草)나 니코틴"으로 한다.

제15조 제3항 제5호부터 제7호까지를 각각 제6호부터 제8호까지로 하고, 같은 항에 제5호를 다음과 같이 신설한다.

  5. 제20조의2를 위반하여 유사 담배를 흡연 및 흡입 용도로 판매한 경우

제17조 제2항 각 호 외의 부분 단서 중 "제7호"를 "제8호"로 하고, 같은 항 제4호부터 제8호까지를 각각 제5호부터 제9호까지로 하며, 같은 항에 제4호를 다음과 같이 신설한다.

  4. 제20조의2를 위반하여 유사 담배를 흡연 및 흡입 용도로 판매한 경우

제20조의2를 다음과 같이 신설한다.

제20조의2(유사 담배의 판매 금지) 누구든지 대통령령으로 정하는 기준에 따른 니코틴 등을 이용한 유사 담배를 흡연 및 흡입 용도로 판매하여서는 아니 된다.

제28조 제1항 제5호를 제6호로 하고, 같은 항에 제5호를 다음과 같이 신설한다.

이렇게 담배사업법에 따른 담배의 정의를 개정해야 한다는 움직임은 21대 국회 이전에도 많았지만 모두 실패했다. 담배의 정의를 변경하려는 시도의 목적은 합성 니코틴 등이 함유되어 있으나 현재 담배사업법상 담배에 포함되지 않아 경고 문구나 과세, 국민건강증진기금 등을 피해 가면서 청소년들의 흡연 접근의 통로가 되는 소위 액상형 전자담배 등 신종 유사담배를 포함하려는 것이다.

흔히 전자담배로 통칭하는데, 법적으로는 이미 궐련을 사용하는 전자담배는 '연초 잎을 원료로' 하며, '증기로 흡입'한다는 내용에 포함되어 있다. 이때 증기로 흡입하도록 도와주는 장치가 전자기기로 만들어졌기 때문에 전자담배라는 용어를 사용하는데, 카트리지 용액이 함유된 필터 부분과 증기를 유발하는 전자 장치로 구성되어 있다. 결국 전자 장치를 사용하면서 증기를 만드는 원료가 연초 잎으로부터 제조된 것이라면 담배사업법에 따른 담배의 정의에 포함되지만, 그렇지 않으면 담배사업법에 정의된 담배가 아니다. 법제처 해석 역시 '연초의 잎에서 추출한 니코틴의 농축액이 들어있는 필터와 니코틴을 흡입할 수 있게 하는 전자장치'를 전자담배로 보고 있다. 이런 정의는 미국이나 캐나다 등 해외도 크게 다르지 않다.

결국, 연초 잎에서 추출되지 않은 소위 '합성 니코틴'으로 제조된 액상 등의 형태로 만들어진 유사담배를 어떻게 포함할 수 있는지, 혹은 포함해야 하는지의 문제다. 지금까지 대다수의 개정 관점은 과세나 제조 관리적인 측면에서 다루어져 왔다. 그런데, 최근 청소년들의 흡연 진입을 촉발하는 통로 역할로 전자담배가 꼽히고, 전 세계적으로 액상 니코틴함유 전자담배를 통해 발생하는 각종 폐해가 보도되면서 흡연율 감소와 국민 건강의 차원에서 담배의 정의가 개정되어야 한다는 시각이 큰 힘을 받고 있다.

최근 교육청에서 중등학교에 배포한 자료에서도 볼 수 있듯이 각종 모양으로 만들어져 있어 담배라고 보이지 않아 흡연에 대한 죄책감 등을 느끼기 어려워 손쉽게 빠져들기 쉽고, 제품 모양이 일반 화장품이나 장난감 등과 모양이나 형태가 유사해서 내용을 전혀 알지 못하는 성인이 봐도 담배인지 구분할 수 없는 특징이 있다. 최근 소비자단체에서 설문조사를 시행하기 위해서 제공한 화면을 보면 화장품, 음료수, 향수, 장난감 등으로 오인한 사람이 전체 응답자 중 66.9%일 정도로 심각하다. 그리고 응답자 90%가 이와 같은 액상 전자담배가 온·오프라인에서 자유롭게 판매되고 있어 청소년들에게 심각하게 노출되고 있다는 점을 문제로 지적하고 있다.

심지어 이런 액상형 전자담배에는 과일 맛이나 향 등 다양한 첨가물을 사용해서 통상적으로 담배라고 생각될 수 있는 역겨운 냄새를 제거해서 더더욱 청소년들에게 담배의 심각성을 느끼지 못하도록 유도하고 있다. 그리고 제품의 디자인을 만화 캐릭터나 알록달록한 감각적인 색감 등을 사용해서 차별화시킴으로써 청소년들의 접근을 조장하는 문제가 있는 데다 일반 담배에서 볼 수 있는 심각한 경고 문구나 사진 등을 부착할 의무가 없어서 비흡연자든 흡연자든 이런 제품을 담배로 인식하기가 쉽지 않다.

이런 디자인과 함께 가장 문제가 되는 것은 유해성이다. 액상형 전자담배는 통상 사용자가 원료 등을 판매업자로부터 구매해서 직접 제조하는 형태가 많은데, 이유는 가격을 낮출 수 있다는 장점과 자신이 직접 제조한다는 흥미를 유발한다는 것이다. 이 과정에서 일단 합성 니코틴 외에 다양한 물질이 첨가될 수 있는데, 주로 중국에서 수입되는 농축된 화학물질이기 때문에 전문지식이 없는 사용자의 실수나 원료가 정확하게 공개되지 않거나 공개된 것과 달리 유해물질이 함유될 여지가 있다는 것이 가장 큰 문제다. 이런 관리를 위해서라도 담배사업법에 따른 담배의 정의에 포함해야 정부가 관리할 수 있다.

현재 네이버 등 유명포털사이트 등에서 '액상 전자담배'를 검색할 경우 원료로 사용되는 액상형 제품 100,000개 이상이 확인되며, 심지어는 '주스'라는 표현을 사용하면서 친근한 디자인과 캐릭터로 광고하는 것을 볼 수 있다. 현재 담배사업법에 따른 담배가 광고 금지 및 온라인 판매금지로 증기를 발생시키는 전자기기만 판매가 가능한 것과 매우 대비된다. 게다가 '샤인머스캣'이나 '망고' 등 다양한 과일 향까지 추가된 것이 대부분이다.

'담배' 하면 가장 먼저 떠오르는 물질은 니코틴이다. 전자형 액상 담배에도 합성 니코틴이 포함되어 있어 영업자나 사용자 모두 담배라고 칭하고 있고, 담배사업법상 담배의 정의에서도 연초 잎에서 추출한 원료에 반드시 포함된 주요 물질은 니코틴이다. 니코틴은 환경부 산하 국립환경과학원에서 관리하는 화학물질 정보처리시스템에 등록되어 있으며, 급성독성(경구, 경피, 흡입)이 있다.

식품의약품안전평가원 독성정보제공시스템에서 확인된 자료는 다음과 같다.

니코틴(Nicotine)은 옅은 노란색 유성 액체이다. 흡연 시 노출되는 담배 연기의 주요 성분 중 하나이며, 금연의 금단증상을 치료하는 데 사용되거나 살충제로도 제한적으로 사용되고 있다. 인체 노출 시 주요 증상으로 호흡 자극과 위장관계 과다 활성이 나타나며, 급성 노출 시 교감신경의 활성화로 인한 심혈관 반응 및 중추신경계 자극으로 인한 중추 신경 마비와 말초 호흡근의 억제가 유발되어 호흡 부전으로 인해 사망에 이를 수 있다. 동물실험에서 만성 노출로 인해 망막 독성과 구개열, 발달 장애 등이 나타나기도 한다. 랫드에서의 경구 LD50은 188mg/kg이다. 암을 유발한다는 근거는 명확하지 않아 IARC에 의한 발암 물질 분류에 포함되어 있지 않다.

이처럼 유해물질로 구분되는 니코틴함유 원료가 사용된 액상형 전자담배가 청소년뿐만 아니라 금연을 시도하는 성인에게도 도움 되지 않는다는 사실은 명확하다. 흡연경험이 없는 비흡연자가 흡연 시도를 하는 통로 역할을 하면서 온라인상에서 너무 쉽게 노출되는 문제를 방지할 수 있는 근본적인 대책은 현행 담배의 정의를 변경해서 연초에서 유래된 천연 니코틴과 함께 합성 니코틴함유 원료를 사용하여 흡입하는 등의 모든 제품으로 확대해야 한다는 결론에 도달한다.

게다가 니코틴이 포함되지 않았다고 광고하면서 담배 형태로 판매되는 제품은 특성상 의약외품도 아니고 담배사업법상 담배도 아닌지라 어떤 법률에서도 관리가 되지 않고 있는데, 실제로는 니코틴 합성물질이 포함되어 있어 사회적으로 매우 심각한 문제라는 언론보도가 제기되고 있어 단순히 니코틴이라는 용어보다 니코틴이 포함된 혹은 니코틴 기가 포함된 모든 유사 물질, 그리고 담배 형태로 흡입 등을 하는 제품으로 범위를 확대해야 청소년을 보호할 수 있다는 현실적 문제도 있다.[4]

다. 담배의 정의 변경안

결론적으로 기존 담배사업법 제2조에 규정된 담배는 '연초 잎'을 사용한 원료여야 한다는 전제조건을 충족해야 하는데, 이런 이유는 연초 잎에서 추출되는 각종 물질 중 니코틴 때문이라는 것에는 이견이 없다. 최근 연초 잎에서 추출한 니코틴을 천연니코틴이라 구분하고, 이외에 화학반응을 통해서 제조된 것을 합성 니코틴으로 칭하면서 이를 구분해야 한다는 주장도 있으나, 니코틴의 화학식은 모두 같고 작용기전까지 모든 것이 동일하기 때문에 이유가 되지 않는다. 사람이 섭취하는 음식에서 천연과 합성을 구분하여 소비자들이 '천연', '자연', 'Natural'의 표시가 있는 제품을 선호하고 기대하는 심리가 있어 식품의약품안전처에서도 엄격하게 구분하도록 규정하고 있기는 하나, 담배까지 이런 논리를 적용할 필요는 없다.

그렇다면 이미 연초 잎에서 추출된 소위 '천연니코틴'은 담배의 정의에 이미 포함되어 있으므로 연초 잎에서 유래되지 않은 물질 혹은 다른 방법을 통해 제조된 소위 '합성 니코틴'만 기존의 범위에 추가하면 된다. 이런 측면에서 보면 의안번호 제2101652호(제안일자 2020년 7월 8일 최혜영 의원 등 17인) 담배사업법 일부개정법률안에 포함된 것처럼 기존의 '연초의 잎' 대신 '연초 혹은 니코틴'을 사용하는 것이 바람직하다. 여기서 '연초의 잎' 대

---

4) KBS뉴스 "판매폭증, 무니코틴 전자담배…유사니코틴 검출"(2024. 6. 21.)

신 '연초'로 변경해야 하는 이유는 최근 '연초의 줄기나 뿌리'에서 니코틴을 추출해서 액상 담배를 수입한 영업자들이 개별소비세 과세대상이라는 국세청의 판단에 불복해서 소송을 진행하는 예도 있었기 때문이다.

연초의 줄기나 뿌리에서 추출한 니코틴을 사용할 경우 담배사업법상 담배가 아니라는 영업자들의 주장에 대해 우리 법원은 '연초의 줄기 및 뿌리에서 추출되는 니코틴이 연초의 잎에서 추출되는 니코틴과 달리 볼 사정이 없다면 그로 인하여 건강에 대한 악영향을 달리 볼 수 없는 점 등을 고려하면, 담배의 정의에 관한 '연초의 잎을 원료의 전부 또는 일부로 제조한 것(수원지방법원 2022. 11. 17. 선고 2021구합64666 판결)'을 해석함에서는 연초의 잎이 그 줄기와 뿌리와 함께 원료가 되는 경우 역시 포함하는 것으로 봄이 상당하다'라고 해석하면서 이런 논쟁을 종결하기는 했으나, 법령 개정을 통해 원천 차단하는 것이 가장 효과적이다. 그리고 추가로 최근 니코틴 자체가 아닌 니코틴 유사 물질을 사용한 경우도 있어서 이런 사례도 포섭해야 한다.

<담배의 정의 제안>

> "담배"란 연초(煙草)나 니코틴(혹은 니코틴기)이 포함된 모든 물질을 원료의 전부 또는 일부로 하여 피우거나, 빨거나, 증기로 흡입하거나, 씹거나, 냄새 맡기에 적합한 상태로 제조한 것을 말한다.

한편 개별소비세법 제1조(과세대상과 세율) 제2항 제6호에서 개별소비세를 부과할 물품을 나열하고 있는데, 담배사업법상 담배보다 범위를 넓게 규정하고 있음을 알 수 있다. 다만, 다목에서 규정한 대통령령은 아직 존재하지 않는다.

<개별소비세 부과 대상 담배의 범위>

> 6. 담배(다음 각 목의 어느 하나를 말한다)에 대한 종류별 세율은 별표와 같다.
> 가. 「담배사업법」 제2조 제1호에 따른 담배

나. 가목과 유사한 것으로서 연초(煙草)의 잎이 아닌 다른 부분을 원료의 전부 또는 일부로 하여 피우거나,
　　빨거나, 증기로 흡입하거나, 씹거나, 냄새 맡기에 적합한 상태로 제조한 것
다. 그 밖에 가목과 유사한 것으로서 대통령령으로 정하는 것

세법이 이렇게 바뀐 이유는 담배사업법보다 세금 부과를 위해서는 다양한 형태의 담배를 포함해야 하기 때문이었고, 이미 다수의 전자담배와 관련된 개별소비세부과 취소소송이 진행되었다. 그리고 일련의 재판에서 전자담배에 대한 판단이 있었는데, '구 개별소비세법(2020. 6. 9. 법률 제17339호로 개정되기 전의 것) 제1조 제2항 제6호는 담배사업법 제2조에 따른 담배를 개별소비세의 과세대상으로 규정하고 있다.

개별소비세법 [별표] 담배에 대한 종류별 세율(제1조 제2항 제6호 관련)을 보면 보다 상세한 담배의 종류가 나열되어 있어 담배사업법보다 세분되어있고, 궁극적으로 담배사업법상 담배의 정의가 확대되어야 하는 범위가 규정되어 있다고 볼 수 있다.

담배에 대한 종류별 세율(제1조 제2항 제6호 관련)

구분	종류	세율
피우는 담배	제1종 궐련	20개비당 594원
	제2종 파이프담배	1그램당 21원
	제3종 엽궐련	1그램당 61원
	제4종 각련	1그램당 21원
	제5종 전자담배	니코틴 용액 1밀리리터당 370원
		연초 및 연초고형물을 사용하는 경우 1. 궐련형: 20개비당 529원 2. 기타유형: 1그램당 51원
	제6종 물담배	1그램당 422원
씹거나 머금는 담배		1그램당 215원
냄새 맡는 담배		1그램당 15원

1. 궐련: 잎담배에 향료 등을 첨가하여 일정한 폭으로 썬 후 궐련제조기를 이용하여 궐련지로 말아서 피우기 쉽게 만들어진 담배 및 이와 유사한 형태의 것으로서 흡연용으로 사용될 수 있는 것

2. 파이프담배: 고급 특수 잎담배를 중가향(重加香) 처리하고 압착·열처리 등 특수가공을 하여 각 폭을 비교적 넓게 썰어서 파이프를 이용하여 피울 수 있도록 만든 담배

3. 엽궐련: 흡연 맛의 주체가 되는 전충엽을 체제와 형태를 잡아 주는 중권엽으로 싸고 겉모습을 아름답게 하기 위하여 외권엽으로 만 잎말음 담배

4. 각련: 하급 잎담배를 경가향(輕加香)하거나 다소 고급인 잎담배를 가향하여 가늘게 썰어, 담뱃대를 이용하거나 흡연자가 직접 궐련지로 말아 피울 수 있도록 만든 담배

5. 전자담배: 니코틴이 포함된 용액 또는 연초 및 연초고형물을 전자장치를 이용하여 호흡기를 통하여 체내에 흡입함으로써 흡연과 같은 효과를 낼 수 있도록 만든 담배

6. 물담배: 장치를 이용하여 담배연기를 물로 거른 후 흡입할 수 있도록 만든 담배

7. 씹는 담배: 입에 넣고 씹음으로써 흡연과 같은 효과를 낼 수 있도록 가공처리된 담배

8. 머금는 담배: 입에 넣고 빨거나 머금으면서 흡연과 같은 효과를 낼 수 있도록 특수가공하여 포장된 담배 가루, 니코틴이 포함된 사탕 및 이와 유사한 형태로 만든 담배

9. 냄새 맡는 담배: 특수 가공된 담배 가루를 코 주위 등에 발라 냄새를 맡음으로써 흡연과 같은 효과를 낼 수 있도록 만든 가루 형태의 담배

이와 비슷하게 지방세법에서도 담배사업법의 담배보다 더 넓은 정의를 사용하고 있다. 특히 담배사업법 제2조에 따른 담배와 유사한 것으로서 연초의 잎이 아닌 다른 부분을 원료로 사용한 경우까지 모두 담배소비세 부과 대상의 담배로 규정하고 있다.

제5장 담배소비세

제47조(정의) 담배소비세에서 사용하는 용어의 뜻은 다음과 같다.
  1. "담배"란 다음 각 목의 어느 하나에 해당하는 것을 말한다.
      가. 「담배사업법」 제2조에 따른 담배
      나. 가목과 유사한 것으로서 연초(煙草)의 잎이 아닌 다른 부분을 원료의 전부 또는 일부로 하여 피우거나, 빨거나, 증기로 흡입하거나, 씹거나, 냄새 맡기에 적합한 상태로 제조한 것
      다. 그 밖에 가목과 유사한 것으로서 대통령령으로 정하는 것

다만 개별소비세와 마찬가지로 기타 유사한 것으로 '대통령령'으로 정하는 것을 규정하고 있으나 아직 세부 규정은 존재하지 않는다. 아마도 액상형 전자담배나 추가로 나올 수 있는 신종 담배를 포섭하기 위한 사전 장치로 해석된다.

마지막으로 청소년보호법 제28조에 따라 담배사업법상 담배와 그 밖에 유사담배 등을 모두 포함해 청소년을 대상으로 판매·대여·배포하여서는 아니 되며, 동 물건을 제작·수입하는 자는 같은 법 시행령 제25조가 정하는 바에 따라 누구나 쉽게 알아보는 방법으로 청소년 유해표시를 하여야 한다.

제28조(청소년유해약물등의 판매·대여 등의 금지) ① 누구든지 청소년을 대상으로 청소년유해약물등을 판매·대여·배포(자동기계장치·무인판매장치·통신장치를 통하여 판매·대여·배포하는 경우를 포함한다)하거나 무상으로 제공하여서는 아니 된다. 다만, 교육·실험 또는 치료를 위한 경우로서 대통령령으로 정하는 경우는 예외로 한다.

② 누구든지 청소년의 의뢰를 받아 청소년유해약물등을 구입하여 청소년에게 제공하여서는 아니 된다.

③ 누구든지 청소년에게 권유·유인·강요하여 청소년유해약물등을 구매하게 하여서는 아니 된다.

④ 청소년유해약물등을 판매·대여·배포하고자 하는 자는 그 상대방의 나이 및 본인 여부를 확인하여야 한다.

⑤ 다음 각 호의 어느 하나에 해당하는 자가 청소년유해약물 중 주류나 담배(이하 "주류등"이라 한다)를 판매·대여·배포하는 경우 그 업소(자동기계장치·무인판매장치를 포함한다)에 청소년을 대상으로 주류등의 판매·대여·배포를 금지하는 내용을 표시하여야 한다. 다만, 청소년 출입·고용금지업소는 제외한다.

   1. 「주류 면허 등에 관한 법률」에 따른 주류소매업의 영업자

   2. 「담배사업법」에 따른 담배소매업의 영업자

   3. 그 밖에 대통령령으로 정하는 업소의 영업자

⑥ 여성가족부장관은 청소년유해약물등 목록표를 작성하여 청소년유해약물등과 관련이 있는 관계기관등에 통보하여야 하고, 필요한 경우 약물 유통을 업으로 하는 개인·법인·단체에 통보할 수 있으며, 친권자등의 요청이 있는 경우 친권자등에게 통지할 수 있다.

⑦ 다음 각 호의 어느 하나에 해당하는 자는 청소년유해약물등에 대하여 청소년유해표시를 하여야 한다.

   1. 청소년유해약물을 제조·수입한 자

   2. 청소년유해물건을 제작·수입한 자

그리고 여성가족부에서는 「담배 형태의 흡입제류 청소년유해물건 결정 고시」를 2017년 12월 11일 제정해서 청소년 유해물건에 '담배와 유사한 형태인 피우는 방식의 기능성 제품으로 흡연습관을 조장할 우려가 있는 흡입제류'를 정의한 바 있다. 여기서는 피우는 방식만을 규정하고 있어 다소 범위가 축소되지 않을까 우려되고 있으나, 흡연습관을 조장할 우려가 있는 흡입제류라고 하여 다소 모호하지만, 상당히 넓게 유사담배까지도 규정하고 있음을 알 수 있다.

3. 담배의 종류

가. 담배와 저발화성담배

2014년 1월 21일 담배사업법을 개정하면서 가장 큰 변화는 전자담배가 포함된 것이지만 또 다른 하나가 있는데 바로 저발화성담배가 담배의 정의에 추가된 것이다. 저발화성담배는 기존 담배와 다르게 판매되는 제품은 아니다. 산불 등 화재 사건의 주요 원인으로 지목되는 담배가 일정 시간이 지나면 저절로 꺼지는 기능을 추가한 것으로 기존 담배의 기능을 향상시킨 것이다.

실제로 산림청에서 발표한 자료를 보면 2012년부터 2021년까지 10년간 화재 원인 1위는 입산자실화(34%)였고, 담뱃불 실화는 5위(5%)라고 한다. 여기서 입산자 실화는 산 안에 들어가서 화재를 발생시키는 행위로 발생된 화재라 등산객, 캠핑하는 사람 등이 담배 등의 이유로 발생시킨 화재라 담배가 포함되는 것이며, 담뱃불 실화는 오히려 산 외의 지역에서 담뱃불 투척으로 일어난 산불화재라 구체적인 내용을 보면 아마도 담배로 인한 화재가 가장 건수도 많을 것으로 추정된다.

이런 이유로 2014년 1월 21일 담배사업법 개정 시 저발화성담배가 새롭게 추가되었고, 담배제조업허가를 받은 자 또는 담배수입판매업 등록을 한 자는 소방청장이 지정한 화재방지성능인증기관에서 인증시험을 통화한 경우 저발화성담배로 인정받을 수 있다. 또한 담배사업법 제11조의5 제5항에서는 소방청장이 영업자에게 화재방지성능인증을 받도록 명할 수 있도록 규정해 놓았다.

2. "저발화성담배"란 담배에 불을 붙인 후 피우지 아니하고 일정시간 이상 내버려둘 경우 저절로 불이 꺼지는 기능을 가진 담배로서 제11조의5제2항에 따른 인증을 받은 담배를 말한다.

제11조의5(저발화성담배의 제조·수입 및 성능인증) ① 제조업자 또는 수입판매업자(제13조 제1항에 따른 담배수입판매업의 등록을 한 자를 말한다. 이하 같다)가 피우는 담배를 제조 및 수입하는 경우 그 담배는 대통령령으로 정하는 화재방지성능을 갖추어야 한다.
② 제조업자 또는 수입판매업자는 매 반기마다 소방청장으로부터 품목별로 저발화성담배의 화재방지성능에 관한 인증(이하 "화재방지성능인증"이라 한다)을 받아야 한다.
③ 화재방지성능인증을 받은 제조업자 또는 수입판매업자는 화재방지성능인증서를 기획재정부장관에게 제출하여야 한다.
④ 화재방지성능인증을 위한 시험항목, 성능기준 및 수수료 등에 관한 사항과 화재방지성능인증 신청 및 성능인증서 발급절차 등에 관하여 필요한 사항은 대통령령으로 정한다.
⑤ 소방청장은 화재방지성능인증을 받지 아니한 담배를 제조 또는 수입·판매하는 것으로 의심되는 경우에는 해당 담배를 제조 또는 수입·판매한 자에게 화재방지성능인증을 받도록 명할 수 있다.

그러므로 현재 시중에 판매되고 있는 담배사업법상 담배는 모두 저발화성담배다. 단, 담배사업법상 담배에 포함되지 않고 있는 액상형 전자담배 등 유사담배는 제외되고 있어 화재 위험 방지를 위해서라도 담배의 정의 개정은 시급하다.

 다만 시중에 판매되는 모든 담배가 '담배에 불을 붙인 후 피우지 아니하고 일정 시간 이상 내버려 둘 경우 저절로 불이 꺼지는 기능을 가진 저발화성 담배'임에도 불구하고 여전히 화재 원인으로 담배가 지목되는 것은 의아하고, 오히려 느슨한 인증절차 때문인지 다른 나라와 달리 담배로 인한 화재가 더 증가하고 있다는 지적도 있다. 2019년 국회 행정안전위원회 소속 김영호 의원이 소방방재청으로부터 받은 자료를 분석해서 발표한 것을 보면 2015년 7월부터 시행된 저발화성담배 의무화 제도 이후에도 담뱃불 화재 발생은 줄어들지 않았다. 이는 핀란드에서 43%, 미국에서 30%가량의 담뱃불 화재가 감소한 것과 비교하면 이해할 수 없다는 의견이 꽤나 설득력이 있다.[5]

〈화재방지성능인증 시험항목 및 성능기준〉

1. 시험항목
인증시험은 소방청장이 정하여 고시하는 방법으로 추출한 80개의 담배개비 표본을 대상으로, 담배에 불을 붙인 후 피우지 아니하고 방치하는 경우 담배가 모두 타기 전에 저절로 불이 꺼지는 성능을 갖추었는지 여부를 시험한다.

2. 성능기준
인증시험은 표본인 80개의 담배개비 중 다음 각 목의 구분에 따른 성능기준에 대하여 각각 40개비씩을 대상으로 실시한다.

 가. 담뱃불이 저절로 꺼질 수 있도록 코팅을 하거나 이와 유사한 기술을 이용한 띠 형태 등의 장치(이하 "저발화성장치"라 한다)의 장착: 시험대상인 40개비의 담배 모두에 다음의 요건을 모두 충족하는 저발화성장치가 장착되어 있을 것
  1) 저발화성장치가 하나의 담배개비에 2개 이상 설치되어 있을 것
  2) 저발화성장치가 다음의 요건을 모두 충족하는 위치에 설치되어 있을 것

---

5) 내일신문, '저발화성 담배에도 담뱃불 화재 더 늘어', 2019. 10. 4. (곽재우 기자)

가) 저발화성장치가 다음 (1), (2) 지점 사이에 1개 이상 설치되어 있을 것

    (1) 담배의 불을 붙이는 한쪽 끝에서 반대 방향으로 15밀리미터가 되는 지점

    (2) 담배의 입에 닿는 부분이 있는 한쪽 끝에서 반대 방향으로 10밀리미터가 되는 지점. 이 경우 담배 연기를 걸러주는 장치인 필터 부분을 제외하고 측정한다.

나) 저발화성장치 사이의 간격이 각각 10밀리미터 이상일 것. 이 경우 저발화성장치 부분을 제외하고 측정한다.

나. 화재방지성능의 충족: 시험대상인 40개비의 담배에 대하여 국제표준화기구(ISO)의 궐련의 발화성 평가를 위한 표준 시험 방법(ISO 12863)으로 시험한 결과, 30개비 이상이 담배에 불을 붙인 후 피우지 아니하고 방치할 경우 담배가 모두 타기 전에 저절로 불이 꺼지는 성능을 갖추고 있을 것. 다만, 발화 여부를 시험하는 방법은 궐련의 발화성 평가를 위한 표준 시험 방법(ISO 12863) 중 10장의 시험용 필터 종이를 겹쳐서 그 위에 담배 한 개비씩을 각각 올려 놓고 발화 여부를 시험하는 방법에 따른다.

상기와 같은 성능 기준에도 불구하고 저발화성담배에 기능적인 문제가 있다면 이를 조속히 개정해서 강화해야 하며, 핀란드나 미국 등 다른 나라의 기준과도 비교할 필요가 있다.

나. 전자담배의 종류

담배사업법의 정의에 전자기기를 사용해서 흡연할 수 있는 전자담배라는 용어는 사용되지 않고 있다. 담배사업의 측면에서 보면 전자기기를 이용하는지는 방법의 관점이라 흡연이라는 측면에서는 동일하기 때문에 굳이 전자기기를 이용하지 않는 것과 구분할 필요가 없다. 이렇게 보면 계속 문제가 제기되고 있는 담배사업법상 담배로 분류되지 않는 액상형 전자담배도 전자기기를 사용했기 때문이 아니라 전자기기에 장착하는 합성 니코틴 등 다양한 유해물질이 문제인 것이 맞다.

그렇다면 합목적적으로 전자담배 자체를 규제대상에 넣어야 한다기보다 결론적으로는 전자기기를 통해 사용되는 니코틴함유 물질을 포함한 원료가 문제기 때문에 담배의 정의에서 굳이 전자기기에 관련된 것은 포함하지 않을 것으로 판단된다.

전자기기를 사용하는 전자담배는 통상적으로 담배사업법에서 담배로 보는 연초 잎을 사용한 원료로 만든 궐련을 전자기기에 꼽아 사용하는 전자담배, 즉 궐련형 전자담배와 니코틴을 원료로 제조된 액상을 전자기기에 장착해서 사용하는 액상형 전자담배로 구분되고 있다. 담배의 정의에서부터 지속적으로 문제 제기가 되는 것은 바로 액상형 전자담배고, 이때 액상형 원료에 연초의 잎에서 추출한 니코틴이 아닌 경우 담배사업법상 담배가 아니므로 담배 경고 문구도 표시할 필요가 없고, 인터넷 등에서 판매되어도 제재할 방법이 없다.

담배사업법, 개별소비세법, 지방세법 어디에도 전자담배라는 용어는 사용되지 않는다. 다만 국민건강증진법에서는 '전자담배'라는 용어를 사용하면서 국민건강증진부담금의 부과와 징수 대상이 되는 담배로 궐련담배와 구분하고 있다.

제23조(국민건강증진부담금의 부과·징수 등) ① 보건복지부장관은 「지방세법」 제47조 제4호 및 제6호에 따른 제조자 및 수입판매업자가 판매하는 같은 조 제1호에 따른 담배(같은 법 제54조에 따라 담배소비세가 면제되는 것, 같은 법 제63조 제1항 제1호 및 제2호에 따라 담배소비세액이 공제 또는 환급되는 것은 제외한다. 이하 이 조 및 제23조의2에서 같다)에 다음 각 호의 구분에 따른 부담금(이하 "부담금"이라 한다)을 부과·징수한다.

1. 궐련: 20개비당 841원
2. 전자담배
    가. 니코틴 용액을 사용하는 경우: 1밀리리터당 525원
    나. 연초 및 연초 고형물을 사용하는 경우:
        1) 궐련형: 20개비당 750원
        2) 기타 유형: 1그램당 73원
3. 파이프담배: 1그램당 30.2원
4. 엽궐련(葉卷煙): 1그램당 85.8원
5. 각련(刻煙): 1그램당 30.2원
6. 씹는 담배: 1그램당 34.4원
7. 냄새 맡는 담배: 1그램당 21.4원
8. 물담배: 1그램당 1050.1원
9. 머금는 담배: 1그램당 534.5원

② 제1항에 따른 제조자 및 수입판매업자는 매월 1일부터 말일까지 제조장 또는 보세구역에서 반출된 담배의 수량과 산출된 부담금의 내역에 관한 자료를 다음 달 15일까지 보건복지부장관에게 제출하여야 한다.

③ 보건복지부장관은 제2항에 따른 자료를 제출 받은 때에는 그 날부터 5일 이내에 부담금의 금액과 납부기한 등을 명시하여 해당 제조자 및 수입판매업자에게 납부고지를 하여야 한다.

④ 제1항에 따른 제조자 및 수입판매업자는 제3항에 따른 납부고지를 받은 때에는 납부고지를 받은 달의 말일까지 이를 납부하여야 한다.

⑤ 보건복지부장관은 부담금을 납부하여야 할 자가 제4항의 규정에 의한 납부기한 이내에 부담금을 내지 아니하는 경우 납부기한이 지난 후 10일 이내에 30일 이상의 기간을 정하여 독촉장을 발부하여야 하며, 체납된 부담금에 대해서는 「국세기본법」 제47조의4를 준용하여 가산금을 징수한다.

⑥ 보건복지부장관은 제5항의 규정에 의하여 독촉을 받은 자가 그 기간 이내에 부담금과 가산금을 납부하지 아니한 때에는 국세체납처분의 예에 의하여 이를 징수한다.

⑦ 제1항에 따른 담배의 구분에 관하여는 담배의 성질과 모양, 제조과정 등을 기준으로 하여 대통령령으로 정한다.

그리고 하위 규정인 국민건강증진법 시행령 제27조의2에서 전자담배를 다음과 같이 정의하고 있다. 이것은 이미 언급한 개별소비세법 [별표] 담배에 대한 종류별 세율(제1조 제2항 제6호 관련)에 나열된 정의와 같은 것을 알 수 있다.

제27조의2(담배의 구분) 법 제23조 제1항에 따른 담배의 구분은 다음 각 호와 같다.

2. 전자담배: 니코틴 용액이나 연초 및 연초 고형물을 전자장치를 사용해 호흡기를 통해 체내에 흡입함으로써 흡연과 같은 효과를 낼 수 있도록 만든 담배와 이와 유사한 형태의 담배로서 그 구분은 다음 각 목에 따른다.

　가. 니코틴 용액을 사용하는 전자담배

　나. 연초 및 연초 고형물을 사용하는 전자담배

특히 여기서 액상형 전자담배가 국민건강증진법 시행령 제27조의2 제2호 나목 2) 기타 유형에 포함되는 것으로 볼 수 있는데, 추후 다루겠지만 국민건강증진법 제9조의2(담배에 관한 경고 문구 등 표시) 제1항에서는 담배사업법에 따른 담배의 제조자 또는 수입판매업자에게만 그들이 다루는 담배에 대해서 경고 문구와 경고 그림 등을 앞면과 뒷면에 표시하도록 의무를 부과하고 있어 동일 법령 내에서 담배의 정의를 달리 하는 것으로 보인다.

궐련형 전자담배에 대해서는 법원의 판결을 통해서 몇 차례 정의에 대한 언급이 있었는데, '2014. 1. 21. 법률개정으로 '담배'를 '연초의 잎을 원료의 전부 또는 일부로 하여 피우거나, 빨거나, 증기로 흡입하거나, 씹거나 또는 냄새 맡기에 적합한 상태로 제조한 것'이라고 함으로써 담배의 정의에 '증기로 흡입하기에 적합하게 제조한 것'도 추가하였다. 위와 같은 법 개정의 이유는 담배의 정의에 전자담배가 포함되도록 하여 전자담배의 허위광고, 품질 관리소홀 등을 규제하고, 전자담배에 대한 부정확한 광고로 인한 소비자의 혼란을 방지하고자 하는 데 있다. 이러한 개정 법률의 문언 및 개정 이유에 비추어 보면, 전자장치를 이용하여 호흡기를 통하여 체내에 흡입함으로써 흡연과 같은 효과를 낼 수 있도록 만든 니코틴이 포함된 용액은 연초의 잎에서 추출한 니코틴을 그 원료로 하는 한 증기로 흡입하기에 적합하게 제조한 것이어서 그 자체로 담배사업법 제2조의 담배에 해당한다고 해석된다(대법원 2018. 9. 28. 선고 2018도9828 판결 등 참조)'라는 의견에 대체로 동의한다.

4. 담배의 제조·판매 및 수입

가. 담배의 제조

담배의 제조가 정확하게 무엇인지 담배사업법에 정의된 것은 없으나, 법원에서는 다수의 판결을 통해서 무허가 담배제조업에 대한 사건을 통해 어떤 것을 담배의 제조로 보는지 밝히고 있다.

대법원은 불특정 다수의 손님에게 연초 잎, 담배 필터, 담뱃갑을 제공하여 손님이 담배

제조 기계를 조작하게 하거나 자신이 직접 그 기계를 조작하는 방법으로 담배를 제조하고, 손님에게 판매함으로써 담배제조업 허가 및 담배소매인 지정을 받지 아니하고 담배를 제조·판매하였다는 이유로 담배사업법 위반으로 기소된 사안에서 '담배사업법 제2조 제1호는, "담배"란 연초의 잎을 원료의 전부 또는 일부로 하여 피우거나, 빨거나, 증기로 흡입하거나, 씹거나, 냄새 맡기에 적합한 상태로 제조한 것을 말한다고 규정한다. 담배사업법 제11조에 규정된 '담배의 제조'는 일정한 작업으로 담배사업법 제2조의 '담배'에 해당하는 것을 만들어 내는 것을 말한다. 어떠한 영업행위가 여기서 말하는 '담배의 제조'에 해당하는지는, 그 영업행위의 실질적인 운영형태, 담배가공을 위해 수행된 작업의 경위·내용·성격, 담배사업법이 담배제조업을 허가제로 규정하고 있는 취지 등을 종합적으로 고려하여 사회통념에 비추어 합리적으로 판단하여야 한다. 한편 '담배의 제조'는 담배가공을 위한 일정한 작업의 수행을 전제하므로, 그러한 작업을 수행하지 않은 자의 행위를 무허가 담배 제조로 인한 담배사업법 제27조 제1항 제1호, 제11조 위반죄로 의율하는 것은 특별한 사정이 없는 한 문언의 가능한 의미를 벗어나 피고인에게 불리한 방향으로 해석한 것이어서 죄형법정주의의 내용인 확장해석금지 원칙에 어긋난다'고 판시했다(대법원 2023. 1. 12. 선고 2019도16782 판결).

상기 판결에서 법원은 '손님에게 연초 잎 등 담배의 재료를 판매하고 담배제조시설을 제공한 것인데, 이러한 피고인의 활동은 담배의 원료인 연초 잎에 일정한 작업을 가한 것이 아니어서 '담배의 제조'로 평가하기는 어렵다. 제조란 일반적으로 '물건이나 제품을 만들어 내는 것'을 뜻하므로, 피고인의 위와 같은 활동까지 제조로 이해하는 것은 문언의 가능한 의미를 벗어나 피고인에게 불리한 방향으로 해석한 것'이라고 하면서 제조의 정의를 통해 담배 제조의 범위의 기준을 결정했다.

위와 같이 담배의 제조란 '연초(煙草)의 잎을 원료의 전부 또는 일부로 하여 피우거나, 빨거나, 증기로 흡입하거나, 씹거나, 냄새 맡기에 적합한 상태'로 만드는 것을 말하며 담배

제조업허가신청서와 함께 기획재정부령이 정하는 서류를 첨부하여 기획재정부 장관에게 제출하여 허가를 받아야 한다.[6] 담배사업법 제11조 제2항에서 규정한 담배제조업 허가 기준이 되는 자본금·시설기준·기술인력·담배제조 기술의 연구·개발 및 국민건강 보호를 위한 품질관리등에 관한 기준은 담배사업법 시행령 제4조에 다음과 같이 규정하고 있다.

제4조(담배제조업허가의 기준) ① 법 제11조 제2항의 규정에 의한 자본금·시설기준·기술인력·담배제조 기술의 연구·개발 및 국민건강 보호를 위한 품질관리등에 관한 기준은 다음 각호와 같다.
1. 자본금 : 300억원 이상일 것
2. 시설기준 : 연간 50억개비(1일 16시간 작업 기준) 이상의 담배를 제조할 수 있는 시설로서 원료가공부터 궐련제조 및 제품포장에 이르는 일관공정을 갖춘 제조시설을 갖출 것. 다만, 연간 100억개비 미만의 담배를 제조할 때까지는 원료가공시설을 설치하지 아니할 수 있다.
3. 기술인력 : 담배제조 및 품질관리 분야에서 3년 이상의 경력을 가진 5인 이상의 전문기술인력을 보유할 것
4. 담배제조 기술의 연구·개발 및 국민건강 보호를 위한 품질관리 : 제품성능 및 품질분석이 가능한 실험설비(항온항습설비·연기성분측정장치·공기희석률측정기·흡인저항측정기)를 구비하고, 품질관리기준 및 이에 관한 품질관리지침서를 마련할 것

② 제1항 제2호 단서에 따른 연간 담배제조량의 산정은 법 제11조 제1항에 따른 허가 또는 변경허가를 받으려는 자의 연간 담배제조량과 「독점규제 및 공정거래에 관한 법률」 제2조 제12호에 따른 계열회사(법 제11조 제1항에 따른 허가 또는 변경허가를 받으려는 자가 외국법인의 국내사업장인 경우에는 해당 외국법인을 말한다)에서 생산된 담배의 연간 수입량을 더하여 산정한다.

이와 같은 담배제조업허가의 기준을 보면 폐기된 담배전매법에서 담배사업법으로 변경되면서 한국담배인삼공사가 설립되어 정부가 독점체제를 유지했고, 이후에 민간화되었지만, 여전히 경쟁 체제를 통해 산업이 확산하는 것을 방지하기 위해서 매우 철저하게 국가

---

6)　제11조(담배제조업의 허가) ① 담배제조업을 하려는 자는 대통령령으로 정하는 바에 따라 기획재정부장관의 허가를 받아야 한다. 허가받은 사항 중 대통령령으로 정하는 중요한 사항을 변경할 때에도 또한 같다.
　　② 기획재정부장관은 제1항에 따른 담배제조업의 허가(이하 "담배제조업허가"라 한다)를 받으려는 자가 대통령령으로 정하는 자본금, 시설, 기술인력, 담배 제조 기술의 연구·개발 및 국민건강 보호를 위한 품질관리 등에 관한 기준을 충족한 경우에는 허가를 하여야 한다.

가 허가 권한을 통해 산업 자체를 통제하고 있다는 사실을 추론할 수 있다. 자본금 300억 원과 연간 50억 개비 이상의 담배제조시설을 갖추기 위해서는 막대한 초기 투자금액이 필요하므로 진입장벽이 매우 높다는 것을 알 수 있다. 이런 이유로 담배 수입회사를 제외하면 한국담배인삼공사가 현재 유일한 기업이고, 앞으로도 그럴 것으로 예상한다.

※ 담배제조업허가신청거부처분취소 사건

2001년 국내의 담배제조 독점권이 폐지된 이후 민간담배회사가 출현했으며, 2001. 8. 17. 담배 및 담배 관련 제품 제조판매업을 목적으로 설립된 한국담배 주식회사가 재정경제부장관을 상대로 2005. 6. 28. 담배제조업허가신청 거부처분을 다투는 소송이 서울행정법원에서 진행된 사실이 있다. 당시 담배사업법 시행령 제4조(담배제조업허가의 기준) 제1항에서는 담배사업법 제11조 제2항의 규정에 의한 자본금 300억원 이상이 허가조건이었음에도 불구하고, 한국담배는 약 109억원의 자본금으로 허가를 신청했다가 거부당하자 당시 담배사업법 시행령 제4조 제1항 제1호가 헌법 제15조에서 규정하는 직업선택의 자유를 침해할 우려가 있고, 중소기업의 진출을 무단으로 막아 헌법 제11조에 규정한 평등의 원칙에 위배되는 등 담배사업법의 내용상 한계를 일탈한 무효인 규정을 주장하면서 거부처분이 취소되어야 한다고 주장했다.

이에 대해 1심을 담당한 서울행정법원에서는 한국담배 주식회사의 주장을 받아들여 거부처분을 취소한다고 선고했지만, 항소심인 서울고등법원과 대법원에서는 반대의 결과로 선고하여 결국 논란은 종결되었다. 담배제조업 허가 기준에 대한 각급 법원의 논리를 검토함으로써 담배제조업 진입장벽을 높이는 것에 대한 법률적 타당성을 검토해 본다.

1) 1심(서울행정법원 2006구합27014)

1. 원고의 주장

(1) 이 사건 시행령 조항의 목적과 입법 경위

(가) 구 담배사업법(2001. 4. 7. 법률 제6460호로 개정되기 전의 것) 제11조는 제조담배는 다른 법률에 특별한 규정이 있는 경우를 제외하고는 한국담배인삼공사만이 이를 제조한다고 규정하여 한국담배인삼공사(2002. 12.경 주식회사 케이티앤지로 상호를 변경하였다, 이하 'KT&G'라고 한다)의 국산담배 제조·판매의 독점권을 인정하고 있었다.

(나) 구 담배사업법이 2001. 4. 7. 법률 제6460호로 개정되고 구 담배사업법 시행령이 2001. 6. 30. 대통령령 제17267호로 개정되면서 담배사업에 관한 독점제가 폐지되고 허가제가 도입되었다.

(다) 위와 같이 담배사업에 허가제를 도입된 것은, KT&G를 민영화하고 담배제조의 독점을 해소하여 신규진입을 통한 경쟁여건을 조성하고, 이를 통하여 국제경쟁력 향상, 민간부분의 사업참여기회 확대, 민간기업간의 경쟁을 통한 담배의 품질 향상을 도모하고자 함에 그 취지가 있다.

(라) 담배사업법 제4조 제1항에 담배제조업 허가기준을 둔 목적은 담배산업이 국민건강과 직결되는 것으로서 군소생산업체의 난립을 방지하여 담배소비의 증가를 억제하고 국민건강을 저해하는 제품생산을 예방하기 위한 것이고, 자본금 규모를 300억 원 이상으로 한 것은 시설기준인 연간 50억개비 이상의 담배를 제조할 수 있는 시설로서 일관공정을 갖춘 시설을 갖출 때 소용되는 비용을 추산한 것이고, 잎담배 재배농가와의 신뢰관계, 담배가격의 대부분이 세금인 점을 고려하여 재무적 안정을 기할 수 있는 적정규모의 자본금을 규제하기 위해서다.

(2) 원고의 담배제조업허가를 위한 제반 준비행위

(가) 원고는 2001. 5.경 충북 음성군 생극면 오생리 38-1 임야 2,460㎡ 및 같은 리 37-1 임야 6,197㎡ 지상에 있는 건물(공장)들을 경락받은 후 2001. 8. 20. 및 2001. 11. 6. 위

오생리 38-1 임야 2,460㎡ 및 같은 리 37-1 임야 6,197㎡를 각 매수한 다음, 그 지목을 공장용지로 변경하고 기존건물에 새로운 건물을 신축하여 총 대지면적 8,657㎡, 연면적 2,834.6㎡, 건축면적 1,469㎡인 건물 3동(가동, 나동, 다동)을 보유하게 되었는데, 가동 건물은 철골철근 콘크리트조 평슬래브 2층 공장(공장/창고) 연면적 2,095㎡이고, 나동 건물은 철근 콘크리트조/철골조 평슬래브 3층 공장(연구실) 연면적 538㎡이며, 다동 건물은 경량철골조 홀강판 1층 공장(창고) 201.6㎡이다.

(나) 원고는 2001. 10.경 궐련기 11대, 각초공급기 11대, 필터접착기 12대, 충진기 11기, 궐련투입기 5대, 갑포장기 5대, 셀로판 포장기 5대, 포 포장기 3대, 갑담배 정렬기 3대, 절각기 1대 등을 현물출자받아 이를 위 다동 건물 등에 설치하여 궐련제조에서 제품포장에 이르는 제조시설을 확보하였고, 위 기계시설에 의하여 표준형 담배제품을 연간 5,068,800,000개비(궐련기 1대당 2,000개비/분, 생산효율 80%, 1일 2교대 16시간 작업, 연간가동일 300일 기준) 생산할 수 있는 생산능력을 갖추게 되었다.

(다) 원고는 2001. 12. 12.경까지 서울, 광주, 인천, 대구, 대전, 부산에 지점을 설치하였고, 2003. 10.경 기능성 담배를 새로운 상품으로 등록하였으며, KT&G 등의 담배제조 및 품질관리분야에서 근무한 경력을 가진 사람들을 경영진, 기술진으로 영입하여 생산기술인력들을 확보하였다.

(라) 원고는 설립 이후 몇 차례에 걸쳐 자본금을 변경하여 이 사건 처분 당시에는 자본금 3,521,810,000원, 자본잉여금 7,396,330,000원, 합계 10,918,140,000원의 자기자본을 가지게 되었고, 위 자본잉여금을 자본금에 전입하는 절차(무상증자절차)를 진행 중에 있었다.

(3) 국내 담배산업의 현황

(가) 국내 담배시장은 그 규모가 세계 10위권 내에 들어갈 정도로 비교적 큰 시장이고, 국내 전체 성인흡연율은 약 37%로서 세계적으로 높은 편이다.

(나) 우리나라에서 2001. 4.경 담배제조에 관한 KT&G의 독점제가 폐지되고 허가제가
도입되면서 세계 1, 2위인 B.A.T.와 Phillip Morris 등 외국담배회사들은 2003. 10.경
및 2002. 11.경 국내에 담배제조공장을 설립하고 던힐, 말보로 등 담배제품들을 생
산·판매하면서 국내 담배시장에서 점유율을 점차 확대하는 양상이고, 일본담배회
사인 JT는 KT&G와 합작하여 담배를 생산·판매하고 있다.

(다) 담배제조업에 대한 허가제가 시행된 이래 국내 민간기업 중 담배제조업허가를 받
은 기업이 없다가 최근 우리담배 주식회사가 담배제조업허가를 받았다.

(4) 담배산업 규제에 관한 각국의 입법례

(가) 미국의 경우

미국은 기존부터 담배제조업의 신규진입에 대한 허가제를 운영하고 있으나 우리
나라와 같은 시설 및 자본금 규모에 의한 진입규제는 없다. 미국에서 담배제조업
에 진입하기 위하여는, ① Health and Human Service국에 허가신청서와 보증금
(bond)을 제출하여야 하는데 위 보증금은 담배제조업허가를 받은 업체가 정부에
납부하게 될 세금 등을 지급보증하기 위하여 설치된 제도로서 원칙적으로 일반담
배제품을 제조하는 경우 보증금의 상한액은 각 공장별로 25만달러 정도이고, ②
담배제조업자가 조세수입을 보호하는데 적정한지 등에 대한 자격심사와 공장의
안전성 등을 위한 공장요건을 명시하고 있으며, ③ 3%의 시장점유율을 초과하는
어떤 회사라도 MSA(Master Settlement Agreement, 1998.경 미국 내 대부분의 주
정부와 미국의 5대 담배제조회사 사이에 체결된 협약)에 따라 부담금을 지불하여
야 하는데, MSA는 청소년의 흡연감소를 위한 정책을 진전시키고 공중보건증진을
위하여 상당한 기금을 조성하는 것을 주된 내용으로 하고 있으며 미국 내 담배제
조회사들의 시장점유율 등 기업규모에 따라 부담금 액수를 달리 정하고 있다.

(나) 프랑스의 경우

프랑스에서는 1995.경 담배전매회사가 민영화된 뒤 누구든지 담배제조를 할 수 있

고, 시설 및 자본금 규모 등에 의한 진입규제는 없다. 다만, 신원을 확인받아 번호를 부여받고 세무서에 일정금액을 담보로 제공하여야 하는 제한이 따른다.

(다) 호주(Austrailia), 독일, 스페인 등의 경우

위 나라들에서도 담배제조업에 있어서 시설 및 자본금 규모에 의한 진입규제는 없고, 다만 조세목적으로 세무당국의 허가를 받아야 하던지, 제조설비를 운영할 수 있는 전문기술을 가지고 있어야 하던지 등의 규제가 있거나 광고를 제한하거나 청소년의 흡연으로부터의 보호규정을 통하여 간접적으로 담배제조업의 신규진입을 억제할 뿐이다. 또한, 세계 각국에서는 국민의 건강증진이라는 보건정책차원에서 담배의 광고규제, 청소년의 흡연규제, 간접흡연 규제, 건강경고문구의 삽입 및 성분·첨가물에 대한 규제가 확대되는 경향이 있다.

(라) 일본의 경우

일본의 담배제조업은 일본담배산업 주식회사(Japan Tabacco Inc.)가 독점하도록 법제화되어 있다.

(5) 다른 산업에 있어서 자본금에 의한 신규진입규제

(가) 주류제조업의 경우

주세법 제6조(주류제조면허)는 주류를 제조하고자 하는 자는 제4조의 규정에 의한 주류의 종류별로 주류제조장마다 대통령령이 정하는 시설기준 기타 요건을 갖추어 관할세무서장의 면허를 받아야 한다고 규정하고 있으므로, 시설기준 이외에 별도로 자본금을 면허의 요건으로 하고 있지 않다.

(나) 증권업의 경우

증권거래법 제28조(허가), 제32조(허가의 요건), 같은 법 시행령 제14조(증권회사의 자본금)에는 증권회사의 허가요건으로서 인적, 물적 설비를 갖출 것을 요구하고 있고 최저자본금을 증권회사가 영위하는 영업의 종류에 따라 20억~500억으로 정하고 있다.

(다) 보험업의 경우

보험업법 제6조(허가의 요건 등), 제9조(자본금 또는 기금)에는 보험회사의 허가 요건으로서 인적, 물적 설비를 갖출 것을 요구하고 있고, 최저자본금을 300억 원으로 정하고 있다.

(라) 그 밖의 산업의 경우

은행업의 경우 은행법 제9조에 시중은행은 1,000억 원 이상, 지방은행은 250억 원 이상의 최저자본금을 요구하고 있고, 골재채취업의 경우 골재채취법 제14조, 같은 법 시행령 제19조 제2항 [별표 1]의 규정에 골재채취업의 등록요건으로서 물적시설과 기술인력을 확보할 것을 요구하고 있고 골재채취업의 종류 및 법인(또는 개인)인지에 따라 1억 원~30억 원의 최저자본금을 요구하고 있으며, 건설업의 경우 건설산업기본법 제10조, 같은 법 시행령 제13조 제1항 제1호 [별표 2]의 규정에 건설업의 등록기준으로서 기술능력과 시설장비를 갖출 것을 요구하고 있고 업종 및 법인(또는 개인)인지에 따라 최저자본금을 24억 원까지 요구하고 있다.

(6) 연구기관 등의 기업평가 및 의견

(가) 한국산업개발연구원의 원고에 대한 기업평가

한국산업개발연구원은 2004. 11.경 담배제조업 허가기준 완화와 관련된 민원을 제기받은 국무총리실의 요청에 의하여 원고에 대한 기업평가를 하였는데, 그 평가보고서에는 KT&G의 민영화 이후 국내의 경쟁여건이 크게 달라지고 있고 외국대기업들이 조건부 허가 등을 얻고 국내시장에 침투하여 담배산업의 환경이 크게 달라지고 있으며 최근 담배수출의 증가와 외국업체들의 막강한 시장진입으로 국내 담배산업의 국제경쟁력강화가 시급한 과제로 제기되고 있음에도 불구하고 정부는 아직도 규제중심의 행정조치로 민간기업들의 담배산업진출을 과도하게 제한하고 있는 상황이고, 원고는 수년간에 걸쳐 KT&G의 민영화에 대비하여 담배제조를 준비하여 왔고 인적자원, 기술력, 시설, 입지조건, 마케팅면에서 강점요인을 갖추고 있어 담배제조허가를 받은 시점에서 본격적으로 담배생산에 착수될 경우 내수 및 수출면에서 국내담배산업발전에 크게 기여할 것으로 보이며 원고에 대한 담배제조업 허가시 다른 기업들의 출자가 예상되어 자본력, 기술력 등이 건실한 중견기업으로 발전될 전망이 있으며, 결론적으로 국민경제의 효율화와 국제경쟁력의 제고, 민간기업의 건전한 경쟁촉진 및 기술과 자원배분의 효율화와 민간부분의 사업기회 확대가 절실히 요망되는 우리의 현실에서 담배산업도 건전한 경쟁 아래 육성되어야 한다는 점에서 담배제조업의 허가기준을 완화하는 것이 바람직하다는 의견을 제시하고 있다.

(나) 신우회계법인의 원고에 대한 기업가치평가

신우회계법인은 2004. 10. 7.경 재정경제부로부터 원고의 자산, 부채에 대한 실사를 하여 순자산가액을 산출하라는 요청을 받고 원고에 대한 재무상태를 실사하였는데, 그 실사결과 원고의 총자산은 10,549,939,147원, 총부채는 537,352,794원, 순자산(자기자본)은 10,012,586,353원으로 평가되었고, 자산 중 기계장치의 평가금액은 8,218,140,000원인데 이는 2002.경 감정평가법인에서 평가한 금액에 감가상각을 하지 않은 상태에서의 금액이며, 원고에 대한 미래의 현금흐름을 기준으로 한 기업가치는 25%의 할인율을 적용한 상태에서 11,460,000,000원으로 평가되었다.

(다) 서울대학교 행정대학원의 담배제조업 허가요건 적정성에 관한 연구

서울대학교 행정대학원은 재정경제부로부터 담배제조업 허가요건의 완화 여부 및 그 적정수준의 결정을 위한 연구요청을 받고 2004. 12. 14.경 연구보고서를 작성하였다.

이 보고서에는 현행 담배제조업 허가요건의 문제점으로서, ① 경쟁정책적 차원에서 신규진입의 억제를 위한 규제의 경제적 근거가 빈약하다. 즉 대부분의 국가에서는 자본 및 시설규모에 대한 허가요건으로 신규진입을 차단하는 경우는 없고, 시장경쟁원리에 의하면 시장에서는 수요자의 판단에 의하여 기업의 생존 여부가 결정될 뿐이고 시장진입은 오로지 기업과 투자자의 판단에 의하여 결정되면 도산

의 책임 역시 기업과 투자자에게 귀속되어야 하며 자본이나 시설규모에 의하여 기업의 생존 여부를 판단할 수 없고, ② 담배산업에 신규진입하는 기업이 생산할 제품은 담배소비자의 상품선택의 폭을 넓혀 줄 수 있고 소비자의 다양한 기호를 충족하여 줄 수 있는데 신규진입을 미리 차단하는 것은 소비자의 권리를 경시하는 것이며, ③ 담배제조업 허가요건에서 무엇보다도 중요하게 고려되어야 할 것은 신규진입에 따라 발생할 수 있는 국민보건적 위해를 어느 정도 방지할 수 있는지에 대한 것인데 현행 담배제조업 허가요건은 국민보건적 차원에 근거하여 도출된 기준이라고 보기 힘들다는 점을 들고 있다.

그리고 담배제조업의 신규진입을 위한 허가요건을 검토하기 위하여는, 담배제조업체의 난립으로 인한 기업간 경쟁의 심화, 판촉활동의 강화, 가격·비가격경쟁이 촉발될 가능성이 높고, 불법·탈법적인 판촉방법을 동원하여 개인들의 담배소비에 큰 영향을 미칠 수 있기 때문에 국내 흡연율 등 보건적 측면에서 국민건강에 미치는 영향을 파악하는 것이 무엇보다도 중요하고, 담배소비가 큰 나라들을 대상으로 분석하여 볼 때 담배제조업체의 수가 증가할수록 국민의 흡연율이 크게 증가하고 있어 담배제조업체의 수의 증가는 담배소비량을 증가시켜 국민보건에 악영향을 줄 수 있으며, 신규담배기업의 진입으로 인한 조세나 기금 증가분 등의 사회적 편익보다 의료비용 등 사회적 비용의 증가가 훨씬 크므로 사회경제적으로 부정적인 영향을 초래하므로, 국민보건 및 건강증진차원에서 담배제조업 허가요건을 고려한다면 우리나라도 미국의 보증금제도나 MSA와 같은 제도의 도입이 필요하다는 의견을 제시하고 있다.

(라) 경영전략연구소의 제조독점 폐지와 국내담배산업의 발전방안

경영전략연구소는 2001. 3.경 '제조독점 폐지와 국내담배산업의 발전방안'이라는 제목의 연구보고서를 작성하였는데, 이 보고서에는 정부의 보건정책 목표의 달성과 담배산업의 건전한 발전, 군소업체 난립으로 인한 폐해방지 등을 위하여 담배제조 허가기준이 필요하고, 그 허가기준으로는 ① 제조시설 기준과 ② 자본금 기

준이 가장 적절한 담배제조업 허가기준으로서 고려되어야 하고 ③ 원료 잎담배 수입에 대한 기준이 보완책으로서 고려되어야 하며, 제조시설기준으로는 궐련 연간 100억 개비 이상을 생산할 수 있는 제조시설, 자본금 기준으로서 500억 원 이상의 자본금을 확보하도록 하는 방안을 제시하면서 제조시설 기준은 군소업체 난립에 따른 담배소비 증가를 막기 위하여 필요한 것이며, 자본금 기준은 영세한 업체들이 경쟁력의 열세와 영업능력의 부족으로 상당 기간 동안 수익을 내지 못할 가능성으로 인한 파산의 위험, 최근 담배산업에서의 소송의 급증 등으로 보상비용 확보차원에서 도입할 필요가 있다는 의견을 제시하고 있다.

(마) KT&G의 의견

KT&G는 2001. 3.경 재정경제부에 제출한 '국내 담배제조업 허가기준 검토'라는 의견서에서 담배산업은 흡연과 건강문제와 관련하여 국민건강보호차원에서 각국 보건당국에 의한 엄격한 규제가 가해지고 있고, 담배산업규제는 통상협상차원을 넘어 자국 정부의 고유권한으로 인정되고 있으며, 최근 WTO에서는 담배소비억제를 위한 담배규제협약 제정을 추진중에 있어 그 규제강도가 더욱 심화될 전망이고, 담배제조업의 허가기준으로는 연간 100억 개비를 생산할 수 있는 생산시설과 500억 원 이상의 자본금을 의무화하여야 한다고 의견을 제시하고 있다

2. 법원의 판단

(1) 직업선택의 자유 침해 여부

(가) 직업선택의 자유의 의미와 성격

헌법 제15조가 규정하는 직업선택의 자유는 자신이 원하는 직업을 자유로이 선택하고 이에 종사하는 등 직업에 관한 종합적이고 포괄적인 자유를 말하고, 직업결정의 자유, 직업수행의 자유, 영업의 자유, 기업의 자유 등을 포함하고 있어 이러한 영업 및 기업의 자유를 근거로 원칙적으로 누구나가 자유롭게 경쟁에 참여할 수 있으며, 경쟁의 자유는 기본권의 주체가 직업의 자유를 실제로 행사하는 데에서

나오는 결과이므로 당연히 직업의 자유에 의하여 보장되고 다른 기업과의 경쟁에서 국가의 간섭이나 방해를 받지 않고 기업활동을 할 수 있는 자유를 의미한다(헌법재판소 1996. 12. 26. 선고 96헌가18 결정 참조).

(나) 직업선택의 자유의 제한과 한계

직업선택의 자유는 헌법 제37조 제2항에 의하여 법률로써 제한할 수 있으나 그와 같이 제한하는 경우에도 그 제한이 공익상의 충분한 이유로 정당화되고, 입법자가 선택한 수단이 의도하는 입법목적을 달성하기에 적정해야 하며, 입법목적을 달성하기 위하여 똑같이 효율적인 수단 중에서 기본권을 되도록 적게 침해하는 수단을 사용하여야 하고, 침해의 정도와 공익의 비중을 전반적으로 비교형량하여 양자 사이에 적정한 비례관계가 이루어져야 한다(헌법재판소 1996. 12. 26. 선고 96헌가18 결정 참조).

이 사건에 관하여 보면, 이 사건 시행령 조항은 담배제조를 하고자 하는 자에게 최저자본금 300억 원의 요건을 갖출 것을 요구함으로써 직업선택의 자유 중 직업결정의 자유, 기업의 자유, 경쟁의 자유를 제한하고 있고, 그 침해의 정도가 단순한 직업수행의 자유보다 크다고 할 수 있으므로, 보다 엄격한 과잉금지원칙이 적용되어야 할 것이다.

(다) 과잉금지원칙의 위배 여부

① 목적의 정당성

이 사건 시행령 조항의 입법목적은 담배산업이 국민건강과 직결되는 것으로서 군소생산업체의 난립을 방지하여 담배소비의 증가를 억제하고 국민건강을 저해하는 제품생산을 예방하기 위한 것이고, 담배가격의 대부분이 세금인 점, 최근 급증하고 있는 담배 관련 소송을 고려하여 재무적 안정을 기할 수 있는 적정규모의 자본금을 설정하기 위한 것이므로, 그 입법목적 자체는 정당하다고 보여진다.

② 방법의 적절성

국가가 어떠한 목적을 달성함에 있어서는 어떠한 조치나 수단 하나만으로서 가능하다고 판단할 경우도 있고 다른 여러 가지의 조치나 수단을 병과하여야 가능하다고 판단하는 경우도 있을 수 있으므로 목적 달성에 필요한 유일의 수단선택을 요건으로 하는 것이라고 할 수는 없다. 그러나 그렇다고 하더라도 기본권을 제한하는 방법은 최소한 그 목적의 달성을 위하여 효과적이고 적절하여야 한다(헌법재판소 2002. 4. 25. 선고 2001헌마614 결정 참조).

이 사건에 관하여 보건대, ㉮ 먼저 이 사건 시행령 조항의 입법목적 중 "군소생산업체의 난립을 방지하여 담배소비의 증가를 억제하고 국민건강을 저해하는 제품생산을 예방하기 위한 것"이라는 관점에서 보면, 여러 기업들이 시장에 진입하면 기업 간 경쟁의 심화, 판촉활동의 강화, 가격ㆍ비가격경쟁이 촉발될 가능성이 높고, 불법ㆍ탈법적인 판촉방법을 동원하여 개인들의 담배소비에 영향을 미쳐 담배소비가 증가될 수는 있으나, 위와 같은 목적은 담배에 대한 광고규제, 청소년 흡연의 규제, 간접흡연 규제, 건강경고문구의 삽입 및 성분ㆍ첨가물에 대한 규제 등을 통하여 보다 효과적으로 달성될 것으로 보여지고, ㉯ "세금징수, 급증하고 있는 담배관련 소송 등에 필요한 재무적 안정을 기하기 위한 것"이라는 관점에서 보면, 이는 이 사건 시행령 조항과 같은 최저자본금 규정에 의하여 궁극적으로 해결될 수는 없고 미국의 보증금제도 등과 같은 제도를 통하여 해결하는 것이 더 효과적이라고 보여지며, 나아가 다른 여러 나라에서도 위와 같은 목적을 달성하기 위하여 담배산업에 대한 여러 규제를 하고 있지만 자본금 규모를 통하여 규제하는 입법례를 거의 찾아 볼 수가 없으므로, 위와 같은 목적을 달성하기 위하여 담배제조업체의 최저자본금을 설정하는 것은 적절한 수단이라고 보여지지 아니한다.

③ 피해의 최소성

이 사건 시행령 조항의 입법목적을 달성하기 위하여 담배제조업체의 최저자본금을 통하여 규제하는 것이 적절한 수단이 아니라는 점은 앞서 본 바와 같고, 이 사건 시행령 조항에 의하여 위와 같은 입법목적을 달성할 수 있다고 하더라도 자본금 300억 원 이상을 요구하는 규정은 지나치게 과대하여 민간중소기업들이 이 사건 시행령 조항의 시행 이래 오랫동안 담배제조업 허가를 받지 못하다가 최근에 이르러서야 1곳이 허가를 받을 정도로 담배제조업의 진출을 거의 원천적으로 봉쇄되고 있으므로, 기본권침해의 최소성 원칙에도 어긋나는 방법이라고 할 것이다.

④ 법익의 균형성

앞서 본 바와 같이 이 사건 시행령 조항으로 달성하고자 하는 목적인 공익은 다른 수단들에 의하여 더 효과적으로 달성할 수 있는 반면에, 자본금 요건을 정한 이 사건 시행령 조항으로 인하여 민간중소기업의 담배제조업 진출이 거의 원천적으로 봉쇄되고 있으므로 직업선택의 자유 중 직업결정의 자유, 기업의 자유, 경쟁의 자유에 대한 침해의 정도가 크다고 할 수 있고, 따라서 이 사건 시행령 조항으로 보호하려고 하는 공익과 기본권의 침해 사이에 현저한 불균형이 있다고 할 것이다.

(라) 소결론

따라서 이 사건 시행령 조항은 과잉금지원칙을 위배하여 직업선택의 자유의 본질적인 내용을 침해한다고 할 것이다.

(2) 평등의 원칙 및 중소기업 보호·육성의무 위반 여부

(가) 헌법 제11조 제1항은 모든 국민은 법 앞에서 평등하다고 규정하여 평등권을 보장하고 있는데 이는 일체의 차별적 대우를 부정하는 절대적 평등을 의미하는 것이 아니라 법을 입법하고 적용함에 있어서 불합리한 차별대우를 하여서는 아니된다는 것이므로 그 차별이 합리적인 근거를 갖는 것이라면 허용되는 것이고(헌법재판소 1997. 3. 27. 선고 93헌마159 결정 참조), 헌법 제123조 제3항은 중소기업의 보호를 국가경제의 정책적 목표로 명문화하고 있고 이는 대기업과의 경쟁에서 불리한 위치에 있는 중소기업의 지원을 통하여 경쟁에서의 불리함을 조정하고 가능하면 균등한 경쟁조건을 형성함으로써 대기업과의 경쟁을 가능하게 해야 할 국가의 과제를 담고 있으며, 여기서의 중소기업의 보호는 넓은 의미의 경쟁정책의 한 측면을 의미하므로 중소기업의 보호는 원칙적으로 경쟁질서의 범주 내에서 경쟁질서의 확립

을 통하여 이루어져야 하고 중소기업의 보호란 공익이 자유경쟁질서 안에서 발생하는 불리함을 국가의 지원으로 보완하여 경쟁을 유지하고 촉진시키려는 데 그 목적이 있다고 할 것이다(헌법재판소 1996. 12. 26. 선고 96헌가18 결정 참조).

(나) 이 사건에 관하여 보건대, 이 사건 시행령 조항으로 인하여 담배제조업에 진입하고자 하는 민간중소기업들이 이 사건 시행령 조항의 시행 이래 담배제조업의 진출을 거의 원천적으로 봉쇄당하고 있어 이로 인하여 과거 국산담배제조를 독점하여 온 KT&G에게 기존의 독점권과 비슷한 특혜를 계속 부여하거나 외국의 거대 담배회사들만이 시장에 진입할 수 있게 되었으므로, 이는 민간중소기업들을 대기업인 KT&G나 국내에 진출하여 있는 외국담배회사인 B.A.T., Phillip Morris, JT 등에 비하여 담배제조업 진입에 있어서 지나치게 차별하고 있다고 할 것이고, 위와 같은 차별적 취급으로 인하여 앞서 본 바와 같이 직업선택의 자유에 대한 중대한 제한을 초래하게 되는 점, KT&G를 민영화하고 담배제조의 독점을 해소하여 신규진입을 통한 경쟁여건을 조성하고 이를 통하여 국제경쟁력의 향상, 민간부분의 사업참여기회 확대, 민간기업간의 경쟁을 통한 담배의 품질향상을 도모함에 담배제조업허가제를 도입한 취지가 있는 점 등에 비추어 보면, 이러한 차별은 정당화할 합리적인 근거가 없다고 할 것이므로 헌법상 평등의 원칙에 위반된다고 할 것이고, 나아가 대기업과의 경쟁에서 불리한 위치에 있는 중소기업의 지원을 통하여 경쟁에서의 불리함을 조정하고 가능하면 균등한 경쟁조건을 형성함으로써 대기업과의 경쟁을 가능하게 해야 할 과제가 있음에도 불구하고 중소기업의 시장진입을 과도하게 규제함으로써 오히려 독과점을 초래하고 자유경쟁질서를 후퇴시킨다는 점에서 헌법 제123조 제3항에서 규정하고 있는 중소기업의 보호·육성의무에 위반된다고 할 것이다.

(3) 이 사건 시행령 조항이 담배사업법의 내용상 한계를 일탈하였는지 여부

(가) 헌법 제75조는 대통령은 법률에서 구체적으로 범위를 정하여 위임받은 사항과 법률을 집행하기 위하여 필요한 사항에 관하여 대통령령을 발할 수 있다고 규정하고

있으므로, 위임명령은 법률이나 상위명령에서 구체적으로 범위를 정한 개별적인 위임이 있을 때에 가능하고, 여기에서 구체적인 위임의 범위는 규제하고자 하는 대상의 종류와 성격에 따라 달라지는 것이어서 일률적 기준을 정할 수는 없지만, 적어도 위임명령에 규정될 내용 및 범위의 기본사항이 구체적으로 규정되어 있어서 누구라도 당해 법률이나 상위명령으로부터 위임명령에 규정될 내용의 대강을 예측할 수 있어야 하나, 이 경우 그 예측가능성의 유무는 당해 위임조항 하나만을 가지고 판단할 것이 아니라 그 위임조항이 속한 법률이나 상위명령의 전반적인 체계와 취지, 목적, 당해 위임조항의 규정형식과 내용 및 관련 법규를 유기적, 체계적으로 종합 판단하여야 하고, 나아가 각 규제 대상의 성질에 따라 구체적 개별적으로 검토함을 요한다(대법원 2002. 8. 23. 선고 2001두5651 판결 등 참조)

(나) 이 사건에 관하여 보건대, 이 사건 시행령 조항은 담배제조업 허가기준의 하나로서 자본금 300억 원 이상을 요구하고 있는데, 그 입법목적이 군소생산업체의 난립을 방지하여 담배소비의 증가를 억제하고 국민건강을 저해하는 제품생산을 예방하기 위한 것이고, 담배가격의 대부분이 세금인 점, 최근 급증하고 있는 담배 관련 소송을 고려하여 재무적 안정을 기할 수 있는 적정규모의 자본금을 설정하기 위한 것인 점, 위와 같은 입법목적을 살리기 위한 자본금의 대강을 수권법률인 담배사업법에 미리 예측하여 규정하기 어려운 점, 담배는 이를 과도하게 소비하면 소비자의 건강을 해침은 물론 제3자에게도 피해를 줄 뿐만 아니라 의료비용 등 사회적 비용을 증가시키므로 먼저 국민보건이라는 공익을 위하여, 그리고 국가의 재정확보를 위한 목적으로 이를 규제할 필요가 있고 세계 각국에서도 담배산업에 대하여 국민보건 및 재정확보를 위하여 규제를 하는데 특히 국민보건 측면에서 광고를 통하여 담배소비를 조장하는 효과를 제한·방지하기 위한 광고의 규제, 청소년의 흡연 규제, 간접흡연규제, 허가 또는 면허제의 시행 등 다양한 규제를 하고 있는 것과 같이 폭넓은 입법형성의 자유를 가지고 있는 점, 담배사업법 및 그 시행령의 전반적인 규정체계를 고려하여 보면 위임조항인 담배사업법 제11조의 내재적인 위임의 범위나 한

계를 확정할 수 있을 뿐만 아니라, 담배제조업의 허가는 금지된 영업의 자유를 회복시켜 주는 것으로서 그 허가기준을 미리 법률로 상세하게 정하기는 입법기술상 매우 어렵고 전문적 능력이 요구되는 점 등을 종합하여 보면 수권법률인 담배사업법 제11조에 더 구체적인 허가기준을 정하지 아니하였다고 하더라도 포괄적 위임에 해당한다고 할 수는 없다.

그런데 담배사업법 제11조의 위임에 따라 그 시행령에 담배제조업의 허가기준을 정함에 있어서 담배제조의 독점을 해소하여 신규진입을 통한 경쟁여건을 조성하고, 이를 통하여 국제경쟁력 향상, 민간부분의 사업참여기회 확대, 민간기업간의 경쟁을 통한 담배의 품질 향상을 도모한다는 허가제의 도입 취지를 벗어나서는 아니된다고 하는 내재적인 한계가 있으므로 담배제조업의 허가기준으로서 최저자본금 규모를 정함에 있어서 충분한 자료를 수집하고 연구를 거쳐 구체적이고 합리적인 근거를 제시하여야 할 것인바, 이 사건 시행령 조항의 시행으로 인하여 다른 나라들의 입법례나 진입규제를 위하여 자본금 규정을 두고 있는 다른 산업관계 법령에 비하여 지나치게 과대하여 민간중소기업들의 담배제조업 진출이 거의 원천적으로 봉쇄되고 있다고 할 것이고 이로 인하여 과거 국산담배제조를 독점하여 온 KT&G에게 기존의 독점권과 비슷한 특혜를 계속 부여하는 불합리한 결과를 초래하고 있는 점, 앞서 본 경영전략연구소의 보고서나 KT&G의 의견서는 담배제조업의 허가기준으로서 최저자본금 500억 원 이상의 의견을 제시하고 있으나 최저자본금 500억 원의 산출근거를 왜 KT&G의 영주 신공장의 추정 투자비용으로 하여야 하는지 대한 합리적이고 타당한 설명이 없을 뿐만 아니라 구체적 내역에 대한 근거가 추상적이며(예를 들어 왜 부지는 80,000평, 공장시설은 600,000㎡, 자동화 창고시설은 4,600㎡, 관리후생시설은 5,700㎡가 필요하고 제조시설의 설치에 약 687억 원이 드는지 등에 대한 설명이 부족하다), 피고의 자본금 산출근거(을5호증) 및 산업연구원 산업경쟁력실의 연구보고서(을6호증)도 최저자본금 300억 원을 산출하게 된 구체적인 내역에 대한 근거가 매우 빈약한 점, 반면에 세계 각국의 입법례에서 보듯이 독점제를 채택하고 있는 일본을 제외하고 최저자본금의 규정에 의하여 신규진입을 규제하는 예는 거의 없고, 담배제조업 허가제의 도입 취지는 최저자본금 등에 의한 규제보다는 미국의 보증금제도, 광고의 규제, 청소년의 흡연 규제, 간접흡연규제 등에 의하여 보다 효과적으로 달성될 것으로 보이는 점 등에 비추어 보면, 이 사건 시행령 조항은 담배제조의 독점을 해소하여 신규진입을 통한 경쟁여건을 조성하고, 국제경쟁력 향상시키며, 담배의 품질을 향상시킨다는 담배제조업 허가제 도입의 취지에 반하여 그 수권법률인 담배사업법 제11조의 내재적인 한계를 일탈하였다고 할 것이다.

(4) 소결론

따라서 합리적이고 타당한 입법근거를 결여한 이 사건 시행령 조항은 헌법상 직업선택의 자유의 본질적 내용을 침해하고 평등의 원칙 및 국가의 중소기업보호·육성의무에 위반하였을 뿐만 아니라, 수권법률인 담배사업법 제11조의 내재적인 한계를 일탈하였으므로 무효라고 할 것이고, 위와 같은 위헌·위법한 위임명령에 근거한 이 사건 처분은 위법하다고 할 것이다. 그러므로 이 사건 처분은 취소되어야 할 것이다.

2) 2심(서울고등법원 2007누13397)

(1) 담배사업법의 입법 목적과 입법 형성의 자유

담배의 흡연은 소비자의 건강을 해침은 물론, 제3자에게 피해를 줄 뿐만 아니라 사회의 생산성을 저해하고 국가의 의료비용을 증대시켜 국민경제에도 악영향을 미치며 사회적 비용을 증가시킨다. 따라서 국민보건이라는 공익을 위하여, 그리고 국가의 재정확보를 위한 조세보전을 목적으로 이에 대한 규제를 할 필요가 있고, 세계 각국에서도 특히 국민보건의 측면에서 담배소비량을 억제하기 위하여 담배제조 및 판매 자체에 대한 규제부터 시작하여 광고 및 협찬활동의 규제, 청소년 흡연에 대한 규제 강화, 건강 경고문구 표시 등 각 나라마다 국민의 흡연습관 및 흡연율, 사회·경제·문화적인 여러 요소를 고려하여 다양한 규제정책을 시행하고 있다. 현행의 담배사업법도 기존 독점제를 폐지하고 허가제를 채택하면서도 담배가 국민건강에 미치는 영향이 크고 국가의 재정에도 직접 영향을 미치므로, 다른 상품과는 달리 담배의 제조 및 판매에 대하여 폭넓게 국가의 규제를 받도록 하고 있다.

이와 같은 담배산업의 특성상 입법자는 담배에 대하여 국민보건과 세수확보를 위한 규제에 있어서 일반 상품과는 달리 광범위한 입법형성의 자유를 가지고, 입법자로부터 위임받아 담배산업에 관한 구체적인 규제정책을 결정하는 행정청도 위와 같은 입법 목적을 실현하기 위한 정책을 결정함에 있어 폭넓은 재량을 가진다 할 것이다.

따라서 행정청이 선택한 규제방법이 담배산업의 규율에 관한 입법 목적을 달성하는 데 합리적인 수단이라고 인정될 경우 이는 행정청의 적법한 재량의 범위 내의 행위로서 정당하다 할 것이고, 그 과정에서 국민의 기본권이 제한되는 결과가 초래된다 할지라도 곧바로 행정청이 선택한 정책결정이 헌법이나 법률에 위반된 것이라고 보기는 어렵다.

(2) 직업선택의 자유 침해 여부

(가) 직업선택의 자유의 의의와 제한 및 그 한계

헌법 제15조가 규정하는 직업선택의 자유는 자신이 원하는 직업을 자유로이 선택하고 이에 종사하는 등 직업에 관한 종합적이고 포괄적인 자유를 말하고, 직업결정의 자유, 직업수행의 자유, 영업의 자유, 기업의 자유 등을 포함하고 있어 이러한 영업 및 기업의 자유를 근거로 원칙적으로 누구나가 자유롭게 경쟁에 참여할 수 있으며, 경쟁의 자유는 기본권의 주체가 직업의 자유를 실제로 행사하는 데에서 나오는 결과이므로 당연히 직업의 자유에 의하여 보장되고 다른 기업과의 경쟁에서 국가의 간섭이나 방해를 받지 않고 기업 활동을 할 수 있는 자유를 의미한다.

직업선택의 자유는 헌법 제37조 제2항에 의하여 법률로써 제한할 수 있으나 그와 같이 제한하는 경우에도 그 제한이 공익상의 충분한 이유로 정당화되고, 입법자가 선택한 수단이 의도하는 입법 목적을 달성하기에 적정해야 하며, 입법 목적을 달성하기 위하여 똑같이 효율적인 수단 중에서 기본권을 되도록 적게 침해하는 수단을 사용하여야 하고, 침해의 정도와 공익의 비중을 전반적으로 비교·형량하여 양자 사이에 적정한 비례관계가 이루어져야 한다(헌법재판소 1996. 12. 26. 선고 96헌가18 결정 참조).

이 사건의 경우 담배사업에 관하여 허가제를 시행하면서 직업선택의 자유 그 자체를 제한하고 있으므로 직업수행의 자유를 제한하는 경우에 비하여 그 침해가 공익상의 충분한 이유로 정당화되고 보다 엄격한 비례의 원칙이 적용되어야 할 것이나, 한편 독점에서 허가제로 이행하는 과정에서 이 사건 시행령 조항은 자유로운 담배사업활동이 사회공공에 대하여 가져올 폐해를 방지하기 위한 소극적인 조치에 머무르지 않고 국민보건의 증진에 적합한 담배산업구조의 형성이라는 사회정책 내지 경제정책상의 적극적인 목적을 달성하기 위한 조치의 성격도 함께 갖고 있다는 점에서 목적과 수단의 연관성이 그 위헌, 위법성을 판단함에 있어서 충분히 고려되어야 할 것이다.

(나) 비례원칙의 위배 여부

① 목적의 정당성

이 사건 시행령 조항의 입법 목적은 담배산업이 국민건강과 직결되는 것으로서 군소생산업체의 난립을 방지하여 담배소비의 증가를 억제하고 국민건강을 저해하는 제품생산을 예방하기 위한 것이고, 담배가격의 대부분이 세금인 점, 최근 급증하고 있는 담배 관련 소송을 고려하여 재무적 안정을 기할 수 있는 적정규모의 자본금을 설정하기 위한 것이고, 이러한 입법 목적이 헌법상 추구할 수 있는 정당한 공익이라는 점에서는 의문의 여지가 없다. 또한, 이러한 공익은 매우 중요한 것이라고 보아야 할 것이고, 이를 실현하여야 현실적 필요성이 존재한다는 것도 담배사업의 성격과 다른 나라에서의 담배산업구조 및 담배소비 현황에 비추어 부정하기 어려우므로, 그 목적의 정당성이 인정된다.

② 수단의 적합성

국가가 어떠한 목적을 달성함에 있어서는 어떠한 조치나 수단 하나만으로서 가능하다고 판단할 경우도 있고 다른 여러 가지의 조치나 수단을 병과하여야 가능하다고 판단하는 경우도 있을 수 있으므로 목적달성에 필요한 유일의 수단선택을 요건으로 하는 것이라고 할 수는 없다. 그러나 그렇다고 하더라도 기본권을 제한하는 방법은 최소한 그 목적의 달성을 위하여 효과적이고 적절하여야 한다(헌법재판소 2002. 4. 25. 선고 2001헌마614 결정 참조).

먼저 이 사건 시행령 조항의 입법 목적 중 '군소생산업체의 난립을 방지하여 담배소비의 증가를 억제하고 국민건강을 저해하는 제품생산을 예방하기 위한 것'이라는 관점에서 방법의 적절성 여부를 살펴본다. 앞서 인정한 사실관계에 의하면, ① 군소업체들이 담배산업에 진입할 경우 기업 사이의 경쟁의 심화, 판촉활동의 강화, 가격·비가격경쟁 등이 촉발될 가능성이 높고, 불법·탈법적인 판촉방법을 동원하여 개인들의 담배소비에 영향을 미쳐 담배소비가 증가될 수 있으며, 담배에 대한 광고규제, 청소년 흡연의 규제, 간접흡연 규제, 건강경고문구의 삽입 및 성분·첨가물에 대한 규제 등의 조치만으로는 담배소비의 억제를 달성하기 어렵다고 보이고, ② 러시아 등 담배소비가 급격히 증가한 나라들에 대한 실증적 분석결과에 의하면, 담배제조업체의 난립과 국민 담배소비량의 증가 사이에 유의미한 관련이 있음을 나타내고 있으므로 적은 수의 담배사업체가 유지되는 담배산업구조를 형성하기 위해서는 시장진입 자체를 어렵게 할 필요가 있으며, ③ 담배시장의 신규진입에 따라 사회가 부담해야 할 비용이 그로 인한 이익을 훨씬 상회하는 점 등을 종합하면, 자본금 기준을 설정하여 진입 당시부터 규제를 하는 방법이 그 목적 달성에 필요·적절한 수단이 된다고 보인다.

또한, '세금징수, 급증하고 있는 담배 관련 소송 등에 필요한 재무적 안정의 확보'라는 점에서 살펴보면, 미국의 보증금제도 등과 같은 부담금 사전 납입제도가 더 직접적인 방법일 수 있으나, ① 담배제조량에 비례하여 사전에 납부하여야 할 세금을 미리 고려하여 부담금을 산정하기 어려울 뿐 아니라 그 액수도 적지 않은 금원이 될 것으로 예상되는 점, ② 기업의 재정능력은 기업의 자산을 통하여 담보될 수밖에 없으므로 충실한 자본을 요구하는 것이 기업의 납세 등 재정적 부담능력을 나타내는 기준이 될 수 있는 점, ③ 자본금 기준이 부담금 제도와 서로 배치되는 것이 아니고 자본금 기준으로 위와 같은 목적 달성이 미흡하다고 판단될 경우 부담금 제도의 도입 등으로 이를 보완할 수 있는 점 등을 종합하면, 조세징수 등의 확보를 위해서도 자본금 기준은 적합한 수단이 된다.

③ 피해의 최소성

앞서 인정한 사실관계에 의하면, ① 피고가 선택한 방법은 담배사업으로의 진입 자체를 막는 것이 아니라 일정한 객관적 요건만을 갖출 것을 요구하는 것인 점, ② 관련 연구보고서에서 군소업체의 난립을 방지하기 위하여 요구되는 최소한의 시장점유율은 10.4% 정도로서 이를 우리나라에 적용할 경우 적어도 연간 100억 개비 이상의 생산시설을 갖출 것이 요구되므로 적어도 500억 원 이상의 자본금을 허가기준으로 제시하였으나, 피고는 과중한 설비투자의 방지와 국내 진출한 외국 담배제조회사의 국내 판매량 등을 고려하여 자본금 기준을 300억 원으로 정하였고, 한편 부담금 제도를 진입규제를 위한 수단으로 활용할 경우 담배사업을 시작하려는 기업은 사업 초기부터 과중한 자금 부담을 지게 되어 오히려 자본금 기준보다 불이익한 방법이 될 수 있는 점 등을 고려하면, 이 사건 시행령 조항의 내용은 앞서 본 입법 목적의 달성을 위하여 필요한 최소한의 제한을 한 것이라고 보인다.

④ 법익의 균형성

이 사건 시행령 조항으로 인하여 침해되는 사익은 새로 담배산업에 진입하려고 하는 기업에게 일정 규모의 자본금을 준비하도록 함으로써 담배사업이라는 직업을 선택하는 자유가 일정한 정도 제한되는 데 있는 반면, 위 조항으로 인하여 보호하고자 하는 공익은 군소업체의 난립을 방지하여 담배소비를 억제함으로써 국민건강을 보호하고 나아가 조세부담능력 등을 확보하여 국가의 조세징수를 원활히 하는 목적도 아울러 가지고 있다고 할 것인바, 이러한 공익과 사익을 서로 비교할 때 이 사건 시행령의 조항은 그 보호하고자 하는 공익이 침해하는 사익에 비하여 크다고 판단되므로, 위 조항은 법익교량의 측면에서도 균형을 도모하고 있다고 할 것이다.

⑤ 소결론

그렇다면 이 사건 시행령 조항이 비례의 원칙을 위배하여 직업선택의 자유의 본질적인 내용을 침해한 것이라 볼 수 없다.

(2) 평등의 원칙 및 중소기업 보호·육성의무 위반 여부

(가) 헌법 제11조 제1항은 모든 국민은 법 앞에서 평등하다고 규정하여 평등권을 보장하고 있는데 이는 일체의 차별적 대우를 부정하는 절대적 평등을 의미하는 것이 아니라 법을 입법하고 적용함에 있어서 불합리한 차별대우를 하여서는 아니 된다는 것이므로 그 차별이 합리적인 근거를 갖는 것이라면 허용되는 것이고(헌법재판소 1997. 3. 27. 선고 93헌마159 결정 참조), 이러한 평등의 원칙은 입법자에게 본질적으로 같은 것을 자의적으로 다르게, 본질적으로 다른 것을 자의적으로 같게 취급하는 것을 금하고 있다.

앞서 인정한 사실관계에 의하면, 담배제조의 독점을 해소하여 신규진입을 통한 경쟁 여건을 조성하기 위하여 담배사업법이 독점에서 허가제로 개정되었으나 이는 무분별한 시장 진입을 허용하겠다는 것이 아니라 담배산업의 건전한 발전을 도모하는 데 근본목적이 있는 것으로서 국민보건의 측면에서 필요한 적절한 규제를 배제하는 것은 아니고 그에 따라 담배사업법 제11조 제2항에서 허가기준 중 하나로 자본금을 명시하고 있는 점, 이 사건 시행령 조항은 담배사업법의 위임에 따라 필요한 객관적인 물적 기준을 제시한 것으로서 증권업이나 보험업, 은행업 등에 있어서도 그 사업의 특성에 비추어 필요한 자본금의 규모를 정하고 있고 그 규모도 300억 원에서 1,000억 원에 이르고 있는 점, 한편 앞서 직업선택의 자유에서 살펴본 것처럼 자본금 300

억 원이라는 기준이 그 입법 목적을 달성하는 데 지나치게 과중하거나 부적절한 것이라고 보기 어렵고 국가경제가 성장함에 따라 실질적인 부담정도는 유동적인 점 등을 종합하면, 이 사건 시행령 조항이 합리적 근거가 없는 차별에 해당하여 평등권을 침해하였다고 볼 수 없다.

(나) 헌법 제123조 제3항은 중소기업의 보호를 국가경제의 정책적 목표로 명문화하고 있고 이는 대기업과의 경쟁에서 불리한 위치에 있는 중소기업의 지원을 통하여 경쟁에서의 불리함을 조정하고 가능하면 균등한 경쟁조건을 형성함으로써 대기업과의 경쟁을 가능하게 해야 할 국가의 과제를 담고 있으며, 여기서의 중소기업의 보호는 넓은 의미의 경쟁정책의 한 측면을 의미하므로 중소기업의 보호는 원칙적으로 경쟁질서의 범주 내에서 경쟁질서의 확립을 통하여 이루어져야 하고 중소기업의 보호란 공익이 자유경쟁질서 안에서 발생하는 불리함을 국가의 지원으로 보완하여 경쟁을 유지하고 촉진시키려는 데 그 목적이 있다고 할 것이다(헌법재판소 1996. 12. 26. 선고 96헌가18 결정 참조).

그러나 이는 국가가 지향하여야 할 경제에 관한 원리를 제시한 것으로서, 위와 같은 헌법 규정이 국가경제정책의 합헌성을 판단하는 데 직접 적용되는 헌법규범적 성격을 갖는 규정이라는 점에 대해서는 학설상 이론이 있을 뿐 아니라, 국민의 기본권에 대한 제한에서와 마찬가지로 국가안전 및 공공복리 등 다른 공익상의 요청이 있을 경우 합리적인 범위 내에서 제한 또는 수정될 수 있다고 봄이 상당하다.

이 사건 시행령 조항은 자본금 300억 원에 미치지 못하는 기업의 담배사업 진입을 제한함으로써 직업선택의 자유를 제한하고 중소기업의 활동을 제한하는 측면이 있으나, 헌법 제36조 제3항에서 국가는 보건에 관하여 모든 국민을 보호할 의무를 규정하고 있고, 앞서 본 바와 같이 이러한 제한은 담배산업에 있어서 군소업체의 난립을 방지하여 담배소비를 억제 또는 감소시키고 국민건강을 보호하기 위한 데 주된 목적이 있고, 이러한 목적을 달성하는 데 적절한 수단이라 할 것이며, 나아가 담배산업에 대한 정책은 시장경쟁촉진과 소비자 선택의 확대라는 정책목표를 가졌을 때와 국민보건 증진을 위한 흡연율 억제라는 정책목표를 가졌을 때 다른 내용의 규제 방법을 택하게 될 것인데 이는 결국 입법자와 그로부터 위임받은 행정청의 정책판 단에 맡겨진 문제로서 정책결정자가 그 방향 중 국민 보건을 중시하는 정책을 선택 한 것이라 할 것이므로, 결국 이 사건 시행령 조항은 헌법 제123조 제3항을 포함한 우리 헌법의 경제질서조항에 위반되지 아니한다고 할 것이다.

(3) 이 사건 시행령 조항이 담배사업법의 내용상 한계를 일탈하였는지 여부

헌법 제75조는 대통령은 법률에서 구체적으로 범위를 정하여 위임받은 사항과 법률을 집행하기 위하여 필요한 사항에 관하여 대통령령을 발할 수 있다고 규정하고 있으므로, 위 임명령은 법률이나 상위명령에서 구체적으로 범위를 정한 개별적인 위임이 있을 때에 가 능하고, 여기에서 구체적인 위임의 범위는 규제하고자 하는 대상의 종류와 성격에 따라 달 라지는 것이어서 일률적 기준을 정할 수는 없지만, 적어도 위임명령에 규정될 내용 및 범 위의 기본사항이 구체적으로 규정되어 있어서 누구라도 당해 법률이나 상위명령으로부터 위임명령에 규정될 내용의 대강을 예측할 수 있어야 하나, 이 경우 그 예측가능성의 유무 는 당해 위임조항 하나만을 가지고 판단할 것이 아니라 그 위임조항이 속한 법률이나 상위 명령의 전반적인 체계와 취지, 목적, 당해 위임조항의 규정형식과 내용 및 관련 법규를 유 기적, 체계적으로 종합 판단하여야 하고, 나아가 각 규제 대상의 성질에 따라 구체적 개별 적으로 검토함을 요한다(대법원 2002. 8. 23. 선고 2001두5651 판결 등 참조).

이 사건의 경우, 이 사건 시행령 조항의 위임조항인 담배사업법 제11조 제2항에서 자본 금·시설기준·기술인력 등 허가기준의 내용을 명확하게 규정한 점, 이 사건 시행령 조항 은 담배제조업 허가기준의 하나로서 자본금 300억 원 이상을 요구하고 있는데, 그 입법 목 적이 군소생산업체의 난립을 방지하여 담배소비의 증가를 억제하고 국민건강을 저해하는 제품생산을 예방하기 위한 것이고, 담배가격의 대부분이 세금일 뿐 아니라 최근 급증하고 있는 담배 관련 소송을 고려하여 재무적 안정을 기할 수 있는 적정규모의 자본금이 필요 한 점, 담배는 이를 과도하게 소비하면 소비자의 건강을 해침은 물론 제3자에게도 피해를

줄 뿐만 아니라 의료비용 등 사회적 비용을 증가시키므로 먼저 국민보건이라는 공익을 위하여, 그리고 국가의 재정확보를 위한 목적으로 이를 규제할 필요가 있고, 세계 각국에서도 담배산업에 대하여 국민보건 및 재정확보를 위하여 규제를 하는데 특히 국민보건측면에서 광고를 통하여 담배소비를 조장하는 효과를 제한·방지하기 위한 광고의 규제, 청소년의 흡연 규제, 간접흡연규제, 허가 또는 면허제의 시행 등 다양한 규제를 하고 있는 것과 같이 폭넓은 입법형성의 자유를 가지고 있는 점, 담배사업법 및 그 시행령의 전반적인 규정체계를 고려하여 보면 위임조항인 담배사업법 제11조의 내재적인 위임의 범위나 한계를 확정할 수 있을 뿐만 아니라, 담배제조업의 허가는 금지된 영업의 자유를 회복시켜 주는 것으로서 그 허가기준의 구체적인 내용을 미리 법률로 상세하게 정하기는 입법기술상 매우 어렵고 전문적 능력이 요구되는 점, 한편 이 사건 시행령 조항이 정한 자본금 300억 원의 기준은 군소업체 난립 방지를 위하여 최소한으로 요구되는 시장점유율 10%를 기준으로 한 생산설비 능력에 기초한 것으로 원래 요구되었던 연간 100억 개비 생산보다도 낮은 50억 개비 생산을 전제로 하여 결정되었고, 그에 필요한 설비투자자금과 운영자금 등을 고려할 때 지나치게 과다한 금액으로 보이지 않는 점 등을 종합하여 보면, 이 사건 시행령 조항은 담배제조의 독점을 해소하여 신규진입을 통한 경쟁여건을 조성하고, 국제경쟁력을 향상시키며, 담배의 품질을 향상시킨다는 담배제조업 허가제 도입의 취지에 반하여 그 수권법률인 담배사업법 제11조의 내재적인 한계를 일탈하였다고 보기 어렵고, 그 근거가 되는 법 및 시행령의 전반적인 체계와 취지·목적, 당해 위임조항의 규정형식과 내용 및 그 규제 대상의 성질 등에 비추어 적법한 위임의 범위 내에 있다 할 것이다.

(4) 소결론

그렇다면 이 사건 시행령 조항은 헌법상 직업선택의 자유의 본질적 내용을 침해하거나 평등의 원칙 및 국가의 중소기업보호·육성의무를 위반하지 아니하였을 뿐만 아니라, 수권법률인 담배사업법 제11조의 내재적인 한계의 범위 내에 있어 유효하다 할 것이므로, 이 사건 시행령 조항에 근거한 이 사건 처분은 적법하다.

3) 3심(대법원 2008두2019)

담배사업법 제11조 제1항은 담배제조업을 영위하고자 하는 자로 하여금 피고의 허가를 받도록 하면서 같은 조 제2항에서 자본금, 시설기준, 기술인력, 담배제조 기술의 연구·개발 및 국민건강 보호를 위한 품질관리 등의 구체적인 허가기준을 대통령령에 위임하고 있고, 이에 따라 제정된 담배사업법 시행령 제4조 제1항 제1호는 자본금 규모를 300억 원 이상으로 할 것을 허가기준으로 규정하고 있는바, 이는 종래 한국담배인삼공사가 독점하던 담배제조업에 허가제를 도입하여 독점에 따른 비효율성 제거와 담배소비자의 경제적 후생 증진을 도모하되, 국민건강과 직결되는 담배사업의 특성을 고려하여 군소생산업체의 난립을 방지함으로써 담배소비의 증가를 억제하고 국민건강을 저해하는 제품 생산을 예방함과 아울러 담배가격의 대부분을 차지하는 조세를 안정적으로 징수하고 근래 급증하고 있는 담배 관련 소송 등에 대비하여 담배제조기업의 재정적 안정을 도모하며 잎담배 재배농가를 보호하기 위한 목적으로 적정규모의 자본금을 갖출 것을 허가기준으로 한 것이고, 자본의 적정규모를 300억 원 이상으로 한 것은 위와 같은 입법 목적과 국내 담배시장의 규모와 상황을 고려하여 신규 사업자로 하여금 연간 담배 50억 개비 이상의 생산시설을 갖추도록 하는 것이 적정하다는 정책적 판단아래 그 시설에 맞는 투자금액을 추산하여 결정한 것이다.

담배사업법 시행령 제4조 제1항 제1호가 300억 원 이상의 자본금을 갖출 것을 허가기준으로 하여 자본금이 그에 미치지 못하는 기업의 담배제조업 진입을 제한함으로써 직업선택의 자유나 중소기업의 활동을 일부 제한하는 측면이 없지 않으나, 위에서 본 바와 같이 그 입법목적이 정당한 점, 그로 인하여 자본금 300억 원을 마련할 수 없는 기업의 담배제조업 진입을 제한함으로써 잃게 되는 사익보다 위 조항으로 인하여 얻게 되는 국민건강, 조세징수확보 및 담배제조기업의 재정안정이라는 공익이 훨씬 큰 것으로 보이는 점, 자본금의 적정규모를 300억 원으로 한 것도 현저히 부당하다고 보이지 않는 점을 고려하면, 위 조항이 직업선택의 자유의 본질적인 내용을 침해하였다거나 합리적 근거 없는 차별에 해당하여 평등권을 침해하였다고 보기 어려울 뿐만 아니라, 헌법 제123조 제3항이 가지는 규범적 성격과 헌법 제36조 제3항에 따른 국민보건에 관한 국가의 의무를 아울러 고려하면 위 조항이 헌법상의 중소기업 보호·육성 의무에 위반된다고 볼 수도 없으므로, 결국 위 시행령 조항은 헌법에 위반되지 않는다.

또한, 위에서 본 바와 같은 담배사업법의 입법 목적, 담배사업법 및 그 시행령의 전반적인 체계와 취지, 당해 위임조항의 규정형식과 내용 및 그 규제 대상의 성질 등에 비추어 보면, 위 시행령 조항이 담배사업법 제11조의 위임범위나 담배제조업 허가제 도입의 취지에 따른 한계를 일탈하였다고 할 수도 없다.

같은 취지에서 원심이 채용 증거들을 종합하여 그 판시와 같은 사실을 인정한 다음 위 시행령 조항이 유효하다고 판단한 것은 정당하고, 거기에 주장하는 바와 같은 대통령령의 헌법 위반 및 수권법률의 위임한계에 관한 법리오해, 채증법칙 위배 등의 위법이 없다.

그러므로 상고를 기각하고, 상고비용은 패소자의 부담으로 하여 관여 대법관의 일치된 의견으로 주문과 같이 판결한다.

나. 담배의 판매

담배를 제조하거나 수입한 영업자는 소비자에게 직접 담배를 판매할 수 없고, 담배사업법 제12조에 따라 도매업자나 소매인에게만 판매할 수 있다. 그리고 판매 방식 등에 대해서도 다음과 같이 법률로 명확하게 규정하고 있는데, 특히 소매인이라 하더라도 우편이나 전자거래의 방법으로 판매할 수 없으므로 포털사이트에서 궐련형 담배 혹은 궐련형 전자담배는 기기를 제외하고 검색해도 제품의 가격이나 종류를 검색할 수 없다.

제12조(담배의 판매) ① 제조업자가 제조한 담배는 그 제조업자가, 외국으로부터 수입한 담배는 그 수입판매업자가 다음 각 호에 해당하는 자에게 판매한다.
　1. 도매업자(제13조 제1항에 따른 담배도매업의 등록을 한 자를 말한다. 이하 같다)

2. 소매인(제16조 제1항에 따른 소매인의 지정을 받은 자를 말한다. 이하 같다)

② 소매인이 아닌 자는 담배를 소비자에게 판매해서는 아니 된다.

③ 제조업자, 수입판매업자, 도매업자 또는 소매인은 다음 각 호의 담배를 판매해서는 아니 된다.

  1. 담배제조업허가를 받지 아니한 자가 제조한 담배

  2. 「관세법」 제14조에 따라 부과되는 관세를 내지 아니하거나, 같은 법 제235조에 따라 보호되는 상표권
    을 침해하거나, 같은 법 제241조에 따른 수입신고를 하지 아니하고 수입된 담배

  3. 절취 또는 강취(强取)된 담배

  4. 제11조의5제3항을 위반하여 화재방지성능인증서를 제출하지 아니한 담배

④ 소매인이 담배를 소비자에게 판매하는 경우에는 우편판매 및 전자거래(「전자문서 및 전자거래 기본법」
  제2조 제5호에 따른 전자거래를 말한다. 이하 같다)의 방법으로 하여서는 아니 된다.

담배제조업자나 담배수입업자로부터 담배를 매입하여 다른 도매업자나 소매인에게 판매하려는 자를 담배도매업자라고 하며, 외국의 담배를 수입 판매하려는 자는 담배 수입판매업자라 한다. 이들은 담배사업법 제13조에 따라 관할 특별시장·광역시장·특별자치시장·도지사 또는 특별자치도지사(이하 "시·도지사"라 한다)에게 등록하여야 한다. 이때도 담배사업법 시행령 제5조에 따라 등록요건을 갖추어야 하며, 일단 등록요건을 갖추어 신청한 영업자에 대해서 관할 행정기관은 등록을 수리하고 결과를 7일 내에 통보해야 한다.

담배사업법 제13조(담배판매업의 등록)

① 담배수입판매업을 하려는 자는 그의 본점 또는 주된 사무소의 소재지를 관할하는 특별시장·광역시장·특별자치시장·도지사 또는 특별자치도지사(이하 "시·도지사"라 한다)에게 등록하고, 담배도매업(제조업자나 수입판매업자로부터 담배를 매입하여 다른 도매업자나 소매인에게 판매하는 영업을 말한다. 이하 같다)을 하려는 자는 그의 본점 또는 주된 사무소의 소재지를 관할하는 특별자치시장·특별자치도지사·시장·군수 또는 구청장(구청장은 자치구의 구청장을 말하며, 이하 "시장·군수·구청장"이라 한다)에게 등록하여야 한다. 등록한 사항 중 기획재정부령으로 정하는 중요사항을 변경할 때에도 또한 같다.

② 제1항에 따른 등록을 하려는 자는 대통령령으로 정하는 요건을 갖추어야 한다.

③ 제1항에 따라 담배수입판매업의 등록업무를 한 시·도지사는 등록한 날부터 7일 이내에 기획재정부장관, 행정안전부장관, 보건복지부장관, 환경부장관, 여성가족부장관, 관세청장 및 다른 시·도지사에게 각각 그 내용을 통보하여야 한다.

담배사업법 시행령 제5조(담배판매업의 등록)

① 법 제13조에 따른 등록을 하려는 자가 갖추어야 할 요건은 다음 각 호의 구분에 따른다.

1. 담배수입판매업의 등록을 하려는 경우: 외국의 담배제조업자와 담배의 공급계약을 체결할 것

2. 담배도매업의 등록을 하려는 경우: 담배의 보관시설을 갖추고 제조업자, 수입판매업자 또는 다른 담배도매업자(이하 "도매업자"라 한다)와 담배의 공급계약을 체결할 것

② 법 제13조에 따른 담배수입판매업의 등록을 하려는 자의 신청을 받은 특별시장·광역시장 또는 도지사(이하 "시·도지사"라 한다) 및 담배도매업의 등록을 하려는 자의 신청을 받은 시장·군수 또는 구청장(구청장은 자치구의 구청장을 말한다. 이하 같다)은 다음 각 호의 어느 하나에 해당하는 경우를 제외하고는 등록을 해 주어야 한다.

1. 등록을 신청한 자가 제1항에 따른 요건을 갖추지 못한 경우

2. 등록을 신청한 자가 법 제14조 각 호의 어느 하나에 해당하는 경우

3. 그 밖에 이 법령 또는 다른 법령에 따른 제한에 위반되는 경우

소비자인 흡연자들과 직접 대면하면서 담배를 판매하는 영업자를 소매인이라 하고, 담배사업법 제16조에서는 소비자에게 직접 판매하는 영업을 담배소매업이라고 정의하면서 소매인 지정 신청을 받은 시장·군수·구청장은 제2항 각호의 어느 하나에 해당하지 않으면 지정을 해야 한다고 재량이 아닌 기속행위로 규정하고 있다.

제16조(소매인의 지정) ① 담배소매업(직접 소비자에게 판매하는 영업을 말한다)을 하려는 자는 사업장의 소재지를 관할하는 시장·군수·구청장으로부터 소매인의 지정을 받아야 한다.

② 시장·군수·구청장은 제1항에 따른 소매인의 지정을 받으려는 자가 지정을 신청한 때에는 소매인 지정을

하여야 한다. 다만, 다음 각 호의 어느 하나에 해당하는 경우에는 그러하지 아니하다.

1. 다음 각 목의 어느 하나에 해당하는 자인 경우

　가. 미성년자 또는 피성년후견인·피한정후견인

　나. 파산선고를 받고 복권되지 아니한 자

　다. 이 법을 위반하여 징역의 실형을 선고받고 그 집행이 끝나거나(집행이 끝난 것으로 보는 경우를 포
　　함한다) 집행이 면제된 날부터 1년이 지나지 아니한 사람

　라. 이 법을 위반하여 징역형의 집행유예를 선고받고 그 유예기간 중에 있는 사람

　마. 제17조 제1항에 따라 지정이 취소(이 호 가목 또는 나목에 해당하여 지정이 취소된 경우는 제외한
　　다)된 날부터 2년이 지나지 아니한 자

　바. 대표자가 가목부터 마목까지의 어느 하나에 해당하는 법인

2. 청소년(「청소년 보호법」 제2조 제1호에 따른 청소년을 말한다. 이하 같다)이 담배에 쉽게 접근할 수 있
　는 장소 등 담배판매업을 하는 것이 부적당하다고 인정되는 장소로서 기획재정부령으로 정하는 장소
　에서 담배를 판매하려는 경우

3. 영업소 간의 거리 등 기획재정부령으로 정하는 지정기준에 적합하지 아니한 경우

4. 그 밖에 이 법 또는 다른 법령에 따른 제한에 위반되는 경우

③ 소매인의 지정절차, 그 밖에 지정에 필요한 사항은 기획재정부령으로 정한다.

여기서 구체적으로 소매인 지정기준 등에 대해서는 담배사업법 시행규칙 제7조의3에
구체적으로 정하고 있다.

제7조의3(소매인의 지정 기준 등) ① 법 제16조 제2항 제2호에서 "기획재정부령으로 정하는 장소"란 다음
각 호의 어느 하나에 해당하는 장소를 말한다.

1. 약국, 병원, 의원 등 보건의료 관련 영업장

2. 게임장, 문구점, 만화방 등 청소년(「청소년 보호법」 제2조 제1호에 따른 청소년을 말한다. 이하 같다)이
　주로 이용하는 장소

3. 그 밖에 담배판매업을 하는 것이 부적당한 장소로서 시장·군수 및 구청장이 규칙으로 정하는 장소

② 법 제16조 제2항 제3호에서 "영업소 간의 거리 등 기획재정부령으로 정하는 지정기준"이란 다음 각 호의
　요건을 말한다.

1. 소매인 영업소 간 거리를 50미터 이상으로 하여 일정하게 유지할 것
2. 「건축법」 등 관계법령에 따라 적법하게 건축된 점포를 갖출 것

③ 제2항 제1호에도 불구하고 건축물 또는 시설물 내의 장소에는 건축물 등의 구조·상주인원·이용인원 등을 고려하여 소매인 영업소 간 거리를 달리 정하거나 제한하지 아니할 수 있다. 이 경우 소매인은 담배진열장 및 담배소매점 표시판을 건물 또는 시설물의 외부에 설치하여서는 아니된다.

④ 제1항부터 제3항까지의 규정에 따른 영업장 및 장소의 범위, 영업소 사이의 거리 및 해당 거리의 측정방법 등 구체적인 기준은 지방자치단체의 인구, 면적 및 지역적 특성 등을 고려하여 시장·군수 및 구청장이 규칙으로 정한다.

상기와 같이 소매인 영업소 간 거리 제한 등에 대해 시장·군수 및 구청장이 규칙으로 구체적인 기준을 정하도록 하고 있다. 이에 따라 현재 법제처에는 228개의 지방자치단체가 담배소매인 지정기준에 관한 규칙을 제정해서 운영하고 있다. 규칙에는 소매인 지정신청에 관한 공고, 담배판매업의 부적당한 장소, 소매인 지정기준, 소매인 영업소 간 거리측정 혹은 매장면적 측정 방법 등이 규정되어 있다.

※ 세종특별자치시 담배소매인 지정기준에 관한 규칙
[세종특별자치시규칙 제345호, 2023. 5. 30., 일부개정]

제1조(목적) 이 규칙은 「담배사업법 시행규칙」 제7조의2 및 제7조의3에서 위임된 사항과 그 시행에 필요한 사항을 규정함을 목적으로 한다.

제2조(소매인 지정신청에 관한 공고 등) ① 「담배사업법 시행규칙」(이하 "시행규칙"이라 한다) 제7조의2에 따라 소매인 지정신청에 관한 공고를 하는 때에는 세종특별자치시 인터넷 홈페이지 및 읍·면·동 인터넷 홈페이지에 7일 이상 공고하여야 한다.

② 시행규칙 제7조의2 제1항 제1호에 따른 소매인 지정신청에 관한 공고는 해당 건축물이 「건축법」 제22조에 따른 사용승인(같은 법 시행령 제17조에 따른 임시사용승인을 포함한다)을 받은 날부터 20일이 지난 때에 공고할 수 있다.

제3조(담배판매업의 부적당한 장소) 시행규칙 제7조의3 제1항 제3호에서 "담배판매업을 하는 것이 부적당한 장소로서 시장이 규칙으로 정하는 장소"란 다음 각 호의 어느 하나에 해당하는 장소를 말한다. 1. 야간에 주로 영업하는 영업장

  2. 부동산업 등 영업시간 중 자주 폐문 부재로 소비자에게 불편을 초래할 수 있어 담배 판매장소로 부적당하다고 인정되는 업종의 영업장. 다만, 영업주 외의 종업원이 2명 이상인 경우는 그러하지 아니하다.

  3. 「식품위생법」에 따른 영업허가(신고를 포함한다. 이하 같다)를 받은 식품접객업 중 휴게음식점영업(슈퍼마켓·편의점·휴게소는 제외한다), 일반음식점영업 또는 제과점영업을 하는 장소. 다만, 식품접객업의 영업허가를 받은 영업장에서 담배 판매장소가 식품접객업의 용도로 사용되는 장소와 분리(벽, 층, 출입문 등에 의하여 별도의 공간으로 구분되어 있는 경우를 말한다)되어 있는 경우는 그러하지 아니하다.

제4조(소매인 지정기준) ① 시행규칙 제7조의3 제2항 제1호에 따라 소매인 영업소 간 거리는 50미터 이상으로 하여야 한다.

② 제1항에도 불구하고 시행규칙 제7조의3 제3항 본문 및 같은 조 제4항에 따라 영업소 간의 거리를 제한하지 아니하는 건축물 또는 시설물은 다음 각 호의 어느 하나에 해당하는 것을 말한다. 이 경우 건축물 또는 시설물의 구조·상주인원 및 이용인원 등을 고려하여 동일 건축물 또는 시설물 내 2개소 이상의 장소에 소매인을 지정할 수 있다.

  1. 역·공항·버스터미널·선박여객터미널 등 교통시설 및 기차·선박 등의 교통수단

  2. 공공기관·공장·군부대·운동경기장·장례식장·화장장 등의 시설

  3. 유원지·공원 등으로서 입장하면서 입장료의 지불이 필요한 시설

  4. 지상 6층 이상으로서 연면적 2,000제곱미터 이상인 건축물

  5. 백화점·쇼핑센터 등 「유통산업발전법」 제2조 제3호에 따른 대규모점포

  6. 「통계법」에 따라 통계청장이 고시하는 한국표준산업분류표에 따른 종합소매업인 슈퍼마켓·편의점 등으로서 매장면적이 100제곱미터 이상인 하나의 소매점포

③ 제2항 제6호에 따른 매장면적은 건축물대장에 기재된 전용면적 중 상품의 판매에 직접 제공되는 영업장의 면적을 말하며, 측정방법은 다음 각 호와 같다.

  1. 영업장의 내벽을 기준으로 측정한다.

  2. 내벽 안쪽의 바닥면적 중 별도 구획된 직원 휴게실·화장실·창고 및 건물기둥은 면적 산정에서 제외한다.

④ 제2항 제1호에서 제3호까지와 제5호에 따른 장소에서 제2항에 따라 영업소 간의 거리를 제한받지 아니하는 소매인이 지정된 경우에는 제1항에 따른 영업소 간의 거리를 적용 받는 소매인은 지정하지 아니한다.

제5조(소매인 영업소 간 거리측정 방법 등) 제4조 제1항에 따른 소매인 영업소 간 거리의 측정방법은 다음 각 호의 구분에 따른다.

1. 소매인 지정을 받으려는 영업소와 이미 제4조 제1항에 따른 기준을 적용하여 소매인의 지정을 받은 영업소가 모두 1층에 위치한 경우: 두 영업소의 외벽 간의 최단거리를 기준으로 측정. 이 경우 최단거리는 「도로교통법」 제8조, 제10조 제2항 및 제3항에 따른 보행자의 통행방법에 의한다.

2. 소매인 지정을 받으려는 영업소 또는 이미 제4조 제1항에 따른 기준을 적용하여 소매인의 지정을 받은 영업소가 건축물의 지하 또는 지상 2층 이상에 위치한 경우: 제1호에 따른 방법으로 측정하되, 지하 또는 지상 2층 이상의 영업소는 영업소의 외벽이 아닌 최단거리에 있는 1층 출입구 중앙부터 측정한다.

3. 소매인 지정을 받으려는 영업소와 이미 제4조 제1항에 따른 기준을 적용하여 소매인의 지정을 받은 영업소가 모두 건축물의 지하 또는 지상 2층 이상에 위치한 경우: 제1호에 따른 방법으로 측정하되, 두 영업소의 최단거리에 있는 1층 출입구 중앙 간의 거리를 측정한다.

※ 담배소매인지정신청 반려처분 취소 사건[대법원 2015. 11. 26. 선고 2013두25146 판결]

1. 구 담배사업법(2014. 1. 21. 법률 제12269호로 개정되기 전의 것, 이하 같다)은 소매인이 아닌 자는 담배를 소비자에게 판매하여서는 아니 되고, 담배소매업(직접 소비자에게 판매하는 영업을 말한다)을 하고자 하는 자는 사업장의 소재지를 관할하는 시장·군수·구청장으로부터 소매인의 지정을 받아야 한다고 규정하면서(제12조 제2항, 제16조 제1항), 소매인의 지정기준·지정절차 기타 지정에 관하여 필요한 사항을 기획재정부령에 위임하고 있다(제16조 제4항). 이러한 위임에 따라 제정된 구 담배사업법 시행규칙(2014. 1. 29. 기획재정부령 제397호로 개정되기 전의 것, 이하 '이 사건 시행규칙'이라 한다) 제7조 제1항 제1호(이하 '이 사건 규정'이라 한다)는 담배소매인 지정을 받으려는 자가 신청서에 첨부하여 제출할 서류의 하나로 '점포(적법하게 건축된 것을 말한다)의 사용에 관한 권리를 증명하는 서류'를 들고 있다.

2. 가. 구 담배사업법은 담배산업의 건전한 발전을 도모하고 국민경제에 이바지함을 목적으로 하는 한편(제1조), 국민의 생명과 신체의 안전에 대한 국가의 보호의무 실현을 위하여 담배의 제조, 생산, 유통, 소비의 전 과정을 규제하고 있으며, 특히 담배의 유통 단계에서도 행정관청이 개입하여 엄격하게 관리하고 있다(헌법재판소 2015. 4. 30. 선고 2012헌마38 결정 참조).

그리고 구 담배사업법 제12조 제4항은 소매인이 담배를 우편판매 및 전자거래의 방법으로 소비자에게 판매하는 것을 금지하고 있으므로 소비자는 소매인의 영업장소를 직접 방문해서 담배를 구매할 수밖에 없고, 따라서 담배 판매장소인 소매인 점포의 안정성, 계속성 등이 소매인 지정의 고려요소가 될 수밖에 없다.

또한 구 담배사업법 제16조 제3항은 시장·군수·구청장은 청소년이 담배에 쉽게 접근할 수 있는 장소 등 담배판매업을 하는 것이 부적당하다고 인정하는 장소에서 담배를 판매하고자 하는 자에 대하여는 소매인의 지정을 하지 않을 수 있다고 규정하여, 소매인 지정에서 제외되는 대상을 불확정개념으로 규정함으로써 행정청에게 제외 대상에 해당하는지 여부를 판단함에 있어서 재량권을 부여하고 있다고 볼 수 있다.

더구나 구 담배사업법 제17조 제1항 제5호는 소매인 지정 취소사유의 하나로 '폐업신고 또는 휴업신고를 하지 아니하고 60일 이상 영업을 하지 아니한 때'를, 같은 조 제2항 제4호, 이 사건 시행규칙 제11조 제2항은 영업정지 사유의 하나로 '정당한 사유 없이 30일 동안 계속하여 담배를 판매하지 아니한 때'를 각 규정하고 있으므로, 소매인 지정을 받으려면 영업의 계속성을 보장할 수 있는 장소를 확보하여야 할 필요도 있다.

이와 같은 구 담배사업법의 전체적인 입법 취지 및 소매인 지정과 영업장소에 관한 구체적인 규정 내용들을 종합할 때, 행정청은 소매인 지정 여부를 결정하면서 소매인 지정을 받으려는 자의 영업장소가 담배판매업을 영위하는 데 적합한지 여부를 고려할 수도 있다고 보아야 하므로, 구 담배사업법 제16조 제4항이 기획재정부령에 위임한 소매인의 지정기준·지정절차 기타 지정에 관하여 필요한 사항에는 이와 같은 영업장소의 적합성에 관한 사항도 포함된다고 해석함이 타당하다.

따라서 이 사건 규정이 담배소매업 영위에 적합한 점포로서 관계 법령에 따라 적법하게 건축된 점포에 한하여 담배소매인 지정을 받을 수 있도록 정하였다고 하여 모법의 위임 범위를 일탈한 것으로 볼 수 없다.

나. 이 사건 규정으로 인하여 적법하게 건축된 점포의 사용에 관한 권리를 증명하지 못하는 담배소매인 지정 신청인은 소매인 지정을 받지 못하여 영업의 자유가 제한되는 측면은 있으나, ① 담배유통질서의 확립 및 담배산업의 건전한 발전뿐만 아니라 국민건강과 직결되는 담배산업의 특성을 고려하여 담배소매업의 물적 요건을 정한 이 사건 규정의 입법 목적이 정당한 점, ② 이 사건 규정으로 인하여 제한되는 사익보다 위 규정을 통하여 얻게 되는 담배 소매 영업장소의 안정성, 계속성 확보를 통한 담배유통질서의 확립, 조세징수확보 및 담배산업의 건전한 발전이라는 공익이 훨씬 큰 점, ③ 건축법상 허가권자는 건축법 제79조 제2항, 제3항에 따라 위법 건축물에서의 영업행위를 규제할 수 있는 점에 비추어, 담배소매인 지정을 받기 위해서는 적법하게 건축된 점포의 사용에 관한 권리가 있을 것을 요구하는 이 사건 규정이 현저히 부당하다고 보기도 어려운 점 등을 고려하면, 이 사건 규정이 영업의 자유를 과도하게 침해하였다거나 합리적 근거 없는 차별에 해당하여 평등원칙에 위배된다고 볼 수 없다.

다. 원심이 같은 취지에서 이 사건 규정이 유효하다고 판단한 것은 정당하고, 거기에 상고이유가 주장하는 바와 같이 위임입법의 한계나 그 효력에 관한 법리를 오해한 위법이 없다.

5. 담배의 표시와 광고

가. 담배의 표시

담배사업법에는 별도로 표시의 정의가 없어서 표시·광고의 공정화에 관한 법률 제2조 제1호에서 표시의 정의를 보면 사업자가 상품에 관하여 소비자에게 알리기 위하여 상품의 용기·포장에 쓰거나 붙인 문자·도형을 말한다. 그렇다면 담배의 표시란 담배의 용기·포장에 쓰이거나 붙여진 문구, 그림 등이다.

담배에는 성분과 경고 문구를 표시하는 것이 의무인데, 담배사업법 제25조에서는 경고 문구의 표시를 제25조의2에서는 담배 성분 등의 표시를 규정하고 있다.

담배의 경고문구 표시

제25조(담배에 관한 경고문구의 표시 및 광고의 제한) ① 담배 갑(匣)의 포장지 및 대통령령으로 정하는 광고에는 흡연은 건강에 해롭다는 내용이 명확하게 표현된 경고문구를 표시하여야 한다.

② 기획재정부장관은 대통령령으로 정하는 바에 따라 담배에 관한 광고를 금지하거나 제한할 수 있다.

③ 제1항에 따른 경고문구의 표시가 없거나 제2항에 따른 광고의 금지 또는 제한 내용을 위반한 경우 기획재정부장관은 제조업자에 대하여, 시·도지사는 수입판매업자에 대하여, 시장·군수·구청장은 도매업자 및 소매인에 대하여 각각 해당 담배의 수입 또는 판매를 제한하거나 광고물의 제거 등 시정에 필요한 명령 또는 조치를 할 수 있다.

④ 제1항에 따른 경고문구는 기획재정부장관이 보건복지부장관 및 여성가족부장관과 협의하여 정한다.

담배의 성분 표시

제25조의2(담배 성분 등의 표시) ① 제조업자와 수입판매업자는 담배 한 개비의 연기에 포함된 주요 성분과 그 함유량을 담배의 포장지 및 대통령령으로 정하는 광고에 표시하여야 한다. 다만, 액체형태의 담배의 경우에는 대통령령으로 정하는 바에 따라 니코틴 용액의 용량을 표시하여야 한다.

② 제조업자와 수입판매업자는 판매 중인 담배에 대하여 분기마다 분기가 시작된 후 1개월 이내에 기획재정부장관이 지정하는 측정기관에 품목별로 담배 성분 측정을 의뢰하여야 한다.

③ 제1항에 따라 표시하여야 할 성분의 종류, 측정기준, 측정기관의 지정, 표시방법 및 허용 오차의 범위, 성분 표시의 생략, 그 밖에 성분의 표시에 필요한 사항은 대통령령으로 정한다.

④ 제1항에 따른 성분과 그 함유량의 표시가 없거나 표시된 성분의 함유량이 허용 오차의 범위를 초과하는 경우에는 제25조 제3항을 준용한다.

(1) 경고 문구

담뱃갑의 포장지에는 '흡연은 건강에 해롭다는 내용이 명확하게 표현된 경고 문구'를 표시해야 한다. 이때 경고 문구는 담배사업법의 주무부처 장인 기획재정부장관이 보건복지부 장관 및 여성가족부 장관과 협의하여 정하도록 규정하고 있다. 이에 따라 2004. 8. 4. 흡연 경고문구가 고시로 제정된 이래 지금까지 다음과 같이 시행되고 있다.

앞 면	뒷 면	옆면(한쪽)	시행기간
경고 : 흡연은 폐암 등 각종 질병의 원인! 일단 흡연하게 되면 끊기가 매우 어렵습니다. 담배연기에는 발암성 물질인 나프틸아민, 니켈, 벤젠, 비닐 크롤라이드, 비소, 카드뮴이 들어있습니다. 금연상담전화 1544-9030	경고 : ⑲세미만 청소년에게 판매 금지! 당신 자녀의 건강을 해칩니다. 담배연기에는 발암성 물질인 나프틸아민, 니켈, 벤젠, 비닐 크롤라이드, 비소, 카드뮴이 들어있습니다. 금연상담전화 1544-9030	타르 흡입량은 흡연자의 흡연습관에 따라 달라질 수 있습니다.	'15.4.1 ~ '17.3.31
경고 : 흡연은 폐암 등 각종 질병의 원인이 되며 내가족, 이웃까지도 병들게 합니다. 담배연기에는 발암성 물질인 나프틸아민, 니켈, 벤젠, 비닐 크롤라이드, 비소, 카드뮴이 들어있습니다. 금연상담전화 1544-9030	경고 : ⑲세미만 청소년에게 판매할 수 없습니다. 청소년에게 담배를 판매하는 것은 불법입니다. 담배연기에는 발암성 물질인 나프틸아민, 니켈, 벤젠, 비닐 크롤라이드, 비소, 카드뮴이 들어있습니다. 금연상담전화 1544-9030	타르 흡입량은 흡연자의 흡연습관에 따라 달라질 수 있습니다.	'17.4.1 ~ '19.3.31
경고 : 흡연은 폐암 등 각종 질병의 원인! 그래도 피우시겠습니까?. 담배연기에는 발암성 물질인 나프틸아민, 니켈, 벤젠, 비닐 크롤라이드, 비소, 카드뮴이 들어있습니다. 금연상담전화 1544-9030	경고 : ⑲세미만 청소년에게 판매 금지! 당신의 자녀를 병들게 합니다. 담배연기에는 발암성 물질인 나프틸아민, 니켈, 벤젠, 비닐 크롤라이드, 비소, 카드뮴이 들어있습니다. 금연상담전화 1544-9030	타르 흡입량은 흡연자의 흡연습관에 따라 달라질 수 있습니다.	'19.4.1 ~ '21.3.31

그런데 담배의 표시, 특히 경고 문구와 경고 그림은 담배사업법보다 국민건강증진법 제9조의2에 상세히 규정되어 있어 추후 살펴보겠다.

(2) 담배 성분등의 표시

담배의 원료인 연초 잎에 함유된 수많은 성분을 전부 표시하는 것은 불가능하지만 흡연자 혹은 간접흡연자에게 피해를 발생시킬 수 있는 모든 성분을 표시하여 국민의 알 권리를 충족시켜야 하고, 담배로 인해 발생하는 질병을 예방하는데 반드시 필요하다. 그러므로 최소한 어떤 성분이 연초 잎에 포함되어 있고, 흡연을 통해서 어떤 물질이 배출되는지를 아는 것은 매우 중요하다.

그러나 연초전매법이 제정된 이래 지금까지도 표시 의무가 있는 담배 성분은 담배사업법 제25조의2 제3항 및 같은 법 시행령 제9조의3 제1항에 따라 타르 및 니코틴밖에 없다. 이렇게 제한적인 규정밖에 없음에도 불구하고 심지어 담배사업법 시행령 제9조의7에서는 궐련 외의 것으로서 엽궐련, 파이프 담배, 각련, 씹는 담배 및 냄새 맡는 담배의 경우에는 담배 성분 표시마저 생략할 수 있다. 타르와 니코틴 표시를 위해서는 담배사업법 시행령 제9조의4 제1항에 따라 국제표준화기구(ISO)가 정하고 있는 담배 연기 성분 시험방법을 준수해야 하며, 구체적인 측정기준은 담배사업법 시행규칙 제16조의3에 규정되어 있다.

백해무익하다는 담배를 제조하면서 사용되는 각종 첨가물, 담배로부터 생성되거나 방출되는 연기 또는 증기를 포함하는 일체의 물질에 포함된 성분을 알아보려는 노력이 대한민국에서도 있었겠지만, 최소한 법적으로는 그런 의무를 부과한 적이 없다. 특히나 담배사업법에서는 국민의 건강을 증진하거나 보호하려는 목적으로 제정된 법령이 아니고, 담배산업 발전과 세금 부과를 통해 국민경제를 위한다는 이유로 더더군다나 이런 시도는 무시되어 왔던 것으로 보인다.

다행스럽게 2023. 10. 31. 제정되어 2025. 1. 1.부터 시행 예정인 담배의 유해성 관리에 관한 법률에 담배첨가물, 담배 배출물, 담배 성분, 유해성, 유해성분, 담배의 유해성 관리에 대한 정의부터 국민의 건강을 보호하기 위한 정책을 수립해야 한다는 국가의 책무를 규정하고 있어, 본서에서도 추후 상세히 다룰 예정이다.

나. 담배의 광고

담배의 광고는 기획재정부 장관이 금지하거나 제한할 수 있음을 규정하면서 구체적인 광고 제한 방법 등에 대해서는 담배사업법 시행령 제9조에서 규정하고 있다.

제9조(담배에 관한 광고) ① 담배에 관한 광고는 법 제25조 제2항에 따라 다음 각 호의 방법에 한정하여 할 수 있다.

1. 소매인의 영업소 내부에서 기획재정부령이 정하는 광고물을 전시 또는 부착하는 행위. 다만, 영업소 외 부에 그 광고내용이 보이게 전시 또는 부착하는 것을 제외한다.

2. 품종군별로 연간 10회 이내(1회당 2쪽 이내)에서 잡지「잡지 등 정기간행물의 진흥에 관한 법률」에 따 라 등록 또는 신고된 주 1회 이하 정기적으로 발행되는 제책된 정기간행물 및 「신문 등의 진흥에 관한 법 률」에 따라 등록된 주 1회 이하 정기적으로 발행되는 신문과 「출판문화산업 진흥법」에 따른 외국간행물 로서 동일한 제호로 연 1회 이상 정기적으로 발행되는 것(이하 "외국정기간행물"이라 한다)을 말하며, 여성 또는 청소년을 대상으로 하는 것을 제외한다]에 광고를 게재하는 행위. 다만, 기획재정부령이 정하 는 판매부수 이하로 국내에서 판매되는 외국정기간행물로서 외국문자로만 쓰여져 있는 잡지인 경우에 는 광고게재의 제한을 받지 아니한다.

3. 사회·문화·음악·체육 등의 행사(여성 또는 청소년을 대상으로 하는 행사를 제외한다)를 후원하는 행위. 이 경우 후원하는 자의 명칭을 사용하는 외에 제품광고를 하여서는 아니된다.

4. 국제선의 항공기 및 여객선 그밖에 기획재정부령이 정하는 장소안에서 행하는 광고

② 제조업자 또는 수입판매업자는 제1항의 규정에 의한 광고를 도매업자 또는 소매인으로 하여금 행하게 할 수 있다. 이 경우 도매업자 또는 소매인이 행한 광고는 제조업자 또는 수입판매업자가 행한 광고로 본다.

③ 제1항 제1호·제2호 및 제4호의 규정에 의한 광고 또는 그에 사용되는 광고물 등은 흡연자에게 담배의 품명·종류 및 특징을 알리는 정도를 넘지 아니하는 것이어야 하며, 비흡연자에게 직접 또는 간접적으로 흡연을 권장 또는 유도하거나 여성 또는 청소년의 인물을 묘사하여서는 아니되며, 법 제25조 제1항의 규 정에 의하여 표시하는 흡연경고문구의 내용 및 취지에 반하는 내용 또는 형태이어서는 아니된다.

④ 제조업자 또는 수입판매업자는 담배에 관한 광고가 제1항 내지 제3항의 규정에 위배되지 아니하도록 자 율적으로 규제하여야 한다.

담배 경고 문구와 경고 그림처럼 담배광고에 대한 상세한 내용도 국민건강증진개발법 제9조의4에 유사한 내용으로 규정하고 있으며, 국민건강증진개발법에서는 이에 대한 단속을 통해 행정처분 등을 시행한다. 담배사업법에도 기획재정부장관이 광고물의 제거 등 시정에 필요한 명령 또는 조치를 할 수 있다고 규정하고 있으나, 현실적으로 단속 업무를 집행할 기획재정부 산하단체가 존재하는 것도 아니고 담배사업법에는 광고 제한 위반의 경우 1년 이하의 징역 또는 1천만원 이하의 벌금이 전부다. 결국 담배광고에 대한 단속 규정과 단속 업무에 대한 세부 규정은 모두 국민건강증진법에 있으므로 추후 기술할 예정이다.

결국, 담배사업법에서는 담배의 표시나 광고에 대한 사업 관리 측면에서 규정을 갖추고 있을 뿐 이에 대한 현실적인 위반행위에 대한 단속 업무 수행이나 벌칙 절차 진행은 모두 국민건강증진법으로 관리해야 한다.

이밖에 담배사업법 제25조의5에서는 담배가 건강에 미치는 영향이나 위험을 경시하여 담배에 관한 잘못된 인식을 하게 할 우려가 있는 용어·문구·상표·형상 또는 그 밖의 표시(이하 "오도 문구 등"이라 한다)을 사용하여서는 아니 된다는 규정이 있고, 구체적으로는 담배사업법 시행령 제10조의2 제1조에서 다음과 같다.

6. 벌칙

담배와 마약은 모두 중독성이 있고, 건강에 해롭다는 사실은 같다. 하지만 마약은 모든 나라에서 불법이고 우리나라에서도 마약류 관리에 관한 법률을 통해 매우 엄격하게 관리하고 위반할 때 처벌 수위가 매우 높다. 벌칙 조항만 봐도 마약류관리에 관한 법률에서는 마약을 제조하거나 매매 혹은 그러할 목적으로 소지·소유한 자를 무기징역 또는 5년 이상의 징역에 처할 정도다. 하지만 담배는 마약과 달리 국가가 판매한 적까지 있다.

마약의 경우 1961년 UN의 '마약류 통제에 관한 1961년 협약' 체결 이후 거의 모든 나라가 마약을 금지하는 법안을 제정하고 실시해왔다. 이에 반해 담배는 정부와 국민이 모두 담배의 위험을 인식하고 있지만, 오히려 국가가 수익을 위해 산업발전과 국민경제에 이바지한다는 목적으로 법률을 제정할 정도로 적극적이다. 물론 최근 들어 건강을 위해서 다양한 법률도 제정되고 단속과 관리를 강화하고 있지만, 여전히 이중적인 정부의 태도는 매우 아이러니하다.

담배사업법에서 가장 중하게 처벌하는 행위는 무허가담배제조, 화재방지성능인증서를 제출하지 않은 담배제조 혹은 판매행위로 3년 이하의 징역 또는 3천만 원 이하의 벌금이 병과될 수 있고, 미수범도 처벌된다. 이외에는 1년 이하의 징역 또는 1천만 원 이하의 벌금, 6개월 이하의 징역 또는 500만 원 이하의 벌금, 500만 원의 이하의 벌금으로 구분되는

데, 매우 경미한 처벌이다. 이보다 더 경미한 위반행위에 대해서는 200만 원 이하의 과태료 처분도 있다.

〈위반행위에 따른 벌금 및 과태료 내역〉

3년 이하의 징역 또는 3천만원 이하의 벌금(병과가능, 미수범처벌)	
제11조	담배제조업허가를 받지 아니하고 담배를 제조한 자
제11조의5 제3항	따른 화재방지성능인증서를 제출하지 아니하고 담배를 제조하여 판매하거나 수입하여 판매한 자
1년 이하의 징역 또는 1천만원 이하의 벌금	
제11조의3 제1항 또는 제3항	담배제조업의 양도·양수 등에 관한 신고를 하지 아니한 자
제11조의5 제5항	화재방지성능인증을 받도록 한 명령을 정당한 이유 없이 위반한 자
제11조의6 제3항	화재방지성능인증서를 거짓으로 발급한 자
제19조 제2항	특수용 담배를 다른 용도로 판매한 자
제25조 제1항	경고문구가 표시되지 아니하거나 이를 위반한 경고문구를 표시한 담배를 제조하거나 수입한 자
제25조 제2항	담배에 관한 광고를 한 자
제25조의2 제1항	성분과 그 함유량이 표시되지 아니하거나 각 성분의 함유량을 거짓으로 표시한 담배를 제조하거나 수입한 자
제25조의5	오도문구등을 표시한 담배를 제조 또는 수입한 자
6개월 이하의 징역 또는 500만원 이하의 벌금	
제12조 제2항	소매인 지정을 받지 아니하고 소비자에게 담배를 판매한 자
제13조 제1항	등록을 하지 아니하고 담배수입판매업 또는 담배도매업을 영위한 자
500만원 이하의 벌금	
제12조 제4항	담배를 우편판매 및 전자거래의 방법으로 소비자에게 판매한 자(소매인)
제25조 제3항	광고물의 제거 등 시정에 필요한 명령이나 조치를 이행하지 아니한 자
제25조의2 제4항	담배의 수입 또는 판매의 제한 등 시정에 필요한 명령이나 조치를 이행하지 아니한 자
제25조의4	금품제공 등의 행위를 한 자
200만원 이하의 과태료	
제12조 제3항	담배를 판매한 자
제18조 제1항 또는 제2항	판매가격의 신고(변경신고를 포함한다)를 하지 아니한 자

제20조	담배의 포장 및 내용물을 바꾸어 판매한 자
제25조의2 제2항	담배 성분 측정을 의뢰하지 아니한 자. 다만, 사실상 폐업 상태에 있는 것으로 인정되는 경우는 제외한다.
100만원 이하의 과태료	
제18조 제5항	담배를 판매한 소매인
제22조의2 제2항	휴업기간을 초과하여 휴업한 소매인

7. 영업정지처분

본 법에서는 담배제조업자, 수입판매업자 또는 도매업자, 소매인에 대해서 각각의 행정 처분 관련 규정이 있다.

가. 담배제조업자에 대한 영업정지처분

담배사업법법제11조의4

기획재정부장관은 제조업자가 다음 각 호의 어느 하나에 해당하는 경우에는 담배제조업허가를 취소하거나 기획재정부령으로 정하는 바에 따라 1년 이내의 기간을 정하여 그 영업의 정지를 명할 수 있다. 다만, 제1호, 제3호 또는 제4호에 해당하는 경우에는 그 허가를 취소하여야 한다.

1. 부정한 방법으로 담배제조업허가를 받은 경우
2. 제11조 제2항에 따른 담배제조업허가의 기준을 충족하지 못하게 된 경우
3. 제11조의2 각 호의 결격사유 중 어느 하나에 해당하게 된 경우. 다만, 법인의 대표자가 그 사유에 해당하게 된 경우로서 6개월 이내에 그 대표자를 바꾸어 임명한 경우는 제외한다.
4. 제11조의5 제3항에 따른 화재방지성능인증서를 제출하지 아니한 담배를 제조하여 판매한 경우
5. 제12조 제3항을 위반하여 담배를 판매한 경우
6. 제25조 또는 제25조의2를 위반한 경우
7. 그 밖에 이 법 또는 이 법에 따른 명령을 위반한 경우

담배사업법 시행규칙 제4조의2에 따른 [별표 2] 제조업자에 대한 영업정지처분 기준은 다음과 같다.

제조업자에 대한 영업정지처분 기준(제4조의2 관련)

1. 일반기준

  가. 위반행위의 동기·내용·기간·횟수 및 위반행위로 인하여 얻은 이익 등 다음에 해당하는 사유를 고려하여 위반행위에 해당하는 처분기준의 2분의 1의 범위에서 감경할 수 있다.

    1) 위반행위가 고의나 중대한 과실이 아닌 사소한 부주의나 단순한 오류로 인한 것으로 인정되는 경우

    2) 위반의 내용·정도 등이 경미하여 담배제조업 등 담배사업에 미치는 피해가 적다고 인정되는 경우

    3) 위반 행위자가 처음 위반 행위를 한 경우로서 5년 이상 담배제조업을 모범적으로 수행한 사실이 인정되는 경우

  나. 위반행위가 둘 이상인 경우로서 그에 해당하는 각각의 처분기준이 다른 경우에는 그 중 가장 무거운 처분기준에 따른다. 다만, 각각의 처분기준을 합산한 기간을 넘지 않는 범위에서 무거운 처분기준의 2분의 1 범위에서 기간을 늘릴 수 있되, 영업정지기간은 1년을 초과할 수 없다.

  다. 위반행위의 횟수에 따른 행정처분의 기준은 최근 2년간 같은 위반행위를 한 경우에 적용한다. 이 경우 행정처분 기준의 적용은 같은 위반행위에 대한 행정처분일과 다시 같은 위반행위(처분 후의 위반행위만 해당한다)를 적발한 날을 기준으로 한다.

2. 개별기준

위반사항	근거법령	영업정지기준		
		1회	2회	3회
가. 법 제11조 제2항에 따른 담배제조업허가의 기준을 충족하지 못하게 된 경우	법 제11조의4 제2호	3개월	6개월	12개월
나. 법 제12조 제3항을 위반하여 담배를 판매한 경우	법 제11조의4 제5호	3개월	6개월	12개월

다. 법 제25조 제1항에 따른 흡연경고문구를 표시하지 않았거나 잘못 표시한 경우	법 제11조의4 제6호	1개월	3개월	6개월
라. 법 제25조 제2항을 위반하여 담배에 관한 광고를 한 경우	법 제11조의4 제6호	1개월	3개월	6개월
마. 법 제25조 제3항에 따른 광고물의 제거 등 시정에 필요한 명령이나 조치를 이행하지 않은 경우	법 제11조의4 제6호	3개월	6개월	9개월
바. 법 제25조의2 제1항에 따른 담배 성분을 표시하지 않았거나 잘못 표시한 경우	법 제11조의4 제6호	1개월	3개월	6개월
사. 법 제25조의2 제2항에 따른 성분 측정을 의뢰하지 않은 경우	법 제11조의4 제6호	1개월	3개월	6개월
아. 법 제25조의2 제4항에 따라 성분과 그 함유량을 표시하도록 하는 등 시정에 필요한 명령이나 조치를 이행하지 않은 경우	법 제11조의4 제6호	3개월	6개월	9개월
자. 그 밖에 이 법 또는 이 법에 따른 명령을 위반한 경우	법 제11조의4 제7호	경고	1개월	2개월

나. 수입판매업자 또는 도매업자에 대한 영업정지처분

담배사업법 제15조 제3항

③ 시·도지사 또는 시장·군수·구청장은 수입판매업자 또는 도매업자가 다음 각 호의 어느 하나에 해당하는 경우에는 기획재정부령으로 정하는 바에 따라 1년 이내의 기간을 정하여 그 영업의 정지를 명할 수 있다.

1. 제12조 제2항을 위반하여 소비자에게 담배를 판매한 경우

2. 제12조 제3항을 위반하여 담배를 판매한 경우

3. 수입판매업자가 제18조 제1항 또는 제2항에 따른 판매가격의 신고를 하지 아니한 경우

4. 제20조를 위반하여 담배의 포장 및 내용물을 바꾸어 판매한 경우

5. 제22조의2 제1항에 따른 휴업신고를 하지 아니하고 계속하여 6개월 이상 휴업한 경우

6. 제25조 또는 제25조의2를 위반한 경우

7. 그 밖에 이 법 또는 이 법에 따른 명령을 위반한 경우

법 제15조 제3항에 따른 수입판매업자 또는 도매업자에 대한 영업정지처분의 기준은 별표 2의2와 같다.

담배사업법 시행규칙 제6조의2에 따른 [별표 2의2] 수입판매업자 또는 도매업자에 대한 영업정지처분 기준은 다음과 같다.

수입판매업자 또는 도매업자에 대한 영업정지처분 기준(제6조의2 관련)

1. 일반기준

　가. 위반행위의 동기·내용·기간·횟수 및 위반행위로 인하여 얻은 이익 등 다음에 해당하는 사유를 고려하여 위반행위에 해당하는 처분기준의 2분의 1의 범위에서 감경할 수 있다.

　　1) 위반행위가 고의나 중대한 과실이 아닌 사소한 부주의나 단순한 오류로 인한 것으로 인정되는 경우

　　2) 위반의 내용·정도 등이 경미하여 담배판매업 등 담배사업에 미치는 피해가 적다고 인정되는 경우

　　3) 위반 행위자가 처음 위반 행위를 한 경우로서 5년 이상 담배수입판매업 또는 담배도매업을 모범적으로 수행한 사실이 인정되는 경우

　나. 위반행위가 둘 이상인 경우로서 그에 해당하는 각각의 처분기준이 다른 경우에는 그 중 가장 무거운 처분기준에 따른다. 다만, 각각의 처분기준을 합산한 기간을 넘지 않는 범위에서 무거운 처분기준의 2분의 1 범위에서 기간을 늘릴 수 있되, 영업정지기간은 1년을 초과할 수 없다.

　다. 위반행위의 횟수에 따른 행정처분의 기준은 최근 2년간 같은 위반행위를 한 경우에 적용한다. 이 경우 행정처분 기준의 적용은 같은 위반행위에 대한 행정처분일과 다시 같은 위반행위(처분 후의 위반행위만 해당한다)를 적발한 날을 기준으로 한다.

2. 개별기준

위반사항	근거법령	영업정지기준	
		1회	2회
가. 법 제12조 제2항을 위반하여 소비자에게 담배를 판매한 경우	법 제15조 제3항 제1호	3개월	6개월
나. 법 제12조 제3항을 위반하여 담배를 판매한 경우	법 제15조 제3항 제2호	3개월	6개월
다. 수입판매업자가 법 제18조 제1항 또는 제2항에 따른 판매가격의 신고를 하지 아니한 경우	법 제15조 제3항 제3호	2개월	4개월

라. 법 제20조를 위반하여 담배의 포장 및 내용물을 바꾸어 판매한 경우	법 제15조 제3항 제4호	2개월	4개월
마. 법 제22조의2 제1항에 따라 휴업신고를 하지 아니하고 계속하여 6개월 이상 휴업한 경우	법 제15조 제3항 제5호	7일	1개월
바. 법 제25조 제1항에 따른 흡연경고문구를 표시하지 않았거나 잘못 표시한 경우	법 제15조 제3항 제6호	1개월	3개월
사. 법 제25조 제2항을 위반하여 담배에 관한 광고를 한 경우	법 제15조 제3항 제6호	1개월	3개월
아. 법 제25조 제3항에 따른 광고물의 제거 등 시정에 필요한 명령이나 조치를 이행하지 않은 경우	법 제15조 제3항 제6호	3개월	6개월
자. 법 제25조의2 제1항에 따른 담배성분을 표시하지 않았거나 잘못 표시한 경우	법 제15조 제3항 제6호	1개월	3개월
차. 법 제25조의2 제2항에 따른 성분측정을 의뢰하지 않은 경우	법 제15조 제3항 제6호	1개월	3개월
카. 법 제25조의2 제4항에 따라 성분과 그 함유량을 표시하도록 하는 등 시정에 필요한 명령이나 조치를 이행하지 않은 경우	법 제15조 제3항 제6호	3개월	6개월
타. 그 밖에 이 법 또는 이 법에 따른 명령을 위반한 경우	법 제15조 제3항 제7호	경고	1개월
※ 비고: 법 제15조 제1항 제4호에 따라 최근 5년간 2회의 영업정지처분을 받은 사실이 있는 자가 다시 위 제2호 개별기준 각 목의 어느 하나에 해당하게 된 경우에는 등록을 취소해야 한다.			

다. 소매인에 대한 영업정지처분

담배사업법 제17조

① 시장·군수·구청장은 소매인이 다음 각 호의 어느 하나에 해당하는 경우에는 그 지정을 취소하여야 한다.

1. 부정한 방법으로 소매인의 지정을 받은 경우
2. 제16조 제2항 제1호 각 목의 결격사유 중 어느 하나에 해당하게 된 경우. 다만, 법인의 대표자가 그 사유에 해당하게 된 경우로서 6개월 이내에 그 대표자를 바꾸어 임명한 경우에는 그러하지 아니하다.
3. 최근 5년간 2회의 영업정지처분을 받은 사실이 있는 자가 다시 제2항 각 호의 어느 하나에 해당하게 된 경우
4. 영업정지기간 중에 영업을 한 경우
5. 폐업신고 또는 휴업신고를 하지 아니하고 60일 이상 영업을 하지 아니한 경우
6. 정당한 사유 없이 90일 이상 제조업자, 수입판매업자 또는 도매업자로부터 담배를 매입하지 아니한 경우
7. 소매인으로 지정된 후 제16조 제2항 제3호에 따라 기획재정부령으로 정하는 지정기준을 충족하지 못하게 된 경우. 다만, 그 소매인에게 책임이 없는 사유로 지정기준을 충족하지 못한 경우는 제외한다.

담배사업법 시행규칙 제11조

① 법 제17조 제1항 제7호 단서에서 "미달하게 된 사유가 당해 소매인의 귀책사유에 의하지 아니한 경우"란 다음 각 호의 어느 하나에 해당하는 경우를 말한다.

1. 도시계획의 변경 등의 사유로 도로형태가 바뀜에 따라 제7조의3에 따른 영업소 간 거리기준에 미달하게 된 경우

2. 삭제

3. 그 밖에 소매인의 귀책사유에 의하지 아니한 경우라고 시장·군수·구청장이 인정하는 경우

② 법 제17조 제2항 제5호에서 "기획재정부령이 정하는 기간"이란 30일 이상을 말한다. 다만, 건축물의 신축 또는 개축으로 인하여 영업을 계속할 수 없어 제14조 제1항에 따른 휴업신고를 한 경우에는 그 건축물의 완성에 소요되는 기간은 제외한다.

③ 시장·군수·구청장은 법 제17조의 규정에 의하여 소매인의 지정을 취소하거나 그 영업의 정지를 명한 때에는 시장·군수·구청장이 정하는 규칙에 따라 이를 공고하여야 한다.

④ 시장·군수·구청장은 법 제17조 제2항 각 호 외의 부분 단서에 따라 다음 각 호의 어느 하나에 해당하는 경우에는 해당 소매인에 대한 영업정지처분을 면제한다.

1. 소매인이 청소년(「청소년 보호법」 제2조 제1호에 따른 청소년을 말한다. 이하 같다)의 신분증 위조·변조 또는 도용으로 청소년인 사실을 알지 못한 사정이 영상정보처리기기에 촬영된 영상정보, 진술 또는 그 밖의 방법으로 확인된 경우

2. 소매인이 청소년의 폭행 또는 협박으로 청소년임을 확인하지 못한 사정이 영상정보처리기기에 촬영된 영상정보, 진술 또는 그 밖의 방법으로 확인된 경우

3. 소매인이 청소년의 신분증 위조·변조 또는 도용으로 청소년인 사실을 알지 못했거나 폭행 또는 협박으로 청소년임을 확인하지 못한 사정이 인정되어 불송치 또는 불기소(불송치 또는 불기소를 받은 이후 해당 사건에 대하여 다시 수사절차가 진행 중인 경우 또는 해당 사건에 대하여 공소가 제기되어 형사재판이 진행 중인 경우는 제외한다)를 받거나 선고유예 판결을 받은 경우

⑤ 제4항 제1호 또는 제2호에도 불구하고 시장·군수·구청장은 같은 항 제1호 또는 제2호에 해당하는 소매인이 법원의 판결에 따라 유죄로 확정된 경우(선고유예 판결을 받은 경우는 제외한다)에는 영업정지처분을 면제하지 아니한다.

최근 청소년들의 신분증 위조 혹은 겉모습으로 구분이 어려운 상황을 이용하여 소매인

을 상대로 담배를 구매했다가 적발되는 사건이 사회적인 물의를 일으키고, 선량한 영업자들이 영업정지처분으로 경제적 피해를 보고 있다는 보도가 많았다.[7] 본 법과 유사하게 청소년들에게 주류를 제공한 식품접객업소에 영업정지 2개월의 행정처분을 하도록 규정한 식품위생법이 정부의 주도로 7일로 대폭 감경되면서 비교가 되고 있다.[8] 하지만 청소년에 대한 담배판매로 인한 영업정지는 7일에 불과하고, 다른 식품 등을 판매하는 것에 문제가 없어 단순히 담배 판매만이 제한되는 것이라 식품접객업소에서 전체 음식을 팔지 못하는 피해와는 비교되기 어렵다. 그렇기 때문에 이미 청소년의 악의적인 행위에 의한 판매행위에 대해서는 본 법 시행규칙 제11조 제4항에서 영업정지처분을 면제하고 있으며, 무죄나 선고유예 판결을 선고받은 경우에도 마찬가지로 영업정지처분이 면제되고 있기 때문에 영업자에게 과도한 행정처분이 존재한다고 보기 어렵다.

소매인에 대한 영업정지처분 기준(제11조 제6항 관련)

1. 일반기준

   가. 위반행위의 동기·내용·기간·횟수 및 위반행위로 인하여 얻은 이익 등 다음에 해당하는 사유를 고려하여 위반행위에 해당하는 처분기준의 2분의 1의 범위에서 감경할 수 있다.

   　1) 위반행위가 고의나 중대한 과실이 아닌 사소한 부주의나 단순한 오류로 인한 것으로 인정되는 경우

   　2) 위반의 내용·정도 등이 경미하여 담배판매업 등 담배사업에 미치는 피해가 적다고 인정되는 경우

   　3) 위반 행위자가 처음 위반 행위를 한 경우로서 5년 이상 담배소매업을 모범적으로 수행한 사실이 인정되는 경우

   나. 위반행위의 동기·내용·기간·횟수 및 위반행위로 인하여 얻은 이익 등을 고려하여 위반행위에 해당하는 처분기준의 2분의 1의 범위에서 가중할 수 있다. 다만, 가중하는 경우에도 영업정지기간은 1년을 초과할 수 없다.

   다. 위반행위가 둘 이상인 경우로서 그에 해당하는 각각의 처분기준이 다른 경우에는 그 중 가장 무거운 처분기준에 따른다. 다만, 각각의 처분기준을 합산한 기간을 넘지 않는 범위에서 무거운 처분기준의 2분의 1의 범위에서 기간을 늘릴 수 있되, 영업정지기간은 1년을 초과할 수 없다.

---

7)　이데일리, "이 얼굴이 미성년자? 담배 판매한 편의점주의 호소", 2024. 6. 29.
8)　한겨레, "청소년에 술 팔면 영업정지 2개월서 7일로", 2024. 4. 19.

라. 위반행위의 횟수에 따른 행정처분의 기준은 최근 2년간 같은 위반행위를 한 경우에 적용한다. 이 경우 행정처분 기준의 적용은 같은 위반행위에 대한 행정처분일과 다시 같은 위반행위(처분 후의 위반행위만 해당한다)를 적발한 날을 기준으로 한다.

2. 개별기준

위반사항	근거 법령	영업정지기준	
		1차	2차
가. 법 제12조 제3항을 위반하여 담배를 판매한 경우	법 제17조 제2항 제1호	3개월	6개월
나. 법 제18조 제5항을 위반하여 담배를 판매한 경우	법 제17조 제2항 제2호	1개월	3개월
다. 법 제20조를 위반하여 담배의 포장 및 내용물을 바꾸어 판매한 경우	법 제17조 제2항 제3호	2개월	4개월
라. 법 제25조 제3항에 따른 광고물의 제거 등 시정에 필요한 명령이나 조치를 이행하지 아니한 경우	법 제17조 제2항 제4호	3개월	6개월
마. 정당한 사유 없이 30일 이상 계속하여 담배를 판매하지 아니한 경우	법 제17조 제2항 제5호	7일	1개월
바. 정당한 사유 없이 60일 이상 제조업자, 수입판매업자 또는 도매업자로부터 담배를 매입하지 아니한 경우	법 제17조 제2항 제6호	7일	1개월
사. 청소년에게 담배를 판매한 경우	법 제17조 제2항 제7호	7일	1개월
아. 그 밖에 이 법 또는 이법에 따른 명령을 위반한 경우로서 제7조의3 제3항 후단을 위반하여 소매인이 담배진열장 또는 담배소매점 표시판을 건물 또는 시설물의 외부에 설치한 경우	법 제17조 제2항 제8호	경고	1개월
자. 그 밖에 이 법 또는 이 법에 따른 명령을 위반한 경우로서 제8조를 위반하여 소매인이 승인을 받지 않고 영업소의 위치를 변경한 경우	법 제17조 제2항 제8호	15일	1개월
※ 비고: 법 제17조 제1항 제3호에 따라 최근 5년간 2회의 영업정지처분을 받은 사실이 있는 자가 다시 제2호 개별기준 각 목의 어느 하나에 해당하게 된 경우에는 소매인 지정을 취소해야 한다.			

특히 담배판매 소매인과 관련된 행정처분 사건이 많다.

【판시사항】

구 담배사업법 제27조의3 제1호의 적용대상이 되는 '소매인 지정을 받지 아니한 자'의 의미 및 소매인 지정 후 영업정지처분을 받았으나 아직 적법하게 소매인 지정이 취소되지 않은 자가 여기에 해당하는지 여부(소극)

【판결요지】

구 담배사업법(2014. 1. 21. 법률 제12269호로 개정되기 전의 것, 이하 '구 담배사업법'이라 한다) 제12조 제2항, 제16조 제1항, 제17조 제1항 제4호, 제2항, 제27조의3 제1호의 내용과 형식, 문언상 의미 등과 함께 형벌법규의 확장해석을 금지하는 죄형법정주의의 일반 원칙 등에 비추어 보면, 구 담배사업법 제27조의3 제1호의 적용대상이 되는 '소매인 지정을 받지 아니한 자'는 처음부터 소매인 지정을 받지 않거나 소매인 지정을 받았으나 이후 소매인 지정이 취소되어 소매인 자격을 상실한 자만을 의미하는 것으로 보아야 하고, 영업정지처분을 받았으나 아직 적법하게 소매인 지정이 취소되지 않은 자는 여기에 해당하지 않는다.

【참조조문】

헌법 제12조 제1항, 형법 제1조 제1항, 구 담배사업법(2014. 1. 21. 법률 제12269호로 개정되기 전의 것) 제12조 제2항, 제16조 제1항, 제17조 제1항 제4호, 제2항, 제27조의3 제1호(현행 제27조의2 제2항 제1호 참조)

【이유】

상고이유를 판단한다.

형벌법규의 해석은 엄격하여야 하고 명문규정의 의미를 피고인에게 불리한 방향으로 지나치게 확장해석하거나 유추해석하는 것은 죄형법정주의의 원칙에 어긋나는 것으로서 허용되지 않는다(대법원 2005. 11. 24. 선고 2002도4758 판결 등 참조).

구 담배사업법(2014. 1. 21. 법률 제12269호로 개정되기 전의 것, 이하 '구 담배사업법'이라 한다)은 담배소매업을 하고자 하는 자는 사업장의 소재지를 관할하는 시장·군수·구청장으로부터 소매인의 지정을 받아야 하고(제16조 제1항), 소매인이 아닌 자는 담배를 소비자에게 판매하여서는 아니 되며(제12조 제2항), 이를 위반하여 소매인 지정을 받지 아니하고 소비자에게 담배를 판매한 경우에는 500만 원 이하의 벌금에 처하도록 규정하고 있다(제27조의3 제1호). 한편 구 담배사업법은 시장·군수·구청장은 소매인이 제17조 제2항 각 호에 해당하는 때에는 1년 이내의 기간을 정하여 영업의 정지를 명할 수 있고, 소매인이 영업정지기간 중에 영업을 한 때에는 소매인 지정을 취소하여야 한다고 규정하고 있다(제17조 제2항, 제1항 제4호).

이러한 구 담배사업법 규정의 내용과 형식, 문언상 의미 등과 함께 형벌법규의 확장해석을 금지하는 죄형법정주의의 일반원칙 등에 비추어 보면, 구 담배사업법 제27조의3 제1호의 적용대상이 되는 '소매인 지정을 받지 아니한 자'는 처음부터 소매인 지정을 받지 않거나 소매인 지정을 받았으나 이후 소매인 지정이 취소되어 소매인 자격을 상실한 자만을 의미하는 것으로 보아야 하고, 영업정지처분을 받았으나 아직 적법하게 소매인 지정이 취소되지 않은 자는 여기에 해당하지 않는다고 보아야 한다.

이러한 법리에 비추어 살펴보면, 원심이 소매인 지정을 받은 피고인이 영업정지명령을 받아 그 정지기간 중에 소비자에게 담배를 판매하였다 하더라도 구 담배사업법 제27조의3 제1호에서 정한 '소매인 지정을 받지 아니하고 담배를 판매한 자'에 해당하지 않는다고 판단하여 이 사건 공소사실에 대하여 유죄를 선고한 제1심판결을 파기하고 피고인에게 무죄를 선고한 것은 정당하고, 거기에 상고이유의 주장과 같이 구 담배사업법 제27조의3 제1호, 제12조 제2항에 관한 법리를 오해한 잘못이 없다. 상고이유에서 들고 있는 대법원 판결은 이 사건과 사안이 달라 이 사건에 원용하기에 적절하지 아니하다.

그러므로 상고를 기각하기로 하여 관여 대법관의 일치된 의견으로 주문과 같이 판결한다.

제2장 담배의 유해성 관리에 관한 법률

1. 제정이유

국회에서 담배 유해성 관리에 관한 법률이 처음 제안된 것은 2015년 11월 13일 당시 안철수 의원 등 11인이 '담배 유해성 관리에 관한 법률안'을 제안했고, 2016년 5월 29일 의결되었지만, 임기만료로 폐기되었다. 이후 2023년 9월 21일 현재의 담배의 유해성 관리에 관한 법률이 원안 가결되기까지 4차례나 더 제안이 있었지만, 그때마다 임기만료나 대안반영으로 폐기되었다.

〈발의된 법안 비교〉

담배의 유해성 관리에 관한 법률안 (대안)(2124625, 2023. 9. 21. 제안)	담배 유해성 관리에 관한 법률안 (1917729, 2015. 11. 13. 제안)
제안이유	
담배 연기 속에는 여러 가지의 발암물질 및 유해물질이 포함되어 있으나, 우리나라는 니코틴 및 타르에 한에서만 분석하도록 하고 있어 국민들은 담배의 첨가물이나 배출물에 유해한 성분이 어느 정도 포함되어 있는지에 대한 구체적인 정보를 접하기 어려운 실정임. 반면 미국, 영국, 프랑스 등 선진국들은 주요 담배 유해성분들을 분석하고 대중에 공개함으로써 자국민의 알권리와 선택권을 보장하는 국가 차원의 유해성 관리 체계를 갖추고 있음. 이에 담배에 사용되는 첨가물 및 담배배출물의 유해성 관리에 관한 사항을 규율하는 법률을 제정함으로써 세	우리나라는 담배사업 육성을 국가의 경제발전 차원에서 접근하였고, 담배로 인한 국민의 건강 문제나 그로 인한 사회적 비용에 대해서는 관심이 부족한 상황이었음. 따라서 현행 「담배사업법」은 산업적인 측면에서 담배 제조업의 허가, 판매업의 등록 및 담배가격 신고 등 담배사업 육성을 위한 사항을 위주로 규율하고 있으며, 담배에 관한 경고문구의 표시 등 금연정책 등은 「국민건강증진법」에서 부분적으로 규율하고 있음. 그러나 현재 우리나라 성인남성의 약 35퍼센트가 흡연을 하고 있으며, 간접 흡연에 노출된 국민들을 포함할 경우 흡연의 폐해는 국가적 차원의 문제가 아닐 수

계보건기구(WHO) 담배규제기본협약(FCTC) 비준국으로서 담배에 대한 국제적 규제 기준을 준수하도록 노력하고, 흡연의 폐해로부터 국민의 건강을 보호하고 증진하려는 것임.	없음. 그럼에도 불구하고 우리 국민은 담배가 인체에 유해하다는 정도만 알고 있을 뿐 구체적으로 얼마나 유해한 성분이 어느 정도 포함되어 있는지에 대한 정보는 부재한 상황임. 담배제품에 사용되는 수많은 첨가물이나 그 유해성에 관한 정확한 정보가 관리 또는 공개되지 않고 있는 상태에서 정부 정책은 단순히 담배가 인체에 유해하니 금연을 해야 한다는 논리만 내세우고, 실제 어떤 성분이 얼마나 유해하고, 이를 어떻게 관리를 해야 하는지에 대해서는 관련 법률 규정이 전무한 실정임. 이에 담배의 유해성에 대한 공개와 담배에 사용되는 첨가물과 유해성분의 관리에 관한 사항을 규율하는 법률을 제정하여 세계보건기구(WHO) 담배규제기본협약(FCTC) 비준국으로서 담배에 대한 국제적 규제 기준을 준수하도록 노력하고, 흡연의 폐해로부터 국민의 건강을 보호하고 증진하려는 것임.
대안의 주요내용	
가. 담배의 유해성에 관한 국민의 알권리를 보장하고, 담배의 위해(危害)로부터 국민의 건강을 보호하는 것을 목적으로 규정함(안 제1조). 나. '담배', '담배첨가물', '담배배출물', '담배의 유해성 관리' 등에 대하여 그 뜻을 정의함(안 제2조). 다. 보건복지부장관과 식품의약품안전처장은 5년마다 담배의 유해성 관리에 관한 기본계획을 공동으로 수립·시행하도록 하고, 담배의 유해성 관리에 관한 사항을 심의하기 위하여 담배유해성관리정책위원회를 구성·운영하도록 함(안 제5조 및 제9조). 라. 담배의 제조자등은 2년마다 판매 중인 담배에 대하여 품목별로 유해성분의 함유량에 관한 검사를 받고, 검사결과서 등 자료를 식품의약품안전처장에게 제출하여야 하며, 검사결과서를 제출받은 식품의약품안전처장은 관계 중앙행정기관의 장에게 송부하도록 함(안 제11조부터 제13조까지). 마. 식품의약품안전처장은 담배 품목별 유해성분에 관한 정보를 누구든지 쉽게 볼 수 있도록 공개함(안 제14조). 바. 유해성분 검사를 거짓으로 의뢰한 자, 검사결과서 등 자료를 거짓으로 제출한 자 등에 대하여 1년 이하의 징역 또는 1천만원 이하의 벌금에 처하도록 함(안 제24조).	가. 이 법은 담배의 유해성에 대한 공개와 담배에 사용되는 첨가물과 유해성분의 관리에 관한 사항을 규정함으로써 국민의 건강을 보호·증진하는 것을 목적으로 함(안 제1조). 나. 식품의약품안전처장은 담배 유해성 관리정책에 관한 기본계획을 5년마다 수립하고, 기본계획에 따라 연도별 시행 계획을 수립·시행하여야 함(안 제4조 및 제5조). 다. 담배제조업자등은 제조 또는 수입한 담배의 원료, 첨가물 및 담배배출물 등에 관한 정보를 식품의약품안전처장에게 제출하도록 하고 식품의약품안전처장은 제출된 자료를 검토하여 담배의 유해성분을 공개할 수 있도록 함(안 제11조 및 제12조). 라. 식품의약품안전처장은 담배의 중독성 및 흡연을 유도하는 첨가물의 사용과 담배배출물 유해성분의 함유량을 제한할 수 있음(안 제14조). 마. 담배제조업자등은 반기마다 담배의 첨가물과 담배배출물 함유량 등에 관한 검사를 검사기관에 의뢰하고 그 결과를 3년간 보관하여야 함(안 제15조). 바. 담배 제조시 사용이 제한되는 첨가물을 사용하거나 담배배출물 함유량 기준을 위반하여 담배를 제조한 자 또는 이를 수입하여 판매한 자는 1년 이하의 징역 또는 1천만원 이하의 벌금에 처함(안 제23조).

담배의 유해성 관리에 관한 법률이 제정된 목적은 너무나 명확하다. 법령 제정 전까지 담배에 대한 산업적인, 과세 차원의 접근이 전부였기 때문에 국민 건강 보호를 위해서 담배에 사용되거나 담배로부터 발생하는 모든 유해성이 있는 물질을 분석하고 이를 국민에게 정확하게 알리자는 것이 전부다. 이는 법령의 목적에도 명확하게 드러나고 있다.

> **제1조(목적)** 이 법은 담배의 유해성 관리에 관한 사항을 규정함으로써 담배의 유해성에 관한 국민의 알권리를 보장하고, 담배의 위해(危害)로부터 국민의 건강을 보호하는 것을 목적으로 한다.

법령 제정 이전에는 담배에 니코틴과 타르 외에 어떤 물질이 포함되어 있는지 국민은 알 수도 없었고, 정부가 담배사업자에게 요구할 권한도 없었다. 우리나라는 세계보건기구(WHO) 담배 규제 기본협약(FCTC) 비준국으로서 담배에 대한 국제적 규제 기준을 준수하려고 노력하는 국가로서 미국, 영국, 프랑스 등 주요 선진국들이 이미 시행하고 있는 담배 유해성분 분석과 고지를 위해서 이 법은 매우 절실한 상황이었다. 그리고 무엇보다 국민의 알권리와 선택권을 보장하기 위해서 국가가 담배에 사용되거나 담배로부터 기인한 모든 물질에 대한 유해성을 관리할 필요성은 너무나 자명하다.

그러나 본 법령이 제안될 당시 관련 부처인 기획재정부는 반대의견을 표명했고, 행정안전부에서도 법령의 일부 조항에 문제를 제기하기도 했었다.

> **기획재정부 반대의견(법제사법위원회 체계자구검토보고서, 전문위원 유인규)**
>
> 담배소비자의 알 권리 강화와 올바른 흡연문화 정착 등을 위해 담배의 유해성분 분석 및 공개의 취지는 공감하나 현행 법체계상 담배성분 등 담배사업자에 대한 관리는 기재부가 주무부처이므로 「담배사업법」 개정[9]을 통해 입법을 추진하는 것이 타당하다는 의견과 제정안에 따르면 다음과 같은 문제점 등이 있다는 의견을 제시함.

---

9) 복지위 통과 법안과 동일한 입법 목적을 달성하기 위한 담배사업법 개정안(양경숙 의원('21.5), 류성걸 의원('23.3)) 발의되어 기재위 계류 중.

> - 담배사업법령에 따라 유해성분(타르, 니코틴)을 측정·표시하고 있어, 유사내용의 신법 추가 제정은 중복 규제가 될 수 있으며, 유해성분 추가 및 공개 등은 현행 「담배사업법」 개정을 통해 입법취지 달성이 가능함.
> - 제정안의 정의가 「담배사업법」상의 담배의 정의와 달라 부처 중복으로 시장혼선을 초래하게 됨.
> - 유해성 관리 기본계획은 국민건강증진종합계획(복지부)에 반영이 가능하고, 담배유해성관리정책위원회도 행정효율화 관점에서 국민건강증진정책심의위 산하 금연정책전문위 등 기존조직 활용이 가능함.

결과적으로 담배의 유해성에 대한 정확한 정보를 국민들에게 알리어 건강을 보호한다는 대의명분을 꺾을 방법이 없었기 때문에 담배의 유해성 관리에 관한 법률은 법률 제19815호로 2023. 10. 31. 제정되었다.

2. 용어의 정의 조항

담배산업 발전과 국민경제를 위해 제정 및 시행되고 있는 담배사업법과 달리 국민의 건강을 보호할 목적으로 제정된 담배의 유해성 관리에 관한 법률에서는 담배의 정의만큼이나 담배와 관련된 각종 유해물질에 대한 정의가 매우 중요하다. 지금까지 담배라는 문구가 사용된 법령에서 유해성과 관련된 용어가 없었기 때문에 본 법령에서 최초로 규정한다는 점에도 큰 의미가 있다.

우선 담배의 유해성 관리에 관한 법률에서 정의하고 있는 용어들은 다음과 같다.

> 제2조(정의) 이 법에서 사용하는 용어의 뜻은 다음과 같다.
> 1. "담배"란 「담배사업법」 제2조에 따른 담배를 말한다.
> 2. "제조자등"이란 「담배사업법」에 따른 담배의 제조업자 또는 수입판매업자를 말한다.
> 3. "담배첨가물"이란 제조장에서 담배를 제조하는 과정에서 연초 및 니코틴 용액 이외에 첨가하는 일체의 물질을 말한다.

4. "담배배출물"이란 담배로부터 생성되거나 방출되는 연기 또는 증기를 포함한 일체의 물질을 말한다.

5. "담배성분"이란 담배(담배첨가물을 포함한다. 이하 같다) 및 담배배출물에 포함된 성분을 말한다.

6. "유해성"이란 독성 등 사람의 건강에 해로운 영향을 미치는 물질 고유의 성질을 말한다.

7. "유해성분"이란 담배성분 중 유해성이 있는 물질로서 제11조 제2항에 따라 식품의약품안전처장이 고시한 성분을 말한다.

8. "담배의 유해성 관리"란 유해성분의 종류와 함유량을 분석하여 유해성분 정보를 공개하고, 유해성분 정보를 금연정책에 활용하는 등의 제반활동을 말한다.

가. 담배의 정의

처음 법안이 제안될 당시에는 액상형 전자담배 등 다양한 형태로 만들어져 담배라는 이름으로 판매되지만, 담배사업법상 담배에는 포함되지 않는 많은 유사담배 등을 포섭하려는 노력이 있었다. 하지만 담배사업법을 관리하는 기획재정부의 반대 등의 사유로 지금처럼 담배의 정의가 처음 의도와 달리 변경되었다는 부분은 너무나 아쉽다. 이미 개별소비세법이나 지방세법에서도 담배사업법과 달리 담배의 정의를 규정하면서 범위를 넓혀왔기 때문에 본 법령에서도 이런 사례를 고려하면 충분히 유해물질 분석과 국민의 알 권리라는 대의를 위해서 담배의 정의가 초안대로 유지되었어야 한다.

법안 제안 당시 기획재정부는 담배사업법에서 유해성 물질에 대한 관리가 가능하며, 특히 담배사업법상 담배의 정의와 달라 부처 중복으로 시장의 혼선을 초래하게 될 것이라는 의견을 제시했다.

제정전 담배의 정의	제정
1. "담배"란 다음 각 목의 어느 하나에 해당하는 것을 말한다. 가. 「담배사업법」 제2조에 따른 담배	1. "담배"란 「담배사업법」 제2조에 따른 담배를 말한다.

나. 가목과 유사한 것으로서 연초(煙草)의 잎이 아닌 다른 부분을 원료의 전부 또는 일부로 하여 피우거나, 빨거나, 증기로 흡입하거나, 씹거나, 냄새 맡기에 적합한 상태로 제조한 것 다. 그 밖에 가목과 유사한 것으로서 대통령령으로 정하는 것	

이렇게 변경됨으로써 결국 현재 논란이 야기되고 있는 합성 니코틴을 사용하는 액상형 전자담배는 담배의 유해성 관리에 관한 법률에서 제외되는 문제가 발생했다. 결국, 방법은 담배사업법을 개정해서 담배의 정의를 넓히거나 담배의 유해성 관리에 관한 법률을 개정하는 것 두 가지가 있는데, 담배사업법을 개정하는 것이 전체적으로 가장 체계적이고 통일성을 유지하기 좋다. 담배의 정의에 관한 상세한 설명과 의견은 이미 담배사업법을 설명한 앞부분에서 다루었다.

나. 담배첨가물

담배의 유해성을 분석하고 확인하기 위해서 가장 필요한 정보는 담배 제조에 사용되거나 담배를 피우면서 배출되는 모든 물질에 대한 것이다. 이 법에서는 이를 담배첨가물과 담배 배출물로 구분하고 있다. 첨가물이란 말 그대로 제품을 제조하면서 사용되는 원료를 의미한다. 여기에는 연초부터 니코틴 등 모든 것이 포함된다. 담배 배출물이란 담배로부터 생성되거나 방출되는 연기 또는 증기를 포함한 일체의 물질로 담배로부터 기인한 모든 물질이다.

담배에 사용되는 것은 단순히 연초 잎이 전부가 아니다. 이미 1994년 4월 미국 정부가 5개 주요 담배 회사로부터 599개의 담배첨가물 목록을 제출받은 사실이 있고, 유럽연합도 600개 이상의 담배첨가물이 사용된다는 사실을 확인했다고 알려져 있다.[10] 하지만 우리나

---

10)   주간 건강과 질병, '국내 시판 궐련담배의 첨가물 분석 결과', 제11권 제17호.

라에서는 담배첨가물에 대한 자료를 요구할 법령도 없었고, 이를 연구할 기관도 존재하지 않았다. 담배 회사가 수백 가지의 첨가물을 사용하는 이유는 중독성을 높이고, 흡연자에게 좋은 느낌을 주는 등 여러 가지 목적이 있는 것으로 알려져 있다. 암모니아도 그 중 하나라고 추정된다. 또한 최근에는 멘톨(박하)향에 더해 과일향, 커피향 등이 첨가된 궐련형 담배 등이 큰 인기를 끌고 있다. 심지어 담배에 당류와 코코아가 첨가되기도 한다.[11]

현재 담배사업법 등 관련 법령에서 담배에 포함할 수 있는 첨가물에 대해서 규제가 전혀 없으므로 담배제조업자는 스스로 필요에 따라 흡연을 자극할 첨가물 등을 사용할 수 있다. 그리고 이렇게 사용된 첨가물에 대해 지금까지는 대한민국 정부에 보고하거나 국민에게 알릴 의무가 전혀 없었다. 담배첨가물에 대한 심각한 유해성이 국내에서 알려진 계기는 2014년 담배 회사를 상대로 손해배상 청구 소송을 진행되었던 사건이었다. 당시 흡연으로 인한 피해자들은 '담배 회사가 소송과정에서 영업비밀을 이유로 첨가물 내역을 법원에 제출하지 않아 사실상 증거조사 절차가 진행될 수 없었다'면서 아쉬움을 토로했는데, 질병관리본부에서도 '담배의 성분 연구가 국내에 진행된 적이 없어서 담배 회사 자체적인 연구 결과 보고서'가 전부였을 것이라는 전언도 있었다.

이런 문제를 해결하기 위한 초석으로 본 법령이 제정된 것은 매우 고무적이면서 획기적인 것으로 향후 시행령과 시행규칙, 고시와 같은 하위 규정을 제정하는 것도 중요하고, 법령 개정을 통해 지금까지 알려지지 않은 담배첨가물에 대한 의문점을 해결하는 계기가 될 것으로 기대된다.

다. 담배 배출물

이 법에서는 담배 배출물을 담배로부터 생성되거나 방출되는 연기 또는 증기를 포함한 일체의 물질로 정의하고 있다. 담배의 정의와 달리 담배첨가물처럼 담배 배출물도 매우 광

---

11)   KBS뉴스, '담배 안에 뭐가 들어 있나…국가·제조사 간 싸움 시작된다' 2015. 4. 12.

범위하고 국민 건강을 위해서 담배에서 기인한 모든 배출 물질을 포함한 것은 다행이다.

현재 담배 배출물에는 약 7,000종 이상의 화학물질이 포함되어 있고, 그중 4,000종 정도가 유해물질이며, 70여 종이 발암물질로 확인된 상태라고 한다.[12] 우리나라도 비준한 세계보건기구(WHO) 담배규제협약(FCTC) 제9조 및 제10조에서는 담배 회사들이 담배제품 및 배출물 성분에 대한 분석결과를 정부 당국 또는 일반 국민에게 공개해야 함을 명시하고, 정부 당국에도 이를 위한 효과적인 조치를 요구하고 있으며, 이런 협약을 토대로 2025년 1월 1일부터 이 법이 시행되면 앞으로 더 정확한 다량의 정보가 공개될 것이다.

담배첨가물은 흡연 욕구를 고취시키는 문제가 있지만 담배 배출물은 직접 건강에 해가 되는 유해성분이 직접 호흡기를 통해 흡입되기 때문에 더 심각하고 엄격하게 관리되어야 한다. 이런 측면에서 볼 때, 현행 담배사업법에 따라 고작 니코틴과 타르 농도 공개가 전부인 현실은 너무나 담배사업자 편에서 혹은 정부의 경제적 측면에서만 고려되는 것이기에 반드시 개선되어야 한다.

보건복지부에서 운영하는 금연길라잡이 사이트(http://www.nosmokeguide.go.kr)에 게재된 주요 담배 배출물은 다음과 같다.

니코틴(nicotine)

담배의 주성분이며 생리학적 중독의 원인이 되는 니코틴은 주로 뇌에 위치한 니코틴 아세틸콜린 수용체와 결합하여 도파민 시스템을 자극합니다. 즉, 도파민 농도를 높임으로써 중독 관련 행동 변화와 의존성 강화의 역할을 하게 됩니다.

---

12) 금연길라잡이 웹사이트 '담배의 진실', 담배 제품 및 배출물의 유해성분(www.nosmokinguide.go.kr).

니코틴의 인체 내 노출 경로에 따라 호흡곤란, 복통 및 구역 구토, 설사, 근육마비, 피로, 눈 자극 및 손상과 같은 급성기 증상이 나타날 수 있으며, 장기간 노출되면 호흡부전, 뇌심혈관계 질환, 면역체계의 문제, 염증 반응의 증가, 그리고 사망의 원인이 될 수도 있습니다.

니코틴은 과거에 살충제와 훈증제로 사용되었으나 이 목적으로는 더 이상 생산 또는 사용되지 않으며, 담배 가공 및 제조 과정에서 노출되는 직업성 노출이나 담배제품 사용으로 인한 노출이 있을 수 있습니다.

타르(tar)

타르는 'Total Aerosol Residue'의 줄임말로, 담배 연기에서 니코틴과 수분의 질량을 뺀 후 남아 있는 고체 및 액체의 총잔여물을 뜻합니다. 즉, 타르는 담배와 다른 식물 등의 물질을 태워서 만들어지는 연소된 입자상 물질로, 연소되지 않고 남아 있는 각종 첨가제 등의 담배 성분과 연소로 인해 생성된 물질을 포함하고 있습니다.

타르는 독성물질로 다양한 생화학적 과정을 통해 시간이 지남에 따라 흡연자의 폐를 손상시키며, 담배 연기에 있는 대부분의 돌연변이 유발 물질과 발암물질을 포함하여 암 발생의 원인이 되기도 합니다. 또한 타르는 치아를 검고 썩게 하며 잇몸 손상, 미감 둔감 등 구강 조직을 해칩니다.

중금속(heavy metal)

비중이 4.0 이상의 무거운 금속 원소들을 중금속이라 하며, 대표적인 중금속 원소로는 Hg(수은), Pb(납), Cd(카드뮴), Cr(크롬), Cu(구리), Ni(니켈), Zn(아연), Mn(망간), Co(코발트) 등이 있습니다.

미량의 구리, 아연, 니켈, 코발트 등 섭취는 생명체 유지를 위해 필요하기도 하나, 과량의 섭취, 흡입, 피부 접촉 등을 통한 급성 및 만성 노출은 사람에게 다양한 건강위해를 일으킬 수 있습니다. 수은은 폐렴, 폐 손상, 신장 독성, 신경정신학적 증상 등의 유발 가능하며, 납은 말초신경병증, 고혈압, 심혈관계질환 위험을 증가시키고, 카드뮴과 크롬은 생식기계 독성, 니켈은 천식 및 만성기관지염과 같은 폐기능 감소 등의 원인이 될 수 있습니다.

특히 카드뮴, 크롬, 니켈, 비소 등은 중금속 원소 중에서도 암을 유발하는 발암물질로 분류되고 있습니다.

카보닐 화합물(carbonly compounds)

카보닐기(carbonyl group)는 유기화학에서 산소 원자와 이중 결합을 형성하고 있는 탄소 원자(C=O)로 구성된 작용기입니다. 카보닐기를 포함하고 있는 화합물은 보통 카보닐 화합물이라고 하며, 대표적인 원소로는 알데하이드(aldehyde)와 케톤(ketone)이 있습니다.

특히, 이 중 담배 연소로 생성되는 성분으로 널리 알려진 포름알데하이드(formaldehyde)와 아세트알데하이드(acetaldehyde)는 발암물질입니다. 아크롤레인은 강한 자극성을 가지고 있어 눈, 피부, 점막, 폐를 자극할 수 있으며, 고농도에 노출되면 중추신경계 억제 증상까지 나타날 수 있습니다. 디알데하이드(dialdehyde)류는 만성폐쇄성폐질환 등 폐 질환을 야기하며, 디케톤(diketone)류는 호흡기 및 폐질환의 원인이 될 수 있습니다.

휘발성 유기화합물(volatile organic compounds, VOCs)

구조의 기본골격으로 탄소 원자를 갖는 화합물을 통틀어 유기화합물이라고 부르고 있습니다.

이 중 휘발성 유기화합물은 끓는 점이 낮아서 공기 중으로 쉽게 증발되는 액체 또는 기체상 유기화합물을 총칭으로, 산업체에서 많이 사용하는 용매에서 화학 및 제약공장이나 플라스틱 건조공정에서 배출되는 유기가스에 이르기까지 매우 다양하며 끓는점이 낮은 액체연료, 파라핀, 올레핀, 방향족화합물 등 생활 주변에서 흔히 사용하는 탄화수소류가 해당합니다.

휘발성 유기화합물은 가스의 형태로 호흡기를 통해 체내에 침입하기도 하지만 피부를 통해서 침입하는 경우도 많습니다. 휘발성 유기화합물 노출에 의한 급성중독은 마취 증상으로 나타나며, 만성중독은 신경계, 조혈장기, 간장, 신장 등에 장해를 일으킵니다.

대표적인 담배 첨가제 추출용매의 오염물질이자 연소 생성물인 벤젠은 백혈병을 유발합니다.

다환방향족탄화수소(polycyclic aromatic hydrocarbons)

다환방향족탄화수소는 두 개 또는 그 이상의 벤젠고리가 융합된 유기화합물로, 탄소와 수소를 함유한 유기물질이 고온에서 열분해 및 열 공정 등을 통해 불완전연소로 인하여 주로 발생합니다.

다환방향족탄화수소가 인체에 흡수되면 대사 과정을 거치며 DNA에 결합할 수 있는 형태로 변화되고, 일부는 암을 유발하게 됩니다. 이러한 이유로 일반 대기는 물론이고 산업장에서도 매우 엄격하게 관리되는 오염물질입니다. 미국 환경청(US Environmental Protection Agency, EPA)은 발암성에 근거하여 PHAs 중 우선 대상물질로 16종을 정하였습니다.

특히, 담배 성분인 Naphthalene, benzo(a)pyrene, benz(a)anthracene, dibenz[a,h]anthracene, chrysene, Indeno(1,2,3-cd)pyrene, Benzo(c)phenanthrene 등은 유전 독성과 발암성을 나타내는 것으로 알려져 있습니다.

유해가스(hazardous gas pollutants)

담배 배출물에서 발생될 수 있는 유해 가스는 암모니아, 일산화질소, 일산화탄소, 이산화질소, 이산화탄소 등이 있습니다.

암모니아는 염기성 가스로 자극성이 강하며, 농도가 높아질 경우에는 매우 위험한 독성가스라고 알려져 있습니다.

일산화탄소(CO)는 무색, 무취에 자극성이 없는 기체로 불완전 연소산물인데, 혈중 헤모글로빈과의 친화력이 산소보다 약 200~300배 강하여 혈중의 산소농도를 떨어뜨립니다. 지속되면 조직세포에 공급할 산소가 부족해져 무산소증(anoxia)을 일으킬 수 있습니다. 일산화탄소는 연탄가스 중독으로도 많이 알려져 있는데, 이 가스는 실내에서 0.1% 이상의 농도에 노출되면 생명에 악영향을 줄 수 있습니다.

이산화질소는 호흡기, 천식, 폐 질환에 영향을 주며, 특히 어린이에게 호흡기질환을 일으키는 것으로 보고되고 있습니다.

방사성물질(radioactive material)

방사성 물질은 방사선을 방출하는 물질을 말합니다. 방사성동위원소가 대표적인 예인데 우라늄, 플루토늄, 방사성요오드 등이 있으며, 방사성동위원소는 모든 원소마다 여러 개가 존재하고 방출하는 방사선의 종류에 따라 알파선, 베타선, 감마선 방출 핵종으로 나눌 수 있습니다.

그중 담배 성분으로 알려진 Polonium-210(Po-210)은 시안화수소(hydrogen cynide, 속칭 청산)에 비해 인체에서 25만 배의 독성을 가지며, 기관지암을 유발할 수 있습니다.

담배특이니트로스아민(tobacco-specific nitrosamines, TSNA)

담뱃잎 유래의 담배특이니트로스아민은 담배 중에 다량으로 존재하는데, 다양한 동물실험에서 조직특이적인 발암성(암을 일으키는 성질)을 나타냈습니다.

현재까지 담배제품 또는 담배 연기 중에서 발견된 담배특이니트로스아민은 약 7종류가 보고되고 있으며, 이들 중에는 K(4-(Methylnitrosamino)-1-(3-pyridyl)-1-butanone), NNN(N-Nitrosonornicotine) 등의 발암성이 더 높은 것으로 높은 것으로 알려져 있습니다.

시안화물(cyanide)

시안화물은 세포 질식제로 알려져 있으며 인체에 노출 때 치명적 중독증상을 초래합니다. 시안화물은 흡수되는 경로에 따라 독성작용의 발현 시간에 차이가 있을 뿐 호흡, 경구, 피부, 주사 등 모든 방법으로 인체에 흡수되어 독성작용을 나타낼 수 있습니다.

담배의 시안화수소는 그 분자량이 매우 작고 상온에서 비이온 상태로 존재하기 때문에 흡입하는 경우 폐포막을 쉽게 통과하여 노출되며, 수 초 내에 중독증상이 나타납니다. 또한, 고체인 시안화염(cyanide salt)을 음독하면 수십 분 내에, 시안화물 선구물에 노출될 수 있으며, 이 경우에는 수 시간 지난 후 중독증상이 발현될 수 있습니다, 소량의 경우 우선 호흡 경련 등의 자극 증상이 있고 점차 호흡마비를 일으킬 수 있습니다.

산류(acid)

담배에 포함된 아세트산(acetic acid) 포름산은 대표적인 카복실산 중 하나입니다. 높은 농도의 증기를 흡입하면 코안 쪽, 목, 폐에 심각한 손상을 입을 수 있으며, 호흡곤란도 나타날 수도 있습니다.

할로겐 화합물(halogen compounds)

할로겐 화합물은 할로겐 원소와 다른 원소의 화합물을 통틀어 이르는 용어이며, 그 종류로는 플루오린화물, 염화물, 브로민화물, 아이오딘화물 등이 있습니다.

담배 성분 중 하나인 탄화수소 화합물은 1개 이상의 수소(H)가 할로겐(F, Cl, Br, I)으로 치환된 화합물입니다.

모든 할로겐 화합물은 장기적인 건강위험 연구도 계속되고 있으나, 급성 혹은 단기 노출에 대한 위험성이 중요시되고 있습니다. 할로겐화탄화수소의 주요 급성 독성효과는 무감각증과 심장 과민 반응이며, 특히 심장 과민 반응은 일차적인 독성 문제라고 알려져 있습니다.

살충제류(pesticide)

살충제의 한 종류인 하이드라진(hydrazine) 역시 담배 성분의 하나로, 매우 독성이 강한 화합물입니다.

높은 농도의 하이드라진에 짧은 시간 노출되는 것만으로도 눈과 코, 목에 통증을 느끼고 현기증과 두통, 메스꺼움, 폐부종, 발작, 혼수상태 등의 증상이 일어날 수 있습니다. 또한 간과 신장 및 중추신경계에 손상을 줄 수 있으며, 부식성이 있어 피부 접촉으로 인해 피부염을 일으킬 수 있습니다. 이 때문에 미국 환경보호청에서는 하이드라진을 인체 발암물질로 지정하였습니다.

니트로 화합물(nitro-compounds)

담배의 대표적인 니트로 화합물은 니트로 벤젠으로, 장기간 또는 반복적으로 노출되면 혈액, 비장 그리고 간에 악영향을 줄 수 있습니다. 또한, 사람에게 발암성이 있을 수 있으며, 동물실험 결과에서는 사람에게 생식 또는 발달 독성이 나타날 수 있다고 보고되었습니다.

아민류(amines)

나프틸아민에 노출될 경우, 중추신경계에 영향을 끼쳐 두통, 어지럼증 등이 나타날 수 있습니다. 특히, 흡입할 경우에는 호흡곤란, 섭취할 경우 메스꺼움 및 구토를 유발할 수 있다고 알려져 있습니다.

담배에 포함된 대표적인 아민류로 알려진 1-나프틸아민은 나프탈렌에서 파생된 방향족 아민으로 방광암을 유발할 수 있습니다.

라. 유해성과 유해성분

유해성과 위해성은 다르다. 담배의 유해성에 관한 법률에서는 유해성이 정의되어 있는데, 이미 화학물질관리법의 정의가 있어 이를 그대로 차용한 것으로 보인다. 화학물질관리법 제2조 제9호와 제10호가 유해성과 위해성이며, 다음과 같다.

9. "유해성"이란 화학물질의 독성 등 사람의 건강이나 환경에 좋지 아니한 영향을 미치는 화학물질 고유의
   성질을 말한다.
10. "위해성"이란 유해성이 있는 화학물질이 노출되는 경우 사람의 건강이나 환경에 피해를 줄 수 있는 정도
    를 말한다.

유해성은 사람에게 해를 끼치는 화학물질의 성질이고, 위해성이란 유해성이 있는 물질
이 노출되어 인체에 피해를 주는 정도를 말한다. 그렇다면 담배의 유해성 관리에 관한 법
률을 통해 관리 기준이 되는 것은 담배에 포함된 각종 성분의 유해성을 통해 위해성이 일
정 수준 이상 되지 않도록 관리하는 것을 목표로 삼아야 한다. 그런 측면에서 위해성에 대
한 정의도 추후 포함될 여지가 있다.

담배의 유해성 관리에 관한 법률에서는 화학물질관리법보다 구체적으로 유해성이 있는
물질 중에서 같은 법 제11조 제2항에 따라 식품의약품안전처장이 고시한 성분을 유해성
분이라고 명시하고 있다. 여기서 언급된 제11조[13] 제2항은 제조자 등이 2년마다 연도 개시
후 6개월 내에 판매 중인 담배에 대하여 품목별로 유해성분의 함유량에 관한 검사를 지정
된 검사기관에 의뢰해야 하는데, 이때 검사의 대상이 되는 유해성분을 식품의약품안전처
장이 정하여 고시하도록 규정하고 있다. 구체적인 유해성분 내용은 추후 제11조 부분에서
해설하기로 한다.

---

13) 제11조(유해성분의 정기검사) ① 제조자등은 2년마다 연도 개시 후 6개월 이내에 판매 중인 담배에 대하여 품목별로 유
   해성분의 함유량에 관한 검사를 제16조에 따른 검사기관에 의뢰하여야 한다.
   ② 제1항에 따른 검사의 대상이 되는 유해성분은 식품의약품안전처장이 정하여 고시한다.
   ③ 제1항 또는 제4항에 따라 검사를 의뢰받은 검사기관은 검사 수행 후 그 결과에 대한 검사결과서를 제조자등에게 발
   급하고, 이를 3년간 보관하여야 한다.
   ④ 제조자등은 제3항에 따른 검사결과서를 발급받은 후 유해성분의 변경이 있는 경우에는 지체 없이 제1항에 따른 검
   사를 다시 의뢰하여야 한다.
   ⑤ 제1항 및 제4항에 따른 검사 의뢰 절차와 제3항에 따른 검사결과서 보관 등에 필요한 사항은 총리령으로 정한다.

결론적으로 이 법에 따르면 담배에 사용되는 담배첨가물이나 담배로부터 생성되거나 방출되는 담배 배출물에 사람의 건강에 해로운 영향을 미치는 유해성이 포함된 담배 성분에서 유해성분으로 식품의약품안전처장이 고시한 성분만을 유해성분으로 정의하고 있다. 식품의약품안전처장이 사전에 얼마만큼의 많은 정보와 연구를 통해서 담배의 유해성분을 인지한 상태에서 고시로 정하는지가 매우 중요한 관심사다. 이는 담배산업계의 자발적인 응원과 정부의 연구 능력을 가늠할 수 있는 잣대가 될 수도 있다.

마지막으로 대한민국이 이 법을 통해서 실현하고자 하는 담배의 유해성 관리에 대한 정의를 명확히 함으로써 법령 집행 의지를 드러낸 것으로 확인되는 내용이 담긴 담배의 유해성 관리에 대한 정의가 있는데, 법령 집행을 통해 금연 정책에 활용하는 것 등을 목표로 한다는 사실을 공표하고 있다.

3. 담배의 유해성 관리 계획

이 법률의 특징은 보건복지부와 식품의약품안전처가 공동으로 관리한다는 점이다. 식품의약품안전처는 2013년 3월 보건복지부 외청으로 출발했던 식품의약품안전청이었던 때와는 많이 달라졌지만, 여전히 복지부 차관 출신 등이 식품의약품안전처장으로 취임하는 경우가 많고, 여전히 다수의 고위공직자가 보건복지부에서 식품의약품안전처로 소속을 변경하는 것을 고려하면 어떤 관계 사이에서 정책을 수행할는지 지켜볼 필요가 있다.

어쨌든 법령에서는 보건복지부장관과 식품의약품안전처장이 담배의 유해성 관리에 관한 기본계획을 5년마다 공동으로 수립·시행하도록 규정하고, 연도별 시행계획과 조사·연구까지도 공동으로 모든 것을 함께 하도록 규정하고 있다. 법률 규정상으로는 공동이라는 용어를 사용했지만 실제로 행정업무를 추진하면서 상하 관계가 아닌 부처가 공동으로 계획을 수립해서 시행하는 것이 과연 얼마나 적절히 진행될지는 의문이다.

그리고 이렇게 두 개의 부처가 공동으로 수행하면서 관계 중앙행정기관, 지방자치단체 및 그 산하단체에 협조 요청을 받아서 진행할 수 있도록 규정하고 있다. 이는 행정절차법 상 행정응원이라는 대원칙을 구체화한 조항 정도로 이해하면 될 것이다.

제5조(담배의 유해성 관리에 관한 기본계획) ① 보건복지부장관과 식품의약품안전처장은 담배의 유해성 관리에 관한 기본계획(이하 "기본계획"이라 한다)을 5년마다 공동으로 수립·시행하여야 한다.

② 보건복지부장관과 식품의약품안전처장은 기본계획을 수립하는 경우 미리 기획재정부장관 등 관계 중앙 행정기관의 장과 협의한 후 제9조에 따른 담배유해성관리정책위원회의 심의를 거쳐야 한다. 기본계획을 변경하려는 경우에도 또한 같다.

③ 기본계획에는 다음 각 호의 사항이 포함되어야 한다.

  1. 담배의 유해성 관리 정책의 기본목표 및 추진방향

  2. 담배의 유해성에 관한 조사·연구에 관한 사항

  3. 담배의 유해성에 관한 대국민 홍보에 관한 사항

  4. 제12조 제1항 각 호의 사항에 관한 자료 및 유해성분 정보를 활용한 금연정책의 추진방향, 계획 수립 등에 관한 사항

  5. 그 밖에 담배의 유해성 관리를 위하여 필요한 사항으로서 대통령령으로 정하는 사항

④ 기본계획의 수립 및 시행 등에 필요한 사항은 대통령령으로 정한다.

제6조(연도별 시행계획) ① 보건복지부장관과 식품의약품안전처장은 기본계획에 따라 연도별 시행계획(이 하 "시행계획"이라 한다)을 공동으로 수립·시행하여야 한다.

② 보건복지부장관과 식품의약품안전처장은 시행계획을 수립하는 경우 미리 기획재정부장관 등 관계 중앙 행정기관의 장과 협의하여야 한다.

③ 시행계획의 수립 및 시행 등에 필요한 사항은 대통령령으로 정한다.

제7조(조사·연구) ① 보건복지부장관과 식품의약품안전처장은 기본계획과 시행계획을 효율적으로 수 립·시행하기 위하여 공동으로 담배 및 담배배출물 등에 관한 조사·연구를 실시할 수 있고 그 결과를 기본 계획과 시행계획에 반영할 수 있다.

② 제1항에 따른 조사·연구의 범위와 방법 등에 필요한 사항은 대통령령으로 정한다.

제8조(계획 수립 등의 협조) ① 보건복지부장관 또는 식품의약품안전처장은 기본계획과 시행계획의 수립·시행, 제7조에 따른 조사·연구를 위하여 필요한 경우에는 관계 중앙행정기관의 장, 지방자치단체의 장 또는 「공공기관의 운영에 관한 법률」에 따른 공공기관의 장, 그 밖의 관련 법인이나 단체의 장에게 자료제공 등의 협조를 요청할 수 있다.

② 제1항에 따른 요청을 받은 자는 정당한 사유가 없으면 이에 따라야 한다.

가. 기본계획에 포함된 담배의 유해성 관리에 필요한 사항

이 법 제5조(담배의 유해성 관리에 관한 기본계획) 제3항 제1호부터 제4호까지 기본계획에 포함되어야 하는 사항으로 담배의 유해성 관리 정책의 기본목표 및 추진 방향, 담배의 유해성에 관한 조사·연구에 관한 사항, 담배의 유해성에 관한 대국민 홍보에 관한 사항, 제12조 제1항 각호의 사항에 관한 자료 및 유해성분 정보를 활용한 금연 정책의 추진 방향, 계획 수립 등에 관한 사항을 규정하면서 제5호에서 그 밖에 담배의 유해성 관리에 필요한 사항을 대통령령으로 정하도록 규정하고 있다. 제1호부터 제4호까지의 내용으로도 기본계획에 포함될 내용으로 부족함이 없어 보이나, 법률 시행과정에서 제기되는 추가 사항을 위해서 여지를 남겨둔 것으로 보인다.

나. 기본계획의 수립 및 시행에 필요한 사항

위에 제5조 제3항 제5호와 달리 제5조 제4항은 기본계획의 수립 및 시행 등에 필요한 세부 사항을 하위 규정에 위임할 필요가 있어서 만들어진 규정이다. 예를 들어 본 법과도 연관이 있는 인체 적용 제품의 위해성 평가에 관한 법률 제6조(위해성평가 기본계획) 제5항에도 동일하게 기본계획 및 시행계획의 수립·시행에 필요한 사항을 대통령령으로 정하도록 하면서 하위 규정인 시행령에서 기본계획의 통보와 수립절차를 규정하고 있다.

인체적용제품의 위해성평가에 관한 법률

제6조(위해성평가 기본계획) ① 식품의약품안전처장은 인체적용제품의 위해성평가를 체계적이고 효율적으로 추진하기 위하여 5년마다 인체적용제품의 위해성평가에 관한 기본계획(이하 "기본계획"이라 한다)을 제7조 제1항에 따른 위해성평가정책위원회의 심의를 거쳐 수립·시행하여야 한다. 기본계획을 변경하려는 경우에도 또한 같다.

② 기본계획에는 다음 각 호의 사항이 포함되어야 한다.
  1. 인체적용제품의 위해성평가의 목표와 기본방향
  2. 인체적용제품의 위해성평가 관련 연구 및 기술개발
  3. 인체적용제품의 위해성평가 관련 국제협력
  4. 그 밖에 인체적용제품의 위해성평가의 추진을 위하여 필요한 사항

③ 식품의약품안전처장은 기본계획을 시행하기 위하여 해마다 관계 중앙행정기관의 장과 협의하여 인체적용제품의 위해성평가에 관한 시행계획(이하 "시행계획"이라 한다)을 수립하여야 한다.
④ 식품의약품안전처장은 기본계획 및 시행계획을 수립·시행하기 위하여 필요한 경우에는 관계 중앙행정기관의 장, 지방자치단체의 장, 관련 사업자 또는 관련 법인·단체의 장에게 필요한 자료의 제출을 요청할 수 있다.
⑤ 그 밖에 기본계획 및 시행계획의 수립·시행에 필요한 사항은 대통령령으로 정한다.

인체적용제품의 위해성평가에 관한 법률 시행령

제2조(위해성평가 기본계획의 통보) 식품의약품안전처장은 「인체적용제품의 위해성평가에 관한 법률」(이하 "법"이라 한다) 제6조 제1항에 따라 인체적용제품의 위해성평가에 관한 기본계획을 수립하거나 변경한 경우에는 그 내용을 관계 중앙행정기관의 장에게 통보해야 한다.

제3조(위해성평가 시행계획의 수립 절차) ① 식품의약품안전처장은 법 제6조 제3항에 따른 인체적용제품의 위해성평가에 관한 시행계획을 관계 중앙행정기관의 장과의 협의를 거쳐 매년 12월 31일까지 수립해야 한다.
② 식품의약품안전처장은 제1항에 따른 시행계획을 수립하였을 때에는 관계 중앙행정기관의 장에게 통보해야 한다.

이 법도 인체 적용 제품의 위해성 평가에 관한 법률에 규정된 기본계획과 크게 다르지 않으므로 향후 시행령이 제정될 경우 유사한 내용이 담긴 형태로 구성될 것이라 예상된다.

다. 연도별 시행계획과 조사·연구

이 법 제6조에서는 기본계획에 따른 연도별 시행계획의 수립과 시행을, 제7조에서는 시행계획을 효율적으로 수립·시행하기 위해서 공동으로 담배 및 담배 배출물 등에 관한 조사·연구를 시행할 수 있는데, 이때 조사·연구의 범위와 방법 등에 필요한 사항을 대통령령으로 정하도록 규정하고 있다.

연도별 시행계획의 수립 및 시행 등에 필요한 사항은 기본계획의 수립 및 시행과 크게 다르지 않아 대통령령이 만들어져도 기본계획에 대한 대통령령 규정과 크게 다르지 않거나 실제로 하위 규정이 즉시 만들어지지 않을 가능성이 커 보인다. 하지만 조사·연구의 범위와 방법 등에 대한 세부 규정은 결국 담배 및 담배 배출물이라는 유해성 관리의 핵심 논쟁에 대한 정부의 조사 및 연구 범위와 방법을 정하는 것이라 매우 중요한 세부 조항이 될 것이다.

특히 조사와 연구의 대상은 일단 담배첨가물과 담배 배출물이 될 것이라 어느 정도 범위부터 조사와 연구를 시작할 건인지가 관건이고, 방법에 대해서도 단순히 담배사업자에게 자료 요청을 하는 것부터 실제 보건복지부와 식품의약품안전처가 직접 유해성분 분석 시험을 하는 것까지 다양하다. 그래서 이 법 제7조 제2항에 규정된 조사·연구의 범위와 방법 등에 필요한 사항으로 위임받은 하위 규정인 대통령령에서 모든 것을 서술하기는 어려워 보인다. 이 경우 다시 시행규칙에 위임하여 더 세부적인 조사 계획 등에 관해 기술하고, 구체적인 기준이나 방법 등이 필요하면 다시 고시로 정할 수도 있다.

결국 이 법에서 유해성 관리를 위해서 담배 및 담배 배출물 등에 대해 조사·연구를 하는 것은 법령 시행의 가장 기본적인 단계면서 향후 유해성분 자료 확보를 위한 방법 등이 구체적으로 명시되는 규정이 될 것이라 단순히 선언적인 규정이 아니라 실무적으로도 정책적으로도 큰 의미가 부여될 것이다.

4. 담배유해성관리정책위원회의 구성

이 법이 제안된 후 국회에서 논의되면서 담배의 정의와 함께 타 부처로부터 의견이 있었던 것이 바로 담배유해성관리정책위원회에 관한 규정이다. 당시 행정안전부에서는 각종 위원회 난립을 막고, 행정기관 소속 위원회의 설치·운영에 관한 법률에 따라 중복위원회 설치·운영이 불가능하다는 이유로 제안된 담배의 유해성 관리에 관한 법률 제9조의 담배유해성관리정책위원회 규정과 관련하여 국민건강증진법 제5조에 근거한 보건복지부 소속 국민건강증진정책심의위원회 등의 분과·전문위원회 형태로 활용할 것을 제안하기도 했다. 그러나 행정안전부의 지적은 받아들여지지 않고, 위원회 성격과 수행업무가 다를 것으로 예상되었는지 제안된 담배유해성관리정책위원회 규정은 일부 문구를 수정한 것을 제외하면 그대로 유지되었다.

제정 전 담배유해성관리정책위원회	제정
제9조(담배유해성관리정책위원회의 구성·운영) ① 담배의 유해성 관리에 관한 다음 각 호의 사항을 심의하기 위하여 보건복지부장관과 식품의약품안전처장 공동 소속으로 담배유해성관리정책위원회(이하 "정책위원회"라 한다)를 둔다. 1. 담배의 유해성 관리에 관한 기본계획 및 시행계획 2. 제2조 제7호에 따른 유해성분의 검사방법에 관한 사항 3. 제11조 제2항에 따른 검사대상이 되는 유해성분의 범위 및 기준에 관한 사항 4. 제14조에 따른 유해성분 정보의 공개범위 및 방법에 관한 사항 5. 그 밖에 위원장이 담배의 유해성 관리를 위하여 필요하다고 인정하는 사항	제9조(담배유해성관리정책위원회의 구성·운영) ① 담배의 유해성 관리에 관한 다음 각 호의 사항을 심의하기 위하여 「인체적용제품의 위해성평가에 관한 법률」 제8조 제6항에 따른 위해성평가정책위원회의 특별위원회로 담배유해성관리정책위원회(이하 "정책위원회"라 한다)를 둔다. 1. 기본계획 및 시행계획 2. 유해성분의 검사방법에 관한 사항 3. 제11조 제2항에 따른 검사대상이 되는 유해성분의 범위 및 기준에 관한 사항 4. 제14조에 따른 유해성분 정보의 공개 범위 및 방법에 관한 사항 5. 그 밖에 위원장이 담배의 유해성 관리를 위하여 필요하다고 인정하는 사항

② 정책위원회는 위원장 2명을 포함한 15명 이내의 위원으로 구성한다. ③ 위원장은 식품의약품안전처 차장과 보건복지부 소속 고위공무원단에 속하는 공무원 중에서 보건복지부장관이 지명하는 사람으로 한다. ④ 위원은 다음 각 호의 어느 하나에 해당하는 사람 중에서 보건복지부장관과 식품의약품안전처장이 협의하여 임명 또는 위촉한다. 이 경우 제3호에 해당하는 사람이 위원의 과반수가 되도록 한다. 　1. 중앙행정기관의 고위공무원단에 속하는 공무원으로서 담배의 유해성 관리에 관한 업무를 담당하는 공무원 　2. 「소비자기본법」 제29조에 따라 등록한 소비자단체에서 추천하는 법인이나 단체의 대표 　3. 담배의 유해성 관리에 관한 학식과 경험이 풍부한 사람 ⑤ 공무원인 위원의 임기는 해당 직(職)에 재직하는 기간으로 하고, 위촉직 위원의 임기는 2년으로 한다. 다만, 위원이 궐위된 경우 그 보궐위원의 임기는 전임위원 임기의 남은 기간으로 한다. ⑥ 그 밖에 정책위원회의 구성과 운영에 필요한 사항은 대통령령으로 정한다.	② 정책위원회는 위원장 2명을 포함한 15명 이내의 위원으로 구성한다. ③ 위원장은 식품의약품안전처 차장과 보건복지부 소속 고위공무원단에 속하는 공무원 중에서 보건복지부장관이 지명하는 사람으로 한다. ④ 위원은 다음 각 호의 어느 하나에 해당하는 사람 중에서 보건복지부장관과 식품의약품안전처장이 협의하여 임명 또는 위촉한다. 이 경우 제3호에 해당하는 사람이 위원의 과반수가 되도록 한다. 　1. 기획재정부 등 중앙행정기관의 고위공무원단에 속하는 공무원으로서 담배의 유해성 관리에 관한 업무를 담당하는 공무원 　2. 「소비자기본법」 제29조에 따라 등록한 소비자단체에서 추천하는 법인이나 단체의 대표 　3. 담배의 유해성 관리에 관한 학식과 경험이 풍부한 사람 ⑤ 공무원인 위원의 임기는 해당 직(職)에 재직하는 기간으로 하고, 위촉직 위원의 임기는 2년으로 한다. 다만, 위원이 궐위된 경우 그 보궐위원의 임기는 전임위원 임기의 남은 기간으로 한다. ⑥ 그 밖에 정책위원회의 구성과 운영에 필요한 사항은 대통령령으로 정한다.

다만, 행정안전부의 건의를 일부 받아들여 이 법에 따른 별도의 위원회로 구성하지 않고, 「인체적용제품의 위해성평가에 관한 법률」 제8조 제6항에 따른 위해성평가정책위원회의 특별위원회로 담배유해성관리정책위원회를 두는 것으로 결정했다. 그런데 실제 「인체적용제품의 위해성평가에 관한 법률」 제8조 제6항에서는 인체 적용 제품에 대한 위해성평가정책위원회 및 전문위원회의 구성 등을 대통령령으로 정하고 있으며, 시행령에서도 현재 전문위원회만 있을 뿐 특별위원회는 아직 규정되지 않은 상황이다.

인체적용제품의 위해성평가에 관한 법률

제8조(위원회의 구성) ① 위원회는 위원장 1명을 포함한 20명 이내의 위원으로 구성한다.

② 위원회의 위원장은 식품의약품안전처 차장이 되며, 위원은 다음 각 호의 사람이 된다. 이 경우 공무원이
   아닌 위원이 전체 위원의 과반수가 되어야 한다.

   1. 대통령령으로 정하는 중앙행정기관 소속 공무원으로서 해당 기관의 장이 지명하는 사람

   2. 위해성평가 분야에 관한 학식과 경험이 풍부한 사람 중에서 식품의약품안전처장이 위촉하는 사람

③ 위원장은 위원회를 대표하며, 위원회의 회의를 소집하고 그 의장이 된다. 다만, 위원장이 부득이한 사유
   로 직무를 수행할 수 없을 때에는 위원장이 미리 지명한 위원이 그 직무를 대행한다.

④ 위원회의 효율적 운영 및 지원을 위하여 간사위원 1명을 두며, 간사위원은 위원장이 지명한다.

⑤ 위원회는 제7조 제2항에 따른 심의사항을 전문적으로 검토하기 위하여 분야별로 전문위원회를 둘 수 있다.

⑥ 그 밖에 위원회 및 전문위원회의 구성·운영 등에 관하여 필요한 사항은 대통령령으로 정한다.

인체적용제품의 위해성평가에 관한 법률 시행령

제4조(위해성평가정책위원회의 구성) ① 법 제8조 제2항 제1호에서 "대통령령으로 정하는 중앙행정기관 소
속 공무원"이란 다음 각 호의 중앙행정기관 소속의 3급 공무원이나 고위공무원단에 속하는 일반직공무원을
말한다.

   1. 농림축산식품부

   2. 산업통상자원부

   3. 보건복지부

   4. 환경부

   5. 해양수산부

   6. 식품의약품안전처

② 법 제7조 제1항에 따른 위해성평가정책위원회(이하 "정책위원회"라 한다)의 법 제8조 제2항 제2호에 따
   른 위원의 임기는 3년으로 한다.

③ 정책위원회 위원의 해촉 등으로 새로 위촉된 위원의 임기는 전임 위원 임기의 남은 기간으로 한다.

제5조(정책위원회 위원의 해촉 등) 식품의약품안전처장이나 법 제8조 제2항 제1호에 따라 정책위원회 위원을

지명한 기관의 장은 위원이 다음 각 호의 어느 하나에 해당하는 경우에는 해당 위원을 해촉하거나 해당 위원에 대한 지명을 철회할 수 있다.

1. 심신장애로 직무를 수행할 수 없게 된 경우
2. 직무와 관련된 비위사실이 있는 경우
3. 직무태만, 품위손상이나 그 밖의 사유로 위원으로 적합하지 않다고 인정되는 경우
4. 제6조 제1항 각 호의 어느 하나에 해당함에도 불구하고 회피하지 않은 경우
5. 위원 스스로 직무를 수행하는 것이 곤란하다고 의사를 밝히는 경우

제6조(정책위원회 위원의 제척·기피·회피) ① 정책위원회 위원이 다음 각 호의 어느 하나에 해당하는 경우에는 정책위원회 심의·의결에서 제척(除斥)된다.

1. 위원 또는 그 배우자나 배우자였던 사람이 해당 안건의 당사자(당사자가 법인·단체 등인 경우에는 그 임원을 포함한다. 이하 같다)가 되거나 당사자와 공동권리자 또는 공동의무자인 경우
2. 위원이 해당 안건의 당사자와 친족이거나 친족이었던 경우
3. 위원이나 위원이 속한 법인·단체 등이 해당 안건에 관하여 증언, 진술, 자문, 연구, 용역 또는 감정을 한 경우
4. 위원이나 위원이 속한 법인·단체 등이 당사자의 대리인이거나 대리인이었던 경우
5. 위원이 당사자인 법인·단체 등에 최근 3년 이내에 임원 또는 직원으로 재직했던 경우

② 해당 안건의 당사자는 정책위원회 위원에게 공정한 심의·의결을 기대하기 어려운 사정이 있는 경우에는 정책위원회에 기피 신청을 할 수 있고, 정책위원회는 의결로 기피 여부를 결정한다. 이 경우 기피 신청의 대상인 위원은 그 의결에 참여할 수 없다.

③ 정책위원회 위원이 제1항 각 호에 따른 제척 사유에 해당하는 경우에는 스스로 해당 안건의 심의·의결에서 회피(回避)해야 한다.

제7조(정책위원회의 회의 및 운영) ① 정책위원회 위원장은 위원회를 대표하며, 위원회의 업무를 총괄한다.

② 정책위원회 회의는 정기회의와 임시회의로 구분하며, 다음 각 호에서 정하는 바에 따라 개최한다.

1. 정기회의: 연 1회
2. 임시회의: 정책위원회 위원장이 필요하다고 인정할 때 또는 정책위원회 위원 5분의 1 이상이 요구할 때

③ 정책위원회 위원장은 제2항에 따라 회의를 개최하는 경우에는 다음 각 호의 사항을 명시하여 회의일 7일 전까지 각 정책위원회 위원에게 알려야 한다. 다만, 긴급한 경우에는 회의일 전날까지 알릴 수 있다.

1. 회의 일시 및 장소
2. 회의 목적 및 안건

3. 그 밖에 회의와 관련하여 필요한 사항

④ 정책위원회 회의는 재적위원 과반수의 출석으로 개의(開議)하고 출석위원 과반수의 찬성으로 의결한다.

⑤ 정책위원회 위원장은 심의에 필요한 경우에는 해당 안건과 관련이 있는 사람 또는 전문가를 회의에 출석시켜 질문하거나 발언하게 할 수 있다.

⑥ 제1항부터 제5항까지에서 규정한 사항 외에 정책위원회 구성·운영 등에 필요한 사항은 식품의약품안전처장이 정한다.

제8조(전문위원회의 구성 및 운영) ① 법 제8조 제5항에 따라 정책위원회에 다음 각 호의 분야별 전문위원회(이하 "전문위원회"라 한다)를 둔다.
1. 식품 분야 위해성평가 전문위원회
2. 건강기능식품·영양 분야 위해성평가 전문위원회
3. 의약품등·마약류 분야 위해성평가 전문위원회
4. 의료기기 분야 위해성평가 전문위원회
5. 화장품·위생용품 분야 위해성평가 전문위원회
6. 인체노출 안전기준 설정 전문위원회
7. 독성평가 전문위원회
8. 위해소통 전문위원회

② 전문위원회는 위원장 1명을 포함하여 15명 이내의 위원으로 구성한다.

③ 전문위원회 위원장은 정책위원회 위원 중에서 정책위원회 위원장이 지명하는 사람으로 하며, 전문위원회 위원은 다음 각 호의 사람 중에서 정책위원회 위원장이 임명하거나 위촉하는 사람으로 한다.
1. 법 제8조 제1항에 따른 정책위원회 위원
2. 관련 학회와 단체가 추천하는 사람
3. 위해성평가 등에 관한 학식과 경험이 풍부한 사람

④ 전문위원회 위원의 임기는 3년으로 한다. 다만, 위원의 사임 등으로 새로 임명 또는 위촉된 위원의 임기는 전임위원 임기의 남은 기간으로 한다.

⑤ 정책위원회 위원장은 제3항에 따라 임명되거나 위촉된 위원이 제5조 각 호의 어느 하나에 해당하는 경우에는 해당 위원을 해임하거나 해촉할 수 있다.

⑥ 전문위원회 위원장은 전문위원회에서 검토한 결과를 정책위원회에 보고해야 한다.

⑦ 제1항부터 제6항까지에서 규정한 사항 외에 전문위원회 구성 및 운영에 필요한 사항은 식품의약품안전처장이 정한다.

아직 이 법이 시행되려면 수개월이 남아 있는 상황이지만 향후 담배위해성관리정책위원회와 관련하여 인체 적용 제품의 위해성 평가에 관한 법률에서 법령을 변경하지 않거나 혹은 지연되는 때에 따라서 위원회 운영이 영향을 받게 될 우려가 있어 법적 안정성의 문제가 있다. 일단 법령이 제정되면 개정이 매우 어렵기 때문에 결국 개정이 쉬운 인체 적용 제품의 위해성 평가에 관한 법률 시행령 개정을 정부에서 조속히 추진하는 것이 중요하다. 다행스럽게 두 법령 모두 식품의약품안전처 위해예방정책과가 주무부서이기 때문에 큰 무리 없이 개정될 것으로 보인다.

담배유해성관리정책위원회의 구성은 기획재정부 등 중앙행정기관의 고위공무원단에 속하는 공무원으로서 담배의 유해성 관리에 관한 업무를 담당하는 공무원(아마도 보건복지부나 식품의약품안전처 국장급 이상 공무원으로 추정됨), 소비자기본법에 따라 등록한 소비자단체가 추천하는 법인이나 단체의 대표, 담배의 유해성 관리에 관한 학식과 경험이 풍부한 사람 중에서 보건복지부장관과 식품의약품안전처장이 협의하여 임명 또는 위촉하도록 규정하고 있는데, 특히 학식과 경험이 풍부한 전문가는 과반수가 되도록 규정하고 있다. 다만, 담배의 유해성에 대한 많은 정보를 보유한 영업자 단체의 대표들도 포함해 다양한 의견과 정보 제공의 효율성을 높이는 것도 향후 고려해 볼 만하다. 영업자 대표가 포함될 경우 정보 유출이나 정책 방향 왜곡 등을 우려하는 목소리가 있을 수 있으나, 법령을 통해 소수 인원으로 통제가 가능하다.

예를 들어 식품등의 표시·광고에 관한 법률에 규정된 자율심의기구 심의위원 구성에서도 영업자의 광고를 심의하지만 가장 많은 정보와 경험이 있는 산업계 종사자를 포함하되 위원회 구성에서 1/3 미만으로 제한함으로써 운용의 묘를 살리고 있으며, 지금까지 산업계 종사자 위원 때문에 문제가 발생한 적이 없다.

식품 등의 표시·광고에 관한 법률

제11조(심의위원회의 설치·운영) 자율심의기구는 식품등의 표시·광고를 심의하기 위하여 10명 이상 25명 이하의 위원으로 구성된 심의위원회를 설치·운영하여야 하며, 심의위원회의 위원은 다음 각 호의 어느 하나에 해당하는 사람 중에서 자율심의기구의 장이 위촉한다. 이 경우 제1호부터 제5호까지의 사람을 각각 1명 이상 포함하되, 제1호에 해당하는 위원 수는 전체 위원 수의 3분의 1 미만이어야 한다.

1. 식품등 관련 산업계에 종사하는 사람
2. 「소비자기본법」 제2조 제3호에 따른 소비자단체의 장이 추천하는 사람
3. 「변호사법」 제7조 제1항에 따라 같은 법 제78조에 따른 대한변호사협회에 등록한 변호사로서 대한변호사협회의 장이 추천하는 사람
4. 「비영리민간단체 지원법」 제4조에 따라 등록된 단체로서 식품등의 안전을 주된 목적으로 하는 단체의 장이 추천하는 사람
5. 그 밖에 식품등의 표시·광고에 관한 학식과 경험이 풍부한 사람

---

5. 유해성분의 검사

제11조(유해성분의 정기검사) ① 제조자등은 2년마다 연도 개시 후 6개월 이내에 판매 중인 담배에 대하여 품목별로 유해성분의 함유량에 관한 검사를 제16조에 따른 검사기관에 의뢰하여야 한다.

② 제1항에 따른 검사의 대상이 되는 유해성분은 식품의약품안전처장이 정하여 고시한다.

③ 제1항 또는 제4항에 따라 검사를 의뢰받은 검사기관은 검사 수행 후 그 결과에 대한 검사결과서를 제조자등에게 발급하고, 이를 3년간 보관하여야 한다.

④ 제조자등은 제3항에 따른 검사결과서를 발급받은 후 유해성분의 변경이 있는 경우에는 지체 없이 제1항에 따른 검사를 다시 의뢰하여야 한다.

⑤ 제1항 및 제4항에 따른 검사 의뢰 절차와 제3항에 따른 검사결과서 보관 등에 필요한 사항은 총리령으로 정한다.

가. 유해성분의 정기검사

이 법에서는 제조자나 수입자가 2년마다 연도 개시 후 6개월 이내에 시판 담배에 대하여 품목별로 유해성분 함유량에 관한 검사를 하도록 규정하고 있다.[14]

유해성분 함유량을 검사하도록 규정하면서 검사를 수행하는 검사기관은 동법 제16조에 따라 식품의약품안전처장이 지정하는 기관으로 한정하고 있는데, 추후 식품·의약품분야 시험·검사 등에 관한 법률 제6조 제2항에 추가될 것으로 예상한다.

식품·의약품분야 시험·검사 등에 관한 법률

제6조(시험·검사기관의 지정 등) ① 식품의약품안전처장은 시험·검사 업무를 전문적·효율적으로 수행할 기관(이하 "시험·검사기관"이라 한다)을 지정할 수 있다.

② 제1항에 따라 지정할 수 있는 시험·검사기관의 종류는 다음 각 호와 같다.

1. 식품 등 시험·검사기관: 다음 각 목에 따른 시험·검사를 수행하는 기관

   가. 「식품위생법」 제7조, 제9조, 제19조의4, 제22조 제1항, 제31조 제2항, 제31조의3, 「건강기능식품에 관한 법률」 제14조, 「수입식품안전관리 특별법」 제21조 및 제22조에 따른 검사

   나. 「식품 등의 표시·광고에 관한 법률」 제4조 및 제5조에 따른 표시기준 또는 영양표시기준, 「식품위생법」 제37조 제6항 및 제48조에 따른 식품 또는 식품첨가물의 제조·가공 보고 또는 식품안전관리인증기준의 준수를 위하여 필요한 시험·검사

2. 축산물 시험·검사기관: 다음 각 목에 따른 시험·검사를 수행하는 기관

   가. 「축산물 위생관리법」 제4조 제3항, 제12조, 제19조 제1항 및 제2항, 「수입식품안전관리 특별법」 제21조 및 제22조에 따른 검사

   나. 「식품 등의 표시·광고에 관한 법률」 제4조에 따른 표시기준, 「축산물 위생관리법」 제9조 및 제25조에 따른 안전관리인증기준 또는 품목 제조의 보고 준수를 위하여 필요한 시험·검사

3. 의약품 등 시험·검사기관: 「약사법」 제73조의 검사명령에 따라 의약품 등의 품질검사를 수행하는 기관

4. 의료기기 시험·검사기관: 「의료기기법」 제27조에 따라 의료기기의 시험검사를 수행하는 기관

5. 화장품 시험·검사기관: 「화장품법」 제20조의 검사명령에 따라 화장품의 검사를 수행하는 기관

---

14)   11조(유해성분의 정기검사) ① 제조자등은 2년마다 연도 개시 후 6개월 이내에 판매 중인 담배에 대하여 품목별로 유해성분의 함유량에 관한 검사를 제16조에 따른 검사기관에 의뢰하여야 한다.

6. 위생용품 시험·검사기관:「위생용품 관리법」제8조, 제13조, 제14조 및 제25조에 따라 위생용품의 시험·검사를 수행하는 기관

③ 제2항 제1호에 따른 식품 등 시험·검사기관은 검사업무의 범위별로 다음 각 호와 같이 구분하여 지정할 수 있다.

  1. 식품전문 시험·검사기관:「식품위생법」제7조, 제9조, 제19조의4, 제22조 제1항, 「건강기능식품에 관한 법률」제14조, 「수입식품안전관리 특별법」제21조, 제22조 및 이 조 제2항 제1호 나목에 따른 시험·검사를 수행하는 기관

  2. 자가품질위탁 시험·검사기관:「식품위생법」제7조, 제9조, 제31조 제2항, 「건강기능식품에 관한 법률」제14조 및 이 조 제2항 제1호 나목에 따른 시험·검사를 수행하는 기관

④ 제2항 각 호의 어느 하나에 해당하는 시험·검사기관으로 지정받고자 하는 자는 총리령으로 정하는 시험·검사에 필요한 시설·설비 및 인력 등의 요건을 갖추어 식품의약품안전처장에게 지정 신청을 하여야 한다. 다만, 총리령으로 정하는 시험·검사기관인 경우에는 제1항에 따라 지정된 것으로 본다.

⑤ 제1항에 따라 지정을 받은 시험·검사기관이 지정받은 사항 중 시험·검사 범위의 변경 등 총리령으로 정하는 중요 사항을 변경하고자 하는 때에는 미리 식품의약품안전처장의 승인을 받아야 한다. 다만, 총리령으로 정하는 경미한 사항을 변경할 때에는 변경사항 발생일부터 1개월 이내에 식품의약품안전처장에게 신고하여야 한다.

⑥ 다음 각 호의 어느 하나에 해당하는 자는 제2항 각 호에 따른 시험·검사기관으로 지정을 받을 수 없다.

  1. 이 법을 위반하여 금고 이상의 실형을 선고받고 그 집행이 종료(집행이 종료된 것으로 보는 경우를 포함한다)되거나 집행이 면제된 날부터 2년이 경과되지 아니한 사람

  2. 이 법을 위반하여 금고 이상의 형의 집행유예를 선고받고 그 유예기간 중인 사람

  3. 대표자 또는 임원 중 제1호, 제2호 또는 제10조 제3항 제1호의 어느 하나에 해당하는 사람이 있는 법인

⑦ 시험·검사기관으로 지정을 받은 자는 다른 사람에게 지정받은 시험·검사기관의 명칭을 사용하여 이 조에 따른 시험·검사 업무를 하게 하거나 시험·검사기관 지정서를 다른 사람에게 대여하여서는 아니 된다.

⑧ 제1항부터 제5항까지의 규정에 따른 지정, 변경의 요건·절차, 업무의 범위, 그 밖에 필요한 사항은 총리령으로 정한다.

⑨ 제4항 단서에 따라 총리령으로 정하는 시험·검사기관의 경우에는 제5항, 제8항, 제7조, 제9조, 제10조, 제17조 및 제27조를 적용하지 아니한다

유해성분의 함유량을 검사하기 위해서는 전제조건으로 검사의 대상이 되는 유해성분을 한정해야 하는데, 이는 식품의약품안전처장이 정하여 고시하도록 규정하고 있다. 이미 언급했듯이 미국과 유럽 등에 제출된 담배 회사가 사용하는 담배첨가물과 담배 배출물을 얼마만큼 포함할 수 있는지가 논쟁으로 남을 것이다. 최대한 많은 종류의 유해성분을 고시하는 것이 필요하다는 것에는 이견이 없겠지만 문제는 해당 유해성분을 정확하게 분석 및 검사할 수 있는 논쟁 없는 방법을 정하는 것이 더 큰 쟁점이다.

실제로 시험방법에 따라 검출량이 얼마든지 달라질 수 있고, 해당 성분의 상태 등에 따라서 어떤 시험방법을 사용하는지에 따라 결과가 크게 달라진다. 화재방지성능인증에 대한 검사는 국제표준기구(ISO)에서 정한 방법을 사용하도록 규정하기도 했지만, 수백 가지의 유해성분에 대해 각각의 검사 방법이 2,3가지만 되어도 뚜껑이 넘는 검사 방법은 하위규정에서 정해야 하기 때문에 개별 시험방법마다 전문가들이 다른 의견을 제시하거나 영업자가 그 정확성과 기준에 대해서 이의를 제기할 경우 이 법의 하위규정으로 제11조 제2항에서 규정한대로 식품의약품안전처장이 유해성분 고시를 정하는데 상당한 시간이 소요될 수도 있다.

본법 제11조 제5항에서는 검사 의뢰 절차와 검사결과서 보관 등에 필요한 사항을 총리령으로 정하도록 규정하고 있는데, 이는 식품·의약품분야 시험·검사 등에 관한 법률 제11조 규정과 크게 다르지 않아 보인다.

식품·의약품분야 시험·검사 등에 관한 법률

제11조(시험·검사의 절차 등) ① 시험·검사기관은 시험·검사를 의뢰받은 경우에는 총리령으로 정하는 기준·방법·절차에 따라 시험·검사하여야 한다.
② 시험·검사기관은 제1항에 따라 시험·검사를 실시한 경우에는 시험·검사 의뢰를 한 자에게 총리령으로 정하는 사항이 기재된 시험·검사성적서를 지체 없이 발급하여야 한다.

③ 시험·검사기관은 제1항에 따른 시험·검사 결과가 부적합으로 판정된 경우에는 그 결과를 지체 없이 식품의약품안전처장 및 총리령으로 정하는 기관에 보고하여야 한다. 이 경우 그 사실을 지체 없이 의뢰자에게 통보하여야 한다.

④ 제6조 제2항 제1호 나목 및 제2호 나목에 따른 시험·검사 결과에 관하여는 제3항을 적용하지 아니한다.

식품·의약품분야 시험·검사 등에 관한 법률 시행규칙

제12조(시험·검사의 절차) ① 법 제11조에 따라 시험·검사를 의뢰하려는 자는 시험·검사 신청서에 시험·검사에 필요한 시료(試料)와 시험·검사기관이 정하는 자료를 첨부하여 시험·검사기관에 제출하여야 한다.

② 식품의약품안전처장, 지방식품의약품안전청장, 특별시장·광역시장·특별자치시장·도지사·특별자치도지사(이하 "시·도지사"라 한다) 또는 시장·군수·구청장(자치구의 구청장을 말한다. 이하 같다)이 시험·검사기관에 다음 각 호에 따라 수거한 제품에 대한 검사(이하 "수거검사"라 한다)를 의뢰한 경우 해당 시험·검사기관이 기술 또는 시설 부족으로 검사할 수 없는 항목이 있으면 시료를 첨부하여 그 항목에 대한 검사를 다른 시험·검사기관에 의뢰할 수 있다. 이 경우 그 사실을 지체 없이 식품의약품안전처장, 지방식품의약품안전청장, 시·도지사 또는 시장·군수·구청장에게 알려야 한다.

1. 「식품위생법」 제22조 제1항 제2호 가목에 따른 수거검사

2. 「건강기능식품에 관한 법률」 제20조 제1항에 따른 수거검사

3. 「축산물 위생관리법」 제19조 제1항에 따른 수거검사

4. 「약사법」 제69조 제1항에 따른 수거검사

5. 「의료기기법」 제32조 제1항에 따른 수거검사

6. 「화장품법」 제18조 제2항에 따른 수거검사

7. 「위생용품 관리법」 제14조 제1항에 따른 수거검사

③ 시험·검사기관은 의뢰된 시료에 대한 시험·검사 결과 제11조에 따른 기준에 부적합한 경우에는 그 시험·검사가 끝난 날부터 60일간 식품의약품안전처장이 정하는 바에 따라 해당 시료의 전부 또는 일부를 보관하여야 한다. 다만, 보관하기 곤란하거나 부패하기 쉬운 시료의 경우에는 그러하지 아니한다.

④ 법 제11조 제2항에서 "총리령으로 정하는 사항이 기재된 시험·검사성적서"란 다음 각 호의 어느 하나에 해당하는 시험·검사성적서를 말한다.

1. 별지 제13호서식에 따른 시험·검사성적서

2. 제1호 외의 별도의 서식(별지 제13호서식의 기재사항이 모두 포함된 것이어야 한다)

⑤ 시험·검사기관은 법 제11조 제1항에 따른 시험·검사 결과가 부적합으로 판정된 경우에는 같은 조 제3항 전단에 따라 그 결과를 지체 없이 다음 각 호의 구분에 따른 기관에 보고하여야 한다. 이 경우 제1호, 제4호 또는 제5호에 따라 식품의약품안전처장에게 보고할 때에는 지방식품의약품안전청장을 거쳐 보고하여야 한다.

1. 「식품위생법」에 따른 식품(이 항 제2호에 따른 식품은 제외한다), 식품첨가물, 기구 또는 용기·포장, 「축산물 위생관리법」에 따른 축산물: 식품의약품안전처장, 관할 시·도지사 및 관할 시장·군수·구청장

2. 「식품위생법」에 따른 주류(酒類) 및 「건강기능식품에 관한 법률」에 따른 건강기능식품: 식품의약품안전처장

3. 「약사법」에 따른 의약품, 의약외품, 한약(수입한약은 제외한다), 한약제제, 「의료기기법」에 따른 의료기기, 「화장품법」에 따른 화장품 및 화장품에 사용하는 원료: 식품의약품안전처장

4. 「약사법」에 따른 수입한약: 식품의약품안전처장 및 관할 세관장

5. 「위생용품 관리법」에 따른 위생용품: 식품의약품안전처장, 관할 시·도지사 및 관할 시장·군수·구청장

검사 의뢰할 때는 별도의 신청서 양식을 준비해야 한다. 검사기관에서는 제조자나 신청인에게 검사 결과서를 발급하고, 이 문서를 3년간 보관해야 한다. 이와 관련된 구체적인 세부 규정은 총리령으로 정하도록 되어 있으며, 식품 및 의약품 분야의 시험 및 검사에 관한 법률 제12조와 유사할 것으로 예상된다.

식품·의약품분야 시험·검사 등에 관한 법률

제12조(시험·검사기관의 준수사항) ① 시험·검사기관은 총리령으로 정하는 바에 따라 매년 시험·검사 실적을 식품의약품안전처장에게 보고하여야 한다.

② 시험·검사기관은 총리령으로 정하는 시험·검사 관계 문서(실험실정보관리시스템을 이용한 문서를 포함한다)를 작성하여 총리령으로 정하는 기간 동안 보관하여야 한다.

③ 시험·검사기관은 품질관리 등 총리령으로 정하는 준수사항을 지켜야 한다.

> **식품·의약품분야 시험·검사 등에 관한 법률 시행규칙**
>
> 제14조(시험·검사 관계 문서의 보관) ① 법 제12조 제2항에서 "총리령으로 정하는 시험·검사 관계 문서(실험실정보관리시스템을 이용한 문서를 포함한다)"란 다음 각 호의 서류를 말한다.
>
> 1. 시험·검사성적서 사본
>
> 2. 시험·검사일지
>
> 3. 시험·검사장비 출력물(전자적 형태를 포함한다)
>
> 4. 그 밖에 식품의약품안전처장이 정하는 서류
>
> ② 법 제12조 제2항에 따른 보관기간은 3년으로 한다. 다만, 의료기기 시험·검사기관의 경우는 5년으로 한다.

나. 검사결과의 제출과 송부 등

이 법 제12조에서는 제조자 등이 식품의약품안전처장이 같은 법 제16조에 따라 지정된 담배 검사기관에서 검사한 결과를 식품의약품안전처장에게 제출하도록 규정하고 있다.

> 제12조(검사결과서 등 자료의 제출) ① 제조자등은 제11조 제3항에 따라 검사결과서를 발급받으면 다음 각 호의 사항에 관한 자료(이하 "검사결과서등"이라 한다)를 식품의약품안전처장에게 제출하여야 한다.
>
> 1. 해당 담배의 제조에 사용된 원료 및 담배첨가물 등에 포함된 성분의 명칭
>
> 2. 검사결과서
>
> 3. 그 밖에 담배의 위해로부터 국민의 건강을 보호하기 위하여 필요한 정보로서 대통령령으로 정하는 사항
>
> ② 제1항에 따른 검사결과서등의 제출 시기와 방법 등에 필요한 사항은 총리령으로 정한다.

담배 원료 및 담배첨가물 등에 포함된 성분의 명칭을 제출하도록 규정한 것은 이미 미국과 유럽에 제출된 적이 있듯이 담배 제조사나 수입사가 영업비밀로 보유하고 있는 내용을 공개하도록 요청하는 것이며, 같은 법 제11조에서 검사의 대상이 되는 유해성분은 담배 배출물은 별도로 정하더라도 일단 같은 법 제12조 제1항 제1호에서 나열된 명칭의 성분 중에

서 선택할 수 있다. 그리고 제3호가 결국 담배 배출물 등의 정보가 될 수도 있다.

이 법 제12조 제2항에서 검사결과서 등의 제출 시기와 방법 등에 필요한 사항을 총리령으로 정한다고 규정했는데, 추후 검사기관이 검사결과를 바로 식품의약품안전처에 통보하는 시스템을 구축하거나 이런 절차를 세부적으로 규정하는 내용이 포함될 것으로 예상한다.

6. 유해성분 정보의 공개와 활용

가. 유해성분 정보의 공개

이 법 제14조에서는 영업자가 식품의약품안전처가 지정한 검사기관에서 품목별로 검사한 결과를 토대로 식품의약품안전처장은 유해성분에 관한 정보를 누구든지 쉽게 볼 수 있도록 공개하도록 규정하고 있으며, 구체적인 사안에 대해서는 대통령령으로 정하도록 했다.

제14조(유해성분 정보의 공개) ① 식품의약품안전처장은 검사결과서등을 검토한 후 담배 품목별 유해성분에 관한 정보를 누구든지 쉽게 볼 수 있도록 공개하여야 한다.
② 제1항에 따른 유해성분에 관한 정보의 공개 범위, 공개 시기 및 방법, 그 밖에 공개에 필요한 사항은 대통령령으로 정한다.

본 조항에서 검사결과서를 그대로 즉시 공개하지 않고, 식품의약품안전처장이 검토한 후 정보를 공개하도록 규정하면서 제2항에서 정보의 공개범위와 시기 등에 대해서 정한 것은 결과적으로 모든 정보를 공개하지 않고, 정부가 필요에 따라 선별적으로 공개를 하면서 누구든지 쉽게 볼 수 있도록 하겠다는 것이라 다소 모순이 있다. 누구든지 쉽게 볼 수 있지만, 그 공개범위는 전부가 아니라 식품의약품안전처장이 정하도록 할 때 2018년 궐련형 전자담배 때문에 발생한 담배 회사와 식품의약품안전처의 정보공개청구 소송처럼 공개 범위에 불만을 가진 당사자의 소송이 빈번하게 발생하지 않을까 매우 우려된다.

이미 앞서 이 법 제11조에서 제조자 등이 2년마다 품목별로 유해성분의 함유량에 관한 검사를 시행하도록 규정하고 있으며, 제12조에서 담배 원료와 담배첨가물 등에 대해 관련 정보를 모두 확보한 정부가 검사결과 전체를 즉시 누구에게나 쉽게 볼 수 있도록 공개하지 않고, 임의로 선택적인 공개를 진행할 경우 정보 전달의 왜곡이나 결과의 신빙성 및 해석의 정확성 부족으로 또 다른 논란을 초래할 수도 있다.

특히 정보의 공개범위, 시기 및 방법 등을 국회에서 동의한 법령이 아니라 대통령령으로 정함으로써 행정부가 법령 규정에도 불구하고 일부 정보를 공개하지 않음으로서 국민 건강을 위한다는 대의명분이 희석될 여지도 있고, 정치적인 문제로 비화하거나 논란이 예상되는 문제가 있다. 그러므로 만일 대통령령으로 정보 공개 범위나 시기 등을 정할지라도 정부가 독단적으로 할 것이 아니라 각계 전문가와 대표들이 참여해서 결정할 방법을 취할 필요가 있다.

※ 궐련형 전자담배 보도 자료 관련 자료에 대한 정보공개청구 사건[15]

한국필립모리스가 식품의약품안전처를 상대로 궐련형 전자담배의 유해성을 분석한 정보를 공개하라며 낸 소송에서 사실상 승소했다. 필립모리스가 공개하라고 요청한 항목 중 자료가 남아 있지 않아 공개할 수 없는 항목을 제외한 나머지 전부를 공개하라는 법원의 판결이 나온 것이다.

---

15) 파이낸셜뉴스, "식약처, 궐련형 전자담배 유해성 세부내용 공개하라", 2020. 5. 20.

내달 식약처의 '액상형 전자담배 인체 유해성' 발표가 예정된 가운데, 이 판결이 궐련형에 이어 액상형에 대한 유해성 공개 항목의 기준으로 작용할지 주목된다.

19일 법조계에 따르면 최근 서울행정법원 행정6부(이성용 부장판사)는 한국필립모리스가 식약처를 상대로 낸 정보공개거부처분 취소청구 소송에서 원고 일부 승소 판결을 내렸다.

재판부는 필립모리스가 식약처에 요구한 총 24개의 정보 요구 사항 중 △분석 수행자 정보 △분석대상 성분 적절성 관련 자료 △분석방법 타당성 검증 관련 자료 △분석 결과의 반복성 및 재현성 확인 자료 △시험분석평가위원회의 의견서 등 총 11개 사항에 대해 공개해야 한다고 결론을 내렸다.

지난 2018년 6월 식약처는 궐련형 전자담배에 대해 1급 발암물질이 5종이나 검출됐고, 일부 제품에서는 일반 담배보다 더 많은 타르가 검출됐다는 내용을 골자로 한 분석 결과를 공개했다.

이에 필립모리스는 식약처에 이 같은 분석결과를 도출한 정보를 요구했지만 식약처가 거부하자 같은 해 10월 정보 공개 소송을 냈다. 필립모리스는 "식약처가 구체적이 아닌 개괄적인 사유로만 정보를 공개할 수 없다고 한 것은 위법해 적법한 비공개 사유가 될 수 없다"고 주장했다.

반면 식약처는 "필립모리스가 공개하라고 주장한 정보는 작성 제목, 일자, 문서번호 등이 특정되지 않아 정보로서 공개하기 불가능하다"면서 "특히 공개하라고 한 정보들은 존재하지 않는 것들이 대부분이다"고 맞섰다.

재판부는 우선 필립모리스가 요구한 24개 항목의 정보 중 13개 항목에 대한 정보는 식약처의 주장대로 실제 존재하지 않는 것이 맞는다고 봤다.

나머지 정보의 공개 여부를 판단하기 앞서 재판부는 대법원판결을 인용해 "정보공개법은 국민의 알 권리 보장, 국민 국정 참여, 국정운영 투명성을 위해 공공기관이 보유한 정보를 국민에게 원칙적으로 공개해야 한다"라면서 "다만 비공개해야 할 사유가 있을 경우 그 사유를 주장하고 입증해야 한다"라고 판시했다. 그러면서 "이 사건 중 존재하지 않는 일부 정보를 제외한 나머지 정보를 공개해야 한다"라고 판결했다.

나. 유해성분 정보의 활용

제15조(유해성분 정보의 활용) 보건복지부장관과 식품의약품안전처장은 검사결과서등과 제14조에 따른 담배 품목별 유해성분에 관한 정보를 건강증진 정책에 활용할 수 있다.

본 조는 선언적인 내용으로 규정을 통해 구체적으로 집행과 관련된 것은 없다. 또한, 건강증진 정책에 활용하기 위해서는 이 법이 아닌 국민건강증진법과 관련이 있어 담배 유해성분 결과에 따라 금연 정책과 홍보 등에 변화가 발생할 수 있다.

국민건강증진법

제1조(목적) 이 법은 국민에게 건강에 대한 가치와 책임의식을 함양하도록 건강에 관한 바른 지식을 보급하고 스스로 건강생활을 실천할 수 있는 여건을 조성함으로써 국민의 건강을 증진함을 목적으로 한다.

7. 담배 검사기관

가. 담배 검사기관 지정

이 법에서는 식품 · 의약품분야 시험 · 검사 등에 관한 법률과 별개로 검사기관을 지정하도록 규정하면서 구체적인 지정 및 변경의 요건 · 절차 등에 필요한 사항은 총리령으로 정하고 있다.

> 제16조(담배 검사기관의 지정) ① 식품의약품안전처장은 제11조에 따른 검사업무를 수행할 기관을 지정하여야 한다.
> ② 제1항에 따라 검사업무를 수행할 기관으로 지정을 받고자 하는 자는 총리령으로 정하는 시설 · 장비 및 인력 등의 요건을 갖추어 식품의약품안전처장에게 지정 신청을 하여야 한다.
> ③ 제1항에 따라 지정을 받은 기관(이하 "검사기관"이라 한다)은 지정받은 사항 중 총리령으로 정하는 중요 사항을 변경하고자 하는 때에는 미리 식품의약품안전처장의 승인을 받아야 한다. 다만, 총리령으로 정하는 경미한 사항을 변경할 때에는 변경 사항 발생일부터 1개월 이내에 식품의약품안전처장에게 신고하여야 한다.
> ④ 검사기관은 검사결과서 보관 등 총리령으로 정하는 사항을 준수하여야 한다.
> ⑤ 검사기관의 지정, 변경의 요건 · 절차 등에 필요한 사항은 총리령으로 정한다.

상기 내용은 대부분이 식품 · 의약품분야 시험 · 검사 등에 관한 법률에 규정된 것임을 알 수 있다. 우선 검사 업무를 수행할 수 있는 능력을 평가하는 부분을 총리령으로 정하고 있는데, 식품 · 의약품분야 시험 · 검사 등에 관한 법률 시행규칙 제2조의 규정으로 유추할 수 있다.

> **식품 · 의약품분야 시험 · 검사 등에 관한 법률 시행규칙**
>
> 제2조(시험 · 검사기관의 지정) ① 「식품 · 의약품분야 시험 · 검사 등에 관한 법률」(이하 "법"이라 한다) 제6조에 따른 시험 · 검사기관(이하 "시험 · 검사기관"이라 한다)의 업무범위, 시험 · 검사의 분야 · 품목 및 항목에 관한 사항은 별표 1과 같다.

② 법 제6조 제1항에 따라 시험·검사기관으로 지정받으려는 자는 시험·검사기관의 종류에 따라 별지 제1호서식, 별지 제2호서식, 별지 제3호서식, 별지 제4호서식, 별지 제5호서식 또는 별지 제5호의2서식의 시험·검사기관 지정신청서(전자문서로 된 신청서를 포함한다)에 다음 각 호의 서류(전자문서를 포함한다)를 첨부하여 식품의약품안전처장 또는 지방식품의약품안전청장(「식품·의약품분야 시험·검사 등에 관한 법률 시행령」(이하 "영"이라 한다) 제14조에 따라 지방식품의약품안전청장에게 위임된 권한에 관한 사항인 경우만 해당한다. 이하 같다)에게 제출해야 한다. 이 경우 식품의약품안전처장 또는 지방식품의약품안전청장은 「전자정부법」 제36조 제1항에 따른 행정정보의 공동이용을 통하여 국가기술자격증, 사업자등록증명 및 법인 등기사항증명서(법인인 경우만 해당한다)를 확인해야 하며, 신청인이 확인에 동의하지 않는 경우에는 그 사본을 첨부하도록 해야 한다.

1. 시험·검사기관의 조직 및 인력 현황(경력사항을 포함한다)

2. 시험·검사 시설의 평면도

3. 시험·검사 설비·장비 및 기구의 보유 현황(시험·검사실의 배치도를 포함한다)

4. 다음 각 목의 사항을 포함하는 시험·검사에 관한 업무규정

　가. 시험·검사 소요 기간

　나. 제20조 제1항 제2호에 따른 품질관리 기준에 관한 문서

　다. 시험·검사 수수료 및 그 산정방법(의료기기 시험·검사기관의 경우 「의료기기법」 제19조에 따라 식품의약품안전처장이 정한 기준규격에 따른 시험·검사만 해당한다)

　라. 실험동물의 관리 기준 및 방법(동물 실험을 하는 기관만 해당한다)

　마. 수입한약 관능검사[인간의 오감(五感)에 의하여 평가하는 제품검사를 말한다. 이하 같다] 인력의 운영기준과 관능검사용 검체(檢體) 채취의 기준 및 방법(수입한약 관능검사를 하는 기관만 해당한다)

　바. 보유한 인력·시설 등을 고려한 적정 시험·검사 건수 및 그 근거자료

③ 법 제6조 제4항 본문에 따른 시험·검사에 필요한 시설·설비 및 인력 등 시험·검사기관의 지정 요건은 별표 2와 같다.

④ 식품의약품안전처장 또는 지방식품의약품안전청장은 제2항에 따른 신청을 받으면 서류 검토 및 현장조사를 하여 신청 내용이 제3항에 따른 지정 요건에 적합한 경우에는 별지 제6호서식에 따른 지정서를 신청인에게 발급하여야 한다.

⑤ 식품의약품안전처장 또는 지방식품의약품안전청장은 제4항에 따라 시험·검사기관 지정서를 발급한 경우에는 다음 각 호의 사항을 관보 또는 인터넷 홈페이지에 공고하여야 한다.

1. 시험·검사기관의 명칭, 소재지 및 대표자 성명

2. 시험·검사기관의 종류 및 업무범위

3. 시험·검사의 분야·품목 및 항목
4. 시험·검사기관의 지정 연월일 및 지정 유효기간

이런 규정을 고려하면 담배 검사기관도 기존의 식품·의약품분야 시험·검사 등에 관한 법률 제6조에 따라 지정된 검사기관이 추가로 신청할 확률이 매우 높다. 이미 기본적인 관련 시설과 인력, 장비 등을 갖추고 있으며, 준비해야 할 문서와 절차 등에 매우 익숙하기 때문이다. 다만, 담배의 특성상 최초 검사 당시에는 시중에 판매되는 모든 제품이 검사를 시행해야 되기 때문에 수요가 크지만 일단 신제품이 많지 않으리라고 추정된다는 점 때문에 경제적인 이유로 얼마나 많은 검사기관에 신청할지 미지수다.

그렇다면 본 법령이 시행되는 2025. 1. 1.까지 혹은 그 이후에 담배 검사기관이 지정되지 않을 때에는 어떤 방식으로 검사를 시행하고 법령을 운영할지에 대한 대책이 마련되어야 할 필요가 있으며, 매우 경제적인 측면에서 다루어져야 할 사안으로 현재 식품·의약품분야 시험·검사 등에 관한 법률 제6조에 따라 검사기관으로 지정된 기관을 상대로 사전에 수요 조사를 실시하거나 수수료 체계 등에 관한 연구가 조속히 진행되어야 한다.

민간기업이 신청하지 않으면 지방자치단체 소속 시도보건환경연구원이 업무를 수행할 수는 있으나, 이때에도 추가적인 예산과 인력이 확보되려면 최소한 1년 전부터 준비가 되어야 하는데, 이 법의 시행이 2025. 1. 1.인 것을 생각하면 충분한 시간이 확보되었다고 보기 어렵다. 특히 지방자치단체에서 검사기관을 운영할 경우 이 법의 규정 등을 개정할 필요가 있어 실제로 법령이 형해화될 우려가 크다.

나. 검사기관의 지정취소

검사기관에 대한 지정취소는 행정처분이라 행정기본법과 행정절차법의 규정을 기본 원칙으로 하며, 구체적인 지정취소 등의 사안에 관해 규정하고 있다.

> 제17조(지정취소) ① 식품의약품안전처장은 제16조에 따라 지정한 검사기관이 다음 각 호의 어느 하나에
> 해당하면 그 지정을 취소하거나 6개월 이내의 기간을 정하여 그 업무의 정지를 명할 수 있다. 다만, 제1호부
> 터 제3호까지에 해당하면 그 지정을 취소하여야 한다.
> 1. 거짓이나 그 밖의 부정한 방법으로 지정을 받은 경우
> 2. 고의 또는 중대한 과실로 제11조에 따른 검사결과서를 거짓으로 작성·발급한 경우
> 3. 업무정지 기간 중에 검사 업무를 한 경우
> 4. 제16조 제3항에 따른 변경 승인을 받지 아니하거나 변경 신고를 1개월 이내에 하지 아니한 경우
> 5. 제16조 제4항에 따른 준수사항을 위반한 경우
>
> ② 제1항에 따라 지정취소 처분을 받은 기관은 지정이 취소된 날부터 2년이 지나지 아니한 경우에는 검사기
> 관으로 다시 지정받을 수 없다.
> ③ 제1항에 따른 지정취소 또는 업무정지의 세부적 기준은 총리령으로 정한다.
> ④ 식품의약품안전처장은 제1항에 따라 검사기관의 지정을 취소하고자 하는 경우에는 청문을 하여야 한다.

구체적인 지정취소 또는 업무정지 등 행정처분 기준은 총리령에서 [별표]로 만들어질 것이
다. 이 또한 식품·의약품분야 시험·검사 등에 관한 법률과 크게 다르지 않을 것이다.

> 식품·의약품분야 시험·검사 등에 관한 법률 시행규칙
>
> 제10조(시험·검사기관 등에 대한 행정처분 기준) ① 법 제10조 제1항·제2항 및 제4항에 따른 시험·검사
> 기관 및 국외시험·검사기관(이하 "시험·검사기관등"이라 한다)에 대한 행정처분 기준은 별표 5와 같다.
> ② 법 제10조에 따라 지정이 취소된 시험·검사기관등은 지체 없이 시험·검사기관 지정서 또는 국외시험·검
> 사기관 지정서를 반납하여야 한다.

식품·의약품분야 시험·검사 등에 관한 법률 시행규칙 제10조 제1항과 관련하여 행정처
분 기준은 [별표 5] 시험·검사기관등의 행정처분 기준(제10조 제1항 관련)에 규정되어 있다.

시험·검사기관등의 행정처분 기준(제10조 제1항 관련)

1. 일반기준

　가. 위반행위가 둘 이상인 경우에는 그 중 가장 무거운 처분기준을 적용하며, 처분기준이 모두 시험·검사 업무정지인 경우에는 6개월의 범위 내에서 무거운 처분기준에 나머지 처분기준의 2분의 1을 더하여 처분한다.

　나. 시험·검사와 관련한 위반사항이 시험·검사 결과에 중대한 영향을 미치지 아니하거나 단순착오로 판단되는 경우로서 그 처분기준이 시험·검사업무정지에 해당하는 경우에는 정지처분기간의 2분의 1 이하의 범위에서, 지정취소에 해당하는 경우에는 시험·검사업무정지 3개월 이상의 범위에서 각각 경감할 수 있다.

　다. 위반행위의 횟수에 따른 행정처분의 가중된 부과기준은 최근 3년간 같은 위반행위로 행정처분을 받은 경우에 적용한다. 이 경우 기간의 계산은 위반행위에 대하여 행정처분을 받은 날(업무정지 처분을 갈음하여 과징금을 부과하는 경우에는 과징금 부과처분을 받은 날을 말한다)과 그 처분 후 다시 같은 위반행위를 하여 적발된 날을 기준으로 한다.

　라. 다목에 따라 가중된 부과처분을 하는 경우 가중처분의 적용 차수는 그 위반행위 전 부과처분 차수(다목에 따른 기간 내에 행정처분이 둘 이상 있었던 경우에는 높은 차수를 말한다)의 다음 차수로 한다.

　마. 다목에도 불구하고 위반행위에 대하여 행정처분을 하기 위한 절차가 진행되는 기간 중에 반복하여 같은 위반행위를 하는 때에는 6개월의 범위에서 그 위반횟수마다 행정처분 기준의 2분의 1까지 가중한다.

　바. 법 제6조 제2항 각 호에 따른 종류를 기준으로 시험·검사기관을 2개 종류 이상 지정받은 자에 대하여 제2호에 따른 위반행위 및 위반행위 횟수에 따른 처분기준을 적용할 때 법 제6조 제2항 각 호에 따른 시험·검사기관의 종류 중 위반행위에 해당하는 시험·검사기관의 종류에 한정하여 적용한다.

　사. 법 제10조 제1항 제1호 또는 제2호에 해당하는 경우로서 둘 이상의 지정을 받은 시험·검사기관에서 인력, 시설, 설비를 중복하여 사용하는 경우에는 법 제6조 제2항 각 호에 해당하는 시험·검사기관의 지정을 모두 취소해야 한다.

2. 위반사항별 세부 처분기준

　가. 시험·검사기관의 경우

구분	근거 법조문	처분기준			
		1차 위반	2차 위반	3차 위반	4차 위반
1) 거짓이나 그 밖의 부정한 방법으로 지정을 받은 경우	법 제10조 제1항 제1호	지정취소			

2) 고의 또는 중대한 과실로 시험·검사성적서를 사실과 다르게 발급한 경우	법 제10조 제1항 제2호	지정취소		
3) 업무정지처분기간 중에 시험·검사업무를 행한 경우	법 제10조 제1항 제3호	지정취소		
4) 법 제6조 제7항을 위반하여 다른 사람에게 지정받은 시험·검사기관의 명칭을 사용하여 시험·검사 업무를 하게 하거나 시험·검사기관 지정서를 다른 사람에게 대여하는 경우	법 제10조 제1항 제6호의2	지정취소		
5) 법 제6조에 따라 지정받은 시험·검사 범위를 벗어나 시험·검사성적서를 발급한 경우	법 제10조 제1항 제4호	시험·검사 업무정지 15일	시험·검사 업무정지 1개월	시험·검사 업무정지 3개월	지정취소
6) 법 제6조 제4항에 따른 지정요건에 미달하게 된 경우	법 제10조 제1항 제5호	시험·검사 업무정지 1개월	시험·검사 업무정지 3개월	지정취소
7) 법 제6조 제5항을 위반하여 변경승인을 받지 아니하고 변경한 경우	법 제10조 제1항 제6호	시험·검사 업무정지 15일	시험·검사 업무정지 1개월	시험·검사 업무정지 3개월	지정취소
8) 법 제6조 제5항을 위반하여 변경신고를 1개월 이내에 하지 아니한 경우	법 제10조 제1항 제6호	시정명령	시험·검사 업무정지 7일	시험·검사 업무정지 15일	지정취소
9) 법 제11조 제1항을 위반하여 이 규칙 제11조 및 제12의 기준·방법·절차에 따라 시험·검사를 하지 아니한 경우로서	법 제10조 제1항 제7호			
가) 식품 등 시험·검사기관, 축산물 시험·검사기관, 화장품 시험·검사기관 또는 위생용품 시험·검사기관의 경우		시험·검사 업무정지 15일	시험·검사 업무정지 1개월	지정취소
나) 의약품 등 시험·검사기관의 경우		해당 시험·검사업무 정지 15일	해당 시험·검사업무 정지 1개월	지정취소
다) 의료기기 시험·검사기관의 경우		해당 품목 시험·검사 업무정지 15일	해당 품목 시험·검사 업무정지 1개월	지정취소

10) 법 제11조 제2항을 위반하여 시험·검사성적서를 발급하지 아니하거나 이 규칙 제12조 제4항 각 호에 따른 시험·검사성적서가 아닌 시험·검사성적서를 발급한 경우로서	법 제10조 제1항 제8호			
가) 식품 등 시험·검사기관, 축산물 시험·검사기관, 의료기기 시험·검사기관, 화장품 시험·검사기관 또는 위생용품 시험·검사기관의 경우		시험·검사 업무정지 7일	시험·검사 업무정지 15일	시험·검사 업무정지 1개월	지정취소
나) 의약품 등 시험·검사기관의 경우		해당 시험· 검사업무 정지 7일	해당 시험· 검사업무 정지 15일	해당 시험· 검사업무 정지 1개월	지정취소
11) 법 제11조제3항을 위반하여 거짓으로 보고하거나 보고를 게을리한 경우로서	법 제10조 제1항 제9호			
가) 식품 등 시험·검사기관, 축산물 시험·검사기관, 의료기기 시험·검사기관, 화장품 시험·검사기관 또는 위생용품 시험·검사기관의 경우		시험·검사 업무정지 1개월	시험·검사 업무정지 2개월	시험·검사 업무정지 3개월	지정취소
나) 의약품 등 시험·검사기관의 경우		해당 시험· 검사업무 정지 1개월	해당 시험· 검사업무 정지 2개월	해당 시험· 검사업무 정지 3개월	지정취소
12) 법 제12조 제1항을 위반하여 매년 시험·검사 실적을 식품의약품안전처장에게 보고하지 아니한 경우	법 제10조 제1항 제10호	시정명령	시험·검사 업무정지 7일	시험·검사 업무정지 15일	지정취소
13) 법 제12조 제2항을 위반하여 문서를 작성하지 아니하거나 보관하지 아니한 경우로서	법 제10조 제1항 제11호			
가) 식품 등 시험·검사기관, 축산물 시험·검사기관, 화장품 시험·검사기관 또는 위생용품 시험·검사기관의 경우		해당 시험· 검사업무 정지 1개월	해당 시험· 검사업무 정지 3개월	지정취소	
나) 의약품 등 시험·검사기관의 경우		해당 시험· 검사업무 정지 1개월	해당 시험· 검사업무 정지 3개월	지정취소	
다) 의료기기 시험·검사기관의 경우		해당 품목 검사업무 정지 1개월	해당 품목 검사업무 정지 3개월	지정취소	

구분	근거법령	처분기준			
		1차 위반	2차 위반	3차 위반	4차 위반
14) 법 제12조 제3항 및 이 규칙 별표 6에 따른 시험·검사기관의 준수사항을 위반한 경우	법 제10조 제1항 제12호				
가) 별표 6 제1호·제2호 또는 제10호를 위반한 경우		시정명령	시험·검사 업무정지 7일	시험·검사 업무정지 15일	지정취소
나) 별표 6 제3호부터 제5호까지, 제11호 및 제12호를 위반한 경우		시험·검사 업무정지 15일	시험·검사 업무정지 1개월	시험·검사 업무정지 3개월	지정취소
다) 별표 6 제6호를 위반한 경우		시험·검사 업무정지 7일	시험·검사 업무정지 15일	시험·검사 업무정지 1개월	지정취소
라) 별표 6 제7호를 위반한 경우					
(1) 식품 등 시험·검사기관, 축산물 시험·검사기관, 의료기기 시험·검사기관, 화장품 시험·검사기관 또는 위생용품 시험·검사기관의 경우		시험·검사 업무정지 15일	시험·검사 업무정지 1개월	시험·검사 업무정지 3개월	지정취소
(2) 의약품 등 시험·검사기관의 경우		해당 품목 검사업무 정지 15일	해당 품목 검사업무 정지 1개월	해당 품목 검사업무 정지 3개월	지정취소
마) 별표 6 제8호 또는 제9호를 위반한 경우		시험·검사 업무정지 1개월	시험·검사 업무정지 3개월	지정취소	
15) 법 제14조제2항을 위반하여 시스템 장애 등 정당한 사유 없이 시험·검사에 관한 정보를 실험실정보관리시스템에 등록하지 않은 경우	법 제10조 제1항 제12호의2	시정명령	시험·검사 업무정지 7일	시험·검사 업무정지 15일	지정취소
16) 법 제16조에 따라 시험·검사 능력을 평가한 결과에 따른 시정조치를 이행하지 아니한 경우	법 제10조 제1항 제13호	시험·검사 업무정지 1개월	시험·검사 업무정지 3개월	지정취소	
17) 법 제22조에 따른 관계 공무원의 출입 또는 열람을 방해한 경우	법 제10조 제1항 제14호	시험·검사 업무정지 1개월	시험·검사 업무정지 3개월	지정취소	

나. 국외시험·검사기관의 경우

구분	근거법령	처분기준			
		1차 위반	2차 위반	3차 위반	4차 위반

1) 거짓이나 그 밖의 부정한 방법으로 지정을 받은 경우	법 제10조 제2항 제1호	지정취소		
2) 시험·검사성적서를 거짓으로 발급한 경우	법 제10조 제2항 제2호	지정취소		
3) 업무정지처분기간 중에 시험·검사 업무를 행한 경우	법 제10조 제2항 제3호	지정취소		
4) 법 제8조 제4항에 따라 변경승인을 받지 아니한 경우	법 제10조 제2항 제4호	시험·검사 업무정지 1개월	시험·검사 업무정지 3개월	지정취소
5) 법 제16조에 따라 시험·검사 능력을 평가한 결과에 따른 시정조치를 이행하지 아니한 경우	법 제10조 제2항 제5호	시험·검사 업무정지 1개월	시험·검사 업무정지 3개월	지정취소
6) 식품의약품안전처장이 부과한 준수사항을 이행하지 아니한 경우	법 제10조 제2항 제6호	시험·검사 업무정지 1개월	시험·검사 업무정지 3개월	지정취소

8. 비밀유지의무와 공무원 의제 등

이 법은 담배의 유해성분에 대한 정보와 담배 검사결과 및 이에 대한 공개범위 등을 정할 수 있는 담배유해성관리정책위원회 위원의 비밀유지의무와 공무원 의제 조항을 정하고 있다.

제19조(비밀유지의무) 이 법에 따른 직무에 종사하거나 종사하였던 정책위원회 위원, 공무원 또는 정책위원회의 업무를 담당하거나 담당하였던 자는 그 업무상 알게 된 비밀을 누설하거나 목적 외의 용도로 이용하여서는 아니 된다.

제23조(벌칙 적용에서 공무원 의제) 정책위원회 위원 중 공무원이 아닌 사람은 「형법」 제127조 및 제129조부터 제132조까지를 적용할 때에는 공무원으로 본다.

이 법 제23조에 규정에 따른 형법 제127조(공무상 비밀의 누설), 제129조(수뢰, 사전수뢰),

제130조(제삼자뇌물제공), 제131조(수뢰후부정처사, 사후수뢰), 제132조(알선수뢰)에 대하여는 다음과 같다.

제127조(공무상 비밀의 누설) 공무원 또는 공무원이었던 자가 법령에 의한 직무상 비밀을 누설한 때에는 2년 이하의 징역이나 금고 또는 5년 이하의 자격정지에 처한다.

제129조(수뢰, 사전수뢰) ① 공무원 또는 중재인이 그 직무에 관하여 뇌물을 수수, 요구 또는 약속한 때에는 5년 이하의 징역 또는 10년 이하의 자격정지에 처한다.
② 공무원 또는 중재인이 될 자가 그 담당할 직무에 관하여 청탁을 받고 뇌물을 수수, 요구 또는 약속한 후 공무원 또는 중재인이 된 때에는 3년 이하의 징역 또는 7년 이하의 자격정지에 처한다.

제130조(제삼자뇌물제공) 공무원 또는 중재인이 그 직무에 관하여 부정한 청탁을 받고 제3자에게 뇌물을 공여하게 하거나 공여를 요구 또는 약속한 때에는 5년 이하의 징역 또는 10년 이하의 자격정지에 처한다.

제131조(수뢰후부정처사, 사후수뢰) ① 공무원 또는 중재인이 전2조의 죄를 범하여 부정한 행위를 한 때에는 1년 이상의 유기징역에 처한다.
② 공무원 또는 중재인이 그 직무상 부정한 행위를 한 후 뇌물을 수수, 요구 또는 약속하거나 제삼자에게 이를 공여하게 하거나 공여를 요구 또는 약속한 때에도 전항의 형과 같다.
③ 공무원 또는 중재인이었던 자가 그 재직 중에 청탁을 받고 직무상 부정한 행위를 한 후 뇌물을 수수, 요구 또는 약속한 때에는 5년 이하의 징역 또는 10년 이하의 자격정지에 처한다.
④ 전3항의 경우에는 10년 이하의 자격정지를 병과할 수 있다.

제132조(알선수뢰) 공무원이 그 지위를 이용하여 다른 공무원의 직무에 속한 사항의 알선에 관하여 뇌물을 수수, 요구 또는 약속한 때에는 3년 이하의 징역 또는 7년 이하의 자격정지에 처한다.

이 법 제9조에 규정된 담배유해성관리정책위원회의 위원은 담배 유해성 관리에 대한 기본계획 및 시행계획과 유해성분의 검사 방법 등 본 법령의 모든 정책 결정에 관여하기 때문에 공무원과 소비자단체 대표, 담배 유해성 관리 전문가로 구성되는데, 이때 중립성과 객관성을 확보하고 이해관계자에 대한 정보 유출 등을 방지하기 위해서 위원의 행위를 제한하기 위해서 매우 엄격한 규정을 두어 관리하고 있다.

9. 행정처분과 벌칙 등

이 법의 규정에 따라 영업자인 담배 제조자 등이 식품의약품안전처장의 명령을 따르지 않으면 행정처분으로 시정명령, 회수·폐기 절차가 진행될 수 있고, 제조자에게 필요한 보고를 식품의약품안전처장에게 하도록 규정한 제21조 제1항을 위반하여 보고하지 않거나 거짓으로 한 경우와 관계 공무원의 출입·검사·수거를 거부·방해·기피한 자에게는 300만 원 이하의 과태료를 부과한다. 또한, 유해성분 검사를 거짓으로 의뢰하거나 검사결과서 등을 거짓으로 제출한 경우와 이 법 제18조의 행정처분을 이행하지 아니한 경우 1년 이하의 징역 또는 1천만 원 이하의 벌금을 과한다.

제18조(시정명령 등) ① 식품의약품안전처장은 제조자등이 다음 각 호의 어느 하나에 해당하는 경우에는 기간을 정하여 시정을 명하여야 한다.

  1. 제11조 제1항 또는 제4항을 위반하여 유해성분의 검사를 의뢰하지 아니한 경우

  2. 제12조 제1항을 위반하여 검사결과서등을 제출하지 아니한 경우

② 식품의약품안전처장은 제조자등이 제1항에 따른 시정명령을 기간 내에 이행하지 아니한 경우로서 국민 건강에 위해가 발생하거나 발생할 우려가 있다고 인정되는 때에는 해당 담배를 회수·폐기하거나 그 밖에 필요한 조치를 하도록 명할 수 있다.

③ 식품의약품안전처장은 제2항에 따른 명령을 받은 사람이 그 명령을 이행하지 아니하는 경우에는 「행정대집행법」에 따라 대집행을 하고 그 비용을 명령위반자로부터 징수할 수 있다.

④ 제1항부터 제3항까지에 따른 시정명령, 회수·폐기의 절차 등 그 밖에 필요한 사항은 총리령으로 정한다.

제26조(과태료) ① 제21조 제1항을 위반하여 보고를 하지 아니하거나 거짓으로 보고하거나 같은 항에 따른 출입·검사·수거를 거부·방해·기피한 자에게는 300만원 이하의 과태료를 부과한다.

② 제1항에 따른 과태료는 대통령령으로 정하는 바에 따라 식품의약품안전처장 또는 지방식품의약품안전청장이 부과·징수한다.

제24조(벌칙) 다음 각 호의 어느 하나에 해당하는 자는 1년 이하의 징역 또는 1천만원 이하의 벌금에 처한다.

1. 제11조 제1항 또는 제4항에 따른 유해성분 검사를 거짓으로 의뢰한 자

2. 제12조를 위반하여 검사결과서등을 거짓으로 제출한 자

3. 제18조 제1항에 따른 시정명령을 이행하지 아니한 자

4. 제18조 제2항에 따른 회수·폐기 등의 명령을 이행하지 아니한 자

마지막으로 본 법령의 집행을 위해서 관계 공무원이 보고 및 출입·검사 업무에 대해서 행정조사기본법 등을 포함해서 구체적인 규정을 제21조에 나열하고 있다.

제21조(보고 및 출입·검사 등) ① 식품의약품안전처장은 필요하다고 인정하는 경우 제조자등에 대하여 필요한 보고를 하게 할 수 있고, 관계 공무원으로 하여금 그의 사업소 또는 사업장에 출입하여 담배의 제조·판매와 관련된 서류 또는 물건을 검사하게 하거나 검사에 필요한 최소 분량의 물건을 무상으로 수거하게 할 수 있다.

② 제1항에 따라 관계 공무원이 출입·검사·수거를 하는 때에는 그 권한을 표시하는 증표를 지니고 이를 관계인에게 내보여야 한다.

③ 제1항에 따른 출입·검사·수거를 하고자 하는 경우 사전통지에 관하여는 「행정조사기본법」 제17조를 준용한다.

④ 제1항에 따른 보고 및 출입·검사·수거의 세부기준이나 절차 등에 필요한 사항은 총리령으로 정한다.

이 법 제21조는 행정조사기본법 제17조를 준용한다는 제3항뿐만 아니라 출입·검사·수거에 관한 규정이 있는 식품위생법 제22조와 크게 다르지 않고, 세부 기준이나 절차 등에 필요한 사항을 총리령으로 규정하도록 정하고 있다.

식품위생법

제22조(출입·검사·수거 등) ① 식품의약품안전처장(대통령령으로 정하는 그 소속 기관의 장을 포함한다. 이하 이 조에서 같다), 시·도지사 또는 시장·군수·구청장은 식품등의 위해방지·위생관리와 영업질서의 유지를 위하여 필요하면 다음 각 호의 구분에 따른 조치를 할 수 있다. 〈개정 2009. 5. 21., 2011. 6. 7., 2013. 3. 23.〉

1. 영업자나 그 밖의 관계인에게 필요한 서류나 그 밖의 자료의 제출 요구

2. 관계 공무원으로 하여금 다음 각 목에 해당하는 출입·검사·수거 등의 조치

   가. 영업소(사무소, 창고, 제조소, 저장소, 판매소, 그 밖에 이와 유사한 장소를 포함한다)에 출입하여 판
       매를 목적으로 하거나 영업에 사용하는 식품등 또는 영업시설 등에 대하여 하는 검사

   나. 가목에 따른 검사에 필요한 최소량의 식품등의 무상 수거

   다. 영업에 관계되는 장부 또는 서류의 열람

② 식품의약품안전처장은 시·도지사 또는 시장·군수·구청장이 제1항에 따른 출입·검사·수거 등의 업무
   를 수행하면서 식품등으로 인하여 발생하는 위생 관련 위해방지 업무를 효율적으로 하기 위하여 필요한
   경우에는 관계 행정기관의 장, 다른 시·도지사 또는 시장·군수·구청장에게 행정응원(行政應援)을 하도
   록 요청할 수 있다. 이 경우 행정응원을 요청받은 관계 행정기관의 장, 시·도지사 또는 시장·군수·구청
   장은 특별한 사유가 없으면 이에 따라야 한다.〈개정 2013. 3. 23.〉

③ 제1항 및 제2항의 경우에 출입·검사·수거 또는 열람하려는 공무원은 그 권한을 표시하는 증표 및 조사
   기간, 조사범위, 조사담당자, 관계 법령 등 대통령령으로 정하는 사항이 기재된 서류를 지니고 이를 관계
   인에게 내보여야 한다.〈개정 2016. 2. 3.〉

④ 제2항에 따른 행정응원의 절차, 비용 부담 방법, 그 밖에 필요한 사항은 대통령령으로 정한다.

제3장 국민건강증진법

1. 국민건강증진법 제정목적 등

국민건강증진법은 1995년 1월 5일 제정되어 그해 1995년 9월 1일부터 시행되었다. 당시 법령의 신규제정이유를 보면 적극적인 보건정책 추진을 통해 국민건강증진을 도모하는 것이 목적이었음을 알 수 있다.

국민의 생활수준향상에 따라 급성전염병의 발생은 줄어들고 있으나 식생활변화·운동부족·흡연·음주등 으로 인하여 만성퇴행성질환이 증가하고 있어 보건정책의 방향을 종래의 치료중심의 소극적 방법에서 보건 교육·영양개선·건강생활실천등 사전예방적 사업으로 전환하여 국민건강증진을 도모하려는 것임.

① 보건사회부장관은 국민건강증진에 관한 기본시책을 수립·시행하고, 이에 따라 지방자치단체의 장은 지 역주민의 건강증진에 관한 세부계획을 수립·시행하도록 함.

② 절주를 유도하기 위하여 주류의 판매용 용기에 과다한 음주는 건강에 해롭다는 내용이 표시된 경고문구 를 표기하도록 함.

③ 금연을 유도하기 위하여 담배자동판매기는 대통령령으로 정하는 일정 장소에만 설치할 수 있도록 제한 하고, 19세미만의 자에 대하여는 담배를 판매할 수 없도록 하며, 공중이 이용하는 시설의 소유자등은 당 해 시설을 금연구역과 흡연구역으로 구분하여 지정하도록 함.

④ 건강한 생활을 위하여 지역사회 주민·단체 및 공공기관이 참여하는 건강생활실천협의회를 구성하여 건 강생활실천운동을 전개하도록 함.

⑤ 시장·군수·구청장은 지역주민의 건강증진을 위하여 보건소장으로 하여금 보건교육·영양관리·건강검 진등 건강증진사업을 수행할 수 있도록 함.

⑥ 건강증진사업의 추진에 필요한 재원을 확보하기 위하여 담배사업자의 공익사업 출연금 및 의료보험 보 험자의 부담금으로 조성되는 국민건강증진기금을 설치하도록 함.

제정 사유에 언급되어 있듯이 국민건강증진 정책을 수행하기 위한 자금 조달 목적으로 매년 담배사업자의 공익사업 출연금 100억 및 의료보험 보험자의 부담금 50억 원, 합계 150억 원의 재원 마련이 예정되었다. 그러나 2001년 12월 의료보험자의 부담금 50억 원이 폐지되고 현재까지 담배에만 부과되고 있다. 국민건강증진 정책 추진을 위한 재원 확보를 통해 현재 국민건강증진법에 규정된 절주, 금연, 건강생활실천, 보건교육·영양관리·건강검진 등 건강증진사업 등이 시행되고 있다.

국민건강증진법에는 이처럼 다양한 정책과 사업이 포함되어 있으며, 금연운동 등 담배와 관련된 규정도 다수 포함되어 있다. 특히 본 법령을 통해 금연 등에 대한 다양한 조사와 연구를 수행할 수 있는 국민건강증진개발원이 운영될 수 있었고, 최근에는 담배의 경고 문구, 가향 물질 함유, 담배광고 등에 대한 행정행위와 관련된 규정도 추가되고 있다. 본 서에서는 국민건강증진법에서 담배와 관련된 규정만 살펴보기로 한다.

> 제1조(목적) 이 법은 국민에게 건강에 대한 가치와 책임의식을 함양하도록 건강에 관한 바른 지식을 보급하고 스스로 건강생활을 실천할 수 있는 여건을 조성함으로써 국민의 건강을 증진함을 목적으로 한다.

2. 금연운동과 금연을 위한 조치

가. 금연운동

국민건강증진법 제8조 제1항에서는 국가 및 지방자치단체는 흡연이 건강에 좋지 않다는 것을 교육·홍보해야 한다고 규정하고 있다. 본 조항은 선언적이라 따로 하위법령에서 정한 것은 없다. 건강증진개발원에서 다양한 교육과 홍보 활동을 진행하고는 있지만, 여전히 예산과 인력 부족으로 전 국민을 상대로 미미한 효과를 내고 있으며, 특히 청소년 흡연

예방을 위해서 보다 적극적으로 개별 교육지원청 등과 연계해서 다양한 활동과 홍보·교육이 절실하다.

> 제8조(금연 및 절주운동등) ① 국가 및 지방자치단체는 국민에게 담배의 직접흡연 또는 간접흡연과 과다한 음주가 국민건강에 해롭다는 것을 교육·홍보하여야 한다.

나. 금연을 위한 조치

국민 건강의 증진을 위해서 국민건강증진법에서는 흡연 감소를 위해 노력하는 목적으로 담배구매 방법으로 사용되는 담배자판기 설치 장소, 금연구역 및 그 표시, 흡연실에 관한 규정을 두고 있다.

(1) 담배자동판매기 설치

담배자동판매기는 정해진 장소에만 설치해야 하고, 담배자동판매기를 설치해서 담배를 파는 자는 성인인증장치를 부착해야 한다.

> 제9조(금연을 위한 조치) ① 삭제 〈2011. 6. 7.〉
> ② 담배사업법에 의한 지정소매인 기타 담배를 판매하는 자는 대통령령이 정하는 장소외에서 담배자동판매기를 설치하여 담배를 판매하여서는 아니된다.
> ③ 제2항의 규정에 따라 대통령령이 정하는 장소에 담배자동판매기를 설치하여 담배를 판매하는 자는 보건복지부령이 정하는 바에 따라 성인인증장치를 부착하여야 한다.

미성년자에게 판매가 금지된 담배를 비대면으로 신분확인 없이 판매되는 것을 방지하기 위해서 담배자동판매기에는 반드시 성인인증장치를 부착하도록 규정하고 있으며, 담배자동판매기는 국민건강증진법 시행령에 규정된 다음의 장소에서만 설치할 수 있다.

제15조(담배자동판매기의 설치장소) ① 법 제9조 제2항에 따라 담배자동판매기의 설치가 허용되는 장소는 다음 각 호와 같다.

1. 미성년자등을 보호하는 법령에서 19세 미만의 자의 출입이 금지되어 있는 장소
2. 지정소매인 기타 담배를 판매하는 자가 운영하는 점포 및 영업장의 내부
3. 법 제9조 제4항 각 호 외의 부분 후단에 따라 공중이 이용하는 시설 중 흡연자를 위해 설치한 흡연실. 다만, 담배 자동판매기를 설치하는 자가 19세 미만의 자에게 담배자동판매기를 이용하지 못하게 할 수 있는 흡연실로 한정 한다.

② 제1항의 규정에 불구하고 미성년자등을 보호하는 법령에서 담배자동판매기의 설치를 금지하고 있는 장소에 대하여는 담배자동판매기의 설치를 허용하지 아니한다.

또한 담배자동판매기에 부착되는 성인인증장치에 대한 것은 국민건강증진법 시행규칙 제5조의2에 규정되어 있는데, 2004. 7. 29. 신설된 이래 신분증과 신용카드 외에는 추가로 허용된 장치가 없다. 특히 제3호에서는 그 밖의 장치에 대해서 보건복지부장관이 정하여 고시하도록 되어 있으나 고시된 것도 없고, 20년이 넘도록 변화는 없었다. 최근 휴대폰을 통한 전자 신분증제도가 시행되고 있다는 점을 고려하면 국민건강증진법 시행규칙 제5조의2도 개정될 필요가 있다.

제5조의2(성인인증장치) 법 제9조 제3항의 규정에 따라 담배자동판매기에 부착하여야 하는 성인인증장치는 다음 각호의 1에 해당하는 장치로 한다.

1. 담배자동판매기 이용자의 신분증(주민등록증 또는 운전면허증에 한한다)을 인식하는 방법에 의하여 이용자가 성인임을 인증할 수 있는 장치
2. 담배자동판매기 이용자의 신용카드·직불카드 등 금융신용거래를 위한 장치를 이용하여 이용자가 성인임을 인증할 수 있는 장치
3. 그 밖에 이용자가 성인임을 인증할 수 있는 장치로서 보건복지부장관이 정하여 고시하는 장치

(2) 금연구역 및 흡연실

공중이 이용하는 시설에서는 금연구역을 지정하고 흡연실을 설치할 수 있다. 그리고 금

연구역의 지정은 특별자치시장·특별자치도지사·시장·군수·구청장이 흡연으로 인한 피해 방지와 주민의 건강증진을 위해서 직권으로 하거나, 일부 신청에 따라 가능하다.

〈금연구역 지정이 필요한 공중이 이용하는 시설〉

국민건강증진법 제9조 제4항

1. 국회의 청사
2. 정부 및 지방자치단체의 청사
3. 「법원조직법」에 따른 법원과 그 소속 기관의 청사
4. 「공공기관의 운영에 관한 법률」에 따른 공공기관의 청사
5. 「지방공기업법」에 따른 지방공기업의 청사
6. 「유아교육법」·「초·중등교육법」에 따른 학교[교사(校舍)와 운동장 등 모든 구역을 포함한다]
7. 「고등교육법」에 따른 학교의 교사
8. 「의료법」에 따른 의료기관, 「지역보건법」에 따른 보건소·보건의료원·보건지소
9. 「영유아보육법」에 따른 어린이집
10. 「청소년활동 진흥법」에 따른 청소년수련관, 청소년수련원, 청소년문화의집, 청소년특화시설, 청소년야영장, 유스호스텔, 청소년이용시설 등 청소년활동시설
11. 「도서관법」에 따른 도서관
12. 「어린이놀이시설 안전관리법」에 따른 어린이놀이시설
13. 「학원의 설립·운영 및 과외교습에 관한 법률」에 따른 학원 중 학교교과교습학원과 연면적 1천제곱미터 이상의 학원
14. 공항·여객부두·철도역·여객자동차터미널 등 교통 관련 시설의 대기실·승강장, 지하보도 및 16인승 이상의 교통수단으로서 여객 또는 화물을 유상으로 운송하는 것
15. 「자동차관리법」에 따른 어린이운송용 승합자동차
16. 연면적 1천제곱미터 이상의 사무용건축물, 공장 및 복합용도의 건축물
17. 「공연법」에 따른 공연장으로서 객석 수 300석 이상의 공연장
18. 「유통산업발전법」에 따라 개설등록된 대규모점포와 같은 법에 따른 상점가 중 지하도에 있는 상점가
19. 「관광진흥법」에 따른 관광숙박업소
20. 「체육시설의 설치·이용에 관한 법률」에 따른 체육시설로서 1천명 이상의 관객을 수용할 수 있는 체육시설과 같은 법 제10조에 따른 체육시설업에 해당하는 체육시설로서 실내에 설치된 체육시설

---

21. 「사회복지사업법」에 따른 사회복지시설

22. 「공중위생관리법」에 따른 목욕장

23. 「게임산업진흥에 관한 법률」에 따른 청소년게임제공업소, 일반게임제공업소, 인터넷컴퓨터게임시설제 공업소 및 복합유통게임제공업소

24. 「식품위생법」에 따른 식품접객업 중 영업장의 넓이가 보건복지부령으로 정하는 넓이 이상인 휴게음식 점영업소, 일반음식점영업소 및 제과점영업소와 같은 법에 따른 식품소분·판매업 중 보건복지부령으로 정하는 넓이 이상인 실내 휴게공간을 마련하여 운영하는 식품자동판매기 영업소

25. 「청소년보호법」에 따른 만화대여업소

26. 그 밖에 보건복지부령으로 정하는 시설 또는 기관

국민건강증진법 시행규칙

제6조(금연구역 등) ① 법 제9조 제4항 제24호에 따라 해당 시설의 전체를 금연구역으로 지정하여야 하는 휴게음식점영업소, 일반음식점영업소 및 제과점영업소는 다음 각 호의 구분에 따른 영업소로 한다.

1. 2013년 12월 31일까지: 150제곱미터 이상인 영업소

2. 2014년 1월 1일부터 2014년 12월 31일까지: 100제곱미터 이상인 영업소

3. 2015년 1월 1일부터: 모든 영업소

② 법 제9조 제4항 제24호에 따라 해당 시설의 전체를 금연구역으로 지정하여야 하는 식품자동판매기 영업 소는 다음 각 호의 구분에 따른 영업소로 한다.

1. 2018년 12월 31일까지: 실내 휴게공간의 넓이가 75제곱미터 이상인 영업소

2. 2019년 1월 1일부터: 실내 휴게공간이 있는 모든 영업소

③ 법 제9조 제4항 제26호에서 "보건복지부령으로 정하는 시설 또는 기관"이란 「도로법」 제2조 제2호 가목 에 따른 휴게시설 중 고속국도에 설치한 휴게시설(주유소, 충전소 및 교통·관광안내소를 포함한다) 및 그 부속시설(지붕이 없는 건물 복도나 통로, 계단을 포함한다)을 말한다.

상기 시설물 외에 동법 제9조 제6조에서는 어린이 보호를 위해서 유치원과 어린이집 시설 주변 10미터 이내의 구역을 금연 구역으로 추가 지정했다. 다만, 초등학교, 중·고등학교와 학원의 설립·운영 및 과외교습에 관한 법률에 따라 청소년들이 주로 다니는 학원 주

변은 제외되었다.

이처럼 법령에 규정된 시설 주변 이외에도 지방자치단체는 흡연으로 인한 피해 방지와 주민의 건강증진을 위하여 필요하다고 인정하는 경우 조례로 여러 사람이 모이거나 오고 가는 관할 구역 안의 일정한 장소를 금연구역으로 지정할 수 있도록 거의 모든 지방자치단체가 금연 환경조성 및 간접흡연 피해방지 조례를 제정해서 운영하고 있으며, 내용은 거의 대동소이하다.

〈예시 : 가평군 금연환경조성 및 간접흡연 피해방지 조례〉

제1조(목적) 이 조례는 「국민건강증진법」에 따라 금연구역 지정 등에 관한 사항을 규정함으로써 흡연으로 인한 피해 방지와 금연환경을 조성하여 군민의 건강한 생활 영위를 목적으로 한다.

제2조(정의) 이 조례에서 사용하는 용어의 뜻은 다음과 같다.
  1. "금연"이란 흡연자가 담배를 끊는 것을 말한다.
  2. "금연구역"이란 제4조에 따라 지정한 구역을 말한다.
  3. "흡연"이란 담배(전자담배를 포함한다)를 피우는 행위를 말한다.
  4. "흡연구역"이란 흡연자가 담배를 피울 수 있도록 따로 마련한 장소나 시설을 말한다.
  5. "간접흡연"이란 다른 사람의 흡연으로 담배 연기를 간접적 또는 수동적으로 들이마심으로써 담배를 피

우는 것과 같은 효과를 나타내는 것을 말한다.

6. "금연지도원"이란 금연지도·감시·홍보·계도하는 사람을 말한다.

제3조(군민의 권리 등) ① 모든 가평군민(이하 "군민"이라 한다)은 간접흡연의 피해로부터 보호받을 권리를 가진다.

② 흡연자는 금연구역에서 흡연해서는 아니 되며, 다른 사람에게 간접흡연의 피해를 입히지 않도록 하여야 한다.

제4조(금연구역의 지정·변경·해제) ① 가평군수(이하 "군수"라 한다)는 「국민건강증진법」 제9조 제7항에 따라 다음 각 호의 어느 하나에 해당하는 구역의 전부 또는 일부를 금연구역으로 지정할 수 있다.

1. 「교육환경 보호에 관한 법률」 제8조에 따른 교육환경보호구역 중 절대보호구역

2. 「여객자동차 운수사업법 시행규칙」 제2조에 따른 정류소, 택시 승차대

3. 「도시공원 및 녹지 등에 관한 법률」 제2조 제3호에 따른 도시공원

4. 「도로교통법」 제12조 제1항에 따른 어린이 보호구역

5. 「액화석유가스의 안전관리 및 사업법 시행령」 제3조에 따른 액화석유가스 충전사업을 하는 곳 및 「석유 및 석유대체연료 사업법 시행령」 제2조 제3호에 따른 주유소

6. 그 밖에 다수인이 모이거나 오고 가는 장소 중 군수가 간접흡연 피해방지를 위하여 필요하다고 인정하는 장소

② 군수가 제1항에 따라 금연구역을 지정·변경·해제 할 때에는 군민의 의견을 수렴할 수 있다.

③ 군수는 금연구역을 지정·변경·해제 할 때에는 그 취지와 장소 및 범위를 군보 또는 가평군 홈페이지 등을 통하여 알려야 한다.

제5조(금연구역의 표시) ① 군수는 제4조에 따른 금연구역을 지정할 때에는 누구나 잘 볼 수 있는 장소에 금연구역 표지판 및 안내판(이하 "안내표지판"이라 한다)을 설치하여야 한다.

② 제1항에 따른 안내표지판의 설치기준 및 관리기준은 별표 1과 같다.

제6조(흡연구역 등의 지정·관리) ① 제4조 제1항에 따라 군수가 지정하는 금연구역 내 시설의 소유자, 점유자 또는 관리자는 흡연구역을 지정·관리할 수 있다.

② 제1항에 따라 흡연구역을 지정·관리하는 경우 흡연구역 내 흡연실을 설치할 수 있으며, 그 기준 및 방법은 「국민건강증진법 시행규칙」 제6조 제4항을 따른다.

제7조(금연교육 및 금연활동 지원) ① 군수는 각급 학교 등에서 실시하는 금연교육 및 금연활동을 지원할 수 있으며, 필요한 경우에는 직접 금연교육을 실시할 수 있다.

② 군수는 법인 또는 단체에 금연교육 및 금연활동에 관한 사항을 위탁할 수 있다.

③ 군수는 군민의 금연성공을 위하여 금연클리닉을 설치하여 금연상담, 금연보조제, 홍보물 등을 제공할 수 있다.

제8조(자원봉사자의 활용 및 지원) ① 군수는 금연 환경조성 및 간접흡연 피해방지를 위한 활동에 자원봉사자(자원봉사단체를 포함한다)를 활용할 수 있다.

② 제1항에 따른 자원봉사자에게 필요한 비용의 전부 또는 일부를 예산의 범위에서 지원할 수 있다.

③ 군수는 금연 환경조성 및 간접흡연 피해방지 등에 현저하게 공이 있는 단체 및 개인에게 「가평군 포상 조례」에 따라 포상할 수 있다.

제9조(금연지도원) ① 군수는 금연 환경조성의 효율적인 추진을 위하여 「국민건강증진법」 제9조의5제1항에 따라 금연지도원을 운영할 수 있다.

② 금연지도원의 구분은 다음 각 호와 같다.

　　1. 상시 근로자: 기간제근로자(기간의 정함이 있는 근로계약을 체결한 근로자)

　　2. 수시 근로자: 위촉 및 활동 수당을 받는 단시간근로자

　　3. 자율 근로자: 자원봉사자 등

③ 군수는 「국민건강증진법 시행령」 제16조의5에 따른 금연지도원의 자격을 갖춘 사람을 임명하여야 하며, 임명장은 별표 2와 같다.

④ 금연지도원의 임명 기간은 2년 이내로 하며, 임기 내 실적 등을 고려하여 임명 기간 이내의 범위에서 연장할 수 있다.

⑤ 제2항 제1호 및 제2호의 상시 근로자, 수시 근로자에게는 예산의 범위에서 임금을 지급할 수 있다.

제10조(과태료 부과·징수) ① 군수는 제4조에 따른 금연구역에서 흡연을 한 사람에게는 「국민건강증진법」 제34조 제3항 및 제4항에 따라 5만원의 과태료를 부과·징수한다.

② 제1항에 따른 과태료 부과·징수 절차 등에 관한 사항은 「질서위반행위규제법」에 따른다.

제11조(시행규칙) 이 조례의 시행에 필요한 사항은 규칙으로 정한다.

　　그리고 이 법 제9조 제4항 후단과 제6항 후단에 따라 금연구역을 알리는 표지는 본법 시

행규칙 제6조 제4항에 따라 [별표2]에 구체적인 내용이 규정되어 있다.

1. 금연구역을 알리는 표지 설치 방법

가. 표지 부착
　1) 법 제9조 제4항 각 호의 어느 하나에 해당하는 시설의 소유자·점유자 또는 관리자는 해당 시설 전체
　　가 금연구역임을 나타내는 표지판 또는 스티커를 달거나 부착하여야 한다.
　2) 법 제9조 제6항에 따라 금연구역을 지정한 특별자치시장·특별자치도지사·시장·군수·구청장은 지
　　정된 장소가 금연구역임을 나타내는 표지판 또는 스티커를 설치하거나 부착하여야 한다.
　3) 법 제9조 제4항에 따른 해당 시설의 표지판 또는 스티커는 해당 시설을 이용하는 자가 잘 볼 수 있도
　　록 건물 출입구에 부착하여야 하며, 그 외 계단, 화장실 등 주요 위치에 부착한다.
　4) 법 제9조 제6항에 따른 금연구역의 표지판 또는 스티커는 해당 구역을 이용하는 일반 공중이 잘 볼
　　수 있도록 건물 담장, 벽면, 보도(步道) 등에 설치하거나 부착하여야 한다.
　5) 표지판 또는 스티커는 법 제9조 제4항에 따른 해당 시설의 소유자·점유자·관리자 또는 법 제9조 제
　　6항에 따른 특별자치시장·특별자치도지사·시장·군수·구청장이 제작하여 부착하여야 한다. 다만,
　　보건복지부장관, 시·도지사 또는 시장·군수·구청장이 표지판 또는 스티커를 제공하는 경우에는 이
　　를 부착할 수 있다.

나. 표지 내용
　1) 각 목에 따른 표지판 또는 스티커에는 다음 사항이 포함되어야 한다.
　　가) 금연을 상징하는 그림 또는 문자

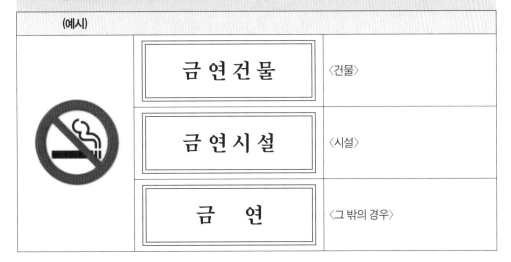

(예시)		
	금 연 건 물	〈건물〉
	금 연 시 설	〈시설〉
	금　　　연	〈그 밖의 경우〉

> 나) 위반시 조치사항
>
> (예시)
>
> 이 건물 또는 시설은 전체가 금연구역으로, 지정된 장소 외에서는 담배를 피울 수 없습니다. 이를 위반할 경우, 「국민건강증진법」에 따라 10만원 이하의 과태료가 부과됩니다.
>
> 2) 건물 또는 시설의 규모나 구조에 따라 표지판 또는 스티커의 크기를 다르게 할 수 있으며, 바탕색 및 글씨 색상 등은 그 내용이 눈에 잘 띄도록 배색하여야 한다.
>
> 3) 표지판 또는 스티커의 글자는 한글로 표기하되, 필요한 경우에는 영어, 일본어, 중국어 등 외국어를 함께 표기할 수 있다.
>
> 4) 필요한 경우 표지판 또는 스티커 하단에 아래 사항을 추가로 표시할 수 있다.
>
> : 위반사항을 발견하신 분은 전화번호 ○○○ - ○○○○로 신고해주시기 바랍니다.

이 법 제9조 제4항 후단에는 금연구역을 지정하는 시설에 흡연실을 설치할 수 있다고 규정하고 있다. 흡연자 권리뿐만 아니라 금연구역이 아닌 곳에서 흡연하는 것 때문에 피해를 보는 비흡연자를 더 적극적으로 보호하기 위해서 흡연실 설치도 의무화해야 한다는 주장도 있다. 하지만, 흡연을 지정된 공간에서만 가능하도록 규정한 법령이 없는 상황에서 금연구역을 제외한 어느 곳에서나 흡연할 수 있으므로 이를 흡연실로 범위를 제한하는 것은 지나치게 흡연자들의 권리를 침해하는 것이라 현실성이 없다.

결론적으로 흡연실은 지금처럼 재량행위로 규정하되, 국민건강증진기금을 활용하거나 추가적인 재원을 마련해서 설치를 활성화해야 할 필요가 있다. 흡연자와 비흡연자 모두를 위해서 흡연실이 설치되어야 하는 것은 맞고, 디자인과 형태가 중구난방으로 전국 각지에 설치되는 것보다는 정부가 주도하여 담배 회사들의 지원으로 공동 설치되는 방안도 연구해 볼 수 있다. 흡연실에 대한 설치기준과 방법도 국민건강증진법 시행규칙 제4조에 따른 [별표2]에 규정되어 있다.

2. 흡연실을 설치하는 기준 및 방법

가. 흡연실의 설치 위치

1) 법 제9조 제4항 제6호, 제8호, 제9호, 제10호, 제11호, 제12호 및 제15호에 해당하는 시설의 소유자·점유자 또는 관리자가 흡연실을 설치하는 경우에는 의료기관 등의 이용자 및 어린이·청소년의

간접흡연 피해를 예방하기 위해 실외에 흡연실을 설치하여야 한다. 이 경우 흡연실은 옥상에 설치하거나 각 시설의 출입구로부터 10미터 이상의 거리에 설치하여야 한다.

2) 법 제9조 제4항 각 호의 어느 하나에 해당하는 시설 중 1)에 따른 시설 외 시설의 소유자·점유자 또는 관리자는 가급적 실외에 흡연실을 설치하되, 부득이한 경우 건물 내에 흡연실을 설치할 수 있다.

나. 흡연실의 표지 부착

1) 건물 내에 흡연실을 설치한 경우 해당 시설의 소유자·점유자 또는 관리자는 시설 전체가 금연구역이라는 표시와 함께 해당 시설을 이용하는 자가 잘 볼 수 있는 위치에 아래 예시와 같이 흡연실임을 나타내는 표지판을 달거나 부착하여야 한다.

흡 연 실

(예시)

2) 건물 또는 시설의 규모나 구조에 따라 표지판 또는 스티커의 크기를 다르게 할 수 있으며, 바탕색 및 글씨 색상 등은 그 내용이 눈에 잘 띄도록 배색하여야 한다.

3) 표지판 또는 스티커의 글자는 한글로 표기하되, 필요한 경우에는 영어, 일본어, 중국어 등 외국어를 함께 표기할 수 있다.

4) 실외에 흡연실을 설치하는 경우 흡연이 가능한 영역을 명확히 알 수 있도록 그 경계를 표시하거나, 표지판을 달거나 부착하여야 한다.

다. 흡연실의 설치 방법

1) 실외에 흡연실을 설치하는 경우 자연 환기가 가능하도록 하고, 부득이한 경우에는 별도로 환기시설을 설치하여야 한다. 이 경우 해당 흡연실을 덮을 수 있는 지붕 및 바람막이 등을 설치할 수 있다.

2) 건물 내에 흡연실을 설치하는 경우 해당 시설의 규모나 특성 및 이용자 중 흡연자 수 등을 고려하여 담배 연기가 실내로 유입되지 않도록 실내와 완전히 차단된 밀폐 공간으로 하여야 한다. 이 경우 공동으로 이용하는 시설인 사무실, 화장실, 복도, 계단 등의 공간을 흡연실로 사용하여서는 아니 된다.

3) 건물 내 흡연실에는 흡연실의 연기를 실외로 배출할 수 있도록 환풍기 등 환기시설을 설치하여야 한다.

4) 흡연실에 재떨이 등 흡연을 위한 시설 외에 개인용 컴퓨터 또는 탁자 등 영업에 사용되는 시설 또는 설비를 설치하여서는 아니 된다.

추가로 본 법 제9조에서는 금연구역에서 흡연을 금지하고, 지방자치단체장이 금연구역을 설치해야 하는 시설 소유자·점유자 또는 운영자에게 제4항을 위반할 경우 시정을 명할 수 있도록 규정하고 있다. 또한, 그 시정명령을 따르지 않는 자에게는 500만 원 이하의 과태료가 부과될 수 있도록 했다.

⑧ 누구든지 제4항부터 제7항까지의 규정에 따라 지정된 금연구역에서 흡연하여서는 아니 된다.
⑨ 특별자치시장·특별자치도지사·시장·군수·구청장은 제4항 각 호에 따른 시설의 소유자·점유자 또는 관리자가 다음 각 호의 어느 하나에 해당하면 일정한 기간을 정하여 그 시정을 명할 수 있다.
  1. 제4항 전단을 위반하여 금연구역을 지정하지 아니하거나 금연구역을 알리는 표지를 설치하지 아니한 경우
  2. 제4항 후단에 따른 금연구역을 알리는 표지 또는 흡연실의 설치 기준·방법 등을 위반한 경우

3. 담뱃갑 포장지의 경고 문구와 경고 그림

2011. 6. 7. 국민건강증진법을 개정하면서 이전과 달리 담뱃갑 포장지에 경고 문구와 금연상담전화번호가 표기되기 시작하는 등 지금의 담뱃갑 모양이 정착되었다. 이밖에도 담배에 관한 광고 금지, 벌금과 과태료 상향 등 금연 정책이 강화되기 시작한 해였다.

[일부개정]

◇ 개정이유
시설의 전체를 금연구역으로 지정하여야 하는 공중이용시설의 범위를 확대하여 비흡연자의 혐연권을 보장하고, 담뱃갑 포장지에 흡연습관에 따른 담배의 위험성을 알리는 경고문구와 금연상담전화번호를 표기하도록 하며, 담배광고에 대한 규제를 강화하는 등 현행 제도의 운영상 나타난 일부 미비점을 개선·보완하려는 것임.

◇ 주요내용
가. 시설의 전체를 금연구역으로 지정하여야 하는 공중이용시설의 대상을 확대하되, 흡연자의 권리 보호를

위해 별도의 흡연실을 설치할 수 있게 함(안 제9조 제4항)

나. 담배갑포장지 앞·뒤·옆면과 대통령령으로 정하는 광고에 타르 흡입량은 흡연자의 흡연 습관에 따라 다르다는 내용의 경고문구와 금연상담 전화번호를 추가로 표기하도록 함(안 제9조의2 제1항 제2호·제4호 신설)

다. 담배에 연초 외에 식품이나 향기가 나는 물질을 포함하는 경우 이를 표시하는 문구나 그림·사진 등을 담배제품의 포장이나 광고에 사용할 수 없도록 함(안 제9조의3 신설)

라. 담배에 관한 광고의 금지 또는 제한을 법률에 규정하고, 잡지광고의 허용횟수를 현행 연간 60회에서 10회로 축소함(안 제9조의4 신설)

마. 현행 궐련 담배의 세율체계와의 형평성을 제고하기 위하여 전자담배에 대해서 니코틴 용액 1밀리리터당 221원의 국민건강증진부담금을 부과함(안 제23조 제1항 및 제2항)

바. 국민건강증진기금을 청소년의 흡연예방 및 건강관리사업에 대하여 특별히 지원할 수 있는 법적 근거를 마련함(안 제25조 제2항)

사. 벌금 및 과태료 상향 조정을 통해 정책의 실효성을 확보함(안 제31조 및 제34조, 안 제34조 제1항 제3호 신설)

이렇게 과거에 없었던 경고 문구와 경고 그림 등을 추가하는 규정이 신설되면서 어떤 문구와 그림 등이 의무적으로 포함되어야 하는지 이 법 제9조의2(담배에 관한 경고 문구 등 표시) 조항에 자세히 설명되었다. 크게 보면 5가지로 이 법 제9조의2 제1항 제1호 내지 5호다.

1. 흡연의 폐해를 나타내는 내용의 경고그림(사진을 포함한다. 이하 같다)
2. 흡연이 폐암 등 질병의 원인이 될 수 있다는 내용 및 다른 사람의 건강을 위협할 수 있다는 내용의 경고문구
3. 타르 흡입량은 흡연자의 흡연습관에 따라 다르다는 내용의 경고문구
4. 담배에 포함된 다음 각 목의 발암성물질
   가. 나프틸아민
   나. 니켈
   다. 벤젠
   라. 비닐 크롤라이드
   마. 비소
   바. 카드뮴
5. 보건복지부령으로 정하는 금연상담전화의 전화번호

가. 경고 문구와 경고 그림의 내용

이 법에서 정한 담뱃갑 포장지에 표시되어야 하는 경고 문구는 크게 세 가지다. 이 법 제 9조의2 제1항 제2호 및 제3호로 '흡연이 폐암 등 질병의 원인이 될 수 있다는 내용', '다른 사람의 건강을 위협할 수 있다는 내용', 마지막으로 '타르 흡입량은 흡연자의 흡연습관에 따라 다르다는 내용'이다. 그리고 경고 그림은 '흡연의 폐해를 나타내는 내용'을 담고 있어 야 하는데, 이 법 제9조의2 제3항에서 사실적 근거를 바탕으로 하고, 지나치게 혐오감을 주지 아니하여야 한다고 규정하고 있다.

혐오감이란 부분에서 현재 국민건강증진법 제9조의2 제3항 및 같은 법 시행령 제16조 제2항에 따른 「담뱃갑포장지 경고그림등 표기내용」고시에 규정된 경고 그림이 과연 위반 인지 아닌지는 논란이 될 수 있다.

〈현재 담뱃갑 경고그림〉

구분	경고그림 (상단표기)	경고문구		
		앞면 (상단표기)	뒷면	옆면
1. 폐암		폐암 금연상담전화 1544-9030	담배연기에는 발암성 물질인 나프틸아민, 니켈, 벤젠, 비닐 크롤라이드, 비소, 카드뮴이 들어있습니다. 금연상담전화 1544-9030	타르 흡입량은 흡연자의 흡연습관에 따라 달라질 수 있습니다.
2. 후두암		후두암 금연상담전화 1544-9030		
3. 구강암		구강암 금연상담전화 1544-9030	담배연기에는 발암성 물질인 나프틸아민, 니켈, 벤젠, 비닐 크롤라이드, 비소, 카드뮴이 들어있습니다. 금연상담전화 1544-9030	타르 흡입량은 흡연자의 흡연습관에 따라 달라질 수 있습니다.
4. 심장질환		심장병 금연상담전화 1544-9030		

5. 뇌졸중		뇌졸중 금연상담전화 1544-9030		
6. 간접흡연		간접흡연 피해 금연상담전화 1544-9030		
7. 임산부 흡연		기형아 출산 금연상담전화 1544-9030		
8. 성기능 장애		성기능 장애 금연상담전화 1544-9030	담배연기에는 발암성 물질인 나프틸아민, 니켈, 벤젠, 비닐 크롤라이드, 비소, 카드뮴이 들어있습니다. 금연상담전화 1544-9030	타르 흡입량은 흡연자의 흡연습관에 따라 달라질 수 있습니다.
9. 조기사망		수명단축 금연상담전화 1544-9030		
10. 치아변색		치아변색 금연상담전화 1544-9030		

「담배사업법」에 따른 담배의 제조자 또는 수입판매업자는 각 경고그림등 표기내용을 동일한 비율(앞·뒷면은 별개로 봄)로 적용토록 하여야 하며, 위 경고그림등 표기내용을 담뱃갑 포장지에 선명하게 표기하기 위해 제품 사이즈(size), 해상도 등에 맞는 이미지 제공을 전자파일 등 형태로 보건복지부에 요청할 수 있다.
경고그림등의 표기방법은 국민건강증진법 시행령 별표 1의2를 따른다.

'혐오감'이란 단어가 사용된 법률은 양성평등기본법 제3조 제2호 가목에서 성희롱의 정의와 국가인권위원회법 제2조 제3호 라목에서 평등권 침해의 차별행위에서 사용되었으며, 판결에서는 성희롱과 관련하여 "성희롱이 성립하기 위해서는 행위자에게 반드시 성적

동기나 의도가 있어야 하는 것은 아니지만, 당사자의 관계, 행위가 행해진 장소 및 상황, 행위에 대한 상대방의 명시적 또는 추정적인 반응의 내용, 행위의 내용 및 정도, 행위가 일회적 또는 단기간의 것인지, 아니면 계속적인 것인지 아닌지 등의 구체적 사정을 참작하여 볼 때, 객관적으로 상대방과 같은 처지에 있는 일반적이고도 평균적인 사람으로 하여금 성적 굴욕감이나 혐오감을 느낄 수 있게 하는 행위가 있고, 그로 인하여 행위의 상대방이 성적 굴욕감이나 혐오감을 느꼈음이 인정되어야 한다(대법원 2007. 6. 14. 선고 2005두6461 판결 등 참조)"와 같이 사용되었다. 그러나 구체적으로 어떤 의미인지는 결국 국립국어원에서 발행하는 표준국어대사전을 참조할 수밖에 없는데, 사전적 의미로는 '병적으로 싫어하고 미워하는 감정'이라고 나와 있다.

특히 혐오감을 주는 그림과 관련해서는 성폭력범죄의처벌등에관한특례법위반(통신매체이용음란)에서 처벌하고 있으나, 구체적인 정도는 여전히 명확한 기준은 없다. 결론적으로 담뱃갑 포장지의 경고 그림이 흡연자들이 보기에 '병적으로 싫어하고 미워하는 감정'이 생길 만한 것인지는 법률적인 다툼의 여지가 있는 것이 분명하고, 실제로 이와 관련하여 비록 각하결정을 받긴 했으나 헌법재판소에 헌법소원을 청구한 사례도 있었다.

※ 헌법재판소 2017. 5. 31.자 2017헌마509 결정[각하]

1. 사건개요

청구인은 지난 10년간 흡연을 해 온 흡연자로서 시중에 적법하게 판매되는 담배상품을 하루 약 1갑씩 구매하여 이를 흡연하고 있다. 청구인은 2016. 12. 23. 시행된 국민건강증진법 제9조의2 중 경고그림에 관한 부분, 국민건강증진법 시행령 제16조 중 경고그림의 표기내용 등에 관한 부분, '담뱃갑포장지 경고그림 등 표기내용'에 관한 보건복지부고시 제2016-94호가 경고그림의 표기를 의무화함으로써 청구인과 같은 흡연자들에게 불쾌감을 주는 등 기본권을 침해하고, 담배 제조자 등의 재산권(상표권)을 침해한다고 주장하며, 2017. 5. 8. 그 위헌확인을 구하는 이 사건 헌법소원심판을 청구하였다.

2. 판단

헌법재판소법 제68조 제1항에 의하면 헌법소원심판은 공권력의 행사 또는 불행사로 인하여 헌법상 보장된 기본권을 침해받은 자가 청구하여야 한다고 규정하고 있는바, 여기에서 기본권을 침해받은 자라 함은 공권력의 행사 또는 불행사로 인하여 자기의 기본권이 현재 그리고 직접적으로 침해받은 자를 의미하며 단순히 간접적, 사실적 또는 경제적인 이해관계가 있을 뿐인 제3자는 이에 해당하지 않는다. 따라서 법률에 의하여 기본권을 침해받은 경우에는 법률에 의하여 직접 기본권을 침해당하고 있는 자만이 헌법소원심판청구를 할 수 있다고 할 것이고 제3자는 특별한 사정이 없는 한 기본권침해에 직접 관련되었다고 볼 수 없다.

이 사건에서 청구인은 심판대상조항이 청구인과 같은 흡연자들에게 불쾌감을 주는 등 행복추구권을 침해하고, 담배 제조자 등의 재산권을 침해한다고 주장한다. 그런데 심판대상조항은 담배 제조자 또는 수입판매업자에게 경고그림 등의 표기의무를 부과하는 조항이므로 담배 소비자인 청구인에게 어떠한 법적 의무도 부과하지 아니한다. 설령 청구인이 경고그림 등으로 인하여 불쾌감이나 혐오감을 느꼈다 하더라도 이는 사실적이고 간접적인 불이익에 불과하며, 이로 인하여 청구인의 법적 지위나 권리의무에 어떠한 불이익을 준다고 볼 수 없다. 또한 담배가 생활필수품이 아닌 이상 청구인은 담배의 구매 여부를 자신이 직접 선택할 수 있고 구매하지 않거나 구매를 자제함으로써 불쾌감이나 혐오감을 차단할 수 있다. 나아가 불쾌감이나 혐오감 등으로 인한 피해까지 기본권침해라고 본다면 흡연자들뿐만 아니라 경고그림 등을 접하는 비흡연자들까지도 기본권침해의 자기관련성을 가지게 되는데, 이는 구체적인 이해관계에 대한 해명 없이 막연한 주장만으로 기본권 침해의 법적 관련성을 인정하는 것으로서 허용될 수 없다. 이처럼 심판대상조항과 담배 소비자의 관계는 간적접이고 사실적인 이해관계를 형성할 뿐 직접적 혹은 법적인 이해관계를 형성하지는 못한다.

따라서 청구인의 이 사건 심판청구는 기본권침해의 자기관련성을 인정할 수 없다.

3. 결론

그렇다면 이 사건 심판청구는 모두 부적법하므로 헌법재판소법 제72조 제3항 제4호에 따라 이를 각하하기로 하여 관여 재판관 전원의 일치된 의견으로 주문과 같이 결정한다.

재판관 김이수(재판장) 안창호 조용호

경고 문구와 경고 그림에 대한 구체적인 표시방법은 이 법 제9조의2 제2항과 제3항 및 국민건강증진법 시행령 제16조에서 규정하고 있다.

국민건강증진법 제9조의2 제2항과 제3항

② 제1항에 따른 경고그림과 경고문구는 담배갑포장지의 경우 그 넓이의 100분의 50 이상에 해당하는 크기로 표기하여야 한다. 이 경우 경고그림은 담배갑포장지 앞면, 뒷면 각각의 넓이의 100분의 30 이상에 해당하는 크기로 하여야 한다.

③ 제1항 및 제2항에서 정한 사항 외의 경고그림 및 경고문구 등의 내용과 표기 방법·형태 등의 구체적인 사항은 대통령령으로 정한다. 다만, 경고그림은 사실적 근거를 바탕으로 하고, 지나치게 혐오감을 주지 아니하여야 한다.

국민건강증진법 시행령 제16조

제16조(담배갑포장지에 대한 경고그림등의 표기내용 및 표기방법) ① 법 제9조의2 제1항 및 제3항에 따라 다음 각 호의 담배의 담배갑포장지에 표기하는 경고그림 및 경고문구의 표기내용은 법 제9조의2 제1항 제1호부터 제3호까지의 내용을 명확하게 알릴 수 있어야 한다.

1. 제27조의2 제1호의 궐련
2. 제27조의2 제3호의 파이프담배
3. 제27조의2 제4호의 엽궐련
4. 제27조의2 제5호의 각련
5. 제27조의2 제7호의 냄새 맡는 담배

② 제1항에 따른 경고그림 및 경고문구의 구체적 표기내용은 보건복지부장관이 정하여 고시한다. 이 경우 보건복지부장관은 그 표기내용의 사용기준 및 사용방법 등 그 사용에 필요한 세부사항을 함께 고시할 수 있다.

③ 보건복지부장관은 제2항에 따라 경고그림 및 경고문구의 구체적 표기내용을 고시하는 경우에는 다음 각 호의 구분에 따른다. 이 경우 해당 고시의 시행에 6개월 이상의 유예기간을 두어야 한다.

1. 정기 고시: 10개 이하의 경고그림 및 경고문구를 24개월 마다 고시한다.
2. 수시 고시: 경고그림 및 경고문구의 표기내용을 새로 정하거나 변경하는 경우에는 수시로 고시한다.

④ 법 제9조의2 제1항 및 제3항에 따라 이 조 제1항 각 호의 담배의 담배갑포장지에 표기하는 경고그림·경고문구·발암성물질 및 금연상담전화의 전화번호(이하 "경고그림등"이라 한다)의 표기방법은 별표 1의2와 같다.

⑤ 제4항에 따른 경고그림등의 표기방법을 변경하는 경우에는 그 시행에 6개월 이상의 유예기간을 두어야 한다.

⑥ 「담배사업법」에 따른 담배(제1항 각 호의 담배를 말한다)의 제조자 또는 수입판매업자(이하 "제조자등"이라 한다)는 다음 각 호의 어느 하나에 해당하는 담배에 대해서는 제3항에 따른 고시 또는 제5항에 따른 변경이 있는 날부터 1년까지는 종전의 내용과 방법에 따른 경고그림등을 표기하여 판매할 수 있다.

1. 고시 또는 변경 이전에 발주·제조 또는 수입된 담배

2. 고시 또는 변경 이후 6개월 이내에 제조되거나 수입된 담배

⑦ 제1항부터 제6항까지에서 규정한 사항 외에 경고그림등의 표기내용 및 표기방법 등에 필요한 세부사항은 보건복지부령으로 정한다.

나. 전자담배 등 대통령령으로 정하는 담배에 대한 경고 그림과 경고 문구

포장지 형태가 다른 궐련형 담배를 제외한 전자담배, 씹는 담배, 물담배, 머금는 담배에 대한 경고 그림과 경고 문구는 이 법 제9조의2 제1항 외에 각 특성에 따라 이 법 제9조의2 제4항 및 같은 법 시행령 제16조의2 제2항을 추가로 표시해야 한다.

국민건강증진법 제9조의2 제4항

④ 제1항부터 제3항까지의 규정에도 불구하고 전자담배 등 대통령령으로 정하는 담배에 제조자등이 표기하여야 할 경고그림 및 경고문구 등의 내용과 그 표기 방법·형태 등은 대통령령으로 따로 정한다.

국민건강증진법 시행령 제16조의2 제2항

② 법 제9조의2 제4항에 따라 이 조 제1항 각 호에 해당하는 담배의 담배갑포장지에 표기하는 경고그림 및 경고문구의 표기내용은 흡연의 폐해, 흡연이 니코틴 의존 및 중독을 유발시킬 수 있다는 사실과 담배 특성에 따른 다음 각 호의 구분에 따른 사실 등을 명확하게 알릴 수 있어야 한다.

1. 제27조의2 제2호의 전자담배: 담배 특이 니트로사민(tobacco specific nitrosamines), 포름알데히드(formaldehyde) 등이 포함되어 있다는 내용

그리고 전자담배 등에는 경고 그림도 다소 다르게 표시하도록 「담뱃갑포장지 경고그림
등 표기내용」 고시에 규정되어 있다.

〈전자담배 등의 경고그림등 표기내용〉

구분	경고그림 (상단표기)	경고문구		
		앞면 (상단표기)	뒷면	옆면
1. 전자담배 (니코틴이 포함된 용액)		니코틴 중독, 발암물질 노출! 금연상담전화 1544-9030	니코틴 중독, 발암물질 노출! 금연상담전화 1544-9030	전자담배에는 포름알데히드와 같은 발암물질이 포함되어 있습니다.
2. 전자담배 (궐련형 및 기타유형)		니코틴 중독, 발암물질 노출! 금연상담전화 1544-9030	니코틴 중독, 발암물질 노출! 금연상담전화 1544-9030	전자담배에는 포름알데히드와 같은 발암물질이 포함되어 있습니다.
3. 씹는 담배		구강암 금연상담전화 1544-9030	구강암 금연상담전화 1544-9030	씹는 담배는 니코틴 중독을 일으킵니다.
4. 물담배		폐암 금연상담전화 1544-9030	폐암 금연상담전화 1544-9030	물담배는 니코틴 중독을 일으킵니다.
5. 머금는 담배		구강암 금연상담전화 1544-9030	구강암 금연상담전화 1544-9030	머금는 담배는 니코틴 중독을 일으킵니다.

담뱃갑 포장지에 표시할 경고 그림과 경고 문구의 크기 등에 대해서는 이 법 시행령 제
16조 제4항 및 제16조의2 제3항과 관련하여 [별표 1의2]에 규정되어 있다.

1. 위치

  가. 담배갑포장지의 앞면·뒷면에 경고그림등을 표기하되, 상단에 표기한다.

  나. 담배갑포장지의 옆면에 경고문구를 표기하되, 옆면 넓이의 100분의 30 이상의 크기로 표기한다.

2. 형태

  경고그림등은 사각형의 테두리 안에 표기한다. 다만, 담배 제품의 모양이 원통형으로 되어있는 등 불가피한 사유가 있는 경우에는 적절한 형태의 테두리 안에 표기한다.

3. 글자체

  경고그림등에 사용되는 글자는 고딕체로 표기한다.

4. 색상

  경고그림등에 사용되는 색상은 그 포장지와 보색 대비로 선명하게 표기한다. 다만, 경고그림의 색상은 보건복지부장관이 정하여 고시하는 경고그림의 색상을 그대로 표기한다.

비고

  1. 위 표의 제2호에 따른 사각형의 테두리는 두께 2 밀리미터의 검정색 선으로 만들어야 한다.

  2. 위 표의 제2호에 따른 사각형의 테두리 안에는 경고그림등 외의 다른 그림, 문구 등을 표기해서는 안된다.

4. 가향 물질 함유 표시 제한

　전통적인 연초 잎을 원료로 한 궐련 담배나 궐련형 전자담배에서 사용되었던 멘톨(박하향) 외에 최근에는 과일 향 등 다양한 향기 나는 물질을 추가한 제품들이 시중에 판매되고 있다. 일단 담배사업법 제2조 제1호 담배의 정의에서 연초의 잎을 원료 일부로 하여 제조할 수 있다고 규정하고 있어서 담배첨가물 사용이 허용되어 있다고 해석할 수 있다. 다만, 담배사업법 등 국내 어떤 법에도 담배첨가물로 향기가 나는 물질을 사용하지 못하도록 제한하는 규정은 없다.

담배사업법 제25조의2(담배 성분 등의 표시) 제1항에서는 담배 한 개비의 연기에 포함된 주요 성분과 그 함유량을 담배의 포장지 및 대통령령으로 정하는 광고에 표시하도록 규정하고 있고, 제3항 및 담배사업법 시행령 제9조의3에서는 표시하여야 할 성분은 타르 및 니코틴뿐 가향 물질은 제외되어 있다.16) 그리고, 이 법 제9조의3에서 담배에 연초 외에 식품이나 향기가 나는 물질을 가향 물질이라고 정의하면서 이를 포함하는 경우 표시하는 문구나 그림, 사진을 포장이나 광고에 사용하는 것을 금지하고 있다. 위반 시 이 법 제34조에 따라 과태료 500만 원 이하를 부과한다.

제9조의3(가향물질 함유 표시 제한) 제조자등은 담배에 연초 외의 식품이나 향기가 나는 물질(이하 "가향물질"이라 한다)을 포함하는 경우 이를 표시하는 문구나 그림·사진을 제품의 포장이나 광고에 사용하여서는 아니 된다.

제34조(과태료) ① 다음 각 호의 어느 하나에 해당하는 자에게는 500만원 이하의 과태료를 부과한다.
3. 제9조의3을 위반하여 가향물질을 표시하는 문구나 그림·사진을 제품의 포장이나 광고에 사용한 자

가향 물질이 추가된 담배(Flavored Tobacco Product)는 궐련형 일반 담배부터 전자담배 등 다양한 제품에 적용할 수 있다. 이런 이유로 국내뿐만 아니라 전 세계적으로 생산과 판매가 급증하고 있으며, 국내 판매량의 경우 2011년 대비 2020년도에 5배 이상 판매가 증가하다는 조사도 있다. 이미 WHO 담배 규제 기본협약(Framework Convention on Tobacco Control) 제9조 및 제10조 가이드 라인에서도 담배 가향을 금지, 제한할 것을 권고하고 있는데, 이는 가향 담배가 흡연 시도를 쉽게 하고 흡연자로 유인하는 점이 여러 연구에서 확립되었기 때문이고, 2020년 5월 유럽연합, 2017년 10월 캐나다, 2022년 4월 미국 식품의약국 사례를 보면 멘톨, 신종 담배 포함 전 담배제품 가향 규제가 강화되는 추세다.17)

---

16) 제9조의3(표시성분의 종류 및 표시방법) ① 법 제25조의2 제3항의 규정에 의하여 표시하여야 할 성분의 종류는 타르 및 니코틴을 말한다.
　　② 제1항의 규정에 의한 담배성분의 표시방법에 관하여 필요한 사항은 기획재정부령으로 정한다.
17) 질병관리청, '가향담배제품 사용 현황' 공공건강주간보고 2023; 16(7): 185-199, 2023. 2. 23.

국내에서도 2013년 한국담배인삼공사가 신제품을 출시하면서 본격적인 가향 담배 시장이 형성되었으며, 2022년 기준으로 전체 담배 시장의 44.0%를 차지하고 있다는 발표도 있다.[18] 청소년과 여성 흡연 방지를 위해서 담배에 대한 거부감이나 혐오감을 없애는데 일조하고 있는 가향담배에 대한 규제를 미국이나 캐나다, 유럽과 같은 선진국 수준으로 강화해서 아예 가향 물질 첨가를 금지해야 한다는 전문가 의견도 있다. 이 경우 역시 담배사업법 제2조에서 담배의 정의를 변경하면 된다.

이 문제는 정치권 혹은 정부의 결단이 필요하고, 국민 건강 보호를 위해 금연운동과 각종 제한 조치를 시행하는 태도에서 가향 물질을 앞으로도 허용할 근거는 전혀 없다. 특히 전자형 액상 담배로 인해 증가하는 청소년 흡연 문제를 해결하는 가장 효율적인 방안으로도 가향 물질 사용 금지 조치는 매우 기대되고 있다. 현재 40% 가까운 담배 판매량을 차지하는 가향 담배가 사라진다면 흡연율 제고에도 큰 성과가 있을 것이라 예상된다.

이런 관점에서 현재 가향 물질에 대한 표시나 광고를 위반한 경우 부과되는 처벌 수준이 과태료 500만 원 이하라는 것은 매우 미약하다. 벌칙 조항에 추가해야 하며, 향후 전반적으로 양형기준을 상향시켜야 한다는 사회적 기대에 부응한다면 가향 물질 제한과 벌칙 수준 상향은 필수다.

5. 담배광고

담배광고는 전 세계 모든 국가가 엄격하게 제한하고 있으며, 국내에서도 지정소매인의 영업소 내부에서도 매우 제한된 범위 안에서만 허용되고 있다. 과거 지정소매인 영업소 내부에 부착된 담배광고 포스터가 외부에서 볼 수 있다는 이유로 반투명 시트지 등을 유리에

---

18) 제37회 세계금연의날 기념식, '국내 담배제품, 담배시장 현황', 김현숙, 대한금연학회 회장

부착했던 시대도 있었다. 해당 문제는 지정소매인인 편의점업계의 범죄 노출 위험 감소를 위한 요청으로 국무조정실 소속 규제심판부 회의결과 금연 포스터 부착이 대체안으로 선정되어 현재는 반투명 시트지가 모두 사라졌다.

일단 담배광고는 다음의 제한된 방법 하에서만 할 수 있도록 이 법 제9조의4 제1항에서 규정하고 있다.

국민건강증진법 제9조의4 제1항

1. 지정소매인의 영업소 내부에서 보건복지부령으로 정하는 광고물을 전시(展示) 또는 부착하는 행위. 다만, 영업소 외부에 그 광고내용이 보이게 전시 또는 부착하는 경우에는 그러하지 아니하다.

2. 품종군별로 연간 10회 이내(1회당 2쪽 이내)에서 잡지「잡지 등 정기간행물의 진흥에 관한 법률」에 따라 등록 또는 신고되어 주 1회 이하 정기적으로 발행되는 제책(製冊)된 정기간행물 및 「신문 등의 진흥에 관한 법률」에 따라 등록된 주 1회 이하 정기적으로 발행되는 신문과 「출판문화산업 진흥법」에 따른 외국간행물로서 동일한 제호로 연 1회 이상 정기적으로 발행되는 것(이하 "외국정기간행물"이라 한다)을 말하며, 여성 또는 청소년을 대상으로 하는 것은 제외한다)에 광고를 게재하는 행위. 다만, 보건복지부령으로 정하는 판매부수 이하로 국내에서 판매되는 외국정기간행물로서 외국문자로만 쓰여져 있는 잡지인 경우에는 광고게재의 제한을 받지 아니한다.

3. 사회·문화·음악·체육 등의 행사(여성 또는 청소년을 대상으로 하는 행사는 제외한다)를 후원하는 행위. 이 경우 후원하는 자의 명칭을 사용하는 외에 제품광고를 하여서는 아니 된다.

4. 국제선의 항공기 및 여객선, 그 밖에 보건복지부령으로 정하는 장소 안에서 하는 광고

국민건강증진법 시행규칙 제7조

제7조(담배에 관한 광고) ① 법 제9조의4 제1항 제1호 본문 및 영 제16조 제1호에서 "보건복지부령으로 정하는 광고물"이란 표시판, 스티커 및 포스터를 말한다.

다만 최근 그림이나 사진 형태가 아닌 동영상으로 광고가 제작되고 있는 현실을 고려하면 이 법 제9조의4 제1항 제1호 및 같은 법 시행령 제16조 제1호, 시행규칙 제7조 제1항에서 말하는 광고물로 지정된 '표시판, 스티커 및 포스터'는 향후 개정될 필요가 있다. 현재 담배가 판매되는 지정소매인이 운영하는 편의점 등에서는 담배 진열대 부분에 동영상 혹은 여러 장의 사진이 바뀌는 형태의 광고가 게시되어 있는데, 이 광고가 과연 현재 법령에서 정한 광고물의 방법으로 볼 수 있는지는 의문이다. 그러므로 단순 사진이나 그림 형태가 아니라면 엄격하게 금지하거나 추세에 맞춰 방법을 추가할 필요가 있다.

담배광고의 주체는 담배 제조자 등이다. 다만, 도매업자나 지정 소매인으로 하여금 광고를 진행하게 할 수는 있지만 결국 그 광고는 제조자 등이 한 광고로 본다. 이런 이유로 담배 광고에 대한 자율규제 의무는 제조자 등의 책임이다.

담배광고에 대한 내용 규제는 보건복지부가 담당하고 있다. 보건복지부는 담배 제조자 등이 시행하려는 광고에 국민의 건강과 관련하여 검증되지 아니한 내용이 포함되었다고 판단할 경우 직권으로 검증을 실시할 수 있고, 담배 제조자등은 자발적으로 광고 내용에 대한 검증을 보건복지부장관에서 신청할 수도 있다. 다만, '검증되지 아니한 내용'의 판단 기준은 명확하지 않아서 국내외 정부나 국제기구(WHO 등)이 발표한 내용만이 명확한 기준인지 학술 논문 등을 통해 발표된 전문가의 의견까지도 포함되는지 확실하지 않아 보건복지부가 자의적으로 판단할 여지가 있어 향후 기준 설정의 필요가 있다.

국민건강증진법 제9조의4 제3항

③ 제1항에 따른 광고 또는 그에 사용되는 광고물은 다음 각 호의 사항을 준수하여야 한다.

1. 흡연자에게 담배의 품명·종류 및 특징을 알리는 정도를 넘지 아니할 것
2. 비흡연자에게 직접적 또는 간접적으로 흡연을 권장 또는 유도하거나 여성 또는 청소년의 인물을 묘사하지 아니할 것
3. 제9조의2에 따라 표기하는 흡연 경고문구의 내용 및 취지에 반하는 내용 또는 형태가 아닐 것
4. 국민의 건강과 관련하여 검증되지 아니한 내용을 표시하지 아니할 것. 이 경우 광고내용의 사실 여부에 대한 검증 방법·절차 등 필요한 사항은 대통령령으로 정한다.

국민건강증진법 시행령 제16조의4

① 보건복지부장관은 담배 광고에 국민의 건강과 관련하여 검증되지 아니한 내용이 포함되어 있다고 인정되면 해당 광고내용의 사실 여부에 대한 검증을 실시할 수 있다.
② 제조자등은 담배 광고를 실시하기 전에 보건복지부령으로 정하는 바에 따라 보건복지부장관에게 해당 광고내용의 사실 여부에 대한 검증을 신청할 수 있다.
③ 보건복지부장관은 제1항 또는 제2항에 따라 광고내용의 사실 여부에 대한 검증을 실시하기 위하여 필요한 경우에는 제조자등에게 관련 자료의 제출을 요청할 수 있고, 제출된 자료에 대하여 조사·확인을 할 수 있다.
④ 보건복지부장관은 제1항 또는 제2항에 따라 광고내용의 사실 여부에 대한 검증을 실시한 경우에는 그 결과를 제조자등에게 서면으로 통보하여야 한다.

담배광고에서도 심각한 문제로 부상하고 있는 것은 합성 니코틴으로 제조된 액상형 전자담배다. 담배사업법에 따른 담배가 아니므로 담배사업법 제25조 제2항 및 같은 법 시행령 제9조가 적용되지 않는다. 또한, 국민건강증진법 제9조의4 역시 적용될 수 없다는 것이 법원의 판단이다. 합성 니코틴으로 제조된 액상형 전자담배 매장은 전국에 산재해 있고, 현재 공정거래위원회에서 운영하는 가맹사업정보제공시스템에서도 가맹정보 등을 확인할 수 있다. 담배사업법과 국민건강증진법에 따라 합성 니코틴으로 제조된 액상형 전자담배를 광고하는 행위를 제한할 수 있는 규정이 없다. 2023. 1. 11. 서울중앙지방법원에서 선고된 한 사건에서도 액상형 전자담배 판매인이 외부에 제품 가격 등에 대한 현수막을 설치하고, 전단지를 제작하여 배포한 행위에 대해 담배사업법과 국민건강증진법 위반으로 볼 수 없어 무죄를 선고했다. 엄격한 법규해석 원칙과 유죄 인정은 합리적인 의심의 여지가 없을 정도의 확신이 있어야 한다는 대법원 판례에 따라 담배사업법, 국민건강증진법에서 규정한 담배에는 합성 니코틴으로 제조된 액상형 전자담배가 포함되지 않기 때문에 광고 제한 규정도 해당 제품에 적용할 수 없다는 취지다.

1. 관련법리

형벌법규의 해석은 엄격하여야 하고, 명문규정의 의미를 피고인에게 불리한 방향으로 지나치게 확장해석하거나 유추해석하는 것은 죄형법정주의의 원칙에 어긋나는 것으로서 허용되지 않는다(대법원 2009. 12. 10. 선고 2009도3053 판결 등 참조).

그리고 형사재판에서 공소가 제기된 범죄사실에 대한 입증책임은 검사에게 있는 것이고, 유죄의 인정은 법관으로 하여금 합리적인 의심을 할 여지가 없을 정도로 공소사실이 진실한 것이라는 확신을 가지게 하는 증명력을 가진 증거에 의하여야 하므로, 그와 같은 증거가 없다면 설령 피고인에게 유죄의 의심이 간다 하더라도 피고인의 이익으로 판단할 수밖에 없다(대법원 2006. 4. 27. 선고 2006도735 판결 등 참조).

2. 주위적 공소사실에 대하여

1) 담배사업법은 담배의 제조 및 판매 등에 관한 사항을 정함으로써 담배 산업의 건전한 발전을 도모하고 국민경제에 이바지하게 함을 목적으로 하고(제1조), 담배사업법 제25조 제2항에서 '기획재정부장관은 대통령령으로 정하는 바에 따라 담배에 관한 광고를 금지하거나 제한할 수 있다'고 규정하고 있으며, 같은 법 제27조의2 제1항 제5호에서 '제25조 제2항을 위반하여 담배에 관한 광고를 한 자는 1년 이하의 징역 또는 1천만원 이하의 벌금에 처한다'고 규정하고 있다.

위에서 규정한 담배의 정의와 관련하여 담배사업법 제2조 제1호에서 "담배"란 연초의 잎을 원료의 전부 또는 일부로 하여 피우거나, 빨거나, 증기로 흡입하거나, 씹거나, 냄새 맡기에 적합한 상태로 제조한 것을 말한다'고 규정하고 있으므로, 담배사업법 제27조의2 제1항 제5호, 제25조 제2항에서 규정하고 있는 담배는 '연초의 잎을 원료로 하여 피우거나, 빨거나, 증기로 흡입하거나, 씹거나, 냄새 맡기에 적합한 상태로 제조한 것'을 의미한다고 봄이 타당하다.

2) 이 사건에서 검사는 피고인이 담배사업법 제27조의2 제1항 제5호, 제25조 제2항을 위반하였다고 공소를 제기하였고, 피고인은 수사기관에서부터 이 법정에 이르기까지 전자담배는 천연 니코틴 용액과 합성 니코틴 용액을 사용할 수 있는데, 피고인은 합성 니코틴 용액이 들어간 액상만을 판매하고 '연초의 잎'을 원료로 하는 니코틴 용액을 판매하지 않았다고 주장하고 있다. 이에 관하여 보건대, 검사가 제출한 증거만으로는 피고인이 '연초의 잎을 원료로 하여 피우거나, 빨거나, 증기로 흡입하거나, 씹거나, 냄새 맡기에 적합한 상태로 제조한 것', 즉 담배사업법상의 담배에 관한 광고를 하였음을 인정하기 부족하고〈각주1〉 달리 이를 인정할 증거가 없다.

3. 예비적 공소사실에 대하여

1) 국민건강증진법 제9조의4 제1항 제1호에서 '담배에 관한 광고는 지정소매인의 영업소 내부에서 보건복지부령으로 정하는 광고물을 전시 또는 부착하는 행위(다만, 영업소 외부에 그 광고내용이 보이게 전시 또는 부착하는 경우에는 그러하지 아니하다)에 한하여 할 수 있다'고 규정하고 있고, 같은 법 제31조의2 제4호에서 '제9조의4를 위반하여 담배에 관한 광고를 한 자는 1년 이하의 징역 또는 1천만 원 이하의 벌금에 처한다'고 규정하고 있다.

한편 국민건강증진법 제9조의2 제1항은 '담배사업법에 따른 담배의 제조자 또는 수입판매업자(이하 "제조자 등"이라 한다)는 담배갑포장지 앞면·뒷면·옆면 및 대통령령으로 정하는 광고에 흡연의 폐해를 나타내는 내용의 경고그림 등의 내용을 인쇄하여 표기하여야 한다'고 규정하고 있고, 같은 법 제9조의4 제2항에서 '제조자 등은 제1항에 따른 광고를 담배사업법에 따른 도매업자 또는 지정소매인으로 하여금 하게 할 수 있다'고 규정하고 있다. 그리고 담배사업법 제16조 제1항은 '담배소매업(직접 소비자에게 판매하는 영업을 말한다)을 하려는 자는 사업장의 소재지를 관할하는 시장·군수·구청장으로부터 소매인의 지정을 받아야 한다'고 규정하고 있다.

위에서 본 국민건강증진법의 규정이나 국민건강증진법 총칙에 담배나 지정소매인에 관한 정의 규정을 별도로 두고 있지 아니한 점을 종합하여 보면 국민건강증진법 제31조의2 제4호 및 같은 법 제9조의4 제1항 제1호에서 규정한 담배나 지정소매인은 담배사업법에서 규정하고 있는 담배나 지정소매인을 전제로 규정하고 있다고 봄이 상당하고, 이와 달리 국민건강증진부담금의 부과 · 징수에 관한 규정인 국민건강증진법 제23조 제1, 7항 및 같은 법 시행령 제27조의2 제2호에서 '니코틴 용액을 사용하는 전자담배'를 담배로 규정하고 있다고 하여 위 규정이 죄형법정주의 원칙상 형벌규정인 국민건강증진법 제31조의2 제4호 중 '담배에 관한 광고'에도 그대로 적용된다고 인정하기 어렵고, 나아가 위 니코틴 용액에 '연초의 잎'을 원료로 하는 니코틴 용액 뿐 아니라 합성 니코틴 용액도 포함된다고 해석하는 것은 피고인에게 불리한 방향으로 지나치게 확장해석하는 것으로 죄형법정주의의 원칙에 어긋나 허용되지 않는다고 봄이 타당하다.

2) 이 사건에 관하여 보건대, 검사가 제출한 증거만으로는 피고인이 국민건강증진법 제31조의2 제4호, 제9조의4 제1항 제1호에서 규정한 담배에 관한 광고, 구체적으로 '연초의 잎'을 원료로 하는 니코틴 용액을 사용하는 전자담배를 광고하였다고 인정하기 부족하고 달리 이를 인정할 증거가 없다.

다시 원점으로 돌아가 현재 사회적으로 문제가 되고 있는 청소년 흡연 진입 차단을 위해서는 결국 담배사업법에 규정된 담배의 정의를 조속히 개정하여 합성 니코틴과 니코틴이 포함된 다양한 유사물질이 원료로 사용되어 담배의 형태로 제조된 모든 것을 포섭해야 한다. 현재와 같은 금연 정책과 법령 규정으로는 심각한 청소년 흡연 확산을 방지할 수 없고, 이미 중고등학교에 급속도로 퍼지고 있는 액상형 전자담배 문제는 더욱 악화될 것이다.

6. 금연지도원과 권한 위임 · 위탁

가. 금연지도원

이 법 제9조에 따라 지정된 금연 구역에서 흡연하는 사람을 적발할 경우 같은 법 제34조 제3호에 따라 10만 원 이하의 과태료를 부과한다. 이때 도로교통법 제35조 및 같은 법 시행령 제12조에 따라 임명된 주차 및 정차 단속 담당 공무원처럼 금연구역을 순회하면서 단속 업무를 담당하는 자를 금연지도원이라 하는데, 공무원은 아니므로 주차 및 정차 단속 공무원과는 다소 차이가 있다.

우선 금연지도원의 업무영역은 금연구역의 시설기준 이행 상태 점검이나 금연 환경조성에 관한 사항 등이 있지만 주 업무는 역시 흡연행위 감시와 계도, 그리고 위반자에 대해 관할 행정기관에 신고하거나 그에 관한 자료를 제공하는 것이다. 여기서 도로교통법상 주정차 단속을 담당하는 공무원과 큰 차이가 있다. 정식 공무원으로 임명된 자와 지방자치단체로부터 위촉받아 활동하는 일반인은 단속과정에서 권위, 실제 업무 집행에서 위반자에 대한 반발과 절차 진행의 어려움 등으로 목적 달성을 이루기가 매우 어려운 실정이다.

국민건강증진법 제9조의5(금연지도원) 제2항(직무)

1. 금연구역의 시설기준 이행 상태 점검
2. 금연구역에서의 흡연행위 감시 및 계도
3. 금연을 위한 조치를 위반한 경우 관할 행정관청에 신고하거나 그에 관한 자료 제공
4. 그 밖에 금연 환경 조성에 관한 사항으로서 대통령령으로 정하는 사항

구체적인 직무는 본 법 시행령 제16조의5 제3항에 따른 [별표 1의4]에 규정되어 있다.

직무	직무 범위
1. 금연구역의 시설기준 이행 상태 점검	법 제9조 제4항에 따른 금연구역의 지정 여부를 점검하기 위한 다음 각 목의 상태 확인 업무 지원 가. 금연구역을 알리는 표지의 설치 위치 및 관리 상태 나. 금연구역의 재떨이 제거 등 금연 환경 조성 상태 다. 흡연실 설치 위치 및 설치 상태 라. 흡연실의 표지 부착 상태 마. 청소년 출입금지 표시 부착 상태
2. 금연구역에서의 흡연행위 감시 및 계도	금연구역에서의 흡연행위를 예방하기 위한 감시 활동 및 금연에 대한 지도·계몽·홍보
3. 금연을 위한 조치를 위반한 경우 관할 행정관청에 신고하거나 그에 관한 자료 제공	법 제9조 제8항을 위반한 사람을 발견한 경우 다음 각 목의 조치 가. 금연구역에서의 흡연행위 촬영 등 증거수집 나. 관할 행정관청에 신고를 하기 위한 위반자의 인적사항 확인 등
4. 금연홍보 및 금연교육 지원	가. 금연을 위한 캠페인 등 홍보 활동 나. 청소년 등을 대상으로 한 금연교육 다. 금연시설 점유자·소유자 및 관리자에 대한 금연구역 지정·관리에 관한 교육 지원
5. 금연 환경 조성을 위한 지도	법 제9조 제2항 및 제3항에 따른 담배자동판매기 설치 위치와 성인인증장치 부착 상태 확인 업무 지원

금연지도원의 업무 집행의 문제는 앞서 지적한 바와 같이 도로교통법상 주정차 단속을 담당하는 사람이 임명받은 공무원이지만 금연지도원의 경우 보건정책 관련 교육과정을 4시간 이상 이수했거나 비영리민간단체에 소속된 사람이라는 점이다.

국민건강증진법 시행령 제16조의5(금연지도원의 자격 등) 제1항

① 법 제9조의5제1항에서 "대통령령으로 정하는 자격이 있는 사람"이란 다음 각 호의 어느 하나에 해당하는 사람을 말한다.

  1. 「민법」 제32조에 따른 비영리법인 또는 「비영리민간단체 지원법」 제4조에 따라 등록된 비영리민간단체에 소속된 사람으로서 해당 법인 또는 단체의 장이 추천하는 사람

  2. 시·도지사 또는 시장·군수·구청장이 정하는 건강·금연 등 보건정책 관련 교육과정을 4시간 이상 이수한 사람

> **도로교통법 시행령 제12조(주차 및 정차 단속 담당공무원)**
>
> ① 도지사와 시장등은 주차나 정차 단속을 위하여 필요하다고 인정되는 경우에는 교통행정 관련 분야에서 근무하는 공무원 등 해당 지방자치단체에 근무하는 공무원을 법 제35조 제1항 제2호에 따라 주차 및 정차를 단속하는 담당공무원(이하 "단속담당공무원"이라 한다)으로 임명할 수 있다.

그러므로 금연구역 위반행위에 대한 보다 강력한 단속과 흡연행위 방지를 위해서는 현행 금연지도원 제도를 변경할 필요가 있다. 구체적인 방법으로는 도로교통법처럼 지방자치단체에서 금연구역 단속 공무원을 임용하여 활용하거나 금연구역에서 흡연하다가 적발될 경우 부과하는 과태료를 상향하면서 이 중 일부를 금연지도원에게 대폭 확대 지급하는 방식의 수당 체계를 변경하는 것이다. 전자의 경우 예산부담과 공무원 증원이라 행정안전부의 허가를 받아야 하는 등의 문제가 있어 복잡하지만, 후자는 과태료 상향이라는 법령 개정만 국회에서 통과된다면 나머지 금연지도원에 대한 상세 내용은 시행령과 시행규칙을 통해 해결이 가능하므로 어렵지 않아 보인다.

특히 간접흡연 피해 예방을 위해 운영 중인 금연구역 관리를 강화하고, 금연지도원의 적극적 단속을 유도할 수 있다. 또한, 이렇게 마련된 과태료로 흡연자를 위한 흡연실 설치를 위해 사용한다면 흡연자로서도 반발이 어렵다. 이 문제는 향후 보건복지부와 국회가 함께 충분한 논의를 거쳐 실현되기를 기대해 본다. 마지막으로 금연지도원 위촉 확대가 필요한데, 언론 보도에 따르면 현재 서울시에만 약 28만 개의 금연구역이 지정되어 있다고 한다.[19] 그런데 금연지도원 모집은 구청마다 수십 명 수준이라 서울시 전체를 합쳐도 수백 명에 불과할 것으로 추정된다. 이 중 대다수가 적극적인 활동을 한다고 기대하기 어렵다는 현실을 고려하면 전국에 산재해 있는 금연구역은 실제로 관리부실 상태에 놓여 있다고 해도 과언이 아니다.

---

19) 비즈워치, '서울시, 금연구역 28만 개 vs 흡연구역 6200개'(2019. 4. 26.).

결국 금연지도원 위촉 확대는 보건복지부가 주도하여 지방자치단체가 더 많은 인력을 위촉해야 하는데, 활동 수당의 문제 때문에 결국 과태료 상향은 필수불가결하게 동반되어야 하는 문제고, 동시에 인력확충을 위한 공급 문제에 대해 노인 일자리 및 사회활동 지원사업 등과 연계해서 은퇴한 65세 이상 노인들을 활용하는 것도 대안이 될 수 있다. 고령 인구 급증으로 초고령사회 진입이 예정된 상황에서 한국노인인력개발원 등 다수의 노인지원사업이 진행되고 있는데, 지역사회 정화 활동에 참여하는 봉사 개념과 활동 수당을 통한 생계 지원까지 동시에 가능하다면 인력확충에 큰 문제가 해결될 수도 있다는 전문가의 의견도 있다.

마지막으로 금연지도원 제도운영에 필요한 사항 등은 지방자치단체 조례로 정하도록 규정하고 있으며, 2024년 6월 30일 기준으로 233개의 지방자치단체가 이를 이행하고 있다.

서울특별시 금연환경 조성 및 간접흡연 피해방지조례 제9조의2

① 시장은 「국민건강증진법」 제9조의5에 따라 금연지도원을 위촉하여 운영할 수 있다.

② 금연지도원의 임기는 2년 이내로 한다. 단, 금연지도원으로 계속 근무하게 하여야 할 필요가 있는 경우에는 그 임기를 2년 단위로 연장할 수 있다. 이 경우 위촉절차를 거치지 아니할 수 있다.

③ 시장은 금연지도원을 관할 구역 내에서 운용함을 원칙으로 한다. 다만, 보건복지부장관으로부터 합동단속의 지원 요청을 받은 경우에는 관할 구역 외의 다른 지역으로 전환하여 운용할 수 있다.

④ 시장은 시의 지도점검 계획에 따라 금연지도원에게 단독으로 직무를 수행하게 할 수 있다.

⑤ 제4항에 따라 금연지도원이 단독으로 직무를 수행하는 때에는 승인서를 발급받아야 하며 관계인에게 승인서와 금연지도원증을 제시하여야 한다.

⑥ 시장은 예산의 범위에서 금연지도원에게 활동수당을 지급할 수 있다.

⑦ 제5항에 따른 승인서와 금연지도원증 등 필요한 사항은 시장이 별도로 정한다.

나. 권한의 위임·위탁

이 법 제29조에서는 보건복지부 장관의 업무 일부나 권한을 시·도지사나 건강증진사업을 행하는 법인 또는 단체에 위탁할 수 있도록 규정하고 있다. 특히 금연에 대한 업무를 보면 국민건강증진법 시행령 제1항 제2호에 따라 담배의 광고 금지 또는 제한 업무를 시·도지사에게 위임한다고 규정하고 있으며, 같은 법 시행령 제32조 제1항 제7호에 따라 담배광고 내용의 사실 여부에 대한 검증에 필요한 자료의 조사·확인 업무, 교육 또는 금연지원 서비스를 받았는지의 확인 및 과태료 감면 대상자의 정보 관리 업무를 법인이나 단체에 위탁할 수 있다. 그리고 그 위탁할 수 있는 법인에 한국건강증진개발원 등이 포함되어 있다.

국민건강증진법 제29조(권한의 위임·위탁)

① 이 법에 따른 보건복지부장관의 권한은 대통령령으로 정하는 바에 따라 그 일부를 시·도지사에게 위임할 수 있다.
② 보건복지부장관은 이 법에 따른 업무의 일부를 대통령령으로 정하는 바에 따라 건강증진사업을 행하는 법인 또는 단체에 위탁할 수 있다.

국민건강증진법 시행령 제31조(권한의 위임) 제1항 제2호

2. 법 제9조의4에 따른 담배에 관한 광고의 금지 또는 제한(관할지역에서 행해지는 광고에 한정하며, 잡지에 게재하는 광고는 제외한다)

국민건강증진법 시행령 제32조(업무위탁) 제1항 제7호 및 제8호

7. 제16조의4 제3항에 따른 담배 광고내용의 사실 여부에 대한 검증에 필요한 자료의 조사·확인 업무
8. 법 제34조 제5항에 따른 교육 또는 금연지원 서비스를 받았는지 여부의 확인 및 과태료 감면 대상자의 정보 관리에 관한 업무

7. 국민건강증진기금과 국민건강증진부담금

국민건강증진법을 제정하면서 각종 활동에 필요한 재원을 국민건강증진기금을 설치하여 조성하도록 규정하고 있으며, 오로지 담배에 대해서만 국민건강증진부담금을 부과하게 되어 있다. 법령 제정 이후 수차례 주류에 대한 부담금 신설이 논의됐지만, 물가 상승과 조세 부담에 대한 저항으로 인해 성공하지 못하고 여전히 논란의 불씨만 남아 있다.

국민건강증진기금을 금연 교육 및 광고 등 금연과 관련된 사업에 많이 사용하고는 있으나, 주로 건강생활의 지원사업과 질병 예방 등 공공 보건을 위해서 사용되고 있으므로 법령 제정목적으로는 주류에 대해서도 부과되어야 하는 것이 합리적으로 보인다.

현재 담배의 종류에 따라 부과되는 국민건강증진부담금이 상이하고, 이 법 제23조 제1항 제1호 내지 제9호까지 나열되어 있다. 다만 특이하게 합성 니코틴을 사용하는 액상형 전자담배에도 국민건강증진부담금이 2017년부터 부과되고 있다는 점이다. 2011년 6월 7일 국민건강증진법 일부 개정을 통해 2011년 12월 8월부터 전자담배에 대해서 니코틴 용액 1밀리리터당 221원의 국민건강증진부담금을 부과하는 것으로 결정했었다. 이후 증액되어 현재는 니코틴 용액 1밀리리터당 525원이다.

1. 궐련: 20개비당 841원

2. 전자담배
   가. 니코틴 용액을 사용하는 경우: 1밀리리터당 525원
   나. 연초 및 연초 고형물을 사용하는 경우:
      1) 궐련형: 20개비당 750원
      2) 기타 유형: 1그램당 73원

3. 파이프담배: 1그램당 30.2원

4. 엽궐련(葉卷煙): 1그램당 85.8원

5. 각련(刻煙): 1그램당 30.2원

6. 씹는 담배: 1그램당 34.4원

7. 냄새 맡는 담배: 1그램당 21.4원

8. 물담배: 1그램당 1050.1원

9. 머금는 담배: 1그램당 534.5원

국민건강증진부담금의 계산은 제조자 및 수입판매업자가 보건복지부 장관에게 제출하는 자료를 토대로 판단하고, 납부고지를 받은 후 영업자가 납부의무를 부담한다.

국민건강증진법 제23조 제2항 내지 제6항

② 제1항에 따른 제조자 및 수입판매업자는 매월 1일부터 말일까지 제조장 또는 보세구역에서 반출된 담배의 수량과 산출된 부담금의 내역에 관한 자료를 다음 달 15일까지 보건복지부장관에게 제출하여야 한다.

③ 보건복지부장관은 제2항에 따른 자료를 제출 받은 때에는 그 날부터 5일 이내에 부담금의 금액과 납부기한 등을 명시하여 해당 제조자 및 수입판매업자에게 납부고지를 하여야 한다.

④ 제1항에 따른 제조자 및 수입판매업자는 제3항에 따른 납부고지를 받은 때에는 납부고지를 받은 달의 말일까지 이를 납부하여야 한다.

⑤ 보건복지부장관은 부담금을 납부하여야 할 자가 제4항의 규정에 의한 납부기한 이내에 부담금을 내지 아니하는 경우 납부기한이 지난 후 10일 이내에 30일 이상의 기간을 정하여 독촉장을 발부하여야 하며, 체납된 부담금에 대해서는 「국세기본법」 제47조의4를 준용하여 가산금을 징수한다.

⑥ 보건복지부장관은 제5항의 규정에 의하여 독촉을 받은 자가 그 기간 이내에 부담금과 가산금을 납부하지 아니한 때에는 국세체납처분의 예에 의하여 이를 징수한다.

마지막으로 국민건강증진부담금을 부과하는 담배의 종류에 대한 상세한 내용이 이 법 시행령 제27조의2 제1호부터 9호까지 규정되어 있는데, 특히 제2호에서 이미 니코틴 용액을 사용되거나 연초 및 연초 고형물을 사용하는 전자담배를 정의하고 있어 이를 담배사업법에 추가하는 방법이 가장 합리적이고 무난할 것으로 예상된다.

1. 궐련(卷煙): 연초에 향료 등을 첨가하여 일정한 폭으로 썬 후 궐련제조기를 이용하여 궐련지로 말아서 피우기 쉽게 만들어진 담배와 이와 유사한 형태의 것으로서 흡연용으로 사용될 수 있는 담배

2. 전자담배: 니코틴 용액이나 연초 및 연초 고형물을 전자장치를 사용해 호흡기를 통해 체내에 흡입함으로써 흡연과 같은 효과를 낼 수 있도록 만든 담배와 이와 유사한 형태의 담배로서 그 구분은 다음 각 목에 따른다.
   가. 니코틴 용액을 사용하는 전자담배

나. 연초 및 연초 고형물을 사용하는 전자담배

　　1) 궐련형

　　2) 기타 유형

3. 파이프담배: 고급 특수 연초를 중가향(重加香) 처리하고 압착·열처리 등 특수가공을 하여 각 폭을 비교적 넓게 썰어서 파이프를 이용하여 피울 수 있도록 만든 담배와 이와 유사한 형태의 담배

4. 엽궐련(葉券煙): 흡연 맛의 주체가 되는 전충엽을 체제와 형태를 잡아 주는 중권엽으로 싸고 겉모습을 아름답게 하기 위하여 외권엽으로 만 잎말음 담배와 이와 유사한 형태의 담배

5. 각련(刻煙): 하급 연초를 경가향(輕加香)하거나 다소 고급인 연초를 가향하여 가늘게 썰어, 담뱃대를 이용하거나 흡연자가 직접 궐련지로 말아 피울 수 있도록 만든 담배와 이와 유사한 형태의 담배

6. 씹는 담배: 입에 넣고 씹음으로써 흡연과 같은 효과를 낼 수 있도록 가공처리된 담배와 이와 유사한 형태의 담배

7. 냄새 맡는 담배: 특수 가공된 담배 가루를 코 주위 등에 발라 냄새를 맡음으로써 흡연과 같은 효과를 낼 수 있도록 만든 가루 형태의 담배와 이와 유사한 형태의 담배

8. 물담배: 장치를 이용하여 담배연기를 물로 거른 후 흡입할 수 있도록 만든 담배와 이와 유사한 형태의 담배

9. 머금는 담배: 입에 넣고 빨거나 머금으면서 흡연과 같은 효과를 낼 수 있도록 특수가공하여 포장된 담배 가루, 니코틴이 포함된 사탕 및 이와 유사한 형태로 만든 담배

　　이처럼 지금까지 대한민국은 국민 건강에 주류와 담배의 심각한 폐해를 확인하면서 건강증진을 위해서 법령까지 제정했다. 하지만 모순되게도 담배에 대해서만 세금과 같이 느껴지는 부담금을 부과하면서 주류에 대해서는 국민의 저항이 우려된다는 이유로 1995년 법령 제정 이후 30년간 손을 놓고 있다는 점은 반성할 필요가 있다. 이미 본법 제8조에서는 금연운동과 함께 절주 운동을 국가와 지방자치단체가 적극적으로 진행하도록 규정하

고 있고, 음주로 인한 피해는 교통사고와 알코올중독 등 각종 사회적 물의를 일으키는 사건은 물론 개인과 가정에 극심한 피해가 발생하는 점을 방관해서는 안 된다.

정부가 국민건강증진부담금을 진정으로 국민 건강을 위해서 필요하고, 적극적으로 활용할 의지가 있다면 주류에 대한 부담금 부과가 절실하다. 이미 국회와 시민단체 등을 통해 오랜 기간 논의된 것이기에 결단만이 필요할 따름이고, 단순히 현재 담배와 주류에 부과되는 세금을 비교해서 과소로 평가할 것이 아니라 국민 건강을 위해서 절주 운동의 하나로 생각하면 시행하지 않을 이유가 없다. 또한, 주류에 부과되는 부담금을 통해 알코올 중독자 예방센터를 전국에 확충하고, 음주로 인한 폐해방지 및 청소년의 접근과 음주를 예방하는 교육과 홍보를 강화하는 예산으로 사용할 수 있을 것이다.

8. 벌칙과 과태료

가. 벌칙

국민건강증진법 담배와 관련한 벌칙 조항은 최대 형량이 1년 이하의 징역 또는 1천만 이하의 벌금을 과하는 수준으로 매우 경미하다.

제31조의2(벌칙) 다음 각 호의 어느 하나에 해당하는 자는 1년 이하의 징역 또는 1천만원 이하의 벌금에 처한다.

3. 제9조의2를 위반하여 경고그림·경고문구·발암성물질·금연상담전화번호를 표기하지 아니하거나 이와 다른 경고그림·경고문구·발암성물질·금연상담전화번호를 표기한 자
4. 제9조의4를 위반하여 담배에 관한 광고를 한 자

국민 건강에 직결되는 담배광고 규정을 위반했을 때 처벌받는 것과 건강에는 아무런 문제가 없으나 일반 식품을 건강기능식품으로 오인·혼동하게 광고할 경우 식품 등의 표시·광고에 관한 법률에 따라 처벌하는 수준인 10년 이하의 징역 또는 1억원 이하의 벌금에 처하거나 이를 병과할 수 있다는 비교하면 너무나 극명한 차이를 실감할 수 있다. 공정거래위원회 소관 표시·광고의 공정화에 관한 법률의 경우에도 부당한 표시·광고를 한 사업자에게 2년 이하의 징역 또는 1억 5천만 원 이하의 벌금을 부과하도록 규정하는 등 대체로 광고 위반과 관련된 타 법령의 처벌 수준을 고려하면 국민건강증진법의 벌칙 조항을 개정할 필요가 있다.

〈광고 위반행위에 대한 법령별 처벌 규정 비교표〉

법령	위반행위	벌칙 조항
국민건강증진법	경고그림·경고문구·발암성물질·금연상담전화번호를 아니하거나 다르게 하는 경우, 담배광고 행위	1년 이하의 징역 또는 1천만 원 이하의 벌금
담배사업법	담배광고 행위	1년 이하의 징역 또는 1천만 원 이하의 벌금
표시·광고의 공정화에 관한 법률	부당한 표시·광고 행위	2년 이하의 징역 또는 1억 5천만 원 이하의 벌금
식품 등의 표시·광고에 관한 법률	질병예방·치료효능, 식품을 의약품으로 인식할 우려, 일반식품을 건강기능식품으로 인식할 우려가 있는 표시·광고 행위	10년 이하의 징역 또는 1억원 이하의 벌금에 처하거나 이를 병과(竝科)
농수산물의 원산지 표시 등에 관한 법률	원산지 허위표시 행위	7년 이하의 징역이나 1억원 이하의 벌금에 처하거나 이를 병과(倂科)
친환경농어업 육성 및 유기식품 등의 관리·지원에 관한 법률	유기농인증 허위표시 행위	3년 이하의 징역 또는 3천만 원 이하의 벌금
양곡관리법	생산연도와 품질 등에 관해 거짓·과대의 표시 또는 거짓·과대의 광고	3년 이하의 징역 또는 사용·처분한 양곡을 시가로 환산한 가액의 5배 이하의 벌금

이상에서 확인할 수 있듯이 유독 국민건강증진법과 담배사업법에서 규정된 담배광고에 관한 위반행위만 1년 이하의 징역 또는 1천만 원 이하의 벌금에 처해지며, 다른 광고 위반행위는 최고 10년 이하의 징역 또는 1억원 이하의 벌금에 처하거나 병과할 정도로 매우 엄격하다.

나. 과태료

이 법 제34조에서는 형사 처벌을 받을 정도가 아닌 경미한 사안에 대해서 과태료를 부과하도록 규정하고 있으며, 경중에 따라 10만 원 이하에서 500만원 이하까지 다양하게 구분되어 있다. 과태료 부과는 이 법 제34조 제4항 및 같은 법 시행령 제33조에서 부과권자를 별도로 정해 놓고 있다.

근거법령	과태료 금액	위반 내용	부과권자
제34조 제1항	500만 원 이하	지정된 장소이외지역에 담배자동판매기 설치	특별자치시장·특별자치도지사·시장·군수·구청장
		금연구역 표지, 흡연실 설치 기준 및 방법 위반에 따른 시정명령 미이행	
		가향물질을 표시하는 문구나 그림·사진을 제품의 포장이나 광고에 사용	보건복지부장관
		국민건강증진부담금 부과를 위해 반출 담배수량 및 내역자료를 익월 15일까지 보건복지부장관에게 제출하지 않거나 허위로 제출	
제34제 제2항	300만 원 이하	성인인증장치 미부착 담배자판기 설치	특별자치시장·특별자치도지사·시장·군수·구청장
		금연관련 업무 미보고 또는 허위보고	
제34조 제3항	10만 원 이하	금연구역에서 흡연행위	해당 금연구역을 지정한 시·도지사 또는 시장·군수·구청장

이에 대한 구체적인 과태료의 부과기준은 이 법 시행령 제33조 제1항과 관련하여 [별표 5]에 상세히 규정되어 있다. 특히 지정된 금연구역에서 흡연을 하다 적발된 사람에 대해서는 이 법 제34조 제5항에서 교육 등을 받으면 과태료를 감면할 수 있는 규정을 두면서 금연을 유도하는 방안도 동시에 시행되고 있다.

국민건강증진법 제34조 제5항

제3항에도 불구하고 과태료 납부 대상자가 대통령령으로 정하는 바에 따라 일정 교육 또는 금연지원 서비스를 받은 경우 시·도지사 또는 시장·군수·구청장은 과태료를 감면할 수 있다.

국민건강증진법 시행령 제34조(과태료 감면의 기준과 절차)

① 법 제34조 제5항에 따라 과태료를 감면받으려는 사람은 보건복지부장관이 정하는 바에 따라 다음 각 호의 어느 하나에 해당하는 교육 또는 금연지원 서비스를 받아야 한다.

　1. 법 제12조 제1항·제2항에 따른 보건교육(흡연의 폐해, 금연의 필요성 등에 관한 교육으로 한정한다) 또는 법 제25조 제1항 제1호에 따른 국민건강관리사업으로 실시하는 금연교육

　2. 법 제25조 제1항 제1호에 따른 국민건강관리사업으로 실시하는 금연치료 및 금연상담 등 금연지원 서비스

② 법 제34조 제5항에 따라 과태료를 감면받으려는 사람은 해당 과태료에 대한 의견 제출 기한까지 보건복지부령으로 정하는 교육 및 금연지원 서비스 신청서를 시·도지사 또는 시장·군수·구청장에게 제출해야 한다. 이 경우 교육과 금연지원 서비스를 중복하여 신청할 수 없다.

③ 시·도지사 또는 시장·군수·구청장은 과태료 납부 대상자가 제2항에 따라 교육 및 금연지원 서비스를 신청한 경우에는 다음 각 호의 구분에 따른 기간 동안 과태료의 부과를 유예할 수 있다.

　1. 제1항 제1호에 따른 교육을 신청한 경우: 교육을 신청한 날부터 1개월

　2. 제1항 제2호에 따른 금연지원 서비스를 신청한 경우: 금연지원 서비스를 신청한 날부터 6개월

④ 법 제34조 제5항에 따라 시·도지사 또는 시장·군수·구청장은 제3항에 따라 과태료의 부과를 유예받은 사람이 그 유예기간 이내에 보건복지부령으로 정하는 과태료 감면 신청서에 제1항에 따른 교육 또는 금연지원 서비스를 받았음을 증명하는 자료를 첨부하여 제출하는 경우에는 다음 각 호의 구분에 따른 기준에 따라 과태료를 감면할 수 있다. 다만, 과태료를 체납하고 있는 사람 또는 최근 2년간 법 제34조 제5항에 따라 과태료를 2회 이상 감면받은 사람에 대해서는 과태료를 감면할 수 없다.

　1. 제1항 제1호에 따른 교육을 받은 경우: 100분의 50 감경

　2. 제1항 제2호에 따른 금연지원 서비스를 받은 경우: 전액 면제

⑤ 제4항 제1호에 따른 과태료의 감경은 「질서위반행위규제법」 제18조에 따른 자진납부자에 대한 과태료의 감경과 중복하여 적용하지 않는다.

⑥ 시·도지사 또는 시장·군수·구청장은 제3항에 따라 과태료의 부과를 유예받은 사람이 그 유예기간 이내에 제4항에 따른 자료를 제출하지 않은 경우에는 지체 없이 법 제34조 제3항에 따라 과태료를 부과해야 한다.

⑦ 시·도지사 또는 시장·군수·구청장은 제3항에 따라 과태료의 부과를 유예받은 사람이 그 유예기간 동안 법 제9조 제8항을 위반하여 금연구역에서 흡연을 한 사실이 적발된 경우에는 지체 없이 법 제34조 제3항에 따라 과태료를 부과해야 한다.

제3편

사건과 판결

제1장 국내 담배 관련 사건 및 판결 소개

1. 담배사업법 위반 사건 및 판결 해설(행정)

1.1. 담배자동판매기 설치제한 및 철거를 규정한 조례가 직업수행의 자유를 침해하는 지 여부가 문제된 사안(부천시담배자동판매기설치금지조례 제4조 등 위헌확인)[92헌마264 결정]

〈사건의 개요〉

청구인들은 부천시와 서울 강남구에서 담배자동판매기(이하 "자판기"라 한다)를 이용하여 담배소매업을 하고 있는 사람들이다. 지방자치단체인 부천시와 서울 강남구는 각 지방의회의 의결을 거쳐 부천시 담배자동판매기설치금지조례(부천시 조례 제1197호, 이하 "부천시조례"라 한다)와 강남구 담배자동판매기설치금지조례(강남구 조례 제207호, 이하 "강남구조례"라 한다)를 제정하여 청구인들의 자판기의 설치를 제한하고 설치된 자판기를 철거하도록 하였다. 이에 대하여 청구인들은 부천시조례 제4조 및 부칙 제2항과 같은 내용의 강남구조례 제4조 및 부칙 제2항은 위임입법의 한계를 벗어난 무효의 규정으로서 청구인들의 헌법상 보장된 직업선택의 자유 등 기본권을 침해하고 있다고 하여, 해당조례에 대하여 헌법재판소에 이 사건 헌법소원심판을 청구한 사건이다.

〈적용 법률〉

헌법

제11조

① 모든 국민은 법 앞에 평등하다. 누구든지 성별·종교 또는 사회적 신분에 의하여 정치적·경제적·사회적·문화적 생활의 모든 영역에 있어서 차별을 받지 아니한다.

② 사회적 특수계급의 제도는 인정되지 아니하며, 어떠한 형태로도 이를 창설할 수 없다.

③ 훈장등의 영전은 이를 받은 자에게만 효력이 있고, 어떠한 특권도 이에 따르지 아니한다.

제13조

② 모든 국민은 소급입법에 의하여 참정권의 제한을 받거나 재산권을 박탈당하지 아니한다.

제15조 모든 국민은 직업선택의 자유를 가진다

제23조

② 재산권의 행사는 공공복리에 적합하도록 하여야 한다.

제37조

② 국민의 모든 자유와 권리는 국가안전보장·질서유지 또는 공공복리를 위하여 필요한 경우에 한하여 법률로써 제한할 수 있으며, 제한하는 경우에도 자유와 권리의 본질적인 내용을 침해할 수 없다.

제117조

① 지방자치단체는 주민의 복리에 관한 사무를 처리하고 재산을 관리하며, 법령의 범위 안에서 자치에 관한 규정을 제정할 수 있다

지방자치법

제15조(조례) 지방자치단체는 법령의 범위안에서 그 사무에 관하여 조례를 제정할 수 있다. 다만, 주민의 권리제한 또는 의무부과에 관한 사항이나 벌칙을 정할 때에는 법률의 위임이 있어야 한다.

담배사업법

제16조(제조담배소매인의 지정) ④ 소매인의 지정기준·지정절차 기타 지정에 관하여 필요한 사항은 재무부

령으로 정한다

미성년자보호법

제4조(영업자의 의무) ① 연초 또는 주류판매자 및 그 고용인은 미성년자에게 그가 끽용 또는 음용할 것을 알고 이들을 판매하거나 공여하여서는 아니된다.

학교보건법

제5조(학교환경위생정화구역의 설정) ① 제1조의 목적을 달성하기 위하여 특별시·직할시 및 도(이하 "市·道"라 한다)의 교육위원회는 대통령령이 정하는 바에 따라 학교환경위생정화구역을 설정하여야 한다. 이 경우 학교환경위생정화구역은 학교경계선으로부터 200미터를 초과할 수 없다.

② 제1항의 규정에 의한 시·도교육위원회의 권한은 대통령령이 정하는 바에 따라 교육구청장 또는 시·군
교육장에게 위임할 수 있다.

부천시조례

제4조(설치의 제한) 자판기는 부천시 전지역에 설치할 수 없다. 다만, 성인이 출입하는 업소 안에는 제외한다.

부칙 ② (경과조치) 이 조례의 시행 전에 설치된 자판기는 시행일부터 3월 이내에 철거하여야 한다.

강남구조례

제4조(설치의 제한) 자판기는 서울특별시 강남구 전 지역에 설치할 수 없다. 다만, 성인이 출입하는 업소 안에는 제외한다.

부칙 ② (경과조치) 이 조례의 시행 전에 설치된 자판기는 시행일부터 3월 이내에 철거하여야 한다.

〈헌법재판소의 판단〉

헌법 제117조 제1항은 "지방자치단체는 주민의 복리에 관한 사무를 처리하고 재산을 관리하며, 법령의 범위 안에서 자치에 관한 규정을 제정할 수 있다."고 규정하고 있고, 지방자치법 제15조는 이를 구체화하여 "지방자치단체는 법령의 범위 안에서 그 사무에 관하여

조례를 제정할 수 있다. 다만, 주민의 권리제한 또는 의무부과에 관한 사항이나 벌칙을 정할 때에는 법률의 위임이 있어야 한다."고 규정하고 있다. 이 사건 조례들은 담배소매업을 영위하는 주민들에게 자판기 설치를 제한하는 것을 내용으로 하고 있으므로 주민의 직업선택의 자유 특히 직업수행의 자유를 제한하는 것이 되어 지방자치법 제15조 단서 소정의 주민의 권리의무에 관한 사항을 규율하는 조례라고 할 수 있으므로 지방자치단체가 이러한 조례를 제정함에 있어서는 법률의 위임을 필요로 한다. 그런데 조례의 제정권자인 지방의회는 선거를 통해서 그 지역적인 민주적 정당성을 지니고 있는 주민의 대표기관이고, 헌법이 지방자치단체에 대해 포괄적인 자치권을 보장하고 있는 취지로 볼 때 조례제정권에 대한 지나친 제약은 바람직하지 않으므로 조례에 대한 법률의 위임은 법규명령에 대한 법률의 위임과 같이 반드시 구체적으로 범위를 정하여 할 필요가 없으며 포괄적인 것으로 족하다고 할 것이다. 이 사건의 경우를 보면, 담배사업법(법률 제4065호)은 제16조 제4항에서 "소매인의 지정기준 기타 지정에 관하여 필요한 사항은 재무부령으로 정한다."고 규정하고 있고, 재무부령인 담배사업법시행규칙은 제11조 제1항의 별표 2 "제조담배소매인의 지정기준" 중 자동판매기란에서 "1. 자동판매기는 이를 일반소매인 또는 구내소매인으로 보아 소매인 지정기준을 적용한다. (단서 생략) 2. 청소년의 보호를 위하여 지방자치단체가 조례로 정하는 장소에는 자동판매기의 설치를 제한할 수 있다."고 규정하고 있으며, 이 사건 조례들은 위 규정들에 따라 제정된 것이다. 그렇다면 이 사건 조례들은 법률의 위임규정에 근거하여 제정된 것이라고 할 것이며, 이러한 위임에 의하여 자판기의 설치제한 및 철거에 관하여 규정하고 있는 이 사건 심판대상규정 역시 자판기의 전면적인 설치금지를 내용으로 하는 등의 특별한 사정이 없는 이상 위임의 한계를 벗어난 규정이라고 볼 수 없다.

이 사건 심판대상규정은 담배소매인의 자판기설치를 제한하고 이미 설치한 자판기를 철거하도록 함으로써 자판기를 통한 담배판매라는 담배소매인의 영업수단을 규제하는 것이므로 청구인들을 포함한 담배소매인의 직업선택의 자유 특히 영업의 자유 내지 직업수행의 자유를 제한하는 것이 될 소지가 있다. 직업수행의 자유는 직업결정의 자유에 비하여 상대적으로 그 침해의 정도가 작다고 할 것이므로 이에 대하여는 공공복리 등 공익상의 이유로 비교적 넓은 법률상의 규제가 가능하지만 그 경우에도 헌법 제37조 제2항에서 정한 한계인 과잉금지의 원칙은 지켜져야 할 것이다. 과잉금지의 원칙은 국가가 국민의 기본권을 제한하는 내용의 입법활동을 함에 있어서 지켜야 할 기본원칙으로서 지방의회의 조례입법에 의한 기본권제한의 경우에도 준수되어야 할 것이므로, 이 사건 심판대상규정이 과잉금지의 원칙에 위배된 것인지 여부를 살펴보기로 한다. 담배는 폐암, 심장병, 호흡기질환 등의 직접적인 원인으로 되는 등 그 유해함은 널리 알려진 사실이지만 육체적·정신적으로 미숙한 청소년의 건강에는 더욱 결정적인 해독을 초래할 뿐만 아니라 청소년의 흡연은 이에 그치지 않고 음주, 약물남용으로 이어지고 다시 청소년 범죄로 옮겨가서 청소년들이 육체적으로나 정신적으로 건강하게 성장하는 것을 방해하고 수많은 비행청소년을 양산해 낼 우려마저 있다고 할 수 있다. 이에 미성년자보호법은 제4조 제1항에서 "연초 또는 주류판매업자 및 그 고용인은 미성년자에게 그가 끽용 또는 음용할 것을 알고 이들을 판매하거나 공여하여서는 아니된다."고 규정하고, 제6조 제1항에서는 이에 위반한 자는 1년 이하의 징역이나 100만원 이하의 벌금·구류 또는 과료에 처한다고 하고 있는 것이다. 그런데 자판기를 통한 담배판매는 구입자가 누구인지를 분별하는 것이 매우 곤란하게 하기 때문에 청소년의 담배구입을 막기 어려워 위 미성년자보호법 규정의 취지를 몰각시키고 있을 뿐만 아니라, 그 특성상 판매자와 대면하지 않는 익명성, 비노출성으로 인하여 청소년으로 하여금 심리적으로 담배구입을 용이하게 하고, 주야를 불문하고 언제라도 담배구입을 가능하게 하며, 청소년이 쉽게 볼 수 있는 장소에 설치됨으로써 청소년에 대한 흡연유발효과도 매우 크다고 아니할 수 없다. 그렇다면 청소년의 보호를 위하여 자판기설치의 제한은 반드시 필요하다고 할 것이고, 이로 인하여 담배소매인의 직업수행의 자유 가 다소 제한되더라도 법익형량의 원리상 감수되어야 할 것이다. 청구인들은 자판기를 청소년이 출입하는 업소나 학교보건법 제5조의 규정에 의한 학교환경위생정화구역 내에만 설치할 수 없도록 규정하는 남원시 담배자동판매기설치제한조례를 예로 들어 성인출입업소를 제외한 모든 장소에서 자판기를 제한하는 이 사건 심판대상규정은 청구인들의 기본권을 과도하게 침해하는 것이라고 주장한, 성인출입업소를 제외한 모든 장소에 대하여 자판기의 설치·사용을 제한하지 않는 한 그 실효성이 의문시될 뿐 아니라 무엇보다도 위에서 본 바와 같은 미성년자보호법의 취지를 관철하기가 어렵다고 할 것이다. 결국 이 사건 심판대상규정은 기본권제한입법에 있어서 반드시 지켜져야 할 과잉금지의 원칙에 위배하여 헌법 제15조에 의하여 보장된 청구인들의 직업선택의 자유를 침해하였다고 볼 수 없다.

조례에 의한 규제가 지역의 여건이나 환경 등 그 특성에 따라 다르게 나타나는 것은 헌법이 지방자치단체의 자치입법권을 인정한 이상 당연히 예상되는 불가피한 결과이므로, 이 사건 심판대상규정으로 인하여 청구인들이 다른 지역의 주민들에 비하여 더한 규제를 받게 되었다 하더라도 이를 두고 헌법 제11조 제1항의 평등권이 침해되었다고 볼 수는 없다. 또한 이 사건 심판대상규정이 담배의 특수성과 이에 따른 청소년 보호의 필요성을 특히 고려하여 담배소매인들에게 다른 판매업 종사자들에 비하여 자판기에 관한 특별한 규제를 하고 있다 하여도 이러한 제한은 합리성이 인정되어 자의적인 차별이라고 할 수 없으므로 이러한 측면에서도 청구인들의 평등권이 침해되었다고는 볼 수 없다.

청구인들은 이 사건 조례들의 각 부칙 제2항은 이미 설치되어 있는 자판기마저 시행일로부터 3개월 이내에 철거하도록 하고 있으므로 이는 헌법 제13조 제2항에서 금지하고 있는 소급입법에 의한 재산권의 박탈에 해당한다고 주장한다. 그러나 위 부칙조항은 이 사건 조례들의 시행일 이전까지 계속되었던 자판기의 설치·사용에 대하여는 규율하는 바가 없고, 장래에 향하여 자판기의 존치·사용을 규제할 뿐이므로 그 규정의 법적 효과가 시행일 이전의 시점에까지 미친다고 할 수 없어 헌법 제13조 제2항에서 금지하고 있는 소급입법이라고 볼 수는 없다.

다만 위 부칙조항에서 조례의 시행 전에 청구인들이 적법하게 설치한 자판기에 대하여도 조례의 시행일로부터 3개월 이내에 철거하도록 하는 것이 비록 소급입법에 의한 규제는 아니라고 하더라도 법치주의의 원리에서 파생되는 신뢰보호의 원칙이나 법적안정성의 요구에 어긋나는 것은 아닌가를 살펴보기로 한다. 법규를 새로이 제정하거나 개정함에 있어서는 기존 법질서와의 어느 정도의 마찰은 불가피하다고 할 것인바, 위 부칙조항이 신뢰

보호의 원칙에 어긋나는지 여부는 기존 법질서하에서 널리 허용되었던 자판기의 설치·사용에 대한 청구인들의 신뢰를 보호할 필요성 및 법적 안정성의 요청과 조례제정으로 달성하고자 하는 공익목적을 형량하여 판단하여야 할 것이다. 이 사건의 경우 위 부칙조항에서는 자판기의 계속적인 존치·사용을 허용하는 것은 미성년자보호법의 취지를 무색하게 하여 청소년의 보호라는 공익상의 필요에 비추어서 바람직하지 않으므로 자판기를 철거하도록 하되, 3개월의 유예기간을 두어 자판기의 처분경로의 모색 등 경제적 손실을 최소화할 수 있도록 함으로써 이미 자판기를 사용하여 영업을 하고 있는 청구인들을 비롯한 담배소매인에 대하여도 어느 정도의 배려를 하고 있다고 할 것이다. 그렇다면 위 부칙조항에서 이미 설치되어 있는 자판기를 조례의 시행일로부터 3개월 이내에 철거하도록 하였다고 하여 청구인들의 신뢰보호와 법적 안정성을 외면하여 헌법상의 법치주의의 원리에 어긋난 것이라고 볼 수 없다.

한편 청구인들은 법률이 아닌 조례로 재산권을 제한한 것은 위헌이라고 주장하나, 이 사건 조례들의 경우 법률의 위임에 의하여 제정된 것이며 이러한 경우에는 위임의 한계를 벗어나지 아니하는 한 조례로도 재산권을 제한할 수 있다고 할 것이다.

〈해설〉

청구인들은 자신들이 영위하고 있는 자판기에 의한 담배소매행위는 직업수행의 자유의 일환인 영업의 자유로서 보장되어야 하는데, 이 사건 조례들이 청소년보호를 목적으로 이를 제한하는 것은 과잉금지의 원칙에 위배되고, 청소년보호가 주목적이라면 청소년이 밀집되어 있는 장소나 학교 기타 교육기관 주변 등과 같이 객관적이고 합리적인 기준에 의해 자판기의 설치로 청소년의 담배에 대한 접근가능성이 현저히 증가하리라고 예상할 수 있는 장소에 한하여 예외적으로 자판기의 설치를 제한하는 방향으로 조례가 제정되어야 하는데도 이 사건 조례들은 기본권제한입법의 한계를 무시하고 부천시 및 강남구 전 지역에 대하여 자판기를 설치할 수 없게 함으로써 청구인들에게 보장된 헌법 제15조의 직업선택

의 자유의 본질적 내용을 침해하였다고 주장하였다. 또한 부천시나 강남구에서 자판기에 의한 담배소매업을 하고 있다는 이유로 이와 같은 조례가 제정되어 있지 않은 지역 또는 조례의 내용이 완화된 형태로 제정·시행되는 지역의 담배소매인과 비교하여, 더 나아가 이러한 규제를 전혀 받지 않는 다른 유사직업의 종사자들과 비교하여 불합리한 차별을 받고 있다고 주장하였다.

그러나 헌법재판소는 이 사건 조례에 의해 직업선택의 자유 특히 영업의 자유 내지 직업수행의 자유를 제한되더라도, 담배는 폐암, 심장병, 호흡기질환 등의 직접적인 원인으로 되는 등 그 유해함은 널리 알려진 사실이지만 육체적·정신적으로 미숙한 청소년의 건강에는 더욱 결정적인 해독을 초래할 뿐만 아니라 청소년의 흡연은 이에 그치지 않고 음주, 약물남용으로 이어지고 다시 청소년 범죄로 옮겨가서 청소년들이 육체적으로나 정신적으로 건강하게 성장하는 것을 방해하고 수많은 비행청소년을 양산해 낼 우려마저 있다고 할 수 있는데도, 자판기를 통한 담배판매는 구입자가 누구인지를 분별하는 것이 매우 곤란하게 하기 때문에 청소년의 담배구입을 막기 어렵고, 자판기의 특성상 판매자와 대면하지 않는 익명성, 비노출성으로 인하여 청소년으로 하여금 심리적으로 담배구입을 용이하게 하고, 주야를 불문하고 언제라도 담배구입을 가능하게 하며, 청소년이 쉽게 볼 수 있는 장소에 설치됨으로써 청소년에 대한 흡연유발효과도 매우 크기 때문에, 청소년의 보호를 위하여 자판기설치의 제한은 반드시 필요한 반면, 이로 인하여 담배소매인의 직업수행의 자유가 다소 제한되더라도 법익형량의 원리상 감수되어야 한다고 보았다.

또한 조례에 의한 규제가 지역의 여건이나 환경 등 그 특성에 따라 다르게 나타나는 것은 헌법이 지방자치단체의 자치입법권을 인정한 이상 당연히 예상되는 불가피한 결과이므로, 이 사건 심판대상규정으로 인하여 청구인들이 다른 지역의 주민들에 비하여 더한 규제를 받게 되었다 하더라도 이를 두고 평등권이 침해되었다고 볼 수는 없다고 보았다. 담배의 해악으로부터 청소년을 보호하기 위해서는 자판기를 통한 담배 판매를 금지하는 것이 불가피한 것으로 본 것이다.

1.2. 흡연권과 혐연권이 기본권으로 보호되는지의 여부 및 기본권 사이의 우열이 문제가 된 사안(국민건강증진법시행규칙 제7조 위헌확인)[2003헌마457 결정]

〈사건의 개요〉

국민건강증진법 제9조 제6항, 제4항은 공중이 이용하는 시설 중 시설의 소유자·점유자 또는 관리자(이하 위 소유자·점유자·관리자를 통칭하여 '시설관리자'라고 한다)가 당해 시설의 전체를 금연구역으로 지정하거나 당해 시설을 금연구역과 흡연구역으로 구분하여 지정하여야 하는 시설을 보건복지부령에 의하여 정하도록 규정하고 있고, 이에 기하여 보건복지부령인 국민건강증진법시행규칙 제7조는 각 해당시설을 구체적으로 규정하고 있으며, 국민건강증진법 제9조 제5항은 시설이용자가 이와 같이 지정된 금역구역에서 흡연하는 것을 금지하고 있다. 청구인은 2003. 7. 11. 국민건강증진법시행규칙 제7조가 청구인의 기본권을 침해한다는 이유로 위 조문이 위헌임을 확인하여 달라는 이 사건 심판청구를 하였다.

〈적용 법률〉

헌법

제10조
모든 국민은 인간으로서의 존엄과 가치를 가지며, 행복을 추구할 권리를 가진다. 국가는 개인이 가지는 불가침의 기본적 인권을 확인하고 이를 보장할 의무를 진다.

제11조
① 모든 국민은 법 앞에 평등하다. 누구든지 성별·종교 또는 사회적 신분에 의하여 정치적·경제적·사회적·문화적 생활의 모든 영역에 있어서 차별을 받지 아니한다.

제17조 모든 국민은 사생활의 비밀과 자유를 침해받지 아니한다.

제36조

③ 모든 국민은 보건에 관하여 국가의 보호를 받는다.

제37조

② 국민의 모든 자유와 권리는 국가안전보장·질서유지 또는 공공복리를 위하여 필요한 경우에 한하여 법률로써 제한할 수 있으며, 제한하는 경우에도 자유와 권리의 본질적인 내용을 침해할 수 없다.

국민건강증진법

제9조(금연을 위한 조치) ④보건복지부령이 정하는 공중이 이용하는 시설의 소유자·점유자 또는 관리자는 보건복지부령이 정하는 바에 의하여 당해 시설을 금연구역과 흡연구역으로 구분하여 지정하여야 한다.

국민건강증진법시행규칙

제7조(금연구역의 지정기준 및 방법) ① 공중이용시설 중 청소년·환자 또는 어린이에게 흡연으로 인한 피해가 발생할 수 있는 다음 각 호의 시설 소유자 등은 당해 시설의 전체를 금연구역으로 지정하여야 한다.

  1. 제6조 제6호의 규정에 의한 학교 중 초·중등교육법 제2조의 규정에 의한 학교의 교사

  2. 제6조 제8호의 규정에 의한 의료기관, 보건소·보건의료원·보건지소

  3. 제6조 제16호의 규정에 의한 보육시설

② 제1항의 규정에 의한 시설 외의 공중이용시설의 소유자 등은 당해 시설 중 이용자에게 흡연의 피해를 줄 수 있는 다음 각 호에 해당하는 구역을 금연구역으로 지정하여야 한다.

  1. 제6조 제1호의 규정에 의한 건축물의 사무실·회의장·강당 및 로비

  2. 제6조 제2호의 규정에 의한 공연장의 객석, 관람객 대기실 및 사무실

  3. 제6조 제3호의 규정에 의한 학원의 강의실, 학생 대기실 및 휴게실

  4. 제6조 제4호의 규정에 의한 지하도에 있는 상점가 중 상품의 판매에 제공되는 매장 및 통로

  5. 제6조 제5호의 규정에 의한 관광숙박업소의 현관 및 로비

  6. 제6조 제6호의 규정에 의한 학교 중 고등교육법 제2조의 규정에 의한 학교의 강의실, 휴게실, 강당, 구내식당 및 회의장

  7. 제6조 제7호의 규정에 의한 체육시설의 관람석 및 통로

  8. 제6조 제9호의 규정에 의한 사회복지시설의 거실, 작업실, 휴게실, 식당 및 사무실

  9. 제6조 제10호의 규정에 의한 교통관련시설 및 교통수단 중 공항·여객선터미널·역사 등의 승객 대기실 및 승강장, 국내선항공기, 선실, 철도의 차량내부 및 통로, 전철의 지하역사·승강장 및 차량, 지하보도 및 16인승 이상의 승합자동차

10. 제6조 제11호의 규정에 의한 목욕장의 탈의실 및 목욕탕 내부

11. 제6조 제12호의 규정에 의한 게임 및 멀티미디어문화컨텐츠설비제공업소의 영업장 내부 중 2분의 1 이상의 구역

12. 제6조 제13호의 규정에 의한 휴게음식점 및 일반음식점영업소의 영업장 내부 중 2분의 1 이상의 구역

13. 제6조 제14호의 규정에 의한 만화대여업소의 영업장 내부 중 2분의 1 이상의 구역

14. 제6조 제15호의 규정에 의한 청사의 사무실 및 민원인 대기실

15. 제1호 내지 제14호의 시설에 설치된 승강기의 내부, 복도, 화장실 그 밖에 다수인이 이용하는 구역

③ 제1항의 규정에 따라 소유자 등이 당해 시설의 전체를 금연구역으로 지정한 경우에는 당해 시설의 전체가 금연구역이라는 사실을 알리는 표지를 설치 또는 부착하여야 한다.

④ 제2항의 규정에 따라 소유자 등이 당해 시설을 금연구역과 흡연구역으로 구분하여 지정한 경우에는 금연구역 또는 흡연구역으로 지정된 장소에 이를 알리는 표지를 설치 또는 부착하여야 한다.

⑤ 제3항 및 제4항의 규정에 의한 금연구역과 흡연구역의 표시 및 흡연구역의 시설기준은 별표 3과 같다.

(별표 3 생략)

〈헌법재판소의 판단〉

흡연자들이 자유롭게 흡연할 권리를 흡연권이라고 한다면, 이러한 흡연권은 인간의 존엄과 행복추구권을 규정한 헌법 제10조와 사생활의 자유를 규정한 헌법 제17조에 의하여 뒷받침된다. 우선 헌법 제17조가 근거가 될 수 있다는 점에 관하여 보건대, 사생활의 자유란 사회공동체의 일반적인 생활규범의 범위 내에서 사생활을 자유롭게 형성해 나가고 그 설계 및 내용에 대해서 외부로부터의 간섭을 받지 아니할 권리를 말하는바(헌재 2001. 8. 30. 99헌바92, 판례집 13-2, 174, 202), 흡연을 하는 행위는 이와 같은 사생활의 영역에 포함된다고 할 것이므로, 흡연권은 헌법 제17조에서 그 헌법적 근거를 찾을 수 있다. 또 인간으로서의 존엄과 가치를 실현하고 행복을 추구하기 위하여서는 누구나 자유로이 의사를 결정하고 그에 기하여 자율적인 생활을 형성할 수 있어야 하므로, 자유로운 흡연에의 결정 및 흡연행위를 포함하는 흡연권은 헌법 제10조에서도 그 근거를 찾을 수 있다.

위와 같이 흡연자들의 흡연권이 인정되듯이, 비흡연자들에게도 흡연을 하지 아니할 권리 내지 흡연으로부터 자유로울 권리가 인정된다(이하 이를 '혐연권'이라고 한다). 혐연권은 흡연권과 마찬가지로 헌법 제17조, 헌법 제10조에서 그 헌법적 근거를 찾을 수 있다. 나아가 흡연이 흡연자는 물론 간접흡연에 노출되는 비흡연자들의 건강과 생명도 위협한다는 면에서 혐연권은 헌법이 보장하는 건강권과 생명권에 기하여서도 인정된다. 흡연자가 비흡연자에게 아무런 영향을 미치지 않는 방법으로 흡연을 하는 경우에는 기본권의 충돌이 일어나지 않는다. 그러나 흡연자와 비흡연자가 함께 생활하는 공간에서의 흡연행위는 필연적으로 흡연자의 기본권과 비흡연자의 기본권이 충돌하는 상황이 초래된다. 그런데 흡연권은 위와 같이 사생활의 자유를 실질적 핵으로 하는 것이고 혐연권은 사생활의 자유뿐만 아니라 생명권에까지 연결되는 것이므로 혐연권이 흡연권보다 상위의 기본권이라 할 수 있다. 이처럼 상하의 위계질서가 있는 기본권끼리 충돌하는 경우에는 상위기본권우선의 원칙에 따라 하위기본권이 제한될 수 있으므로, 결국 흡연권은 혐연권을 침해하지 않는 한에서 인정되어야 한다.

흡연은 비흡연자들 개개인의 기본권을 침해할 뿐만 아니라 흡연자 자신을 포함한 국민의 건강을 해치고 공기를 오염시켜 환경을 해친다는 점에서 개개인의 사익을 넘어서는 국민 공동의 공공복리에 관계된다. 따라서 공공복리를 위하여 개인의 자유와 권리를 제한할 수 있도록 한 헌법 제37조 제2항에 따라 흡연행위를 법률로써 제한할 수 있다. 나아가 국민은 헌법 제36조 제3항이 규정한 보건권에 기하여 국가로 하여금 흡연을 규제하도록 요구할 권리가 있으므로, 흡연에 대한 제한은 국가의 의무라고까지 할 수 있다. (중략)

입법작용에 의하여 국민의 기본권을 제한함에 있어서는, 국민의 기본권을 제한하려는 입법의 목적이 헌법 및 법률의 체제상 그 정당성이 인정되어야 하고(목적의 정당성), 그 목적의 달성을 위하여 그 방법이 효과적이고 적절하여야 하며(방법의 적정성), 입법권자가 선택한 기본권제한의 조치가 입법목적달성을 위하여 설사 적절하다 할지라도 보다 완화된 형태나 방법을 모색함으로써 기본권의 제한은 필요한 최소한도에 그치도록 하여야 하고(피해의 최소성), 그 입법에 의하여 보호하려는 공익과 침해되는 사익을 비교형량할 때

보호되는 공익이 더 커야한다(법익의 균형성)는 과잉금지원칙 내지 비례원칙이 지켜져야 한다(헌재 1992. 12. 24. 92헌가8, 판례집 4, 853, 878-879 참조). 이 사건 조문은 국민의 건강을 보호하기 위한 것으로서(국민건강증진법 제1조 및 국민건강증진법시행규칙 제1조 참조) 목적의 정당성을 인정할 수 있고, 흡연자와 비흡연자가 생활을 공유하는 곳에서 일정한 내용의 금연구역을 설정하는 것은 위 목적의 달성을 위하여 효과적이고 적절하여 방법의 적정성도 인정할 수 있다. 또한 이 사건 조문으로 달성하려고 하는 공익(국민의 건강)이 제한되는 사익(흡연권)보다 크기 때문에 법익균형성도 인정된다.

나아가 이 사건 조문이 일부 시설에 대하여는 시설 전체를 금연구역으로 지정하도록 하였지만, 이러한 시설은 세포와 신체조직이 아직 성숙하는 단계에 있는 어린이나 청소년들의 경우 담배로 인한 폐해가 심각하다는 점을 고려하여 규정한 보육시설과 초·중등교육법에 규정된 학교의 교사 및 치료를 위하여 절대적인 안정과 건강한 환경이 요구되는 의료기관, 보건소·보건의료원·보건지소에 한하고 있다는 점, 시설의 일부를 금연구역으로 지정하여야 하는 시설도 모두 여러 공중이 회합하는 장소로서 금역구역을 지정할 필요성이 큰 시설이라는 점, 이 사건 조문은 '청소년·환자 또는 어린이에게 흡연으로 인한 피해가 발생할 수 있는 다음 각 호의 시설' 또는 '이용자에게 흡연의 피해를 줄 수 있는 다음 각 호에 해당하는 구역'을 금연구역지정의 요건으로 함으로써, 형식적으로 이 사건 조문의 각 호에 규정된 시설에 해당하더라도 실제로 피해를 주지 않는 곳에서는 금연구역지정의 의무를 부과하지 않고 있는 점 등에 비추어 볼 때, 흡연자들의 흡연권을 최소한도로 침해하고 있다고 할 수 있다. 그렇다면 이 사건 조문은 과잉금지원칙에 위반되지 아니한다.

이 사건 조문이 비흡연자들의 이익을 도모하는 반면 흡연자들의 권리는 제한하고 있어 흡연자들의 평등권을 침해하였다고 할 것인지에 관하여 본다. 헌법 제11조 제1항의 평등의 원칙은 일체의 차별적 대우를 부정하는 절대적 평등을 의미하는 것이 아니라 입법과 법의 적용에 있어서 합리적 근거 없는 차별을 하여서는 아니된다는 상대적 평등을 뜻하고, 따라서 합리적 근거 있는 차별 내지 불평등은 평등의 원칙에 반하는 것이 아니다. 그런데 앞서 본 바와 같이 이 사건 조문은 국민의 건강과 혐연권을 보장하기 위하여 흡연권을 제한하는 것으로서 그 제한에 합리적인 이유가 있다 할 것이므로 평등권을 침해하였다고 할 수 없다.

〈해설〉

흡연할 권리가 있는 것일까? 또는 흡연하는 사람에게 이를 하지 못하게 할 권리는 헌법 상 보장되는 것일까? 이 점에 대한 헌법재판소의 입장을 밝힌 사안이다. 흡연자들이 자유 롭게 흡연할 권리인 흡연권의 헌법적인 근거는 인간의 존엄과 행복추구권을 규정한 헌법 제10조와 사생활의 자유를 규정한 헌법 제17조이다. 흡연을 하는 행위는 사생활의 영역에 포함되고, 인간으로서의 존엄과 가치를 실현하고 행복을 추구하기 위하여서는 누구나 자 유로이 의사를 결정하고 그에 기하여 자율적인 생활을 형성할 수 있어야 하므로, 자유로운 흡연에의 결정 및 흡연행위를 포함하는 흡연권은 헌법 제10조에도 근거가 있다는 것이다. 한편 비흡연자들에게도 흡연을 하지 아니할 권리 내지 흡연으로부터 자유로울 권리인 혐 연권이 인정되는데, 흡연권과 마찬가지로 헌법 제17조, 헌법 제10조에서 그 헌법적 근거가 있다. 그리고 혐연권은 흡연권보다 우월한 가치를 가지는 기본권으로서 두 기본권이 충돌 하는 경우에는 혐연권이 우선한다는 것을 분명히 하였다.

1.3. 담배와 대마초의 차이가 문제가 된 사안 (마약류관리에관한법률 제61조 제1항 제7호 등 위헌소원) [2005헌바46 결정]

〈사건의 개요〉

청구인은 청구외 A와 공동하여 2000. 11. 하순 22:00경과 2000. 12. 초순에 대마초를 2회 흡연하고, 2003. 10. 하순 위 A로부터 대마초 5그램을 무상으로 받고, 2004. 7. 10. 및 2004. 7. 11. 혼자서 대마초를 흡연함으로써 마약류관리에관한법률(2000. 1. 12. 법률 제6146호로 제정된 것) 제61조 제1항 제8호, 제3조 제11호(각 대마흡연의 점), 제61조 제1항 제7호, 제4조 제1항(대마수수의 점)을 위반하였다는 범죄사실로 2004. 8. 10. 수원지방법원 성남지원에서 유죄판결(2004고단1581)을 받았고, 수원지방법원 항소부에 항소하여 소송계속 중에 위 법률조항들이 헌법에 위반된다고 주장하면서 위헌법률심판의 제청을 신청하였으나, 위 신청이 기각되자 위 법률조항들의 위헌확인을 구하는 헌법소원심판을 청구한 사안이다.

〈적용 법률〉

마약류관리에관한법률

제3조(일반행위의 금지)

누구든지 다음 각 호의 1에 해당하는 행위를 하여서는 아니 된다.

11. 대마·대마초종자의 껍질을 흡연 또는 섭취하는 행위나 대마·대마초종자의 껍질을 흡연 또는 섭취의 목적으로 대마·대마초종자 또는 대마초종자의 껍질을 소지하는 행위 또는 그 정을 알면서 대마초종자·대마초종자의 껍질을 매매 또는 매매의 알선을 하는 행위

제4조(마약류취급자가 아닌 자의 마약류취급의 금지)

① 마약류취급자가 아니면 마약 또는 향정신성의약품을 소지·소유·사용·운반·관리·수입·수출(향정신성의약품에 한한다)·제조·조제·투약·매매·매매의 알선·수수 또는 교부하거나, 대마를 재배·소지·소유·수수·운반·보관·사용하거나, 마약 또는 향정신성의약품을 기재한 처방전을 발부하거나,

한외마약을 제조하여서는 아니 된다. 다만, 다음 각 호의 1에 해당하는 경우에는 그러하지 아니하다.

1. 이 법에 의하여 마약 또는 향정신성의약품을 마약류취급의료업자로부터 투약받아 소지하는 경우
2. 이 법에 의하여 마약 또는 향정신성의약품을 마약류소매업자로부터 구입 또는 양수하여 소지하는 경우
3. 이 법에 의하여 마약류취급자를 위하여 마약류를 운반·보관·소지 또는 관리하는 경우
4. 공무상 마약류를 압류·수거 또는 몰수하여 관리하는 경우
5. 제13조의 규정에 의하여 마약류취급자격상실자 등이 마약류취급자에게 그 마약류를 인계하기 전까지 소지하는 경우
6. 기타 보건복지부령이 정하는 바에 의하여 식품의약품안전청장의 승인을 받은 경우

제61조(벌칙)

① 다음 각 호의 1에 해당하는 자는 5년 이하의 징역 또는 5천만 원 이하의 벌금에 처한다.
7. 제4조 제1항의 규정에 위반하여 대마를 재배·소지·소유·수수·운반·보관하거나 이를 사용한 자
8. 제3조 제11호의 규정에 위반하여 대마·대마초종자의 껍질을 흡연 또는 섭취하거나 대마·대마초종자의 껍질을 흡연 또는 섭취할 목적으로 대마·대마초종자 또는 대마초종자의 껍질을 소지한 자 또는 그 정을 알면서 대마초종자·대마초종자의 껍질을 매매 또는 매매의 알선을 한 자

〈헌법재판소의 판단〉

대마의 흡연, 수수행위의 자유에 대한 헌법적 근거헌법 제10조 전문은 "모든 국민은 인간으로서의 존엄과 가치를 지니며, 행복을 추구할 권리를 가진다."고 규정하여 행복추구권을 보장하고 있는바, 인간으로서의 존엄과 가치를 실현하고 행복을 추구하기 위하여서는 누구나 자유로이 의사를 결정하고 그에 기하여 자율적인 생활을 형성할 수 있어야 하므로, 행복추구권은 그의 구체적인 표현으로서 일반적인 행동자유권을 포함한다(헌재 1991. 6. 3. 89헌마204, 판례집 3, 268, 275 참조). 일반적 행동자유권은 적극적으로 자유롭게 행동을 하는 것은 물론 소극적으로 행동을 하지 않을 자유도 포함되고, 가치 있는 행동만 보호영역으로 하는 것은 아닌 것인바(헌재 2003. 10. 30. 2002헌마518, 판례집 15-2, 98, 195), 개인이 대마를 자유롭게 수수하고 흡연할 자유도 헌법 제10조의 행복추구권에

서 나오는 일반적 행동자유권의 보호영역에 속한다. 이 사건 법률조항은 대마의 흡연과 수수를 금지하고 그 위반행위에 대하여 형벌을 가함으로써 청구인의 행복추구권을 제한하고 있다.

과잉금지원칙 위반 여부일반적 행동의 자유는 개인의 인격발현과 밀접히 관련되어 있으므로 최대한 존중되어야 하는 것이지만, 헌법 제37조 제2항에 따라 국가안전보장, 질서유지 또는 공공복리를 위하여 법률로 제한될 수 있다(헌재 1990. 9. 10. 89헌마82, 판례집 2, 306, 310 ; 1991. 6. 3. 89헌마204, 판례집 3, 268, 276 ; 1996. 2. 29. 94헌마13, 판례집 8-1, 126, 145등). 다만 제한하는 경우에도 기본권제한입법의 한계를 준수하여야 할 것이다.

즉, 입법작용에 의하여 국민의 기본권을 제한함에 있어서는, 국민의 기본권을 제한하려는 입법의 목적이 헌법 및 법률의 체제상 그 정당성이 인정되어야 하고(목적의 정당성), 그 목적의 달성을 위하여 그 방법이 효과적이고 적절하여야 하며(방법의 적정성), 입법권자가 선택한 기본권제한의 조치가 입법목적달성을 위하여 설사 적절하다 할지라도 보다 완화된 형태나 방법을 모색함으로써 기본권의 제한은 필요한 최소한도에 그치도록 하여야 하고(피해의 최소성), 그 입법에 의하여 보호하려는 공익과 침해되는 사익을 비교형량할 때 보호되는 공익이 더 커야한다(법익의 균형성)는 과잉금지원칙 내지 비례원칙이 지켜져야 한다(헌재 1992. 12. 24. 92헌가8, 판례집 4, 853, 878-879 참조).

법에 의한 금지행위의 유형은 크게 유통에 관련된 행위와 사용에 관련된 행위로 나뉘고, 유통에 관련된 행위는 일반적으로 불특정 다수를 범죄행위에 끌어들여 범죄자를 양산할 뿐만 아니라 마약류의 오·남용을 부추긴다는 점에서 주로 자신이 범죄 행위의 대상이 되는 사용에 관련된 행위에 비해 엄벌할 필요가 있는바(헌재 2004. 2. 26. 2001헌바75, 판례집 16-1, 198), 유통에 관련된 행위 중에서도 영리 목적이 배제된 단순한 매수행위는 기본적으로는 수요의 측면에 해당하고 대마의 유통구조상 최종단계를 형성하므로 영리를 위한 유통행위(법 제58조 제1항 제5호)와도 대마확산에의 기여도와 그 행위의 구조, 위험성 및 비난가능성 등 죄질에 있어서 질적인 차이가 있다.

그런데 대마의 단순 수수 행위는 영리를 위한 유통행위가 아님은 분명하고 단순 매매행위(법 제59조 제1항 제12호에 의하여 처벌)와도 구별되며 오히려 단순 소지, 소유, 보관 행위와 마찬가지로 사용에 직접, 밀접하게 관련된 행위, 또는 부수된 행위라고 할 것이므로, 대마의 단순한 '수수' 행위 처벌에 관한 논증의 실질은 '흡연' 행위를 처벌하는 것에 대한 위헌심사와 크게 다르지 않게 된다고 할 수 있다.

한편, 법은 일반적으로 향정신성의약품의 위험성이 대마보다 높은 것으로 알려져 있음에도 불구하고, 대마의 '흡연'행위에 대하여 향정신성의약품의 흡연행위와 같은 법정형으로 처벌하고 있는 것이 형벌 체계상의 균형을 잃은 것이 아닌가 하는 의문이 있을 수 있다. 반면, 대마의 '수수'행위에 있어서는 이러한 위험성의 정도를 반영하여 향정신성의약품의 수수행위와 법정형에 차별을 두고 있다. 따라서 이하 대마의 '흡연' 행위 및 '수수' 행위를 같이 심사하되, 피해의 최소성 심사단계에서는 '흡연' 행위와 '수수'행위를 나누어 살피기로 한다. (가) 목적의 정당성 법 제1조는 "마약·향정신성의약품·대마 및 원료물질의 취급·관리를 적정히 함으로써 그 오용 또는 남용으로 인한 보건상의 위해를 방지하여 국민보건 향상에 이바지함을 목적으로 한다"고 규정하고 있고, 또한, 대마의 사용은 다른 범죄로 이어질 가능성이 있으므로 그와 같은 사회적 위험성을 예방 또는 제거할 필요도 있다. 그러므로 이 사건 법률조항의 위와 같은 입법목적은 그 정당성을 인정할 수 있다. (나) 방법의 적정성 대마의 내성과 의존성 때문에 과태료와 같은 행정벌로는 그 규제 효과를 기대하기 어렵고, 대마 사용자가 대마 흡연에 그치지 않고 필로폰 등 더 강력한 마약을 사용하게 될 가능성이 높을 뿐만 아니라 환각상태에서 다른 강력범죄로 나아갈 위험성도 있으므로, 이 사건 법률조항이 대마의 흡연과 수수를 금지하면서 그 위반자에 대하여 징역형 또는 벌금형으로 형사처벌하도록 규정한 것은 국민보건 향상 및 사회적 위험성 예방이라는 입법목적을 효율적으로 달성하기 위한 조치로서 그 방법이 적정하다.

(다) 피해의 최소성 1) 대마의 '흡연' 행위 마약류 중 대마는 마약이나 향정신성의약품에 비하여 그 위험성이나 그 폐해 정도가 적다고 알려져 있고, 입법례에 따라서는 이것을 바탕으로 같은 행위 유형에서 대마의 경우를 향정신성의약품의 경우보다 낮게 처벌하고 있기도 한바, 이 사건 법률조항은 대마를 흡연한 자를 법 제2조 제4호 가목의 향정신성의약

품의 원료가 되는 식물을 흡연한 자(법 제61조 제1항 제2호)나 같은 조 제4호 나, 다, 라목의 향정신성의약품을 사용한 자(법 제61조 제2항 제3호)와 같은 법정형으로 처벌하고 있으므로, 이것이 비례의 원칙 또는 최소침해성의 원칙에 위반된다는 의심이 있을 수 있다. 마약류 처벌에 있어서 마약류 자체가 가진 위험성 정도를 정확하게 측정하여 그에 상응하는 법정형을 규정할 수 있다면 형벌체계의 합리성을 담보할 수 있을 것이나, 마약류별로 위험성 단계를 세분화할 수 있는 유용한 방법이 아직까지는 발견되지 않았고 그 사용량이나 사용방법 또는 사용하는 개인에 따라 같은 마약류 내에서도 효능에 차이가 있을 수 있기 때문에 마약류 자체의 위험성 정도만을 가지고 일률적으로 법정형의 경중을 나누는 것이 실제로 가능하다고 하기는 어렵다.

현행법은 일반적으로 밝혀진 마약류의 위험성뿐만 아니라 마약류 관련 행위유형들을 고려하여 형벌체계를 세우고 있다. 즉, 금지행위의 유형을 크게 유통에 관련된 행위와 사용에 관련된 행위로 나누고 있고, 기본적으로 강한 마약류로 알려지고 있는 마약과 향정신성의약품의 법정형을 약한 마약류로 분류되는 대마에 비해 같은 유형의 행위에서 높게 정하고 있으며, 유통관련 행위의 법정형을 사용에 관련된 행위에 비하여 상대적으로 높게 정하고 있는바, 마약류 관련 행위 유형들은 그 차이가 확연히 드러나고 그 행위 유형들이 사회에 끼칠 수 있는 영향도 어느 정도 예상 가능하다는 점에서 위와 같은 방법은 마약류 자체가 가진 위험성만을 가지고 법정형을 정하는 경우보다 합리성을 확보할 수 있다고 할 것이다. 다만 이렇게 법정형을 정한다고 하더라도 각 마약류의 행위 유형들은 일정하게 범주화될 수밖에 없다는 한계 때문에 여전히 불법과 책임 사이에 완전한 비례관계를 달성하기는 어려운데, 이러한 문제는 적정한 법정형의 범위를 정하여 양형을 통해 해결하면 될 것이다 (헌재 1995. 4. 20. 93헌바40, 판례집 7-1, 539, 553 ; 2001. 11. 29. 2001헌가16, 판례집 13-2, 570, 581).

마약류의 사용행위에 있어서, 우선 법 제2조 제4호 가목을 제외한 나머지 향정신성의약품의 경우는 의료용으로 사용되는 것으로서 동호 가목에 비하여 상대적으로 오용 또는 남용의 가능성이나 신체적 의존성이 낮으므로 그 흡연, 섭취 또는 기타 사용행위에 대하여 대마와 같은 법정형으로 처벌하더라도 현저하게 정의에 어긋난다거나 형평성을 해한다고 할 수는 없다.

다음으로, 법 제2조 제4호 가목의 향정신성의약품 원료 식물의 흡연 등의 행위를 대마의 흡연 등의 행위와 같은 법정형으로 처벌하는 것의 타당성이 문제될 수 있으나, 대마의 사용자가 흡연 행위를 한 후 그에 그치지 않고 환각상태에서 다른 강력한 범죄로 나아갈 위험성도 배제할 수 없고, 실제로 혼자 또는 집단적으로 대마를 사용한 후에 강력 범죄행위로 나아간 사례들이 보고되고 있는 점을 고려하면, 대마의 흡연 행위가 법 제2조 제4호 가목 소정의 향정신성의약품 원료식물의 흡연 등의 행위보다 사회적 위험성 면에서 결코 약하다고만은 할 수 없다. 따라서 대마의 흡연행위를 향정신성의약품의 그것보다 반드시 낮게 처벌하여야 하는 것은 아니다. 다만 일반적인 위험성 측면에서는 가목의 향정신성의약품 원료식물이 대마보다는 높기 때문에 법정형을 같게 정함으로써 생기는 불합리성을 교정할 필요성이 생기는데, 적절한 법정형의 폭을 정하여 여러 가지 가변적인 상황에 대처할 수 있도록 하면 될 것이다. (중략)

(라) 법익의 균형성 이 사건 법률조항은 대마의 사용으로 인해 국민 건강에 미치는 악영향을 방지함으로써 국민보건 향상과 아울러 대마 흡연 행위와 관련된 사회적 위험발생의 예방을 도모하고 있고, 이러한 공익은 이 사건 조항으로 인하여 제한되는 개인의 대마초 흡연 및 수수의 자유에 비하여 크다고 할 것이어서 법익의 균형성도 갖추었다.

(3) 소결 그렇다면, 이 사건 조항은 과잉금지원칙에 위반하여 행복추구권을 침해하는 것이 아니다. 다. 평등원칙 위반 여부 청구인은 국민으로서의 개인은 문화생활영역, 특히 개인의 기호생활영역에서 국가권력으로부터 다른 기호생활을 하는 사람들과 차별적인 취급을 받아서는 안 된다고 할 것인데, 대마는 담배에 비해서 마약으로서의 특징인 중독성이 약하고, 술에 비해서도 독성이나 사회적 위험성이 낮은데도 불구하고 담배 흡연자들이나 음주자들의 경우와는 달리 대마 흡연자를 형사처벌하는 것은 헌법 제11조 제1항의 평등의 원칙에 위반된다고 주장한다. 살피건대, 헌법 제11조 제1항의 평등의 원칙은 일체의 차별적 대우를 부정하는 절대적 평등을 의미하는 것이 아니라, 입법과 법의 적용에 있어서

합리적 근거 없는 차별을 하여서는 아니된다는 상대적 평등을 뜻하고, 따라서 합리적 근거 있는 차별 내지 불평등은 평등의 원칙에 반하는 것이 아니다(헌재 2003. 5. 15. 2002헌마 90, 판례집 15-1, 581, 596-597).

대마는 0.1밀리그램만으로도 환각 상태를 일으킬 수 있는 THC 성분을 함유하고 있고, 대표적인 발암물질인 타르를 담배보다 더 많이 함유하고 있으며, 필터 없이 깊게 들이마시는 대마초 흡연방법 때문에 폐가 발암물질에 노출되는 정도가 훨씬 심하고, 대마 흡연 후 운전을 할 때는 사물인지능력과 판단능력이 둔화되어 일반운전자에 비해 교통사고율이 급격히 높아지는 점 등을 고려할 때, 대마사용을 허용한다면 술과 담배의 경우보다 더 심각한 폐해를 일으킬 수 있다. 또한, 대마는 그 사용으로 인한 환각상태에서는 다른 강력한 범죄로 나아갈 위험성도 배제할 수 없는데, 실제로 혼자 또는 집단적으로 대마를 사용한 후에 강력 범죄행위로 나아간 사례가 보고되고 있다.

나아가 어떤 행위를 범죄로 규정하고 그에 대해 어떤 형벌을 과할 것인가 하는 문제는 원칙적으로 입법자가 우리의 역사와 문화, 입법 당시의 시대적 상황과 국민일반의 가치관 내지 법감정, 범죄의 실태와 죄질 및 보호법익, 그리고 범죄예방효과 등을 종합적으로 고려하여 결정해야 할 국가의 입법정책에 관한 사항으로서 광범위한 입법재량 내지 형성의 자유가 인정되어야 할 분야인데(헌재 1995. 4. 20. 91헌바11, 판례집 7-1, 478, 487 참조), 술과 담배는 오래 전부터 기호품으로 자리 잡아 음주 또는 흡연행위에 대한 단속과 형사처벌이 비현실적일 뿐만 아니라 대다수의 국민이 범죄자로 처벌될 수 있어 형사정책상 바람직하지 않은 반면, 대마는 1960년대 중반에 비로소 미군들을 통하여 환각 목적의 흡연물질로 알려진 이래 1970년대 중반경 그 이용이 확산되었을 뿐이므로 대마사용에 대한 규제가 우리의 법감정과 시대적 상황에 맞지 않을 정도로 비합리적이라고 볼 수는 없다.

청구인은 대마의 사용이 오래 전부터 사회 전반에 심각한 수준으로 확산되어 있던 미국과 유럽의 일부 국가들을 우리나라와 비교하여 대마사용을 비범죄화해야 한다고 주장하나, 이는 역사적·문화적 차이를 무시한 주장으로 타당하지 않다. 이처럼 술, 담배와 달리 대마의 수수 및 흡연을 범죄로 규정해 처벌하는 것은 합리적인 이유가 있으므로 이 사건 법률조항은 헌법 제11조에서 정한 평등의 원칙에 위반되지 않는다.

〈해설〉

이 사건은 일정한 식물을 태운 연기를 흡입한다는 점에서 담배와 대마초를 근본적으로 달리 취급할 필요가 있는가에 대한 헌법재판소의 판단에 관한 것이다. 청구인은 담배와 같이 기호품에 대한 흡연권이 보장되는 것처럼 마약으로서의 독성이 상대적으로 가장 약한 대마초에 대하여 그 흡연 및 수수행위를 마약사범으로 처벌하는 것은 부당하고, 이는 사회윤리에 해를 끼칠 정도가 아닌 한 자기가 추구하는 행복관념에 따라 자유롭게 행동하면서 살 권리, 즉 행복추구권을 침해한다고 주장하였다. 환각성, 금단성, 의존성 등에서 마약으로서의 특성이 약하고 술이나 담배보다도 신체에 해롭지 않음에도 불구하고 술과 담배는 금지 하지 않으면서도 대마초 흡연과 수수행위를 형사처벌하는 것은 흡연자에 비하여 차별취급한다는 주장이다. 그러나 대마에 포함된 환각물질인 테트라하이드로카나비놀 (THC)은 1만분의 1그램만으로도 환각상태를 일으킬 수 있는 강한 약효를 가지고 있고, 대마사범의 높은 재범률에서 알 수 있듯이 의존성, 중독성이 있다는 점에서 담배의 흡연과 동일하게 취급할 것은 아니다. 또한 어떤 행위를 범죄로 규정하고 그에 대하여 어떤 형벌을 과할 것인가 하는 문제는 원칙적으로 입법자가 우리의 역사와 문화, 입법 당시의 시대적 상황과 국민일반의 가치관 내지 법감정, 범죄의 실태와 죄질 및 보호법익, 그리고 범죄예방효과 등을 종합적으로 고려하여 결정해야 할 국가의 입법정책에 관한 사항이기 때문에 수백 년 전부터 기호품으로 자리 잡아 범죄로 여겨지지 않은 담배의 흡연과 달리 1970년 중반부터 이용이 확산된 대마를 같게 취급할 것은 아니라는 것이다.

1.4. 담배제조업 허가요건으로 자본금 및 시설기준의 하한을 규정한 담배사업법 시행령이 직업선택의 자유를 침해하는지 여부에 관한 사안[2017헌마438 결정]

〈사건의 개요〉

청구인은 농축산물 제조·가공 및 판매 등을 목적으로 설립된 회사로 2017년 초부터 담뱃잎을 수입하여 판매하는 사업을 시작하였는데, 담배사업법과 시행령이 담배제조업 허가기준을 지나치게 높게 규정하여 청구인과 같은 영세사업자는 담배제조업을 할 수 없도록 하고 있어 관련 담배사업법 규정은 청구인의 직업선택의 자유와 평등권을 침해한다는 이유로 헌법소원심판을 청구한 사안이다.

〈적용 법률〉

구 담배사업법(2014. 1. 21. 법률 제12269호로 개정된 것)

제11조(담배제조업의 허가)

① 담배제조업을 하려는 자는 대통령령으로 정하는 바에 따라 기획재정부장관의 허가를 받아야 한다.

구 담배사업법 시행령(2001. 6. 30. 대통령령 제17267호로 전부개정된 것)

제4조(담배제조업허가의 기준)

① 법 제11조 제2항의 규정에 의한 자본금·시설기준·기술인력·담배제조 기술의 연구·개발 및 국민건강 보호를 위한 품질관리 등에 관한 기준은 다음 각 호와 같다.

  1. 자본금: 300억 원 이상일 것

  2. 시설기준: 연간 50억 개비(1일 16시간 작업 기준) 이상의 담배를 제조할 수 있는 시설로서 원료가공부터 궐련제조 및 제품포장에 이르는 일관공정을 갖춘 제조시설을 갖출 것. 다만, 연간 100억 개비 미만의 담배를 제조할 때까지는 원료가공시설을 설치하지 아니할 수 있다.

〈헌법재판소의 판단〉

시행령조항은 국민건강에 나쁜 영향을 미치는 담배산업의 특성을 고려하여 산업의 경쟁체제는 유지하면서도 군소생산업체가 다수 설립되는 것을 막아 담배의 품질과 공급량 등을 효율적으로 관리·감독하고 담배 소비 증가를 억제하려는 것으로, 그 입법목적은 정당하다. (중략) 시행령조항이 적정한 규모의 자본금과 시설기준을 허가요건으로 규정하고 있는 것은 이런 입법목적을 달성하기 위한 적절한 수단이다. 우리나라는 정부수립 이래 담배제조업을 정부의 독점사업으로 유지하여 오다가 2001년 공공부문개혁의 일환으로 담배제조업 허가제를 도입하였다. 담배는 국민 건강에 부정적 영향을 미칠 수 있는 제품이므로 그 품질과 공급량을 감독하고 관리하여야 할 필요성이 매우 크다. 따라서 담배제조 독점체제를 해소하고 경쟁체제를 도입하더라도 시장 진입 요건을 엄격히 규정하여 지나치게 많은 담배제조업체가 설립되는 것은 막을 필요가 있다. 정부는 2001년 담배제조업 허가제 도입하면서 시행령조항을 만들었고 현재까지 그 내용을 그대로 유지하고 있다. 담배제조업체의 설립을 규제하지 아니하면 제조업자 사이에 지나친 경쟁이 벌어져 담배 소비를 촉진하고 품질이 보장되지 않은 제품이 생산될 가능성이 있으므로 적정한 수준의 자본금 및 시설기준을 요구하는 것은 반드시 필요하다. 시행령조항을 만들 당시 재단법인 한국인삼연초연구원 부설 연구소는 군소업체의 시장점유율이 높을수록 국민 흡연율이 증가한다는 연구 결과를 토대로 연간 100억 개비 이상 생산시설과 자본금 500억 원 이상을 담배제조업 허가기준으로 제시하였다. 당시 재정경제부는 이 연구결과를 참고하여 시행령조항을 만들었다. 시행령조항에서 규정한 허가기준은 입법목적을 달성할 수 있는 범위에서 우리나라의 시장 상황을 고려한 연구결과를 토대로 정한 것으로서 합리성이 인정된다. 시행령조항으로 말미암아 중소업체의 시장 진입이 봉쇄되는 것도 아니다. 실제로 시행령조항이 시행된 뒤 이 허가조건에 따라 허가를 받은 중소기업도 있었다. 파산선고를 받아 허가가 취소되기는 하였지만, 시행령조항의 허가조건이 중소기업의 담배제조업 진출을 원천적으로 막는 수준은 아니라는 것을 보여 주는 사례라 할 수 있다. 담배에 대한 광고규제, 청소년 흡연이나 간접흡연 규제, 경고문구 삽입, 성분·첨가물에 대한 규제 등 담배소비 증가를 억제할 수 있는 다른 방법이 있기는 하다. 그러나 이미 시행되고 있는 이런 규제만으로는 담배 소비를 억제하는 데 한계가 있을 뿐만 아니라, 이런 방법으로 군소업체의 난립을 막기는 어렵다. 최근에는 담배 소비자가 흡연으로 질병을 얻었다는 등의 이유로 담배 제조업자를 상대로 손해배상을 청구하는 등 관련 소송이 증가하고 있는데, 이에 대응하기 위해서는 담배 제조업자의 재무적 안정성이 필요하다. 이 점에서도 일정 수준 이상의 자본금 및 시설기준을 요구하는 것은 부득이하다. 더구나 담배 관련 세금이 대폭 인상되면서 세금이 부과되지 않는 수제담배를 제조하여 판매하는 사례가 증가하고 있다. 뿐만 아니라 합성 니코틴, 전자담배 등 담배 소비가 다양화되어 시행령 조항보다 허가 기준을 낮출 경우 제조업체가 난립할 가능성이 더욱 커졌다. 이와 같은 현실을 고려하여 보면, 국민 건강 보호를 위한 규제의 실효성을 담보하기 위해서는 일정한 수준의 허가 기준을 유지할 필요가 있다. (중략) 시행령조항이 달성하고자 하는 국민건강보호 및 보건증진 등의 공익은 담배제조업에 새로 진입하고자 하는 자가 허가 기준을 갖추어야 함에 따라 제한받는 기본권에 비해 현저히 크다. 시행령조항은 법익 균형성 요건도 충족한다.

〈해설〉

담배사업법령에서 담배제조업의 경우에 담배수입업이나 소매업과 달리 군소업체는 조건을 달성하기 어려운 자본금 요건을 설정하여 진입장벽을 설정한 것은, 국민건강에 나쁜 영향을 미치는 담배산업의 특성을 고려하여 군소생산업체가 난립하는 것을 방지하고 담배의 품질 등을 효율적으로 관리하며 담배 소비의 증가를 억제할 수 있도록 하기 위한 것이다. 담배제조 독점체제를 해소하고 경쟁체제를 도입하더라도 시장진입 요건을 엄격히 규정하지 아니하면 영세업체 간 지나친 경쟁이 벌어질 수 있으므로 허가기준을 요구하는 것은 반드시 필요하고, 최근에는 수제담배, 전자담배 등 담배 소비가 다양화되어 허가기준을 낮출 경우 제조업체가 난립할 가능성이 더욱 커졌으므로, 규제의 실효성을 담보하기 위하여 일정 수준의 기준을 유지할 필요가 있어 담배제조업을 영위할 직업선택의 자유는 일정한 제한이 필요하다는 것이다.

1.5. 담배 일반소매인으로 지정되어 영업을 하고 있는 기존업자가 갖는 영업자로서의
지위 (대법원 2007두23811 판결)

〈사건의 개요〉

기존업자인 A는 군산시 소재 신도시아파트 정문 옆 점포에서 담배 일반소매인 지정을
받아 그곳에서 담배 일반소매인 영업을 하고 있었는데, A가 운영하는 점포로부터 약 30m
또는 77.5m(보행자의 통행방법에 따른 차이임) 떨어진 다른 군산시 신도시아파트상가에
서 B가 같은 담배 일반소매인 지정을 받자, 행정청에 B의 담배소매인 지정을 취소해 달라
고 한 사안

〈적용 법률〉

담배사업법

제12조(담배의 판매)

① 제조업자가 제조한 담배는 그 제조업자가, 외국으로부터 수입한 담배는 그 수입판매업자(第13條第1項의
規定에 의한 담배수입판매업의 登錄을 한 者를 말한다. 이하 같다)가 도매업자(第13條第1項의 規定에 의
한 담배도매업의 登錄을 한 者를 말한다. 이하 같다) 또는 소매인(第16條第1項의 規定에 의한 小賣人의
지정을 받은 者를 말한다. 이하 같다)에게 이를 판매한다.

② 소매인이 아닌 자는 담배를 소비자에게 판매하여서는 아니된다.

③ 소매인이 담배를 소비자에게 판매하는 경우에는 우편판매 및 전자거래(전자거래기본법 제2조 제5호의
규정에 의한 전자거래를 말한다. 이하 같다)의 방법으로 하여서는 아니된다.

제16조(소매인의 지정)

① 담배소매업(직접 消費者에게 販賣하는 영업을 말한다)을 하고자 하는 자는 사업장의 소재지를 관할하는
시장·군수·구청장으로부터 소매인의 지정을 받아야 한다.〈개정 1997. 12. 13., 1999. 12. 31., 2001. 4.
7., 2004. 1. 20.〉

② 다음 각호의 1에 해당하는 자는 소매인의 지정을 받을 수 없다.

1. 금치산자·한정치산자 또는 미성년자

2. 파산선고를 받고 복권되지 아니한 자

3. 이 법에 위반하여 징역의 실형을 선고받고 그 집행이 종료(執行이 종료되는 것으로 보는 경우를 포함한다)되거나 집행이 면제된 날부터 1년이 경과되지 아니한 자

4. 이 법에 위반하여 징역형의 집행유예선고를 받고 그 유예기간중에 있는 자

5. 제17조 제1항의 규정에 의하여 지정이 취소된 날부터 2년이 경과되지 아니한 자

6. 대표자가 제1호 내지 제5호의 1에 해당하는 법인

③ 시장·군수·구청장은 청소년(청소년보호법 제2조 제1호의 규정에 의한 청소년을 말한다. 이하 같다)이 담배에 쉽게 접근할 수 있는 장소 등 담배판매업을 하는 것이 부적당하다고 인정하는 장소에서 담배를 판매하고자 하는 자에 대하여는 소매인의 지정을 하지 아니할 수 있다.

④ 소매인의 지정기준·지정절차 기타 지정에 관하여 필요한 사항은 재정경제부령으로 정한다.

담배사업법 시행규칙

제6조의2(담배판매업을 하는 것이 부적당한 장소)

① 법 제16조 제3항에서 "담배판매업을 하는 것이 부적당하다고 인정하는 장소"라 함은 다음 각호의 1에 해당하는 장소를 말한다.

1. 약국, 병·의원 등 보건의료관련 영업장

2. 게임장·문구점·만화방 등 청소년(청소년보호법 제2조 제1호의 규정에 의한 청소년을 말한다)이 주로 이용하는 장소. 다만, 슈퍼마켓·편의점 등에서 부수적으로 동업종들이 취급하는 물건 또는 장치를 갖추고 이를 판매 또는 이용할 수 있도록 하는 경우를 제외한다.

3. 야간에 주로 영업하거나 영업시간중에 자주 폐점하여 소비자의 이용에 불편을 초래할 수 있는 영업장

② 제1항의 규정에 의한 영업장 외의 장소에서 소매인 지정을 받은 경우로서 당해 장소에서 영위하는 영업의 종류를 변경하는 경우에도 그 영업장이 제1

제7조(소매인의 지정 등)

① 법 제16조 제4항의 규정에 의한 소매인의 지정기준은 별표 2와 같다.

② 소매인의 지정을 받고자 하는 자는 별지 제12호서식의 소매인지정신청서에 다음 각호의 서류를 첨부하여 사업장의 소재지를 관할하는 시장·군수·구청장에게 제출하여야 한다. 다만, 당해 점포에서 담배소

매업만을 하고자 하는 경우에는 소매인으로 지정된 후 제2호의 서류를 제출할 수 있다.

1. 점포(적법하게 건축된 것을 말한다)의 사용에 관한 권리를 증명하는 서류 1부

2. 사업자등록증 사본 1부

③ 시장·군수·구청장은 제2항의 규정에 의한 지정신청을 받은 때에는 7일 이내에 지정여부를 결정하여야 한다. 이 경우 지정여부를 결정하는 기간을 계산함에 있어서 제7조의2의 규정에 의한 공고후 신청서 접수기간 및 행정절차법시행령 제11조 각호에 규정된 기간 등은 산입하지 아니한다.

④ 시장·군수·구청장은 소매인지정신청서를 받은 경우에는 제1항의 지정기준에 적합한지 여부를 결정하되, 그 결정에 필요한 사실조사를 담배와 관련된 비영리법인으로서 이를 수행할 수 있는 인력을 갖춘 법인에 의뢰할 수 있다. 이 경우 당해 비영리법인은 사실조사후 별지 제12호의2서식의 사실조사서를 제출하여야 한다.

⑤ 시장·군수·구청장은 지정기준에 적합한 자에 한하여 신청서를 접수한 순서대로 소매인을 지정하되, 접수순서가 분명하지 아니한 경우에는 추첨의 방법으로 결정한다.

⑥ 제5항 또는 제7조의2의 규정에 의하여 추첨의 방법으로 소매인을 결정하는 경우에 신청인중 국가유공자 및 그 가족(동일 주민등록표상의 직계존비속 및 배우자를 말한다. 이하 같다)이나 장애인 및 그 가족이 있는 때에는 제5항 또는 제7조의2의 규정에 불구하고 그 신청인을 다른 신청인에 우선하여 지정하되, 그 우선지정 대상자가 2인 이상의 경우에는 추첨의 방법으로 결정한다. 다만, 국가유공자 및 그 가족이나 장애인 및 그 가족이 이미 다른 장소에서 우선지정을 받아 담배소매업을 영위하고 있는 경우에는 중복하여 우선지정을 받을 수 없다.

⑦ 제6항의 규정에 의하여 우선지정을 받고자 하는 자는 소매인지정신청서에 국가유공자증명서류, 장애인 등록증 또는 그 가족임을 증명하는 서류를 첨부하여 제출하여야 한다.

⑧ 시장·군수·구청장은 소매인의 지정을 한 때에는 그 신청인에게 별지 제13호서식의 소매인지정서를 교부하여야 한다.

⑨ 시장·군수·구청장은 부득이한 사유가 있는 경우에는 제3항에 규정된 처리기간을 4일의 범위내에서 연장할 수 있다. 이 경우 소매인지정신청인에게 그 사유를 통보하여야 한다.

⑩ 시장·군수·구청장은 소매인의 지정, 지정취소 또는 영업정지 등의 사실을 기록한 대장을 작성·비치하여 제조업자·수입판매업자 및 도매업자가 열람할 수 있도록 하여야 한다.

[별표 2] 소매인의 지정기준(제7조 제1항 관련)

1. 일반소매인

　가. 군청, 읍·면사무소가 소재하는 리 또는 동지역의 경우 : 소매인 영업소간에 50미터 이상의 거리를 유지할 것

나. 가목외의 지역의 경우 : 50호를 단위로 지정하되, 소매인 영업소간에 100미터 이상의 거리를 유지할 것. 다만, 차량의 왕래가 빈번한 도로변 또는 독립부락은 50호 미만이라도 담배수급상 필요하다고 인정되는 경우에는 소매인을 지정할 수 있다.

비고

1) 소매인 영업소간 거리측정방법 : 특정 영업소의 벽과 다른 영업소의 벽 사이를 도로교통법 제8조 및 제10조 제2항 본문·제3항의 규정에 의한 보행자의 통행방법 등을 감안하여 보행자의 통행로를 따라 최단거리로 측정하여야 한다. 이 경우 영업소가 건축물안의 지하 또는 지상 2층 이상에 위치한 경우에는 건물의 1층 출입구(출입구가 여러 개인 경우에는 다른 영업소와 최단거리로 연결되는 것을 말한다) 중앙을 기준으로 측정한다.

2) 구내소매인의 영업소와 일반소매인의 영업소간에는 거리제한을 두지 아니한다.

3) 구내소매인이 지정된 건축물 등에는 일반소매인을 지정할 수 없다.

2. 구내소매인

가. 지정대상 : 다음 각목의 1에 해당하는 장소

1) 역, 공항, 버스터미널, 선박여객터미널 등 교통시설 및 기차·선박 등의 교통 수단

2) 공공기관, 공장, 군부대, 운동경기장 등의 시설

3) 유원지, 공원 등으로서 입장시 입장료의 지불이 필요한 시설

4) 6층 이상으로서 연면적 2000제곱미터 이상인 건축물

5) 백화점, 쇼핑센터 등 유통산업발전법 제2조 제3호의 규정에 의한 대규모 점포

6) 한국표준산업분류표에 의한 종합소매업인 슈퍼마켓·편의점 등으로서 매장면적이 100제곱미터 이상인 하나의 소매점포

나. 소매인의 수 : 건축물 또는 시설물의 구조·상주인원 및 이용인원 등을 고려하여 동일 시설물내 2개소 이상의 장소에 소매인을 지정할 수 있다. 이 경우 일반소매인이 지정된 장소가 구내소매인 지정대상이 된 때에는 동일 건축물 또는 시설물안에 지정된 일반소매인은 구내소매인으로 본다.

3. 자동판매기운영인

가. 지정기준 : 일반소매인 또는 구매소매인으로 보아 소매인 지정기준을 적용한다. 다만, 지정소매인이 지정을 받은 영업소의 내부에 자동판매기를 설치하고자 하는 경우에는 별도의 지정을 받지 아니한다.

나. 설치의 제한 : 청소년의 보호를 위하여 지방자치단체가 조례로 정하는 장소에는 설치를 제한할 수 있다.

4. 임시소매인

가. 지정기준 : 나목의 지정대상에 해당하는 장소중 일반소매인 지정기준을 충족시키는 곳에 대하여 기한을 정하여 지정함

나. 지정대상

1) 출장판매의 실시가 어려운 임시정류장·임시개설장·흥행장·공사장 또는 계절적으로 일시 다중이 집합하는 관광지·유원지 그 밖에 이에 준하는 장소

2) 건축물의 신축·개축으로 인하여 소매인이 60일 이상 휴업하는 경우 그 인근장소

〈법원의 판단〉

구 담배사업법(2007. 7. 19. 법률 제8518호로 개정되기 전의 것)과 그 시행령 및 시행규칙의 관계 규정에 의하면, 담배의 제조 및 판매 등에 관한 사항을 정함으로써 담배산업의 건전한 발전을 도모하고 국민경제에 이바지하게 하는 데에 담배사업법의 입법 목적이 있고, 담배의 제조·수입·판매는 일정한 요건을 갖추어 허가 또는 등록을 한 자만이 할 수 있으며 담배에 관한 광고를 금지 또는 제한할 수 있고 담배의 제조업자 등으로 하여금 공익사업에 참여하게 할 수 있는 규정을 두고 있으며, 담배소매인과 관련해서는 소정의 기준을 충족하여 사업장 소재지를 관할하는 시장·군수·구청장으로부터 소매인의 지정을 받은 자만이 담배소매업을 영위할 수 있고 소매인으로 지정된 자가 아니면 담배를 소비자에게 판매할 수 없으며 소매인의 담배 판매방법과 판매가격을 제한하면서 각 이에 위반하거나 휴업기간을 초과하여 휴업한 소매인을 처벌하고 있다.

또 시장·군수·구청장은 일정한 경우 소매인에 대하여 영업정지를 명할 수 있거나 청문을 거쳐 소매인지정을 취소하도록 하고 있으며, 필요한 경우 소매인에게 업무에 관한 보고를 하게 하거나 소속직원으로 하여금 소매인에 대하여 관계 장부 또는 서류 등을 확인 또

는 열람하게 할 수 있는 규정을 두고 있는 한편, 소매인의 지정기준으로 같은 일반소매인 사이에서는 그 영업소 간에 군청, 읍·면사무소가 소재하는 리 또는 동지역에서는 50m, 그 외의 지역에서는 100m 이상의 거리를 유지하도록 규정하고 있다.

위와 같은 규정들을 종합해 보면, 담배 일반소매인의 지정기준으로서 일반소매인의 영업소 간에 일정한 거리제한을 두고 있는 것은 담배유통구조의 확립을 통하여 국민의 건강과 관련되고 국가 등의 주요 세원이 되는 담배산업 전반의 건전한 발전 도모 및 국민경제에의 이바지라는 공익목적을 달성하고자 함과 동시에 일반소매인 간의 과당경쟁으로 인한 불합리한 경영을 방지함으로써 일반소매인의 경영상 이익을 보호하는 데에도 그 목적이 있다고 보이므로, 일반소매인으로 지정되어 영업을 하고 있는 기존업자의 신규 일반소매인에 대한 이익은 단순한 사실상의 반사적 이익이 아니라 법률상 보호되는 이익이라고 해석함이 상당하다.

〈해설〉

행정처분의 직접 상대방이 아닌 제3자라 하더라도 당해 행정처분으로 인하여 법률상 보호되는 이익을 침해당한 경우에는 그 처분의 취소나 무효확인을 구하는 행정소송을 제기하여 그 당부의 판단을 받을 자격이 있다 할 것이며, 여기에서 말하는 법률상 보호되는 이익이라 함은 당해 처분의 근거 법규 및 관련 법규에 의하여 보호되는 개별적·직접적·구체적 이익이 있는 경우를 말하고, 일반적으로 면허나 인·허가 등의 수익적 행정처분의 근거가 되는 법률이 해당 업자들 사이의 과당경쟁으로 인한 경영의 불합리를 방지하는 것도 그 목적으로 하고 있는 경우, 다른 업자에 대한 면허나 인·허가 등의 수익적 행정처분에 대하여 미리 같은 종류의 면허나 인·허가 등의 수익적 행정처분을 받아 영업을 하고 있는 기존의 업자는 경업자에 대하여 이루어진 면허나 인·허가 등 행정처분의 상대방이 아니라 하더라도 당해 행정처분의 취소를 구할 원고적격이 있다(대법원 2006. 7. 28. 선고 2004두6716 판결 등 참조).

1.6. 담배 일반소매인으로 지정되어 영업을 하고 있는 기존업자의 신규 구내소매인에 대하여 갖는 지위(광주지방법원 2015구합10629 판결, 대법원 2008두402 판결)

〈사건의 개요〉

A는 2014. 11. 3. 광주광역시 서구청장으로부터 담배사업법 시행규칙 제7조의3 제1항에 따른 일반소매인으로 지정받아 광주 서구 소재 건물에서 담배소매업을 운영하고 있었는데, B가 같은 건물에 편의점을 개설하면서 서구청장에게 담배소매인 지정신청을 하여 서구청장이 2014. 11. 28. B에게 위 시행규칙 제7조의3 제2항에 따른 구내소매인으로 지정하는 처분을 하자 B에 대한 담배소매인 지정처분의 취소를 구한 사안

〈적용 법률〉

담배사업법

제12조(담배의 판매)

① 제조업자가 제조한 담배는 그 제조업자가, 외국으로부터 수입한 담배는 그 수입판매업자가 다음 각 호에 해당하는 자에게 판매한다.

　　1. 도매업자(제13조 제1항에 따른 담배도매업의 등록을 한 자를 말한다. 이하 같다)

　　2. 소매인(제16조 제1항에 따른 소매인의 지정을 받은 자를 말한다. 이하 같다)

② 소매인이 아닌 자는 담배를 소비자에게 판매해서는 아니 된다.

③ 제조업자, 수입판매업자, 도매업자 또는 소매인은 다음 각 호의 담배를 판매해서는 아니 된다.

　　1. 담배제조업허가를 받지 아니한 자가 제조한 담배

　　2. 「관세법」 제14조에 따라 부과되는 관세를 내지 아니하거나, 같은 법 제235조에 따라 보호되는 상표권을 침해하거나, 같은 법 제241조에 따른 수입신고를 하지 아니하고 수입된 담배

　　3. 절취 또는 강취(强取)된 담배

　　4. 제11조의5제3항을 위반하여 화재방지성능인증서를 제출하지 아니한 담배

④ 소매인이 담배를 소비자에게 판매하는 경우에는 우편판매 및 전자거래(「전자문서 및 전자거래 기본법」 제2조 제5호에 따른 전자거래를 말한다. 이하 같다)의 방법으로 하여서는 아니 된다.

제16조(소매인의 지정)

① 담배소매업(직접 소비자에게 판매하는 영업을 말한다)을 하려는 자는 사업장의 소재지를 관할하는 시장·군수·구청장으로부터 소매인의 지정을 받아야 한다.

② 시장·군수·구청장은 제1항에 따른 소매인의 지정을 받으려는 자가 지정을 신청한 때에는 소매인 지정을 하여야 한다. 다만, 다음 각 호의 어느 하나에 해당하는 경우에는 그러하지 아니하다.

  1. 다음 각 목의 어느 하나에 해당하는 자인 경우

    가. 미성년자 또는 피성년후견인·피한정후견인

    나. 파산선고를 받고 복권되지 아니한 자

    다. 이 법을 위반하여 징역의 실형을 선고받고 그 집행이 끝나거나(집행이 끝난 것으로 보는 경우를 포함한다) 집행이 면제된 날부터 1년이 지나지 아니한 사람

    라. 이 법을 위반하여 징역형의 집행유예를 선고받고 그 유예기간 중에 있는 사람

    마. 제17조 제1항에 따라 지정이 취소된 날부터 2년이 지나지 아니한 자

    바. 대표자가 가목부터 마목까지의 어느 하나에 해당하는 법인

  2. 청소년(「청소년 보호법」 제2조 제1호에 따른 청소년을 말한다. 이하 같다)이 담배에 쉽게 접근할 수 있는 장소 등 담배판매업을 하는 것이 부적당하다고 인정되는 장소로서 기획재정부령으로 정하는 장소에서 담배를 판매하려는 경우

  3. 영업소 간의 거리 등 기획재정부령으로 정하는 지정기준에 적합하지 아니한 경우

  4. 그 밖에 이 법 또는 다른 법령에 따른 제한에 위반되는 경우

③ 소매인의 지정절차, 그 밖에 지정에 필요한 사항은 기획재정부령으로 정한다.

제7조(소매인의 지정절차 등) ① 법 제16조 제1항에 따라 소매인의 지정을 받으려는 자는 별지 제12호서식의 소매인지정신청서에 점포(적법하게 건축된 것을 말한다)의 사용에 관한 권리를 증명하는 서류를 첨부하여 사업장의 소재지를 관할하는 시장·군수·구청장에게 제출하여야 한다.

  1. 삭제

  2. 삭제

② 제1항에 따라 소매인지정신청서를 제출받은 시장·군수·구청장은 「전자정부법」 제36조 제1항에 따른 행정정보의 공동이용을 통하여 다음 각 호의 사항을 확인하여야 하며, 신청인이 확인에 동의하지 아니하

는 경우에는 해당 서류를 첨부하도록 하여야 한다. 다만, 신청인이 해당 점포에서 담배소매업만을 하려는 경우에는 소매인으로 지정된 후 제1호의 서류를 제출하도록 할 수 있다.

1. 사업자등록증 사본 1부
2. 국가유공자증명서류, 장애인등록증 또는 그 가족임을 증명하는 서류(제10항에 따라 우선지정을 받으려는 경우로 한정한다)

③ 시장·군수·구청장은 제1항에 따른 지정신청을 받은 때에는 7일 이내에 지정여부를 결정하여야 한다. 이 경우 지정여부를 결정하는 기간을 계산할 때 제8항에 따른 재조사 기간, 제7조의2에 따른 공고 후 신청서 접수기간 및 「행정절차법 시행령」 제11조 각 호의 기간 등은 산입하지 아니한다.

④ 시장·군수·구청장은 소매인지정신청서를 받은 경우에는 사실조사를 한 후 제7조의3에 따른 지정기준에 적합한지를 결정하여야 한다. 다만, 사실조사를 직접 하기 곤란한 경우로서 해당 시·군·구의 조례로 정한 경우에는 그 조례로 정하는 바에 따라 관련 기관 또는 단체에 사실조사를 의뢰할 수 있다.

⑤ 제4항에 따라 사실조사를 한 경우에는 별지 제12호의2서식의 사실조사서를 작성하여야 한다. 이 경우 제4항 단서에 따른 기관 또는 단체는 사실조사서를 지체 없이 시장·군수·구청장에게 제출하여야 한다.

⑥ 제5항 후단에 따라 사실조사서를 제출받은 시장·군수·구청장은 그 조사결과에 대하여 소매인지정 신청인 또는 인근 영업소(제7조의3 제3항에 따른 측정방법으로 측정한 신청인의 점포로부터 최단 거리에 있는 모든 영업소를 말한다) 소매인의 의견을 들어야 한다.

⑦ 제4항 단서에 따른 조사결과에 대하여 이의가 있는 소매인지정 신청인 또는 인근 영업소 소매인은 별지 제12호의3서식의 재조사 요청서를 시장·군수·구청장에게 제출할 수 있다.

⑧ 제7항에 따라 재조사 요청서를 제출받은 시장·군수·구청장은 3일 이내에 재조사를 하여야 한다.

⑨ 시장·군수·구청장은 지정기준에 적합한 자에 한정하여 신청서를 접수한 순서대로 소매인을 지정하되, 접수순서가 분명하지 아니한 경우에는 공개추첨의 방법으로 결정한다.

⑩ 제9항 또는 제7조의2에 따라 추첨의 방법으로 소매인을 결정하는 경우에 신청인 중 국가유공자 및 그 가족(같은 주민등록표의 직계존비속 및 배우자를 말한다. 이하 같다)이나 장애인 및 그 가족이 있으면 제9항 또는 제7조의2에도 불구하고 그 신청인을 다른 신청인에 우선하여 지정하되, 그 우선지정 대상자가 2명 이상이면 공개추첨의 방법으로 결정한다. 다만, 국가유공자 및 그 가족이나 장애인 및 그 가족이 이미 다른 장소에서 우선지정을 받아 담배소매업을 영위하고 있는 경우에는 중복하여 우선지정을 받을 수 없다.

⑪ 시장·군수·구청장은 소매인을 지정한 때에는 그 신청인에게 별지 제13호서식의 소매인지정서를 교부하여야 한다.

⑫ 시장·군수·구청장은 부득이한 사유가 있으면 제3항의 처리기간을 4일의 범위에서 연장할 수 있다. 이 경우 소매인지정신청인에게 그 사유를 통보하여야 한다.

〈법원의 판단〉

담배소매인을 일반소매인과 구내소매인으로 구분하여, 일반소매인 사이에서는 그 영업소 간에 군청, 읍·면사무소가 소재하는 리 또는 동지역에서는 50m, 그 외의 지역에서는 100m 이상의 거리를 유지하도록 규정하는 등 일반소매인의 영업소 간에 일정한 거리제한을 두고 있는데, 이는 담배유통구조의 확립을 통하여 국민의 건강과 관련되고 국가 등의 주요 세원이 되는 담배산업 전반의 건전한 발전 도모 및 국민경제에의 이바지라는 공익목적을 달성하고자 함과 동시에 일반소매인 간의 과당경쟁으로 인한 불합리한 경영을 방지함으로써 일반소매인의 경영상 이익을 보호하는 데에도 그 목적이 있다고 보이므로, 일반소매인으로 지정되어 영업을 하고 있는 기존업자의 신규 일반소매인에 대한 이익은 단순한 사실상의 반사적 이익이 아니라 법률상 보호되는 이익으로서 기존 일반소매인이 신규 일반소매인 지정처분의 취소를 구할 원고적격이 있다고 보아야 할 것이나(대법원 2008. 3. 27. 선고 2007두23811 판결 참조),

한편 구내소매인과 일반소매인 사이에서는 구내소매인의 영업소와 일반소매인의 영업소 간에 거리제한을 두지 아니할 뿐 아니라 건축물 또는 시설물의 구조·상주인원 및 이용인원 등을 고려하여 동일 시설물 내 2개소 이상의 장소에 구내소매인을 지정할 수 있으며, 이 경우 일반소매인이 지정된 장소가 구내소매인 지정대상이 된 때에는 동일 건축물 또는 시설물 안에 지정된 일반소매인은 구내소매인으로 보고, 구내소매인이 지정된 건축물 등에는 일반소매인을 지정할 수 없으며, 구내소매인은 담배진열장 및 담배소매점 표시판을 건물 또는 시설물의 외부에 설치하여서는 아니 된다고 규정하는 등 일반소매인의 입장에서 구내소매인과의 과당경쟁으로 인한 경영의 불합리를 방지하는 것을 그 목적으로 할 수 있다고 보기 어려우므로, 일반소매인으로 지정되어 영업을 하고 있는 기존업자의 신규 구내소매인에 대한 이익은 법률상 보호되는 이익이 아니라 단순한 사실상의 반사적 이익이라고 해석함이 상당하므로, 기존 일반소매인은 신규 구내소매인 지정처분의 취소를 구할 원고적격이 없다.

〈해설〉

담배사업법령은 일반소매인의 경우 영업소 간에 일정한 거리제한(이격거리)을 두고 있는 반면 구내소매인의 경우에는 이러한 거리제한 규정을 두지 않고 있다. 일반소매인의 경우 이격거리를 둔 것은 공익목적을 달성 이외에도 일반소매인 간의 과당경쟁으로 인한 불합리한 경영을 방지함으로써 일반소매인의 경영상 이익을 보호하려는 목적이 있다. 구내소매인과 일반소매인 사이에서는 구내소매인의 영업소와 일반소매인의 영업소 간에 거리제한을 두지 아니할 뿐 아니라 동일 시설물 내 2개소 이상의 장소에 구내소매인을 지정할 수 있어 과당경쟁으로 인한 경영의 불합리를 방지하려는 목적이 없기 때문에 일반소매인으로 지정되어 영업을 하고 있는 기존업자의 신규 구내소매인 지정을 막을 수 없다는 것이다.

1.7. 니코틴 용액이 담배사업법상 담배에 해당하는지의 여부가 문제된 사안(대법원 2016두50709 판결)

〈사건의 개요〉

니코틴 농축액에 일정한 첨가제를 넣어 전자담배로 사용하기에 적합한 상태로 제조된 물건을 담배로 보아 담배소비세가 과세되자 니코틴 농축액이 담배사업법상 담배에 해당 하는지가 문제된 사안

〈적용 법률〉

구 지방세법(2014. 5. 20. 법률 제12602호로 개정되기 전의 것, 이하 같다)

제47조 제1호(정의) 담배소비세에서 사용하는 용어의 뜻은 다음과 같다.

1. "담배"란 「담배사업법」 제2조에 따른 담배를 말한다.

제48조(과세대상)

① 담배소비세의 과세대상은 담배로 한다.

구 담배사업법(2014. 1. 21. 법률 제12269호로 개정되기 전의 것, 이하 같다)

제2조(정의) 이 법에서 사용하는 용어의 뜻은 다음과 같다.

1. "담배"란 연초(煙草)의 잎을 원료의 전부 또는 일부로 하여 피우거나, 빨거나, 증기로 흡입하거나, 씹거나, 냄새 맡기에 적합한 상태로 제조한 것을 말한다.

2. "저발화성담배"란 담배에 불을 붙인 후 피우지 아니하고 일정시간 이상 방치할 경우 저절로 불이 꺼지는 기능을 가진 담배로서 제11조의5제2항에 따른 인증을 받은 담배를 말한다.

〈법원의 판단〉

구 지방세법(2014. 5. 20. 법률 제12602호로 개정되기 전의 것, 이하 같다)은 '담배'를 담배소비세의 과세대상으로 하고(제48조 제1항), 거기에서 말하는 '담배'란 담배사업법 제2조에 따른 담배를 말한다고 하면서(제47조 제1호), 이를 '피우는 담배', '씹는 담배', '냄새 맡는 담배'로 구분하고 '전자담배'를 '피우는 담배'의 일종으로 규정하고 있다(제48조 제2항). 그리고 담배소비세는 담배를 제조장으로부터 반출한 제조자 또는 보세구역으로부터 반출한 수입판매업자 등이 납세의무를 지고, 그 과세표준은 '담배의 개비수, 중량 또는 니코틴 용액의 용량'으로 하며(제51조), 세율은 '전자담배'의 경우 니코틴 용액 1ml당 400원으로 한다고(제52조) 규정하고 있다. 한편 구 담배사업법(2014. 1. 21. 법률 제12269호로 개정되기 전의 것, 이하 같다) 제2조는 "'담배'란 연초의 잎을 원료의 전부 또는 일부로 하여 피우거나, 빨거나, 씹거나, 냄새 맡기에 적합한 상태로 제조한 것을 말한다."라고 규정하고 있다.

원심은 제1심판결을 인용하여 그 판시와 같은 사실을 인정한 다음, 위 각 법령 규정을 토대로, ① 이 사건 니코틴 용액은 연초의 잎 등에서 니코틴을 추출하여 빨기에 적합한 상태로 제조한 것으로서 구 담배사업법 제2조에서 정의하고 있는 '담배'에 해당하고, 구 지방세법 제48조 제2항은 이러한 전자담배를 담배소비세 과세대상으로 규정하고 있는 점, ② 전자담배의 경우 니코틴 용액을 기화시켜 체내에 흡입하기 위한 전자장치는 그 자체로는 독자적 효용이 없으므로 이 사건 니코틴 용액이 담배에 해당하는지 여부는 위와 같이 전자장치와 결합하여 흡입하는 경우를 상정하여 판단하여야 하는 점, ③ 원고는 니코틴 농축액에 글리세린, 식용 알코올, 증류수, 향료 등을 첨가하여 다양한 향미와 기능을 구비한 이 사건 니코틴 용액을 만들어 판매하였고, 이는 자신의 기술과 노하우를 적용하여 고부가가치의 새로운 전자담배 상품을 만들어 낸 것이어서 제조행위에 해당하는 점, ④ 지방세법은 담배의 수입과 별도로 담배의 제조 단계에서 담배소비세를 납부하도록 하고 있으므로, 단순 니코틴 농축액과 이 사건 니코틴 용액에 대해 과세상 취급을 달리할 합리적 근거가 있는 점 등을 종합하여 보면, 원고는 구 지방세법상 담배인 이 사건 니코틴 용액의 제조자로서 담배소비세를 납부할 의무가 있다고 판단하였다. 앞에서 본 관련 법령의 규정에 비추어 보면, 원고가 니코틴 농축액을 희석하여 니코틴 용액을 제조한 것은 새로운 담배제품을 제조한 데 해당한다고 할 것이므로, 원심이 이를 구 지방세법상 담배소비세의 과세대상인 '전자담배'를 제조한 데 해당한다고 판단한 것은 정당하다.

〈해설〉

과거 담배사업법에서는 '담배'를 "연초의 잎을 원료의 전부 또는 일부로 하여 피우거나, 빨거나, 씹거나, 냄새 맡기에 적합한 상태로 제조한 것을 말한다"라고 규정하하여 니코틴 용액의 증기를 흡입하는 전자담배의 경우에도 담배에 해당하는지가 논란이 되었다. 그런데 순수한 니코틴 용액 추출물이 아니라 일정한 첨가제를 넣어 전자장치만 있으면 기화시켜 체내에 흡입할 수 있도록 만들어진 용액이라면, 법 규정에서 증기 형태로 흡입하는 경우를 명시하지 않았다고 하더라도 이는 (전자)담배에 해당한다는 것이다(이후 법 개정을 통해 증기를 흡입하는 형태도 흡연의 방식으로 포함되었다). 그러나 연초의 잎에서 원료의 전부 또는 일부를 추출한 니코틴 용액 자체만으로는 아직 전자장치를 통해 증기를 흡입하는 상태에 이르지 않았기 때문에 담배로 볼 수는 없다.

1.8. 담배에 관한 개별소비세의 납세의무의 성립시기(제조장에서의 반출)와 가장 반출이 문제가 된 사안(대법원 2020두51341 판결)

〈사건의 개요〉

A는 기획재정부장관으로부터 담배사업법에 의한 담배제조업의 허가를 받아 2012. 8. 2.부터 양산시에 있는 제조공장에서 담배를 제조하는데, 이 제조공장에서 제조된 담배는 관세법에 따른 보세구역에 있는 물류센터로 옮겨진 후, 도매업자 등으로부터 주문을 받으면 배송하는 방식으로 판매되었다. 이 과정에서 A는 제조공장에서 물류센터로 담배를 옮길 때에는 구 지방세법(2014. 12. 23. 법률 제12855호로 개정되기 전의 것) 제53조 등에 따라 미납세 반출대상 담배로 신고하였다가, 이 사건 각 물류센터에서 담배를 반출하는 시점에 담배소비세 및 지방교육세를 신고 · 납부하였고 2014. 9. 2.까지 위 방식을 유지하였다. 그런데 담배에 2014. 12. 23. 법률 제12846호로 개정된 개별소비세법이 제1조 제2항 제6호를 신설하여 '제1종 궐련'에 대하여 20개비당 594원의 개별소비세를 부과하도록 정하였고(2014. 12. 23. 법률 제12855호로 개정된 지방세법은 '제1종 궐련'에 대한 담배소비세율도 인상하였다), 개정 법률은 2015. 1. 1. 시행되었다. A는 개정 후 개별소비세법 등이 시행되기 전인 2014. 9. 3.부터 2014. 12. 31.까지 사이에 제조공장에서 제조한 담배를 보세창고가 아니라 양산시에 있는 임시창고로 옮기면서 개정 전 지방세법에 따른 담배소비세 등만 신고 납부하였다. A는 임시창고에 보관하던 담배 중 일부는 2014. 12. 31. 이전에, 또 다른 일부는 2015. 1. 1. 이후에 임시창고에서 물류센터로 옮긴 후 도매업자 등에게 판매하였다. 이에 대해 감사원은 2016년경 "A가 담배에 대한 세금 및 부담금 등의 인상차액을 취할 목적으로 담배 실물의 반출 없이 허위의 반출량을 신고하고 담뱃세를 신고 납부하는 등으로 담뱃세 인상 전에 탈법적 재고를 축적한 후 2015. 1. 1. 이후에 인상된 담뱃세를 반영한 가격으로 위 재고를 판매하여 담뱃세 인상차액을 취하고 거액의 담뱃세를 포탈하였다"는 감사결과를 국세청장 등 관계기관에 통보하자 세무관서가 A에 대한 세무조사를 실시

하고, 임시창고를 이용한 가장반출에 대해 개별소비세를 탈루한 것으로 보고 물류센터에서 최종 반출된 담배에 대하여 개별소비세를 부과하는 과세처분을 하자 A가 임시창고로 반출된 시점을 기준으로 개별소비세 부과여부를 정해야 한다고 다툰 사안(이외의 가장 반출에 관한 사실관계는 생략)

〈적용 법률〉

구 지방세법(1988. 12. 26. 법률 제4028호로 개정되기 전의 것)

제5조(특별시세 및 직할시세)

② 특별시·직할시의 보통세는 다음과 같이 한다.

　　6. 담배소비세

부칙 제4조(제조장에서 반출된 제조담배에 대한 경과조치) ① 이 법 시행전에 제조장으로부터 반출되어 1988년 12월 31일까지 소매인에게 매도되지 아니한 제조담배에 대하여는 이 법 시행일에 반출된 것으로 본다.

구 지방세법(2014. 12. 23. 법률 제12855호로 일부개정되기 전의 것)

제47조(정의) 담배소비세에서 사용하는 용어의 뜻은 다음과 같다.

　5. "제조장"이란 담배를 제조하는 제조자의 공장을 말한다.

제49조(납세의무자)

② 수입판매업자는 보세구역으로부터 반출한 담배에 대하여 담배소비세를 납부할 의무가 있다.

③ 외국으로부터 입국하는 사람의 휴대품 또는 탁송품(託送品)·별송품(別送品)으로 담배가 반입(搬入)될 때에는 그 반입한 사람이 담배소비세를 납부할 의무가 있다.

제52조(세율) ① 담배소비세의 세율은 다음 각 호와 같다.

　1. 피우는 담배

　　가. 제1종 궐련: 20개비당 641원

　　나. 제2종 파이프담배: 1그램당 23원

다. 제3종 엽궐련: 1그램당 65.4원

라. 제4종 각련: 1그램당 23원

마. 제5종 전자담배: 니코틴 용액 1밀리리터당 400원

바. 제6종 물담배: 1그램당 455원

구 지방세기본법(2016. 12. 27. 법률 제14474호로 전부 개정되기 전의 것)

제18조(신의성실) 납세자와 세무공무원은 신의에 따라 성실하게 그 의무를 이행하거나 직무를 수행하여야한다.

제20조(해석의 기준 등) ② 지방세를 납부할 의무(이 법 또는 지방세관계법에 징수의무자가 따로 규정되어있는 지방세의 경우에는 이를 징수하여 납부할 의무를 말한다. 이하 같다)가 성립된 소득·수익·재산·행위또는 거래에 대하여는 그 성립 후의 새로운 법에 따라 소급하여 과세하지 아니한다.

제49조(사업양수인의 제2차 납세의무)

② 제1항에서 "양수인"이란 사업장별로 그 사업에 관한 모든 권리와 의무를 포괄승계(미수금에 관한 권리와 미지급금에 관한 의무의 경우에는 그 전부를 승계하지 아니하더라도 포괄승계로 본다)한 자로서 양도인이 사업을 경영하던 장소에서 양도인이 경영하던 사업과 같거나 유사한 종목의 사업을 경영하는 자를 말한다.

③ 제1항의 양수한 재산의 가액은 대통령령으로 정한다.

제147조(「국세기본법」 등의 준용) 지방세의 부과·징수에 관하여 이 법 또는 지방세관계법에서 규정한 것을제외하고는 「국세기본법」과 「국세징수법」을 준용한다.

국세기본법 제제14조(실질과세)

③ 제3자를 통한 간접적인 방법이나 둘 이상의 행위 또는 거래를 거치는 방법으로 이 법 또는 세법의 혜택을부당하게 받기 위한 것으로 인정되는 경우에는 그 경제적 실질 내용에 따라 당사자가 직접 거래를 한 것으로 보거나 연속된 하나의 행위 또는 거래를 한 것으로 보아 이 법 또는 세법을 적용한다.

〈법원의 판단〉

제조자는 제조장에서 담배를 반출할 때 담배소비세 등을 신고 납부하고, 납부한 담배소비세 등을 판매가격에 포함하여 판매함으로써 이를 회수하게 된다. 이 과정에서 제조자는 제조장 반출시점부터 판매시점까지 담배소비세 등에 대한 금융비용을 부담하게 되는데, 이러한 부담을 줄이기 위해 원고는 이 사건 제조공장에서 보세구역인 이 사건 각 물류센터로 담배를 옮길 때에는 구 지방세법상 미납세 반출대상 담배로 신고하였다가, 도매업자 등으로부터 주문을 받아 이 사건 각 물류센터에서 담배를 반출하는 시점에 담배소비세 등을 신고 납부하여 왔다. 그러나 원고는 담뱃세 인상을 앞두고 위와 같은 통상적인 유통구조와 달리 이 사건 제조공장에서 그 인근에 위치한 임시창고로 담배를 옮겼다. 그런데 원심판결 이유와 기록에 의하여 알 수 있는 다음과 같은 사정에 비추어 보면, 이 사건 임시창고는 담배 공급의 편의를 위한 통상적인 물류센터로서의 역할과 기능을 수행하였다고 보기 어렵고, 담뱃세의 인상차액을 취하기 위하여 담뱃세가 인상되기 전에 이 사건 제조공장에서 담배를 반출하기 위해 일시적인 방편으로 마련된 장소에 불과하다고 봄이 상당하다. (중략) A가 담뱃값 인상 전의 수요 증가에 대비하기 위하여 이 사건 임시창고로 담배를 반출하였다면, 그 대부분이 2014. 12. 31. 이전에 판매되었어야 한다. 그러나 임시창고로 옮긴 담배의 상당수는 개정 후 개별소비세법 등이 시행된 2015. 1. 1. 이후에 판매되었고, 이로 인하여 A의 2014년 말 납세재고는 2013년 말 납세재고 대비 약 23.5배나 증가하였다. 이러한 사정에다 A가 임시창고로 담배를 옮길 당시 제조공장의 적재공간이 충분하였던 것으로 보이는 점, 담배소비세 등에 대한 금융비용을 고려하면 담배 완제품을 이 사건 제조공장에서 보관하거나 이 사건 각 물류센터로 미납세반출하는 것이 경제적으로 합리적인 행위로 보이는 점 등을 더하여 보면, 원고가 이 사건 임시창고로 담배를 옮긴 데에 담뱃세의 인상차액을 취하려는 것 외에 다른 합리적인 이유가 있다고 보기 어렵다. 개별소비세의 성격, 개정 후 개별소비세법 부칙 제2조를 비롯한 개정 후 개별소비세법의 입법취지 등에 비추어 볼 때, 이처럼 제조자가 담뱃세의 인상차액을 얻기 위하여 담뱃세가 인상되기 전에 통상적인 행위 또는 거래 형태에서 벗어나서 제조장에서 일시적인 방편으로 마련된 장소로 담배를 옮긴 것에 불과하다면, 이를 제조장에서 반출한 것으로 볼 수 없다. 따라서 A가 이 사건 담배를 제조공장에서 임시창고로 옮긴 때가 아니라, 임시창고에서 물류센터로 옮긴 때 비로소 제조장에서 반출한 것으로 보아야 하므로, 개정 후 개별소비세법이 시행된 2015. 1. 1. 이후에 이 사건 임시창고에서 옮겨짐으로써 제조장에서 반출된 담배에 대하여는 개정 후 개별소비세법을 적용하여 개별소비세를 부과할 수 있다.

〈해설〉

담배에 대해 개별소비세가 부과됨에 따라 개정 세법의 시행 전에 담배를 반출하여 낮은 세율을 적용받으려는 유인이 존재하였는데,[20] 담배제조업자가 담배에 대한 개별소비세가 제조공장에서 반출되는 시기에 납세의무가 성립되는 것에 착안하여 제조된 담배를 미리 임시창고에 운반하여 반출함으로써 세금부과를 회피하고자 한 사안이다(담배소비세와 지방교육세의 인상과 관련하여 같은 쟁점을 다룬 사안으로는 대법원 2020두52375 판결 참조).

---

[20] 세법 개정에 따른 신규 과세 또는 세율 인상이 예상되는 경우처럼 신규 과세나 인상된 세율이 적용되기 전에 담배제조업자 등이 담배를 정상적인 소요량보다 과다하게 반출하는 매점매석행위를 금지하기 위해 물가안정에 관한 법률(제7조)에 따른 '담배 매점매석 행위에 관한 고시(현재는 실효)'가 마련되어 있었다. 이 사건의 경우는 해당 고시의 제한 범위를 넘어서는 막대한 양의 담배 매점매석행위가 있었다.

1.9. 기업의 이미지 제고를 목적으로 하는 광고가 담배에 관한 광고로서 규제대상에 해당하는지 문제된 사안(서울고등법원 2007누7729 판결)

〈사건의 개요〉

· 담배제조사업자 A는 자사의 기업이미지 제고를 위하여 "아껴 모은 용돈으로 정성을 다하고 서툰 솜씨지만 나눔을 실천하는 이들이 있어 세상의 작은 희망들이 큰 꿈을 키워가고 있습니다. 작은 나눔이 큰 꿈이 됩니다. 더 좋은 내일 A"라는 내용의 광고를 제작하여 방송광고물의 사전심의기관에 심의를 요청하였는데, 심의기관은 A의 광고가 광고상에 담배와 관련된 직접적인 표현은 없으나 담배가 주 사업분야인 업체로 방송광고심의에 관한 규정 제42조 제1항 제1호, 제2호 및 제42조 제2항 제7호, 제42조 제3항에서 금지하고 있는 상품과 용역에 해당하는 방송광고라는 이유로 심의규정 제50조 제1항에 따라 방송불가결정을한 사례

〈적용 법률〉

담배사업법

제25조(담배에 관한 경고문구의 표시 및 광고의 제한)

② 재정경제부장관은 대통령령이 정하는 바에 의하여 담배에 관한 광고를 금지 또는 제한할 수 있다.

담배사업법 시행령

제9조(담배에 관한 광고)

① 법 제25조 제2항의 규정에 의하여 담배에 관한 광고는 다음 각호의 방법에 한하여 이를 할 수 있다.

　3. 사회·문화·음악·체육 등의 행사(여성 또는 청소년을 대상으로 하는 행사를 제외한다)를 후원하는 행위. 이 경우 후원하는 자의 명칭을 사용하는 외에 제품광고를 하여서는 아니된다.

국민건강증진법

제9조(금연을 위한 조치)

① 보건복지부장관은 제조자등에 대하여 대통령령이 정하는 바에 의하여 담배에 관한 광고를 금지 또는 제한할 수 있다.

국민건강증진법 시행령

제14조(담배에 관한 광고금지 및 제한)

① 법 제9조 제1항의 규정에 의한 담배에 관한 광고는 다음 각호의 방법에 한하여 이를 할 수 있다.

  3. 사회·문화·음악·체육등의 행사(여성 또는 청소년을 대상으로 하는 행사를 제외한다)를 후원하는 행위. 이 경우 후원하는 자의 명칭을 사용하는 외에 제품광고를 하여서는 아니된다.

〈법원의 판단〉

이 사건 광고의 내용을 보면 "아껴 모은 용돈으로 정성을 다하고 서툰 솜씨지만 나눔을 실천하는 이들이 있어 세상의 작은 희망들이 큰 꿈을 키워가고 있습니다. 작은 나눔이 큰 꿈이 됩니다. 더 좋은 내일 D"라고만 되어 있어 원고 기업 자체를 광고하고 있을 뿐 원고의 제품인 담배에 관한 내용은 직접 포함하고 있지 않은바, 이와 같은 기업광고에 불과한 이 사건 광고의 경우에도 담배사업법 등의 관계법령에서 규정하고 있는 '담배에 관한 광고'로 볼 수 있는지가 문제되므로, 먼저 이 부분에 관하여 살펴보기로 한다. 앞서 인정한 사실 등을 종합하여 인정할 수 있는 다음과 같은 점에 비추어 볼 때, 이 사건 광고는 법령에서 규정하고 있는 '담배에 관한 광고'라 할 것이다.

기업광고는 기업의 이미지를 긍정적으로 변화시켜 제품 판매 향상 및 인재확보 등의 사업적 측면의 이익을 꾀하고자 하는 목적에서 제작되는 것이라는 점 및 제품을 생산하는 기업에 대한 신뢰 또는 호감과 그 기업에서 생산하는 제품에 대한 신뢰 또는 호감과는 불가분의 관계에 있음을 쉽사리 추론할 수 있는 점 등에 비추어 볼 때, 기업광고는 제품 판매 향상 등과 관계없이 인재 확보 등 기업의 다른 사업 목적만을 위하여 행하여지는 등의 특별한 사정이 없는 한 원칙적으로 '넓은 의미의 제품에 관한 광고'에 해당한다고 할 것이다.

담배는 호흡기계, 순환기계, 소화기계 질병 및 사망의 주요원인으로 제기되어 왔고 유해 제품군 중에서도 가장 사회적 폐해가 큰 제품으로 알려져 왔으므로, 이처럼 유해한 담배의 판매촉진을 목적으로 하는 담배광고를 다른 일반 상품·용역에 관한 광고와 마찬가지로 제조회사의 재량에 맡겨 둘 경우 담배의 본질적 유해성에 관한 정보 제공을 생략한 채 광고를 통하여 인위적으로 작출된 이미지로 인하여 담배에 관한 호의적인 태도를 제고시키는 결과를 초래할 수 있다. 그로써 제한 없는 과도한 담배광고에 노출된 일반공중으로 하여금 흡연욕구를 유발시키거나 금연의지를 약화시킬 수 있는 우려가 있을 수 있고, 그 한도에서 담배광고를 무한정 허용할 때 초래되는 사회적 위험성은 대단히 높은 것이라고 할 것이다. 특히 담배에 처음 접할 청소년 세대들은 광고에서 표방하는 이미지에 현혹되어 심리적 동조화를 통하여 신규 흡연자로 진입할 가능성이 더 높아, 청소년층은 담배회사 광고의 주 타겟이 될 수밖에 없으므로 이처럼 취약한 젊은 층에 대하여는 담배광고의 위험성이 더욱더 크다고 볼 수 있다.

그와 같은 위험성을 고려할 때, 담배광고에 대하여는 다른 상품광고와 대비하여 보다 더 엄격한 기준에서 담배광고의 자유를 일정범위에서 제한할 공적 필요성이 있고 특히 전파의 가능성이 높은 방송을 통한 담배 관련광고에 대한 규제의 필요성은 더욱 크다 할 것인바, 이와 같은 담배의 위험성 및 그로 인한 담배광고의 규제 필요성 등을 고려하여 국민건강증진법은 제8조에서 적극적으로 '금연운동 등'에 관하여 규정함과 동시에 제9조에서 소극적으로 '금연을 위한 조치' 중의 하나로 담배에 관한 광고를 일반적으로 금지할 수 있도록 규정하고, 담배사업법도 제25조에서 담배에 관한 광고를 일반적으로 금지할 수 있도록 규정하며, 방송광고심의에 관한 규정 또한 제42조 제2항 제7호에서 '담배 및 흡연에 관련된 광고'에 대한 방송을 금지하고 있는 것이다.

이 사건 각 3호 규정에서 '사회·문화·음악·체육등의 행사(여성 또는 청소년을 대상으로 하는 행사를 제외한다)를 후원하는 행위의 경우에도 후원하는 자의 명칭을 사용하는 외에 제품광고를 하여서는 아니된다'고 규정함으로써, '제품광고를 하지 아니하고 단순히 후원하는 자의 명칭을 사용하는 것'과 같은 기업광고의 경우도 담배에 관한 광고로 보고, 그러한 기업광고의 경우에는 '사회·문화·음악·체육등의 행사(여성 또는 청소년을 대상으로 하는 행사를 제외한다)를 후원하는 행위'의 경우에 한하여 제한적으로 허용하면서 이 사건 광고와 같이 방송을 통한 광고는 허용하지 않고 있는 것은, 다른 일반제품에 비하여 담배에 관하여는 광고를 규제할 필요성이 매우 크기 때문에 이 사건 광고와 같은 기업광고의 경우에도 '담배에 관한 광고'로 되는 것임을 전제로 한 것이라 할 것이다.

〈해설〉

  이 사건 광고는 그 내용에 담배, 흡연에 관한 표현이 전혀 없고 이를 연상시키는 어떠한 문언도 없으며, 담배를 주된 소재로 다룬 것이 아니라 순수한 기업이미지의 제고를 위한 광고라는 점에서 심의규정 제42조 등에서 명시하고 있는 '담배에 관한 광고' 또는 '담배 및 흡연에 관한 광고'에 직접적으로 해당하는 것으로 볼 수는 없다. 일반적으로 기업의 이미지를 긍정적으로 변화시켜 제품 판매 향상 및 인재확보 등의 사업적 측면의 이익을 꾀하고자 하는 목적에서 제작되는 기업광고는 특별한 사정이 없는 한 허용되어야만 한다. 그러나 이 사건 광고의 경우, 광고주체인 해당 기업이 사실상 담배만을 제조, 판매하는 기업이기 때문에, 이 회사의 광고는 비록 직접적으로는 담배를 언급하지는 않지만 담배를 판매하는 이 회사의 긍정적인 이미지에 현혹되어 취약 계층에게 담배소비를 조장하는 결과를 가져오기 때문에, 광고규제를 해야 한다고 본 사례이다. 그러나 비록 전통적인 의미의 표현행위는 아니지만 법원의 판단은 관계법령의 규정을 지나치게 확대 해석하여 개별 기업의 자유로운 경제활동을 지나치게 제약하는 측면이 있다는 점에서 문제의 소지가 있었던 것으로 보인다.

1.10. 고액의 자본금을 담배제조업 허가조건으로 정하고 있는 담배사업법 시행령의 상위 규범 위반 여부가 문제된 사안(서울고등법원 2007누13397 판결)

〈사건의 개요〉

A는 담배 및 담배 관련 제품 제조판매업을 목적으로 설립된 법인인데, 허가관청에 담배제조업허가신청을 하였다. 이에 대하여 허가청은 A의 자본금이 담배사업법 제11조 및 같은 법 시행령 제4조 제1항에서 정한 허가기준 중 '300억 원 이상의 자본금' 요건을 충족하지 못하였다는 이유로 담배제조업허가신청을 거부하는 처분을 한 사안

〈적용 법률〉

담배사업법

제11조(담배제조업허가)

① 담배제조업을 영위하고자 하는 자는 대통령령이 정하는 바에 의하여 재정경제부장관의 허가를 받아야 한다. 허가받은 사항중 대통령령이 정하는 중요한 사항을 변경하고자 하는 때에도 또한 같다.

② 재정경제부장관은 제1항의 규정에 의한 담배제조업의 허가(이하 "담배제조업허가"라 한다)를 받고자 하는 자가 대통령령이 정하는 자본금·시설기준·기술인력·담배제조 기술의 연구·개발 및 국민건강 보호를 위한 품질관리 등에 관한 기준을 갖춘 경우에는 이를 허가하여야 한다.

담배사업법 시행령

제4조(담배제조업허가의 기준)

① 법 제11조 제2항의 규정에 의한 자본금·시설기준·기술인력·담배제조 기술의 연구·개발 및 국민건강 보호를 위한 품질관리등에 관한 기준은 다음 각호와 같다.

1. 자본금 : 300억원 이상일 것
2. 시설기준 : 연간 50억개비(1일 16시간 작업 기준) 이상의 담배를 제조할 수 있는 시설로서 원료가공부터 궐련제조 및 제품포장에 이르는 일관공정을 갖춘 제조시설을 갖출 것. 다만, 연간 100억개비 미만의 담배를 제조할 때까지는 원료가공시설을 설치하지 아니할 수 있다.

3. 기술인력 : 담배제조 및 품질관리 분야에서 3년 이상의 경력을 가진 5인 이상의 전문기술인력을 보유할 것
4. 담배제조 기술의 연구·개발 및 국민건강 보호를 위한 품질관리 : 제품성능 및 품질분석이 가능한 실험설비(항온항습설비 · 연기성분측정장치 · 공기희석률측정기 · 흡인저항측정기)를 구비하고, 품질관리기준 및 이에 관한 품질관리지침서를 마련할 것

〈법원의 판단〉

 헌법 제75조는 대통령은 법률에서 구체적으로 범위를 정하여 위임받은 사항과 법률을 집행하기 위하여 필요한 사항에 관하여 대통령령을 발할 수 있다고 규정하고 있으므로, 위임명령은 법률이나 상위명령에서 구체적으로 범위를 정한 개별적인 위임이 있을 때에 가능하고, 여기에서 구체적인 위임의 범위는 규제하고자 하는 대상의 종류와 성격에 따라 달라지는 것이어서 일률적 기준을 정할 수는 없지만, 적어도 위임명령에 규정될 내용 및 범위의 기본사항이 구체적으로 규정되어 있어서 누구라도 당해 법률이나 상위명령으로부터 위임명령에 규정될 내용의 대강을 예측할 수 있어야 하나, 이 경우 그 예측가능성의 유무는 당해 위임조항 하나만을 가지고 판단할 것이 아니라 그 위임조항이 속한 법률이나 상위명령의 전반적인 체계와 취지, 목적, 당해 위임조항의 규정형식과 내용 및 관련 법규를 유기적, 체계적으로 종합 판단하여야 하고, 나아가 각 규제 대상의 성질에 따라 구체적 개별적으로 검토함을 요한다(대법원 2002. 8. 23. 선고 2001두5651 판결 등 참조).
 이 사건의 경우, 이 사건 시행령 조항의 위임조항인 담배사업법 제11조 제2항에서 자본금 · 시설기준 · 기술인력 등 허가기준의 내용을 명확하게 규정한 점, 이 사건 시행령 조항은 담배제조업 허가기준의 하나로서 자본금 300억 원 이상을 요구하고 있는데, 그 입법 목적이 군소생산업체의 난립을 방지하여 담배소비의 증가를 억제하고 국민건강을 저해하는 제품생산을 예방하기 위한 것이고, 담배 가격의 대부분이 세금일 뿐 아니라 최근 급증하고 있는 담배 관련 소송을 고려하여 재무적 안정을 기할 수 있는 적정규모의 자본금이 필

요한 점, 담배는 이를 과도하게 소비하면 소비자의 건강을 해침은 물론 제3자에게도 피해를 줄 뿐만 아니라 의료비용 등 사회적 비용을 증가시키므로 먼저 국민보건이라는 공익을 위하여, 그리고 국가의 재정확보를 위한 목적으로 이를 규제할 필요가 있고, 세계 각국에서도 담배산업에 대하여 국민보건 및 재정확보를 위하여 규제를 하는데 특히 국민보건측면에서 광고를 통하여 담배소비를 조장하는 효과를 제한·방지하기 위한 광고의 규제, 청소년의 흡연 규제, 간접흡연규제, 허가 또는 면허제의 시행 등 다양한 규제를 하고 있는 것과 같이 폭넓은 입법형성의 자유를 가지고 있는 점, 담배사업법 및 그 시행령의 전반적인 규정체계를 고려하여 보면 위임조항인 담배사업법 제11조의 내재적인 위임의 범위나 한계를 확정할 수 있을 뿐만 아니라, 담배제조업의 허가는 금지된 영업의 자유를 회복시켜주는 것으로서 그 허가기준의 구체적인 내용을 미리 법률로 상세하게 정하기는 입법기술상 매우 어렵고 전문적 능력이 요구되는 점, 한편 이 사건 시행령 조항이 정한 자본금 300억 원의 기준은 군소업체 난립 방지를 위하여 최소한으로 요구되는 시장점유율 10%를 기준으로 한 생산설비 능력에 기초한 것으로 원래 요구되었던 연간 100억 개비 생산보다도 낮은 50억 개비 생산을 전제로 하여 결정되었고, 그에 필요한 설비투자자금과 운영자금 등을 고려할 때 지나치게 과다한 금액으로 보이지 않는 점 등을 종합하여 보면, 이 사건 시행령 조항은 담배제조의 독점을 해소하여 신규진입을 통한 경쟁여건을 조성하고, 국제경쟁력을 향상시키며, 담배의 품질을 향상시킨다는 담배제조업 허가제 도입의 취지에 반하여 그 수권법률인 담배사업법 제11조의 내재적인 한계를 일탈하였다고 보기 어렵고, 그 근거가 되는 법 및 시행령의 전반적인 체계와 취지·목적, 당해 위임조항의 규정형식과 내용 및 그 규제 대상의 성질 등에 비추어 적법한 위임의 범위 내에 있다 할 것이다

〈해설〉

  정부수립 이래 정부가 담배제조업을 독점하다 2001년 담배제조업 허가제를 도입하게 되자 담배가 국민건강에 부정적 영향을 미치는 점을 고려하여 그 품질과 공급량을 감독할

필요성 때문에 일정한 허가기준의 도입이 불가피하게 되었다. 만일 누구나 쉽게 충족할 수 있도록 느슨한 제조업 허가기준(자본금이나 설비기준 등)을 정할 경우에는 군소업체의 난립으로 국민의 흡연율이 증가할 우려가 있다. 따라서 연간 국내 담배소비 규모를 고려하고, 광고규제, 청소년 흡연이나 간접흡연 규제, 경고문구 삽입, 성분·첨가물에 대한 규제 등 담배소비 증가를 억제할 수 있는 데는 한계가 있음을 감안하여, 흡연이 끼치는 국민 건강에 대한 중대한 해악 보호를 위한 규제의 실효성을 달성하기 위해 일정 규모 이상의 담배제조업체만을 허용하겠다는 취지의 법령 규정이 합리적이라고 본 판결이다. 이와 같은 허가기준에 대해서는 헌법재판소는 공공복리를 위해 헌법상 직업선택의 자유를 제한할 필요가 있다는 이유로 타당한 것으로 판단하였다(2017헌마438).

1.11. 전자담배가 담배사업법에 따른 담배임을 전제로 광고행위를 제안한 사안(서울행
정법원 2011구합21157 판결)

〈사건의 개요〉

 금연보조기계 수입 및 판매업 등을 영위하는 A법인이 니코틴 농축액으로 만들어진 카트
리지를 전자장치를 이용하여 연기가 아닌 수증기로 기화시켜 흡입하는 전자담배를 판매
하면서, 인터넷 홈페이지를 통해 연예인을 모델로 기용하여 '깨끗한 흡연문화' 캠페인을 펼
치면서 전자담배의 효능을 알리고 아울러 이벤트를 개최하여 홈페이지 방문을 유도하는
방법으로 이 사건 전자담배의 판매를 위한 광고를 하자 서울시장이 A에게 전자담배가 담
배사업법 제2조의 '담배'에 해당함을 전제로 하여 '원고가 담배사업법령이 정하는 광고의
범위를 벗어난 담배에 관한 광고행위를 하였다'는 이유로 '담배사업법 시행령 제9조에서
정한 담배에 관한 광고 이외의 광고행위를 금지하라'는 내용의 처분을 한 사안.

〈적용 법률〉

담배사업법

제2조(정의) 이 법에서 "담배"라 함은 연초의 잎을 원료의 전부 또는 일부로 하여 피우거나 빨거나 씹거나 또
는 냄새맡기에 적합한 상태로 제조한 것을 말한다.

제3조(적용범위) ① 담배와 유사한 형태의 것으로서 연초의 잎을 원료로 사용하지 아니하고 제조되어 끽연
용으로 사용될 수 있는 것(이하 "담배대용품"이라 한다)은 담배로 보아 이 법을 적용한다. 다만, 다음 각호의
1에 해당하는 것을 제외한다.
  1. 마약류관리에관한법률 제2조 제2호·제4호 및 제5호의 규정에 의한 마약·향정신성의약품 및 대마
  2. 「약사법」 제2조 제4호 및 제7호에 따른 의약품 및 의약외품

〈법원의 판단〉

담배사업법 제2조는 '담배'를 '연초의 잎을 원료의 전부 또는 일부로 하여 피우거나 빨거나 씹거나 또는 냄새맡기에 적합한 상태로 제조한 것'이라고 정의하고 있고, 같은 법 제3조 제1항은 '담배와 유사한 형태의 것으로서 연초의 잎을 원료로 사용하지 아니하고 제조되어 끽연용으로 사용될 수 있는 것(이하 '담배대용품'이라 한다)은 담배로 보아 이 법을 적용한다'고 규정하고 있다.

그런데 앞서 든 증거들과 변론 전체의 취지를 종합하여 인정되는 다음과 같은 사정, 즉 ① 오래전부터 연초의 입을 단순 가공·처리하여 담배를 제조해 왔으나, 최근 과학기술의 발달로 새로운 방법으로 연초의 잎을 가공·처리하는 기술이 계속 등장하고 있고, 이 사건 전자담배 역시 새로운 과학기술을 이용하여 연초의 잎에서 니코틴 농축액을 추출하여 사용하고 있으므로, 이는 담배사업법 제2조에서 정한 '연초의 잎을 원료로 한 것'에 해당된다고 볼 수 있는 점, ② '빨다'의 의미는 '입을 대고 입속으로 당겨 들어오게 하다'는 의미로서 '흡입'과 같은 의미라고 할 수 있으므로, 전자장치를 이용하여 수증기를 흡입하는 방식으로 연초의 잎에서 추출된 니코틴을 체내에 흡수하는 제품인 이 사건 전자담배 역시 '연초의 잎을 원료로 하여 빨기에 적합한 상태로 제조한 것'에 해당한다고 볼 수 있는 점, ③ 이 사건 전자담배 중 니코틴 농축액을 수증기로 기화시켜 흡입할 수 있도록 만든 전자장치는 그 자체로는 독립한 효용을 가질 수 없기 때문에 니코틴 농축액과 결합하여 하나의 제품으로 보아 담배사업법에서 정한 '담배'에 해당하는지 여부를 판단하여야 하는 점, ④ 청소년을 포함한 국민 전체의 건강을 위하여 담배사업법 제3조 제1항에서 연초의 잎을 원료로 하지 아니한 담배대용품에 대하여도 담배와 유사한 것으로 보아 담배와 같이 비교적 폭넓은 제한(판매업 등록, 판매가격 신고·공고, 경고문구의 표시 및 광고 제한 등)을 가하고 있는 점을 고려할 때, 연초의 잎에서 추출한 니코틴을 원료로 하는 이 사건 전자담배 역시 담배사업법에서 정한 담배로 보아 규율하는 것이 담배사업법의 입법 취지에도 부합한다고 보이는 점 등을 종합해 보면, 이 사건 전자담배는 담배사업법 제2조에서 정한 '담배'에 해당

된다고 보아야 한다.

〈해설〉

　이 사건의 당사자가 판매한 것은 니코틴 액상과 니코틴을 증기형태로 흡입할 수 있는 전자장치로 구성되어 있어 구 담배사업법(2014. 1. 21. 법률 제12269호로 일부 개정되기 전의 것)이 정하고 있는 흡연 방법인 "피우거나 빨거나 씹거나 또는 냄새맡기"에 적합한 형태가 아닌 것으로도 볼 수 있다. 그러나 "피우거나 빤다"는 말은 연초의 잎에서 추출한 니코틴을 빨아들이는 방법을 광범위하게 표현하고 있는 것이므로 수증기로 흡입하는 경우를 배제하는 것이 아니다. 따라서 현행 담배사업법의 규정과 같이 "피우거나, 빨거나, 증기로 흡입하거나, 씹거나, 냄새 맡기"로 표현하지 않았다고 하더라도 수증기로 흡입하는 형태인 이상 구 담배사업법 규정에 의하더라도 담배에 해당한다고 볼 수 있다. 그러므로 '흡연', 즉 연기의 형태로 빨아들이는 경우가 아니라고 해서 담배에 해당하지 않는다고 볼 수는 없다는 법원의 판단은 타당하다.

1.12. 특수용담배를 수출용으로 공급한 담배제조업자에 대한 국민건강증진부담금 부과의 적법성이 문제가 된 사안(서울행정법원 2015구합83221 판결)

〈사건의 개요〉

담배제조회사 A는 2009년부터 2013년까지 사이에 특수용담배를 취급하는 도매업체들에 구 담배사업법(2014. 1. 21. 법률 제12269호로 개정되기 전의 것) 제19조 제1항, 담배사업법 시행령 제7조 제1항에 따른 외항선 선원 또는 여객선의 승객이나, 국제항로에 취항하는 항공기 또는 여객선의 승객에게 판매할 목적으로 제작된 특수용담배를 수출 용도로 공급하였다. A와 거래한 도매업체들은 이 사건 특수용담배 중 일부를 중국 등지로 수출하고, 일부를 국내로 밀반입하여 유통하자 보건복지부장관은 구 국민건강증진법(2014. 5. 20. 법률 제12616호로 개정되기 전의 것) 제23조 제1항에 근거하여 이 사건 특수용담배 중 그동안 반출된 담배에 대하여 국민건강증진부담금 부과처분을 하였고, 한국환경공단은 자원의 절약과 재활용촉진에 관한 법률 제12조 제1항, 같은 법 시행령 제10조 제1항 제5호에 근거하여 이 사건 특수용담배에 대한 폐기물부담금 부과처분을 하자 A가 이에 불복하여 국민건강증진부담금 등의 취소를 구한 사안

〈적용 법률〉

구 담배사업법(2014. 1. 21. 법률 제12269호로 개정되기 전의 것)
제19조(특수용담배)
① 제조업자는 대통령령이 정하는 특수용담배를 제조·판매할 수 있다

담배사업법 시행령
제7조(특수용담배)
① 법 제19조 제1항의 규정에 의한 특수용담배는 다음과 같다.

1. 국가원수가 외교사절 그밖의 자에게 제공하기 위하여 사용하는 담배

2. 국군·전투경찰대원·교정시설경비교도대원 또는 국가유공자등예우및지원에관한법률 제63조의 규정에 의한 양로시설로서 한국보훈복지의료공단이 운영하는 양로시설에 수용중인 국가유공자 및 그 유족에게 공급하는 담배

3. 해외함상훈련에 참가하는 해군사관생도 및 승선장병에게 공급하는 담배

4. 해외에서 취업중인 근로자 및 재외공관 직원에게 공급하는 담배

5. 보세구역에서 판매하는 담배

6. 외항선 또는 원양어선의 선원에게 판매하는 담배

7. 국제항로에 취항하는 항공기 또는 여객선의 승객에게 판매하는 담배

8. 주한 외국군의 관할구역안에서 판매하는 담배

9. 남북교류협력에관한법률 제9조의 규정에 의하여 북한지역을 왕래하는 관광객에게 판매하는 담배

10. 외국에 주류하는 장병에게 공급하는 담배

구 지방세법(2015. 7. 24. 법률 제13427호로 일부 개정되기 전의 것)

제54조(과세면제)

① 제조자 또는 수입판매업자가 담배를 다음 각 호의 어느 하나의 용도에 제공하는 경우에는 담배소비세를 면제한다.

1. 수출

2. 국군, 전투경찰, 교정시설 경비교도 또는 주한외국군에의 납품

3. 보세구역에서의 판매

4. 외항선 또는 원양어선의 선원에 대한 판매

5. 국제항로에 취항하는 항공기 또는 여객선의 승객에 대한 판매

6. 시험분석 또는 연구용

7. 그 밖에 국가원수가 행사용으로 사용하는 담배 등 대통령령으로 정하는 것

② 외국으로부터 입국하는 사람 등이 반입하는 담배로서 대통령령으로 정하는 범위의 담배에 대하여는 담배소비세를 면제한다.

구 국민건강증진법(2014. 5. 20. 법률 제12616호로 개정되기 전의 것)

제23조(국민건강증진부담금의 부과·징수 등)

① 보건복지부장관은 제조자등이 판매하는 「담배사업법」 제2조에 따른 담배 중 궐련 및 전자담배(「지방세법」 제54조에 따라 담배소비세가 면제되는 것, 같은 법 제63조 제1항 제1호 및 제2호에 따라 담배소비세

액이 공제 또는 환급되는 것은 제외한다. 이하 같다)에 다음 각 호의 구분에 따른 부담금(이하 "부담금"이라 한다)을 부과·징수한다.

1. 궐련: 20개비당 354원

2. 전자담배: 니코틴 용액 1밀리리터당 221원

자원의 절약과 재활용촉진에 관한 법률

제12조(폐기물부담금)

① 환경부장관은 폐기물의 발생을 억제하고 자원의 낭비를 막기 위하여 다음 각 호의 어느 하나에 해당하는 물질을 함유하고 있거나 재활용이 어렵고 폐기물 관리상의 문제를 초래할 가능성이 있는 제품·재료·용기 중 대통령령으로 정하는 제품·재료·용기의 제조업자(주문자의 상표를 부착하는 방식에 따라 제조한 제품·재료·용기의 경우에는 그 주문자를 말한다)나 수입업자에게 그 폐기물의 처리에 드는 비용을 매년 부과·징수한다.

1. 「대기환경보전법」 제2조 제9호에 따른 특정대기유해물질

2. 「수질 및 수생태계 보전에 관한 법률」 제2조 제8호에 따른 특정수질유해물질

3. 「유해화학물질 관리법」 제2조 제3호에 따른 유독물

자원의 절약과 재활용촉진에 관한 법률 시행령 제10조 제1항 제5호

제10조(폐기물부담금 부과대상 및 감면대상 품목)

① 법 제12조 제1항 각 호 외의 부분에서 "대통령령으로 정하는 제품·재료·용기"란 다음 각 호와 같다.

5. 담배(판매가격이 200원 이하인 담배와 「지방세법」 제53조, 제54조 및 제63조에 따라 담배소비세를 면제하거나 환급하는 담배는 제외한다)

〈법원의 판단〉

- - - - - - - - - - - -

원고가 이 사건 업체들에게 이 사건 특수용담배를 수출용으로 공급한 것은 구 지방세법 제54조 제1항 제1호의 제조자가 담배를 수출용도에 제공하는 경우에 해당한다고 봄이 상당하므로 이는 담배소비세가 면제되는 경우에 해당한다. 면세담배로 반출된 이 사건 특수용담배를 면세용도가 아닌 국내에 유통시킨 이 사건 업체들은 구 지방세법 제49조 제5항에 따라 담배소비세를 납부할 의무가 있으므로 원고가 반출한 이 사건 특수용담배와 관련

하여 종국적으로 담배소비세가 부과되기는 한다. 그런데 구 국민건강증진법 제23조 제1항에 따른 국민건강증진부담금은 담배소비세와 달리 제조자 또는 수입판매자만이 납부의무를 부담하는 점, 담배 제조자인 원고가 담배소비세가 면제되는 용도로 특수용담배를 판매하여 반출하였음에도 원고의 귀책 없이 그 이후 우연히 발생한 사정에 따라 담배소비세의 부과 대상이 되었다는 사정만으로 원고에게 국민건강증진부담금 납부 의무가 발생한다고 보는 것은 원고에게 지나치게 가혹한 점, 담배 제조자인 원고가 국민건강증진부담금의 납부의무를 부담하는 것은 원고가 공급한 담배가격에 담배소비세, 건강증진부담금, 폐기물 부담금 등이 포함되어 있음을 전제로 한다고 보아야 하는데 원고가 이 사건 업체들에게 이 사건 특수용담배를 공급하고 지급받은 담배 대금은 담배소비세, 건강증진부담금, 폐기물 부담금 등이 면제된 가격을 기준으로 산정된 금액으로 보이는 점, 피고 보건복지부장관은 원고에게 구 지방세법상 담배소비세를 부담할 의무가 있음을 전제로 국민건강증진부담금 부과처분을 한 점(을가 제1호증의 5, 을가 제2호증 참조)을 고려하면, 구 국민건강증진법 제23조 제1항에 따라 원고가 담배 제조자로서 국민건강증진부담금의 납부의무를 부담하는 것은 원고가 담배소비세 납부의무를 부담하는 경우에 한정하는 것으로 새기는 것이 타당하다.

〈해설〉

담배제조회사 A는 2009년부터 2013년까지 사이에 특수용담배를 취급하는 도매업체들에 구 담배사업법(2014. 1. 21. 법률 제12269호로 개정되기 전의 것) 제19조 제1항, 담배사업법 시행령 제7조 제1항에 따른 외항선 선원 또는 여객선의 승객이나, 국제항로에 취항하는 항공기 또는 여객선의 승객에게 판매할 목적으로 제작된 특수용담배를 수출 용도로 공급하였다. A와 거래한 도매업체들은 이 사건 특수용담배 중 일부를 중국 등지로 수출하고, 일부를 국내로 밀반입하여 유통하자 보건복지부장관은 구 국민건강증진법 제23조 제1항에 근거하여 이 사건 특수용담배 중 그 동안 반출된 담배에 대하여 국민건강증진부담금 부

과처분을 하였고, 한국환경공단은 자원의 절약과 재활용촉진에 관한 법률 제12조 제1항, 같은 법 시행령 제10조 제1항 제5호에 근거하여 이 사건 특수용담배에 대한 폐기물부담금 부과처분을 하였다.

그런데 구 지방세법 제54조 제1항 제1호에 따라 수출에 제공된 담배는 담배소비세를 면제하기 때문에 담배제조회사가 수출에 제공하기 위해 제3자에게 공급한 특수용 담배는 담배소비세가 면제된다. 또한 국민건강증진법에 따라 부과되는 국민건강증진부담금의 경우에도 담배제조자가 수출에 제공하는 담배에 대해서는 이를 부과하지 않는다. 그런데 이렇게 수출을 전제로 제공된 담배를 취득한 제3자가 이를 실제로 수출하지 않는 경우에도 수출용 담배를 제조한 담배제조자에게 다시 국민건강증진부담금이 부과되는 것은 아니라는 것을 확인한 판례이다. 담배제조자의 입장에서는 수출 목적으로 제공된 이상 제3자가 그 용도에 사용하지 않는다고 하여 면제된 세금이나 부담금이 다시 부과되는 것은 불합리하다는 점에서 타당한 결론이다.

1.13. 연초 잎이 아닌 줄기에서 추출한 니코틴이 담배사업법에서 정하고 있는 담배에 해당하는지가 문제된 사안(서울행정법원 2022구합51598 판결)

〈사건의 개요〉

A는 2018. 6월 담배 수출입업, 담배 도소매업, 담배 관련 악세서리 수출입업 등을 목적으로 설립된 법인이고, 2015. 4월 담배 수출입업, 담배 도소매업 등을 목적으로 설립된 법인 B는 A의 물품 수입을 일부 대행하였다. A와 B는 2019. 6월부터 2020. 7월까지 중국 업체가 제조한 니코틴 원액을 사용하여 제조한 일회용 흡연 디바이스[향료 등이 포함된 니코틴 농축액 1.4㎖(니코틴 비중 0.98%) 내장] 및 전자담배용액[용량 30㎖(니코틴 비중 0.98%)]을 A가 144건, B가 40건, 총 188건 수입하면서, 해당 니코틴이 연초의 줄기에서 추출한 것이라는 이유로 담배사업법 제2조의 적용대상이 아닌 "연초 대줄기에서 추출한 니코틴"으로 수입신고를 하자 인천세관장은 A와 B가 수입한 니코틴이 연초 잎의 일부분인 잎맥 등에서 추출한 것이라는 이유로 해당 니코틴을 이용하여 제조한 물품이 담배사업법이 정한 '담배'에 해당한다는 이유로 개별소비세, 부가가치세 및 가산세를 부과하자 그 취소를 구한 사안

〈적용 법률〉

구 국민건강증진법(2021. 7. 27. 법률 제18324호로 개정되기 전의 것)

제23조(국민건강증진부담금의 부과·징수 등) ① 보건복지부장관은 제조자등이 판매하는 「담배사업법」 제2조에 따른 담배(「지방세법」 제54조에 따라 담배소비세가 면제되는 것, 같은 법 제63조 제1항 제1호 및 제2호에 따라 담배소비세액이 공제 또는 환급되는 것은 제외한다. 이하 이 조 및 제23조의2에서 같다)에 다음 각 호의 구분에 따른 부담금(이하 "부담금"이라 한다)을 부과·징수한다.

1. 궐련: 20개비당 841원

2. 전자담배

가. 니코틴 용액을 사용하는 경우: 1밀리리터당 525원

나. 연초 및 연초 고형물을 사용하는 경우:

    1) 궐련형: 20개비당 750원

    2) 기타 유형: 1그램당 73원

3. 파이프담배: 1그램당 30.2원

4. 엽궐련(葉卷煙): 1그램당 85.8원

5. 각련(刻煙): 1그램당 30.2원

6. 씹는 담배: 1그램당 34.4원

7. 냄새 맡는 담배: 1그램당 21.4원

8. 물담배: 1그램당 1050.1원

9. 머금는 담배: 1그램당 534.5원

담배사업법

제2조(정의) 이 법에서 사용하는 용어의 뜻은 다음과 같다.

1. "담배"란 연초(煙草)의 잎을 원료의 전부 또는 일부로 하여 피우거나, 빨거나, 증기로 흡입하거나, 씹거나, 냄새 맡기에 적합한 상태로 제조한 것을 말한다.

〈법원의 판단〉

구 국민건강증진법(2021. 7. 27. 법률 제18324호로 개정되기 전의 것) 제23조 제1항에서는 제조자등이 판매하는 담배사업법 제2조에 따른 담배에 국민건강증진부담금이 부과된다고 규정하고 있고, 담배사업법 제2조 제1호에서는 "'담배'란 연초의 잎을 원료의 전부 또는 일부로 하여 피우거나, 빨거나, 증기로 흡입하거나, 씹거나, 냄새 맡기에 적합한 상태로 제조한 것을 말한다."고 규정하고 있다. 따라서 연초의 잎(담뱃잎)을 원료의 전부 또는 일부로 하여 제조한 것이 아닌, 합성 니코틴이나 연초의 잎이 아닌 줄기 등을 원료의 전부 또는 일부로 하여 제조한 것은 담배사업법에서 정한 담배에 해당하지 않아 구 개별소비세법상 과세대상에 해당하지 않게 된다. (중략) '운남성담배전매국 발행 연초폐기물관리법의 통지' 관련 규정에 따르면 '연초의 줄기'는 초벌건조한 담뱃잎의 주맥과 지맥, 즉 잎맥을 의

미하는 것이고, 중국 백과사전의 기재나 주중국대사관의 회신 내용을 보더라도 중국에서 '연경(烟梗)'은 통상 담배 잎맥을 의미하는 것으로 보일 뿐, 그와 달리 연경이 대줄기를 지칭하는 용어로 사용된다고 볼만한 사정을 찾기 어렵다. D사에 니코틴 원료를 공급한 F공사는 담뱃잎 위탁가공으로 영업범위가 한정되어 있고, 관계부처 승인 없이는 담뱃잎 외의 원료를 사용할 수 없으므로, 담뱃잎 가공 과정에서 발생한 폐기물은 담배 잎자루, 담배 잎맥, 담배 잎편 부스러기 등 담뱃잎의 일부라고 보일 뿐 담배 대줄기가 포함되어 있다고 보이지 않는다. F공사로부터 원료를 받아 쟁점 니코틴을 제조한 D사의 홈페이지에도 니코틴 원료로 담배 잎맥에 해당하는 부분을 지칭하여 'stem'이라고 표시하고 있을 뿐 담배 대줄기를 원료로 한다는 기재는 없다. D사가 F공사로부터 원재료를 공급받는다고도 답변한 점, D사의 감사보고서에도 담배 잎맥 등을 사용하여 니코틴을 추출한다고 되어 있는 점 등을 종합하여 보면, D사는 쟁점 니코틴을 생산하면서 담배 잎맥을 포함한 담뱃잎 폐기물 부분을 사용한 것으로 보이고 D사의 회신에 '니코틴의 원재료는 갈경으로서 연초의 가장 굵은 줄기이고 홈페이지의 사진과 자료는 단지 회사 홍보를 위한 것이다'라는 취지의 기재만으로는 그와 달리 쟁점 니코틴 제조에 담배 대줄기만을 사용한 것이라고 보기 어렵다.

담배사업법 제2조 제1호는 담배가 "연초의 잎을 원료의 전부 또는 일부"로 할 것을 규정하고 있을 뿐이다. 여기에 위 문언 및 앞서 본 개정이유를 종합해 보면, 담배에 해당하는지는 그 원료에 연초의 잎이 포함되었는지로 판단하여야 하고, 담배의 완성품의 형태에 잎의 형상이 남아있는지 여부와는 무관하다. 따라서 연초의 잎에서 '니코틴' 성분만을 추출하였다고 하더라도 잎 부분이 원료로 사용되어 증기로 흡입하기에 적합하게 제조된 이상 '담배'에 해당한다고 봄이 타당하다.

〈해설〉

건강증진부담금은 담배사업법상의 담배에 대하여 부과된다. 그런데 담배사업법에서 정하는 담배에 해당하려면, 그 종류를 불문하고 '연초의 잎을 원료의 전부 또는 일부'로 포함

하고 있어야 한다. 따라서 만일 연초의 잎에서 유래하는 원료가 아니라면 담배사업법이 정한 담배에 해당하지 않게 되고, 연초의 잎은 니코틴을 추출하기 위한 재료이기 때문에 니코틴을 조성할 수만 있다면(예컨대, 합성니코틴) 반드시 연초의 잎이 필요한 것은 아니라고 할 수 있다. 그 때문에 원고는 연초의 잎이 아닌 줄기에서 추출한 니코틴이라는 이유로 담배에 해당하지 않아 담배를 전제로 한 개별소비세 등이 부과되어서는 아니된다고 주장하였다. 그러나 법원은 연초의 줄기에서 추출된 것이 아니라 연초의 잎에서 추출된 니코틴이기 때문에 담배에 해당한다는 이유로 당사자의 주장을 배척한 사안이다.

2. 담배사업법 위반 사건 및 판결 해설(형사)

2.1. 다수의 반복적인 담배사업법 위반행위의 죄수(대법원 2000도1411 판결)

〈사건의 개요〉
- - - - - - - - - - - - -

피고인은 제조담배 소매인 지정을 받지 아니하고 1997. 8. 27.경부터 1999. 7. 20.까지 사이에 서울 관악구에 있는 피고인이 운영하는 점포에서 제조담배인 오마샤리프, 디스, 하나로 등을 성명불상의 고객들에게 판매하는 다수의 담배사업법 위반행위를 하였다. 피고인이 1998. 9. 1.경부터 같은 해 12. 22.경까지 사이에 피고인이 운영하는 점포에서 제조담배인 오마샤리프, 디스, 하나로 등을 성명불상의 고객들에게 판매하였다는 범죄사실로 공소를 제기되었다가 피고인이 1999. 2. 11. 서울지방법원에서 제조담배 소매인 지정을 받지 아니하고 1997. 8. 27.경부터 1998. 4. 27.경까지 사이에 같은 매점에서 고객들을 상대로 디스, 오마샤리프 등 제조담배를 판매하였다는 범죄사실로 유죄의 판결을 받고 그 판결이 1999. 2. 19. 확정된 사실이 밝혀지자 같은 해 7. 26. 검사는 공소장 기재 범죄사실 중 범행일시를 "1998. 9. 1.부터 같은 해 12. 22.경까지 사이"에서 "1999. 2. 20.부터 같은 해 7. 20.까지 사이에"로 변경하는 내용의 공소장변경신청을 하였고, 이에 제1심법원이 이 공소장변경신청을 허가하는 결정을 한 다음, 피고인에게 변경된 범죄사실에 대하여 벌금형을 선고하고, 항소심에서는 피고인의 항소를 기각하자 대법원에 상고한 사안이다.

〈적용 법률〉
- - - - - - - - - - - -

> **담배사업법**
>
> 12조(담배의 판매)
> ② 소매인이 아닌 자는 담배를 소비자에게 판매해서는 아니 된다.

제27조의2(벌칙)

② 다음 각 호의 어느 하나에 해당하는 자는 6개월 이하의 징역 또는 500만원 이하의 벌금에 처한다.

1. 제12조 제2항을 위반하여 소매인 지정을 받지 아니하고 소비자에게 담배를 판매한 자

〈법원의 판단〉

피고인에 대하여 공소가 제기된 당초의 범죄사실과 공소장변경 절차에 의하여 추가된 원심인정의 범죄사실 및 유죄판결이 확정된 범죄사실은 모두 범행일시만 달리할 뿐 같은 장소에서 제조담배소매인 지정을 받지 아니하고 소비자들에게 제조담배를 판매하였다는 것이어서 이른바 직업범으로서 포괄일죄의 관계에 있는바, 검사가 공소장변경절차에 의하여 추가한 범죄사실과 당초 공소사실의 일죄성은 확정판결에 의하여 분단되어 공소가 제기된 당초의 범죄사실과 유죄판결이 확정된 범죄사실만이 포괄하여 하나의 죄를 구성하고, 그 판결 확정 후에 저질러진 추가된 범죄사실은 별개의 포괄일죄가 될 뿐이므로, 검사는 추가된 범죄사실을 별개의 독립된 범죄로 공소제기하는 것은 몰라도 공소장변경절차에 의하여 이를 당초의 공소사실에 추가할 수는 없다(대법원 2000. 3. 10. 선고 99도2744 판결 참조).

〈해설〉

원칙적으로 제조담배를 판매하기 위해서는 소매인 지정을 받아야 하고, 만일 소매인 지정을 받지 않은 채 제조담배를 판매하는 행위를 할 경우에는 그 행위마다 1개의 죄가 성립하여 수개의 죄(경합범)로 처벌되어야 하는 것으로 볼 여지가 있다. 그러나 이와 같이 다수의 반복적인 영업행위가 전제되어 있는 직업범은 포괄하여 1개의 죄가 되어 담배사업법 1회 위반으로 보아야 한다는 것이다. 다만 1개의 죄인 포괄일죄가 된다고 하더라도 확정판결이 있는 경우에는 판결 확정을 전후로 하여 서로 별개의 포괄일죄가 되므로 그 경우에는 각각의 담배사업법위반죄로 처벌되어야 한다는 점을 지적한 판결이다.

2.2. 영업정지기간 중인 담배소매인의 판매행위의 가벌성(대법원 2010도15213 판결)

〈사건의 개요〉

피고인은 담배사업법에 따라 담배소매인 지정을 받은 판매업자인데, 영업정지명령을 받아 그 정지기간 중에 있음에도 소비자에게 담배를 판매하여 '소매인 지정을 받지 아니하고 담배를 판매한 자'에 해당한다는 이유로 담배사업법위반으로 기소된 사안

〈적용 법률〉

구 담배사업법(2014. 1. 21. 법률 제12269호로 개정되기 전의 것)
제12조(담배의 판매)
② 소매인이 아닌 자는 담배를 소비자에게 판매하여서는 아니된다.

제27조의3(벌칙) 다음 각호의 1에 해당하는 자는 500만원 이하의 벌금에 처한다.
 1. 제12조 제2항의 규정에 위반하여 소매인 지정을 받지 아니하고 소비자에게 담배를 판매한 자

〈법원의 판단〉

구 담배사업법(2014. 1. 21. 법률 제12269호로 개정되기 전의 것, 이하 '구 담배사업법'이라 한다)은 담배소매업을 하고자 하는 자는 사업장의 소재지를 관할하는 시장·군수·구청장으로부터 소매인의 지정을 받아야 하고(제16조 제1항), 소매인이 아닌 자는 담배를 소비자에게 판매하여서는 아니 되며(제12조 제2항), 이를 위반하여 소매인 지정을 받지 아니하고 소비자에게 담배를 판매한 경우에는 500만 원 이하의 벌금에 처하도록 규정하고 있다(제27조의3 제1호). 한편 구 담배사업법은 시장·군수·구청장은 소매인이 제17조 제2항 각 호에 해당하는 때에는 1년 이내의 기간을 정하여 영업의 정지를 명할 수 있고, 소매

인이 영업정지기간 중에 영업을 한 때에는 소매인 지정을 취소하여야 한다고 규정하고 있다(제17조 제2항, 제1항 제4호). 이러한 구 담배사업법 규정의 내용과 형식, 문언상 의미 등과 함께 형벌법규의 확장해석을 금지하는 죄형법정주의의 일반원칙 등에 비추어 보면, 구 담배사업법 제27조의3 제1호의 적용대상이 되는 '소매인 지정을 받지 아니한 자'는 처음부터 소매인 지정을 받지 않거나 소매인 지정을 받았으나 이후 소매인 지정이 취소되어 소매인 자격을 상실한 자만을 의미하는 것으로 보아야 하고, 영업정지처분을 받았으나 아직 적법하게 소매인 지정이 취소되지 않은 자는 여기에 해당하지 않는다고 보아야 한다.

〈해설〉

형벌법규의 해석은 엄격하여야 하고 명문 규정의 의미를 피고인에게 불리한 방향으로 지나치게 확장해석하거나 유추해석하는 것은 죄형법정주의의 원칙에 어긋나는 것으로서 허용되지 않는다. 소매인 지정을 받지 않고 제조담배의 판매를 금지하는 담배사업법의 입법 목적만을 고려한다면, 처음부터 소매인 지정을 받지 않았거나 소매인 지정을 받았으나 그 지정이 취소되어 그 시점부터는 소매인이 아닌 경우만이 아니라 소매인이지만 영업정지로 인해 담배를 판매할 수 없는 경우에도 담배사업법위반이라고 볼 여지가 있다. 그러나 영업정지라는 행정명령에 의해 담배를 판매할 수 없게 된 경우라고 하더라도 여전히 소매인 지정을 받은 담배소매인, 즉 영업제한이라는 소매인이기 때문에 이 경우 담배를 금지해야 한다는 필요성 때문에 소매인이 아니라고 해석해서는 아니된다는 판결이다.

2.3. 담배사업법에서 소비자의 의미가 문제된 사안(대법원 2015도7280 판결)

〈사건의 개요〉

피고인이 담배사업법이 정한 소매인 지정을 받지 않은 상태에서 빵, 음료, 빙과류 등의 도소매업을 영위하면서 제3자로부터 담배를 공급받아 매점 또는 식당을 운영하는 사업자들인 소매점에만 담배를 공급한 것이 담배사업법 위반에 해당한다고 판단하여 기소된 사안

〈적용 법률〉

담배사업법

제12조(담배의 판매)

① 제조업자가 제조한 담배는 그 제조업자가, 외국으로부터 수입한 담배는 그 수입판매업자(第13條第1項의 規定에 의한 담배수입판매업의 登錄을 한 者를 말한다. 이하 같다)가 도매업자(第13條第1項의 規定에 의한 담배도매업의 登錄을 한 者를 말한다. 이하 같다) 또는 소매인(第16條第1項의 規定에 의한 小賣人의 지정을 받은 者를 말한다. 이하 같다)에게 이를 판매한다.

제13조(담배판매업의 등록) ① 담배수입판매업을 하고자 하는 자는 그의 본점 또는 주된 사무소의 소재지를 관할하는 특별시장·광역시장 또는 도지사(이하 "시·도지사"라 한다)에게, 담배도매업(제조업자 또는 수입판매업자로부터 담배를 매입하여 다른 도매업자 또는 소매인에게 판매하는 영업을 말한다. 이하 같다)을 하고자 하는 자는 그의 본점 또는 주된 사무소의 소재지를 관할하는 시장·군수 또는 자치구의 구청장(이하 "시장·군수·구청장"이라 한다)에게 등록하여야 한다. 등록한 사항중 기획재정부령이 정하는 중요사항을 변경하고자 하는 때에도 또한 같다.

제16조(소매인의 지정) ① 담배소매업(직접 消費者에게 販賣하는 영업을 말한다)을 하고자 하는 자는 사업장의 소재지를 관할하는 시장·군수·구청장으로부터 소매인의 지정을 받아야 한다.

〈법원의 판단〉

담배사업법 제12조 제1항은 '제조업자가 제조한 담배는 그 제조업자가, 외국으로부터 수입한 담배는 그 수입판매업자(제13조 제1항의 규정에 의한 담배수입판매업의 등록을 한 자를 말한다)가 도매업자(제13조 제1항의 규정에 의한 담배도매업의 등록을 한 자를 말한다) 또는 소매인(제16조 제1항의 규정에 의한 소매인의 지정을 받은 자를 말한다)에게 이를 판매한다'고 규정하고 있고, 담배사업법 제13조 제1항은 '담배수입판매업을 하고자 하는 자는 그의 본점 또는 주된 사무소의 소재지를 관할하는 특별시장·광역시장 또는 도지사에게, 담배도매업(제조업자 또는 수입판매업자로부터 담배를 매입하여 다른 도매업자 또는 소매인에게 판매하는 영업을 말한다)을 하고자 하는 자는 그의 본점 또는 주된 사무소의 소재지를 관할하는 시장·군수 또는 자치구의 구청장에게 등록하여야 한다'고 규정하고 있다. 소비자란 일반적으로 '재화를 소비하는 사람'을 의미한다. 그리고 위와 같이 담배사업법은 담배소매업의 판매 상대방을 '소비자'로, 담배도매업의 판매 상대방을 '다른 도매업자 또는 소매인'으로 분명하게 구분하여 규정하고 있다. 만일 담배소매업의 판매 상대방인 '소비자'의 범위를 담배사업의 유통구조에서 최종 단계에 있는 소비자에 한정하지 아니하고 다른 도매업자 또는 소매인도 이에 포함된다고 보면 담배소매업의 판매 상대방의 범위에 아무런 제한이 없다고 보는 셈이 되고, 결국 담배사업법 제16조 제1항이 판매 상대방을 '소비자'로 규정한 것이 불필요한 문언으로 된다. 이러한 담배사업법의 규정 내용(특히 담배사업법 제16조 제1항은 소비자 앞에 '직접'이라는 문언을 부가하여 담배소매업의 범위를 더욱 제한하고 있다), 소비자의 통상적인 의미 등을 앞서 본 법리에 비추어 살펴보면, 담배사업법 제16조 제1항에서 규정한 '소비자'는 담배를 구매하여 최종적으로 사용하거나 이용하는 사람을 의미한다고 할 것이다.

〈해설〉

　　직접 소비자에게 담배를 판매하는 담배소매업을 하기 위해서는 담배사업법에 따라 사업장 소재지를 관할하는 시장·군수·구청장으로부터 소매인으로 지정을 받아야 한다. 그런데 담배소매업자가 상대하는 소비자의 개념에 관하여 담배사업법은 별도로 규정하고 있지 않아 그 의미가 무엇인지 쟁점이 된 사안이다. 소비자를 거래의 상대방, 즉 한쪽이 공급자이면 반대쪽은 소비자에 해당한다고 해석한다면, 상대방이 도매업자이든 다른 소매인이든 담배를 판매하는 자는 소매인 지정을 받아야 한다는 결론이 되는데, 법원은 소비자란 일반적으로 '재화를 소비하는 사람'을 의미하는 것이므로 최종 소비자를 상대로 담배를 거래하는 경우가 아니라면 담배소매업을 하는 것이 아니므로 담배소매인 지정을 받을 필요가 없다고 본 것이다.

2.4. 니코틴을 포함한 용액을 만든 것이 담배사업법에 정하고 있는 담배의 제조에 해당하는지 여부가 문제된 사안[대법원 2018도9828 판결]

〈사건의 개요〉

담배제조업 허가를 받지 않은 피고인들이 공모하여, 고농도 니코틴 용액에 프로필렌글리콜(Propylene Glycol)과 식물성 글리세린(Vegetable Glycerin)과 같은 희석액, 소비자의 기호에 맞는 향료를 일정한 비율로 첨가하여 전자장치를 이용해 흡입할 수 있는 '니코틴이 포함된 용액'을 만든 것이 담배사업법에 따른 담배를 제조한 것에 해당하는지가 문제된 사안

〈적용 법률〉

구 담배사업법(2014. 1. 21. 법률 제12269호로 개정되기 전의 것)
제2조(정의) 이 법에서 "담배"라 함은 연초의 잎을 원료의 전부 또는 일부로 하여 피우거나 빨거나 씹거나 또는 냄새맡기에 적합한 상태로 제조한 것을 말한다.

구 담배사업법(2014. 1. 21. 법률 제12269호로 개정된 것)
제2조(정의) 이 법에서 사용하는 용어의 뜻은 다음과 같다.
  1. "담배"란 연초(煙草)의 잎을 원료의 전부 또는 일부로 하여 피우거나, 빨거나, 증기로 흡입하거나, 씹거나, 냄새 맡기에 적합한 상태로 제조한 것을 말한다.
  2. "저발화성담배"란 담배에 불을 붙인 후 피우지 아니하고 일정시간 이상 방치할 경우 저절로 불이 꺼지는 기능을 가진 담배로서 제11조의5제2항에 따른 인증을 받은 담배를 말한다.

구 담배사업법(2014. 1. 21. 법률 제12269호로 개정되기 전의 것)
제11조(담배제조업허가)
① 담배제조업을 영위하고자 하는 자는 대통령령이 정하는 바에 의하여 기획재정부장관의 허가를 받아야 한다. 허가받은 사항중 대통령령이 정하는 중요한 사항을 변경하고자 하는 때에도 또한 같다.

② 기획재정부장관은 제1항의 규정에 의한 담배제조업의 허가(이하 "담배제조업허가"라 한다)를 받고자 하는 자가 대통령령이 정하는 자본금·시설기준·기술인력·담배제조 기술의 연구·개발 및 국민건강 보호를 위한 품질관리 등에 관한 기준을 갖춘 경우에는 이를 허가하여야 한다.

담배사업법 시행령

제4조(담배제조업허가의 기준)

① 법 제11조 제2항의 규정에 의한 자본금·시설기준·기술인력·담배제조 기술의 연구·개발 및 국민건강 보호를 위한 품질관리등에 관한 기준은 다음 각호와 같다.

1. 자본금 : 300억원 이상일 것

2. 시설기준 : 연간 50억개비(1일 16시간 작업 기준) 이상의 담배를 제조할 수 있는 시설로서 원료가공부터 궐련제조 및 제품포장에 이르는 일관공정을 갖춘 제조시설을 갖출 것. 다만, 연간 100억개비 미만의 담배를 제조할 때까지는 원료가공시설을 설치하지 아니할 수 있다.

3. 기술인력 : 담배제조 및 품질관리 분야에서 3년 이상의 경력을 가진 5인 이상의 전문기술인력을 보유할 것

4. 담배제조 기술의 연구·개발 및 국민건강 보호를 위한 품질관리 : 제품성능 및 품질분석이 가능한 실험설비(항온항습설비·연기성분측정장치·공기희석률측정기·흡인저항측정기)를 구비하고, 품질관리기준 및 이에 관한 품질관리지침서를 마련할 것

② 제1항 제2호 단서에 따른 연간 담배제조량의 산정은 법 제11조 제1항에 따른 허가 또는 변경허가를 받으려는 자의 연간 담배제조량과 「독점규제 및 공정거래에 관한 법률」 제2조 제3호에 따른 계열회사(법 제11조 제1항에 따른 허가 또는 변경허가를 받으려는 자가 외국법인의 국내사업장인 경우에는 해당 외국법인을 말한다)에서 생산된 담배의 연간 수입량을 더하여 산정한다.

구 담배사업법 시행령(2017. 2. 28. 대통령령 제27869호로 개정되기 전의 것)

제4조(담배제조업허가의 기준)

① 법 제11조 제2항의 규정에 의한 자본금·시설기준·기술인력·담배제조 기술의 연구·개발 및 국민건강 보호를 위한 품질관리등에 관한 기준은 다음 각호와 같다.

1. 자본금 : 300억원 이상일 것

2. 시설기준 : 연간 50억개비(1일 16시간 작업 기준) 이상의 담배를 제조할 수 있는 시설로서 원료가공부터 궐련제조 및 제품포장에 이르는 일관공정을 갖춘 제조시설을 갖출 것. 다만, 연간 100억개비 미만의 담배를 제조할 때까지는 원료가공시설을 설치하지 아니할 수 있다.

3. 기술인력 : 담배제조 및 품질관리 분야에서 3년 이상의 경력을 가진 5인 이상의 전문기술인력을 보유할 것

4. 담배제조 기술의 연구·개발 및 국민건강 보호를 위한 품질관리 : 제품성능 및 품질분석이 가능한 실험설비(항온항습설비·연기성분측정장치·공기희석률측정기·흡인저항측정기)를 구비하고, 품질관리기준 및 이에 관한 품질관리지침서를 마련할 것

② 제1항 제2호 단서의 규정에 의한 제조업자의 연간 담배제조량을 산정함에 있어서는 당해 제조업자의 연간 제조량과 독점규제및공정거래에관한법률 제2조 제3호의 규정에 의한 계열회사(제조업자가 외국법인의 국내사업장인 경우에는 당해 외국법인을 말한다)에서 생산된 담배의 연간 수입량을 합계하여 산정한다.

〈법원의 판단〉

구 담배사업법 제2조(2014. 1. 21. 법률 제12269호로 개정되기 전의 것)는 '담배'를 '연초(煙草)의 잎을 원료의 전부 또는 일부로 하여 피우거나, 빨거나, 씹거나 또는 냄새 맡기에 적합한 상태로 제조한 것'으로 정의하고 있었다. 그런데 2014. 1. 21. 법률개정으로 '담배'를 '연초(煙草)의 잎을 원료의 전부 또는 일부로 하여 피우거나, 빨거나, 증기로 흡입하거나, 씹거나 또는 냄새 맡기에 적합한 상태로 제조한 것'이라고 함으로써 담배의 정의에 '증기로 흡입하기에 적합하게 제조한 것'도 추가하였다. 위와 같은 법 개정의 이유는 담배의 정의에 전자담배가 포함되도록 하여 전자담배의 허위광고, 품질관리 소홀 등을 규제하고, 전자담배에 대한 부정확한 광고로 인한 소비자의 혼란을 방지하고자 하는 데 있다. 이러한 개정 법률의 문언 및 개정 이유에 비추어 보면, 전자장치를 이용하여 호흡기를 통하여 체내에 흡입함으로써 흡연과 같은 효과를 낼 수 있도록 만든 니코틴이 포함된 용액은 연초의 잎에서 추출한 니코틴을 그 원료로 하는 한 증기로 흡입하기에 적합하게 제조한 것이어서 그 자체로 담배사업법 제2조의 담배에 해당한다고 해석되고, 이러한 흡입을 가능하게 하는 전자장치는 위 규정이 정하는 담배의 구성요소가 아닌 흡입을 위한 도구에 불과하다고 보아야 한다.

〈해설〉

고농도 니코틴 용액에 프로필렌글리콜(Propylene Glycol)과 식물성 글리세린(Vegetable Glycerin)과 같은 희석액, 소비자의 기호에 맞는 향료를 일정한 비율로 첨가하여 전자장치를 이용해 흡입할 수 있는 '니코틴이 포함된 용액' 자체는 아직 담배가 완성되지 않은 전단계로 볼 여지가 있으나 가향이 되어 있는 니코틴 용액은 이미 '연초(煙草)의 잎을 원료의 전부 또는 일부로 하여 증기로 흡입하기에 적합한 상태가 된 것이므로 담배사업법에 따른 담배에 해당한다고 본 것이다. 니코틴 용액은 그 자체로 흡입할 수는 없으나 전자장치를 이용하면 증기로 흡입이 가능하고, 전자장치 자체는 흡입을 위한 도구이지 담배의 구성 요소가 아니기 때문에 전자장치와 결합되지 않은 상태라고 하더라도 이미 담배로서 완성된 것이라본 것이다. 따라서 담배사업법에 따른 담배제조업 허가를 받지 않고 프로필렌글리콜과 식물성 글리세린과 같은 희석액, 소비자의 기호에 맞춘 향료를 일정한 비율로 첨가한 니코틴 용액을 제조하는 것은 담배사업법 위반에 해당한다. 다만 연초의 잎에서 추출한 니코틴 용액 자체는 아직 피우거나, 빨거나 증기로 흡입하는 등의 행위에 적합한 상태가 아니므로 담배에 해당하지 않는다는 차이가 있다.

2.5. 소비자가 직접 담배를 제조하게 한 행위가 무허가 담배제조행위에 해당하는지의 여부가 문제가 된 사안(대법원 2019도16782 판결)

〈사건의 개요〉

피고인은 연초 잎, 필터가 삽입된 담배종이 등의 담배 재료와 분쇄된 연초 잎을 담배종이 안으로 삽입해 주는 기계('튜빙 기계') 등의 담배제조시설을 제3자로부터 공급받아, 이를 자신이 운영하는 영업점에 비치한 후, 자신의 영업점을 방문한 손님에게 2,500원에 대략 1갑을 만들 수 있는 연초 잎 등 담배의 재료를 제공하였다. 손님은, 그 연초 잎을 바구니에 넣고 스팀기를 이용하여 스팀을 분사하는 과정, 분쇄기를 이용하여 연초 잎을 적당한 크기로 분쇄하는 과정, 튜빙 기계를 이용하여 분쇄된 연초 잎을 필터가 삽입된 담배종이에 삽입하는 과정, 튜빙 기계에서 나온 담배를 손에 쥐고 바닥에 친 다음 끝부분을 모아주는 과정을 거쳐 궐련을 만들었다. 피고인의 이러한 영업행위에 대하여 불특정다수의 손님들에게 연초 잎, 담배 필터, 담뱃갑을 제공하고 손님으로 하여금 담배 제조기계를 조작하게 하는 방법으로 담배를 제조하게 한 것이 담배제조업 허가 없이 담배를 제조한 것이라고 기소한 사안

〈적용 법률〉

담배사업법

제11조(담배제조업의 허가)

① 담배제조업을 하려는 자는 대통령령으로 정하는 바에 따라 기획재정부장관의 허가를 받아야 한다. 허가 받은 사항 중 대통령령으로 정하는 중요한 사항을 변경할 때에도 또한 같다.

② 기획재정부장관은 제1항에 따른 담배제조업의 허가(이하 "담배제조업허가"라 한다)를 받으려는 자가 대통령령으로 정하는 자본금, 시설, 기술인력, 담배 제조 기술의 연구·개발 및 국민건강 보호를 위한 품질 관리 등에 관한 기준을 충족한 경우에는 허가를 하여야 한다.

〈법원의 판단〉

어떠한 영업행위가 여기서 말하는 '담배의 제조'에 해당하는지는, 그 영업행위의 실질적인 운영형태, 담배가공을 위해 수행된 작업의 경위·내용·성격, 담배사업법이 담배제조업을 허가제로 규정하고 있는 취지 등을 종합적으로 고려하여 사회통념에 비추어 합리적으로 판단하여야 한다. 한편 '담배의 제조'는 담배가공을 위한 일정한 작업의 수행을 전제하므로, 그러한 작업을 수행하지 않은 자의 행위를 무허가 담배제조로 인한 담배사업법 제27조 제1항 제1호, 제11조 위반죄로 의율하는 것은 특별한 사정이 없는 한 문언의 가능한 의미를 벗어나 피고인에게 불리한 방향으로 해석한 것이어서 죄형법정주의의 내용인 확장해석금지 원칙에 어긋난다. 피고인이 자신의 영업점에서 실제 행한 활동은 손님에게 연초 잎 등 담배의 재료를 판매하고 담배 제조시설을 제공한 것인데, 이러한 피고인의 활동은 담배의 원료인 연초 잎에 일정한 작업을 가한 것이 아니어서 '담배의 제조'로 평가하기는 어렵다. 제조란 일반적으로 '물건이나 제품을 만들어 내는 것'을 뜻하므로, 피고인의 위와 같은 활동까지 제조로 이해하는 것은 문언의 가능한 의미를 벗어나 피고인에게 불리한 방향으로 해석한 것이다. 피고인의 영업점에서 손님은 피고인으로부터 받은 연초 잎 등 담배의 재료와 담배제조시설을 이용하여 가공작업을 직접 수행하였는데, 당시 영업점에 비치된 담배제조시설의 규모와 자동화 정도 등에 비추어 볼 때 위와 같은 손님의 작업이 명목상의 활동에 불과하다고 보기는 어렵고, 그 작업을 피고인의 활동과 같게 볼만한 특별한 사정을 찾기도 어렵다. 담배사업법령에서 담배제조업을 허가제로 운영하고 이에 대한 허가기준을 둔 취지는, 국민건강에 나쁜 영향을 미치는 담배산업의 특성을 고려하여 산업의 경쟁체제는 유지하면서도 군소생산업체가 다수 설립되는 것을 막아 담배의 품질과 공급량 등을 효율적으로 관리·감독하고 담배 소비 중가를 억제하려는 데에 있다(대법원 2018. 9. 28. 선고 2018도9828 판결 등 참조). 담배사업법상 연초 잎의 판매와 개별 소비자에 의한 담배 제조가 금지되어 있지 않은 점 등을 고려할 때, 피고인의 영업방식이 위와 같은 입법 취지에 어긋난다고 단정하기도 어렵다. 위와 같은 피고인의 영업방식에 따르면, 손님과 피고인 사이에 수수된 돈은 '완성된 담배'가 아닌 '담배의 재료 또는 제조시설의 제공'에 대한 대가라고 봄이 타당하다.

〈해설〉

담배를 제조하기 위해서는 다수의 공정, 즉 DCC(절단한 담뱃잎을 실린더 안에 넣어 가습 및 열처리하는 공정)→케이싱(담뱃잎의 향과 수분 함유량을 높이는 공정)→토스팅(암모니아 등의 제거를 위해 담뱃잎을 가열하는 공정)→혼합 사일로(서로 다른 품종 또는 같은 품종 내 다른 등급의 담뱃잎을 정해진 배합 비율에 따라 섞는 공정)→재건조 및 스캐너(담뱃잎을 건조시키고 블랜딩한 담배 잎에서 불순물을 걸러내는 공정)→가향(담배의 맛과 품질을 향상시키기 위하여 원료 배합물에 당과 향료 등의 가향제와 그리세린 등의 보습제를 가하는 공정)→절단(담배가 일정한 속도로 연소되고 흡착되도록 일정한 두께로 자르는 공정)→혼합{담배의 니코틴과 타르양을 조절하고 담배 용량을 충족시키기 위하여 ETB(순엽팽화), CRES(주맥팽화) 등을 혼합하는 공정}→필터 결합 및 Tipping Paper(니코틴과 타르 양의 흡착 등을 조절하는 필터와 접착하고 각초를 종이로 마는 공정)와 같은 여러 단계의 공정을 거치게 된다.

피고인은 연초 잎, 필터가 삽입된 담배종이 등의 담배 재료와 분쇄된 연초 잎을 담배종이 안으로 삽입해 주는 튜빙 기계, 스팀기를 비치하고, 손님에게 대략 1갑을 만들 수 있는 연초 잎 등 담배의 재료를 제공하였고 손님은 직접 비치된 기계를 이용하여 담배를 제조하였다. 그러나 피고인은 직접 연초 잎에 가공작업하거나 미리 만들어놓은 담배를 판매하였다거나 손님에게 직접 담배를 만들어 준 사실은 없었고, 손님의 궐련 제조과정에 개입하여 일부 과정을 대신 수행한 사실은 없었다. 그러므로 피고인이 담배제조 장비를 비치하여 손님의 담배제조에 기여한 사실은 인정되지만 자가소비를 위한 손님의 담배제조행위가 허용되고, 그와 같이 허용되는 행위에 도움을 준 것만으로는 담배사업법상 제조행위에 해당하지 않는다고 본 것이다. 이러한 경우에도 업으로 담배제조행위를 한 것으로 보는 것은 해당한다고 보는 경우에는 담배제조업에 관하여 허가를 얻도록 한 담배사업법상 문언의 가능한 의미를 벗어나 피고인에게 불리한 방향으로 해석한 것이어서 죄형법정주의의 내용인 확장해석금지 원칙에 어긋난다고 본 것이다. 그러나 외관상으로는 손님이 직접 담배를 만들 수 있도록 제조장비를 비치해 두었으나 실제로는 담배 제조설비에 재료를 투입해 놓은 상태에서 손님이 제조 버튼만 누르면 담배가 제조되도록 준비해 두는 경우처럼 사업자가 담배를 제조하는 것으로 볼 수 있는 경우에는 사업자의 담배제조행위이므로 담배사업법 위반에 해당할 수 있어 주의가 필요하다(부산지방법원 서부지원 2018고정458 판결 등).

2.6. 담배제조업 허가 없이 가맹점 계약을 통해 담배제조설비를 제공한 것이 담배사업법을 위반한 것인지의 여부가 문제된 사안(대법원 2021도1750 판결)

〈사건의 개요〉

담배제조업 허가 및 담배소매인 지정을 받지 않은 피고인이 담배제조업 허가 및 담배소매인 지정을 받지 아니한 A와 가맹점 계약을 체결한 후, 연초 잎, 담배종이, 담배 필터, 담뱃갑 및 담배제조기계 6대를 공급하는데, A는 피고인의 설명에 따라 자신이 운영하는 업소를 방문한 불특정 다수의 손님들에게 연초 잎, 담배종이, 담배 필터, 담뱃갑을 제공하고, 손님으로 하여금 담배제조기계를 조작하게 하거나 직접 담배제조기계를 조작하는 방법으로 담배를 제조하고, 손님으로부터 1갑 기준으로 담뱃값을 받는 방법으로 담배를 판매하였다. 피고인은 A를 포함하여 담배제조업 허가 및 담배소매인 지정을 받지 아니한 총 19명과 가맹점 계약을 체결하고, 그들에게 담배제조기계, 담배 재료를 공급하여 A와 같은 방법으로 담배를 제조·판매하게 하는데, 이러한 피고인의 행위를 가맹점주들과 공모하여 담배제조업 허가 및 담배소매인 지정을 받지 아니하고 담배를 제조·판매한 것으로 기소한 사안이다.

〈적용 법률〉

담배사업법

제11조(담배제조업의 허가)

① 담배제조업을 하려는 자는 대통령령으로 정하는 바에 따라 기획재정부장관의 허가를 받아야 한다. 허가 받은 사항 중 대통령령으로 정하는 중요한 사항을 변경할 때에도 또한 같다.

② 기획재정부장관은 제1항에 따른 담배제조업의 허가(이하 "담배제조업허가"라 한다)를 받으려는 자가 대통령령으로 정하는 자본금, 시설, 기술인력, 담배 제조 기술의 연구·개발 및 국민건강 보호를 위한 품질관리 등에 관한 기준을 충족한 경우에는 허가를 하여야 한다.

제27조(벌칙) ① 다음 각 호의 어느 하나에 해당하는 자는 3년 이하의 징역 또는 3천만원 이하의 벌금에 처한다.

1. 제11조를 위반하여 담배제조업허가를 받지 아니하고 담배를 제조한 자

〈법원의 판단〉

담배사업법 제11조에 규정된 '담배의 제조'는 일정한 작업으로 담배사업법 제2조의 '담배'에 해당하는 것을 만들어 내는 것을 말한다(대법원 2018. 9. 28. 선고 2018도9828 판결 참조). 어떠한 영업행위가 여기서 말하는 '담배의 제조'에 해당하는지는, 그 영업행위의 실질적인 운영형태, 담배가공을 위해 수행된 작업의 경위·내용·성격, 담배사업법이 담배제조업을 허가제로 규정하고 있는 취지 등을 종합적으로 고려하여 사회통념에 비추어 합리적으로 판단하여야 한다. 다만 '담배의 제조'는 담배사업법 제27조 제1항 제1호, 제11조 위반죄의 구성요건에 해당하므로, 개별 사안에서 그 여부를 판단할 때에 문언의 가능한 의미를 벗어나지 않도록 유념하여야 한다. 피고인은 식품유통업 등을 목적으로 설립된 B의 운영자로서 자신과 가맹점 계약을 체결한 점주들에게 연초 잎, 필터가 삽입된 담배종이, 담뱃갑 등의 담배의 재료와 분쇄된 연초 잎을 담배종이 안으로 삽입해 주는 기계(이하 '튜빙 기계'라 한다) 등의 담배제조시설을 공급하였다(일부 가맹점에는 튜빙 기계만을 공급하였다). 피고인은 당시 가맹점주 등을 상대로 '연초 잎 등 담배 재료만을 판매하고 고객이 담배를 제조하는 것이므로 불법이 아니다. 직접 제조해 주거나 미리 제조해서 판매하는 것은 안 된다.'고 교육하였다. 이에 따라 가맹점주들은 고객에게 연초 잎 등 담배의 재료를 판매하고 고객으로 하여금 비치된 튜빙 기계 등을 이용하여 담배를 만들도록 하였다. 가맹점에서 손님은, ㉠ 구매한 연초 잎을 바구니에 넣고 스팀기를 이용하여 스팀을 분사하는 과정(습식 과정), ㉡ 분쇄기를 이용하여 연초 잎을 적당한 크기로 분쇄하는 과정(분쇄 과정), ㉢ 튜빙 기계를 이용해서 분쇄된 담뱃잎을 필터가 삽입된 담배종이에 삽입하는 과정(튜빙 과정), ㉣ 튜빙 기계에서 나온 담배를 손에 쥐고 바닥에 친 다음 끝부분을 모아주는 과정(마무리 과정)을 거쳐 궐련을 만들었다. 손님이 기계 조작에 숙련된 경우에도 위 과정에 상당한 시간이 소요되었고, 손님의 숙련도 등에 따라 완성품의 품질이 달라질 여지도 있었다. 일부 가맹점의 경우 고객을 도와준다는 명목으로 담배 몇 개 또는 몇 갑을 대신 제조해 주기도 하였고, 고객의 부탁을 받고 담배를 제조해 주거나 미리 제조해 둔 담배를 판매하기도 하였으나, 피고인이 이러한 변칙적인 영업에 대해 알고서도 묵인하였음을 인정할 증거는 없다. 위와 같은 사실 또는 사정을 앞서 본 법리에 비추어 살펴보면, 피고인이 공소외인 등 가맹점주들과 공모하여 담배를 제조하였다거나 제조된 담배를 소비자에게 판매하였다고 보기 어렵다.

〈해설〉

대법원 2019도16782 판결이 담배제조기계를 비치하여 손님으로 하여금 직접 담배를 만들게 한 사업자들에 관한 사건이라면, 이 사건은 위와 같은 영업방식을 수행하는 가맹점을 모집하여 관련 설비를 제공한 가맹본부의 담배사업법 위반 여부가 문제된 사안이다. 원심은, A 등 가맹점주가 가게 안에 연초 잎, 담배 필터, 담배제조기계 등 담배제조에 필요한 시설을 모두 갖추어 놓고, 손님이 담배제조기계를 간단하게 조작함으로써 곧바로 흡연할 수 있는 상태의 완성된 담배를 구매할 수 있도록 한 것은 피고인이 가맹점주를 모집할 때부터 계획했던 사업방식이었고, 가맹점주들에게 담배 재료와 담배제조기계를 공급한 피고인의 행위 역시 담배사업법에서 금지하는 담배제조행위에 해당하고, 피고인의 행위가 담배의 제조행위로 인정되는 이상 피고인이 가맹점주를 통하여 손님에게 담배 재료를 판매한 행위 역시 실질적으로 담배를 판매하는 행위에 해당한다고 보았다.

그러나 대법원 2019도16782 판결에서도 확인된 바와 같이 가맹점주의 이러한 방식의 담배제조행위는 담배사업법에 위반한 제조행위에 해당하지 않는다. 피고인이 당초 구상한 영업방식에 따라 가맹점주들이 하기로 예정된 활동은, 영업점을 방문한 손님에게 연초 잎 등 담배 재료와 담배제조시설을 제공하는 것에 불과하고 이러한 활동은 담배의 원료인 연초 잎에 일정한 작업을 가한 것이 아니어서 '담배의 제조'로 평가하기 어렵다. 제조란 일반적으로 '물건이나 제품을 만들어 내는 것'을 뜻하므로, 가맹본부가 가맹점주들에게 담배제조를 위한 장비를 판매하고 위와 같은 활동까지 제조로 이해하는 것은 문언의 가능한 의미를 벗어나 피고인에게 불리한 방향으로 해석한 것으로서 죄형법정주의에 위반한 위법한 유추해석에 해당한다.

담배사업법령에서 담배제조업을 허가제로 운영하고 이에 대한 허가기준을 둔 취지는, 국민건강에 나쁜 영향을 미치는 담배산업의 특성을 고려하여, 산업의 경쟁체제는 유지하면서도 군소생산업체가 다수 설립되는 것을 막아, 담배의 품질과 공급량 등을 효율적으로 관리·감독하고 담배 소비 증가를 억제하려는 데에 있고(대법원 2018. 9. 28. 선고 2018도 9828 판결 등 참조), 담배사업법상 연초 잎의 판매와 개별 소비자에 의한 담배제조가 금지되어 있지 않은 사정을 고려하면, 피고인이 구상한 영업방식이 담배사업법의 입법 취지에 어긋난다고 단정할 수 없다. 결국 피고인이 구상한 영업방식을 아무런 제한 없이 허용할 경우 담배의 품질과 공급량 등을 효율적으로 관리·감독하기 어려워지는 문제가 발생할 수는 있지만 이는 입법적인 보완을 통해 해결해야 하는 것이지 규제필요성 때문에 법령을 확장해석하여 제조행위를 제한하는 것은 옳지 않다는 것이다.

2.7. 담배사업법이 정한 등록을 하지 않은 담배도매업에 해당하는지가 쟁점이 된 사안

(부산지방법원 2011고단7965-1)

〈사건의 개요〉

담배도매업 등록을 하지 않은 피고인은 장물이라는 것을 알고서 취득한 담배를 A 등에게 양도하였고, A 등은 피고인으로부터 취득한 담배를 다른 담배 판매업자에게 양도한 행위에 대하여 장물양도 및 무등록 담배도매업이라는 이유로 담배사업법 위반으로 기소한 사안

〈적용 법률〉

담배사업법

제13조(담배판매업의 등록)

① 담배수입판매업을 하고자 하는 자는 그의 본점 또는 주된 사무소의 소재지를 관할하는 특별시장·광역시장 또는 도지사(이하 "시·도지사"라 한다)에게, 담배도매업(제조업자 또는 수입판매업자로부터 담배를 매입하여 다른 도매업자 또는 소매인에게 판매하는 영업을 말한다. 이하 같다)을 하고자 하는 자는 그의 본점 또는 주된 사무소의 소재지를 관할하는 시장·군수 또는 자치구의 구청장(이하 "시장·군수·구청장"이라 한다)에게 등록하여야 한다. 등록한 사항중 기획재정부령이 정하는 중요사항을 변경하고자 하는 때에도 또한 같다.

제27조의3(벌칙) 다음 각호의 1에 해당하는 자는 500만원 이하의 벌금에 처한다.
　2. 제13조 제1항의 규정에 위반하여 등록을 하지 아니하고 담배수입판매업 또는 담배도매업을 영위한 자

〈법원의 판단〉

형벌법규의 해석은 엄격하여야 하고 명문규정의 의미를 피고인에게 불리한 방향으로 확장해석하거나 유추해석하는 것은 허용되지 않는다. 이러한 원칙과 앞서 본 법률조항의 문언 및 체계 등을 종합해 볼 때, 피고인이 담배도매업을 영위하였다고 하기 위해서는 '제조

업자 또는 수입판매업자로부터 담배를 매입하여 다른 도매업자 또는 소매인에게 판매하는 영업'을 하였어야 하고, 여기서 '제조업자'는 담배제조업허가를 받은 자, '수입판매업자'는 법 제13조 제1항의 규정에 의한 담배수입판매업 등록을 한 자, '도매업자'는 법 제13조 제1항의 규정에 의한 담배도매업 등록을 한 자, '소매인'은 법 제16조 제1항의 규정에 의한 소매인 지정을 받은 자를 의미한다(법 제11조의3 제1항, 제13조 제1항 참조). 그런데 검사가 제출한 증거만으로는 피고인이 법 제13조 제1항에 규정된 '제조업자 또는 수입판매업자'로부터 담배를 매입하였다거나, '도매업자 또는 소매인'에게 담배를 판매하였다고 인정하기에 부족하여 무등록 담배도매업을 이유로 한 담배사업법 위반은 무죄.

〈해설〉

피고인이 장물로 취득한 담배를 제3자에게 판매하였고, 제3자는 다른 담배 판매업자에게 재판매하였다. 결국 피고인의 행위는 최종소비자를 상대로 한 판매가 아닌 자신에게서 담배를 구매한 판매업자에게 재판매할 것을 전제로 판매한 것이므로 일반적인 의미의 도매행위에 해당한다고 볼 수 있다. 그런 이유로 검사는 담배도매업 등록을 하지 않고, 도매행위를 한 피고인의 행위를 담배사업법 위반으로 기소하였으나 담배사업법 제13조 제1항에서 담배도매업을 "제조업자 또는 수입판매업자로부터 담배를 매입하여 다른 도매업자 또는 소매인에게 판매하는 영업을 말한다고 규정하고 있어 장물로 취득한 담배는 위 규정에 따른 담배에 해당하지 않으므로 피고인에게 무등록 담배도매업에 따른 담배사업법 위반을 인정하지 않은 것이다. 담배사업법상 문언의 가능한 의미를 벗어나 피고인에게 불리한 방향으로 해석할 수가 없다는 의미를 밝힌 것으로서 죄형법정주의의 내용인 확장해석 금지 원칙에 충실한 판단이다. 다만 이 사건은 항소심에서 검사가 피고인의 행위를 무등록 담배도매업자의 판매행위가 아닌 담배소매인으로 지정받은 자가 아님에도 소비자에게 장물로 취득한 담배를 판매하였다고 공소사실을 변경하여, 이를 이유로 담배사업법위반이 유죄로 인정되었다: 부산지방법원 2012노1651 판결).

2.8. 면세용 담배를 매수하여 판매한 행위가 무등록 담배도매업에 해당하는지의 여부가 문제된 사례(서울고등법원 2014노3276 판결)

〈사건의 개요〉
- - - - - - - - - - - -

피고인은 주한미군용 면세담배를 미군부대에서 판매할 수 있는 소매인 지정을 받은 자이지만 별도의 담배도매업은 등록하지 않은 상태에서, A로부터 면세담배를 매입한 후 B에게 면세담배를 15회에 걸쳐 판매한 것에 대하여 무등록 담배도매업을 하였다는 이유로 담배사업법 위반죄로 기소된 사안이다.

〈적용 법률〉
- - - - - - - - - - - -

담배사업법

제11조의3(담배제조업의 양도 · 양수 등)
① 담배제조업허가를 받은 자(이하 "제조업자"라 한다)는 담배제조업을 양도하고자 하거나 다른 법인과 합병하고자 하는 경우에는 기획재정부령이 정하는 바에 의하여 기획재정부장관에게 신고하여야 한다.

제13조(담배판매업의 등록)
① 담배수입판매업을 하고자 하는 자는 그의 본점 또는 주된 사무소의 소재지를 관할하는 특별시장 · 광역시장 또는 도지사(이하 "시 · 도지사"라 한다)에게, 담배도매업(제조업자 또는 수입판매업자로부터 담배를 매입하여 다른 도매업자 또는 소매인에게 판매하는 영업을 말한다. 이하 같다)을 하고자 하는 자는 그의 본점 또는 주된 사무소의 소재지를 관할하는 시장 · 군수 또는 자치구의 구청장(이하 "시장 · 군수 · 구청장"이라 한다)에게 등록하여야 한다. 등록한 사항중 기획재정부령이 정하는 중요사항을 변경하고자 하는 때에도 또한 같다.

제16조(소매인의 지정)
① 담배소매업(직접 消費者에게 販賣하는 영업을 말한다)을 하고자 하는 자는 사업장의 소재지를 관할하는 시장 · 군수 · 구청장으로부터 소매인의 지정을 받아야 한다.

제27조의2(벌칙)

② 다음 각 호의 어느 하나에 해당하는 자는 6개월 이하의 징역 또는 500만원 이하의 벌금에 처한다.

　2. 제13조 제1항을 위반하여 등록을 하지 아니하고 담배수입판매업 또는 담배도매업을 영위한 자

〈법원의 판단〉

담배사업법 제13조 제1항은 '담배도매업'을 '제조업자 또는 수입판매업자로부터 담배를 매입하여 다른 도매업자 또는 소매인에게 판매하는 영업'이라고 정의한 다음, 담배도매업을 하고자 하는 자는 그의 본점 또는 주된 사무소의 소재지를 관할하는 시장 등에게 등록하도록 규정하고 있고, 같은 법 제27조의2 제2항 제2호는 '같은 법 제13조 제1항을 위반하여 등록을 하지 아니하고 담배도매업을 영위한 자'를 6개월 이하의 징역 또는 500만 원 이하의 벌금형으로 처벌하고 있다. 위와 같이 무등록 담배도매업을 영위한 자에 대한 처벌조항이 담배도매업 정의규정이 포함된 등록의무조항을 인용하고 있는 이상, 처벌의 대상이 되는 '담배도매업'은 위 정의규정에 부합하는 것으로 제한하여 해석하여야 하고, 그 범위를 사전적인 의미의 '도매업'까지 확대하는 것은 허용되지 아니한다고 할 것이다. 위와 같이 처벌대상이 되는 담배도매업을 영위하였다고 하기 위해서는 '제조업자 또는 수입판매업자로부터 담배를 매입하여 다른 도매업자 또는 소매인에게 판매하는 영업'을 하였어야 하며, 여기서 '제조업자'는 담배제조업허가를 받은 자, '수입판매업자'는 같은 법 제13조 제1항의 규정에 의한 담배수입판매업 등록을 한 자, '소매인'은 같은 법 제16조 제1항의 규정에 의한 소매인 지정을 받은 자를 의미한다고 할 것이다. 검사가 제출한 증거만으로는 피고인이 담배사업법 제13조 제1항에 규정된 '제조업자 또는 수입판매업자'로부터 담배를 매입하였다거나, '도매업자 또는 소매인'에게 담배를 판매하였다고 인정하기에 부족하고, 달리 이를 인정할 증거가 없다. 오히려 A는 담배사업법에서 정한 도매업자에 해당하고, B은 유한회사 C의 운영자일 뿐 담배사업법이 정한 도매업자나 소매인으로 볼 수 없다.

〈해설〉

　형벌법규의 해석은 엄격하여야 하고 명문규정의 의미를 피고인에게 불리한 방향으로 지나치게 확장해석하거나 유추해석하는 것은 죄형법정주의의 원칙에 어긋나는 것으로서 허용되지 않는다(대법원 2005. 11. 24. 선고 2002도4758 판결, 대법원 2009. 8. 20. 선고 2009도4590 판결 등 참조). 담배사업법 제27조의2 제2항 제2호의 처벌대상이 담배에 관한 사전적 의미의 도매업에까지 확장되는가의 여부가 문제가 되었으나 담배사업법이 '제조업자 또는 수입판매업자로부터 담배를 매입하여 다른 도매업자 또는 소매인에게 판매하는 영업'을 담배도매업으로 정의하고 있는 이상 처벌의 필요성이 있다는 이유로 법률의 규정을 확장해석하는 것은 허용되지 않는다는 것을 확인한 판결이다. 다만 주한미군용 면세담배를 영외로 빼돌려 판매한 행위를 '특수용 담배의 용도 외의 목적 판매행위'로 과태료를 부과하는 것은 가능할 수 있다.

2.9. 니코틴 용액이 전자담배에 해당하지 않는다고 오인한 것이 정당하지 않다고 판단한 사례(서울북부지방법원 2016고단2261, 2016고단2333 판결)

〈사건의 개요〉

A, B가 공모하여 고농도 니코틴 농축액(1,000mg/ml)을 해외에서 밀수하거나 정상적으로 수입한 다음 한국에서 구매한 프로필렌글리콜, 식물성글리세린 및 향료를 일정 비율로 함께 배합하는 방법으로 관할관청의 허가를 받지 아니한 채 고농도 니코틴이 포함된 용액을 전자장치를 이용하여 호흡기를 통해 체내에 흡입하는 전자담배를 제조하였다는 이유로 기소된 사안이다.

〈적용 법률〉

담배사업법

제11조(담배제조업의 허가)

① 담배제조업을 하려는 자는 대통령령으로 정하는 바에 따라 기획재정부장관의 허가를 받아야 한다. 허가받은 사항 중 대통령령으로 정하는 중요한 사항을 변경할 때에도 또한 같다.

② 기획재정부장관은 제1항에 따른 담배제조업의 허가(이하 "담배제조업허가"라 한다)를 받으려는 자가 대통령령으로 정하는 자본금, 시설, 기술인력, 담배 제조 기술의 연구·개발 및 국민건강 보호를 위한 품질관리 등에 관한 기준을 충족한 경우에는 허가를 하여야 한다.

제27조(벌칙) ① 다음 각 호의 어느 하나에 해당하는 자는 3년 이하의 징역 또는 3천만원 이하의 벌금에 처한다.

 1. 제11조를 위반하여 담배제조업허가를 받지 아니하고 담배를 제조한 자

관세법

제241조(수출·수입 또는 반송의 신고) ① 물품을 수출·수입 또는 반송하려면 해당 물품의 품명·규격·수량 및 가격과 그 밖에 대통령령으로 정하는 사항을 세관장에게 신고하여야 한다.

제269조(밀수출입죄)

② 다음 각 호의 어느 하나에 해당하는 자는 5년 이하의 징역 또는 관세액의 10배와 물품원가 중 높은 금액 이하에 상당하는 벌금에 처한다.

2. 제241조 제1항·제2항 또는 제244조 제1항에 따른 신고를 하였으나 해당 수입물품과 다른 물품으로 신고하여 수입한 자

조세법 처벌법

제10조(세금계산서의 발급의무 위반 등)

① 「부가가치세법」에 따라 세금계산서(전자세금계산서를 포함한다. 이하 이 조에서 같다)를 작성하여 발급하여야 할 자와 매출처별세금계산서합계표를 정부에 제출하여야 할 자가 다음 각 호의 어느 하나에 해당하는 경우에는 1년 이하의 징역 또는 공급가액에 부가가치세의 세율을 적용하여 계산한 세액의 2배 이하에 상당하는 벌금에 처한다.

1. 세금계산서를 발급하지 아니하거나 거짓으로 기재하여 발급한 경우

〈법원의 판단〉

'니코틴이 포함된 용액'이 담배사업법상의 '담배'에 해당하는지에 대해 보건대, 구 담배사업법(2014. 1. 21. 법률 제12269호로 일부개정되기 전의 것) 제2조는 '담배'를 '연초의 잎을 원료의 전부 또는 일부로 하여 피우거나 빨거나 씹거나 또는 냄새 맡기에 적합한 상태로 제조한 것을 말한다'라고 정의하였다. 그런데 이후 담배사업법(2014. 1. 21. 법률 제12269호로 일부 개정된 것, 이하 '담배사업법'이라 한다) 제2조 제1호는 '담배'를 '연초의 잎을 원료의 전부 또는 일부로 하여 피우거나 빨거나 증기로 흡입하거나, 씹거나, 냄새 맡기에 적합한 상태로 제조한 것'이라고 정의하여, "증기로 흡입한다"는 내용을 추가하는 것으로 개정하였다. 그리고 이와 같이 개정한 이유에 대해 담배의 정의에 전자담배가 포함되도록 하여 전자담배를 규제할 수 있도록 하고 있음을 분명히 하고 있다.

나아가 전자담배란 니코틴이 포함된 용액을 전자장치를 이용하여 호흡기를 통해 체내에 흡입하는 방식의 담배를 말하는바, 엄밀히 말한다면 전자담배의 경우 그 구성요소가 니

코틴이 혼합된 용액과 이를 기화시키기 위한 전자장치로 되어 있다. 이들의 판매가 별도로 이루어지고 있으나 전자장치는 그 자체로는 독자적인 효용이 없이 니코틴 용액을 체내에 흡입하기 위한 용도로 사용되는 도구이므로, 니코틴 용액이 담배사업법에서 정한 담배에 해당하는지 여부는 니코틴 혼합 용액을 위와 같은 전자장치와 결합하여 흡입하는 경우를 상정하여 판단하여야 할 것이다. ① 과거에는 연초의 잎을 단순 가공, 처리하여 담배를 제조해 왔으나, 최근 과학기술의 발달로 새로운 방법으로 연초의 잎을 가공, 처리하는 기술이 계속 등장하고 있고, 니코틴 용액 역시 새로운 과학기술을 이용하여 연초의 잎에서 니코틴을 추출한 것이므로, 이는 담배사업법 제2조에서 정한 연초의 잎을 원료로 한 것에 해당된다고 볼 수 있는 점, ② '빨다'의 국어 사전적 의미는 '입을 대고 입속으로 당겨 들어오게 하다'라는 것으로서 '흡입'과 같은 뜻이라고 할 수 있으므로, 니코틴을 기화 방식으로 체내에 흡수하기 위하여 제조된 니코틴 용액 역시 빨기에 적합한 상태로 제조한 것에 해당하는 점, ③ 니코틴을 기화 방식으로 흡입하여 흡연과 같은 효과를 낼 수 있도록 만든 니코틴 혼합 용액 역시 담배사업법에서 정한 담배로 보아 규율하는 것이 담배사업법의 개정 취지이고 이를 위해 위와 같이 개정하게 된 것인 점, ④ 전자장치가 없다는 이유로 니코틴이 혼합된 용액이 담배에 해당하지 않는다고 보는 것은 담배사업법 개정 취지에 부합하지 않는 점, ⑤ 즉 니코틴 혼합 용액이 담배의 본질로 이를 규제하기 위해 담배사업법을 개정한 것이지 전자장치를 규제하기 위해 개정한 것이 아닌 점, ⑥ 전자장치는 이른바 궐련담배에서의 성냥의 역할이 좀 더 과학적으로 진화한 형태에 불과한 점 등에 비추어 보면, 니코틴 혼합 용액은 담배사업법 제2조에서 정한 전자담배에 해당한다고 봄이 타당하다.

니코틴이 포함된 전자담배액상을 만드는 것이 '담배를 제조한 행위'에 해당하는지를 몰라 위법성 인식이 없었는지에 대해 보건대, 위에서 살핀 바와 같이 2014. 1. 21. 담배사업법의 개정으로 전자담배가 위 법에서 규정한 담배에 해당하고 이와 같은 사실은 전자담배를 제조하고 있는 피고인들이 당연히 알아야 하거나 충분히 알 수 있었던 것으로 단지 주식회사 한국전자담배에 대한 성남지청의 무혐의 처분이 있었다는 점만으로 피고인들에게 위법성을 인식하지 못한 데에 정당한 사유가 있다고 볼 수 없다. 더군다나 위 무혐의 처분은 2010. 7.경부터 2014. 1.경까지의 주식회사 한국전자담배의 전자담배액상 제조와 관련된 것으로 2014. 1. 21. 이전에는 전자담배가 담배사업법상 담배에 해당하는지에 대해 의문이 있을 수 있었으나 그 이후에는 법에 의해 의문이 없고, 전자담배 대리점 업주들도 우리나라에서는 니코틴 포함 전자담배 용액을 제조할 수 없다는 사실을 알고 있었다. 또한 '제조'란 통상적으로 원료에 인공을 가하여 정교한 제품을 만드는 것을 의미하는바, 피고인들 진술에 의하더라도 니코틴 농축액에 나름의 영업비밀처럼 기술과 노하우를 적용하여 각종 첨가제를 추가하여 고부가가치의 상품을 만들어 내고, 실제 니코틴 농축액 자체로는 증기 흡입을 할 수 없으나 피고인들이 만든 니코틴 혼합 용액으로는 바로 증기 흡입이 가능하게 한 것으로, 이는 담배의 제조라고 봄이 타당하지 이를 두고 단순한 혼합이라고는 볼 수 없다. 따라서 피고인들의 이 부분 주장 역시 받아들일 수 없다.

나아가 담배사업법상의 '허가'는 원칙적으로 담배제조를 금지하나 다만 예외적으로 일정한 경우에 시행령에 따라 담배제조를 허가한다는 것으로 시행령에 허가조건이 완벽하게 규정되지 못한 입법적 불비가 있다고 하여 그 입법적 불비를 이유로 모든 사람들에게 전자담배 제조를 허가한다는 취지가 아니다. 죄형법정주의란 국가형벌권의 자의적인 행사로부터 개인의 자유와 권리를 보호하기 위해 범죄와 형벌을 법률로 정하는 것을 의미하는바, 담배사업법 자체로 담배제조업 허가를 받지 아니하고 담배를 제조한 자를 처벌하는 것은 명백하므로 국가형벌권의 자의적인 행사라고 볼 수 없다. 즉 담배의 경우 국민 건강에 미치는 영향이 중대하므로 이에 대해서는 원칙적인 제한을 함이 타당하고 보아 이를 모법인 담배사업법에서 규정하였던 것이고, 다만 예외적으로 시행령에 의해 허가를 하였던 것이다. 그런데 시행령에 허가기준이 불명확하고 전자담배에 대한 시설기준이 없다는 이유로 모법이 금지하고 있는 행위가 허용된다고 하는 것은 모법의 효력을 시행령이 오히려 결정하는 것으로서 모법의 효력에 반한다. 따라서 피고인들의 이 부분 주장 역시 받아들일 수 없다.

〈해설〉

　2014. 1. 21. 이전의 구 담배사업법에서 정한 담배의 의미에서 "증기로 흡입한다는 문구가 없다"고 하더라도, 법원은 일관되게 담배의 개념에 전자담배도 포함된다고 보고 있다 (서울고등법원 2015누71879 판결, 대법원 2016두50709 판결, 서울고등법원 2015누44051 판결, 제주지방법원 2017. 6. 1. 2016노722 사건 판결 등). 다만 다른 사례에서 전자액상에 대해 무혐의처분이 있어서 피고인이 자신의 행위도 처벌되지 않은 것으로 오인할 수밖에 없었다는 주장이 있어 법원이 이를 받아들이지 않았다는 점에서 차이가 있다.

2.10. 미등록 담배수입판매업에 해당되는지의 여부가 문제된 사안(서울중앙지방법원 2015고단7779, 2016고단400 판결)

〈사건의 개요〉

피고인이 2015. 11. 중순경 인적사항 불상의 'E'으로부터 캄보디아에서 밀수한 담배를 팔아달라는 부탁을 받고 그로부터 수입신고를 하지 아니한 밀수 담배 5,000보루를 하남시 F에 있는 G이 관리하던 창고로 전달받아 2015. 12. 3.까지 보관하였다가 별도의 담배수입판매업의 등록을 하지 아니한 상태에서 피고인이 보관하고 있던 밀수담배를 제3자에게 판매하여 관세법 및 담배사업법 위반으로 기소된 사안이다.

〈적용 법률〉

담배사업법

제13조(담배판매업의 등록)

① 담배수입판매업을 하려는 자는 그의 본점 또는 주된 사무소의 소재지를 관할하는 특별시장·광역시장·특별자치시장·도지사 또는 특별자치도지사(이하 "시·도지사"라 한다)에게 등록하고, 담배도매업(제조업자나 수입판매업자로부터 담배를 매입하여 다른 도매업자나 소매인에게 판매하는 영업을 말한다. 이하 같다)을 하려는 자는 그의 본점 또는 주된 사무소의 소재지를 관할하는 특별자치시장·특별자치도지사·시장·군수 또는 구청장(구청장은 자치구의 구청장을 말하며, 이하 "시장·군수·구청장"이라 한다)에게 등록하여야 한다. 등록한 사항 중 기획재정부령으로 정하는 중요사항을 변경할 때에도 또한 같다.

제27조의2(벌칙)

② 다음 각 호의 어느 하나에 해당하는 자는 6개월 이하의 징역 또는 500만원 이하의 벌금에 처한다.

  2. 제13조 제1항을 위반하여 등록을 하지 아니하고 담배수입판매업 또는 담배도매업을 영위한 자

관세법

제241조(수출·수입 또는 반송의 신고)

① 물품을 수출·수입 또는 반송하려면 해당 물품의 품명·규격·수량 및 가격과 그 밖에 대통령령으로 정하는 사항을 세관장에게 신고하여야 한다.

제269조(밀수출입죄)

② 다음 각 호의 어느 하나에 해당하는 자는 5년 이하의 징역 또는 관세액의 10배와 물품원가 중 높은 금액 이하에 상당하는 벌금에 처한다.

　　2. 제241조 제1항·제2항 또는 제244조 제1항에 따른 신고를 하였으나 해당 수입물품과 다른 물품으로 신고하여 수입한 자

제274조(밀수품의 취득죄 등)

① 다음 각 호의 어느 하나에 해당되는 물품을 취득·양도·운반·보관 또는 알선하거나 감정한 자는 3년 이하의 징역 또는 물품원가 이하에 상당하는 벌금에 처한다.

　　1. 제269조에 해당되는 물품

〈법원의 판단〉

담배사업법은 외국으로부터 수입한 담배는 그 수입판매업자가 도매업자, 소매인에게 판매하되(제12조 제1항), 담배수입판매업을 하려는 자는 그의 본점 또는 주된 사무소의 소재지를 관할하는 특별시장·광역시장·특별자치시장·도지사 또는 특별자치도지사(이하 "시·도지사"라 한다)에게 등록할 것(제13조 제1항)을 규정하면서도 달리 '담배수입판매업'의 개념에 관하여는 명시적 정의를 내리지는 아니하고 있다.

그러나 ① 담배사업법은 담배의 제조 및 판매 등에 관한 사항을 정함으로써 담배산업의 건전한 발전을 도모하고 국민경제에 이바지하게 함을 목적으로 하고 있는바(제1조), 국민건강과 직결되는 담배사업의 특성을 고려하여 담배의 제조·유통 과정에서 업체의 난립과 무질서를 방지함으로써 담배 소비의 증가를 억제하고, 국민건강을 저해하는 제품의 제조·유통을 예방함과 아울러 담배가격의 대부분을 차지하는 조세 수입의 안정적 징수라는 경제적·정책적 목표 달성을 위하여 담배의 수입 및 국내 유통과정에 대한 엄격한 규제

를 목적으로 하고 이를 위한 다양한 규제 장치를 두고 있는 점, ② 또한 담배사업법은 담배수입판매업자에 대하여, 관세법 제14조에 따라 부과되는 관세를 내지 아니하거나, 같은 법 제235조에 따라 보호되는 상표권을 침해하거나, 같은 법 제241조에 따른 수입신고를 하지 아니하고 수입된 담배의 판매를 금지(제12조 제3항 제2호)하는 등 불법적으로 수입된 담배도 담배수입판매업의 판매 목적물이 될 수 있음을 전제로 규정하고 있는 점, ③ 등록 절차를 거치지도 아니한 자가 담배수입판매를 '업으로' 하였는지의 여부는 수입판매 행위의 반복 계속성, 영업성 등의 유무와 그 행위의 목적이나 규모, 회수, 기간, 태양 등 여러 사정을 종합적으로 고려하여 사회통념에 따라 판단하여야 하고, 반복 계속하여 대가를 받고 그러한 영업을 계속하는 것은 물론, 반복 계속할 의사로써 그 영업을 하면 단 한 번의 행위도 이에 해당한다고 봄이 상당한 점(대법원 2003. 6. 13. 선고 2003도935 판결 참조), ④ 그런데 피고인 B은 캄보디아 'E'으로부터 이 사건 밀수 담배의 해외로부터 국내로의 반입 후 보관은 물론, 판매까지 위탁을 받아 다양한 경로로 매수처를 물색하다가 피고인 A을 통하여 H에게 그 중 상당량을 판매하려고 시도하였는데, 그 판매 규모가 총 5,000보루, 판매 대금이 합계 1억 1,500만 원에 달하는 거액이라는 점, ⑤ H은, 피고인 A을 통해 피고인 B으로부터 이 사건 밀수 담배를 매수하기 전에 이미 피고인 A이 외국에서 담배를 밀반입하여 국내에 유통시키는 사업을 하고 있었다고 진술하고 있는바, 피고인 A도 우연히 이 사건 밀수 담배의 판매에 가담하게 된 것이 아니라 밀수입된 담배의 국내 유통에 대해 어느 정도 알고 있는 상태에서 위와 같이 중국 등 해외에서 반입되는 물품을 전문적으로 취급하는 중간상인 H과 피고인 B을 연결해 주게 된 것으로 볼 소지가 많은 점 등 담배사업법에서 담배수입판매업자의 등록 규정을 둔 취지, 이 사건 기록에 나타난 피고인 B이 담배를 판매하게 된 경위, 피고인들과 H과의 관계, 판매한 담배의 규모, 판매 금액 등을 종합해 보면, 이 사건에서 피고인들은 등록하지도 아니한 상태에서 담배수입판매를 업으로 하였다고 봄이 상당하다.

〈해설〉

타인이 밀수한 담배를 보관하고 있다가 이를 제3자에게 판매한 행위를 관세법위반(밀수
품취득죄) 및 미등록 담배수입판매업에 따른 담배사업법 위반으로 처벌한 사안이다. 담배
수입판매업을 영위하기 위해서는 담배사업법이 정한 등록이 필요한데, 법원은 밀수한 담
배의 경우에도 미등록 담배수입판매업에 해당한다고 판단하였으나 법원의 판단과 달리
담배수입판매업에 해당하려면 정식으로 수입하는 경우에 한정하여야 하는 것이 아닌지
의문이 있다.

2.11. 합성 니코틴 용액의 판매 광고와 담배사업법 위반 여부(서울중앙지방법원 2022 고정1030 판결)

〈사건의 개요〉

피고인은 자신이 운영하는 영업소에 합성 니코틴 용액을 판매하기 위하여 외부 유리창에 '전자담배 30ml 액상 22,000원, 25,000원, 60ml 액상 25,000원' 등의 내용의 전단지를 붙였고, 자신이 운영하는 다른 판매업소 외부에 '액상 2병 구매, 1병당 25,000원'이라는 현수막을 설치하였으며, 또 다른 판매업소 외부에 '2병 이벤트, 액상 20,000원, 기기 구매 시 액상 공짜'라는 현수막을 설치하여 외부에 광고하자 담배에 관한 광고는 영업소 내부에서 광고물을 전시 또는 부착하는 방법에 한하여 할 수 있고, 영업소 외부에 그 광고내용이 보이게 전시 또는 부착하여서는 아니된다는 담배사업법의 광고규정을 위반하였다고 하여 기소된 사안이다.

〈적용 법률〉

담배사업법

제2조(정의) 이 법에서 사용하는 용어의 뜻은 다음과 같다.

1. "담배"란 연초(煙草)의 잎을 원료의 전부 또는 일부로 하여 피우거나, 빨거나, 증기로 흡입하거나, 씹거나, 냄새 맡기에 적합한 상태로 제조한 것을 말한다.

제25조(담배에 관한 경고문구의 표시 및 광고의 제한)

② 기획재정부장관은 대통령령으로 정하는 바에 따라 담배에 관한 광고를 금지하거나 제한할 수 있다.

제27조의2(벌칙) ① 다음 각 호의 어느 하나에 해당하는 자는 1년 이하의 징역 또는 1천만원 이하의 벌금에 처한다.

5. 제25조 제2항을 위반하여 담배에 관한 광고를 한 자

담배사업법 시행령

제9조(담배에 관한 광고)

① 담배에 관한 광고는 법 제25조 제2항에 따라 다음 각 호의 방법에 한정하여 할 수 있다.

1. 소매인의 영업소 내부에서 기획재정부령이 정하는 광고물을 전시 또는 부착하는 행위. 다만, 영업소 외부에 그 광고내용이 보이게 전시 또는 부착하는 것을 제외한다.

2. 품종군별로 연간 10회 이내(1회당 2쪽 이내)에서 잡지(「잡지 등 정기간행물의 진흥에 관한 법률」에 따라 등록 또는 신고된 주 1회 이하 정기적으로 발행되는 제책된 정기간행물 및 「신문 등의 진흥에 관한 법률」에 따라 등록된 주 1회 이하 정기적으로 발행되는 신문과 「출판문화산업 진흥법」에 따른 외국간행물로서 동일한 제호로 연 1회 이상 정기적으로 발행되는 것(이하 "외국정기간행물"이라 한다)을 말하며, 여성 또는 청소년을 대상으로 하는 것을 제외한다)에 광고를 게재하는 행위. 다만, 기획재정부령이 정하는 판매부수 이하로 국내에서 판매되는 외국정기간행물로서 외국문자로만 쓰여져 있는 잡지인 경우에는 광고게재의 제한을 받지 아니한다.

3. 사회·문화·음악·체육 등의 행사(여성 또는 청소년을 대상으로 하는 행사를 제외한다)를 후원하는 행위. 이 경우 후원하는 자의 명칭을 사용하는 외에 제품광고를 하여서는 아니된다.

4. 국제선의 항공기 및 여객선 그밖에 기획재정부령이 정하는 장소안에서 행하는 광고

국민건강증진법

제9조의2(담배에 관한 경고문구 등 표시)

① 「담배사업법」에 따른 담배의 제조자 또는 수입판매업자(이하 "제조자등"이라 한다)는 담배갑포장지 앞면·뒷면·옆면 및 대통령령으로 정하는 광고(판매촉진 활동을 포함한다. 이하 같다)에 다음 각 호의 내용을 인쇄하여 표기하여야 한다. 다만, 제1호의 표기는 담배갑포장지에 한정하되 앞면과 뒷면에 하여야 한다.

1. 흡연의 폐해를 나타내는 내용의 경고그림(사진을 포함한다. 이하 같다)

2. 흡연이 폐암 등 질병의 원인이 될 수 있다는 내용 및 다른 사람의 건강을 위협할 수 있다는 내용의 경고문구

3. 타르 흡입량은 흡연자의 흡연습관에 따라 다르다는 내용의 경고문구

4. 담배에 포함된 다음 각 목의 발암성물질

   가. 나프틸아민

   나. 니켈

   다. 벤젠

   라. 비닐 크롤라이드

   마. 비소

바. 카드뮴

5. 보건복지부령으로 정하는 금연상담전화의 전화번호

제9조의4(담배에 관한 광고의 금지 또는 제한)

① 담배에 관한 광고는 다음 각 호의 방법에 한하여 할 수 있다.

1. 지정소매인의 영업소 내부에서 보건복지부령으로 정하는 광고물을 전시(展示) 또는 부착하는 행위.
다만, 영업소 외부에 그 광고내용이 보이게 전시 또는 부착하는 경우에는 그러하지 아니하다.

제23조(국민건강증진부담금의 부과·징수 등)

① 보건복지부장관은 제조자등이 판매하는 「담배사업법」 제2조에 따른 담배(「지방세법」 제54조에 따라 담
배소비세가 면제되는 것, 같은 법 제63조 제1항 제1호 및 제2호에 따라 담배소비세액이 공제 또는 환급
되는 것은 제외한다. 이하 이 조 및 제23조의2에서 같다)에 다음 각 호의 구분에 따른 부담금(이하 "부담
금"이라 한다)을 부과·징수한다.

1. 궐련: 20개비당 841원

2. 전자담배

   가. 니코틴 용액을 사용하는 경우: 1밀리리터당 525원

   나. 연초 및 연초 고형물을 사용하는 경우:

      1) 궐련형: 20개비당 750원

      2) 기타 유형: 1그램당 73원

3. 파이프담배: 1그램당 30.2원

4. 엽궐련(葉卷煙): 1그램당 85.8원

5. 각련(刻煙): 1그램당 30.2원

6. 씹는 담배: 1그램당 34.4원

7. 냄새 맡는 담배: 1그램당 21.4원

8. 물담배: 1그램당 1050.1원

9. 머금는 담배: 1그램당 534.5원

⑦ 제1항에 따른 담배의 구분에 관하여는 담배의 성질과 모양, 제조과정 등을 기준으로 하여 대통령령으로
정한다.

제31조의2(벌칙) 다음 각호의 1에 해당하는 자는 1년 이하의 징역 또는 1천만원 이하의 벌금에 처한다.

〈법원의 판단〉

담배사업법은 담배의 제조 및 판매 등에 관한 사항을 정함으로써 담배 산업의 건전한 발전을 도모하고 국민경제에 이바지하게 함을 목적으로 하고(제1조), 담배사업법 제25조 제2항에서 '기획재정부장관은 대통령령으로 정하는 바에 따라 담배에 관한 광고를 금지하거나 제한할 수 있다'고 규정하고 있으며, 같은 법 제27조의2 제1항 제5호에서 '제25조 제2항을 위반하여 담배에 관한 광고를 한 자는 1년 이하의 징역 또는 1천만원 이하의 벌금에 처한다'고 규정하고 있다. 위에서 규정한 담배의 정의와 관련하여 담배사업법 제2조 제1호에서 "담배"란 연초의 잎을 원료의 전부 또는 일부로 하여 피우거나, 빨거나, 증기로 흡입하거나, 씹거나, 냄새 맡기에 적합한 상태로 제조한 것을 말한다'고 규정하고 있으므로, 담배사업법 제27조의2 제1항 제5호, 제25조 제2항에서 규정하고 있는 담배는 '연초의 잎을 원료로 하여 피우거나, 빨거나, 증기로 흡입하거나, 씹거나, 냄새 맡기에 적합한 상태로 제조한 것'을 의미한다고 봄이 타당하다. 이 사건에서 검사는 피고인이 담배사업법 제27조의2 제1항 제5호, 제25조 제2항을 위반하였다고 공소를 제기하였고, 피고인은 수사기관에서부터 이 법정에 이르기까지 전자담배는 천연 니코틴 용액과 합성 니코틴 용액을 사용할 수 있는데, 피고인은 합성 니코틴 용액이 들어간 액상만을 판매하고 '연초의 잎'을 원료로 하는 니코틴 용액을 판매하지 않았다고 주장하고 있다. 이에 관하여 보건대, 검사가 제출한 증거만으로는 피고인이 '연초의 잎을 원료로 하여 피우거나, 빨거나, 증기로 흡입하거나, 씹거나, 냄새 맡기에 적합한 상태로 제조한 것', 즉 담배사업법상의 담배에 관한 광고를 하였음을 인정하기 부족하고 달리 이를 인정할 증거가 없다.

국민건강증진법 제9조의4 제1항 제1호에서 '담배에 관한 광고는 지정소매인의 영업소 내부에서 보건복지부령으로 정하는 광고물을 전시 또는 부착하는 행위(다만, 영업소 외부에 그 광고내용이 보이게 전시 또는 부착하는 경우에는 그러하지 아니하다)에 한하여 할 수 있다'고 규정하고 있고, 같은 법 제31조의2 제3호에서 '제9조의4를 위반하여 담배에 관한 광고를 한 자는 1년 이하의 징역 또는 1천만 원 이하의 벌금에 처한다'고 규정하고 있다. 한편 국민건강증진법 제9조의2 제1항은 '담배사업법에 따른 담배의 제조자 또는 수입판매업자(이하 "제조자 등"이라 한다)는 담배갑포장지 앞면·뒷면·옆면 및 대통령령으로 정하는 광고에 흡연의 폐해를 나타내는 내용의 경고그림 등의 내용을 인쇄하여 표기하여야 한다'고 규정하고 있고, 같은 법 제9조의4 제2항에서 '제조자 등은 제1항에 따른 광고를 담배사업법에 따른 도매업자 또는 지정소매인으로 하여금 하게 할 수 있다'고 규정하고 있다. 그리고 담배사업법 제16조 제1항은 '담배소매업(직접 소비자에게 판매하는 영업을 말한다)을 하려는 자는 사업장의 소재지를 관할하는 시장·군수·구청장으로부터 소매인의 지정을 받아야 한다'고 규정하고 있다. 위에서 본 국민건강증진법의 규정이나 국민건강증진법 총칙에 담배나 지정소매인에 관한 정의 규정을 별도로 두고 있지 아니한 점을 종합하여 보면 국민건강증진법 제31조의2 제4호 및 같은 법 제9조의4 제1항 제1호에서 규정한 담배나 지정소매인은 담배사업법에서 규정하고 있는 담배나 지정소매인을 전제로 규정하고 있다고 봄이 상당하고, 이와 달리 국민건강증진부담금의 부과·징수에 관한 규정인 국민건강증진법 제23조 제1, 7항 및 같은 법 시행령 제27조의2 제2호에서 '니코틴 용액을 사용하는 전자담배'를 담배로 규정하고 있다고 하여 위 규정이 죄형법정주의 원칙상 형벌규정인 국민건강증진법 제31조의2 제4호 중 '담배에 관한 광고'에도 그대로 적용된다고 인정하기 어렵고, 나아가 위 니코틴 용액에 '연초의 잎'을 원료로 하는 니코틴 용액 뿐 아니라 합성 니코틴 용액도 포함된다고 해석하는 것은 피고인에게 불리한 방향으로 지나치게 확장해석하는 것으로 죄형법정주의의 원칙에 어긋나 허용되지 않는다고 봄이 타당하다.

〈해설〉

담배에 관한 광고는 담배사업법 시행령 제9조 제1항에서 정한 방법에 한정하여 할 수 있고, 이 규정을 위배한 광고행위에 대해서는 담배사업법 위반으로 형사적 제재가 가해진다. 소매점 영업소 외부에 담배에 관한 광고내용이 보이게 전시 또는 부착하여서는 아니된다. 그런데 담배사업법 규정을 위반한 광고행위를 처벌하기 위해서는 그것이 담배사업법이 정하고 있는 '담배'에 관한 광고이어야만 한다. 담배사업법은 '담배'를 "연초(煙草)의 잎을 원료의 전부 또는 일부로 하여 피우거나, 빨거나, 증기로 흡입하거나, 씹거나, 냄새 맡기에 적합한 상태로 제조한 것"이라고 명시하고 있다. 전자담배의 경우, 니코틴 용액 자체를 담배로 간주하지는 않지만 여기에 가향을 하여 일정한 전자장치와 결합하는 경우에는 증기를 흡입할 수 있는 경우에는 "증기로 흡입"하는 경우를 명시하지 않은 구 담배사업법에서도 담배로 보았다. 그런데 전자담배에 해당하기 위해서는 가향과 같은 가공행위도 필요하지만 "연초의 잎"에서 유래한 니코틴 추출물이어야 한다는 제약이 있다. 그런데 피고인은 수사기관에서부터 법정에 이르기까지 합성 니코틴 용액이 들어간 액상만을 판매하고 '연초의 잎'을 원료로 하는 니코틴 용액을 판매하지 않았기 때문에 자신이 광고한 것은 '담배'가 아니라고 주장하였다. 이 사건에서는 쟁점은 검사가 연초에서 유래한 니코틴 액상이라는 사실을 증명하지 못했고, 반면 피고인은 합성 니코틴 용액이라는 사실을 입증하지 못하였다. 그러나 범죄사실의 입증책임은 검사에게 있으므로 연초에서 유래한 니코틴 액상이라는 사실을 증명하지 못하는 한 피고인이 설령 합성 니코틴 용액임을 입증하지 못하였더라도 이는 범죄의 증명이 없는 것이어서 연초에서 유래한 니코틴 액상, 즉 담배로 볼 수 없기 때문에 합성 니코틴 용액을 광고한 피고인의 행위는 담배사업법의 규제대상이 아니게 된다. 따라서 피고인의 처벌을 위해 합성 니코틴 용액까지도 담배에 해당하는 것으로 본다면, 이는 법률조항을 처벌의 필요성 때문에 확장해석하는 것이어서 죄형법정주의에 반하고, 피고인이 합성 니코틴 용액이라는 사실을 증명하지 못하였다고 하여 검사에게 범죄사실의 입증책임이 있는 연초에서 유래한 니코틴 용액이라는 사실이 증명되지 않았음에도 유죄를 선고할 수는 없다. 죄형법정주의와 검사의 입증책임을 분명히 한 사안이다.

2.12. 영업정지처분을 받은 담배소매인의 영업정지 기간 중 담배판매가 법 위반에 해당
하는지의 여부가 문제된 사례(수원지방법원 2010노2294 판결)

〈사건의 개요〉

피고인은 원래 관할관청으로부터 담배소매인 지정을 받았으나 청소년에게 담배를 판매
하여 일정 기간 동안 영업정지처분을 받았음에도 불구하고, 그 영업정지 기간 동안 자신이
운영하는 슈퍼에서 성명불상의 남자에게 담배를 판매함으로써 영업정지기간 중에 담배소
매인 영업을 하였다는 이유로 '담배사업법 제12조 제2항의 규정에 위반하여 소매인 지정
을 받지 아니하고 소비자에게 담배를 판매한 자'에 해당한다고 하여 기소된 사안이다.

〈적용 법률〉

담배사업법

제12조(담배의 판매)

② 소매인이 아닌 자는 담배를 소비자에게 판매하여서는 아니된다.

제16조(소매인의 지정)

① 담배소매업(직접 소비자에게 판매하는 영업을 말한다)을 하고자 하는 자는 사업장의 소재지를 관할하는
　시장·군수·구청장으로부터 소매인의 지정을 받아야 한다.

② 다음 각 호의 1에 해당하는 자는 소매인의 지정을 받을 수 없다.

　5. 제17조 제1항의 규정에 의하여 지정이 취소된 날부터 2년이 경과되지 아니한 자

③ 시장·군수·구청장은 청소년(청소년보호법 제2조 제1호의 규정에 의한 청소년을 말한다. 이하 같다)이
　담배에 쉽게 접근할 수 있는 장소 등 담배판매업을 하는 것이 부적당하다고 인정하는 장소에서 담배를
　판매하고자 하는 자에 대하여는 소매인의 지정을 하지 아니할 수 있다.

④ 소매인의 지정기준·지정절차 기타 지정에 관하여 필요한 사항은 기획재정부령으로 정한다.

제17조(소매인지정의 취소등)

① 시장·군수·구청장은 소매인이 다음 각 호의 1에 해당하는 때에는 그 지정을 취소하여야 한다.

   4. 영업정지기간 중에 영업을 한 때

② 시장·군수·구청장은 소매인이 다음 각 호의 1에 해당하는 때에는 1년 이내의 기간을 정하여 그 영업의 정지를 명할 수 있다.

   6. 청소년에게 담배를 판매한 때

③ 제2항의 규정에 의한 영업정지처분의 기준 및 절차 등에 관하여 필요한 사항은 기획재정부령으로 정한다.

제27조의3(벌칙)

다음 각 호의 1에 해당하는 자는 500만 원 이하의 벌금에 처한다.

   1. 제12조 제2항의 규정에 위반하여 소매인 지정을 받지 아니하고 소비자에게 담배를 판매한 자

〈법원의 판단〉

직권으로 보건대, 형벌법규의 해석은 엄격하여야 하고 명문규정의 의미를 피고인에게 불리한 방향으로 지나치게 확장 해석하거나 유추 해석하는 것은 죄형법정주의의 원칙에 어긋나는 것으로서 허용되지 않으며, 이러한 법해석의 원리는 그 형벌법규의 적용대상이 행정법규가 규정한 사항을 내용으로 하고 있는 경우에 있어서 그 행정법규의 규정을 해석하는 데에도 마찬가지로 적용된다(대법원 2007. 6. 29. 선고 2006도4582 판결, 대법원 1990. 11. 27. 선고 90도1516 전원합의체 판결 등 참조).

담배사업법 제27조의3 제1호는 '제12조 제2항의 규정에 위반하여 소매인 지정을 받지 아니하고 소비자에게 담배를 판매한 자는 500만 원 이하의 벌금에 처한다'고 규정하고 있는바, 그 문언상 '소매인 지정을 받지 아니한 자'로 되어 있을 뿐만 아니라 담배소매인 지정처분, 담배소매업 영업정지처분, 담배소매인 지정취소처분은 그 요건과 효과를 달리하고 있고 구체적인 기준과 절차 또한 각기 다르게 규정되어 있으며(담배사업법 제16조 제4

항, 제17조 제3항, 담배사업법 시행규칙 제7조, 제7조의2, 제7조의3, 제11조 등 참조, 한편 담배소매인 지정을 받은 후 영업정지기간 중에 영업을 하여 담배사업법 제17조 제1항 제4호에 의하여 담배소매인 지정취소처분을 받은 자가 다시 담배를 판매한 경우(결국 이 경우는 소매인 지정을 받지 아니한 경우에 해당한다)와 담배소매인 지정을 받고 영업정지기간 중에 영업을 한 경우가 그 불법성에 있어서 동일하다고 보기도 어렵다), 또한 체육시설의 설치·이용에 관한 법률 제38조 제1항 제2호는 등록을 하지 아니하고 체육시설업의 영업을 한 자를 3년 이하의 징역 또는 1천만 원 이하의 벌금에 처한다고 규정하고 있는 반면에, 같은 법률 제38조 제2항 제3호는 영업 폐쇄명령 또는 정지명령을 받고 체육시설업의 영업을 한 자를 1년 이하의 징역 또는 300만 원 이하의 벌금에 처한다고 규정하고 있어 그 법정형을 달리하고 주2) 있고, 그 밖에 음악산업진흥에 관한 법률 등 다른 법률에 영업정지명령을 위반하여 영업을 계속한 자를 처벌하는 규정을 별도로 두고 있는 점 등에 비추어 볼 때, 담배소매인 지정을 받지 않은 자와 담배소매업 영업정지기간 중에 있는 자 모두가 담배를 판매할 수 없다는 점에서 공통점을 가지고 있고 담배소매업 영업정지처분의 실효성을 확보하기 위하여 영업정지처분에 위반하여 영업을 한 자를 처벌할 필요성이 있는 것을 감안하더라도 담배사업법 제27조의3 제1호에서 정한 '소매인 지정을 받지 아니하고 소비자에게 담배를 판매한 자'는 '애초부터 소매인 지정을 받지 아니하고 소비자에게 담배를 판매한 자'로 해석함이 상당하고, 나아가 '소매인 지정을 받은 후 영업정지기간 중에 소비자에게 담배를 판매한 자'로 확장하여 해석하는 것은 형벌법규를 지나치게 유추 또는 확장 해석하여 죄형법정주의의 원칙에 어긋나는 것으로서 허용될 수 없다.

위와 같은 법리에 비추어 살피건대, 설령 피고인이 공소사실 기재와 같이 담배소매업에 관한 영업정지처분을 받았음에도 영업정지기간 중에 성명불상의 남자에게 담배를 판매하여 담배소매인 영업을 하였다고 하더라도, 앞서 살펴본 바와 같이 피고인처럼 담배소매인 지정을 받은 후 영업정지기간 중에 소비자에게 담배를 판매한 자를 '소매인 지정을 받지 아니하고 소비자에게 담배를 판매한 자'로 보아 담배사업법 제27조의3 제1호에 의하여 처벌할 수는 없다고 할 것이다.

〈해설〉

소비자에게 담배를 판매하기 위해서는 사업장 소재지를 관할하는 시장·군수·구청장으로부터 소매인의 지정을 받아야 한다. 그런데 정상적으로 소매인 지정을 받았으나 영업정지기간 중에 담배를 판매한 경우에는 처음부터 소매인 지정을 받지 않은 경우와 같이 취급할 것인지가 문제된다. 법원은 소매인 지정을 받지 아니하고 소비자에게 담배를 판매한 자와 소매인 지정을 받았으나 영업정지 기간 중에 있는 자가 같은 지위에 있다고 보지 않았다. 체육시설의 설치·이용에 관한 법률, 음악산업진흥에 관한 법률 등 다른 법률에서도 처음부터 인허가를 받지 않고 영업을 한 경우와 영업정지기간 중에 영업행위를 한 경우를 달리 취급하는 것처럼 소매인 지정을 처음부터 받지 않은 경우와 소매인으로 지정되었지만 영업정지기간 중인 경우를 달리 취급해야 한다는 점에서 타당한 법률해석이라고 하겠다.

2.13. 전자담배액상이 청소년유해약물에 해당하는지의 여부가 문제가 된 사례(수원지방법원 2020고정2085 판결)

〈사건의 개요〉

피고인은 자신의 점포에서 청소년인 A에게 연령을 확인하지 아니하고 청소년유해약물인 '아이스레드애플(30ml, 니코틴 함유량 9.8mg)' 전자담배액상을 판매하였는데, 청소년을 대상으로 청소년유해약물등을 판매하였다는 이유로 기소된 사안이다.

〈적용 법률〉

청소년 보호법

제2조(정의) 이 법에서 사용하는 용어의 뜻은 다음과 같다.

4. "청소년유해약물등"이란 청소년에게 유해한 것으로 인정되는 다음 가목의 약물(이하 "청소년유해약물" 이라 한다)과 청소년에게 유해한 것으로 인정되는 다음 나목의 물건(이하 "청소년유해물건"이라 한다)을 말한다.

　가. 청소년유해약물

　　1) 「주세법」에 따른 주류

　　2) 「담배사업법」에 따른 담배

　　3) 「마약류 관리에 관한 법률」에 따른 마약류

　　4) 「화학물질관리법」에 따른 환각물질

　　5) 그 밖에 중추신경에 작용하여 습관성, 중독성, 내성 등을 유발하여 인체에 유해하게 작용할 수 있는 약물 등 청소년의 사용을 제한하지 아니하면 청소년의 심신을 심각하게 손상시킬 우려가 있는 약물로서 대통령령으로 정하는 기준에 따라 관계 기관의 의견을 들어 제36조에 따른 청소년보호위원회(이하 "청소년보호위원회"라 한다)가 결정하고 여성가족부장관이 고시한 것

제28조(청소년유해약물등의 판매·대여 등의 금지)

① 누구든지 청소년을 대상으로 청소년유해약물등을 판매·대여·배포(자동기계장치·무인판매장치·통신

장치를 통하여 판매·대여·배포하는 경우를 포함한다)하거나 무상으로 제공하여서는 아니 된다. 다만, 교육·실험 또는 치료를 위한 경우로서 대통령령으로 정하는 경우는 예외로 한다.

제59조(벌칙) 다음 각 호의 어느 하나에 해당하는 자는 2년 이하의 징역 또는 2천만원 이하의 벌금에 처한다.
  6. 제28조 제1항을 위반하여 청소년에게 제2조 제4호 가목 1)·2)의 청소년유해약물 또는 같은 호 나목 3)의 청소년유해물건을 판매·대여·배포(자동기계장치·무인판매장치·통신장치를 통하여 판매·대여·배포한 경우를 포함한다)하거나 영리를 목적으로 무상 제공한 자

담배 형태의 흡입제류 청소년유해물건 결정 고시[여성가족부고시 제2017-55호]
◎ 청소년유해물건 : 담배와 유사한 형태인 피우는 방식의 기능성 제품으로 흡연습관을 조장 할 우려가 있는 흡입제류
【제품 예시】비타민 흡입제류, 흡연욕구 저하제류 등

〈법원의 판단〉

청소년 보호법 제2조 제4호 가목의 2)는 담배사업법에 따른 담배를 청소년유해약물로 규정하고 있고, 담배사업법 제2조 제1호는 담배를 '연초(煙草)의 잎을 원료의 전부 또는 일부로 하여 피우거나, 빨거나, 증기로 흡입하거나, 씹거나, 냄새 맡기에 적합한 상태로 제조한 것'으로 정의하고 있다. 그리고 같은 법 제2조 제4호 나목 3)은 청소년유해약물과 유사한 형태의 제품으로 청소년의 사용을 제한하지 아니하면 청소년의 청소년유해약물 이용습관을 심각하게 조장할 우려가 있는 물건으로서 대통령령으로 정하는 기준에 따라 청소년보호위원회가 결정하고 여성가족부장관이 고시한 것을 청소년유해물건으로 규정하고 있으며, 여성가족부 고시 제2017-55호 담배 형태의 흡입제류 청소년유해물건 결정 고시는 '담배와 유사한 형태인 피우는 방식의 기능성 제품으로 흡연습관을 조장할 우려가 있는 흡입제류'를 청소년 유해물건으로 규정하고 있다. 피고인은 그 판매한 전자담배액상이 연초의 잎이 아니라 줄기와 뿌리에서만 니코틴을 추출한 것이라고 주장하지만, 그와 같이 볼 근거는 제출되지 않았고 오히려 담배의 줄기나 뿌리에는 극미량의 니코틴만이 함유되어

있어 잎 없이 줄기나 뿌리만으로 상업용으로 니코틴 용액을 추출하기는 상당히 어려운 점에 비추어 보면, 위 전자담배액상은 연초의 잎이 일부라도 그 원료가 되었다고 보인다. 따라서 위 전자담배액상은 담배사업법에 따른 담배라고 할 것이므로, 이 부분 피고인과 변호인의 주장은 받아들이지 않는다. 나아가 설령 피고인이 판매한 전자담배액상이 연초의 줄기와 뿌리에서만 추출한 니코틴을 함유한 것이라고 하더라도, 이는 청소년유해약물인 담배와 유사한 형태의 제품으로 청소년의 사용을 제한하지 아니하면 청소년의 청소년유해약물 이용습관을 심각하게 조장할 우려가 있는 물건으로서 담배와 유사한 형태인 피우는 방식의 기능성 제품으로 흡연습관을 조장할 우려가 있는 흡입제류라고 볼 수 있으므로, 적어도 청소년유해물건에 해당한다.

⟨해설⟩

청소년 보호법에서 정하고 있는 유해약물로서 '담배'는 담배사업법에서 규정하고 있는 담배와 동일한 의미를 갖는다. 따라서 담배사업법 제2조 제1호가 담배를 "연초(煙草)의 잎을 원료의 전부 또는 일부"로 한 것으로 규정하고 있으므로 연초의 잎이 아니라 줄기와 뿌리에서 니코틴을 추출한 경우에는 담배사업법에서 규정한 담배에 해당하지 않아 청소년 보호법에 규정된 청소년유해약물에 해당하지 않게 된다. 그러나 '담배 형태의 흡입제류 청소년유해물건 결정 고시'는 '담배와 유사한 형태인 피우는 방식의 기능성 제품으로 흡연습관을 조장할 우려가 있는 흡입제류'를 청소년 유해물건으로 규정하고 있기 때문에 설령 연초의 잎이 아닌 줄기 등에서 니코틴을 추출한 경우에는 청소년 유해약물인 담배에는 해당하지 않더라도 청소년 유해물건에 해당하여 규제의 대상이 된다는 판결이다.

2.14. 특수용 담배를 담배 소매인 지정을 받은 사람만이 판매할 수 있는지의 여부가 문제된 사안(인천지방법원 2015노4842)

〈사건의 개요〉

피고인이 소매인의 지정을 받지 않고 A로부터 주한미군용 특수용 담배를 매입한 후 모두 189회에 걸쳐 합계 122,726,000원 상당의 특수용 담배를 B 등에게 판매한 사실로 담배사업법 위반으로 기소된 사안

〈적용 법률〉

담배사업법

제12조(담배의 판매)

② 소매인이 아닌 자는 담배를 소비자에게 판매해서는 아니 된다.

제19조(특수용 담배)

① 제조업자는 대통령령으로 정하는 특수용 담배를 제조·판매할 수 있다.

② 제1항에 따른 특수용 담배는 그 용도 외의 목적으로 판매해서는 아니 된다.

제27조의2(벌칙)

② 다음 각 호의 어느 하나에 해당하는 자는 6개월 이하의 징역 또는 500만원 이하의 벌금에 처한다.

  1. 제12조 제2항을 위반하여 소매인 지정을 받지 아니하고 소비자에게 담배를 판매한 자

담배사업법 시행령

제7조(특수용담배)

① 법 제19조 제1항의 규정에 의한 특수용담배는 다음과 같다.

  1. 국가원수가 외교사절 그밖의 자에게 제공하기 위하여 사용하는 담배

2. 국군·전투경찰대원·교정시설경비교도대원 또는 국가유공자등예우및지원에관한법률 제63조의 규
   정에 의한 양로시설로서 한국보훈복지의료공단이 운영하는 양로시설에 수용중인 국가유공자 및 그
   유족에게 공급하는 담배

3. 해외함상훈련에 참가하는 해군사관생도 및 승선장병에게 공급하는 담배

4. 해외에서 취업중인 근로자 및 재외공관 직원에게 공급하는 담배

5. 보세구역에서 판매하는 담배

6. 외항선 또는 원양어선의 선원에게 판매하는 담배

7. 국제항로에 취항하는 항공기 또는 여객선의 승객에게 판매하는 담배

8. 주한 외국군의 관할구역안에서 판매하는 담배

9. 남북교류협력에관한법률 제9조의 규정에 의하여 북한지역을 왕래하는 관광객에게 판매하는 담배

10. 외국에 주류하는 장병에게 공급하는 담배

② 제1항의 규정에 의한 담배의 공급범위 그밖에 공급에 관하여 필요한 사항은 기획재정부령으로 정한다.

③ 제1항의 규정에 의한 특수용담배에 대하여는 법 제12조의 규정에 의하여 판매되는 담배와 구분하여 표
시하여야 한다. 이 경우 특수용담배의 구분표시에 관하여 필요한 사항은 기획재정부령으로 정한다.

〈법원의 판단〉

담배사업법 제19조 제2항에서 특수용 담배의 판매와 관련한 금지행위를 별도로 규정하고 있고 이를 위반한 경우의 과태료 규정(법 제28조 제1항 3호)이 별도로 있으며, 법 제19조 제2항은 판매주체를 특정하지 않고 있으므로 특수용 담배를 판매할 권한 있는 자가 용도외 목적으로 판매한 경우에만 위 조항이 적용된다고 해석할 이유가 없다. (중략) 법은 담배의 제조·도매·소매를 구별하여 담배의 제조 및 판매를 규율하면서 제12조 제1항에서 제조업자가 제조한 담배는 그 제조업자가 담배도매업 등록을 한 도매업자와 소매인 지정을 받은 소매업자에게 판매하도록 규정하고 있고, 제12조의 규정에 의하여 판매되는 담배의 판매와 관련한 담배도매업의 등록, 소매인의 지정, 판매가격 등에 관하여 제13조 내지 제18조에서 규율하고 있다. 제19조는 '특수용담배'라는 제목으로, '제12조의 규정에 의하여 판매되는 담배'의 판매와 관련된 사항을 규정하고 있는 제13조 내지 제18조 뒤에 위

치하여 그 조항의 위치를 보아도 제12조의 규정에 의하여 판매되는 담배와는 그 공급 방법이 다른 별도로 정의되는 담배임을 알 수 있다. 시행령 제7조 제1항은 특수용 담배를 열거하면서 정의하고 있고, 같은 조 제2항은 특수용 담배의 공급범위 그밖에 공급에 필요한 사항에 관하여 기획재정부령으로 정하도록 하고 있어 그 공급 방법에 관하여 법 제12조의 규정에 의하여 판매되는 담배와는 별도로 규정하고 있다. 시행령 제7조 제3항에서는 특수용 담배에 대하여는 '제12조의 규정에 의하여 판매되는 담배'와 구분 표시하여야 한다고 규정하고 있고, 이에 따른 시행규칙 제13조 제2항은 특수용 담배를 제조·판매할 경우에 담배 갑포장지에 '면세용, Duty Free'를 표시하도록 하고 있다. 부가가치세법 제26조 제1항 제10호에서는 담배사업법 제19조에 따른 특수용담배로서 대통령령으로 정하는 것의 공급에 대하여 부가가치세를 면제하고 있고, 지방세법 역시 제54조 제1항에서 특수용 담배에 관하여 담배소비세를 면제하고 있어, 법 제19조의 특수용 담배를 법 제12조의 규정에 의하여 판매되는 담배와 달리 취급하고 있다. 법 제19조 제2항에서 특수용 담배의 판매와 관련한 금지행위를 별도로 규정하고 있고 이를 위반한 경우의 과태료 규정(법 제28조 제1항 3호)이 별도로 있으며, 법 제19조 제2항은 판매주체를 특정하지 않고 있으므로 특수용 담배를 판매할 권한 있는 자가 용도와 목적으로 판매한 경우에만 위 조항이 적용된다고 해석할 이유가 없다. 따라서 피고인의 행위를 법 제19조 제2항의 위반으로 의율하여 과태료로 처벌하는 것은 별론으로 하고 법 제12조 제2항의 위반으로 처벌할 수는 없다.

〈해설〉

담배사업법 제12조 제2항은 소매인이 아닌 자는 담배를 소비자에게 판매해서는 아니 된다고 규정하고 있고, 법 제27조의2 제2항 제1호는 제12조 제2항을 위반하여 소매인 지정을 받지 아니하고 소비자에게 담배를 판매한 자를 6개월 이하의 징역 또는 500만 원 이하의 벌금형으로 처벌한다고 규정하고 있다. 위와 같이 처벌대상이 되는 소매인 지정을 받지 않고 담배소매업을 영위하였다고 하기 위하여는 '제12조의 규정에 의하여 판매되는 담배'

이어야 한다. 그런데 특수용 담배는 담배사업법 제12조가 아니라 제19조에서 규정하고 있어 특수용 담배를 판매하는 경우에도 담배소매인 지정을 받아야 하는가의 문제가 있다. 담배를 소비자에게 판매하기 위해서는 담배소매인 지정을 받아야 한다는 담배사업법의 기본 취지를 고려한다면 소비자에게 특수용 담배를 판매하는 것도 마찬가지로 담배소매인 지정을 받아야 하는 것 아닌가 하는 의문이 있을 수 있다. 그러나 담배도매업자, 담배소매인을 거쳐 소비자에게 판매되는 것을 전제로 하는 '제12조의 규정에 의하여 판매되는 담배'와 특수용 담배는 공급 방법 등 유통 경로 자체가 다른 것이어서 '제12조의 규정에 의하여 판매되는 담배'에 해당되지 않는다고 본 사례이다. 법률의 문언으로만 본다면 담배사업법 제12조의 담배에 특수용 담배가 포함된다고 해석할 여지가 있지만 특수용 담배는 그 정의 자체에서 일반적인 유통 경로에 따라 소비자에게 판매되는 것이 불가능한 담배이므로 특수용 담배 판매를 위한 담배 소매인 지정을 받는 것이 원천적으로 불가능하여 특수용 담배를 판매함에 있어 소매인 지정을 받지 않았다는 이유로 처벌하는 것은 법이 불가능을 요구하고 이를 행하지 아니하였다고 처벌하는 불합리한 결과가 발생하는 문제가 있다. 판매권한 없는 자가 특수용 담배를 판매하는 행위를 형사벌로 처벌할 필요성이 있다고 하더라도 이는 입법의 불비로 보아야지 소비자에게 담배를 판매하는 행위에 대한 처벌의 필요성 때문에 법률규정을 확장해서는 아니된다는 판단으로서 죄형법정주의에 충실한 판단이다.

2.15. 전자담배 액상을 택배로 발송한 행위의 처벌 여부에 관한 사례(인천지방법원 2020고정1086)

〈사건의 개요〉

피고인은 인천에서 화학제품을 제조하는 회사를 운영하고 있었는데, (R,S)-니코틴(CAS NO 22083-74-5)을 1% 이상 함유한 전자담배 액상을 제조하여 인터넷쇼핑몰에서 주문을 받아 전자담배 액상 약 2,000개를 주문자에게 택배로 발송하여 판매하였다. 피고인의 유해화학물질을 우편 또는 택배로 보내서는 안 된다는 화학물질관리법을 위반한 것에 해당한다는 이유로 기소된 사안이다.

〈적용 법률〉

화학물질관리법

제2조(정의) 이 법에서 사용하는 용어의 뜻은 다음과 같다.

7. "유해화학물질"이란 유독물질, 허가물질, 제한물질 또는 금지물질, 사고대비물질, 그 밖에 유해성 또는 위해성이 있거나 그러할 우려가 있는 화학물질을 말한다.

제13조(유해화학물질 취급기준) 누구든지 유해화학물질을 취급하는 경우에는 다음 각 호의 유해화학물질 취급기준을 지켜야 한다.

6. 그 밖에 제1호부터 제5호까지의 규정에 준하는 사항으로서 유해화학물질의 안전관리를 위하여 필요하다고 인정하여 환경부령으로 정하는 사항

화학물질관리법 구 시행규칙(2019. 11. 29. 환경부령 제831호로 개정되기 전의 것)

제8조(유해화학물질 취급기준) 법 제13조 제6호에 따른 유해화학물질의 취급기준은 별표 1과 같다.

[별표1] 유해화학물질의 취급기준(제8조 관련)

1. 유해화학물질의 취급 중에 음식물, 음료 등을 섭취하지 말 것
2. 유해화학물질은 식료품, 사료, 의약품, 음식과 함께 혼합 보관하거나 운반하지 말 것
3. 유해화학물질을 취급하는 경우 콘택트렌즈를 착용하지 말 것. 다만, 적절한 보안경을 착용한 경우에는 그러하지 아니하다.
4. 부식성 유해화학물질을 취급하는 장소에서 가까운 거리 내에 비상시를 대비하여 샤워시설 또는 세안시설을 갖출 것
5. 물과 반응할 수 있는 유해화학물질을 취급하는 경우에는 물과의 접촉을 피하도록 해당 물질을 관리할 것
6. 물과 반응할 수 있는 유해화학물질을 취급하는 경우에는 보관·저장시설 주변에 설치된 방류벽, 집수시설 및 집수조 등에 물이 괴어 있지 않도록 할 것
7. 열, 스파크, 불꽃 등의 점화원을 화재, 폭발 위험이 높은 유해화학물질로부터 제거할 것
8. 폭발 위험이 높은 유해화학물질을 취급할 때 사용되는 장비는 반드시 접지할 것. 다만, 화학사고 발생 우려가 없는 경우에는 그러하지 아니하다.
9. 화재, 폭발위험성이 높은 유해화학물질은 가연성물질과 접촉되지 않도록 할 것
10. 유해화학물질의 제조, 보관·저장 및 사용 장소 주변에서 흡연을 하지 말 것
11. 용접·용단 작업으로 인해 발생하는 불티의 비산 거리 이내에서 유해화학물질을 취급하지 말 것
12. 유해화학물질이 묻어있는 표면에 용접을 하지 말 것. 다만, 화기 작업허가 등 안전조치를 취한 경우에는 그러하지 아니하다.
13. 열, 스파크 등 점화원과 접촉시 화재, 폭발 위험이 높은 유해화학물질을 담은 용기에 용접·용단작업을 실시하지 말 것. 다만, 부득이 용접·용단작업을 실시할 경우에는 용기 내를 불활성 가스로 대체하거나 중화, 세척 등으로 안전성을 확인한 이후에 실시할 수 있다.
14. 밀폐된 공간에서는 공기 중에 가연성, 폭발성 기체나 유독한 가스의 존재여부 및 산소 결핍 여부를 점검한 이후에 유해화학물질을 취급할 것
15. 종류가 다른 화학물질을 같은 보관시설 안에 보관하는 경우에는 화학물질간의 반응성을 고려하여 칸막이나 바닥의 구획선 등으로 구분하여 상호간에 필요한 간격을 둘 것
16. 폭발성 물질과 같이 불안정한 물질은 폭발 반응을 방지하는 방법으로 보관할 것

17. 유해화학물질을 취급하거나 저장·적재·입출고 중에는 내용물이 환경 중으로 유출되지 않도록 포장할 것

18. 고체 유해화학물질은 밀폐한 상태로 보관하고 액체, 기체인 경우에는 완전히 밀폐상태로 보관할 것

19. 용기는 유해화학물질로 인한 변형 및 손상이 없는 재질이어야 하고, 유해화학물질의 성질에 따라 적당한 재질, 두께 및 구조를 갖출 것

20. 유해화학물질 보관용기는 파손 또는 부식되거나 균열이 발생하지 아니하도록 관리할 것

21. 운반 도중 파손되거나 유출·누출 위험이 있는 용기를 사용하지 말 것. 다만, 유해화학물질의 성질상 유리 등 파손 우려가 있는 용기를 불가피하게 사용한 경우에는 운송시 충격에 견딜 수 있도록 하고 포장을 견고히 하여 운반 도중 파손되지 않도록 하여야 한다.

22. 뚜껑을 포함하여 용기의 재질이 유해화학물질과 반응을 일으키지 않도록 할 것

23. 용기는 온도, 압력, 습도와 같은 대기조건에 영향을 받지 않도록 할 것

24. 용기는 취급자가 사용 후 다시 잠글 수 있는 밀봉 뚜껑을 갖출 것

25. 유해화학물질을 하역하는 동안 차량 안 또는 주변에서 담배를 피우지 말 것

26. 유해화학물질이 음식물이나 가축사료와 접촉하지 않도록 할 것

27. 유해화학물질을 운반하는 경우 해당 물질이 유출되거나 누출되었을 때 상호반응을 일으켜 화재, 유독가스 생성, 발열 등의 사고를 일으킬 수 있는 물질과 함께 운반하지 말 것

28. 차량을 이용하여 유해화학물질을 운반할 때에는 규정된 제한속도를 준수하고, 200킬로미터 이상(고속국도를 이용하는 경우에는 340킬로미터 이상)의 거리를 운행하는 경우에는 다른 운전자를 동승시키거나 운행 중에 2시간마다 20분 이상 휴식을 취할 것

29. 버스, 철도, 지하철 등 대중 교통수단을 이용하여 유해화학물질을 운반하지 말 것

30. 유해화학물질을 우편 또는 택배로 보내지 말 것. 다만, 시험용·연구용·검사용 시약 또는 소량의 견본품으로서 유해화학물질이 외부로 유출되지 않게 밀봉하는 등 견고하게 포장된 경우는 제외한다.

31. 차량의 운전석이나 승객이 타는 자리 옆에 유해화학물질을 두지 말고 반드시 지정된 화물칸으로 이송하고 화물칸은 덮개를 덮을 것

32. 유해화학물질을 이송할 때에는 화학물질의 증기, 가스가 대기 중으로 누출되지 않도록 할 것

33. 앞서 저장한 화학물질과 상이한 유해화학물질을 저장하는 경우에는 미리 탱크로리, 저장탱크 내부를 깨끗이 청소하고 폐액은 「폐기물관리법」에 따라 처리할 것

34. 유해화학물질을 운반하는 도중에 발생할 우려가 있는 화재, 폭발, 유출·누출에 대한 위험방지 조치를 할 것

35. 고체 유해화학물질을 이송시에는 비산하는 분진이 없도록 할 것

36. 고체 유해화학물질을 호퍼나 컨베이어, 용기 등에 낙하시킬 때에는 낙하거리가 최소화될 수 있도록 할 것. 이 경우 고체 유해화학물질의 낙하로 인해 분진이 발생하는 때에는 분진을 포집하기 위한 분진 포집 시설을 설치하여야 한다.

37. 고체 유해화학물질을 용기에 담아 이동할 때에는 용기 높이의 90% 이상을 담지 않도록 할 것

38. 인화성을 지닌 유해화학물질은 그 물질이 반응하지 않는 액체나 공기 분위기에서 취급할 것

39. 인화성을 지닌 유해화학물질은 자기발열성 및 자기반응성물질과 함께 보관하거나 운반하지 말 것

40. 유해화학물질을 계량하고 공정에 투입할 때 증기가 발생하는 경우에는 해당 증기를 포집하기 위한 국소배기장치를 설치할 것

41. 용기에 들어 있는 유해화학물질을 공정에 모두 투입한 경우에는 용기에서 증기 등이 발생하지 않도록 밀봉하여 두거나 국소배기장치가 설치된 곳에 둘 것

42. 유해화학물질이 발생하는 반응, 추출, 교반, 혼합, 분쇄, 선별, 여가, 탈수, 건조 등의 공정은 밀폐 또는 격리된 상태로 이루어지도록 할 것

43. 유해화학물질이 유출된 경우에는 유출된 유해화학물질이 넓은 지역으로 퍼지지 않도록 차단하는 조치를 할 것

44. 유해화학물질이 유출·누출된 경우에는 다른 사람과 차량의 접근을 통제할 것

45. 유해화학물질을 사용하고 남은 빈 용기는 「폐기물관리법」에 따라 처리할 것

46. 유해화학물질을 취급하는 경우 법 제14조 제2항에 따른 개인보호장구를 착용할 것

비고: 위 기준 외에 유해화학물질별 구체적인 취급기준은 화학물질안전원장이 관계 기관의 장과 협의하여 고시한다.

〈법원의 판단〉

　화학물질관리법은 제59조 제1호에서 제13조를 위반하여 유해화학물질 취급기준을 지키지 않은 사람에 대한 처벌 규정을 두고 있는데, 위 법 제13조 제6호는 '유해화학물질의 안전관리를 위하여 필요하다고 인정하여 환경부령으로 정하는 사항'을 유해화학물질 취급

기준의 하나로 열거하고 있다. 이에 따라 화학물질관리법 구 시행규칙(2019. 11. 29. 환경부령 제831호로 개정되기 전의 것, 이하 '이 사건 시행규칙'이라 한다) 제8조 별표 1에서 유해화학물질의 취급기준을 세부적으로 마련하였는데, 위 취급기준 중에는 '유해화학물질을 우편 또는 택배로 보내지 말 것'이라는 내용이 포함되어 있다(제30항).

피고인들은 화학물질관리법 등을 위반하여 이 사건 공소사실 기재와 같이 니코틴을 함유한 유독물질인 액상 전자담배를 택배로 발송하여 판매한 사실은 인정하면서도, '액상 전자담배를 택배로 배송하는 것은 법령에 의하거나 사회상규에 위배되지 않는 행위로 정당행위에 해당할 뿐만 아니라, 피고인 A처럼 니코틴 농도가 낮은 액상 담배의 제조·판매업자에게까지 이 사건 시행규칙 등의 준수를 기대하기 어려우므로, 피고인들에게 위 액상 전자담배의 택배 배송 행위에 대한 형사책임을 물어서는 안된다'라고 주장한다.

그러나 판시 각 증거들과 이 사건 시행규칙을 포함한 관련 규정의 내용 등에 의하여 알 수 있는 다음과 같은 사정들을 종합하면, 피고인 A이 유독물질인 액상 전자담배를 택배를 이용하여 구매자들에게 판매한 것이 위법성 내지 책임이 조각되는 행위에 해당한다고 볼 수 없다.

① 이 사건 시행규칙은 앞서와 같이 유해화학물질을 우편 또는 택배로 보내는 것을 금지(제30항)하는 외에(위 규정에서의 '택배'는 우편을 제외한 배송의 방법 중 재화의 운반을 의뢰한 측의 관여 없이 이를 의뢰받은 당사자의 책임하에 배송이 이루어지는 용역 일체를 의미하는 것으로 이해된다), 버스, 철도, 지하철 등 대중 교통수단을 이용한 운반도 금지(제29항)하고 있으며, 차량을 이용하는 경우에도 규정된 제한속도를 준수할 것과 장거리(200km 이상) 운행시 다른 운전사를 동석하게 할 것 등 엄격한 요건을 갖추어 유해화학물질을 운반(제28항)하도록 하고 있다. 또한 화학물질관리법은 같은 법에 따른 유해화학물질관리자 또는 유해화학물질 안전교육을 받은 사람에게 유해화학물질을 운반하도록 하고(제13조 제5호), 유해화학물질 취급시설의 운영자로 하여금 유해화학물질 운반 장비의 부식·손상·노후화 여부 등에 대해 주1회 이상 정기적으로 점검을 실시하고 그 결과를 5년간 기록·비치할 것을 규정하고 있다(제26조 제1항, 제2항 제5호). 위와 같이 화학물질관리법 및 이 사건 시행규칙은 유해

화학물질 자체의 유해성 및 해당 물질의 운반 과정에서 발생할 수 있는 위해 및 안전사고 등을 고려하여 유해화학물질의 운반 등 취급절차가 안전하게 이루어지도록 하기 위한 여러 의무를 부과하고 있다. 한편 담배사업법 제12조 제4항은 소매인이 우편판매 및 전자거래의 방법으로 소비자에게 담배를 판매하는 것을 금지하고 있는데, 위규정 또한 액상 전자담배와 유사한 성분을 함유한 담배[연초의 잎을 원료의 전부 또는 일부로 하여 피우는 등에 적합한 상태로 제조한 것(담배사업법 제2조 제1호)]의 판매 방법을 제한하는 것으로 같은 취지이다.

② 화학물질관리법 제28조의2는 통신판매에 관한 규정으로, 전자상거래 등에서의 소비자보호에 관한 법률(이하 '전자상거래법'이라 한다)에 따른 통신판매를 하려는 유해화학물질 판매업자에게 구매자에 대한 실명·연령 확인 및 본인 인증을 거치도록 하였을 뿐, 같은 법률에 따른 유해화학물질의 운반 등 취급기준을 적용하지 않거나 이를 완화하는 내용은 따로 정하고 있지 않다.

③ 통신판매[우편·전기통신 등의 방법으로 재화 등에 관한 정보를 제공하고 소비자의 청약을 받아 재화 등을 판매하는 것(전자상거래법 제2조 제2호)]는 일반적으로 재화 등의 배송을 전제로 한다.

그런데 전자상거래법은 통신판매업자로 하여금 재화 등의 공급방법 및 공급시기가 기재된 서면을 소비자에게 교부하도록 하고(제13조), 소비자가 청약을 한 날부터 7일 이내에 재화 등의 공급에 필요한 조치를 하도록 하면서도(제15조), 나아가 재화 등의 구체적인 공급방법에 대해서는 명시적인 규정을 두고 있지 않다(전자상거래법 제9조 또한 통신판매에 따라 재화 등을 배송하는 과정에서 발생한 분쟁의 처리절차에 대해 규정할 뿐, 우편이나 택배 등 재화의 배송 방법에 대해서는 별다른 언급이 없다).

통신판매된 일반 재화 등이 실제 우편이나 택배로 구매자들에게 배송되는 경우가 다수임을 감안하더라도, 화학물질관리법 제28조의2가 일반 재화와는 다른 유해성을 가진 유해화학물질에 대해 운반의 안전성을 담보할 수 있는 이 사건 시행규칙 등이 정하는 방식의 배송 외에 우편, 택배에 의한 배송까지 폭넓게 허용하려는 취지의 규정으로는 보이지 않는다. 일반 재화 등과 마찬가지로 유해화학물질의 통신판매가 가능하다고 하여 유해화학물질에 대한 화학물질관리법 및 이 사건 시행규칙 등에 규정된 운반상의 취급기준이 곧바로 면제된다고 볼 것도 아니다.

④ 이 사건 시행규칙에 따르면, 유해화학물질 판매업자로서는 사실상 택배나 대중교통 등에 의하지 않은 방식을 이용한 배송만이 가능하여, 일반 통신판매업자 등과 비교할 때 판매물질의 배송 과정에 불편이 있을 것으로 예상된다(피고인 A 또한 이 사건 범행 후인 2018. 11. 7. 자가용 화물차량의 사용을 관할관청에 신고한 다음 위 차량을 이용하여 구매자들에게 액상 전자담배 등을 배송하는 것으로 보인다). 그러나 유해화학 물질로 인한 국민건강 및 환경상의 위해를 예방하고 화학물질을 적절하게 관리하기 위한 화학물질관리법의 목적 및 니코틴을 함유한 유독물질 자체의 유해성과 위험성 등을 고려할 때, 이 사건 시행규칙에 포함된 운반 관련 취급기준의 내용이 유해화학물질 판매업자에게 그 준수를 기대하기 어려울 정도로 현저히 부당하거나 불합리하다고 볼 수 없다.

〈해설〉

화학물질관리법은 제59조 제1호에서 제13조를 위반하여 유해화학물질 취급기준을 지키지 않은 사람에 대한 처벌 규정을 두고 있는데, 위 법 제13조 제6호는 '유해화학물질의 안전관리를 위하여 필요하다고 인정하여 환경부령으로 정하는 사항'을 유해화학물질 취급기준의 하나로 열거하고 있다. 그런데 환경부령인 화학물질관리법 구 시행규칙(2019. 11. 29. 환경부령 제831호로 개정되기 전의 것) 제8조 별표 1에서는 '유해화학물질을 우편 또는 택배로 보내지 말 것'이라는 내용이 포함되어 있다(제30항). 그런데 피고인은 니코틴을 함유한 유독물질인 액상 전자담배를 택배로 발송하였으므로 화학물질관리법을 위반한 것이다. 피고인은 니코틴 농도가 낮은 액상 담배의 제조 · 판매업자에게까지 유해화학물질 취급기준의 준수를 기대하기 어렵고, '액상 전자담배를 택배로 배송하는 것은 법령에 의하

거나 사회상규에 위배되지 않는 행위로 정당행위에 해당한다고 주장하였으나 일반 재화
와는 다른 유해성을 가진 유해화학물질에 대해 운반의 안전성을 담보할 수 없는 우편, 택
배에 의한 배송까지 폭넓게 허용할 수 없다는 등의 이유로 피고인의 정당행위에 관한 주장
을 받아들이지 않은 판결이다.

2.16. 홈페이지에서의 담배광고가 담배사업법 위반에 해당하는지의 여부가 문제된 사안(창원지방법원 2018노2662 담배사업법위반 판결)

〈사건의 개요〉

피고인은 자신이 운영하는 홈페이지에 '인사말'이라는 제목하에 'D는 특별합니다. 매일 신선하고 맛있게 만들어 피울 수 있는 국내 최고 수제 담배 브랜드입니다.', '고품질 수제담배를 가장 합리적인 가격에 선보이면서, 대한민국을 대표하는 수제담배 전문회사로 성장해 나가겠습니다.'라는 등의 광고 글을 게재하고, '수제담배의 경쟁력'이라는 제목하에 '담뱃잎 180g 기준 레귤러 타입 2,500원 꼴로 착한가격', '일반 궐련 담배에서 나는 역겨운 냄새인 쩐내가 확실히 덜함', '일반 궐련 담배보다 입안이 개운하고 가래가 확연히 덜 생김', '천연 담뱃잎은 화학첨가물(비소, 니켈, 벤젠, 카드뮴, 나프탈아민, 크롤라이드)을 첨가하지 않은 천연 수제 담배입니다.'라는 등의 광고 글을 게재하였다. 피고인의 위와 같은 행위에 대하여 담배사업법령에서 정한 광고방법을 준수하지 않은 것을 이유로 기소된 사안

〈적용 법률〉

담배사업법
제25조(담배에 관한 경고문구의 표시 및 광고의 제한)
② 기획재정부장관은 대통령령으로 정하는 바에 따라 담배에 관한 광고를 금지하거나 제한할 수 있다.

제27조의2(벌칙)
① 다음 각 호의 어느 하나에 해당하는 자는 1년 이하의 징역 또는 1천만원 이하의 벌금에 처한다.
  5. 제25조 제2항을 위반하여 담배에 관한 광고를 한 자

담배사업법 시행령

제9조(담배에 관한 광고)

① 담배에 관한 광고는 법 제25조 제2항에 따라 다음 각 호의 방법에 한정하여 할 수 있다.

1. 소매인의 영업소 내부에서 기획재정부령이 정하는 광고물을 전시 또는 부착하는 행위. 다만, 영업소 외부에 그 광고내용이 보이게 전시 또는 부착하는 것을 제외한다.

2. 품종군별로 연간 10회 이내(1회당 2쪽 이내)에서 잡지(「잡지 등 정기간행물의 진흥에 관한 법률」에 따라 등록 또는 신고된 주 1회 이하 정기적으로 발행되는 제책된 정기간행물 및 「신문 등의 진흥에 관한 법률」에 따라 등록된 주 1회 이하 정기적으로 발행되는 신문과 「출판문화산업 진흥법」에 따른 외국간행물로서 동일한 제호로 연 1회 이상 정기적으로 발행되는 것(이하 "외국정기간행물"이라 한다)을 말하며, 여성 또는 청소년을 대상으로 하는 것을 제외한다)에 광고를 게재하는 행위. 다만, 기획재정부령이 정하는 판매부수 이하로 국내에서 판매되는 외국정기간행물로서 외국문자로만 쓰여져 있는 잡지인 경우에는 광고게재의 제한을 받지 아니한다.

3. 사회·문화·음악·체육 등의 행사(여성 또는 청소년을 대상으로 하는 행사를 제외한다)를 후원하는 행위. 이 경우 후원하는 자의 명칭을 사용하는 외에 제품광고를 하여서는 아니된다.

4. 국제선의 항공기 및 여객선 그밖에 기획재정부령이 정하는 장소안에서 행하는 광고

〈법원의 판단〉

담배사업법 제25조 제2항은 '기획재정부장관은 대통령령으로 정하는 바에 따라 담배에 관한 광고를 금지하거나 제한할 수 있다.'고 규정하고 있고, 담배사업법 시행령 제9조 제1항은 '담배에 관한 광고는 법 제25조 제2항에 따라 다음 각 호의 방법에 한정하여 할 수 있다.'고 규정하고 있다. 위 각 규정의 문언을 종합하면, 담배사업법은 같은 법 시행령 제9조 제1항 각 호에 규정된 광고방법(소매인의 영업소, 잡지 등, 행사 후원, 국제선의 항공기 및 여객선 등)만을 허용하고, 이에 해당하지 않는 일체의 광고방법을 금지하고 있다고 봄이 상당하다. 따라서 피고인이 홈페이지에 광고글을 게재한 행위는 위 각 규정에서 허용된 광고방법이 아니므로 처벌대상이 된다. 또한 피고인이 변경된 공소사실 기재와 같이 '담배'라는 표현을 사용하면서 일반 담배와의 비교 등을 통하여 수제 담배의 이점을 강조한 이상, 이는 담배에 관한 광고를 한 것이라고 봄이 상당하다.

〈해설〉

누구든지 담배에 관한 광고를 하려는 자는 대통령령에서 규정한 바와 같이 소매인의 영업소 내부에서 담배물에 관한 광고물을 전시 또는 부착하거나, 품종군별로 연간 10회 이내에 잡지에 광고를 게재하거나, 사회·문화·음악·체육 등의 행사를 후원하거나, 국제선의 항공기 및 여객선 안에서 광고를 하여야 하고 그 이외의 방법으로는 담배에 관한 광고를 하여서는 아니 된다. 담배사업법이 무분별한 흡연행위를 조장하는 것을 막고 불법적인 담배위 유통을 제한하기 위한 여러 규제수단의 하나로서 광고방법의 제한을 둔 것이다.

"광고"란 사업자등이 상품등에 관한 자기 또는 다른 사업자등에 관한 사항이나 자기 또는 다른 사업자등의 상품등의 내용, 거래 조건, 그 밖에 그 거래에 관한 사항 중 어느 하나에 해당하는 사항을 「신문 등의 진흥에 관한 법률」 제2조 제1호 및 제2호에 따른 신문·인터넷신문, 「잡지 등 정기간행물의 진흥에 관한 법률」 제2조 제1호에 따른 정기간행물, 「방송법」 제2조 제1호에 따른 방송, 「전기통신기본법」 제2조 제1호에 따른 전기통신, 그 밖에 대통령령으로 정하는 방법으로 소비자에게 널리 알리거나 제시하는 것을 의미한다(표시·광고의 공정화에 관한 법률 제2조 제1호, 제2호). 그렇다면, 피고인이 자신의 홈페이지애 수제담배에 관한 글을 게재하여 홍보한 것은 광고에 해당하므로 담배사업법에 의한 담배광고 방법 제한규정을 준수해야 한다. 그러나 피고인은 담배사업법령이 정하지 않은 방법으로 광고를 함으로써 법위반의 제재를 받은 것이다.

2.17. 무허가 담배제조행위로 담배사업법 위반으로 처벌받는 경우에 있어 추징액의 산정방법이 쟁점이 된 사례(창원지방법원 2022노2699 판결)

〈사건의 개요〉
- - - - - - - - - - - -

　피고인들은 2020. 10월경 국내에서 무허가로 담배를 제조해서 중국인 마트 등에 판매하되, 피고인 A가 공장 임차보증금, 연초 및 필터 구매비용, 차량할부금, 직원 월급 등 사업자금을 부담하고 피고인 B는 공장 운영업무를 맡기로 분담한 후, 그 무렵 창원시에 있는 공장 1동을 임차하고 담배제조기계 유통업자 C로부터 담배제조기계 총 6대를 구매하여 위 공장에 설치하고, 중국어와 한국어 모두에 능통한 중국인 D를 고용하여 직원들 모집광고 게시, 직원들 출퇴근 및 작업지시 등 관리, 담배판매 홍보, 담배 배송 등 중간관리자 업무를 수행하게 하였다. 피고인들은 공모하여 담배제조업 허가를 얻지 않고, 2020. 11.경부터 2022. 3. 2.까지 사이에 위 공장에서 합계 약 125,492보루(판매가 합계 약 815,694,750원)의 담배를 제조한 사실로 기소되어 징역형과 34,118,500원을 추징이 선고되자 양형 및 추징액이 부당하다며 항소한 사안이다.

〈적용 법률〉
- - - - - - - - - -

담배사업법

제11조(담배제조업의 허가)

① 담배제조업을 하려는 자는 대통령령으로 정하는 바에 따라 기획재정부장관의 허가를 받아야 한다. 허가 받은 사항 중 대통령령으로 정하는 중요한 사항을 변경할 때에도 또한 같다.

② 기획재정부장관은 제1항에 따른 담배제조업의 허가(이하 "담배제조업허가"라 한다)를 받으려는 자가 대통령령으로 정하는 자본금, 시설, 기술인력, 담배 제조 기술의 연구·개발 및 국민건강 보호를 위한 품질관리 등에 관한 기준을 충족한 경우에는 허가를 하여야 한다.

제27조(벌칙)

① 다음 각 호의 어느 하나에 해당하는 자는 3년 이하의 징역 또는 3천만원 이하의 벌금에 처한다.

 1. 제11조를 위반하여 담배제조업허가를 받지 아니하고 담배를 제조한 자

형법

제48조(몰수의 대상과 추징)

① 범인이외의 자의 소유에 속하지 아니하거나 범죄후 범인이외의 자가 정을 알면서 취득한 다음 기재의 물건은 전부 또는 일부를 몰수할 수 있다.

 1. 범죄행위에 제공하였거나 제공하려고 한 물건.

 2. 범죄행위로 인하여 생하였거나 이로 인하여 취득한 물건.

 3. 전 2호의 대가로 취득한 물건.

② 전항에 기재한 물건을 몰수하기 불능한 때에는 그 가액을 추징한다.

형사소송법

제130조(압수물의 보관과 폐기)

② 위험발생의 염려가 있는 압수물은 폐기할 수 있다.

③ 법령상 생산·제조·소지·소유 또는 유통이 금지된 압수물로서 부패의 염려가 있거나 보관하기 어려운 압수물은 소유자 등 권한 있는 자의 동의를 받아 폐기할 수 있다.

제219조(준용규정) 제106조, 제107조, 제109조 내지 제112조, 제114조, 제115조 제1항 본문, 제2항, 제118조부터 제132조까지, 제134조, 제135조, 제140조, 제141조, 제333조 제2항, 제486조의 규정은 검사 또는 사법경찰관의 본장의 규정에 의한 압수, 수색 또는 검증에 준용한다. 단, 사법경찰관이 제130조, 제132조 및 제134조에 따른 처분을 함에는 검사의 지휘를 받아야 한다.

〈법원의 판단〉

- - - - - - - - - - - - -

 피고인들이 2020. 11월경부터 2022. 3월경까지 약 16개월 동안 허가 없이 담배를 생산한 사실 자체는 피고인들도 이를 인정하고 있고, 피고인 A은 수사기관에서 'ㅇㅇ공장으로 이사하고 나서 몇 개월 후 기계가 업그레이드되고 나서 하루 평균 600보루가 생산되었다'

는 진술을 한 바 있다. 검사는 위와 같은 피고인 A의 진술을 기초로 당초 무허가 담배 생산량을 288,000보루(600보루 × 16개월 × 30일)로 보고 여기에 한보루의 판매가인 6,500원을 곱하여 피고인들의 무허가 담배 생산량을 288,800보루(판매가 약 18억 7,200만 원)로 하여 공소제기를 하였다. 이에 대하여 피고인 A의 원심 변호인은 위와 같은 산정방식보다 기계대수의 변화를 반영한 방식으로 수량을 산정하는 것이 더 합리적이라는 주장을 하였고, 검사는 원심 변호인의 주장을 받아들여 수량을 재산정하여 공소장변경신청을 하였으며, 변경된 공소사실에 대하여 피고인들은 모두 인정을 하였다가 당심에 이르러 다시 항소이유와 같은 주장을 하고 있다. 그러나, 원심 및 당심이 적법하게 채택하여 조사한 증거들에 의하여 인정되는 다음과 같은 사정들을 종합하면, 원심에서 변경된 공소사실의 생산량은 객관적 자료와 피고인들의 진술을 바탕으로 합리적으로 산정된 것으로서 이를 피고인들의 담배생산량으로 충분히 인정할 수 있다. ① 수사기관의 압수수색과정에서 2022. 2. 3.부터 2022. 3. 2.까지의 일별 생산량이 기재된 '매일 수량표'가 압수되었으며, 이에 의하면 위 기간 동안 피고인들이 생산한 담배 생산량 합계는 총 10,948보루이다. 위 '매일수량표'는 그 기재내용, 작성 및 압수 경위 등에 비추어 생산량에 관한 객관적 자료로 평가할 수 있고, 위와 같이 특정 기간에만 생산량에 관한 객관적인 자료가 존재하는 이상 전체 위반기간 동안의 생산량은 위 자료를 통해 얻을 수 있는 생산량 평균값을 이용하되, 피고인들에게 유리하게 적용할 수 있는 변수들이 있다면 이를 추가로 반영하여 산정함이 타당하다. ② 피고인 B와 C의 진술에 의하면 위반기간 동안 피고인들이 보유한 담배제조기계의 수는 2020. 11.경부터 2020. 12.경까지는 1대, 2021. 1.경부터 2021. 3.경까지는 2대, 2021. 4.경부터 2021. 6.경까지는 4대, 2021. 7.경부터 2022. 3. 2.경까지는 6대이고, 제조기계 수의 변동은 담배 생산량에도 상당한 영향을 미치므로 기계 수의 변동을 고려하지 않고 생산량의 평균값을 계산할 경우에는 그 값이 왜곡될 위험이 있다. 따라서 기계 1대를 보유하고 있었던 2020. 11.부터 2020. 12.까지의 2개월을 1구간, 기계 2대를 보유하고 있었던 2021. 1.부터 2021. 3.까지의 3개월을 2구간, 기계 4대를 보유하고 있었던 2021. 4.부터 2021. 6.까지의 3개월을 3구간, 2021. 7.부터 2022. 1.까지의 7개월을 4구간, 2022. 2. 3.부터 2022. 3. 2.까지의 1개월을 5구간('매일수량표'에 생산량이 기재되어 있는 2022. 2. 3.부터 2022. 3. 2.까지의 기간은 객관적인 자료에 근거한 실제 생산량을 사용하기 위하여 별도의 구간으로 분리하였다)으로 설정하여 구간별로 평균생산량을 산출할 필요성이 있다. ③ 한편 피고인 A은 '2020. 12. 처음 도입한 기계는 많이 생산해봐야 50보루이고 점점 기계의 성능이 향상되면서 생산량이 늘어났다'고 진술한바 있어 위 진술까지 반영하면 구간별 일평균 생산량은 점진적으로 증가하여야 할 것이고, 객관적으로 수량이 확인되는 5구간의 일평균 생산량은 476보루(10,948보루 ÷ 일요일을 제외한 23일)이므로 1구간은 일평균 50보루, 2구간은 159보루, 3구간은 317보루, 4구간과 5구간은 각 476보루로 산출할 수 있다(이는 압수당시 476보루에서 초기 50보루를 뺀 426보루를 기계증가 수에 따라 안분한 약 1:2:2보다 피고인에게 유리하도록 초기 증가분을 높여 약 2:3:3의 비율로 증가시킨 수치이다). ④ 한편, 토요일에는 평일보다 적은 양을 생산하였고, 일요일은 근무하는 직원이 없었다는 점을 고려하여 피고인들에게 유리하도록 주당 5.5일 동안 담배를 생산한 것으로 가정하고, 구간별 실질생산일수를 1구간 47일, 2구간 71일, 3구간 71일, 4구간 165일, 5구간 23일로 계산하여 위 일평균생산량을 곱하면, 구간별 생산량은 1구간 2,350보루, 2구간 11,289보루, 3구간 22,507보루, 4구간 78,540보루, 5구간 10,948보루가 되고, 전체 위반기간 총 생산량은 125,634보루로 산정할 수 있다. ⑤ 원심 검사는 위와 같이 피고인에게 최대한 유리한 방식으로 산정한 125,634보루보다도 적은 보루로서 피고인 B이 주장한 125,492보루로 공소장 변경신청을 하였고 원심은 이를 허가하였으며, 이는 피고인 A이 제1회 검찰 조사에서 '기계가 1대 있을 때에는 하루 50보루도 생산하지 못하였으나 서서히 기계가 늘면서 하루에 200~300보루 정도를 생산하였고, 압수수색 전 4~5개월은 하루에 600보루 정도를 생산하여 (월) 10,000보루 이상 생산한 것 같다'는 진술과도 부합하여 그 합리성이 인정되며, 달리 생산수량을 인정할 만한 더 나은 방법이 확인되지도 아니한다. ⑥ 피고인들은 인쇄업자들이 피고인들에게 납품하고 받은 비용 내지 판매대금을 통하여 제조수량을 객관적으로 산정할 수 있다는 입장이나, 인쇄업자들이 받은 비용은 담배갑포장과 관련된 비용이고 판매대금은 담배를 판매하고 받은 대금으로서 모두 상품으로 완성된 담배를 전제로 한 것이다. 그런데 이 부분 공소사실은 피고인들이 허가를 받지 않고 담배를 제조하였다는 것이고, 담배사업법상 '담배'란 연초(연초)의 잎을 원료의 전부 또는 일부로 하여 피우거나, 빨거나, 증기로 흡입하거나, 씹거나, 냄새 맡기에 적합한 상태로 제조한 것을 말하며 반드시 완성된 상품의 형태일 것을 요하지 않는다. 높은 품질이나 상품으로서의 외관을 갖추지 못한 담배라고 하더라도 담배의 형태로 제조된 이상 흡연, 수수, 저렴한 가격의 유통이 가능한 점까지 고려하여 보면 이 사건에서의 담배 생산량은 기계를 통하여 제조된 것의 수량을 의미하는 것으로 봄이 타당하고 담배갑이나 케이스 등에 담겨 포장이 완료된 제품의 수량만을 의미하는 것이라고 볼 수 없다. 포장되지 아니한 것 중 피고인들이 임의로 폐기한 것이 있다고 하더라도 이는 뒤에서 보는 바와 같이 양형에서 참작하는 것은 별론으로 하되 생산량에서 공제할 것은 아니다. 따라서 포장(인쇄)이나 판매와 관련된 수치들로 피고인들이 생산한 담배의 수량을 산출하여야 한다는 주장은 이를 받아들일 수 없다(뒤에서 보는 바와 같이 검사가 포장수량을 기초로 산정한 추징액을 구형함으로써 원심이 추징에 한하여 그와 같은 산정방식을 받아들이기는 하였으나 이는 범죄수익을 '상품화된 것'으로 좁게 보아 계산하면서 반사적으로 피고인들에게 유리해진 것일 뿐이므로 담배 생산량 산정의 위법성을 인정할 근거가 되지는 아니한다). 따라서 원심에서 변경된 공소사실을 모두 유죄로 인정한 원심의 판단은 정당하고 피고인들의 이 부분 주장은 이를 받아들이지 아니한다. (중략) 판결 선고 당시 압수물이 현존하지 않거나 형사소송법 제130조 제2항, 제3항 및 제219조에 따라 압수물이 이미 폐기된 경우 법원으로서는 그 물건에 대하여 몰수를 선고할 수 없고(대법원 2012. 6. 14. 선고 2012도4182 판결 참조), 압수조서의 기재에 의하면 증 제1 내지 6호가 이미 폐기된 사실이 인정되므로 위 압수물에 대하여는 몰수를 선고할 수 없다. 그러나 추징은 몰수에 갈음하여 그 가액 상당의 납부를 명하는 부수처분인바, 위와 같이 압수된 담배들을 몰수할 수 없다고 하더라도 이는 몰수할 수 있었던 것이 폐기된 것이므로 위 담배들이 2022. 1. 4.경부터 2022. 3. 2.경까지 생산·포장된 것이라면 이를 앞서 본 추징금 산정의 기초자료에서는 이를 공제함이 타당하다.

〈해설〉

　담배사업법 위반하여 무허가로 제조한 담배를 몰수할 수 없어 추징할 경우 그 여부는 법원의 재량판단 사항이다. 또한 여러 사람의 공범이 있는 경우, 공범 각자가 실제로 얻은 이익의 확정할 수 없을 때에는 이를 평등하게 분할하여 추징하여야 한다. 이 사건과 같이 담배생산량을 정확하게 파악할 수 없는 경우에는 여러 가지 수단을 이용해 담배생산량을 계산할 수 있다. 이 사건에서는 생산설비의 변동 추이, 평균생산량 등을 이용하여 추징을 위한 계산 근거가 되는 담배생산량을 확정하였다. 또한 완성된 상품 형태의 담배만이 아니라 담배의 형태로 제조된 이상 이는 무허가 담배제조행위에 따른 담배생산량에 해당하는 것이어서 추징의 대상에 해당한다고 보았다. 한편 수사기관에 압수되어 폐기된 무허가 제조 담배에 해당하는 수량은 그 상당액을 추징액에서 공제하여야 한다고 본 것으로서 담배사업법 위반에 따른 추징액의 계산에 관한 판단기준을 제시하고 있다.

3. 국민건강증진법 위반 사건 및 판결 해설(행정)

3.1. 흡연권과 혐연권이 기본권으로 보호되는지의 여부 및 기본권 사이의 우열이 문제
가 된 사안(국민건강증진법시행규칙 제7조 위헌확인)[2003헌마457 결정]

〈사건의 개요〉

국민건강증진법 제9조 제6항, 제4항은 공중이 이용하는 시설 중 시설의 소유자·점유자
또는 관리자(이하 위 소유자·점유자·관리자를 통칭하여 '시설관리자'라고 한다)가 당해 시
설의 전체를 금연구역으로 지정하거나 당해 시설을 금연구역과 흡연구역으로 구분하여 지
정하여야 하는 시설을 보건복지부령에 의하여 정하도록 규정하고 있고, 이에 기하여 보건
복지부령인 국민건강증진법시행규칙 제7조는 각 해당시설을 구체적으로 규정하고 있으며,
국민건강증진법 제9조 제5항은 시설이용자가 이와 같이 지정된 금역구역에서 흡연하는 것
을 금지하고 있다. 청구인은 2003. 7. 11. 국민건강증진법시행규칙 제7조가 청구인의 기본
권을 침해한다는 이유로 위 조문이 위헌임을 확인하여 달라는 이 사건 심판청구를 하였다.

〈적용 법률〉

헌법

제10조
모든 국민은 인간으로서의 존엄과 가치를 가지며, 행복을 추구할 권리를 가진다. 국가는 개인이 가지는 불
가침의 기본적 인권을 확인하고 이를 보장할 의무를 진다.

제11조
① 모든 국민은 법 앞에 평등하다. 누구든지 성별·종교 또는 사회적 신분에 의하여 정치적·경제적·사회
   적·문화적 생활의 모든 영역에 있어서 차별을 받지 아니한다.

제17조 모든 국민은 사생활의 비밀과 자유를 침해받지 아니한다.

제36조

③ 모든 국민은 보건에 관하여 국가의 보호를 받는다.

제37조

② 국민의 모든 자유와 권리는 국가안전보장·질서유지 또는 공공복리를 위하여 필요한 경우에 한하여 법률로써 제한할 수 있으며, 제한하는 경우에도 자유와 권리의 본질적인 내용을 침해할 수 없다.

국민건강증진법

제9조(금연을 위한 조치) ④ 보건복지부령이 정하는 공중이 이용하는 시설의 소유자·점유자 또는 관리자는 보건복지부령이 정하는 바에 의하여 당해 시설을 금연구역과 흡연구역으로 구분하여 지정하여야 한다.

국민건강증진법시행규칙

제7조(금연구역의 지정기준 및 방법) ① 공중이용시설 중 청소년·환자 또는 어린이에게 흡연으로 인한 피해가 발생할 수 있는 다음 각 호의 시설 소유자 등은 당해 시설의 전체를 금연구역으로 지정하여야 한다.

1. 제6조 제6호의 규정에 의한 학교 중 초·중등교육법 제2조의 규정에 의한 학교의 교사
2. 제6조 제8호의 규정에 의한 의료기관, 보건소·보건의료원·보건지소
3. 제6조 제16호의 규정에 의한 보육시설

② 제1항의 규정에 의한 시설 외의 공중이용시설의 소유자 등은 당해 시설 중 이용자에게 흡연의 피해를 줄수 있는 다음 각 호에 해당하는 구역을 금연구역으로 지정하여야 한다.

1. 제6조 제1호의 규정에 의한 건축물의 사무실·회의장·강당 및 로비
2. 제6조 제2호의 규정에 의한 공연장의 객석, 관람객 대기실 및 사무실
3. 제6조 제3호의 규정에 의한 학원의 강의실, 학생 대기실 및 휴게실
4. 제6조 제4호의 규정에 의한 지하도에 있는 상점가 중 상품의 판매에 제공되는 매장 및 통로
5. 제6조 제5호의 규정에 의한 관광숙박업소의 현관 및 로비
6. 제6조 제6호의 규정에 의한 학교 중 고등교육법 제2조의 규정에 의한 학교의 강의실, 휴게실, 강당, 구내식당 및 회의장
7. 제6조 제7호의 규정에 의한 체육시설의 관람석 및 통로
8. 제6조 제9호의 규정에 의한 사회복지시설의 거실, 작업실, 휴게실, 식당 및 사무실

9. 제6조 제10호의 규정에 의한 교통관련시설 및 교통수단 중 공항·여객선터미널·역사 등의 승객 대기실 및 승강장, 국내선항공기, 선실, 철도의 차량내부 및 통로, 전철의 지하역사·승강장 및 차량, 지하보도 및 16인승 이상의 승합자동차

10. 제6조 제11호의 규정에 의한 목욕장의 탈의실 및 목욕탕 내부

11. 제6조 제12호의 규정에 의한 게임 및 멀티미디어문화컨텐츠설비제공업소의 영업장 내부 중 2분의 1 이상의 구역

12. 제6조 제13호의 규정에 의한 휴게음식점 및 일반음식점영업소의 영업장 내부 중 2분의 1 이상의 구역

13. 제6조 제14호의 규정에 의한 만화대여업소의 영업장 내부 중 2분의 1 이상의 구역

14. 제6조 제15호의 규정에 의한 청사의 사무실 및 민원인 대기실

15. 제1호 내지 제14호의 시설에 설치된 승강기의 내부, 복도, 화장실 그 밖에 다수인이 이용하는 구역

③ 제1항의 규정에 따라 소유자 등이 당해 시설의 전체를 금연구역으로 지정한 경우에는 당해 시설의 전체가 금연구역이라는 사실을 알리는 표지를 설치 또는 부착하여야 한다.

④ 제2항의 규정에 따라 소유자 등이 당해 시설을 금연구역과 흡연구역으로 구분하여 지정한 경우에는 금연구역 또는 흡연구역으로 지정된 장소에 이를 알리는 표지를 설치 또는 부착하여야 한다.

⑤ 제3항 및 제4항의 규정에 의한 금연구역과 흡연구역의 표시 및 흡연구역의 시설기준은 별표 3과 같다.

(별표 3 생략)

〈헌법재판소의 판단〉

　흡연자들이 자유롭게 흡연할 권리를 흡연권이라고 한다면, 이러한 흡연권은 인간의 존엄과 행복추구권을 규정한 헌법 제10조와 사생활의 자유를 규정한 헌법 제17조에 의하여 뒷받침된다. 우선 헌법 제17조가 근거가 될 수 있다는 점에 관하여 보건대, 사생활의 자유란 사회공동체의 일반적인 생활규범의 범위 내에서 사생활을 자유롭게 형성해 나가고 그 설계 및 내용에 대해서 외부로부터의 간섭을 받지 아니할 권리를 말하는바(헌재 2001. 8. 30. 99헌바92, 판례집 13-2, 174, 202), 흡연을 하는 행위는 이와 같은 사생활의 영역에 포함된다고 할 것이므로, 흡연권은 헌법 제17조에서 그 헌법적 근거를 찾을 수 있다. 또 인간으로서의 존엄과 가치를 실현하고 행복을 추구하기 위하여서는 누구나 자유로이 의사를

결정하고 그에 기하여 자율적인 생활을 형성할 수 있어야 하므로, 자유로운 흡연에의 결정 및 흡연행위를 포함하는 흡연권은 헌법 제10조에서도 그 근거를 찾을 수 있다.

위와 같이 흡연자들의 흡연권이 인정되듯이, 비흡연자들에게도 흡연을 하지 아니할 권리 내지 흡연으로부터 자유로울 권리가 인정된다(이하 이를 '혐연권'이라고 한다). 혐연권은 흡연권과 마찬가지로 헌법 제17조, 헌법 제10조에서 그 헌법적 근거를 찾을 수 있다. 나아가 흡연이 흡연자는 물론 간접흡연에 노출되는 비흡연자들의 건강과 생명도 위협한다는 면에서 혐연권은 헌법이 보장하는 건강권과 생명권에 기하여서도 인정된다. 흡연자가 비흡연자에게 아무런 영향을 미치지 않는 방법으로 흡연을 하는 경우에는 기본권의 충돌이 일어나지 않는다. 그러나 흡연자와 비흡연자가 함께 생활하는 공간에서의 흡연행위는 필연적으로 흡연자의 기본권과 비흡연자의 기본권이 충돌하는 상황이 초래된다. 그런데 흡연권은 위와 같이 사생활의 자유를 실질적 핵으로 하는 것이고 혐연권은 사생활의 자유뿐만 아니라 생명권에까지 연결되는 것이므로 혐연권이 흡연권보다 상위의 기본권이라 할 수 있다. 이처럼 상하의 위계질서가 있는 기본권끼리 충돌하는 경우에는 상위기본권우선의 원칙에 따라 하위기본권이 제한될 수 있으므로, 결국 흡연권은 혐연권을 침해하지 않는 한에서 인정되어야 한다.

흡연은 비흡연자들 개개인의 기본권을 침해할 뿐만 아니라 흡연자 자신을 포함한 국민의 건강을 해치고 공기를 오염시켜 환경을 해친다는 점에서 개개인의 사익을 넘어서는 국민 공동의 공공복리에 관계된다. 따라서 공공복리를 위하여 개인의 자유와 권리를 제한할 수 있도록 한 헌법 제37조 제2항에 따라 흡연행위를 법률로써 제한할 수 있다. 나아가 국민은 헌법 제36조 제3항이 규정한 보건권에 기하여 국가로 하여금 흡연을 규제하도록 요구할 권리가 있으므로, 흡연에 대한 제한은 국가의 의무라고까지 할 수 있다. (중략)

입법작용에 의하여 국민의 기본권을 제한함에 있어서는, 국민의 기본권을 제한하려는 입법의 목적이 헌법 및 법률의 체제상 그 정당성이 인정되어야 하고(목적의 정당성), 그 목적의 달성을 위하여 그 방법이 효과적이고 적절하여야 하며(방법의 적정성), 입법권자가 선택한 기본권제한의 조치가 입법목적달성을 위하여 설사 적절하다 할지라도 보다 완화된 형태나 방법을 모색함으로써 기본권의 제한은 필요한 최소한도에 그치도록 하여야 하고(피해의 최소성), 그 입법에 의하여 보호하려는 공익과 침해되는 사익을 비교형량할 때 보호되는 공익이 더 커야한다(법익의 균형성)는 과잉금지원칙 내지 비례원칙이 지켜져야 한다(헌재 1992. 12. 24. 92헌가8, 판례집 4, 853, 878-879 참조). 이 사건 조문은 국민의 건강을 보호하기 위한 것으로서(국민건강증진법 제1조 및 국민건강증진법시행규칙 제1조 참조) 목적의 정당성을 인정할 수 있고, 흡연자와 비흡연자가 생활을 공유하는 곳에서 일정한 내용의 금연구역을 설정하는 것은 위 목적의 달성을 위하여 효과적이고 적절하여 방법의 적정성도 인정할 수 있다. 또한 이 사건 조문으로 달성하려고 하는 공익(국민의 건강)이 제한되는 사익(흡연권)보다 크기 때문에 법익균형성도 인정된다.

나아가 이 사건 조문이 일부 시설에 대하여는 시설 전체를 금연구역으로 지정하도록 하였지만, 이러한 시설은 세포와 신체조직이 아직 성숙하는 단계에 있는 어린이나 청소년들의 경우 담배로 인한 폐해가 심각하다는 점을 고려하여 규정한 보육시설과 초·중등교육법에 규정된 학교의 교사 및 치료를 위하여 절대적인 안정과 건강한 환경이 요구되는 의료기관, 보건소·보건의료원·보건지소에 한하고 있다는 점, 시설의 일부를 금연구역으로 지정하여야 하는 시설도 모두 여러 공중이 회합하는 장소로서 금역구역을 지정할 필요성이 큰 시설이라는 점, 이 사건 조문은 '청소년·환자 또는 어린이에게 흡연으로 인한 피해가 발생할 수 있는 다음 각 호의 시설' 또는 '이용자에게 흡연의 피해를 줄 수 있는 다음 각 호에 해당하는 구역'을 금연구역지정의 요건으로 함으로써, 형식적으로 이 사건 조문의 각 호에 규정된 시설에 해당하더라도 실제로 피해를 주지 않는 곳에서는 금연구역지정의 의무를 부과하지 않고 있는 점 등에 비추어 볼 때, 흡연자들의 흡연권을 최소한도로 침해하고 있다고 할 수 있다. 그렇다면 이 사건 조문은 과잉금지원칙에 위반되지 아니한다.

이 사건 조문이 비흡연자들의 이익을 도모하는 반면 흡연자들의 권리는 제한하고 있어 흡연자들의 평등권을 침해하였다고 할 것인지에 관하여 본다. 헌법 제11조 제1항의 평등의 원칙은 일체의 차별적 대우를 부정하는 절대적 평등을 의미하는 것이 아니라 입법과 법의 적용에 있어서 합리적 근거 없는 차별을 하여서는 아니된다는 상대적 평등을 뜻하고,

따라서 합리적 근거 있는 차별 내지 불평등은 평등의 원칙에 반하는 것이 아니다. 그런데 앞서 본 바와 같이 이 사건 조문은 국민의 건강과 혐연권을 보장하기 위하여 흡연권을 제한하는 것으로서 그 제한에 합리적인 이유가 있다 할 것이므로 평등권을 침해하였다고 할 수 없다.

〈해설〉

흡연할 권리가 있는 것일까? 또는 흡연하는 사람에게 이를 하지 못하게 할 권리는 헌법상 보장되는 것일까? 이 점에 대한 헌법재판소의 입장을 밝힌 사안이다. 흡연자들이 자유롭게 흡연할 권리인 흡연권의 헌법적인 근거는 인간의 존엄과 행복추구권을 규정한 헌법 제10조와 사생활의 자유를 규정한 헌법 제17조이다. 흡연을 하는 행위는 사생활의 영역에 포함되고, 인간으로서의 존엄과 가치를 실현하고 행복을 추구하기 위하여서는 누구나 자유로이 의사를 결정하고 그에 기하여 자율적인 생활을 형성할 수 있어야 하므로, 자유로운 흡연에의 결정 및 흡연행위를 포함하는 흡연권은 헌법 제10조에도 근거가 있다는 것이다. 한편 비흡연자들에게도 흡연을 하지 아니할 권리 내지 흡연으로부터 자유로울 권리인 혐연권이 인정되는데, 흡연권과 마찬가지로 헌법 제17조, 헌법 제10조에서 그 헌법적 근거가 있다. 그리고 혐연권은 흡연권보다 우월한 가치를 가지는 기본권으로서 두 기본권이 충돌하는 경우에는 혐연권이 우선한다는 것을 분명히 하였다.

3.2. 특수용담배를 수출용으로 공급한 담배제조업자에 대한 국민건강증진부담금 부과의 적법성이 문제가 된 사안(서울행정법원 2015구합83221 판결)

〈사건의 개요〉

담배제조회사 A는 2009년부터 2013년까지 사이에 특수용담배를 취급하는 도매업체들에 구 담배사업법(2014. 1. 21. 법률 제12269호로 개정되기 전의 것) 제19조 제1항, 담배사업법 시행령 제7조 제1항에 따른 외항선 선원 또는 여객선의 승객이나, 국제항로에 취항하는 항공기 또는 여객선의 승객에게 판매할 목적으로 제작된 특수용담배를 수출 용도로 공급하였다. A와 거래한 도매업체들은 이 사건 특수용담배 중 일부를 중국 등지로 수출하고, 일부를 국내로 밀반입하여 유통하자 보건복지부장관은 구 국민건강증진법(2014. 5. 20. 법률 제12616호로 개정되기 전의 것) 제23조 제1항에 근거하여 이 사건 특수용담배 중 그동안 반출된 담배에 대하여 국민건강증진부담금 부과처분을 하였고, 한국환경공단은 자원의 절약과 재활용촉진에 관한 법률 제12조 제1항, 같은 법 시행령 제10조 제1항 제5호에 근거하여 이 사건 특수용담배에 대한 폐기물부담금 부과처분을 하자 A가 이에 불복하여 국민건강증진부담금 등의 취소를 구한 사안

〈적용 법률〉

구 담배사업법(2014. 1. 21. 법률 제12269호로 개정되기 전의 것)
제19조(특수용담배)
① 제조업자는 대통령령이 정하는 특수용담배를 제조·판매할 수 있다

담배사업법 시행령
제7조(특수용담배)
① 법 제19조 제1항의 규정에 의한 특수용담배는 다음과 같다.

1. 국가원수가 외교사절 그밖의 자에게 제공하기 위하여 사용하는 담배

2. 국군·전투경찰대원·교정시설경비교도대원 또는 국가유공자등예우및지원에관한법률 제63조의 규정에 의한 양로시설로서 한국보훈복지의료공단이 운영하는 양로시설에 수용중인 국가유공자 및 그 유족에게 공급하는 담배

3. 해외함상훈련에 참가하는 해군사관생도 및 승선장병에게 공급하는 담배

4. 해외에서 취업중인 근로자 및 재외공관 직원에게 공급하는 담배

5. 보세구역에서 판매하는 담배

6. 외항선 또는 원양어선의 선원에게 판매하는 담배

7. 국제항로에 취항하는 항공기 또는 여객선의 승객에게 판매하는 담배

8. 주한 외국군의 관할구역안에서 판매하는 담배

9. 남북교류협력에관한법률 제9조의 규정에 의하여 북한지역을 왕래하는 관광객에게 판매하는 담배

10. 외국에 주류하는 장병에게 공급하는 담배

구 지방세법(2015. 7. 24. 법률 제13427호로 일부 개정되기 전의 것)

제54조(과세면제)

① 제조자 또는 수입판매업자가 담배를 다음 각 호의 어느 하나의 용도에 제공하는 경우에는 담배소비세를 면제한다.

1. 수출

2. 국군, 전투경찰, 교정시설 경비교도 또는 주한외국군에의 납품

3. 보세구역에서의 판매

4. 외항선 또는 원양어선의 선원에 대한 판매

5. 국제항로에 취항하는 항공기 또는 여객선의 승객에 대한 판매

6. 시험분석 또는 연구용

7. 그 밖에 국가원수가 행사용으로 사용하는 담배 등 대통령령으로 정하는 것

② 외국으로부터 입국하는 사람 등이 반입하는 담배로서 대통령령으로 정하는 범위의 담배에 대하여는 담배소비세를 면제한다.

구 국민건강증진법(2014. 5. 20. 법률 제12616호로 개정되기 전의 것)

제23조(국민건강증진부담금의 부과·징수 등)

① 보건복지부장관은 제조자등이 판매하는 「담배사업법」 제2조에 따른 담배 중 궐련 및 전자담배(「지방세

법」제54조에 따라 담배소비세가 면제되는 것, 같은 법 제63조 제1항 제1호 및 제2호에 따라 담배소비세

액이 공제 또는 환급되는 것은 제외한다. 이하 같다)에 다음 각 호의 구분에 따른 부담금(이하 "부담금"이

라 한다)을 부과·징수한다.

1. 궐련: 20개비당 354원

2. 전자담배: 니코틴 용액 1밀리리터당 221원

자원의 절약과 재활용촉진에 관한 법률

제12조(폐기물부담금)

① 환경부장관은 폐기물의 발생을 억제하고 자원의 낭비를 막기 위하여 다음 각 호의 어느 하나에 해당하는

물질을 함유하고 있거나 재활용이 어렵고 폐기물 관리상의 문제를 초래할 가능성이 있는 제품·재료·용

기 중 대통령령으로 정하는 제품·재료·용기의 제조업자(주문자의 상표를 부착하는 방식에 따라 제조한

제품·재료·용기의 경우에는 그 주문자를 말한다)나 수입업자에게 그 폐기물의 처리에 드는 비용을 매

년 부과·징수한다.

1. 「대기환경보전법」 제2조 제9호에 따른 특정대기유해물질

2. 「수질 및 수생태계 보전에 관한 법률」 제2조 제8호에 따른 특정수질유해물질

3. 「유해화학물질 관리법」 제2조 제3호에 따른 유독물

자원의 절약과 재활용촉진에 관한 법률 시행령 제10조 제1항 제5호

제10조(폐기물부담금 부과대상 및 감면대상 품목)

① 법 제12조 제1항 각 호 외의 부분에서 "대통령령으로 정하는 제품·재료·용기"란 다음 각 호와 같다.

5. 담배(판매가격이 200원 이하인 담배와 「지방세법」 제53조, 제54조 및 제63조에 따라 담배소비세를 면

제하거나 환급하는 담배는 제외한다)

〈법원의 판단〉

- - - - - - - - - - - - -

원고가 이 사건 업체들에게 이 사건 특수용담배를 수출용으로 공급한 것은 구 지방세법

제54조 제1항 제1호의 제조자가 담배를 수출용도에 제공하는 경우에 해당한다고 봄이 상

당하므로 이는 담배소비세가 면제되는 경우에 해당한다. 면세담배로 반출된 이 사건 특수

용담배를 면세용도가 아닌 국내에 유통시킨 이 사건 업체들은 구 지방세법 제49조 제5항

에 따라 담배소비세를 납부할 의무가 있으므로 원고가 반출한 이 사건 특수용담배와 관련하여 종국적으로 담배소비세가 부과되기는 한다. 그런데 구 국민건강증진법 제23조 제1항에 따른 국민건강증진부담금은 담배소비세와 달리 제조자 또는 수입판매자만이 납부의무를 부담하는 점, 담배 제조자인 원고가 담배소비세가 면제되는 용도로 특수용담배를 판매하여 반출하였음에도 원고의 귀책 없이 그 이후 우연히 발생한 사정에 따라 담배소비세의 부과 대상이 되었다는 사정만으로 원고에게 국민건강증진부담금 납부 의무가 발생한다고 보는 것은 원고에게 지나치게 가혹한 점, 담배 제조자인 원고가 국민건강증진부담금의 납부의무를 부담하는 것은 원고가 공급한 담배가격에 담배소비세, 건강증진부담금, 폐기물부담금 등이 포함되어 있음을 전제로 한다고 보아야 하는데 원고가 이 사건 업체들에게 이 사건 특수용담배를 공급하고 지급받은 담배 대금은 담배소비세, 건강증진부담금, 폐기물부담금 등이 면제된 가격을 기준으로 산정된 금액으로 보이는 점, 피고 보건복지부장관은 원고에게 구 지방세법상 담배소비세를 부담할 의무가 있음을 전제로 국민건강증진부담금 부과처분을 한 점(을가 제1호증의 5, 을가 제2호증 참조)을 고려하면, 구 국민건강증진법 제23조 제1항에 따라 원고가 담배 제조자로서 국민건강증진부담금의 납부의무를 부담하는 것은 원고가 담배소비세 납부의무를 부담하는 경우에 한정하는 것으로 새기는 것이 타당하다.

〈해설〉

담배제조회사 A는 2009년부터 2013년까지 사이에 특수용담배를 취급하는 도매업체들에 구 담배사업법(2014. 1. 21. 법률 제12269호로 개정되기 전의 것) 제19조 제1항, 담배사업법 시행령 제7조 제1항에 따른 외항선 선원 또는 여객선의 승객이나, 국제항로에 취항하는 항공기 또는 여객선의 승객에게 판매할 목적으로 제작된 특수용담배를 수출 용도로 공급하였다. A와 거래한 도매업체들은 이 사건 특수용담배 중 일부를 중국 등지로 수출하고, 일부를 국내로 밀반입하여 유통하자 보건복지부장관은 구 국민건강증진법 제23조 제1항에 근거하여 이 사건 특수용담배 중 그 동안 반출된 담배에 대하여 국민건강증진부담금 부과처분을 하였고, 한국환경공단은 자원의 절약과 재활용촉진에 관한 법률 제12조 제1항, 같은 법 시행령 제10조 제1항 제5호에 근거하여 이 사건 특수용담배에 대한 폐기물부담금 부과처분을 하였다.

그런데 구 지방세법 제54조 제1항 제1호에 따라 수출에 제공된 담배는 담배소비세를 면제하기 때문에 담배제조회사가 수출에 제공하기 위해 제3자에게 공급한 특수용 담배는 담배소비세가 면제된다. 또한 국민건강증진법에 따라 부과되는 국민건강증진부담금의 경우에도 담배제조자가 수출에 제공하는 담배에 대해서는 이를 부과하지 않는다. 그런데 이렇게 수출을 전제로 제공된 담배를 취득한 제3자가 이를 실제로 수출하지 않는 경우에도 수출용 담배를 제조한 담배제조자에게 다시 국민건강증진부담금이 부과되는 것은 아니라는 것을 확인한 판례이다. 담배제조자의 입장에서는 수출 목적으로 제공된 이상 제3자가 그 용도에 사용하지 않는다고 하여 면제된 세금이나 부담금이 다시 부과되는 것은 불합리하다는 점에서 타당한 결론이다.

3.3. 교육환경보호구역 내의 흡연 가능 시설의 허용 여부(부산지방법원 2018구합22266)

〈사건의 개요〉

　　원고는 교육환경 보호에 관한 법률('교육환경법')상 교육환경보호구역 중 상대보호구역 내에 위치한 부산 동래구 B건물 지하 2층, 지상 12층 건물의 지하 1층 366.21㎡(이하 '이 사건 건물'이라 한다)에서 인터넷컴퓨터게임시설제공업장('피시방')을 운영하기 위하여, 2018. 4. 9. 피고에게 교육환경보호구역 내 금지 행위 및 시설 제외신청을 하였다. 피고는 교육환경법 제9조 단서에 따라 교육환경보호위원회 심의를 거쳐 원고의 피시방은 학생들이 직접 출입이 가능하고 인터넷게임의 중독성 및 업종 자체의 유해성이 높으며 현재 C고등학교 보호구역 내에는 운영 중인 피시방이 없으며 이 사건 신청이 받아들여질 경우 보호구역 내 동일 업종이 확산되어 교육환경보호구역 관리가 어려운 점, 학생들의 주 통학로에서 거리가 멀지 않아 학생들이 자주 접하게 되면 정서ㆍ생활지도상 피해가 많을 것으로 예상되어 학교에서 반대하고 있는 점 등을 고려할 때 학습과 교육환경에 나쁜 영향이 있음을 이유로 2018. 4. 25. 원고에게 제외신청을 거부하자 이에 불복하여 행정소송을 제기한 사안이다.

〈적용 법률〉

> **교육환경 보호에 관한 법률**
> 제9조(교육환경보호구역에서의 금지행위 등) 누구든지 학생의 보건ㆍ위생, 안전, 학습과 교육환경 보호를 위하여 교육환경보호구역에서는 다음 각 호의 어느 하나에 해당하는 행위 및 시설을 하여서는 아니 된다. 다만, 상대보호구역에서는 제14호부터 제29호까지에 규정된 행위 및 시설 중 교육감이나 교육감이 위임한 자가 지역위원회의 심의를 거쳐 학습과 교육환경에 나쁜 영향을 주지 아니한다고 인정하는 행위 및 시설은 제외한다.

13. 「청소년 보호법」제2조 제5호 가목 7)에 해당하는 업소와 같은 호 가목8), 가목9) 및 나목7)에 따라 여성 가족부장관이 고시한 영업에 해당하는 업소

18. 「담배사업법」에 의한 지정소매인, 그 밖에 담배를 판매하는 자가 설치하는 담배자동판매기(「유아교육법」제2조 제2호에 따른 유치원 및 「고등교육법」제2조 각 호에 따른 학교의 교육환경보호구역은 제외한다)

19. 「게임산업진흥에 관한 법률」제2조 제6호, 제7호 또는 제8호에 따른 게임제공업, 인터넷컴퓨터게임시설제공업 및 복합유통게임제공업(「유아교육법」제2조 제2호에 따른 유치원 및 「고등교육법」제2조 각 호에 따른 학교의 교육환경보호구역은 제외한다)

21. 「체육시설의 설치·이용에 관한 법률」제3조에 따른 체육시설 중 당구장, 무도학원 및 무도장(「유아교육법」제2조 제2호에 따른 유치원, 「초·중등교육법」제2조 제1호에 따른 초등학교, 「초·중등교육법」제60조의3에 따라 초등학교 과정만을 운영하는 대안학교 및 「고등교육법」제2조 각 호에 따른 학교의 교육환경보호구역은 제외한다)

국민건강증진법

제9조(금연을 위한 조치)

④ 다음 각 호의 공중이 이용하는 시설의 소유자·점유자 또는 관리자는 해당 시설의 전체를 금연구역으로 지정하고 금연구역을 알리는 표지를 설치하여야 한다. 이 경우 흡연자를 위한 흡연실을 설치할 수 있으며, 금연구역을 알리는 표지와 흡연실을 설치하는 기준·방법 등은 보건복지부령으로 정한다.

20. 「체육시설의 설치·이용에 관한 법률」에 따른 체육시설로서 1천명 이상의 관객을 수용할 수 있는 체육시설과 같은 법 제10조에 따른 체육시설업에 해당하는 체육시설로서 실내에 설치된 체육시설

25. 「청소년보호법」에 따른 만화대여업소

26. 그 밖에 보건복지부령으로 정하는 시설 또는 기관

〈법원의 판단〉

　교육환경법 제9조 단서의 규정에 의하여 교육감이나 교육감이 위임한 자가 상대보호구역 안에서의 금지 행위 및 시설의 제외신청에 대하여 그 행위 및 시설이 학습과 학교보건에 나쁜 영향을 주지 않는 것인지의 여부를 결정하여 그 금지 행위 및 시설을 제외하거나 계속하여 금지(제외거부)하는 조치는 교육감이나 교육감이 위임한 자의 재량행위에 속하

는 것으로서, 그것이 재량권을 일탈·남용하여 위법하다고 하기 위하여는 그 행위 및 시설의 종류나 규모, 학교에서의 거리와 위치는 물론이고, 학교의 종류와 학생 수, 학교주변의 환경, 그리고 위 행위 및 시설이 주변의 다른 행위나 시설 등과 합하여 학습과 학교보건위생 등에 미칠 영향 등의 사정과 그 행위나 시설이 금지됨으로 인하여 상대방이 입게 될 재산권 침해를 비롯한 불이익 등의 사정 등 여러 가지 사항들을 합리적으로 비교·교량하여 신중하게 판단하여야 하고(대법원 2010. 3. 11. 선고 2009두17643 판결 참조), 그 과정에서 학교 주변에 학습이나 학교보건위생에 유해한 영업행위나 시설물들이 가급적 들어서지 못하도록 하려는 취지에서 제정된 교육환경법의 목적을 달성하기 위하여 학교장과 교육당국이 학교보건법 등 관계 법령이 정하는 바에 따라 내린 판단은 최대한 존중하는 것이 바람직하다(대법원 2003. 12. 11. 선고 2003두9541 판결 참조).

〈해설〉

교육환경법상 학교 주변의 상대보호구역에 설치가 금지되는 시설에 대해서는 교육감이나 교육감이 위임한 자에게 교육환경보호구역 내 금지 행위 및 시설 제외신청을 해야 하는데, 이러한 제외신청을 받은 교육감 등은 행위 및 시설의 종류나 규모, 학교에서의 거리와 위치, 학교의 종류와 학생 수, 학교주변의 환경, 그리고 위 행위 및 시설이 주변의 다른 행위나 시설 등과 합하여 학습과 학교보건위생 등에 미칠 영향 등의 사정과 그 행위나 시설이 금지됨으로 인하여 상대방이 입게 될 재산권 침해를 비롯한 불이익 등의 사정 등 여러 가지 사항들을 합리적으로 비교·교량하여 신중하게 판단하되 그 제외 여부는 원칙적으로 교육감 등의 재량사항이다. 또한 교육당국이 자신의 재량을 행사하여 내린 판단은 특별한 사정이 없는 한 적법한 것으로 보게 되므로 학교환경위생정화구역 내에 금지시설을 설치하고자 하는 자는 이러한 예외적 사정을 증명해야만 해당 시설이 허용된다. 따라서 원칙적으로 흡연실의 설치를 통해 흡연이 가능하게 되는 피시방이나 당구장의 경우에는 학교보건위생 등에 미칠 영향이 적거나 없다는 점을 적극적으로 증명해야 할 필요가 있다.

3.4. 흡연 가능성 등을 이유로 당구장 개설을 금지한 사례(서울고등법원 2017누46211 판결)

〈사건의 개요〉

원고는 고등학교 주변에서 있는 건물을 낙찰받아 당구장을 개설하기 위해 허가를 신청하였으나 청소년의 흡연 등이 가능한 시설로서 학교환경위생 정화구역 내의 금지시설이라는 이유로 당구장 개설허가를 거부한 사안

〈적용 법률〉

구 학교보건법(2016. 2. 3. 법률 제13946호로 개정되기 전의 것)

제6조(학교환경위생 정화구역에서의 금지행위 등)

① 누구든지 학교환경위생 정화구역에서는 다음 각 호의 어느 하나에 해당하는 행위 및 시설을 하여서는 아니 된다. 다만, 대통령령으로 정하는 구역에서는 제2호, 제3호, 제6호, 제10호, 제12호부터 제18호까지와 제20호에 규정된 행위 및 시설 중 교육감이나 교육감이 위임한 자가 학교환경위생정화위원회의 심의를 거쳐 학습과 학교보건위생에 나쁜 영향을 주지 아니한다고 인정하는 행위 및 시설은 제외한다.

14. 당구장(「유아교육법」 제2조 제2호에 따른 유치원 및 「고등교육법」 제2조 각 호에 따른 학교의 학교환경위생 정화구역은 제외한다)

교육환경 보호에 관한 법률

제9조(교육환경보호구역에서의 금지행위 등)

누구든지 학생의 보건·위생, 안전, 학습과 교육환경 보호를 위하여 교육환경보호구역에서는 다음 각 호의 어느 하나에 해당하는 행위 및 시설을 하여서는 아니 된다. 다만, 상대보호구역에서는 제14호부터 제29호까지에 규정된 행위 및 시설 중 교육감이나 교육감이 위임한 자가 지역위원회의 심의를 거쳐 학습과 교육환경에 나쁜 영향을 주지 아니한다고 인정하는 행위 및 시설은 제외한다.

13. 「청소년 보호법」 제2조 제5호 가목 7)에 해당하는 업소와 같은 호 가목8), 가목9) 및 나목7)에 따라 여성가족부장관이 고시한 영업에 해당하는 업소

18. 「담배사업법」에 의한 지정소매인, 그 밖에 담배를 판매하는 자가 설치하는 담배자동판매기(「유아교육법」 제2조 제2호에 따른 유치원 및 「고등교육법」 제2조 각 호에 따른 학교의 교육환경보호구역은 제외한다)

19. 「게임산업진흥에 관한 법률」 제2조 제6호, 제7호 또는 제8호에 따른 게임제공업, 인터넷컴퓨터게임시설제공업 및 복합유통게임제공업(「유아교육법」 제2조 제2호에 따른 유치원 및 「고등교육법」 제2조 각 호에 따른 학교의 교육환경보호구역은 제외한다)

21. 「체육시설의 설치·이용에 관한 법률」 제3조에 따른 체육시설 중 당구장, 무도학원 및 무도장(「유아교육법」 제2조 제2호에 따른 유치원, 「초·중등교육법」 제2조 제1호에 따른 초등학교, 「초·중등교육법」 제60조의3에 따라 초등학교 과정만을 운영하는 대안학교 및 「고등교육법」 제2조 각 호에 따른 학교의 교육환경보호구역은 제외한다)

국민건강증진법

제9조(금연을 위한 조치)

④ 다음 각 호의 공중이 이용하는 시설의 소유자·점유자 또는 관리자는 해당 시설의 전체를 금연구역으로 지정하고 금연구역을 알리는 표지를 설치하여야 한다. 이 경우 흡연자를 위한 흡연실을 설치할 수 있으며, 금연구역을 알리는 표지와 흡연실을 설치하는 기준·방법 등은 보건복지부령으로 정한다.

20. 「체육시설의 설치·이용에 관한 법률」에 따른 체육시설로서 1천명 이상의 관객을 수용할 수 있는 체육시설과 같은 법 제10조에 따른 체육시설업에 해당하는 체육시설로서 실내에 설치된 체육시설

25. 「청소년보호법」에 따른 만화대여업소

26. 그 밖에 보건복지부령으로 정하는 시설 또는 기관

〈법원의 판단〉

당구가 건전한 스포츠 종목임에도 불구하고, 당구 게임이 행하여지는 장소 및 환경에 따라 학생들의 학습 및 보건위생에 나쁜 영향을 줄 가능성이 없지 않다. 특히 당구의 오락성 및 중독성으로 인해 신체적·정신적으로 미성숙하고 성인에 비하여 자제력이 상대적으로 약한 청소년들의 학업에 나쁜 영향을 미칠 우려가 있다. 원고는 이 사건 당구장이 설치된 건물이 금연구역이라고 주장하나 이를 인정할 증거가 없고, 국민건강증진법 제9조 제4항 제20호에 의하면 1,000명 이상의 관객을 수용할 수 있는 체육시설만이 금연구역으로 지

정되어 있어 현재로는 단지 당구장이라는 이유로 흡연을 제재할 수는 없다. 한편, 이 사건 당구장이 설치될 건물이 금연구역이라거나 향후 개정 국민건강증진법의 시행-2016. 12. 2. 법률 제14318호로 개정된 국민건강증진법에 의하면 2017. 12. 3.부터는 당구장 시설도 금연구역으로 지정될 예정이다(2016. 12. 2. 부칙 제1조)-을 통해 금연구역으로 지정된다고 하더라도 흡연자를 위한 흡연실이 설치될 가능성은 남아있으므로(국민건강증진법 제9조 제4항 후문) 이로 인하여 학생들에게 부정적인 영향이 발생할 가능성을 배제할 수 없다. 당구장은 구 학교보건법(2016. 2. 3. 법률 제13946호로 개정되기 전의 것, 이하 '구 학교보건법'이라 한다)상 학교환경위생 정화구역 내의 금지행위 및 시설로 규정되어 있었고, 구 학교보건법의 해당 조문이 삭제되고 그에 대신하여 신설된 교육환경 보호에 관한 법률(2016. 2. 3. 법률 제13937호로 제정되어 2017. 2. 4.자로 시행)에 의하더라도 교육환경보호구역 내에서의 금지행위 및 시설로 규정되어 있다. 위 법령들의 취지에 의하면 여전히 당구장은 원칙적으로 학습이나 학교 보건위생에 나쁜 영향을 주는 영업행위 및 시설인 것으로 보아야 할 것이다.

〈해설〉

  개설 예정인 당구장 주변의 고등학교 측에서도 학생들의 학습과 학교보건위생에 지장이 없다는 의견을 제시하였음에도. 당구의 오락성 및 중독성으로 인해 신체적·정신적으로 미성숙하고 성인에 비하여 자제력이 상대적으로 약한 청소년들의 학업에 나쁜 영향을 미칠 우려가 있고 청소년의 흡연장소로 이용될 가능성 등을 이유로 당구장 개설을 위한 금지행위 및 시설 제외 신청을 거부한 행정청의 처분을 받아들인 사안이다. 국민건강증진법상의 흡연금지시설로 지정될 가능성이 있음에도 불구하고, 사행성 오락이나 흡연 등 청소년 비행의 방지를 위해 당구장 개설을 금지하였다는 특색이 있다(금연시설로 지정되는 점에 대해서 서울행정법원 2017구합78117 판결도 같은 취지, 즉 "국민건강증진법의 개정으로 이 사건 당구장이 금연구역으로 지정되었으나, 위 법률에 따르면 여전히 이 사건 당구장에

흡연자를 위한 흡연실을 설치할 수 있으므로(국민건강증진법 제9조 제4항 후문) 학생들에 대한 부정적인 영향이 발생할 가능성은 여전히 존재하고, 원고가 이 사건 당구장을 청소년의 출입을 배제하고 성인들만을 대상으로 운영하도록 할 법률상 근거가 없다"고 판시하여 이 사례와 같은 입장에 있다).

3.5. 흡연 가능성 등이 있음에도 당구장 개설을 허용한 사례(서울행정법원 2017구합 70687 판결)

〈사건의 개요〉

　원고는 지하철 ○○역(2호선) 인근 도로변으로 교육환경보호구역 중 상대보호구역 내에 위치한 서울 서대문구에 있는 지하 1층, 지상 6층의 건물(이하 '이 사건 건물'이라 한다)의 3층 134.28㎡에서 당구장 영업을 하기 위하여, 2017. 6.경 피고에게 교육환경보호구역 내 금지행위 및 시설 제외 신청을 하였다. 피고는 원고가 운영하려는 당구장이 '교육환경 보호에 관한 법률(이하 '교육환경법'이라 한다) 제9조 단서에 따라 학습과 교육환경에 나쁜 영향을 준다고 인정'하여 금지행위 및 시설 제외 신청을 거부하자 이를 취소하기 위하여 행정소송을 제기한 사례

〈적용 법률〉

교육환경 보호에 관한 법률(2016. 2. 3. 법률 제13937호로 제정)
제9조(교육환경보호구역에서의 금지행위 등) 누구든지 학생의 보건·위생, 안전, 학습과 교육환경 보호를 위하여 교육환경보호구역에서는 다음 각 호의 어느 하나에 해당하는 행위 및 시설을 하여서는 아니 된다. 다만, 상대보호구역에서는 제14호부터 제29호까지에 규정된 행위 및 시설 중 교육감이나 교육감이 위임한 자가 지역위원회의 심의를 거쳐 학습과 교육환경에 나쁜 영향을 주지 아니한다고 인정하는 행위 및 시설은 제외한다.
　21. 「체육시설의 설치·이용에 관한 법률」 제3조에 따른 체육시설 중 당구장, 무도학원 및 무도장(「유아교육법」 제2조 제2호에 따른 유치원, 「초·중등교육법」 제2조 제1호에 따른 초등학교, 「초·중등교육법」 제60조의3에 따라 초등학교 과정만을 운영하는 대안학교 및 「고등교육법」 제2조 각 호에 따른 학교의 교육환경보호구역은 제외한다)

국민건강증진법(2016. 12. 2. 법률 제14318호로 개정된 것)

제9조(금연을 위한 조치)

④ 다음 각 호의 공중이 이용하는 시설의 소유자·점유자 또는 관리자는 해당 시설의 전체를 금연구역으로 지정하여야 한다. 이 경우 금연구역을 알리는 표지와 흡연자를 위한 흡연실을 설치할 수 있으며, 금연구역을 알리는 표지와 흡연실을 설치하는 기준·방법 등은 보건복지부령으로 정한다.

20. 「체육시설의 설치·이용에 관한 법률」에 따른 체육시설로서 1천명 이상의 관객을 수용할 수 있는 체육시설

〈법원의 판단〉

다음의 사실을 고려하면, 원고가 운영하려는 당구장은 교육환경법 제9조 단서에서 정한 '학습과 교육환경에 나쁜 영향을 주지 아니한다고 인정하는 시설'에 해당하므로, 이 사건 처분은 위법하다. ① 이 사건 건물은 직선거리로 A중학교, B고등학교의 출입문으로부터 182m, 경계선으로부터 182m 떨어져 있고, D중학교의 출입문으로부터 226m, 경계선으로부터 110m 떨어져 있으며, C학교의 출입문으로부터 63m, 경계선으로부터 48m 떨어져 있다. A중학교 학생 386명 중 132명, B고등학교 학생 694명 중 190명, ○○중학교 학생 530명 중 18명, C학교 학생 685명 중 20명이 이 사건 건물 앞을 통학로로 이용하고 있다. 그러나 위 4개 학교 중 D중학교장만이 '해당 시설이 들어설 지역은 왕복 8차선 도로로 이격되어 있으나 등하교 시 건너는 횡단보도 바로 앞에 위치하여 호기심 많은 중학생의 입장에서 보면 해당 시설이 들어올 경우 전혀 학습과 교육환경에 지장을 주지 않는다고 단정할 수는 없음'으로 당구장이 학습과 교육환경에 지장을 준다고 답하였고, 나머지 3개 학교(A중학교, B고등학교, C학교)의 학교장들은 당구장이 학습과 교육환경에 지장을 주지 않는다고 답하였다. ② 이 사건 건물은 D중학교, C학교와는 왕복 8차선 도로로 이격되어 있고, A중학교, B고등학교와 이 사건 건물 사이에는 고층아파트가 건축되고 있어, 이 사건 건물이 A중학교, B고등학교에서 보이지 않고, 이 사건 건물 3층의 출입문 및 내부가 A중학교, B고등학교, D중학교, C학교에서 보이지 않는다. ③ 당구는 전국체육대회의 정식종목으로 채

택되고, 당구장에 18세 미만자의 출입이 허용(헌법재판소 1993. 5. 13. 선고 92헌마80 전원재판부 결정 참조)되고 있는 등 당구에 대한 사회적 인식이 바뀌어 건전한 스포츠로 인식되어 가고 있다. ④ 당구장 내에서 흡연이나 도박 등 비교육적인 상황이 발생할 가능성은 있으나, 이는 당구가 가지는 본래의 속성에 기인한 것이 아니고, 국민건강증진법(2016. 12. 2. 법률 제14318호로 개정된 것) 제9조 제4항 제20호에 따라 체육시설인 당구장 시설이 2017. 12. 3.부터 금연구역으로 지정되게 되었으므로(법률 제14318호, 2016. 12. 2. 부칙 제1조), 당구장에서 흡연을 통한 비교육적인 상황이 발생할 가능성이 줄어들게 되었다. ⑤ 무도학원 및 숙박업은 당구장과 동일하게 교육환경법 제9조 단서가 적용되는데(무도학원과 당구장은 같은 조 제21호, 여관은 같은 조 제27호), 이 사건 건물 5층에는 무도학원이 영업하고 있고, 이 사건 건물 근처에는 여관이 영업하고 있다.

〈해설〉

이 사건에서 법원은 흡연 가능성 등을 이유로 당구장 개설을 금지한 사례 서울고등법원 2017누46211 사건과 달리 당구장 내에서 흡연이나 도박 등 비교육적인 상황이 발생할 가능성은 있더라도 이것은 당구가 가지는 본래의 속성에 기인한 것이 아니라고 판단하였다(같은 취지: 서울행정법원 2018구합81080 사건).

교육환경법 제9조 단서의 규정에 의하여 교육감이나 교육감이 위임한 자가 상대보호구역 안에서의 금지행위 및 시설의 제외신청에 대하여 그 행위 및 시설이 학습과 학교보건에 나쁜 영향을 주지 않는 것인지의 여부를 결정하여 그 금지행위 및 시설을 제외하거나 계속하여 금지(제외거부)하는 조치는 교육감이나 교육감이 위임한 자의 재량행위에 해당한다. 따라서 재량권을 일탈·남용하여 위법하다고 하기 위하여는 그 행위 및 시설의 종류나 규모, 학교에서의 거리와 위치는 물론이고, 학교의 종류와 학생 수, 학교주변의 환경, 그리고 위 행위 및 시설이 주변의 다른 행위나 시설 등과 합하여 학습과 학교보건위생 등에 미칠 영향 등의 사정과 그 행위나 시설이 금지됨으로 인하여 상대방이 입게 될 재산권 침해를 비롯한 불이익 등의 사정 등 여러 가지 사항들을 합리적으로 비교·교량하여 신중하게 판단하여야 하고, 그 과정에서 학교 주변에 학습이나 학교보건위생에 유해한 영업행위나 시설물들이 가급적 들어서지 못하도록 하려는 취지에서 제정된 교육환경법의 목적을 달성하기 위하여 학교장과 교육당국이 교육환경법 등 관계 법령이 정하는 바에 따라 내린 판단은 최대한 존중하는 것이 원칙이다(대법원 2003. 12. 11. 선고 2003두9541 판결 참조). 따라서 흡연이 금지되지 않거나 제한된 장소에서의 흡연이 당구장 허가의 조건을 결정하는 데 결정적인 요건은 아니고, 교육시설과의 거리, 당구장의 위치, 동일 건물 내의 유사업종의 존재 등이 주된 판단요소로 보고 있는 것을 알 수 있다.

3.6. 금연구역에서의 흡연을 이유로 과태료 처분을 받은 경우의 과태료 취소소송의 허용 여부(서울행정법원 2018구합75078 판결)

〈사건의 개요〉

원고가 2018. 1. 2. 서울 마포구 B빌딩 1층의 지상주차장 인근에서 해당 지역이 금연구역임에도 불구하고 흡연을 하였다는 사실이 피고 소속 단속직원들에 의하여 적발되어 국민건강증진법 제34조 제3항, 제9조 제8항에 따라 106,600원의 과태료를 부과처분을 받게 되자 그 취소를 구하기 위해 행정소송을 제기한 사례

〈적용 법률〉

> **국민건강증진법**
> 제9조(금연을 위한 조치)
> ④ 다음 각 호의 공중이 이용하는 시설의 소유자·점유자 또는 관리자는 해당 시설의 전체를 금연구역으로 지정하고 금연구역을 알리는 표지를 설치하여야 한다. 이 경우 흡연자를 위한 흡연실을 설치할 수 있으며, 금연구역을 알리는 표지와 흡연실을 설치하는 기준·방법 등은 보건복지부령으로 정한다.
> 1. 국회의 청사
> 2. 정부 및 지방자치단체의 청사
> 3. 「법원조직법」에 따른 법원과 그 소속 기관의 청사
> 4. 「공공기관의 운영에 관한 법률」에 따른 공공기관의 청사
> 5. 「지방공기업법」에 따른 지방공기업의 청사
> 6. 「유아교육법」·「초·중등교육법」에 따른 학교[교사(校舍)와 운동장 등 모든 구역을 포함한다]
> 7. 「고등교육법」에 따른 학교의 교사
> 8. 「의료법」에 따른 의료기관, 「지역보건법」에 따른 보건소·보건의료원·보건지소
> 9. 「영유아보육법」에 따른 어린이집
> 10. 「청소년활동 진흥법」에 따른 청소년수련관, 청소년수련원, 청소년문화의집, 청소년특화시설, 청소년야영장, 유스호스텔, 청소년이용시설 등 청소년활동시설

11. 「도서관법」에 따른 도서관

12. 「어린이놀이시설 안전관리법」에 따른 어린이놀이시설

13. 「학원의 설립·운영 및 과외교습에 관한 법률」에 따른 학원 중 학교교과교습학원과 연면적 1천제곱미터 이상의 학원

14. 공항·여객부두·철도역·여객자동차터미널 등 교통 관련 시설의 대합실·승강장, 지하보도 및 16인승 이상의 교통수단으로서 여객 또는 화물을 유상으로 운송하는 것

15. 「자동차관리법」에 따른 어린이운송용 승합자동차

16. 연면적 1천제곱미터 이상의 사무용건축물, 공장 및 복합용도의 건축물

17. 「공연법」에 따른 공연장으로서 객석 수 300석 이상의 공연장

18. 「유통산업발전법」에 따라 개설등록된 대규모점포와 같은 법에 따른 상점가 중 지하도에 있는 상점가

19. 「관광진흥법」에 따른 관광숙박업소

20. 「체육시설의 설치·이용에 관한 법률」에 따른 체육시설로서 1천명 이상의 관객을 수용할 수 있는 체육시설과 같은 법 제10조에 따른 체육시설업에 해당하는 체육시설로서 실내에 설치된 체육시설

21. 「사회복지사업법」에 따른 사회복지시설

22. 「공중위생관리법」에 따른 목욕장

23. 「게임산업진흥에 관한 법률」에 따른 청소년게임제공업소, 일반게임제공업소, 인터넷컴퓨터게임시설제공업소 및 복합유통게임제공업소

24. 「식품위생법」에 따른 식품접객업 중 영업장의 넓이가 보건복지부령으로 정하는 넓이 이상인 휴게음식점영업소, 일반음식점영업소 및 제과점영업소와 같은 법에 따른 식품소분·판매업 중 보건복지부령으로 정하는 넓이 이상인 실내 휴게공간을 마련하여 운영하는 식품자동판매기 영업소

25. 「청소년보호법」에 따른 만화대여업소

26. 그 밖에 보건복지부령으로 정하는 시설 또는 기관

⑤ 특별자치시장·특별자치도지사·시장·군수·구청장은 「주택법」 제2조 제3호에 따른 공동주택의 거주 세대 중 2분의 1 이상이 그 공동주택의 복도, 계단, 엘리베이터 및 지하주차장의 전부 또는 일부를 금연구역으로 지정하여 줄 것을 신청하면 그 구역을 금연구역으로 지정하고, 금연구역임을 알리는 안내표지를 설치하여야 한다. 이 경우 금연구역 지정 절차 및 금연구역 안내표지 설치 방법 등은 보건복지부령으로 정한다.

⑥ 특별자치시장·특별자치도지사·시장·군수·구청장은 흡연으로 인한 피해 방지와 주민의 건강 증진을 위하여 다음 각 호에 해당하는 장소를 금연구역으로 지정하고, 금연구역임을 알리는 안내표지를 설치하여야 한다. 이 경우 금연구역 안내표지 설치 방법 등에 필요한 사항은 보건복지부령으로 정한다.

1. 「유아교육법」에 따른 유치원 시설의 경계선으로부터 10미터 이내의 구역(일반 공중의 통행·이용 등에 제공된 구역을 말한다)

2. 「영유아보육법」에 따른 어린이집 시설의 경계선으로부터 10미터 이내의 구역(일반 공중의 통행·이용 등에 제공된 구역을 말한다)

⑦ 지방자치단체는 흡연으로 인한 피해 방지와 주민의 건강 증진을 위하여 필요하다고 인정하는 경우 조례로 다수인이 모이거나 오고가는 관할 구역 안의 일정한 장소를 금연구역으로 지정할 수 있다.

⑧ 누구든지 제4항부터 제7항까지의 규정에 따라 지정된 금연구역에서 흡연하여서는 아니 된다.

제34조(과태료)

③ 제9조 제7항을 위반하여 금연구역에서 흡연을 한 자에게는 10만원 이하의 과태료를 부과한다.

질서위반행위규제법

제5조(다른 법률과의 관계)

과태료의 부과·징수, 재판 및 집행 등의 절차에 관한 다른 법률의 규정 중 이 법의 규정에 저촉되는 것은 이 법으로 정하는 바에 따른다.

제20조(이의제기)

① 행정청의 과태료 부과에 불복하는 당사자는 제17조 제1항에 따른 과태료 부과 통지를 받은 날부터 60일 이내에 해당 행정청에 서면으로 이의제기를 할 수 있다.

② 제1항에 따른 이의제기가 있는 경우에는 행정청의 과태료 부과처분은 그 효력을 상실한다.

제21조(법원에의 통보)

① 제20조 제1항에 따른 이의제기를 받은 행정청은 이의제기를 받은 날부터 14일 이내에 이에 대한 의견 및 증빙서류를 첨부하여 관할 법원에 통보하여야 한다. 다만, 다음 각 호의 어느 하나에 해당하는 경우에는 그러하지 아니하다.

1. 당사자가 이의제기를 철회한 경우

2. 당사자의 이의제기에 이유가 있어 과태료를 부과할 필요가 없는 것으로 인정되는 경우

제25조(관할 법원) 과태료 사건은 다른 법령에 특별한 규정이 있는 경우를 제외하고는 당사자의 주소지의 지방법원 또는 그 지원의 관할로 한다.

제36조(재판)

① 과태료 재판은 이유를 붙인 결정으로써 한다.

제38조(항고)

① 당사자와 검사는 과태료 재판에 대하여 즉시항고를 할 수 있다. 이 경우 항고는 집행정지의 효력이 있다

〈법원의 판단〉

질서위반행위규제법 제20조 제1항, 제2항, 제21조 제1항, 제25조, 제36조 제1항, 제38조 제1항은 행정청의 과태료 부과에 불복하는 당사자는 과태료 부과 통지를 받은 날부터 60일 이내에 해당 행정청에 서면으로 이의제기를 할 수 있고, 이의제기가 있는 경우에는 그 과태료 부과처분은 효력을 상실하며, 이의제기를 받은 행정청은 이의제기를 받은 날부터 14일 이내에 이에 대한 의견 및 증빙서류를 첨부하여 관할 법원에 통보하여야 하고, 그 통보를 받은 관할 법원은 이유를 붙인 결정으로써 과태료 재판을 하며, 당사자와 검사는 과태료 재판에 대하여 즉시항고를 할 수 있다고 규정하고 있다. 또 질서위반행위규제법 제5조는 '과태료의 부과 · 징수, 재판 및 집행 등의 절차에 관한 다른 법률의 규정 중 이 법의 규정에 저촉되는 것은 이 법으로 정하는 바에 따른다'고 규정하고 있다. 위 각 규정을 종합하여 보면, 행정청이 한 과태료 부과처분의 당부는 질서위반행위규제법에 의한 절차에 의해 판단되어야 하므로, 그 과태료 부과처분은 행정청을 피고로 하는 행정소송의 대상이 되는 행정처분이라고 볼 수 없다(대법원 2012. 10. 11. 선고 2011두19369 판결 참조).

〈해설〉

과태료 부과처분은 질서위반행위규제법에 의한 불복절차가 따로 마련되어 있다. 따라서 행정청으로부터 과태료 부과를 받은 당사자는 과태료 부과처분에 대해 이의제기를 하여야 하는 것이지 이를 거치지 않고 곧바로 행정소송을 제기하는 것은 법이 정한 절차를 지키지 않은 것으로서 적법하지 않다는 것이다.

3.7. 흡연 등이 지방의회 의장의 불신임 사유가 된 사례(춘천지방법원 2019구합52506 판결)

〈사건의 개요〉

원고는 지방자치단체 의회 의장이었으나 피고 의회는 임기 동안 군의회 청사 내부에서 흡연한 사실, 고의로 안건 회부를 지연하는 등 불성실하게 업무를 수행한 사실, 행사 관련 기념품 선정 등에 부당하게 개입한 사실, 부정하게 인사를 청탁한 사실 등 6가지 사유를 이유로 원고에 대한 의장불신임의결을 하자 이를 취소하기 위해 행정소송을 제기한 사례

〈적용 법률〉

국민건강증진법

제9조(금연을 위한 조치)

④ 다음 각 호의 공중이 이용하는 시설의 소유자·점유자 또는 관리자는 해당 시설의 전체를 금연구역으로 지정하고 금연구역을 알리는 표지를 설치하여야 한다. 이 경우 흡연자를 위한 흡연실을 설치할 수 있으며, 금연구역을 알리는 표지와 흡연실을 설치하는 기준·방법 등은 보건복지부령으로 정한다.

  2. 정부 및 지방자치단체의 청사

⑧ 누구든지 제4항부터 제7항까지의 규정에 따라 지정된 금연구역에서 흡연하여서는 아니 된다.

지방자치법

제36조(의원의 의무)

② 지방의회의원은 청렴의 의무를 지며, 의원으로서의 품위를 유지하여야 한다.

〈법원의 판단〉

원고가 임기 동안 군의회 청사 내부에서 흡연을 해 온 사실은 당사자 사이에 다툼이 없다. 이러한 행위는 국민건강증진법 제9조 제8항 위반행위일 뿐만 아니라, 의원으로서의 품위유지의무(지방자치법 제36조 제2항)를 위반한 것이다.

〈해설〉

원고에 대해 모두 6가지 불신임 사유가 제기되어 이를 이유로 지방의회가 불신임 결의를 하였으나 법원에서는 청사 내 흡연 등 3가지 사유만을 처분사유로 인정하였다. 그러나 행정처분에 있어 수개의 처분사유 중 일부가 적법하지 않다고 하더라도 다른 처분사유로써 그 처분의 정당성이 인정되는 경우에는 그 처분은 적법한 것으로 보아야 한다(대법원 2004. 3. 25. 선고 2003두1264 판결 등 참조). 청사 내 흡연 등은 그 불신임사유가 중대하다고 본 점을 눈여겨 볼 필요가 있다.

4. 국민건강증진법 위반 사건 및 판결 해설(형사)

4.1. 금연지도원의 정당한 직무 범위가 문제된 사례(서울북부지방법원 2014고단2875 판결) 공무집행방해

〈사건의 개요〉
- - - - - - - - - - - -

피고인은 2014. 7. 3. 20:10경 서울 중랑구 C, 2층 소재 'D' PC방에서 담배를 피우면서 컴퓨터를 하던 중, 금연지역에서 단속을 하던 서울특별시 중랑구청 보건지도과 소속 E로부터 신분증 제시를 요구받자 이를 거부한 채 도주하려고 하였다. 이에 E가 피고인의 팔을 잡은 채 피고인을 쫓아가자 피고인은 위 건물 앞에서 주먹으로 E의 얼굴과 가슴을 때리고, 양손으로 그의 몸을 밀쳐 폭행하였다. 이로써 피고인은 위 E의 금연지도단속에 관한 정당한 직무집행을 방해하였다는 이유로 기소된 사례

〈적용 법률〉
- - - - - - - - - -

> **형법**
> 제136조(공무집행방해)
> ① 직무를 집행하는 공무원에 대하여 폭행 또는 협박한 자는 5년 이하의 징역 또는 1천만원 이하의 벌금에 처한다.
>
> **국민건강진흥법**
> 제9조의5(금연지도원)
> ① 시·도지사 또는 시장·군수·구청장은 금연을 위한 조치를 위하여 대통령령으로 정하는 자격이 있는 사람 중에서 금연지도원을 위촉할 수 있다.
> ② 금연지도원의 직무는 다음 각 호와 같다.
>   1. 금연구역의 시설기준 이행 상태 점검

2. 금연구역에서의 흡연행위 감시 및 계도

3. 금연을 위한 조치를 위반한 경우 관할 행정관청에 신고하거나 그에 관한 자료 제공

4. 그 밖에 금연 환경 조성에 관한 사항으로서 대통령령으로 정하는 사항

국민건강진흥법 시행령

제16조의4(금연지도원의 자격 등)

③ 법 제9조의5 제2항에 따른 금연지도원의 직무범위는 별표 1의2와 같다.

[별표 1의2] 3. 나.목

[별표1의2] 금연지도원의 직무범위(제16조의2 제3항 관련)	
직무	직무 범위
1. 금연구역의 시설기준 이행 상태 점검	법 제9조 제4항에 따른 금연구역의 지정 여부를 점검하기 위한 다음 각 목의 상태 확인 업무 지원 가. 금연구역을 알리는 표지의 설치 위치 및 관리 상태 나. 금연구역의 재떨이 제거 등 금연 환경 조성 상태 다. 흡연실 설치 위치 및 설치 상태 라. 흡연실의 표지 부착 상태 마. 청소년 출입금지 표시 부착 상태
2. 금연구역에서의 흡연행위 감시 및 계도	금연구역에서의 흡연행위를 예방하기 위한 감시 활동 및 금연에 대한 지도·계몽·홍보
3. 금연을 위한 조치를 위반한 경우 관할 행정관청에 신고하거나 그에 관한 자료 제공	법 제9조 제6항을 위반한 자를 발견한 경우 다음 각 목의 조치 가. 금연구역에서의 흡연행위 촬영 등 증거수집 나. 관할 행정관청에 신고를 하기 위한 위반자의 인적사항 확인 등
4. 금연홍보 및 금연교육 지원	가. 금연을 위한 캠페인 등 홍보 활동 나. 청소년 등을 대상으로 한 금연교육 다. 금연시설 점유자·소유자 및 관리자에 대한 금연구역 지정·관리에 관한 교육 지원

〈법원의 판단〉

피고인은 금연구역인 피시방에서 담배를 피우던 중 E로부터 신분증 제시를 요구받고 이를 거부한 채 도주하려고 한 사실, 이에 E가 피고인을 가로막고 소매부분을 잡으며 피고인을 쫓아가자 피고인이 이를 거부하며 주먹으로 E의 얼굴과 가슴을 때린 사실이 인정된다.

위 인정사실에 공무집행방해죄의 대상인 직무행위의 내용에 아무런 제한이 없어 직무집행이 강제적 성질을 가질 필요가 없을 뿐만 아니라 비권력적 공무라도 그 직무가 공공성을 지니고 있으면 그 대상이 된다고 할 것인 점, 국민건강증진법 시행령 [별표 1의2] 3. 나.목에 의하면 금연지도원의 직무 범위에는 '관할 행정관청에 신고를 하기 위한 위반자의 인적사항 확인 등'을 포함하고 있는바, 금연지도원에게 인적사항 확인을 위하여 최소한의 정지 및 질문의 권한이 허용되어야 필요성이 있고 위 시행령에서도 "인적사항 확인 등"이라고 규정하고 있는 점을 더하여 보면, E의 행위는 금연지도원으로서 인적사항을 확인하기 위한 적법한 공무집행에 해당한다고 봄이 타당하다.

⟨해설⟩

피고인은 금연단속원이 단속 대상자인 자신의 신체를 붙잡는 행위는 위법한 공무집행에 해당하고 이에 항거한 행위는 공무집행방해죄에 해당하지 않는다고 주장하였으나 국민건강증진법 시행령에 의하면 금연지도원의 직무 범위에는 '관할 행정관청에 신고를 하기 위한 위반자의 인적사항 확인 등'을 포함하고 있고, 금연지도원에게 인적사항 확인을 위하여 최소한의 정지 및 질문의 권한이 허용되므로 인적사항 확인에 불응하는 피고인에 대해 필요최소한의 범위 내에서 신체적인 제한은 허용된다고 본 것이다.

4.2. 금연단속을 하는 공무원에게 한 상해행위가 처벌 여부가 문제된 사례(서울북부지방법원 2016고정1268)

〈사건의 개요〉

피고인은 2016. 3. 24. 16:05경 서울 노원구 동일로 1342 상계백병원 앞 버스정류장에서, 금연구역인 동일로에서 흡연을 하다가 노원구청 소속 단속공무원에게 적발되어 과태료 부과를 위한 신분증 제시를 요구받게 되자 이를 피하기 위해 도망하다가 위 단속공무원을 보조하고 있던 공익근무요원인 피해자 C에게 붙잡히게 되었다. 이때 피고인은 피해자가 손으로 피고인의 팔 안쪽을 붙잡고 있어 다치지 않도록 주의를 기울여야함에도 이를 소홀히 한 채 팔을 꽉 끼면서 뿌리치는 바람에 피해자에게 약 3주간의 치료가 필요한 '상세불명의 손가락 부분의 염좌 및 긴장' 등의 상해를 입게 하여 과실치상으로 기소된 사안이다.

〈적용 법률〉

국민건강증진법

9조(금연을 위한 조치)

④ 다음 각 호의 공중이 이용하는 시설의 소유자·점유자 또는 관리자는 해당 시설의 전체를 금연구역으로 지정하여야 한다. 이 경우 금연구역을 알리는 표지와 흡연자를 위한 흡연실을 설치할 수 있으며, 금연구역을 알리는 표지와 흡연실을 설치하는 기준·방법 등은 보건복지부령으로 정한다.

(각 호 생략)

⑤ 지방자치단체는 흡연으로 인한 피해 방지와 주민의 건강 증진을 위하여 필요하다고 인정하는 경우 조례로 다수인이 모이거나 오고가는 관할 구역 안의 일정한 장소를 금연구역으로 지정할 수 있다.

⑥ 누구든지 제4항 및 제5항에 따라 지정된 금연구역에서 흡연하여서는 아니 된다.

제34조(과태료)

③ 제9조 제6항을 위반하여 금연구역에서 흡연을 한 자에게는 10만원 이하의 과태료를 부과한다.

> 형법 제20조(정당행위)
> 법령에 의한 행위 또는 업무로 인한 행위 기타 사회상규에 위배되지 아니하는 행위는 벌하지 아니한다.

〈법원의 판단〉

공소사실 기재와 같이 금연구역에서 흡연을 한 행위에 대한 단속 근거규정인 국민건강 증진법 제34조 제3항은 같은 법 제9조 제7항을 위반하여 금연구역에서 흡연을한 자에게는 10만 원 이하의 과태료를 부과한다고 규정하고 있는바, 위 금연구역 흡연행위는 과태료 부과 대상일 뿐 형사처벌 대상이 되지 아니하므로, 위 조항 위반 혐의의 수사를 위한 체포는 허용되지 않는다. 그런데 공익근무요원인 피해자와 단속공무원인 D가 피고인에 대한 신체 접촉은 피한 채 피고인이 현장을 이탈하지 못하도록 한동안 몸으로 피고인을 막아서다가 피해자가 현장에서 도망치는 피고인의 팔을 붙잡은 행위는 위법한 체포에 해당하고, 피고인이 그와 같은 체포를 면하기 위해 한 행위의 수단, 방법 및 주의의무 위반의 정도, 그로 인해 야기된 피해자 상해의 부위 및 정도 등에 비추어 보면, 피고인의 행위가 위법한 체포행위를 벗어나기 위한 상당한 정도를 넘어선 것으로 보기는 어렵다. 따라서 피고인의 공소사실 기재와 같은 행위는 상당성 있는 정당행위로써 위법성이 조각된다.

〈해설〉

공무원의 위법한 체포행위에서 벗어나는 과정에서 발생한 상해에 대하여 정당행위로서 무죄를 선고한 사례이다. 금연구역 흡연행위는 과태료 부과 대상일 뿐 형사처벌 대상이 되지 않기 때문에 수사를 위한 체포는 허용되지 않는다. 그러므로 공무원의 행위에 대하여는 공무집행방해죄로는 처벌할 수 없고, 단속과정에서 발생한 신체 상해에 대해서는 처벌이 가능하지만 피고인이 공무원의 위법한 체포행위에 항거하는 과정에서 불가피하게 발생한 상해로 보고 이를 허용된다고 판단한 것이다.

4.3. 금연안내문의 무단 제거의 허용 여부가 문제된 사례(서울중앙지방법원 2022노2344)

〈사건의 개요〉

피고인은 이 사건 범행 이전부터 금연빌딩인 이 사건 건물 내 흡연 문제 등으로 민원을 야기하여 이 사건 건물의 관리소장인 피해자와 잦은 마찰이 있었다. 이에 피해자는 피고인의 실내 흡연을 제지하기 위해 이 사건 건물 2층 엘리베이터 옆, 화장실 입구, 남자화장실 소변기 위에 3장의 금연 안내문을 부착하였다. 피고인은 이미 이 사건 건물 2층 내에서 흡연을 하지 않고 있을 뿐만 아니라 기존에 이미 부착된 금연 안내문이 존재하므로 추가로 이 사건 금연 안내문을 부착할 필요가 없음에도 불구하고 피해자가 피고인을 도발하기 위하여 일부러 이 사건 건물 2층에만 피고인의 눈에 잘 띄고 손쉽게 제거할 수 있는 장소에 추가로 이 사건 금연 안내문을 부착하였다고 판단하여 임의로 금연안내문을 제거하자 재물손괴로 기소된 사례이다.

〈적용 법률〉

국민건강증진법

제9조(금연을 위한 조치)

④ 다음 각 호의 공중이 이용하는 시설의 소유자·점유자 또는 관리자는 해당 시설의 전체를 금연구역으로 지정하여야 한다. 이 경우 금연구역을 알리는 표지와 흡연자를 위한 흡연실을 설치할 수 있으며, 금연구역을 알리는 표지와 흡연실을 설치하는 기준·방법 등은 보건복지부령으로 정한다.

집합건물의 소유 및 관리에 관한 법률

제25조(관리인의 권한과 의무)

① 관리인은 다음 각 호의 행위를 할 권한과 의무를 가진다.

  1. 공용부분의 보존행위

3의2. 소음·진동·악취 등을 유발하여 공동생활의 평온을 해치는 행위의 중지 요청 또는 분쟁 조정절차 권고 등 필요한 조치를 하는 행위

형법

제366조(재물손괴등)

타인의 재물, 문서 또는 전자기록등 특수매체기록을 손괴 또는 은닉 기타 방법으로 기 효용을 해한 자는 3년 이하의 징역 또는 700만원 이하의 벌금에 처한다.

〈법원의 판단〉

집합건물의 관리인은 공용부분의 보존행위 및 소음 진동 악취 등을 유발하여 공동생활의 평온을 해치는 행위의 중지 요청을 할 수 있는데(집합건물의 소유 및 관리에 관한 법률 제25조 제1항 제1호, 제3의2호), 공용부분에서 공동생활의 평온을 해치는 행위가 과거에 발생하였고 장래에 다시 발생할 개연성이 있다면 비록 현재 시점에서 종료하였더라도 관리인이 위 권한행사로써 중지 요청을 할 수 있다고 봄이 상당하다. 나아가 이 사건 금연안내문의 내용 및 외형, 부착 경위, 부착된 장소, 시기 등에 비추어 보면, 피고인의 주장과 같이 피해자가 이 사건 금연 안내문을 부착할 필요성이 없음에도 불구하고 피고인을 도발할 의도로 이를 부착하였다고 보기도 어렵다.

〈해설〉

피고인은 금연 안내문을 제거한 것은 불법 부착 광고물을 제거한 것이어서 사회 통념상 허용되는 범위를 크게 넘어서지 않는 행위 내지 사회상규에 위배되지 아니하는 행위로서 정당행위에 해당한다고 주장하였다. 형법 제20조는 "법령에 의한 행위 또는 업무로 인한 행위 기타 사회상규에 위배되지 아니하는 행위는 벌하지 아니한다."고 규정하고 있는데, 어떠한 행위가 정당한 행위로서 위법성이 조각되는 것인지는 구체적인 경우에 따라 합목

적적, 합리적으로 가려져야 할 것인바, 정당행위를 인정하려면 첫째 그 행위의 동기나 목적의 정당성, 둘째 행위의 수단이나 방법의 상당성, 셋째 보호이익과 침해이익과의 법익 균형성, 넷째 긴급성, 다섯째 그 행위 외에 다른 수단이나 방법이 없다는 보충성 등의 요건을 갖추어야 한다(대법원 2000. 2. 25. 선고 99도4305 판결 참조). 그런데 피고인이 피해자에게 이 사건 금연 안내문의 제거를 요청하지 않고 곧바로 피고인 스스로 제거해야만 하는 위급한 상황이었다고는 보이지 않고 피고인과 피해자가 갈등 관계에 있어서 피해자에게 제거를 요청하는 방법으로는 실효성을 기대하기 어렵다는 사정만으로 다른 구제수단이 없다고 볼 수도 없어서 피고인의 금연 안내문 제거행위가 수단의 상당성, 긴급성, 보충성 등의 요건을 갖추지 않아 정당행위에 해당하지 않은 것으로 판단한 사례다.

5. 민사 사건 및 판결

5.1. 당사자가 중국 면세담배를 구입하여 이를 호주로 반입하려고 하기로 한 약정이 반
사회적행위로서 무효에 해당하는지의 여부가 문제된 사안(대구지방법원 2021나326180)

〈사건의 개요〉
- - - - - - - - - - - - -

원고와 피고가 중국에서 면세담배 1,000보루를 확보한 후 호주로 배송하여 원고에게 인
도한다는 내용의 담배공급계약을 체결하였는데, 피고가 물품대금을 모두 지급받았음에
도 면세담배의 배송을 하지 않고 미루다가 결국 이행하지 못하여 이미 지급받은 물품대금
을 반환하기로 약정하였다. 이후 피고는 반환해야 할 물품대금의 일부만을 지급하자 원고
가 나머지 물품대금의 지급을 청구하는 민사소송을 제기하였다. 그러자 피고는 담배공급
계약이 담배사업법을 위반한 것일 뿐만 아니라 관세를 포탈하려는 목적에서 이루어진 것
으로서 반사회적인 행위이고, 원고가 지급한 물품대금은 불법원인급여이므로 반환의무가
없다고 다투어서 이와 같은 물품공급계약이 반사회적행위로서 무효에 해당하는지가 문제
된 사안이다.

〈적용 법률〉
- - - - - - - - - - -

민법
제746조(불법원인급여) 불법의 원인으로 인하여 재산을 급여하거나 노무를 제공한 때에는 그 이익의 반환
을 청구하지 못한다. 그러나 그 불법원인이 수익자에게만 있는 때에는 그러하지 아니하다.

관세법
제2조(정의) 이 법에서 사용하는 용어의 뜻은 다음과 같다.

1. "수입"이란 외국물품을 우리나라에 반입(보세구역을 경유하는 것은 보세구역으로부터 반입하는 것을 말한다)하거나 우리나라에서 소비 또는 사용하는 것(우리나라의 운송수단 안에서의 소비 또는 사용을 포함하며, 제239조 각 호의 어느 하나에 해당하는 소비 또는 사용은 제외한다)을 말한다.

제239조(수입으로 보지 아니하는 소비 또는 사용) 외국물품의 소비나 사용이 다음 각 호의 어느 하나에 해당하는 경우에는 이를 수입으로 보지 아니한다.

1. 선용품·기용품 또는 차량용품을 운송수단 안에서 그 용도에 따라 소비하거나 사용하는 경우
2. 선용품·기용품 또는 차량용품을 세관장이 정하는 지정보세구역에서 「출입국관리법」에 따라 출국심사를 마치거나 우리나라에 입국하지 아니하고 우리나라를 경유하여 제3국으로 출발하려는 자에게 제공하여 그 용도에 따라 소비하거나 사용하는 경우
3. 여행자가 휴대품을 운송수단 또는 관세통로에서 소비하거나 사용하는 경우
4. 이 법에서 인정하는 바에 따라 소비하거나 사용하는 경우

제269조(밀수출입죄) ① 제234조 각 호의 물품을 수출하거나 수입한 자는 7년 이하의 징역 또는 7천만원 이하의 벌금에 처한다.

② 다음 각 호의 어느 하나에 해당하는 자는 5년 이하의 징역 또는 관세액의 10배와 물품원가 중 높은 금액 이하에 상당하는 벌금에 처한다.

1. 제241조 제1항·제2항 또는 제244조 제1항에 따른 신고를 하지 아니하고 물품을 수입한 자. 다만, 제253조 제1항에 따른 반출신고를 한 자는 제외한다.
2. 제241조 제1항·제2항 또는 제244조 제1항에 따른 신고를 하였으나 해당 수입물품과 다른 물품으로 신고하여 수입한 자

③ 다음 각 호의 어느 하나에 해당하는 자는 3년 이하의 징역 또는 물품원가 이하에 상당하는 벌금에 처한다.

1. 제241조 제1항 및 제2항에 따른 신고를 하지 아니하고 물품을 수출하거나 반송한 자
2. 제241조 제1항 및 제2항에 따른 신고를 하였으나 해당 수출물품 또는 반송물품과 다른 물품으로 신고하여 수출하거나 반송한 자

제270조(관세포탈죄 등) ① 제241조 제1항·제2항 또는 제244조 제1항에 따른 수입신고를 한 자 중 다음 각 호의 어느 하나에 해당하는 자는 3년 이하의 징역 또는 포탈한 관세액의 5배와 물품원가 중 높은 금액 이하에 상당하는 벌금에 처한다. 이 경우 제1호의 물품원가는 전체 물품 중 포탈한 세액의 전체 세액에 대한 비율에 해당하는 물품만의 원가로 한다.

1. 세액결정에 영향을 미치기 위하여 과세가격 또는 관세율 등을 거짓으로 신고하거나 신고하지 아니하고 수입한 자

2. 세액결정에 영향을 미치기 위하여 거짓으로 서류를 갖추어 제86조 제1항·제3항에 따른 사전심사·재심사 및 제87조 제3항에 따른 재심사를 신청한 자

3. 법령에 따라 수입이 제한된 사항을 회피할 목적으로 부분품으로 수입하거나 주요 특성을 갖춘 미완성·불완전한 물품이나 완제품을 부분품으로 분할하여 수입한 자

② 제241조 제1항·제2항 또는 제244조 제1항에 따른 수입신고를 한 자 중 법령에 따라 수입에 필요한 허가·승인·추천·증명 또는 그 밖의 조건을 갖추지 아니하거나 부정한 방법으로 갖추어 수입한 자는 3년 이하의 징역 또는 3천만원 이하의 벌금에 처한다.

③ 제241조 제1항 및 제2항에 따른 수출신고를 한 자 중 법령에 따라 수출에 필요한 허가·승인·추천·증명 또는 그 밖의 조건을 갖추지 아니하거나 부정한 방법으로 갖추어 수출한 자는 1년 이하의 징역 또는 2천만원 이하의 벌금에 처한다.

④ 부정한 방법으로 관세를 감면받거나 관세를 감면받은 물품에 대한 관세의 징수를 면탈한 자는 3년 이하의 징역에 처하거나, 감면받거나 면탈한 관세액의 5배 이하에 상당하는 벌금에 처한다.

⑤ 부정한 방법으로 관세를 환급받은 자는 3년 이하의 징역 또는 환급받은 세액의 5배 이하에 상당하는 벌금에 처한다. 이 경우 세관장은 부정한 방법으로 환급받은 세액을 즉시 징수한다.

〈법원의 판단〉

관세법(2019. 12. 31. 제16838호로 일부 개정되기 전의 것, 이하 같다) 제2조에 따르면, "수입"이란 외국물품을 우리나라에 반입(보세구역을 경유하는 것은 보세구역으로부터 반입하는 것을 말한다)하거나 우리나라에서 소비 또는 사용하는 것(우리나라의 운송수단 안에서의 소비 또는 사용을 포함하며, 제239조 각 호의 어느 하나에 해당하는 소비 또는 사용은 제외한다)을 말하고(제1호), "수출"이란 내국물품을 외국으로 반출하는 것을 말한다(제2호). 한편, 동법 제269조는 밀수출입죄에 대하여, 동법 제270조는 관세포탈죄 등에 대하여 각각 규정하고 있는데, 그 범죄 주체로서 각각 '제241조 제1항·제2항 또는 제244조 제1항에 따른 신고를 하지 아니하고 물품을 수입한 자(밀수출입죄)', 그리고 '제241조 제

1항·제2항 또는 제244조 제1항에 따른 수입신고를 한 자(관세포탈죄 등)' 등을 제시하고 있다. 동법 제241조 제1항·제2항 및 제244조 제1항의 신고의무는 물품을 수출 또는 수입하는 경우에 부과된다. 이 사건 담배공급계약은 피고가 중국에서 면세담배 1,000보루를 확보하여 호주로 인도하고 원고 B로부터 물품대금으로 1,950만 원을 지급받는 것을 내용으로 하는 것은 앞서 본 바와 같다. 따라서 피고의 위 인도행위는 외국물품을 우리나라에 반입하거나 우리나라에서 소비·사용하는 것에 해당하지 않고, 내국물품을 외국으로 반출하는 것도 아니어서 국내 관세법상 수입·수출에 해당하지 않는다. 국내 관세법을 위반하였다는 피고의 위 항변은 이유 없다. (중략)

담배사업법 제12조 제1항은, 제조업자가 제조한 담배는 그 제조업자가 위 법 소정의 도매업자 또는 소매인에게 이를 판매하여야 한다고 규정하고 있으나 이 사건 담배공급계약의 내용과 같이 국내에서의 제조, 판매가 아니라 중국에서 면세담배를 수입하여 호주로 배송하는 내용의 계약이 담배사업법에 위반하여 무효인 계약이라고 볼 수는 없다. 이를 전제로 하는 피고의 위 항변도 이유 없다. (중략)

민법 제746조 소정의 '불법'이 있다고 하려면, 급부의 원인이 된 행위가 그 내용이나 성격 또는 목적이나 연유 등으로 볼 때 선량한 풍속 기타 사회질서에 위반될 뿐 아니라 반사회성 반윤리성 반도덕성이 현저하거나, 급부가 강행법규를 위반하여 이루어졌지만 이를 반환하게 하는 것이 오히려 규범 목적에 부합하지 아니하는 경우 등에 해당하여야 하고(대법원 2017. 3. 15. 선고 2013다79887 판결 등 참조), 민법 제103조에 의하여 무효로 되는 반사회질서 행위는 법률행위의 목적인 권리의무의 내용이 선량한 풍속 기타 사회질서에 위배되는 경우뿐만 아니라, 그 내용 자체는 반사회질서적인 것이 아니라고 하여도 법률적으로 이를 강제하거나 법률행위에 반사회질서적인 조건 또는 금전적인 대가가 결부됨으로써 반사회질서적 성질을 띠게 되는 경우 및 표시되거나 상대방에게 알려진 법률행위의 동기가 반사회질서적인 경우를 포함한다(대법원 2005. 7. 28. 선고 2005다23858 판결 등 참조).

위 인정사실들 및 이 사건 변론에 드러난 다음의 여러 사정, ① 원고는 중국 면세담배를 구입하여 이를 호주로 반입하려고 한 것으로 보이는바, 이와 같은 행위는 호주법상 담배에 부과되는 세금을 면탈하고 그 과정에서 시세 차익을 얻기 위한 것으로 행정단속을 피하기 위한 탈법행위에는 해당하나 그 자체로 국내에 반사회성·반윤리성·반도덕성이 현저한 법률행위라고 보기는 어려운 점, ②세관 신고 없이 호주에 담배를 반입하는 것은 호주 관세법에 위반되기는 하나 이는 호주 자국의 담배 밀수 행위 방지 등을 이유로 한 것으로 보이고, 국내 관세법은 앞서 본바와 같이 외국물품을 국내로 반입하거나 내국물품을 외국으로 반출하는 행위만을 직접적으로 규제하므로 위 행위가 국내 관세법을 비롯하여 기타 관련 국내 강행법규에는 저촉된다고 단정하기 어려운 점, ③ 다른 나라의 관세법 등을 위반하는 행위가 당연히 우리나라의 선량한 풍속 기타 사회질서에 위반된다고 볼 수 없는 점, ④ 담배의 판매 자체에 반윤리적 요소가 있거나 담배가 수입·수출이 금지된 품목은 아닌 점, ⑤ 원고들이 지급한 위 물품대금은 중국에서 면세담배를 구입해 호주로 인도해달라는 명목으로 지급된 것으로 직접적으로 해외에서 국내로의 또는 국내에서 해외로의 담배 밀수에 공하기 위해 제공된 것으로 보기는 어려운 점 등에 비추어 보면, 이 사건 담배공급계약이 호주나 중국의 관세관련 법령을 위반한 것이라도 이 사건 물품대금이 불법원인급여에 해당하지 않는다고 봄이 상당하다.

〈해설〉

　원고와 피고가 중국에서 면세담배 1,000보루를 확보한 후 호주로 배송하여 원고에게 인도한다는 내용의 담배공급계약을 체결하였기 때문에, 당사자의 이러한 행위 자체는 외국물품을 우리나라에 반입하거나 우리나라에서 소비·사용하는 것에 해당하지 않고, 내국물품을 외국으로 반출하는 것도 아니어서 국내 관세법상 수입·수출, 즉 밀수출입에 해당하지 않아 유효한 계약이다. 한편 원고가 저렴한 중국 면세담배를 구입하여 이를 고가로 팔릴 수 있는 호주로 반입하여 시세차익을 노린 것으로 보이지만 이는 호주당국의 행정단속을 피하기 위한 탈법행위에는 해당할 수는 있어도 그 자체로 국내에 반사회성·반윤리

성·반도덕성이 현저한 법률행위라고 보기 어렵고, 외국인 호주의 관세법 등을 위반하는 행위가 당연히 국내의 선량한 풍속 기타 사회질서에 위반된다고 볼 수 없다고 보았다. 그러나 만일 이 사건이 호주에서 재판이 진행되었다면 과연 같은 결론이 내려졌을지는 의문이 있다.

5.2. 한국담배인삼공사가 제조한 담배는 소정의 도매업자 또는 소매인에게만 판매하도록 규정한 구 담배사업법 제12조 제1항에 위반한 행위의 효력[대법원 2001다1782 판결]

〈사건의 개요〉

한국담배인삼공사의 직원이던 원고들(A와 B)이 담배 값이 인상되기 전에 담배 사재기를 하면 물품창고에 담배를 보관하여 줄 터이니 담배 값이 인상된 후 반출하여 가라는 C의 권유를 받고서 담배 소매인의 명의를 빌려 마치 소매인들이 구입하는 것처럼 가장하거나 소매상이 실제 구입하는 담배량에 추가하여 주문하는 방법으로, A는 214,173,000원을, B는 287,955,000원을 각각 피고 한국담배인삼공사에게 담배구입대금으로 지급하였으나 담배구입대금의 일부에 상당하는 담배만을 제공받자 제공받지 못한 나머지 담배구입대금의 반환을 청구한 사안(원고들은 자신들의 영업실적을 올리고 담배값 인상분에 해당하는 이익을 취할 목적으로, 담배소매상이 구입하지 않은 담배를 구입한 것으로 하거나, 원고들이 구입하려는 담배를 마치 소매상들이 구입하는 것처럼 가장하여 소매상이 실제 구입하는 담배량에 추가하여 주문하는 방법으로, 원고들 및 지인들의 자금을 동원하여 피고 공사에게 입금하였다가 부정행위로 감사 적발된 사안이다).

〈적용 법률〉

민법

제746조(불법원인급여)

불법의 원인으로 인하여 재산을 급여하거나 노무를 제공한 때에는 그 이익의 반환을 청구하지 못한다. 그러나 그 불법원인이 수익자에게만 있는 때에는 그러하지 아니하다.

구 담배사업법(1999. 12. 31. 법률 제6078호로 개정되기 전의 것, 이하 같다)

제12조 (제조담배의 판매)

① 공사가 제조한 제조담배는 공사가, 외국으로부터 수입한 제조담배는 그 수입판매업자(第13條第1項의 規定에 의한 輸入販賣業의 登錄을 한 者를 말한다. 이하 같다)가 도매업자(第13條第1項의 規定에 의한 都賣業의 登錄을 한 者를 말한다. 이하 같다) 또는 소매인(第16條第1項의 規定에 의한 小賣人의 지정을 받은 者를 말한다. 이하 같다)에게 이를 판매한다.

물가안정에 관한 법률

제7조(매점매석 행위의 금지)

사업자는 폭리를 목적으로 물품을 매점(買占)하거나 판매를 기피하는 행위로서 기획재정부장관이 물가의 안정을 해칠 우려가 있다고 인정하여 매점매석 행위로 지정한 행위를 하여서는 아니 된다.

〈법원의 판단〉

구 담배사업법(1999. 12. 31. 법률 제6078호로 개정되기 전의 것, 이하 같다) 제12조 제1항은, 공사가 제조한 담배는 공사가 위 법 소정의 도매업자 또는 소매인에게 이를 판매하여야 한다고 규정하고 있는바, 담배사업법 제1조가 규정하고 있듯이, 담배사업법은 "원료용 잎담배의 생산 및 수매와 제조담배의 제조 및 담배의 판매 등에 관한 사항을 정함으로써 담배산업의 건전한 발전을 도모하고 국민경제에 이바지하게 함을 목적"으로 제정된 것으로서, 그 입법 취지에 비추어 볼 때 위 제12조 제1항은 강행규정으로 보아야 할 것이고 이에 위반한 행위는 그 효력이 없다고 보아야 할 것이다. 따라서 원심의 이유 설시가 부적절하기는 하지만 위 원고와 피고 공사 사이에 담배매매계약이 유효하게 성립되지 아니하였다고 보아, 그러한 매매계약이 성립되었음을 전제로 하는 담배구입대금 반환청구를 배척한 조치는 정당하다고 할 것이다. (중략)

민법 제746조가 규정하는 불법원인이라 함은 그 원인되는 행위가 선량한 풍속 기타 사회질서에 위반하는 경우를 말하는 것으로서 법률의 금지에 위반하는 경우라 할지라도 그것이 선량한 풍속 기타 사회질서에 위반하지 않는 경우에는 이에 해당하지 않는다고 할 것이다(대법원 1981. 7. 28. 선고 81다145 판결, 1983. 11. 22. 선고 83다430 판결 등 참조).

앞서 본 것처럼, 담배사업법은 "담배산업의 건전한 발전을 도모하고 국민경제에 이바지하게 함을 목적"으로 제정된 것으로서, 원료용 잎담배의 생산 및 수매와 제조담배의 제조 및 판매 등에 관한 사항을 규정하고 있기는 하나, 원래 담배사업이 반드시 국가의 독점사업이 되어야 한다거나 담배의 판매를 특정한 자에게만 하여야 하는 것은 아니어서 그 자체에 무슨 반윤리적 요소가 있는 것은 아니고, 또한 담배 사재기가 물가안정에관한법률에 의하여 금지되고 그 위반행위는 처벌되는 것이라고 하여도 이는 국민경제의 정책적 차원에서 일정한 제한을 가하고 위반행위를 처벌하는 것에 불과하므로 이에 위반하는 행위가 무효라고 하더라도 이것을 선량한 풍속 기타 사회질서에 반하는 행위라고는 할 수 없다고 해석함이 상당하다.

그럼에도 불구하고 원심이 위 원고가 피고 공사에 담배구입대금을 지급한 것이 선량한 풍속 기타 사회질서에 반하는 행위로서 민법 제746조의 불법원인급여에 해당한다고 보아 담배구입대금 상당의 부당이득금반환청구를 배척한 것은 불법원인급여에 있어 불법의 법리를 오해함으로써 판결에 영향을 미친 위법을 저질렀다고 할 것이다.

〈해설〉

구 담배사업법(1999. 12. 31. 법률 제6078호로 개정되기 전의 것) 제12조 제1항은, 한국담배인삼공사가 제조한 담배는 공사가 위 법 소정의 도매업자 또는 소매인에게 이를 판매하여야 한다고 규정하고 있고, 이는 "원료용 잎담배의 생산 및 수매와 제조담배의 제조 및 담배의 판매등에 관한 사항을 정함으로써 담배산업의 건전한 발전을 도모하고 국민경제에 이바지하게 함을 목적"으로 제정된 것이기 때문에 강행규정에 해당하여 이를 위반한 개인들의 거래행위는 무효이다.

그러나 강행법규에 위반되는 무효인 거래행위라고 하여 무조건 부당이득의 반환청구가 금지되는 사유로 민법 제746조가 규정하는 불법원인에 해당하는 것은 아니라는 것이다. 즉 민법 제746조에 해당하여 무효임에도 기왕에 이루어진 행위의 원상회복이 금지되는 경우는 "그 원인되는 행위가 선량한 풍속 기타 사회질서에 위반하는 경우를 말하는 것"으로서 예외적인 경우이며, 법률의 금지에 위반하는 경우라 할지라도 그것이 선량한 풍속 기타 사회질서에 위반하지 않는 경우에는 이에 해당하지 않는 경우에는 불법원인급여에 해당하지 않아 거래과정을 원상회복해야 한다는 취지의 판결이다.

결국 담배사업법이나 담배 사재기를 금지하는 물가안정에 관한 법률에 위반하는 정도의 불법은 설령 그 위반행위는 처벌되는 것이라고 하여도 이는 국민경제의 정책적 차원에서 일정한 제한을 가하고 위반행위를 처벌하는 것에 불과하므로, 이것을 선량한 풍속 기타 사회질서에 반하는 행위라고까지는 볼 수 없다는 것이다.

5.3. 담배소매점 사업권 양도계약의 유효 여부(부산고등법원(창원) 2017나22516 판결)

〈사건의 개요〉

원고는 2016. 8. 18. 망인과 사이에 망인의 이 사건 부동산을 매매대금 525,000,000원에 매수하되, 원고가 위 건물의 보증금 반환채무 합계 32,000,000원(지하 및 1층 마트 2,500만 원, 2층 500만 원, 3층 200만 원)을 인수하고, 계약금 60,000,000원은 계약 당일, 중도금 100,000,000원은 2016. 8. 25., 잔금 333,000,000원〈각주4〉은 2016. 9. 9. 각 지급하기로 하는 매매계약(이하 '이 사건 매매계약'이라 한다)을 체결하였다. 그런데 이 사건 매매계약서 제6조에는 '매도인 또는 매수인이 계약상의 내용에 대하여 불이행이 있을 경우 그 상대방은 불이행한 자에 대하여 서면으로 최고하고 계약을 해제할 수 있고, 계약 당사자는 계약 해제에 따른 손해배상을 청구할 수 있으며, 손해배상에 대하여 별도의 약정이 없는 한 계약금을 손해배상의 기준으로 본다'는 채무불이행에 대한 손해배상 조항이 규정되어 있고, 특약사항으로 '매도인은 담배소매점 허가권 및 사업권을 매수인에게 양도한다'는 내용이 기재되어 있었다. 원고는 망인에게 약정한 매매대금을 사실상 모두 지급하였고, 이 사건 부동산의 소유권이 원고 측에게 이전되었으나 망인이 이 사건 매매계약의 특약사항으로 정한 담배소매점의 허가권 및 사업권을 원고에게 양도해 달라는 원고의 요구에 응하지 않았다. 이에 따라 원고는 담배소매점의 허가권 등을 양도하지 않았음을 이유로 계약을 해제하고 지급된 금전의 반환을 청구한 사안이다.

〈적용 법률〉

구 담배사업법 시행규칙(2001. 7. 5. 재정경제부령 제209호로 개정되기 전의 것)

제12조(소매인 영업소의 위치변경 및 영업의 승계)

② 소매인의 지정을 받은 자의 소매업을 승계하고자 하는 자는 별지 제11호서식의 소매업승계승인신청서에

〈법원의 판단〉

이 사건 매매계약 체결 당시 이 사건 건물 1층에 담배를 판매하는 점포가 운영되고 있었는데, 원고는 계약 체결 전부터 담배소매점에 관심을 보이면서 매매계약 중개인 A와 피고에게 담배소매점 허가권을 건물의 소유권과 함께 넘겨달라고 요청한 사실, 피고는 원고와 A에게 담배사업법에 따른 피고 명의의 담배소매인 지정서를 제시하며 담배소매점과 관련한 권리를 가지고 있다고 설명하였고, 이에 원고, 피고 및 A는 '담배소매점 허가권 및 사업권을 매수인에게 양도한다'는 내용의 특약사항을 위 매매계약서에 명기한 사실은 앞서 본 것과 같다. 이러한 인정 사실에 제1심 증인 A의 '계약 당시에는 허가권이 양도 가능한 줄 알았는데 나중에 알고 보니 아니었다'는 취지의 증언을 종합하여 보면, 위 특약은 결국 피고가 원고에게 '이 사건 건물을 양수한 원고가 담배소매점을 운영할 수 있도록 조치할 의무'를 부담하기로 약정한 것이라고 봄이 타당한데, 이러한 조치의무가 원시적으로 이행할 수 없는 것이라고 보기는 어려우므로, 이와 다른 전제에 선 피고의 주장은 받아들일 수 없다.

〈해설〉

구 담배사업법 시행규칙(2001. 7. 5. 재정경제부령 제209호로 개정되기 전의 것) 제12조 제2항에서는 담배소매인의 지정을 받은 자의 소매업을 승계하고자 하는 자는 시장 등으로부터 그 승인을 얻도록 하는 규정을 두었으나, 위 시행규칙이 2001. 7. 5. 개정되면서 담배소매업의 승계에 관한 조항이 삭제됨으로써 현행 담배사업법의 해석상으로는 양도인이 양수인에게 담배소매업 명의를 승계해 주는 것은 원칙적으로 불가능하고, 양도인의 기존 담배소매업에 대하여 폐업신고를 하면서 새로이 양수인 이름으로 소매인 지정신청을 하여 소매인으로 지정받을 수밖에 없다. 다만 이러한 경우에는 거리제한 등으로 인하여 양수인이 새롭게 소매인 지정을 받지 못할 가능성이 있어 계약분쟁이 발생할 여지가 있게 된다.

5.4. 담배 전매사업자인 국가와 전매사업을 승계한 회사의 소비자에 대한 손해배상책임(서울고등법원 2007나16979 판결)

〈사건의 개요〉

A는 외항선원이었는데, 20세가 되는 1963년경부터 흡연을 시작하여 하루 평균 1~2갑씩 선(SUN), 거북선, 아리랑, 청자, 은하수, 한산도, 장미, 솔, 88, 디스, 시나브로, 겟투, 오마샤리프, 한라산 등을 피워왔고, 호기심에 간혹 외국산 담배를 피우기는 하였으나 출항할 때마다 그 기간 동안 피울 수 있는 담배를 미리 여러 상자 구입하여 가는 방법으로 피고들이 제조한 국산담배를 소비하여 왔다. 그런데 A는 1999. 8. 병원에서 우측 폐 하부에 악성종양이 발견되었고, 그 후 얼마 지나지 않은 1999. 9. 9. 사망하였다. 망인은 병원에서 폐암의 조직형이 선암이라는 진단을 받았으나, 선암 중에서도 세기관지 폐포세포암의 가능성이 매우 높다. 원고들은 망인의 배우자 및 자녀들로서 망인의 재산을 상속하였다. 원고들은, 망인의 폐암 발병은 오랜 기간 피고들이 제조·판매한 담배를 흡연한 때문이고, 이로 인하여 A가 사망하였으므로, 정부수립 이후 국내 담배 전매사업을 한 대한민국과 전매사업을 승계한 피고 회사는 공동불법행위자로서 각자 망인의 가족임과 동시에 망인의 재산상속인인 원고들에게 재산적·정신적 손해에 대한 배상금 및 이에 대한 지연손해금을 지급할 의무가 있다고 주장하며 손해배상을 청구한 사안이다. 원고들은 이 사건에서 피고들에게 각각 다음과 같은 과실이 있다고 주장하였는데, 소위 흡연으로 인한 암발생 등 생명·신체침해에 관한 손해배상소송에서 제기되는 거의 모든 쟁점이 망라되어 있다.

(1) 피고 대한민국

① 피고 대한민국은 보건권이라는 헌법상의 기본권을 보장하기 위하여 담배의 해독성에 관한 세계의 연구 성과에 발맞추어 적절한 흡연규제 및 예방 대책을 수립하고 그에 맞는 입법을 정비하여야 함에도 이를 게을리 한 과실이 있다.

② 피고 대한민국은 소비자보호법 제6조, 제8조, 제11조에 의해 소비자의 생명이나 신체에 대한 위해를 방지하기 위해 사업자가 지켜야 할 기준을 정하여야 하고, 물품에 대한 성분, 성능, 주의사항, 경고사항 등 표시기준을 정하고, 물품에 대한 정보를 제공할 수 있도록 해야 하는데, 이를 제대로 이행하지 않았다.

③ 피고 대한민국은 국민건강증진법 제4조, 제8조에 의해 국민건강의 증진에 대한 기본 시책을 수립, 시행하여야 하고, 국민에게 흡연이 국민건강에 해롭다는 것을 교육, 홍보하여야 함에도 이를 제대로 이행하지 않았다.

④ 피고 대한민국은 1987년까지 담배를 독점적으로 생산, 판매하여 왔으므로, 담배의 위험성과 관련된 불법행위 책임을 직접 부담하며, 국민의 건강권 보장 차원에서 피고 회사에 대한 감독의무가 있음에도 이를 게을리 하였다.

(2) 피고 회사

① 피고 회사는 담배에 일산화탄소나 니코틴, 타르와 발암물질 등이 다량 포함되어 있음을 알면서도 이를 제거하려는 노력 없이 그대로 결함 있는 제품을 생산하였다.

② 피고 회사는 담배의 구체적인 성분, 부작용, 독성, 중독가능성 등을 충분히 조사하여 포장지에 표시하거나 제품에 설명서를 첨부하는 방법으로 담배의 위험성에 대하여 충분히 설명하거나 고지하여야 함에도 이를 하지 않았다.

③ 피고 회사는 담배의 중독성이나 위해성에 관해 충분한 자료와 정보를 가지고 있음에도 이를 은폐하고 그 정보가 전달되는 것을 막았다.

④ 피고 회사는 독성물질을 생성하고 니코틴 흡수율과 양을 높이기 위해 다양한 첨가제를 사용하여 담배를 제조해 왔다.

민법

제750조(불법행위의 내용)

고의 또는 과실로 인한 위법행위로 타인에게 손해를 가한 자는 그 손해를 배상할 책임이 있다.

제760조(공동불법행위자의 책임)

① 수인이 공동의 불법행위로 타인에게 손해를 가한 때에는 연대하여 그 손해를 배상할 책임이 있다.

② 공동 아닌 수인의 행위중 어느 자의 행위가 그 손해를 가한 것인지를 알 수 없는 때에도 전항과 같다.

③ 교사자나 방조자는 공동행위자로 본다.

국민건강증진법

제4조(건강증진계획의 수립등)

① 보건복지부장관은 국민건강의 증진에 관한 기본시책을 수립·시행하여야 한다.

② 특별시장·광역시장·도지사(이하 "시·도지사"라 한다) 및 시장·군수·구청장(자치구의 구청장에 한한다. 이하 같다)은 제1항의 규정에 의한 국민건강의 증진에 관한 기본시책에 따라 지방자치단체의 실정을 감안하여 주민건강의 증진에 관한 세부계획을 수립·시행하여야 한다.

제8조(금연 및 절주운동등) ① 국가 및 지방자치단체는 국민에게 담배의 흡연과 과다한 음주가 국민건강에 해롭다는 것을 교육·홍보하여야 한다.

② 국가 및 지방자치단체는 금연 및 절주에 관한 조사·연구를 하는 법인 또는 단체를 지원할 수 있다.

③ 담배사업법에 의한 담배의 제조자 또는 수입판매업자(이하 "제조자등"이라 한다)는 담배갑포장지 앞·뒷면 및 대통령령이 정하는 광고(판매촉진 활동을 포함한다. 이하 같다)에 흡연이 폐암 등 질병의 원인이 될 수 있다는 내용의 경고문구를 표기하여야 한다.

④ 주세법에 의하여 주류제조의 면허를 받은 자 또는 주류를 수입하여 판매하는 자는 대통령령이 정하는 주류의 판매용 용기에 과다한 음주는 건강에 해롭다는 내용의 경고문구를 표기하여야 한다.

⑤ 삭제

⑥ 제3항 및 제4항의 규정에 의한 경고문구의 표시내용, 방법 등에 관하여 필요한 사항은 보건복지부령으로 정한다.

소비자 보호법

제6조(위해의 방지)

① 국가는 사업자가 제공하는 물품 또는 용역으로 인한 소비자의 생명·신체 및 재산상의 위해를 방지하기 위하여 다음 각호의 사항에 관하여 사업자가 지켜야 할 기준을 정하여야 한다.

　1. 물품 및 용역의 성분·함량·구조등 그 중요한 내용

　2. 물품 및 용역의 사용 또는 이용상의 지시사항이나 경고등 표시할 내용과 방법

　3. 기타 위해를 방지하기 위하여 필요하다고 인정되는 사항

② 중앙행정기관의 장은 제1항의 규정에 의하여 기준을 정하거나 변경한 때에는 이를 고시하여야 한다.

③ 중앙행정기관의 장은 제1항의 기준을 사업자가 준수하는지 여부를 정기적으로 시험·검사 또는 조사하여야 한다.〈개정 1995. 12. 29.〉

④ 재정경제부장관은 각종 위해정보를 수집하기 위하여 필요한 경우 대통령령이 정하는 바에 따라 행정기관, 소비자단체, 병원, 학교등을 위해정보 보고기관으로 지정·운영할 수 있다.

제8조(표시의 기준)

① 국가는 소비자가 물품의 사용이나 용역의 이용에 있어서 표시나 포장등으로 인하여 선택이 잘못되는 일이 없도록 필요한 경우에는 그 주관하는 물품 또는 용역에 대하여 다음 각호의 사항에 관하여 표시기준을 정하여야 한다.〈개정 1995. 12. 29.〉

　1. 상품명·용도·성분·재질·성능·규격·가격·용량·허가번호 및 용역의 내용

　2. 물품을 제조·수입·가공하거나 용역을 제공한 사업자명(住所 및 電話番號를 포함한다) 및 물품의 원산지

　3. 사용방법, 사용 및 보관상의 주의사항 및 경고사항

　4. 제조년월일, 품질보증기간 또는 식품이나 의약품등 유통과정에서 변질되기 쉬운 물품은 그 유효기간

　5. 표시의 크기·위치·방법

　6. 물품 또는 용역에 대한 불만 및 소비자피해가 있는 경우의 처리기구(住所 및 電話番號를 포함한다) 및 처리방법

② 중앙행정기관의 장은 제1항의 규정에 의하여 표시기준을 정하거나 변경한 때에는 이를 고시하여야 한다.

제11조(소비자에의 정보제공)

① 국가 및 지방자치단체는 소비자의 기본적인 권리가 실현될 수 있도록 소비자보호와 관련된 주요시책 및 주요결정사항을 소비자에게 제공하여야 한다.

② 국가 및 지방자치단체는 소비자가 물품 및 용역을 합리적으로 선택할 수 있도록 하기 위하여 물품 및 용역의 거래조건·거래방법·품질·안전성 및 환경성 등에 관련되는 사업자의 정보가 소비자에게 제공될 수 있도록 필요한 시책을 강구하여야 한다.

〈법원의 판단〉

　　망인이 병원에 내원한 1999. 8.경까지 하루 평균 담배 2갑을 10년 이상 피워 온 사실이 인정된다. 망인은 K고등학교를 졸업하고, 1963. 7. 31. 처음 승선한 이후 1999. 7. 31.까지 기관장, 기관사로 외항선원 생활을 하여 왔는바, 1980. 3. 27. 이후의 승선일, 하선일, 승선기간, 하선사유는 다음과 같고, 그 이전의 선원생활도 이와 비슷했던 사실이 인정된다. 그렇다면, 망인은 1980. 3. 27. 이후 1999. 7. 31.까지의 기간만 보더라도 19년 4개월 가량의 기간 중에서 12년 7개월 가량을 외항선의 선상에서 생활하여 왔고 그 전의 선원생활도 이와 비슷한바, 망인이 선원생활을 시작할 무렵 우리나라 담배의 품질이나 수준(필터담배보다 막담배 등을 많이 제조됨), 1980년대 말에야 비로소 외국산 담배와 국내산 담배의 니코틴, 타르 등 함량을 비롯한 품질이 비슷해진 점, 기호품이라는 담배의 속성과 망인의 평균 1회 승선 기간, 당시 외항선원들의 흡연 실태, 장기간의 승선생활을 하기 위해서는 담배 이외에도 적지 않은 생필품들을 구비하여야 할 것으로 예상되며, 10개월 이상 하루 1갑 이상 피울 국산담배를 미리 구입하여 승선하기에는 그 부피나 무게가 적지 아니한 점 등 제반 사정에 비추어 볼 때, 망인이 1963년경부터 폐암 진단을 받을 때까지 대부분의 기간 동안 피고들이 제조한 담배를 흡연하였다는 원고들의 주장은 이를 그대로 믿기 어렵고 달리 인정할 만한 증거가 없다. 결국 망인의 경우 피고들이 제조한 어떠한 담배를 얼마의 기간 동안, 어느 정도 양으로 피웠는지에 관하여 이를 특정할 방법이 전혀 없다.

〈해설〉

망인의 상속인들은 망인이 오랜 기간 피고들이 제조, 판매한 담배를 흡연한 결과로 폐암이 발병하였고, 이로 인하여 사망에 이르렀으므로 망인의 사망에 따른 손해를 배상하여야 한다고 주장하였다. 그러나 불법행위로 인한 손해배상책임이 인정되기 위해서는 위법성, 가해자의 과실, 인과관계, 손해발생 사실을 증명해야 하는데, 이 사건에서는 망인의 상속인들이 흡연과 폐암 발생 사이의 인과관계를 증명하지 못하여 손해배상청구권이 인정되지 않았다. 불법행위로 인한 손해배상 책임이 인정되기 위한 인과관계의 증명책임은 원고에게 있기 때문에 불가피한 결과이다. 이 판결은 인과관계를 부정하였기 때문에 간단하게 손해배상책임을 부정하였지만 담배제조사의 행위가 불법행위에 해당하는가에 대한 판단을 별도로 이후 흡연으로 인한 손해배상책임에 관한 여러 가지 쟁점을 정리한 선례로서의 가치가 있기 때문에 별도로 해당 부분에 대하여도 살펴보기로 한다.

① 입증책임의 완화(인정)

가. 공해소송에서 인과관계에 관한 입증책임 완화의 법리

일반적으로 불법행위로 인한 손해배상청구 사건에 있어서 가해행위와 손해발생 간의 인과관계의 입증책임은 청구자인 피해자가 부담하나, 대기오염이나 수질오염에 의한 공해로 인한 손해배상을 청구하는 소송에 있어서는, 기업이 배출한 원인물질이 대기나 물을 매체로 하여 간접적으로 손해를 끼치는 수가 많고 공해문제에 관하여는 현재의 과학수준으로도 해명할 수 없는 분야가 있기 때문에, 가해행위와 손해의 발생 사이의 인과관계를 구성하는 하나 하나의 고리를 자연과학적으로 증명한다는 것은 매우 곤란하거나 불가능한 경우가 많으므로, 피해자에게 사실적인 인과관계의 존재에 관하여 과학적으로 엄밀한 증명을 요구한다는 것은 공해로 인한 사법적 구제를 사실상 거부하는 결과가 될 우려가 있는 반면, 가해기업은 기술적·경제적으로 피해자보다 훨씬 원인조사가 용이한 경우가 많을 뿐만 아니라, 그 원인을

은폐할 염려가 있기 때문에, 가해기업이 어떠한 유해한 원인물질을 배출하고 그것이 피해물건에 도달하여 손해가 발생하였다면 가해자 측에서 그것이 무해하다는 것을 입증하지 못하는 한 책임을 면할 수 없다고 보는 것이 사회형평의 관념에 적합하다(대법원 2002. 10. 22. 선고 2000다65666, 65673 판결 등 참조).

나. 공해와 흡연 사이의 유사점과 차이점

(1) 유사점

담배의 연기 속에 포함되어 있는 발암물질이 그 성분 자체의 특성상 유해한 원인물질인 사실, 이러한 발암물질은 대기 중 물질들뿐만 아니라 권련(cigarette)을 구성하는 담뱃잎, 종이, 첨가물 등에 포함된 성분과 그 성분이 열에 의한 화학적 변환을 통해 생성된 것으로 일응 추정할 수 있는 사실, 이러한 물질이 흡연이라는 행위를 통해 흡연자들의 호흡기관을 거쳐 체내에 흡수되는 사실은 모두 당사자 사이에 다툼이 없고, ① 1회의 흡연으로 인해 체내에 흡수될 수 있는 발암물질의 양은 그 양이 적어서 1회 흡연만으로 발암과 관련된 유의미한 결과의 발생을 인정하기 어려운 점, ② 흡연 이외에도 폐암과 연관이 있다고 확인된 위험인자가 다양하여 흡연자들이 흡연과 폐암 발병 사이의 인과관계의 고리를 모두 자연과학적으로 설명하기가 어려운 점, ③ 담배 및 담배 연기에 포함되어 있는 화학성분과 그 특성이 현재까지도 명확하게 밝혀지지 않은 점, ④ 화학성분이 인체에 미치는 효과를 생체실험을 통해 확인하는 것은 현실적으로 불가능한 점 등이 비추어, 개별적으로 발병한 폐암의 경우 개인의 흡연으로 인한 것인지 여부를 명확하게 과학적으로 확인하는 것은 현저히 곤란하거나 거의 불가능해 보이는 점, 피고들은 정부 수립 이후 우리나라에서 재배되는 담배의 종자와 재배에 관하여 직접적으로 관여하여 왔고, 수십 년간 독점적으로 제조·판매하여 온 점, 피고들은 담배 제조에 소요되는 원료의 수집과 배합, 가공행위를 하여 왔고 그 구체적 내용을 영업상의 이유 등으로 공개하기 어려운 점, 피고들은 흡연으로 인해 폐암 등이 발병할 수 있음을 알고 있었고 이를 경고하는 문구를 담뱃갑에 표기도 하였던 점 등에 비추어 이러한 공해소송에서의 입증책임 완화의 법리는 흡연과 폐암 사이의 인과관계를 중

명함에 있어 유사하게 적용될 수 있다.

(2) 차이점

담배의 제조행위 자체는 유해물질의 전달행위로 보기 어렵고, 유해물질인 발암물질이 피해자에게 전달되는 것은 공해와 달리 피해자의 의사 즉 구매 및 흡연에 기인한 것이라는 측면에서, 공해와 흡연은 차이점이 있다.

다. 입증책임 완화의 필요성

공해소송에서 입증을 완화하는 이유가, 공해로 인한 손해배상청구소송에 있어서 가해행위와 손해발생 사이의 인과관계의 고리를 자연과학적으로 증명하는 것이 곤란 내지 불가능한 경우가 대부분이고, 가해기업은 기술적·경제적으로 피해자보다 원인조사가 용이할 뿐만 아니라 자신이 배출하는 물질이 유해하지 않다는 것을 입증할 사회적 의무를 부담한다는 것이라고 볼 때, 공해소송에서 적용하는 개연성이론에 미치지는 못한다 하더라도 다음에서 보는 바와 같이 흡연과 폐암 등 질병 사이의 인과관계는 일반적인 불법행위의 경우와 달리 그 입증책임을 완화할 필요성이 있다.[21]

---

21) 담배와 담배연기에 포함된 발암물질

　가. 권련은 흡연시 그 중심온도가 섭씨 900도 가량 되고, 이러한 고온에서 유기물질이 열분해, 열합성, 증류, 수소화, 산화 등 과정을 거쳐 여러 종류의 화학물질이 생성되는바, 토양, 대기조건, 포장지, 습윤제, 건조방법 및 첨가제 등으로 그 성분은 더 다양해질 수 있다.

　나. 담배 연기는 그 자체로 세계보건기구 산하 국제암연구기관(IARC)에 의해 1군 발암물질로 분류될 뿐만 아니라 그 안에 다양한 화학성분을 함유하고 있는데, 필터를 통해 체내로 흡입되는 주류연(main-stream) 속에는 약 4,000여 종의 화학물질이 포함되어 있는 것으로 추정되고 있으며, 이 중 가스성분에는 일산화탄소, 이산화탄소, 산화질소, 암모니아, 휘발성 니트로사민, 시안화물 등이, 입자성분에는 니코틴, 물, 타르가 포함되어 있는 것으로 알려져 있다.

　다. 니코틴은 담뱃잎에 들어 있는 천연알카로이드 성분으로서 대개 담뱃잎 중량의 1~7%를 차지한다고 한다. 니코틴이 직접 폐암의 발생에 관여할 가능성이 있다는 견해도 있고 발암물질의 전구물질로 작용한다는 보고도 있으나, 아직 발암물질로 확인되지는 않았다. 발암에 관여하는 성분으로 알려진 것들은 대부분 타르에 포함되어 있다.

　라. 타르는 담배를 피우면서 필터에 여과되는 입자상 물질에서 수분과 니코틴을 제외한 것을 의미한다.

　마. 국제암연구기관(IARC)는 1987년부터 물질을 발암과 관련하여 5개 그룹으로 나누어 분류하기 시작하였는데, 1997년 발표에 의하면 담배연기 속에 11개의 발암물질(1그룹), 9개의 발암가능물질(2A그룹), 48개의 발암의심물질(2B그룹)이 포함되어 있다고 한다. 이 분류에 따르면 1그룹은 인체 발암성이 확인된 물질, 2A그룹은 인체 발암 추정 물질, 2B그룹은 인체 발암 가능 물질, 3그룹은 인체 발암성 미분류 물질, 4그룹은 인체 암 유발 개연성이 없는 물질을 말하는바, 2005년까지 담배 연기에 존재하는 1그룹 물질로 니켈, 카드뮴, 폴로늄 210(방사선 물질), 나프틸아민(2-aminnoaphthalene), 아미노비페닐(4-aminobiphenyl), 비닐클로라이드(vinylchloride), 산화에틸렌(ethylene oxide), 벤젠, 비소, 베릴륨, 크로뮴 등 11개 물질이 분류되었으나 이후 5종의 화학물질 포름알데히드, 부타디엔, 벤조피렌, 니트로사민 계열 2종이 추가되어 16가지의 발암물질이 포함되어 있는 것으로 발표되었다.

　바. 타르에는 다방향족탄화수소물들(polycyclic aromatic hydrocarbon, 이하 'PAHs'라 한다)이 포함되어 있는바, 이 물

② 역학적 인과관계를 통한 인과관계의 입증(부정)

역학은, 질병 발생에 관여하는 위험인자를 규명하고 질병 발생을 예방하고자 하는 목적 하에 집단에서 질병의 빈도 분포를 연구하고 그 원인을 규명하는 학문이다. 가설 요인과 질병 사이의 통계적 관련성을 기초로 인정되는 역학적 인과관계는 집단수준에서의 질병과 해당 요인과의 일반적 관련성의 정도를 나타내고, 역학적 인과관계에서는 조사대상이 된 요인 이외의 요인에 대하여는 조사 대상 집단이나 대조집단 모두 동일한 조건이라고 가정하기 때문에 가설 요인과 다른 요인들 사이의 관계나 기여비율 등은 밝히지 않는다. 역학은 폐결핵, 콜레라 등과 같이 특정 병인에 의해 발생하고 원인과 결과가 명확히 대응하는 이른바 특이성 질환을 연구대상으로 발전해 온 학문으로서, 유전, 소질 등의 선천적 요인, 음주, 연령, 식습관, 직업적 요인, 환경적 요인 등 후천적 요인이 복합적으로 작용하여 발병하는 비특이성 질환에 있어서는 동일한 역할을 한다고 볼 수 없다. (중략) 흡연과 폐암은 역학적 인과관계가 있다고 인정할 수 있는 8가지 요건을 모두 갖추고 있다. 즉, 미국, 영국, 일본 및 우리나라에서의 역학적 연구결과 ① 흡연이 폐암, 후두암의 발생보다 시기적으로 앞서는 점(temporal relationship), ② 동물실험 결과 담배연기가 호흡기에 암을 유발하는 점(biological relationship), ③ 환자-대조군 연구에서 일관되게 흡연과 폐암의 관련성이 보고되고 있는 점(consistency), ④ 코호트연구〈각주7〉 결과에 의하면 흡연자의 사망위험도가 비흡연자에 비해 10배 가량 높은 것으로 보고되고 있는 점(strength), ⑤ 흡연량이 많을수록, 흡연시작 연령이 빠를수록 폐암 발병 및 사망 비율이 증가하는 점(dose-response relationship), ⑥ 흡연과 다른 종류의 암(폐암, 후두암을 제외한)과의 관련성이

질은 3개 이상의 벤젠 고리를 가지는 방향족 탄화수소로, 각종 탄소화합물이 불완전연소되거나 열분해될 때 발생하고, 발암물질 2A그룹에서 1그룹으로 상향분류된 벤조피렌 이외에도 여러 종류가 존재하며 동물실험결과 벤조안트라센을 포함한 여러 종류가 종양발생 물질로 확인되었다.

사. 이외에도 '폴리염화디벤조-파라-다이옥신(polychlorinated dibenzo-p-dioxins, 이하 'PCDD', 일명 다이옥신)'이 담배의 재뿐만 아니라 연기에서도 발견되었는데, 담배연기 속의 여러 가지 PCDD의 총 농도는 대략 $5.0\mu g/m^3$이고, 특히 hepta-CDD의 농도가 가장 높다. 담배에는 없던 PCDD 물질이 연기에서는 발견된다. 담배를 매일 20개비 피우면 대략 체중 1kg당 4.3pg의 PCDD를 섭취하게 되는데, 이는 몇몇 국가에서 유해물질의 1일 허용 섭취량으로 정한 매일 체중 1kg당 1~5pg과 유사하다.

아. 흡연자들은 흡연시 1급 발암물질 이외에도 구리, 납, 망간, 셀레늄, 수은, 아연, 철, 등 중금속에 노출된다.

현저히 낮은 점(specificity), ⑦ 금연하는 경우 폐암이나 후두암의 발병률 혹은 사망률이 계속 흡연하는 경우에 비해 현저히 낮아지는 점(reversibility), ⑧ 폐암 사망은 남자에게서 높은데 흡연율도 남자에게서 높고, 폐암 사망률이 높은 인구 집단에서 흡연율도 높으며, 연도에 따라 폐암 사망률이 증가하는 양상과 흡연율이 증가하는 양상이 같이 관찰된다는 사실에 비추어 폐암의 기존 과학적 지식과 잘 부합하는 점(coherence)이 인정되므로, 흡연과 폐암 사이의 역학적 인과관계가 인정된다. (중략) 역학적 인과관계는 집단을 대상으로 하여 다른 요인들이 모두 같다는 사정 아래 추출한 특정요인과 질병 사이의 통계적 관련성이므로, 이를 특정 개인의 구체적 질병 발생의 원인을 규명하는 개별적 인과관계에 직접 적용하기 어렵다. 흡연시 인체 내로 흡입되는 연기에는 다수의 1급 발암물질이 포함되어 있으며, 담배 연기 자체도 1급 발암물질로 분류되고 있는 사실은 앞서 본 바와 같다. 또한 흡연과 폐암 사이에 역학적 인과관계가 인정되는 것도 앞서 인정한 바와 같다. 그러나, 그러한 사정만으로 개별적 인과관계를 인정할 수는 없고, 흡연이 폐암 발병의 주요한 요인이거나 상당한 인과관계를 인정할 수 있을 정도로 비중 있는 발병요인이라고 볼 수 있을 정도의 구체적 사정이 증명된 경우에 흡연과 폐암의 발생 사이에 인과관계가 존재하는 것으로 추정할 수 있다 할 것이다.

그런데, 원고들은 망인이 폐암 진단을 받기 이전에 흡연한 담배를 피고들이 제조, 판매하였고 이러한 담배에 결함이 있음을 이유로 피고들에게 그 책임을 묻고 있으므로, 위 법률은 적용되지 아니한다.

그러나, 제조물책임법이 적용되지 못한다 하더라도, 물품을 제조·판매하는 제조업자는 그 제품의 구조·품질·성능 등에 있어서 그 유통 당시의 기술수준과 경제성에 비추어 기대가능한 범위 내의 안전성과 내구성을 갖춘 제품을 제조·판매하여야 할 책임이 있고, 이러한 안전성과 내구성을 갖추지 못한 결함으로 인하여 소비자에게 손해가 발생한 경우에는 불법행위로 인한 손해배상의무를 부담한다(대법원 1977. 1. 25. 선고 75다2092 판결, 대법원 1992. 11. 24. 선고 92다18139 판결 등 참조).

③ 담배가 제조물에 해당하는지 여부(인정)

제조물책임법이 2000. 1. 12. 제정되어 2002. 7. 1.부터 시행되고 있는바, 이 법 부칙 제2 항은 "이 법은 이 법 시행 후 제조업자가 최초로 공급한 제조물부터 적용한다"라고 규정하고 있다. (중략) 현재 시행되고 있는 제조물책임법이 제조물을 특별한 제한 없이 '제조 또는 가공된 동산'이라고 규정하고 있으나, 앞서 설시한 바와 같이 제조물책임법리는 고도의 기술이 집약되어 대량으로 생산되는 제품의 안전성과 관련된 결함으로 인해 소비자 측이 손해를 입은 경우 소비자 측에게 결함의 존재, 인과관계에 관한 입증책임을 완화해주기 위해 등장한 이론이라는 점에서 특별한 사정이 없는 한, 피고 대한민국이 제조한 담배 중 막 담배나 각연담배, 통담배는 건조절단한 농수축산물 수준에 해당하여 그 적용대상 자체가되지 않는다고 봄이 상당하나, 피고 회사가 향료를 포함한 다양한 첨가제(권련 무게의 8% 가량)를 첨가하고 다양한 필터와 종이를 사용하여 담배맛과 타르 및 니코틴 함량이 다른 여러 종의 담배를 제조하고 있는 사실은 당사자 사이에 다툼이 없고, 피고들이 현재 생산되는 필터담배와 그 전에 생산하던 필터담배의 생산방법이나 기술, 첨가제의 종류와 양의차이를 구분하여 설명하지 못하고 있는바, 앞에서 본 피고들간의 관계 등에 비추어, 피고들이 제조한 필터담배는 모두 제조물책임의 법리가 적용되는 제조물로 볼 수 있다.

④ 담배 자체의 결함성 여부(부정)

제조물책임의 법리가 적용되는 결함에는 제조상, 설계상, 표시상의 결함 외에 제조물에 통상적으로 기대할 수 있는 안전성이 결여되어 있는 것이 포함되는바, 이하에서는 원고들이 주장하는 발암물질 등 유해성분의 존재나 니코틴 의존증을 유발하는 니코틴의 함유 자체가 결함에 포함되는지 여부에 관하여 우선 살펴본다. (중략) 우리나라에서는 담배를 기호품의 일종으로 보아 그 품질이나 수준에 관하여 아무런 제한을 정하지 아니한 채 그 제조·판매·흡연을 법률적, 사회적으로 허용하여 왔고, 그러한 법률 체제나 사회통념이 변경되었다고 볼 만한 증거나 사정은 보이지 않는다. 그렇다면, 담배 및 그 연기 속에 발암물질이 존재한다거나 이로 인해 흡연자들에게 건강상 위해가 발생할 수 있고, 의존증이 유발될 수 있다는 사정이 밝혀졌다고 하여 그 자체만으로 담배에 통상적으로 기대할 수 있는 안전성이 결여되어 있다고 보기 어렵다. (중략) 앞서 본 바와 같이 담배의 연기 속에는 발암물질 등 다양한 유해물질이 존재한다. 피고들도 피고들이 제조한 담배 및 담배 연기 안에 앞서 본 바와 같은 발암물질을 포함한 유해물질이 포함되어 있다는 점에 관하여 특별히 다투고 있지도 않다. 그러나 자연식품에도 다양한 발암물질이 존재하고, 식품에 열을 가하는 경우 그 종류가 더 다양해지는 점, 담배가 우리나라에 전래된 이후 피고들이 권련을 제조하기 이전에도 말린 연초를 담뱃대나 파이프에 담거나 종이로 말은 후 여기에 불을 피워 그 연기를 흡입하는 방법으로 담배의 소비가 이루어진 점, 건조한 담뱃잎을 태우는 경우 타르, 니코틴, 일산화탄소 등을 비롯한 유해성분이 연기 중에 발생하는바, 원고들은 피고들이 제조한 담배의 경우 말린 연초를 종이에 말아 피우는 경우보다 어떠한 유해성분이 추가로 발생하고 어떠한 성분이 더 많이 배출되는지를 전혀 특정하지 않고 있으며 대부분의 유해성분이 연초의 연소생성물임을 인정하고 있는 점, 피고들은 법률에 의해 제조가 허용된 권련을 제조하였고, 망인이 주장하는 흡연기간 동안 우리나라의 법률은 담배 연기 중 니코틴, 타르 함량에 관하여 그 수준을 규제하거나 제품에 표기할 것을 정하고 있지 않았던 점, 결함이라 함은 단순한 제품의 성능 부족, 품질 불량과 같은 안전성과 직접적인 관련이 없는 품질상이나 기능상의 문제와는 구분되는 점 등에 비추어 보면, 피고들이 제조해 온 담배 및 그 담배의 연기 속에 다양한 발암물질이 존재한다는 사정만으로, 피고들이 제조한 담배에 결함이 있다고 보기 어렵다. (중략) 니코틴은 아세틸콜린이라는 인체내 호르몬과 같거나 유사한 구조를 가지고 있는데, 니코틴 콜린 수용체에 작용하여 도파민 등과 같은 신경전달물질의 분비를 자극하는 기전을 가지고 있는바, 모든 흡연자들에게 의존증이 발생하지는 않는다 하더라도 대다수에게 의존증을 유발하는 것으로 알려져 있다. (중략) 니코틴은 자연상태의 담뱃잎에도 존재하고 이를 태워 흡연하는 경우 체내에 흡수되며 이러한 흡연방법 또한 피고들에 의해 개발된 것이 아닌 이상, 니코틴이 의존증을 유발할 수 있고, 니코틴 의존증이 금연을 방해하여 발암에 기여한다고 하더라도, 피고들이 제조한 담배의 연기 속에 이러한 니코틴이 존재한다는 사실만으로 피고들이 제조한 담배에 결함이 있다고 보기 어렵다. 또한 니코틴이 모든 흡연자들에게 의존증을 유발한다고 보이지도 않고, 니코틴 의존증이 발병하였다 하더라도 그 의존의 정도나 유발되는 장애 증상 및 그 강도 등에 비추어, 흡연을 시작하는 것뿐만 아니라 흡연을 계속할 것인지, 그만 둘 것인지, 특정한 상황에서 흡연을 할 것인지 여부는 인간의 선택에 의한 행동이라고 평가할 수 없을 정도로 제약된 행위라고 보기 어렵고 자유의지에 따른 선택의 문제라고 봄이 상당하며, 니코틴 의존증이 발생하여 금연이 쉽지 않게 되었다는 점을 들어 흡연이 자유의지가 배제되거나 미약한 상태에서 담배의 결함 즉 니코틴 성분이나 그 의존증에 의해 유발된 행위라고 평가할 수는 없다.

⑤ 설계상의 결함의 존부(부정)

원고들은 피고들이 니코틴이나 타르 등 발암물질을 제거, 감소시킬 수 있는 방법이 존재하고 이를 알고 있었음에도 이러한 설계를 채용하지 않은 결함 있는 담배를 제조하였다고 주장한다. 설계상의 결함은 '합리적인 대체설계를 채용하였더라면 당해 제조물에 의하여 발생될 수 있는 피해나 위험을 줄이거나 피할 수 있었음에도 대체설계를 채용하지 아니하여 제조물이 안전하지 않게 된 경우'를 의미하는바, 피고들이 제조한 담배의 설계상 결함이 인정되기 위해서는, 담배로 인한 폐암 등 발병의 위험을 줄이거나 피할 수 있는 대체설계가 존재하여야 하고, 담배의 특성 및 용도, 담배에 대한 흡연자의 기대의 내용, 예상되는 위험의 내용, 위험에 대한 흡연자의 인식, 흡연자에 의한 위험회피가능성, 대체설계의 가능성 및 경제적 비용, 채택된 설계와 대체설계의 상대적 장단점 등 여러 사정을 종합적으로 고려하여 사회통념에 비추어 판단하여야 한다. 원고들의 위와 같은 주장은 니코틴과 타르가 담배 연기 중에 포함되어 있는 것 자체가 담배라는 제품의 안전성에 영향을 미친다는 것을 전제로 한 것이나, 담뱃잎을 태워 그 연기를 흡입하는 것은 담배의 본질적 특성으로 이는 피고들이 권련 담배를 제조하기 이전부터 사회적으로 통용되고 법적으로 허용되어 있는 점, 니코틴과 타르의 함량에 따라 담배의 맛이 달라지고, 담배소비자들은 다양한 담배들 중에서 자신들이 좋아하는 맛이나 향을 가진 담배를 선택하여 흡연하는 점, 담배의 소비자는 니코틴의 약리효과(즐거움, 쾌락, 안정감 등)를 의도하여 흡연을 하는데 니코틴을 제거하면 이러한 효과를 얻을 수 없는 점 등을 고려하면, 설령 니코틴이나 타르를 완전히 제거할 수 있는 방법이 있다 하더라도, 이를 채용하지 않은 것 자체를 설계상의 결함이라고 볼 수 없다.

⑥ 표시상의 결함의 존부(부정)

폐암 등의 발병과 흡연 사이의 역학적 인과관계는 외국에서 1950년대부터 서서히 연구가 이루어져 1960년 초에 최초로 공식적 보고서 형태로 발표되었으나 그러한 사정만으로 그 무렵 역학적 인과관계가 명백하게 증명되었다고 보기는 어렵고, 망인은 미성년자의 흡연이 법률적·사회적으로 금지되어 있고 흡연이 몸에 해롭다는 인식이 사회 전반에 널리 퍼져 있어 추상적으로나마 흡연의 위해성을 인식하고 있었고, 담배를 유상으로 구입·소비하여 오면서 언론 보도와 법률 규제, 사회적 인식의 변화를 통해 담배 연기를 계속 흡입하는 경우 폐를 포함한 호흡기에 암을 비롯한 각종 질환이 발생될 수 있어 건강에 유해하다는 점도 알고 있었다고 봄이 상당하다. 흡연의 위험성은 이미 잘 알려져 있는 사실이고(헌법재판소 1995. 4. 20. 선고 92헌마264, 279 결정 참조), 망인은 그 위험을 감수하면서 흡연을 계속하여 왔으며, 발암물질과 니코틴이 담배의 원료에 포함되어 있는 점, 망인을 포함한 제조담배의 사용자들은 궐련에 불을 피워 그 연기를 흡입하는 방법으로 담배를 사용해 온 점, 담뱃잎을 종이에 말아 불을 피워 그 연기를 흡입하는 방법의 담배 소비방법은 피고들이 담배를 제조하기 이전부터 행해진 것으로 특별한 설명이 필요하지 않은 점, 망인은 흡연 및 금연행위를 선택할 수 있었음에도 흡연으로 인해 얻는 정신적·신체적 변화를 느끼기 위해 흡연을 지속해 온 것으로 볼 수 있는 점 등에 비추어 원고들이 주장하는 담배의 위험성이 사회적으로 인식하는 담배의 위험성에 비해 비합리적으로 위험한 것이라고 보기 어렵고, 피고들은 경고문 기재와 관한 법 규정을 잘 지켜왔으며, 여러 외국의 담뱃갑 포장지에 기재된 경고문구의 내용 및 그 경고 시점, 피고들이 폐암 등의 발병 혹은 니코틴 의존이 유발되지 않을 수 있는 정확한 흡연량이나 니코틴, 타르 등의 함량을 알고 있었다고 인정할 만한 자료가 없는 점 등에 비추어 법령상 의무 지워진 경고의무 이외에 특별한 사정이 없는 한 담배 제조자들인 피고들이 추가적으로 특정한 경고의무를 부담한다고 할 수 없다.

5.5. 흡연으로 인한 사망에 대하여 담배제조사에 불법행위책임을 추궁한 사례(서울고등법원 2007나18883 판결)

〈사건의 개요〉

　망인이 장기간 피고들이 제조, 판매한 담배를 흡연하였고, 그로 인하여 암이 발생한 후 사망에 이르게 된 것을 이유로 담배제조, 판매회사를 상대로 손해배상을 청구한 사안. 기본적인 사실관계는 서울고등법원 2007나16979 손해배상 사건과 내용에 큰 차이가 없다.

〈적용 법률〉

민법

제750조(불법행위의 내용)

고의 또는 과실로 인한 위법행위로 타인에게 손해를 가한 자는 그 손해를 배상할 책임이 있다.

제760조(공동불법행위자의 책임)

① 수인이 공동의 불법행위로 타인에게 손해를 가한 때에는 연대하여 그 손해를 배상할 책임이 있다.

② 공동 아닌 수인의 행위중 어느 자의 행위가 그 손해를 가한 것인지를 알 수 없는 때에도 전항과 같다.

③ 교사자나 방조자는 공동행위자로 본다.

국민건강증진법

제4조(건강증진계획의 수립등)

① 보건복지부장관은 국민건강의 증진에 관한 기본시책을 수립·시행하여야 한다.

② 특별시장·광역시장·도지사(이하 "시·도지사"라 한다) 및 시장·군수·구청장(자치구의 구청장에 한한다. 이하 같다)은 제1항의 규정에 의한 국민건강의 증진에 관한 기본시책에 따라 지방자치단체의 실정을 감안하여 주민건강의 증진에 관한 세부계획을 수립·시행하여야 한다.

제8조(금연 및 절주운동등) ① 국가 및 지방자치단체는 국민에게 담배의 흡연과 과다한 음주가 국민건강에

해롭다는 것을 교육·홍보하여야 한다.

② 국가 및 지방자치단체는 금연 및 절주에 관한 조사·연구를 하는 법인 또는 단체를 지원할 수 있다.

③ 담배사업법에 의한 담배의 제조자 또는 수입판매업자(이하 "제조자등"이라 한다)는 담배갑포장지 앞·뒷면 및 대통령령이 정하는 광고(판매촉진 활동을 포함한다. 이하 같다)에 흡연이 폐암 등 질병의 원인이 될 수 있다는 내용의 경고문구를 표기하여야 한다.

④ 주세법에 의하여 주류제조의 면허를 받은 자 또는 주류를 수입하여 판매하는 자는 대통령령이 정하는 주류의 판매용 용기에 과다한 음주는 건강에 해롭다는 내용의 경고문구를 표기하여야 한다.

⑤ 삭제

⑥ 제3항 및 제4항의 규정에 의한 경고문구의 표시내용, 방법 등에 관하여 필요한 사항은 보건복지부령으로 정한다.

소비자 보호법

제6조(위해의 방지)

① 국가는 사업자가 제공하는 물품 또는 용역으로 인한 소비자의 생명·신체 및 재산상의 위해를 방지하기 위하여 다음 각호의 사항에 관하여 사업자가 지켜야 할 기준을 정하여야 한다.

　1. 물품 및 용역의 성분·함량·구조등 그 중요한 내용

　2. 물품 및 용역의 사용 또는 이용상의 지시사항이나 경고등 표시할 내용과 방법

　3. 기타 위해를 방지하기 위하여 필요하다고 인정되는 사항

② 중앙행정기관의 장은 제1항의 규정에 의하여 기준을 정하거나 변경한 때에는 이를 고시하여야 한다.

③ 중앙행정기관의 장은 제1항의 기준을 사업자가 준수하는지 여부를 정기적으로 시험·검사 또는 조사하여야 한다.〈개정 1995. 12. 29.〉

④ 재정경제부장관은 각종 위해정보를 수집하기 위하여 필요한 경우 대통령령이 정하는 바에 따라 행정기관, 소비자단체, 병원, 학교등을 위해정보 보고기관으로 지정·운영할 수 있다.

제8조(표시의 기준) ① 국가는 소비자가 물품의 사용이나 용역의 이용에 있어서 표시나 포장등으로 인하여 선택이 잘못되는 일이 없도록 필요한 경우에는 그 주관하는 물품 또는 용역에 대하여 다음 각호의 사항에 관하여 표시기준을 정하여야 한다.〈개정 1995. 12. 29.〉

　1. 상품명·용도·성분·재질·성능·규격·가격·용량·허가번호 및 용역의 내용

　2. 물품을 제조·수입·가공하거나 용역을 제공한 사업자명(住所 및 電話番號를 포함한다) 및 물품의 원산지

　3. 사용방법, 사용 및 보관상의 주의사항 및 경고사항

　4. 제조년월일, 품질보증기간 또는 식품이나 의약품등 유통과정에서 변질되기 쉬운 물품은 그 유효기간

5. 표시의 크기·위치·방법

6. 물품 또는 용역에 대한 불만 및 소비자피해가 있는 경우의 처리기구(住所 및 電話番號를 포함한다) 및 처리방법

② 중앙행정기관의 장은 제1항의 규정에 의하여 표시기준을 정하거나 변경한 때에는 이를 고시하여야 한다.

제11조(소비자에의 정보제공)

① 국가 및 지방자치단체는 소비자의 기본적인 권리가 실현될 수 있도록 소비자보호와 관련된 주요시책 및 주요결정사항을 소비자에게 제공하여야 한다.

② 국가 및 지방자치단체는 소비자가 물품 및 용역을 합리적으로 선택할 수 있도록 하기 위하여 물품 및 용역의 거래조건·거래방법·품질·안전성 및 환경성 등에 관련되는 사업자의 정보가 소비자에게 제공될 수 있도록 필요한 시책을 강구하여야 한다.

〈법원의 판단〉

원고들은 피고들이 제조한 담배에 포함된 니코틴과 발암물질은 피고들의 배타적 지배 영역 하에 있고, 피고들이 담배에 관하여 충분하고도 합리적인 설명, 경고를 하였다면 니코틴 의존증과 폐암 발병을 조기에 막을 수 있었으므로 피고들의 과실이 존재하고 피고들이 이 사건 흡연자들에게 발병한 폐암, 후두암이 담배로 인한 것이 아님을 입증하지 못하는 한 담배에는 안전성을 갖추지 못한 결함이 있고, 이 사건 흡연자들에게 발병한 폐암, 후두암은 이러한 결함으로 인한 것이 추정된다고 주장한다. 원고들은 ① 사고가 제조업자의 배타적 지배 하에 있는 영역에서 발생하였다는 점을 니코틴과 발암물질 즉 담배연기 속의 성분이 제조업자의 배타적 지배 하에 있는 영역에 있다는 점으로, ② 사고가 어떤 자의 과실 없이는 통상 발생하지 않는다는 점을 제조업자의 과실이 없었더라면 폐암 등 발병을 방지할 수 있었다는 점으로 각각 바꾸어 주장하고 있는데, 이 사건에서 제조물책임과 관련된 사고라 함은 이 사건 흡연자들에게 폐암 등이 발병한 것이라고 보아야 함이 명백하므로, 제조물책임의 법리가 적용되어 입증책임이 완화된다 하더라도 원고들이 주장하는 점만

을 입증한다고 하여 제조물책임의 법리상 필요한 입증을 다하였다고 보기 어렵고, 니코틴이나 발암물질의 전구물질 그리고 이러한 물질의 발생 및 인체 내 흡입 과정에 비추어 담배나 담배의 연기에 니코틴과 발암물질이 포함되어 있는 사정이 제조업자인 피고들의 배타적 지배 하에서 발생한 것이라고 보기도 어려우며, 피고들의 과실이 없었더라면 폐암 등의 발생을 방지할 수 있었을 것이라고 보기도 어렵다. 즉각적, 일회적인 사고가 아니라 질병 그 중에서도 증상의 발현에 장기간의 시간이 필요하고 그 원인이 다양한 폐암이나 후두암과 같은 비특이성 질환의 경우 어떤 자의 과실이 없으면 발생하지 아니하였을 것이라는 사정은 상정하기 어려운 바, 이 사건에 있어 제조물책임의 법리 하에서 적용하는 입증책임 완화의 법리는 그대로 적용하기 어려운 측면이 있다. (중략) 피고들이 제조해 온 담배라는 제품 전체에 발암물질을 포함한 신체에 유해한 물질과 일정한 의존증을 유발하는 니코틴이 포함되어 있다는 점, 피고들의 담배 제품이 평균적으로 외국산 담배에 비해 장기간 니코틴, 타르의 함량이 높았다거나 니코틴, 타르를 제거하는 방법에 관한 특허가 출원된 적이 있다는 점, 피고들의 담뱃갑 포장지에 표기한 경고문구가 피고들이 인식하고 있는 구체적 연구 결과를 전부 반영하지 않은 것이라는 점만으로 피고들이 제조해 온 담배에 제조물책임의 법리에서 정한 결함이 있다거나 피고들의 고의나 과실로 결함이 존재하게 되었다고 인정할 만한 증거가 부족하고, 피고들이 고의적으로 담배의 유해성에 관한 정보를 은폐하거나 거짓정보를 제공하거나 발암에 영향을 줄 수 있는 유해한 첨가제를 담배 제조시 추가하여 혹은 피고들이 소비자보호법에 정해진 의무를 위반하여 이 사건 흡연자들이 폐암 등에 걸리고 이로 인해 사망하였다고 인정할 만한 증거가 부족하고 달리 이를 인정할 만한 증거가 없다.

〈해설〉

　서울고등법원 2007나16979 손해배상 사건과 같은 재판부에서 판결을 선고하였고, 판단 내용은 대부분 동일하지만 당사자의 주장이 일부 달라 법원이 해당 주장에 대해 추가로 판

단한 부분이 있다. 즉 근본적으로 위 손해배상 사건과 같은 논리적 전제에 있으나 오랜 기간 동안 소송이 진행되면서 새롭게 파악된 사실이나 논리들이 주장되었는데, 구체적으로 ① 거짓정보 전달 내지 기망행위, ② 담배의 유해성에 관한 정보 은폐, ③ 첨가제 투여 행위의 위법 여부, ④ 니코틴의 조작행위의 위법 여부, ⑤ 국가의 흡연 조장행위의 위법성, ⑥ 소비자보호법에 따른 주의의무 위반을 이유로 한 손해배상의 허용 여부 등에 관한 것이었다. 그러나 다음에서 보듯이 법원은 위 주장들을 모두 받아들이지 않았다.

① 거짓정보 전달 내지 기망행위

원고들은 피고 회사가 담배가 해롭지 않다는 내용의 홍보책자를 만들어 담배소비를 권장하는 캠페인을 하였고, 88라이트, 엑스포 마일드 등의 상품명으로 초저타르, 초저니코틴 담배를 제조·판매하면서 마치 이러한 담배들이 덜 해로운 담배인 것처럼 이 사건 흡연자들을 기망하였다고 주장한다. (중략)한국담배인삼공사의 사장 A가 1989. 7. 21. 사원들을 상대로 특강한 내용이 당시 한국담배인삼공사이던 피고 회사에 의해 1989. 9.경 5만부 가량 책자화된 사실, 이 책자 안에는 흡연과 건강관계는 과학적 근거가 없고, 감정에 치우친 판단은 위험하며 흡연율과 평균수명은 상관없고, 담배는 스트레스 해소 및 정신균형 유지, 인간관계의 촉매제 역할을 하기도 한다는 내용이 포함되어 있는 사실은 인정된다. 그러나 위와 같은 피고 회사의 행위가 불법행위가 된다 하더라도, 원고들이 이러한 행위를 이유로 들어 피고들에게 손해배상을 청구할 수 있기 위하여는 이러한 행위가 이 사건 흡연자들에 대한 것이라거나 이로 인해 이 사건 흡연자들이 손해를 입게 되었어야 할 것인데, 원고들의 이 부분 청구원인에는 이 사건 흡연자들이 위 책자를 배포받았다거나 언론을 통하여 그 내용을 인식하게 되었고, 그로 인해 기존의 흡연 행태가 변화(흡연량 증가)되었다거나 금연의지를 상실 또는 감소시켜 기존 흡연 행태가 계속되었다는 내용이 구체적으로 포함되어 있지도 않을 뿐만 아니라 그러한 내용을 인정할 만한 아무런 증거가 없다. 또한 위 책자의 내용은 피고 회사의 사장이 그 사원들을 상대로 사회적으로 금연분위기가 조성되고 법률적 규제가 확대되어 가는 속에서 애사심을 가지고 근무할 수 있는 풍토를 마련하기 위한 것으로 보이고, 그 배포 범위 또한 직원과 담배판매자들에 제한된 것으로 보이므로, 이를 들어 피고들이 담배의 위해성에 관한 거짓정보를 제공하여 담배소비량을 유지·증대시키기 위한 행위를 하였다고 보기 어렵다. (중략) 저타르, 저니코틴 담배의 흡연이 위해성이나 중독성의 측면에서 일반 담배와 별다른 차이가 없다는 연구 결과도 다수 있으나, 을나 88호증의 기재나 앞서 인정한 사실에 의하더라도 한라산이 오히려 피고 회사가 개발한 초저니코틴·초저타르 담배의 범주에 포함됨을 알 수 있고, 원고 10과 소외 1이 피웠다고 주장하는 담배들과 각 흡연기간 등에 비추어 보면 기망당하여 88라이트를 피웠다거나 88라이트를 흡연함으로 인해 폐암 등의 발병이 촉진 내지 악화되었다고 인정하기 어려우며 달리 이를 인정할 만한 증거도 없다. 오히려 갑 15, 17호증의 각 1, 갑 114호증 내지 164호증 (각 가지번호 포함)의 각 기재에 변론 전체의 취지를 더하여 보면, 피고들은 니코틴이나 타르의 함량이 낮은 담배를 품질이 좋은 담배로 인식하고 외국산 담배보다 높았던 함량을 낮추기 위해 연구와 제품개발을 하여 온 사실, 우리나라뿐만 아니라 외국에서도 저타르, 저니코틴 담배가 건강에 덜 유해하다는 인식이 오랜 기간 유지되어 온 사실, 피고들은 최소한 외국산 담배의 함량과 비슷한 함량의 저타르, 저니코틴 담배를 개발하여 시판할 때까지 저타르나 저니코틴 담배가 흡연자의 건강에 이로울 것으로 예상하고 있었던 사실, 1개비의 담배 연기 속에 포함되는 니코틴, 타르의 양을 감소시키면 같은 조건에서 같은 방법으로 흡연하는 경우 체내에 흡입되는 니코틴, 타르의 양도 감소될 것으로 예상되는 사실, 2002. 1. 26. 개정되어 2003. 1. 1.부터 시행된 개정 담배사업법에 의해 담배 1개비의 연기 중에 포함된 주요 성분과 그 함유량을 담배의 갑포장지에 표시하여야 할 의무를 부담하게 되었고, 같은 법 시행령에 따라 국제표준화기구(ISO)가 정한 담배연기성분 시험방법에 따른 측정된 타르 및 니코틴의 함유량을 담뱃갑 포장지에 표기하여야 했고, 피고 회사가 이러한 기준에 따르고 있는 사실을 인정할 수 있다. 따라서, 원고들의 위 주장은 더 나아가 살펴볼 필요 없이 이유 없다.

② 담배의 유해성에 관한 정보 은폐

피고들은 그 산하에 담배 관련 연구소를 설립·운영하여 오면서, 자체 연구와 외국 연구 결과의 입수를 통해 담배의 발암성, 유해성, 니코틴 중독성을 잘 알고 있으면서도 이를 은폐하여 이 사건 흡연자들의 폐암 등 발병이 촉진 내지 악화되었다는 취지로 주장한다. 담배와 관련된 연구기관으로, 1945년 미 군정청 내에 전매연구소가 설치되었고, 피고 대한민국이 1953년에 전매청 산하에 전매기술연구소를 설립·운영하였는데, 1961. 3. 그 명칭이 중앙전매기술연구소로 변경된 사실, 1978. 3. 중앙전매기술연구소에서 재단법인 한국연초연구소가 분리되었다가 1981. 1. 과학기술처 산하 재단법인 한국인삼연초연구소로 다시 통합되었고, 1992. 3. 주무부처가 재무부로 변경된 후 1993. 7. 재단법인 한국인삼연초연구원으로 명칭이 변경된 사실, 재단법인 한국인삼연초연구원은 2002. 2. 해산되었고, 피고 회사가 2002. 3. 중앙연구원 담배과학연구소를 설립한 사실은 당사자 사이에 다툼이 없거나 제1심 법원의 재정경제부장관, 한국인삼연초연구원장에 대한 각 사실조회 결과에 의해 인정되고, 갑 114호증 내지 갑 164호증(각 가지번호 포함)의 각 기재에 변론 전체의 취지를 더하여 보면, 이 사건 흡연자들이 흡연한 기간 동안 위 담배 관련 연구소에서 담배 연기 속에 발암물질인 비소, 페놀, 벤조피렌, PAHs, 포름알데히드 등이 존재하고, 1980년대 말까지 국산 담배의 연기 속에 포함된 니코틴, 타르의 양이 외국산 담배의 그것들에 비해 그 함량이 높았던 사실과 담배가 폐암 등을 유발할 수 있다는 외국의 연구결과를 인식하고 있었다는 사실이 인정된다. 피고들이 담배의 위해성에 관한 정보를 공개하지 아니한 행위가 불법행위가 되기 위하여는 1999년 이전에 피고들이 제조한 담배의 위해성에 관한 연구결과를, 이 사건 흡연자들에게 직접적으로 공개할 의무를 부담하여야 할 것인데, 피고들이 제조한 담배에 소비자들이 이전부터 사용해 오던 담배나 다른 제조자들이 만든 담배와 다른 특별한 위해성이 있다는 정보를 얻게 되었다거나 위해성을 높일 수 있는 행위를 하였음에도 이를 고지하지 아니한 경우가 아닌 한, 성분분석이나 동물실험 또는 외국의 문헌을 통해 알게 된 구체적 정보를 모두 공개할 의무를 부담한다고 보기 어렵다. 그런데 피고들이 제조한 담배에 이전부터 국내에서 소비되어 온 담배와 다른 특별한 위해성(발암물질의 종류나 양, 유해 가능성, 니코틴 중독성 등의 측면에서)이 있다거나 피고들이 이러한 위해성을 증대시키는 행위를 하였다는 사실을 인정할 만한 증거가 없다. 또한 피고들이 제조한 담배와 관련된 위해성에 관하여 사회 일반의 인식을 월등히 넘어선 지식이나 정보를 명확히 인식하고 있었음에도 이를 은폐하였다는 사실, 정보의 비공개로 인해 이 사건 흡연자들의 발병이 촉진 내지 악화되었다는 사실을 인정하기 어렵고 달리 이를 인정할 만한 증거도 없다.

③ 첨가제 투여 행위의 위법 여부

원고들은 피고들이 담배의 맛과 향을 좋게 하고 니코틴의 흡수 정도, 흡연량을 늘리기 위하여 다양한 첨가제를 첨가하고, 피고들이 담뱃잎 혼합물 구성을 조작하고, 필터 등 권련의 일부분에 니코틴을 첨가하며 필터에 구멍을 뚫고 기관지 확장효과가 있는 첨가제를 사용하는 등의 방법으로 이 사건 흡연자들을 포함한 흡연자들을 중독시키거나 중독상태를 유지할 수 있는 적정량의 니코틴을 유지하였고, 이로 인해 이 사건 흡연자들의 폐암 등이 촉진 내지 악화되었다는 취지로 주장한다. 피고 회사가 담배를 제조함에 있어 2005. 7. 기준으로, 글리세롤, PEG, 감초, 전화당 등 242종의 첨가제를 사용하고 있으며, 이 사건 흡연자들이 흡연할 무렵에도 유사한 첨가제를 담배제조시 사용해 온 사실은 피고 회사가 인정하고 있다. 원고들은 피고들이 니코틴의 흡수율을 높이기 위해 담배연기의 PH 농도를 조작하려고 암모늄 화합물을 담배 제조에 사용하여 왔다고 주장하나, 이를 인정할 만한 증거가 없다. (중략) 암모니아, 피리딘, 메탈아민, 다이메틸아민, 히드라진, 포름산, 초산 등 많은 성분들이 담뱃잎에도 포함되어 있는 점, 향료를 포함한 첨가제가 있는 담배가 첨가제가 없는 담배보다 더 위험하다거나 담배의 흡연행태나 흡연량, 흡입량에 차이를 유발한다고 인정하기 어렵고 담배에 일반적으로 사용되는 첨가제들을 혼합하여 그 상호작용을 평가해 보아도 담배연기의 독성이 증가되지 않는 점, 하루에 흡연 가능한 권련의 개수로는 코코아에 함유된 테오브로민 성분이 기관지 확장제로 영향을 미칠 수 없는 점, 원고들이 기관지 확장제로 예시한 CYP2A6는 생체 내에 존재하는 이물질 대사 효소로 담배에 첨가된 양으로 기관지 확장의 효과가 발생하지 아니하는 점, 미국의 연구 결과에 의하면 담배에 첨가되는 대부분의 성분은 동물실험 결과 역효과가 관찰되지 않았고 유해하지 않은 것으로 보고된 점, 첨가제로 사용된 성분 중 주류연(main-stream)으로 이행하는 비율은 통상적으로 15% 정도로 알려져 있는 점, 설탕 등 당류의 첨가로 인해 무첨가 담배에 비해 연기 중 아세트알데히드 함량에 유의미한 차이가 발견되지 않은 점, 조연제 성분(예, KNO₃)은 니코틴, 타르의 양을 감소시키는 방법이기도 한 점, 피고들 산하에서 운영된 위 담배 관련 연구기관에서 주로 한 첨가제 연구는 담배 연기 중 유해물질의 제거나 감소를 위해서도 이루어져 온 점, 섬모독성을 줄이기 위해서 국산 버어리엽과 글리세롤의 첨가량을 줄이고 가능한 한 수분함량을 증가시키며 점액분비 촉진작용이 있는 향료를 사용하는 것이 바람직하다는 연구 결과도 있는 점, 담배 첨가제로 알려진 성분의 약 98%는 식품첨가제로 승인된 것이거나 일반적으로 안전하다고 알려진 GRAS목록이나 FEMA목록에 포함되어 있는 물질인 점 등에 비추어, 피고 회사가 사용해 오고 있다고 인정한 첨가제 이외에 다른 유해한 첨가제를 피고들이 사용해 왔고 피고들이 이러한 첨가제를 사용함으로 인해 니코틴의 체내 흡수율, 중독성이 높아지고 흡연량이 늘어난다거나 피고들이 이러한 목적 하에 첨가제를 사용해 왔으며, 이로 인해 이 사건 흡연자들의 폐암 등이 촉진 내지 악화되었다고 인정하기에 부족하고 달리 이를 인정할 만한 증거가 없다.

④ 니코틴의 조작행위의 위법 여부

피고 회사가 1998년에 아랍에미리트 정부의 연기 성분 함량 규제(타르 8, 니코틴 1.5mg/cig. 이하)에 따라 수출용 담배 제품의 규격을 조정하고자 한 사실이 인정되나, 1998년경 아랍에미리트에는 파인(PINE)이 가장 많이 수출되고 있었는데 이 담배의 함량은 타르 13mg, 니코틴 0.7mg로 타르의 함량이 아랍에미리트 정부의 규제 함량보다 더 높았고, 당시 국산 담배의 타르 함량은 2mg에서 12mg으로 다양했던 사실, 담뱃잎의 혼합비율, 담배와 필터의 길이, 담배의 연소율, 필터의 효능 증진, 담배의 밀도 조절 등을 통해 피고들이 담배 연기 속에 포함될 니코틴과 타르의 양을 조절할 수 있는 사실이 인정되고, 피고들이 수십 년간 타르, 니코틴 함량이 다른 여러 종류의 담배를 제조해 왔으며, 이 사건 흡연자들이 이 중 일부를 흡연해온 사실은 당사자 사이에 다툼이 없는바, 위와 같이 피고 회사가 니코틴 함량을 변화시켜 수출용 제품의 규격을 조정할 수 있었다는 사정만으로 피고들이 니코틴을 마음대로 조작할 수 있었다고 단정하기 어렵다. (중략) 오히려, 피고들이 지속적으로 니코틴, 타르의 함량을 줄여오면서 다양한 니코틴, 타르 함량과 그리고 여러 가지의 니코틴, 타르, 일산화탄소, 당류 사이의 비율을 가진 여러 종류의 담배를 제조해 온 사실이 인정되는바, 피고들의 이러한 행위는 기술적으로 가능한 범위 내에서, 담배맛을 조절하여 다양한 담배 소비층의 욕구를 충족시키기 위한 것으로 봄이 타당하고, 피고들이 권련을 제조해 온 이후 담배 연기 속에 포함된 니코틴과 타르의 양은 지속적으로 감소되어온 사실 또한 인정되는바, 다양한 니코틴·타르 함량의 담배를 제조하는 행위 자체는 불법행위에 해당한다고 보기 어렵다.

⑤ 국가의 흡연 조장행위의 위법성

원고들은 피고 대한민국이 군인들에게 담배를 지급하고 면세담배를 판매하고, 국산담배장려정책을 폄으로써 이 사건 흡연자들의 흡연을 조장하였다고 주장한다. A는 군에 입대하여 처음 흡연을 하게 되었고 일부 이 사건 흡연자들의 흡연기간이 군복무 기간에 겹치는 사실은 앞서 본 바와 같고, 피고 대한민국이 군인들의 사기진작을 위하여 흡연을 원하는 군인들에게 1980년대 초반까지 담배를 지급한 사실이 인정되나, 그러한 사정만으로 피고 대한민국이 소외 1을 포함한 이 사건 흡연자들에게 흡연을 강요 혹은 권장하였다거나 이로 인해 이 사건 흡연자들의 폐암 등이 발병하였다고 단정하기 어렵고 달리 이를 인정할 만한 증거가 없다. 또한 원고들의 주장만으로는 피고 대한민국이 언제부터 국산담배의 소비를 장려하는 등 불법행위를 하였다고 주장하는지 명확하지 않으나, 피고들이 외국산 담배의 수입이 허용된 이후 혹은 그 전부터 국산담배의 소비를 장려하였다 하더라도, 이는 비흡연자에게 흡연을 권장한 것으로 보기 어렵고 재정이나 잎담배 경작농민들을 위하여 담배 구입시 외국산 담배보다는 국산 담배의 구입을 고려해 달라는 취지에 불과하므로 이로 인해 이 사건 흡연자들의 흡연을 유발하였다거나 촉진하였다고 보기 어렵다.

⑥ 소비자보호법에 따른 주의의무 위반을 이유로 한 손해배상의 허용 여부

소비자보호법은 1980. 1. 4. 제정되었는데, 1982. 9. 13. 제정된 같은 법 시행령 부칙 제2조는 시행령 시행일로부터 소비자보호법을 시행한다고 정하고 있으며, 이 법은 제2조 제1항에서 '국가는 소비자의 생명 및 신체에 대한 안전과 경제적 권익을 보호하고 소비생활의 합리화를 기할 수 있도록 필요한 시책을 수립하여 실시하여야 한다', 제6조에서 '국가는 물품의 품질개선 및 소비생활의 합리화를 기하기 위하여 물품 및 용역의 규격을 정하고 이를 보급하기 위한 시책을 강구하여야 한다', 제12조, 제13조에서 '주무부장관은 그 주관하는 물품 및 용역의 내용 또는 사용방법에 따른 소비자의 위해를 방지하기 위하여 물품의 성분·함량·구조 등 물품의 내용, 사용상의 지시사항이나 경고 등 표시할 내용과 표시의 방법, 기타 위해를 방지하기 위하여 필요하다고 인정하는 사항에 관하여 사업자가 지켜야 할 기준을 정할 수 있고, 사업자는 이에 위반되는 물품을 제조 또는 판매하여서는 아니 된다'고 규정하고 있다. 원고들은 위와 같은 소비자보호법의 규정에 의해 피고들이 앞서 본 바와 같은 11가지의 의무를 부담한다 할 것인데 피고들이 이러한 의무를 제대로 이행하지 아니하였다고 주장하나, 위와 같은 규정은 국가가 소비자의 기본권익보호와 소비생활의 향상 및 합리화를 위하여 물품 및 용역에 관해 필요한 기준을 정하여야 한다는 추상적 의무를 규정하고 이에 대한 강제력을 부여하기 위한 조항으로서, 위 법의 규정들에 의해 피고들에게 원고들이 주장하는 것과 같은 구체적인 의무가 발생하였다거나 이 사건 흡연자들에게 그러한 의무이행을 요구할 수 있는 구체적인 권리가 발생하게 되었다고 인정하기 어렵다.

5.6. 국민건강보험공단이 담배제조회사를 상대로 의료보험 급여 부담을 발생시켰다는 이유로 손해배상을 청구한 사안(서울중앙지법 2014가합525054)

〈사건의 개요〉

담배제조회사인 A회사 등이 수입·제조·판매한 담배를 20갑년 이상 흡연한 B 등이 폐암 및 후두암 등의 진단을 받게 되자, B 등에게 보험급여 비용을 지출한 국민건강보험공단이 A회사 등을 상대로 그 지출 비용 상당의 손해배상을 구한 사안(흡연으로 인한 발병사례로 인하여 재정적 부담이 발생하게 된 제3자인 국민건강보험공단이 피해자인 흡연자를 대리하는 것이 아닌 직접 공단에 손해가 발생하였다는 이유로 손해배상청구를 한 사안이다)

〈적용 법률〉

민법
제750조(불법행위의 내용) 고의 또는 과실로 인한 위법행위로 타인에게 손해를 가한 자는 그 손해를 배상할 책임이 있다.

국민건강보험법
제13조(보험자) 건강보험의 보험자는 국민건강보험공단(이하 "공단"이라 한다)으로 한다.

제14조(업무 등)
① 공단은 다음 각 호의 업무를 관장한다.
　5. 보험급여 비용의 지급

제58조(구상권) ① 공단은 제3자의 행위로 보험급여사유가 생겨 가입자 또는 피부양자에게 보험급여를 한 경우에는 그 급여에 들어간 비용 한도에서 그 제3자에게 손해배상을 청구할 권리를 얻는다.
② 제1항에 따라 보험급여를 받은 사람이 제3자로부터 이미 손해배상을 받은 경우에는 공단은 그 배상액 한도에서 보험급여를 하지 아니한다.

제69조(보험료)

① 공단은 건강보험사업에 드는 비용에 충당하기 위하여 제77조에 따른 보험료의 납부의무자로부터 보험료를 징수한다.

② 제1항에 따른 보험료는 가입자의 자격을 취득한 날이 속하는 달의 다음 달부터 가입자의 자격을 잃은 날의 전날이 속하는 달까지 징수한다. 다만, 가입자의 자격을 매월 1일에 취득한 경우 또는 제5조 제1항 제2호 가목에 따른 건강보험 적용 신청으로 가입자의 자격을 취득하는 경우에는 그 달부터 징수한다.

③ 제1항 및 제2항에 따라 보험료를 징수할 때 가입자의 자격이 변동된 경우에는 변동된 날이 속하는 달의 보험료는 변동되기 전의 자격을 기준으로 징수한다. 다만, 가입자의 자격이 매월 1일에 변동된 경우에는 변동된 자격을 기준으로 징수한다.

④ 직장가입자의 월별 보험료액은 다음 각 호에 따라 산정한 금액으로 한다.

  1. 보수월액보험료: 제70조에 따라 산정한 보수월액에 제73조 제1항 또는 제2항에 따른 보험료율을 곱하여 얻은 금액

  2. 소득월액보험료: 제71조에 따라 산정한 소득월액에 제73조 제1항 또는 제2항에 따른 보험료율을 곱하여 얻은 금액

⑤ 지역가입자의 월별 보험료액은 세대 단위로 산정하되, 지역가입자가 속한 세대의 월별 보험료액은 제72조에 따라 산정한 보험료부과점수에 제73조 제3항에 따른 보험료부과점수당 금액을 곱한 금액으로 한다.

⑥ 제4항 및 제5항에 따른 월별 보험료액은 가입자의 보험료 평균액의 일정비율에 해당하는 금액을 고려하여 대통령령으로 정하는 기준에 따라 상한 및 하한을 정한다.

제77조(보험료 납부의무)

① 직장가입자의 보험료는 다음 각 호의 구분에 따라 그 각 호에서 정한 자가 납부한다.

  1. 보수월액보험료: 사용자. 이 경우 사업장의 사용자가 2명 이상인 때에는 그 사업장의 사용자는 해당 직장가입자의 보험료를 연대하여 납부한다.

  2. 소득월액보험료: 직장가입자

② 지역가입자의 보험료는 그 가입자가 속한 세대의 지역가입자 전원이 연대하여 납부한다. 다만, 소득 및 재산이 없는 미성년자와 소득 및 재산 등을 고려하여 대통령령으로 정하는 기준에 해당하는 미성년자는 납부의무를 부담하지 아니한다.

③ 사용자는 보수월액보험료 중 직장가입자가 부담하여야 하는 그 달의 보험료액을 그 보수에서 공제하여 납부하여야 한다. 이 경우 직장가입자에게 공제액을 알려야 한다.

제81조(보험료등의 독촉 및 체납처분) ① 공단은 제57조, 제77조, 제77조의2, 제78조의2 및 제101조에 따라 보험료등을 내야 하는 자가 보험료등을 내지 아니하면 기한을 정하여 독촉할 수 있다. 이 경우 직장가입자의 사용자가 2명 이상인 경우 또는 지역가입자의 세대가 2명 이상으로 구성된 경우에는 그 중 1명에게 한 독촉은 해당 사업장의 다른 사용자 또는 세대 구성원인 다른 지역가입자 모두에게 효력이 있는 것으로 본다.

② 제1항에 따라 독촉할 때에는 10일 이상 15일 이내의 납부기한을 정하여 독촉장을 발부하여야 한다.

③ 공단은 제1항에 따른 독촉을 받은 자가 그 납부기한까지 보험료등을 내지 아니하면 보건복지부장관의 승인을 받아 국세 체납처분의 예에 따라 이를 징수할 수 있다.

④ 공단은 제3항에 따라 체납처분을 하기 전에 보험료등의 체납 내역, 압류 가능한 재산의 종류, 압류 예정 사실 및 「국세징수법」 제31조 제14호에 따른 소액금융재산에 대한 압류금지 사실 등이 포함된 통보서를 발송하여야 한다. 다만, 법인 해산 등 긴급히 체납처분을 할 필요가 있는 경우로서 대통령령으로 정하는 경우에는 그러하지 아니하다.

⑤ 공단은 제3항에 따른 국세 체납처분의 예에 따라 압류한 재산의 공매에 대하여 전문지식이 필요하거나 그 밖에 특수한 사정으로 직접 공매하는 것이 적당하지 아니하다고 인정하는 경우에는 「한국자산관리공사 설립 등에 관한 법률」에 따라 설립된 한국자산관리공사(이하 "한국자산관리공사"라 한다)에 공매를 대행하게 할 수 있다. 이 경우 공매는 공단이 한 것으로 본다.

⑥ 공단은 제5항에 따라 한국자산관리공사가 공매를 대행하면 보건복지부령으로 정하는 바에 따라 수수료를 지급할 수 있다.

제108조(보험재정에 대한 정부지원) ① 국가는 매년 예산의 범위에서 해당 연도 보험료 예상 수입액의 100분의 14에 상당하는 금액을 국고에서 공단에 지원한다.

② 공단은 「국민건강증진법」에서 정하는 바에 따라 같은 법에 따른 국민건강증진기금에서 자금을 지원받을 수 있다.

④ 공단은 제2항에 따라 지원된 재원을 다음 각 호의 사업에 사용한다.

　1. 건강검진 등 건강증진에 관한 사업

　2. 가입자와 피부양자의 흡연으로 인한 질병에 대한 보험급여

　3. 가입자와 피부양자 중 65세 이상 노인에 대한 보험급여

상법
제682조(제3자에 대한 보험대위)

① 손해가 제3자의 행위로 인하여 발생한 경우에 보험금을 지급한 보험자는 그 지급한 금액의 한도에서 그

제3자에 대한 보험계약자 또는 피보험자의 권리를 취득한다. 다만, 보험자가 보상할 보험금의 일부를 지급한 경우에는 피보험자의 권리를 침해하지 아니하는 범위에서 그 권리를 행사할 수 있다.

〈법원의 판단〉

불법행위에 따른 손해배상책임이 성립하기 위하여는 피해자에게 '손해'가 현실적으로 발생할 것이 요구될 뿐만 아니라, 가해자의 위법행위와 손해 발생 사이에 인과관계가 인정되어야 한다. 여기서의 '손해'란 피해자가 누리고 있던 보호법익에 대한 침해를 의미하는데, 어떤 행위로 말미암아 피해자의 재산이 감소하거나 피해자에게 재산상 불이익이 발생한 것만으로는 불법행위책임을 구성하는 손해가 발생하였다고 볼 수는 없고, 재산의 감소 또는 재산상 불이익이 계약 또는 법령 등 법질서에 의하여 정당화될 수 없는 경우에 한하여 불법행위책임을 구성하는 손해에 해당한다고 볼 것이다. 따라서 피해자가 계약 또는 법령 등에 의하여 어떠한 재산의 감소 또는 재산상 불이익을 감수하여야 하는 경우에는 그 재산의 감소 또는 재산상 불이익을 손해라고 볼 수 없다. 나아가 피해자에게 재산의 감소 또는 재산상 불이익이 발생하였다고 하더라도 그것이 가해자의 위법행위로 인하여 발생한 것이 아니라 제3의 원인관계에 기하여 발생된 것에 불과하다면 위법행위와 손해 발생 사이에 인과관계가 인정된다고 볼 수도 없다. 위 법리에 비추어 이 사건에 관하여 본다. 원고는 보건복지부장관이 맡아 주관하는 건강보험의 보험자로서(국민건강보험법 제13조), 가입자 또는 피부양자의 질병, 부상, 출산 등에 대하여 의료서비스나 요양이 제공되는 보험사고가 발생하면 보험급여 비용을 지급할 법률상 의무를 부담하는 자이다(국민건강보험법 제14조 제1항 제5호). 나아가 원고는 건강보험사업에 드는 비용에 충당하기 위하여 보험료의 납부의무자로부터 보험료를 징수하고(국민건강보험법 제77조, 제69조), 가입자가 보험료를 내지 않는 경우에는 그 지급을 독촉하고 국세 체납처분의 예에 따라 징수할 수도 있으며(국민건강보험법 제81조), 국가는 매년 예산의 범위에서 해당 연도의 보험료 예상 수입액의 100분의 14에 상당하는 금액을 국고에서 원고에게 지원한다(국민건강보험법 제108조 제1항). 또한 원고는 국민건강증진법에서 정하는 바에 따라 국민건강 증진기금에서 자금을 지원받을 수 있으며, 이것은 가입자 또는 피부양자의 흡연으로 인한 질병에 대한 보험급여 등에 사용한다(국민건강보험법 제108조 제2항, 제4항). 위와 같은 국민건강보험법의 제반 규정에 비추어 볼 때, 원고가 요양기관에 보험급여 비용을 지출하는 것은 국민건강보험법이 예정하고 있는 바에 따라 보험자로서의 의무를 이행하는 것이자 국민건강보험법에 따라 징수하거나 지원받은 자금을 집행하는 것에 불과하다. 따라서 원고가 보험급여 비용을 지출하여 재산의 감소 또는 재산상 불이익을 입었다고 하더라도, 그것은 원고의 설립 당시부터 국민건강보험법이 예정하고 있는 사항으로서 원고가 감수하여야 하는 불이익에 해당한다고 봄이 상당하고, 이와 달리 원고에게 어떠한 법익침해가 발생하였다고 보기 어렵다. 또한 원고의 이러한 보험급여 비용의 지출은 피고들의 위법행위로 인하여 발생하였다기보다는 '국민건강보험 가입에 따른 보험관계'에 따라 지출된 것에 불과하므로, 피고들의 행위와 보험급여 비용 지출 사이에 상당인과관계가 인정된다고 보기도 어렵다.

〈해설〉

  국민건강보험이 담배제조회사 등의 담배판매로 인해 흡연을 하게 된 국민들에게 암이 발생하여 보험급여를 하게 된 것을 이유로 담배제조회사 등을 상대로 손해배상을 청구할 수는 없다고 판단한 사안이다. 원칙적으로 불법행위에 따른 손해배상책임이 성립하기 위하여는 피해자에게 '손해'가 현실적으로 발생할 것이 요구될 뿐만 아니라, 가해자의 위법행위와 손해 발생 사이에 인과관계가 인정되어야 하고 여기서의 '손해'란 피해자가 누리고 있던 보호법익에 대한 침해가 인정되어야 한다. 그런데 국민건강보험공단은 그 설립 목적이 국민건강보험법에 따른 보험급여 의무가 있다는 점에서 법령상 의무를 이행하게 된 것을 손해로 볼 수 있느냐는 문제가 있다. 즉 계약 또는 법령 등에 의하여 어떠한 재산의 감소 또는 재산상 불이익을 감수하여야 하는 경우에 그 재산의 감소 또는 재산상 불이익을 손해

라고 볼 수 없다는 문제가 있다는 것이다. 미국의 경우 담배회사로 인해 주정부의 지출 증가라는 손해를 입었다는 이유로 소송이 제기되고 당사자 간 합의에 이르렀던 점을 고려한다면, 법원의 이러한 판단이 타당한 것인지 의문이 있을 수 있다. 그런데 이 사건에서 보다 더 근본적인 문제는 흡연으로 인한 사망 피해자들이 제기한 손해배상소송에서 흡연과 암 발생의 인과관계를 부정한 선례에서 알 수 있는 것처럼 애당초 담배회사에게 건강, 생명침해로 인한 손해배상의무를 인정하지 않고 있다는 점이다.

5.7. 특수용담배를 제공받은 소매인의 담배사업법 위반으로 인한 보험회사의 책임에 관한 사례(서울중앙지방법원 2016가단5033236)

〈사건의 개요〉

원고는 주한 외국군으로부터 특수용담배 판매사업권을 받고 ㈜F로부터 담배를 공급받아 판매하는 업체이고, A 등은 원고로부터 특수용담배의 소매인으로 지정되어 특수용담배 공급계약을 체결하고 원고로부터 이를 공급받아 소비자들에게 판매한 사람들이다. 원고와 A 등은 2013. 5.경 특수용담배 공급계약('이 사건 공급계약')을 체결하였고, 다시 A 등은 2014. 5.경 피고와 사이에, 이 사건 공급계약에 따른 손해배상금 지급보증하는 취지의 이행보증보험계약('이 사건 보증보험계약')을 체결하였다. 한편 이 사건 보증보험계약에 적용되는 보통약관에는 "피보험자 또는 이들의 법정대리인의 책임이 있는 사유를 원인으로 하여 생긴 손해는 보상하지 않는다"는 규정이 있었다. 그런데 A 등은 담배소매업을 영위하면서도 소매인 지정을 받지 않고, 면세담배를 취급하여 담배사업법 위반죄로 기소되었고 제1심법원에서 유죄가 인정되었다(항소심에서는 제1심이 번복되어 A 등에게 무죄가 선고되어 확정되었다). 원고는 A 등의 담배사업법 등 관련 법령위반 등으로 손해를 입게 되었다며 보험자인 피고에게 이 사건 보증보험계약상의 보험금을 청구한 사안이다.

〈적용 법률〉

담배사업법

제12조(담배의 판매)
② 소매인이 아닌 자는 담배를 소비자에게 판매해서는 아니 된다.

제19조(특수용 담배)
① 제조업자는 대통령령으로 정하는 특수용 담배를 제조·판매할 수 있다.

② 제1항에 따른 특수용 담배는 그 용도 외의 목적으로 판매해서는 아니 된다.

제27조의2(벌칙)

② 다음 각 호의 어느 하나에 해당하는 자는 6개월 이하의 징역 또는 500만원 이하의 벌금에 처한다.

　1. 제12조 제2항을 위반하여 소매인 지정을 받지 아니하고 소비자에게 담배를 판매한 자

제28조(과태료)

① 다음 각 호의 어느 하나에 해당하는 자에게는 200만 원 이하의 과태료를 부과한다.

담배사업법 시행령

제7조(특수용담배)

① 법 제19조 제1항의 규정에 의한 특수용담배는 다음과 같다.

　8. 주한 외국군의 관할구역 안에서 판매하는 담배

〈법원의 판단〉

　위 인정사실에 의하면, 피고는 참가인들이 이 사건 공급계약에서 정한 채무, 즉 담배사업법 등 관련 법령 및 계약 내용을 준수할 의무를 위반한 경우에 원고가 입게 된 손해에 대하여, 그 손해액을 이 사건 공급계약서 제13조 제1항에서 정한 손해배상예정액으로 정하여 그 지급을 보증한 것으로 인정할 수 있다. 채무불이행으로 인한 손해배상액의 예정이 있는 경우에는 채권자는 채무불이행사실만 증명하면 손해의 발생 및 그 액수를 증명하지 아니하고 예정 배상액을 청구할 수 있다(대법원 2000. 12. 8. 선고 2000다50350 판결 참조). 이 사건에서 참가인들이 특수용담배를 일반인들에게 판매한 점에 대해서는 다툼이 없거나 앞서 본 인정사실과 같은데, 담배사업법 제19조 제2항은 "특수용 담배는 그 용도 외의 목적으로 판매해서는 아니 된다."고 규정하고 있고, 위 조항 위반행위에 대하여 같은 법 제28조에서 200만 원 이하의 과태료 부과대상으로 제재하고 있다가, 법률 제14042호로 개정되어 1년 이하의 징역 또는 1천만 원 이하의 벌금에 처하는 처벌규정을 두고 있는바,

위 조항이 판매 주체를 특정하고 있지 아니한 점에서 참가인들의 위와 같은 행위는 담배사업법 제19조 제2항을 위반한 것으로 인정할 수 있고, 아울러 유통질서 확립을 현저하게 저해하는 행위로서 이 사건 공급계약 내용 위반에도 해당하는 행위라고 할 것이다. 이에 대해 피고는 원고가 손해액을 증명하지 못하였으므로 보험금 지급이 부당하다는 취지로 주장하나, 피고가 손해배상예정금에 대한 지급을 보증한 이상, 채무불이행 사실 이외에 손해의 발생이나 그 액수의 증명은 필요하지 않다고 할 것이므로, 피고의 주장은 이유 없다. (중략) 참가인들이 이 사건 특수용담배를 일반인에게 판매한 것은, 원고가 과도한 물량을 밀어내기식으로 판매지정인들에게 떠넘긴 것이 원인이 되었으므로, 이 사건 보증보험계약에 적용되는 보통약관 제8조 제1호(피보험자 또는 이들의 법정대리인의 책임이 있는 사유를 원인으로 하여 생긴 손해는 보상하지 않는다)에 따라, 피고는 면책되어야 한다고 주장한다. 참가인 E, C은 2014. 중순경 수사기관에서 수사를 받을 때나 그 후 형사 재판을 받으면서 원고가 정상적으로 판매할 수 있는 양을 초과하여 특수용담배를 공급하는 바람에 일반인들에게 판매할 수밖에 없었고, 원고가 참가인들이 규정을 어기며 팔고 있는 것을 알면서도 수익창출을 위하여 '밖으로 사고만 안 나게 팔아라'는 식으로 들리게끔 판매를 독려하여 왔다는 취지로 주장한 사실, 원고의 대표이사 G도 판매지정인들의 일반인에 대한 판매행위를 알면서도 특수용담배를 공급하는 방법으로 범행을 용이하게 방조하였다는 혐의로 수사기관에서 조사를 받은 사실이 인정되나, 원고 대표이사 G이 2014. 10. 29. 위와 같은 담배사업법방조 혐의에 대해 증거불충분의 무혐의처분을 받은 사실, 참가인 E이 수사기관의 조사 후인 2014. 12.경 원고에게 수사기관에서 한 발언 등에 대해 사과하는 취지로 편지를 보낸 사실, 원고가 2010.경 및 2012.경 참가인 E에게 판매규정 위반으로 공급량 축소조정, 공급중단, 계약해지 등의 경고 등을 한 적이 있는 사실, 원고가 2013년경 주한외국군용 면세담배 판매에 따른 종사자의 범위를 ㈜F에 질의하여 '일시적으로 부대를 출입하는 자를 제외한, 기간을 정한 한시적, 계속적 종사자에 대해서는 모든 주한 외국군의 종사자들로 포함하여 주한외국군용 담배를 구입할 수 있다고 봄이 타당하다'는 회신을 받고 이를 참조한 사실, 특수용담배 공급량을 정할 때 우선적으로 각 판매지정인들로부터 필요한 수량을 기재한 신청서를 받는 사실을 인정할 수 있고, 그밖에 이 사건에서 원고가 판매지정인에게 공급한 특수용담배 물량이 주한 외국군의 종사자들에게 판매할 수 있는 범위를 초과한다는 점에 대한 객관적인 자료도 찾기 어려운 점 등을 종합하면, 참가인들이 특수용담배를 일반인들에게 판매하였다는 내용의 이 사건 공급계약상 채무불이행이 참가인들의 주된 고의, 과실이 아닌 원고의 귀책사유를 원인으로 하여 발생한 것이라고 단정하기 어렵다. 따라서 참가인들의 면책 주장은 받아들이지 아니한다.

〈해설〉

피고는 A 등이 이 사건 공급계약에서 정한 채무, 즉 담배사업법 등 관련 법령 및 계약 내용을 준수할 의무를 위반한 경우에 원고가 입게 된 손해에 대하여, 그 손해액을 이 사건 공급계약서 제13조 제1항에서 정한 손해배상예정액으로 정하여 그 지급을 보증하였다. 그리고 채무불이행으로 인한 손해배상액의 예정이 있는 경우에는 채권자는 채무불이행사실만 증명하면 손해의 발생 및 그 액수를 증명하지 아니하고 예정 배상액을 청구할 수 있는데, A 등이 담배사업법에 다른 소매인 지정을 받지 않고 면세담배를 판매한 것은 그 행위 당시 형사처벌의 대상이 되는 담배사업법 위반행위에는 해당하지 않았으나 담배사업법 제19조 제2항은 "특수용 담배는 그 용도 외의 목적으로 판매해서는 아니 된다."고 규정하고 있고, 위 조항 위반행위에 대하여 같은 법 제28조에서 200만 원 이하의 과태료 부과대상으로 제재하고 있다가, 법률 제14042호로 개정되어 1년 이하의 징역 또는 1천만 원 이하의 벌금에 처하는 처벌규정을 두고 있어 개정된 담배사업법 제19조 제2항을 위반한 행위이고, 특수용담배를 일반인들에게도 판매하는 등 유통질서 확립을 현저하게 저해하는 행위를 하였으므로 이 사건 공급계약을 위반하는 행위에 해당한다. 그렇다면 보험회사로서는 원고가 A 등의 채무불이행사실을 입증한 이상, 원고가 손해의 발생 및 그 액수를 증명하지 않았더라도 예정된 배상액을 모두 지급할 의무가 있다는 것이다.

5.8. 국가기관의 위법한 언론보도 행위로 인하여 손해를 입었다는 이유로 국가배상 청구에 이른 사안서울중앙지방법원(2022가합555197)

〈사건의 개요〉

보건복지부는 2019. 10. 23. 식품의약품안전처, 질병관리본부 등의 관계 부처와 합동으로 보도자료를 배포하여 액상형 전자담배('이 사건 담배')의 안전성 확보를 위한 부처별 안전관리 대책('이 사건 대책')을 발표하고, 국민들에게 안전관리 체계가 정비되고 유해성 검증이 완료되기 전까지 이 사건 담배사용을 중단할 것을 강력하게 권고하였다. 식품의약품안전처는 이 사건 대책의 일환으로 국내 유통 중인 이 사건 담배 153종의 액상을 대상으로 ① THC, ② 비타민E아세테이트, ③ 디아세틸, ④ 아세토인, ⑤ 2,3-펜탄디온, ⑥ 프로필렌글리콜, ⑦ 글리세린의 함유량을 분석(정량한계 미만은 '불검출'로 처리하였는바, 이하 '이 사건 분석'이라고 한다)하였고, 그 결과 위 ①항 기재 성분은 불검출, ②항 기재 성분이 13종에서 0.1~8.4ppm, ③항 기재 성분이 29종에서 0.3~115.0ppm, ④항 기재 성분이 30종에서 0.8~840.0ppm, ⑤항 기재 성분이 9종에서 0.3~190.3ppm, ⑥항 기재 성분이 153종 모두에서 14.5~64.4ppm, ⑦항 기재 성분이 153종 모두에서 15.7~68.9ppm 검출되었다. 나아가 보건복지부는 식품의약품안전처, 질병관리본부 등의 관계 부처와 합동으로 2019. 12. 12. 보도자료를 통하여 이 사건 분석결과를 밝히면서 위 ②항 기재 성분의 임의첨가와 사용금지를 추가 권고하고, 미국과 국내에서 발생한 중증 폐 손상 환자에 관하여 이 사건 담배의 관련성이 규명되지 않았음을 이유로 이 사건 담배 사용의 중단하라는 권고를 유지하였다. 또한 질병관리청은 2022. 7. 21. 보도자료를 통하여 국내 최초로 시행된 간접흡연 실외 노출평가 실험연구 결과 ① 궐련 내지 궐련형 전자담배는 1개비, 이 사건 담배는 액상 0.2g을 기준으로 할 때 미세먼지 및 초미세먼지농도는 이 사건 담배, 궐련, 궐련형 전자담배 순으로 높고, 실외흡연 상황에서 확산거리는 이 사건 담배, 궐련형 전자담배, 궐련 순으로 길고, ② 특히 이 사건 담배의 미세먼지 배출량이 상대적으로 높으며, ③ 전자담배에서

도 블랙카본(탄소 연료가 불완전 연소할 때 발생하는 그을음) 등 유해물질이 배출된다고 공표하였다. 한편 보건복지부는 전자담배에 관하여 2018년 '흡연노예'라는 제목의, 2022년 '괜찮은 담배는 없습니다.'라는 제목의 공익광고를 하였다. 원고들은 각 이 사건 담배 판매 업체를 운영하고 있는데, 보건복지부, 식품의약품안전처, 질병관리본부, 질병관리청 소속 공무원들이 일반 국민들에게 이러한 정보를 제공하여 이 사건 담배의 이용을 저해함으로써 재산상 및 정신적 손해를 입었다는 이유로 국가배상을 청구한 사안이다.

〈적용 법률〉

헌법

제36조

③ 모든 국민은 보건에 관하여 국가의 보호를 받는다

국민건강증진법

제6조(건강친화 환경 조성 및 건강생활의 지원 등)

① 국가 및 지방자치단체는 건강친화 환경을 조성하고, 국민이 건강생활을 실천할 수 있도록 지원하여야 한다.

국가배상법

제2조(배상책임)

① 국가나 지방자치단체는 공무원 또는 공무를 위탁받은 사인(이하 "공무원"이라 한다)이 직무를 집행하면서 고의 또는 과실로 법령을 위반하여 타인에게 손해를 입히거나, 「자동차손해배상 보장법」에 따라 손해배상의 책임이 있을 때에는 이 법에 따라 그 손해를 배상하여야 한다. 다만, 군인·군무원·경찰공무원 또는 예비군대원이 전투·훈련 등 직무 집행과 관련하여 전사(戰死)·순직(殉職)하거나 공상(公傷)을 입은 경우에 본인이나 그 유족이 다른 법령에 따라 재해보상금·유족연금·상이연금 등의 보상을 지급받을 수 있을 때에는 이 법 및 「민법」에 따른 손해배상을 청구할 수 없다.

〈법원의 판단〉

공무원의 행위를 원인으로 한 국가배상책임을 인정하려면 '공무원이 직무를 집행하면서 고의 또는 과실로 법령을 위반하여 타인에게 손해를 입힌 때'라고 하는 국가배상법 제2조 제1항의 요건이 충족되어야 한다. 보통 일반의 공무원을 표준으로 공무원이 객관적 주의 의무를 소홀히 하고 그로 말미암아 객관적 정당성을 잃었다고 볼 수 있으면 국가배상법 제2조가 정한 국가배상책임이 성립할 수 있다. 객관적 정당성을 잃었는지는 행위의 양태와 목적, 피해자의 관여 여부와 정도, 침해된 이익의 종류와 손해의 정도 등 여러 사정을 종합하여 판단하되, 손해의 전보책임을 국가가 부담할 만한 실질적 이유가 있는지도 살펴보아야 한다(대법원 2021. 10. 28. 선고 2017다219218 판결 등 참조). (중략)

(1) 대한민국 헌법 제36조 제3항은 "모든 국민은 보건에 관하여 국가의 보호를 받는다." 라고 규정하고 있고, 국민건강증진법 제6조 제1항은 "국가 및 지방자치단체는 건강 친화 환경을 조성하고, 국민이 건강생활을 실천할 수 있도록 지원하여야 한다."라고 규정하고 있는바, 제1자료를 배포한 주체는 관계 법령상 위 의무를 직접 수행하는 행정기관에 해당한다.

(2) 담배제조업을 허가제로 운영하고 이에 대한 허가 기준을 둔 것은, 국민건강에 나쁜 영향을 미치는 담배산업의 특성을 고려하여, 산업의 경쟁체제는 유지하면서도 군소 생산업체가 다수 설립되는 것을 막아, 담배의 품질과 공급량 등을 효율적으로 관리 감독하고 담배 소비 증가를 억제하려는 것이다(헌법재판소 2018. 2. 22. 선고 2017헌마438 결정 참조).

(3) 구 담배사업법 제2조(2014. 1. 21. 법률 제12269호로 개정되기 전의 것)는 "담배"를 '연초의 잎을 원료의 전부 또는 일부로 하여 피우거나, 빨거나, 씹거나 또는 냄새 맡기에 적합한 상태로 제조한 것'으로 정의하고 있었는데, 위 개정으로 "담배"를 '연초의 잎을 원료의 전부 또는 일부로 하여 피우거나, 빨거나, 증기로 흡입하거나, 씹거나 또는 냄새 맡기에 적합한 상태로 제조한 것'이라고 함으로써 담배의 정의에 '증기로

흡입하기에 적합하게 제조한 것도 추가하였는바, 위 개정의 이유는 담배의 정의에 전자담배가 포함되도록 하여 전자담배의 허위광고, 품질관리 소홀 등을 규제하고, 전자담배에 대한 부정확한 광고로 인한 소비자의 혼란을 방지하려는데 있다(대법원 2018. 9. 28. 선고 2018도9828 판결 참조).

(4) 위 (1) 내지 (3)항과 같은 전자담배에 대한 피고의 관리 감독강화에도 불구하고 이 사건 담배의 경우 공산품으로 분류되어 유해성 관리가 어려운 상황이다(미국의 경우 2007. 2. 15. 이후부터는 성분, 유해성, 공중보건 영향 등을 검토한 FDA의 허가를 받아야 판매가 가능하다.).

(5) 제1자료 배포 무렵 국내에는 36개 품목의 이 사건 담배가 유통되고 있었고, 2019. 8.경 기준 반출량과 니코틴 액(줄기 추출기준) 수입량은 전년도에 비하여 급격히 증가한 상태였다.

(6) 미국에서 중증 폐 손상 및 그에 따른 사망이 지속적으로 발생(2019. 10. 15. 기준 전자는 1,479명, 후자는 33명)하였는데, 모든 환자에게 이 사건 담배 사용경력이 있었고, 감염이 아닌 화학물질 노출에 의한 원인으로 추정됨에 따라, CDC(질병관리본부 내지 질병관리청과 유사업무를 수행하는 행정기관이다.)는 2019. 9. 6. 원인규명 시까지 이 사건 담배, 특히 1의 나.①항 기재 성분이 함유된 제품의 사용 자제를 권고하였고, FDA는 2019. 9. 11. 청소년의 사용급증에 대한 대책으로 2020. 5.까지 판매허가를 받기 위한 자료 제출의무 부과, 미제출 내지 불허가 제품의 판매금지, 허가 전까지 이 사건 담배 중 가향 제품의 판매금지 조치를 취할 계획임을 발표하였으며, 일부 주정부(매사추세츠, 워싱턴, 로드아일랜드)와 일부 국가(캐나다, 이스라엘, 말레이시아, 인도, 중국)에서도 일정기간 이 사건 담배에 대한 긴급 판매금지 조치의 실시를 발표하였다.

(7) 위 (4) 내지 (6)항의 상황을 인식한 보건복지부는 2019. 9. 20. 국민건강증진정책 심의위원회 산하 금연정책 전문위원회의 심의를 거쳐 중증 폐 손상 질환의 인과관계 규명이 완료될 때까지 이 사건 담배의 사용 자제 및 유증상자의 병·의원 방문을 권

고하는 한편, 진료의사는 폐 손상 질환과 이 사건 담배 사용의 연관성을 검토하고 연관성이 인정되는 경우 즉시 질병관리본부에 보고하도록 조치하였다.

(8) 위 (7)항 기재 조치에 따라 2019. 10. 2. 국내에서 폐 손상 의심사례(이하 '이 사건 사례'라고 한다) 1건이 보고되었고, 2019. 10. 3. 질병관리본부의 1차 조사결과 ① 90일 이내의 이 사건 담배 사용 경력, ② 호흡기 증상 및 엑스레이 이상소견, ③ 감염 관련 검사결과 음성, ④ 다른 질환의 배제를 근거로 이 사건 사례는 이 사건 담배 사용 관련 폐 손상 의심사례에 부합한다는 의견이 제시되었다.

(9) 질병관리청은 2019. 10. 17. 질병예방센터장과 건강영양조사과 소속 공무원 및 호흡기알레르기내과, 호흡기 내과, 영상의학과, 중앙응급의료센터 소속 의사 참석 하에 전문가 자문회의를 열었고, 이 사건 사례에 관한 2차 조사결과 ① 바이러스성 폐렴의 가능성도 있으나, 이 사건 담배 흡입에 의한 기관지염으로 시작되어 폐렴으로 진행된 것이 가장 적절한 임상소견이라거나 ② 흡입에 의한 폐렴의 가능성이 배제되지 않는다는 의견이 제시되었다.

(10) 위 (1) 내지 (9)항 기재 사정들에 비추어 볼 때 이 사건 권고는, 한 번 발생하면 돌이킬 수 없어 사전예방의 필요가 큰 이 사건 담배의 잠재적 위해를 최소화하는 정책을 선제적으로 시행함으로써 국민건강에 대한 국가의 보호 의무를 이행한 것이라고 할 것이다.

(11) 원고들은 미국의 경우 중증 폐 손상의 대부분이 1의 나.①항 기재 성분을 함유한 이 사건 담배를 사용한 경우로서 국내에서는 위 성분 함유 제품이 판매될 수 없는 점에 비추어 볼 때, 피고 소속 공무원의 고의 과실을 인정할 수 있다고 주장하나, 다음과 같은 사정들에 비추어 보면, 위 주장을 받아들일 수 없다.

(가) 성분 및 첨가물을 밝히지 않고도 이 사건 담배의 판매가 가능한바, 제1자료 배포 당시 피고 소속 공무원에게는 국내에 유통되는 액상에 관한 정확한 정보가 없었다.

(나) 미국에서 사용자제가 권고되고, 일부 국가에서도 판매가 금지되는 추세였는바, 피고 소속 공무원이 일단 선제적으로 이 사건 권고를 한 후 이 사건 분석 등을 통

하여 국내에 유통되는 이 사건 담배의 유해성분 함유 여부를 명확히 확인하는 조치를 취한 것을 두고서 불합리하다고 볼 수 없다.

(다) 제1자료는 미국의 경우 중증 폐 손상 환자 대부분은 1의 나.①항 기재 성분이 함유된 제품을 사용하였음을 명시하고, 제품회수 및 판매금지 등을 위한 과학적 근거 마련을 위한 유해성분 분석은 식품의약품안전처를 통하여 추후 완료 예정임을 밝히고 있다.

(라) 제1자료 배포 다음날 시험분석평가위원회는 이 사건 분석을 위한 회의를 열어 분석방법의 적절성을 검증하는 등 이 사건 분석결과를 얻기 위한 신속한 조치를 취하였고, 그로부터 2개월 내에 이 사건 분석결과에 관한 제2자료가 배포되었다.

(12) 원고들은 1건에 불과한 이 사건 사례만으로 이 사건 권고를 하였는바, 설령 그 목적이 정당하다고 하더라도 비례원칙 위반에 해당한다고 주장하나, 다음과 같은 사정들에 비추어 보면, 위 주장 역시 받아들일 수 없다.

(가) 이 사건 사례는 2019. 9. 28. 기침, 호흡곤란, 가슴통증 등으로 입원한 30세 남성이 2~3개월 전부터 이 사건 담배를 사용하였다고 진술하자 진료의사가 위 (7)항 기재 조치에 따라 보고한 것으로서, 위 (8) 내지 (9)항 기재 조사결과도 이 사건 담배 사용 관련 폐 손상 의심사례에 부합한다는 것이다.

(나) 이 사건 사례는 미국에서 다수의 폐 손상 사례가 발생하고 있던 상황에서 보건복지부가 2019. 9. 20. 위 (7)항 기재 조치를 취한지 불과 12일이 지난 2019. 10. 2. 보고되었는바, 피고 소속 공무원으로서는 1건에 불과하더라도 이 사건 사례를 중요하게 볼 수밖에 없다.

(다) 제1자료에는 이 사건 사례에 관하여 1일 5개비 내지 1갑의 궐련 사용경력이 있고, 이 사건 담배와 폐 손상의 관련성에 관한 추가사례 수집 및 원인규명이 더 필요함이 명시되어 있다.

(13) 원고들은 이 사건 담배 관련 중증 폐렴 연구에 의하면 국내 중증 폐렴환자가 발생하

지 않았다고 주장하면서 EW단체지 연구결과와 연구용역결과보고서를 근거로 들고 있으나, 위 연구결과는 수행기간 표본 대상 등의 한계를 자인하고 있고, 위 보고서는 이 사건 사례의 존재를 전제로 하고 있다. (이하 생략)

〈해설〉

국가는 공무원 또는 공무를 위탁받은 사인이 직무를 집행하면서 고의 또는 과실로 법령을 위반하여 타인에게 손해를 입힌 때에는 국가배상법에 따라 손해배상의무가 있다. 그런데 공무원의 행위를 원인으로 한 국가배상책임을 인정하기 위한 전제인 '공무원이 직무를 집행하면서 고의 또는 과실'을 저질러야 한다. 보통 일반의 공무원을 표준으로 공무원이 객관적 주의의무를 소홀히 하고 그로 말미암아 객관적 정당성을 잃었다고 볼 수 있으면 국가배상책임이 인정될 수 있으나 객관적 정당성을 잃었는지를 판단하는 것이 용이하지 않다. 다만 행위 양태와 목적, 피해자의 관여 여부와 정도, 침해된 이익의 종류와 손해의 정도 등 여러 사정을 종합하여 판단하여야 하고, 손해를 회복시켜야 할 책임이 국가가 부담해야 할 실질적인 이유가 있는지도 동시에 고려되어야 한다. 그런데 국가는 모든 국민은 보건에 관하여 이를 보호할 의무가 있고(헌법 제36조 제3항), 건강친화 환경을 조성하고, 국민이 건강생활을 실천할 수 있도록 지원할 의무(국민건강증진법 제6조 제1항)가 있으므로 이러한 의무를 수행하는 행정기관으로서는 이 사건 담배의 안전성이 충분히 검증되지 않은 상태에서는 사전예방의 원칙(Precautionary Principle)에 따라 합리적인 범위 내에서 잠재적 위해를 최소화하는 정책을 수립할 수 있다. 따라서 이러한 목적을 달성하기 위해 조사연구방법 및 결과의 과학적 엄밀성이 다소 부족하다고 하더라도, 사전예방의 원칙에 따라 합리적인 범위 내에서 잠재적 위해를 최소화하는 정책을 수립할 수 있는데, 보건복지부 등의 보도자료 배포, 이 사건 대책 등은 이러한 기준에서 벗어나는 것으로 볼 수 없어 공무원의 고의 또는 과실이 인정되지 않는다고 본 사례다.

5.9. 인천지방법원 부천지원 2015가단113134 판결

〈사건의 개요〉

원고는 향료 및 향료 원료 수입, 수출, 유통업 등을 영위하기 위하여 2015년 설립되어 'MAG7', '퀸비' 등의 전자담배 및 액상을 수입, 판매하는 회사이고, 피고는 'B'라는 전자담배 회사에서 생산하는 전자담배의 판매대리점을 운영하고 있으면서 회원수 약 12만 명인 인터넷 포털 사이트 네이버 카페에서 스태프로 활동하고 있었는데, 이 카페에서는 주로 전자담배 판매 소매점을 운영하는 사람들이 가입하여 정보를 나누고 친목을 다지고 있다. 그런데 이때 국내 신문사와 방송사들은. 니코틴 농축액을 밀수해 전자담배를 불법 제조·유통한 혐의(담배사업법 위반 등)로 미국 전자담배 액상 판매법인 D사의 대표 등을 불구속 입건했하였고, 이들은 니코틴 농축액을 개샴푸, 전자담배용 향료 등으로 속여 밀수해 전자담배용 니코틴 액상 1472만㎖(약 62억 원 어치)를 제조해 유통하여 120억 원 상당의 세금을 탈루하고, 이렇게 수입한 액상을 미국산인 것처럼 유통시켰으나 액상용기에 표시된 니코틴 용량과 실제 액상의 니코틴 함량이 일치하지 않는 등 상당수가 불량제품을 판매한 혐의가 있다는 경찰의 발표를 보도하였다. 일부 언론기관은 위와 같이 불법 제조된 전자담배 액상이 들어있는 용기 등을 촬영하여 방영하기도 하였다. 그러자 피고가 스태프로 있는 위 네이버 카페에 '맥7(원고가 생산하고 있는 MAG7을 의미한다) 사건이 터졌으니 다른 분들은 어떻게 처리하고 있는지', '맥7, 퀸비 등과 같은 액상을 절반가격에 노점상에서 판매하고 있는데 위와 같은 제품이 정상적인 제품인지', '언론의 보도로 맥7의 잘못을 알게 되었는데 이 카페에서 어떤 조치를 취하지는 않는지', '퀸비 제품이 품질이 좋지 않은 것인지'에 관한 질문들이 게시되었다. 이에 피고는 2015. 3. 17.부터 2015. 7. 7.경까지 위 네이버카페의 게시글 혹은 댓글로 다음과 같은 내용을 게시하자 원고는 피고가 원고의 명예를 훼손하고 모욕하였다는 취지로 고소하였으나 검찰의 불기소결정(혐의없음)이 내려졌다.

	내용
1	많이들 꺼려하죠. 모르는 손님께도 꼭 안내는 해줘야 합니다. 불법제조에 불법밀수 니코틴인 액상이라고.. 그냥 판매하였다가 나중에.. 문제소지가 생길 수 있으시니..
2	맥7 자체가 짭입니다.
3	그런가요? 모르죠. 뭐 노점이라 불법이니.. 뭘 섞어서 파는지..
4	소매권이 없는 노점판매 및 무분별하게 저가로 불법유통 판매되는 이유는 먼저 밝혀주시죠.
5	소매권이 없는 노점판매 및 무분별하게 저가로 불법유통 판매되는 이유에 대한 해명이 없을 시 맥7 브랜드와 퀸비는 강제추방 처리 고려합니다. 불법이 아니면 이런 무분별한 판매가 가능할까요?
6	지금 모든 전자담배본사들이 맥7, 퀸비 사건으로 기관에 소명자료 준비해서 제출하는데 정신이 없는 상태입니다. 그렇지 못하면, 시장에서 퇴출하는 게 맞다고 봅니다.
7	정신 못 차리는군요. 지금 맥7, 퀸비 사건으로 모든 액상브랜드가 기관에 소명자료 준비하느라 패닉상태입니다. 뭘 잘못했는지 스스로 모르십니까? 대단합니다. 씁쓸하군요. 노점상에게까지 공급을 하면서 무분별하게 판매가 되는 데 이해할 수가 없는 단가군요.
8	맥7, 퀸비 관련은 엄격히 제한할 겁니다.
9	맥7은 미국액상이 아닙니다. 맥7은 가장저가 원료로 심지 슬러시가 가장 많은 불법 소본에 불법 밀수 H제작 액상입니다.
10	저렴하더라도 맥7, 퀸비는 안쓰시는 걸 권장합니다. 뭘 넣었는지 찝찝하죠. 내 몸이 먹는 거나 마찬가지인데, 슬러지 많이 끼고 갈변 심하고 가장 질이 낮은 액상입니다.
11	밑도 끝도 없이 까는 게 아닙니다. 2년 이상 판매하면서 모든 라인 테스트 결과이고.. 이번 사건으로 그 이유를 알고 노점상 공급이 되는 납득이 안가는 단가이유를 안 것뿐입니다... 갈변, 슬러지는 10밀리 이상 해보시고 판단하시길 바랍니다.
12	Vg비율도 있지만.. 그것보다 저가 아스파탐 및 기타 감미료가 많이 들어갈수록 갈변율 높고 슬러지가 많이 낍니다.
13	퀸비 유명하죠 ㅎㅎ 이번에도 핫이슈였죠.. 메이드인 H
14	그리 느꼈으면 사과드립니다. 타 브랜드를 폄하하진 않습니다. 모든 액상도 다 마찬가지입니다. 단 맥7, 퀸비는 저도 판매했던 제품이고.. 모든 걸 파악 후 전량 폐기를 했습니다. 오해없길 바랍니다.
15	아 그리고.. 스텝을 그동안 하면서, 유저일때도 사업자일때도 어느 한쪽으로 치우침없이 활동해왔습니다. 저를 아시는 분들은 아실 겁니다. 지금까지 특정업체를 폄하한 적은 없습니다. 그리했다면 자격이 없는 거죠. 단 부정을 한 곳에 대해서는 가차없습니다. B를 사용하시고 안하시고는 님 판단이시죠. 저는 B가 좋다라고도 하지 않습니다. 부정에 대해선 가차 없고 모든 일반 선상에서는 공정히 행동하려고 노력합니다. 맥7, 퀸비로 인한 경제적 손실은 어느 점주님들이나 다 있을 겁니다. 그냥 판매하는 분들도 계시지만, 전 그렇지 않습니다. 아무쪼록 오해없길 바랍니다.
16	제조자체가 반지하 불법 자작제조이니.. 심각합니다
17	모든 언론 다 나온 내용입니다

18	전처럼 좋은 액상 만들어주심 됩니다. 맥*,퀸*은 니코틴 밀수도 문제지만, 향료 자체도 허가없이 만든 곳이란 걸 전 어느정도 미리 안고 있었습니다. 고등학생이 자작해서 만들어 판 거랑 다름없죠. 규모만 더 클 뿐이고..그 외 다른 액상제조 회사들은 다들 그전처럼 좋은 액상 만들어 주시면 됩니다.
19	불법제조액상을 판매하는 건제..세금계산서랑 상관없죠. – 무슨 말씀인지.. 모르시나봐요.
20	아이공^^; 드릴 말씀이 없군요. 불량식품이라고 생각하심 이해가 되시려나요? 판매를 계속하시는 건 점주님께서 판단하심이..
21	알아서 판단을 하심이..^^; 향료 자체가 식품향료 허가 없이 불법제조입니다. ^^
22	제조공간을 보면 가연 이상이 없을까요? ^^
23	에공-똑같은 곳입니다. 동일한 곳에 같은 병에 라벨만 퀸비.. 맥7입니다.
24	브랜드 자체가 무허가 불법제조입니다. 예전 꺼 요금 꺼 다 갚죠..
25	맥7, 퀸비 자체가 불법제조, 니코틴 밀수입니다. 그냥 쉽게 말씀드려서 불량식품이라고 생각하시면 됩니다.
26	불법제조로 가장 유명하죠~~ㅎㅎ
27	절대 비추합니다. 지금 매장서 판매하는 것도 아까워서 폐기 안하고 모르는 척하면서 소비자한테 판매하고 있는데.. 그런 매장은 다시 가시지 않기 바라며..자체가 불량브랜드라.. 지금이나 예나 마찬가지입니다. 제조허가 없이 불법제조라 뭐가 들어간 지 알 수 없는 제품입니다. 천연향 대신 당의 비중을 높게 한 저가품으로 슬러지도 많이 끼고.. 갈변도 심한 질이 낮은 액상입니다.. 액상이라 말하기도 그렇군요.. 식품으로 따지면 불량식품입니다..몇십배 이상 우수하고 향과 맛 좋은 액상들이 시중에 차고 넙칩니다.. 좋은 액상 잘 선택하세요~
28	절대 비추합니다. 지금 매장서 판매하는 것도 아까워서 폐기 안하고 모르는 척하면서 소비자한테 판매하고 있는데.. 그런 매장은 다시 가시지 않기 바라며..자체가 불량브랜드라.. 지금이나 예나 마찬가지입니다. 제조허가 없이 불법제조라 뭐가 들어간 지 알 수 없는 제품입니다. 천연향 대신 당의 비중을 높게 한 저가품으로 슬러지도 많이 끼고.. 갈변도 심한 질이 낮은 액상입니다.. 액상이라 말하기도 그렇군요.. 식품으로 따지면 불량식품입니다.. 몇십배 이상 우수하고 향과 맛 좋은 액상들이 시중에 차고 넙칩니다.. 좋은 액상 잘 선택하세요~
29	정품이고 가품이고를 떠나서.. 절대 비추합니다.. 지금 매장서 판매하는 것도.. 아까워서 폐기안하고 모르는 척하면서 소비자한테 판매하고 있는데.. 그런 매장은 다시 가시지 않기 바라며.. 자체가 불량브랜드라.. 지금이나 예나 마찬가지입니다. 제조허가 없이 불법제조라 뭐가 들어간지 알 수 없는 제품입니다. 천연향 대신 당의 비중을 높게 한 저가품으로 슬러지도 많이 끼고..갈변도 심한 질이 낮은 액상입니다.. 액상이라 말하기도 그렇군요..식품으로 따지면 불량식품입니다.. 몇십배 이상 우수하고 향과 맛 좋은 액상들이 시중에 차고 넙칩니다.. 좋은 액상 잘 선택하세요~ 자세한 사항은 좌측에 다프샤 카테고리를 참고하세요~
30	맥7 자체가 불법제조 액상입니다. 미국산이 아닌 거짓표기 액상이죠. 아직 맥7, 퀸비 사태를 잘 모르시는 것 같습니다. 카테고리 내의 DIY FLAVOR SHACK를 참고하시고 맥7, 퀸비는 라벨만 다른 같은 장소의 불법제조 동일 제품으로 그게 이슈가 되어 모든 점주들이 다 심각성을 파악하고 폐기 후 판매를 하지 않고 있는 추세입니다. 참고하세요~

31	맥7 자체가 불법제조 액상입니다. 미국산이 아닌 거짓표기 액상이죠. 아직 맥7, 퀸비 사태를 잘 모르시는 것 같습니다. 카테고리 내의 DIY FLAVOR SHACK를 참고하시고 맥7, 퀸비는 라벨만 다른 같은 장소의 불법제조 동일 제품으로 그케 이슈가 되어 모든 점주들이 다 심각성을 파악하고 폐기 후 판매를 하지 않고 있는 추세입니다. 참고하세요~ 전담금에서 맥8, 퀸비 관한 게시물은 제한하오니 추후 숙제 부탁요~
32	본글은 질문이니 삭제 안하셔도 됩니다. 모르는 분도 간혹 계실테니. 알면서 속이고 파는 점주들도 있고..아직도 모르는 동네 점주분들도 많더군요..
33	미국에 맥7 자체가 없습니다. --그냥 H 소재의 불법제조 상품입니다.
34	음식으로 치면 불량식품이죠~
35	카테고리를 검색하세요~ 맥7, 퀸비는 다들 알고 폐기하거나..워낙 다들 아는 거라 설명 생략합니다. 쉽게 말해 미국 액상이 아니고 H 소재의 제조허가 없는 불법액상입니다. 검색을 해보세요~
36	맥7은 전자담배쪽에서~ 불량식품입니다~
37	온라인 니코틴 미포함입니다. 어차피 배송비내시고 니코틴 매자서 따로 구매하시면 같습니다.. 온라인은 시연을 못하는 단점이 있죠..오프라인 매장도 니코틴 빼고 구매하심 온라인과 거의 같습니다.. 맥7, 퀸비의 경우엔 불법제조.. 불량 액상이유이후 매장에서 많이들 꺼려하죠..그러다보니 온라인에 더 싸게 풀렸고.. 아직도 맥7, 퀸비 실상을 모르고 파는 오프매장이 많습니다.. 퀵닉은 잘못알고 계시는데 퀵닉쥬스는 니코틴과 농축향료에 첨가제를 넣는 방식으로 온라인선 판매금지입니다.. 잘못 보신 듯 합니다.
38	질문자 인사 전 담초보라. 여러 가지 정보가 부족했었는데 이 카페를 알게 되어 정말 좋네요. 정품이고 가품이고를 지금 매장서 판매하는 것도.. 아까워서 폐기안하고 모르는 척하면서 소비자한테 판매하고 있는데.. 그런 매장은 다시 가시지 않기 바라며..자체가 불량브랜드라.. 지금이나 예나 마찬가지입니다. 제조허가 없이 불법제조라 뭐가 들어간지 알 수 없는 제품입니다. 천연향당 대신 당의 비중을 높게 한 저 가품으로 슬러지도 많이 끼고..갈변도 심한 질이 낮은 액상입니다.. 액상이라 말하기도 그렇군요..식품으로 따지면 불량식품입니다.. 몇십배 이상 우수하고 향과 맛 좋은 액상들이 시중에 차고 넘칩니다.. 좋은 액상 잘 선택하세요~ 자세한 사항은 좌측에 다프샤(DIY FLAVOR SHACK) 카테고리를 참고하세요~
39	물건이죠.. 아직 맥7, 퀸비 사태를 잘 모르시는 거 같습니다. 카테고리 내의 DIY FLAVOR SHACK를 참조하시고.. 맥7, 퀸비는 라벨만 다른 같은 장소의 불법제조 동일 제품으로.. 크게 이슈가 되어 모든 점주들이 다 심각성을 파악하고 폐기 후 판매를 안하고 있는 추세입니다. 한마디로 제조허가 없이 창고에서 만든 액상으로 뭐가 들었는지 알 수도 없는 액상입니다.. 참고하시고.. 본 게시물은 삭제처리합니다.
40	퀸비, 맥7은 절대 비추합니다. 이유는 카테고리 내 DIY FLAVOR SHACK를 참고하세요~
41	퀸비액상은 아무도 추천하지 않습니다. 불법제조로 한동안 크게 이슈된 제품입니다. 액상질도 안 좋습니다. 자세한 사항은 카페 내의 관련 글 검색해보심 압니다~
42	맥7은 액상 자체도 불법제조입니다~ 미국산 아니고 H 불법제조입니다~ 카페글 검색을 참고하세요~
43	맥7은 미국산이 아니고 H 불법제조 불량액상입니다. 질이 낮은 생각히고 한동안 이슈가 되었던 제품입니다~ 카페글도~ 검색을 해보시고.. 맥7은 비추합니다~ 맥7보다 질이 좋은 액상들이 시중에 널렸습니다~

44	안녕하십니까~ J입니다~ 간단히 말씀드리겠습니다. 퀸비, 맥7 액상을 아직도 찾으시는 유저분들 계시나요? 미국산이 아닌 H 반지하의 불법제조로 제조허가 없이 지저분한 반지하 생산 자작방식이 영상으로 소개가 많이 되면서 방송매체를 통해 이슈가 되었던 액상입니다. 자세한 내용은 검색을 참고하시고.. 점주님들은 아직 판매를 하신다면.. 재고를 소진하시려는 목적이면 드러내시지 않길 바랍니다. 손가락질 받을 수 있습니다. 과감히 폐기하신 점주님들이 많습니다. 요즘 매장에서 퀸비, 맥7은 다들 꺼려하니 많은 재고가 온라인판매에 떠다닙니다.. 싸다고 사시는 유저분들은 자유지만..먹는 거나 마찬가지라고 생각합니다. 이슈화가 되기 전에도 맥7, 퀸비 액상은 천연향보다 당들이 많이 들어간 약상으로 슬러지가 많이 끼고 질이 낮은 액상입니다. 대부분의 액상들이 더 고품질이죠..이후 맥7, 퀸비 액상을 제시물에 올리는 유저나 점주님들은 무통보삭제 및 단기간 영정처리 합니다. 올바른 커뮤니티를 위해서입니다.
45	퀸비는 맥7과 동일 병의 벌이 그려진 액상으로 요즘은 마크를 바꾸었지만.. 같은 제조의 액성입니다. 퀵닉쥬스는 일갈라 공급 액상으로 다른 액상입니다~ 퀵닉은 고급액상에 속하는 액상입니다.
46	네.. 맞습니다. 시장 이미지만 더 망쳐놨죠.. 항상 건강하시고~ 감사합니다^^
47	맥7, 퀸비보다 못한 액상들이 별로 없죠. 웬만한 액상들이 몇 배 이상 다 좋죠~

이에 대해 원고는 전자담배업계에서 영향력이 큰 인터넷 카페에서 피고가 원고의 제품에 대하여 허위사실을 적시하고 비방하는 내용의 게시글 등을 작성하여 원고의 제품에 부정적인 인식이 확산되었고, 그로 인해 회사의 이미지가 훼손되고 영업상 손실이 발생하였다는 이유로 불법행위로 인한 손해배상을 청구한 사건이다.

〈적용 법률〉

민법

제750조(불법행위의 내용) 고의 또는 과실로 인한 위법행위로 타인에게 손해를 가한 자는 그 손해를 배상할 책임이 있다.

형법

제307조(명예훼손)

① 공연히 사실을 적시하여 사람의 명예를 훼손한 자는 2년 이하의 징역이나 금고 또는 500만원 이하의 벌금에 처한다.

② 공연히 허위의 사실을 적시하여 사람의 명예를 훼손한 자는 5년 이하의 징역, 10년 이하의 자격정지 또는 1천만원 이하의 벌금에 처한다.

제310조(위법성의 조각) 제307조 제1항의 행위가 진실한 사실로서 오로지 공공의 이익에 관한 때에는 처벌하지 아니한다.

제311조(모욕) 공연히 사람을 모욕한 자는 1년 이하의 징역이나 금고 또는 200만원 이하의 벌금에 처한다.

〈법원의 판단〉

법인의 명예나 신용을 훼손하는 행위에는 법인의 목적사업 수행에 영향을 미칠 정도로 법인의 사회적 명성이나 신용을 훼손하여 법인의 사회적 평가를 저하시키는 일체의 행위로서 구체적인 사실을 적시하거나 의견을 표명하는 행위 등이 포함된다(대법원 2008. 10. 9. 선고 2006다53146판결 등 참조). 이 사건에 관하여 살펴보건대, 피고가 원고가 생산한 제품의 제조현황, 제조절차, 수사상황, 피고의 이 사건 제품에 대한 주관적 평가 및 의견 등이 담긴 이 사건 각 게시글을 게시함으로써 이 사건 제품을 생산하는 원고의 사회적 평가를 저하시킬 만한 추상적 판단이나 경멸적 감정을 표현하였고, 원고의 사회적 명성이나 신용을 훼손하여 법인의 사회적 평가가 침해되었다고 할 수 있을 것이다. (중략) 타인의 명예를 훼손하는 경우에도 그것이 진실한 사실로서 오로지 공공의 이익에 관한 때에는 그 행위에 위법성이 없는 것인데, 여기서 '오로지 공공의 이익에 관한 때'라 함은 적시된 사실이 객관적으로 볼 때 공공의 이익에 관한 것으로서 행위자도 공공의 이익을 위하여 그 사실을 적시한 것이어야 하며, 이 경우에 적시된 사실이 공공의 이익에 관한 것인지의 여부는 그 적시된 사실의 구체적 내용, 그 사실의 공표가 이루어진 상대방의 범위, 그 표현의 방법 등 그 표현 자체에 관한 제반 사정을 고려함과 동시에 그 표현에 의하여 훼손되거나 훼손될 수 있는 명예의 침해 정도 등을 비교·고려하여 결정하여야 하고, 행위자의 주요한 목적이나 동기가 공공의 이익을 위한 것이라면 부수적으로 다른 사익적 동기가 내포되어 있었다고 하더라도 행위자의 주요한 목적이나 동기가 공공의 이익을 위한 것으로 보아야 한다(대법원 2006. 12. 22. 선고 2006다15922 판결 등 참조). 또한 모욕죄에서 말하는 모욕이란 사실을 적시하지 아니하고 사람의 사회적 평가를 저하시킬 만한 추상적 판단이나 경멸적 감정을 표현하는 것으로, 어떤 글이나 발언이 특히 모욕적인 표현을 포함하는 판단 또는 의견의 표현을 담고 있는 경우에도 그 시대의 건전한 사회통념에 비추어 그 표현이 사회상규에 위배되지 않는 행위로 볼 수 있는 때에는 형법 제20조에 의하여 예외적으로 위법성이 조각된다(대법원 2008. 7. 10. 선고 2008도1433 판결 등). 비록 이 사건 게시글에 피고의 사익적 동기 및 일부 과장된 표현이 포함된 것으로 볼 여지도 없지 아니하나, 피고가 게시한 글은 ① 이 사건 제품은 전자담배 액상제품으로 전자담배를 이용하는 이용자들이면 언론 보도를 보고 이 제품이 기사의 대상 제품임을 쉽게 알 수 있던 점, ② 언론보도 내용은 경찰에서 확인한 바에 따르면 불법으로 제조된 제품들은 니코틴 함량 등이 용기 밖에 표기된 것과 달라 불량제품이 대다수이고, 이 경우 오남용 문제가 발생할 수도 있다는 취지인 점, ③ 피고가 게시한 이 사건 게시글들은 일부 표현이 과격하거나 과장된 면은 있으나 대부분 이 사건 기사를 기초로 MAG7이나 퀸비에 대한 불만과 우려, 자신의 견해 등에 관한 의견을 표출한 것인 점, ④ 이 사건 카페는 이 사건 제품을 포함한 전자담배 액상제품을 판매하는 소매업자들이 주로 가입하여 제품에 관한 정보를 나누는 곳으로서 이 사건 카페 회원들에게 있어서는 이 사건 제품이 정상적인 제품인지, 판매시에 문제가 없을지가 매우 큰 관심사라고 할 것이고, 이 사건 각 게시글 또한 대부분 다른 회원이 이 사건 제품에 관한 우려를 표명하거나 안정성과 가격, 유통구조에 대한 질문을 하는 글에 답변을 하는 형식으로 게시되거나, 이 사건 제품을 제조하는 제조사에서의 해명글에 의문을 제기하는 글로서, 거기에 피고의 개인적인 감정이나 의도가 일부 포함되어 있다고 하더라도 이를 달리 볼 것은 아니라는 점, ⑤ 이 사건 게시글은 위와 같이 제한된 사람들이 정보를 나누는 공간으로서 이 사건 게시글이 이 사건 카페를 넘어 불특정 다수의 인터넷 사용자들에게 무분별하게 노출되었다고 볼 만한 자료도 없는 점, ⑥ 이 사건 제품에 관한 보도는 국민들이 쉽게 접할 수 있는 상황이었고, 이 사건 카페에서는 피고뿐 아니라 다른 회원들도 이 사건 제품의 불법제조 등에 관한 우려와 비판의 글을 작성하기도 한 점, ⑦ 피고의 발언 내용이 다소 과장·왜곡되거나 부적절하게 표현된 것이라 하더라도, 피고 또한 이 사건 제품을 판매하기도 하였던 입장에서 자신의 추상적 판단이나 경멸적 감정을 수반하는 것을 완전히 제거하기 기대하기 어려운 점, ⑧ 피고의 게시글이 이 사건 제품에 대한 무분별한 폄하나 욕설을 담고 있지는 않은 점 등을 모두 종합하여 볼 때, 피고가 이 사건 각 게시글을 제재한 것은 그 내용의 전체 취지를 고려할 때 중요한 부분이 객관적 사실에 합치되고 그 목적이나 동기가 공공의 이익을 위한 것으로 봄이 상당하여 그 행위에 위법성이 있다고 보기 어렵다.

〈해설〉

　대다수가 전자담배업계 관계자가 회원으로 있는 카페에 피고에 대한 허위사실을 적시하고 비방한 것은 해당 사업자의 명예와 신용을 훼손하는 것이므로 불법행위에 해당한다. 이 판결은 피고의 행위가 원칙적으로 명예훼손에 해당할 수 있다고 보았다. 다만 공연히 사실을 적시하는 등의 행위로 타인의 명예가 훼손된 경우라고 하더라도 공익적인 행위였다면 예외적으로 허용될 수 있다(위법성의 조각). 그런데 이 사건 카페는 대부분 전자담배 관련 사업자들이 회원으로서 전자담배와 관련한 밀수입과 부정유통에 관한 경찰의 발표내용은 주된 관심사에 해당한다. 적시된 사실이 공공의 이익에 관한 것이고, 그 사실의 공표가 이루어진 상대방 또한 이러한 사안에 대해 관심을 갖는 이해관계자들을 대상으로 하였으며, 표현 자체에 과장되고 일부 왜곡된 면이 있었으나 허용되는 수준이었던 점에서 내심으로 부정적인 의도를 가지고 있었다고 하더라도 사회적으로 상당하여 허용되는 행위로 본 것이다.

5.10. 흡연카페가 국민건강증진법상 규제대상에 해당하는지의 여부가 문제가 된 사례
(부산지방법원 2019나40796 판결)

〈사건의 개요〉

피고 C는 'F카페'라는 상호로 실내공간에서 담배를 피울 수 있는 카페인 이른바 흡연카페 프랜차이즈 사업('이 사건 사업')을 운영하는 가맹본부 대표이고, 피고 D는 이 사건 사업을 실질적으로 운영하는 사람이다. 원고들은 동업관계에 있는 사람들로서 2017. 5. 12. 피고 C와 가맹점 계약을 체결하였는데, 이 사건 사업은 형식상 식품자동판매기 사업이었고, 해당 사업은 국민건강증진법 제9조 제4항 제24호에 따른 실내 흡연 금지 규제를 받지 않는 사업이었기 때문에 카페에 설치하더라도 흡연이 가능하였다. 그런데 식품자동판매기사업에 대해 2017. 3.경 보건복지부가 흡연을 규제하는 방향으로 법령 개정 검토를 시작하였다는 내용의 언론 보도가 있었고, 실제로 2017. 9. 8. 흡연카페를 금연구역 의무지정 대상에 포함하는 내용의 국민건강증진법 개정법률안이 발의되었으며, 식품자동판매기영업도 실내 일정한 공간을 마련하여 운영하는 경우 금연구역으로 지정하는 내용으로 국민건강증진법이 개정되어 2018. 7. 1.부터 시행됨으로써 원고들의 기대와 달리 흡연카페를 운영할 수 없게 되자 피고들을 상대로 계약의 취소(해제)를 구한 사안이다.

〈적용 법률〉

국민건강증진법

9조(금연을 위한 조치)

④ 다음 각 호의 공중이 이용하는 시설의 소유자·점유자 또는 관리자는 해당 시설의 전체를 금연구역으로 지정하고 금연구역을 알리는 표지를 설치하여야 한다. 이 경우 흡연자를 위한 흡연실을 설치할 수 있으며, 금연구역을 알리는 표지와 흡연실을 설치하는 기준·방법 등은 보건복지부령으로 정한다.

24. 「식품위생법」에 따른 식품접객업 중 영업장의 넓이가 보건복지부령으로 정하는 넓이 이상인 휴게음

식점영업소, 일반음식점영업소 및 제과점영업소와 같은 법에 따른 식품소분·판매업 중 보건복지부령으로 정하는 넓이 이상인 실내 휴게공간을 마련하여 운영하는 식품자동판매기 영업소

〈법원의 판단〉

피고의 남편이자 이 사건 사업의 실질적 사업주인 제1심 공동피고 D는 피고와 원고들이 이 사건 계약을 체결할 당시 이 사건 사업은 식품자동판매기영업으로 등록되어 국민건강증진법상 실내흡연 금지규정을 우회적으로 회피한다는 사실을 고지하지 않았고, 별다른 근거 없이 '보건복지부 공무원들과 얘기가 되어 있다', '최소 7년 정도는 법적으로 문제되지 않는다', '향후 흡연카페가 금지되더라도 기존 흡연카페는 함부로 없애지 못한다'는 등의 말을 하였으며, 보건복지부가 이 사건 계약 체결 전인 2017. 3. 경부터 이 사건 사업에 관한 규제를 검토하겠다고 발표를 하였는데 이를 원고들에게 고지하지 않는 등의 방법으로 원고들을 기망하여 원고들을 착오에 빠뜨려 이 사건 계약을 체결하였다. 따라서 사기 또는 피고와 동일시 될 수 있는 D에 의하여 유발된 동기의 착오로 인하여 체결된 이 사건 계약을 이 사건 소장부본의 송달로 취소하고, 계약취소에 따른 원상회복으로 원고들이 지급한 5,000만 원의 반환을 구한다. (중략) 피고는 신의칙상 원고들에게 이 사건 계약체결 당시 카페 내에서 자동판매기 또는 커피자동기계를 설치하고 전좌석에서 실내흡연이 가능함을 홍보하는 방식으로 가맹점 모집이 가능하지만, 이에 대한 비판여론이 비등함은 물론, 보건복지부에서 빠른 시일 내에 법령 개정을 통해 규제하겠다고 하여 조만간 이 사건 사업과 같은 영업방식은 금지될 수도 있음을 고지할 의무가 있음에도 이를 하지 아니하였으므로, 피고는 원고들에게 이 사건 계약으로 인하여 원고들에게 입은 손해인 5,000만 원을 배상할 책임이 있다. (중략) 이 사건 계약체결 당시 흡연카페는 국민건강증진법상 규제대상에 포함되지 아니하여 별도의 흡연실이 없이도 전좌석에서 흡연이 가능하였으나, 현재에는 더 이상 유지될 수 없게 되어 위와 같은 사정이 변경되었고, 이러한 사정변경은 계약체결 당시 당사자가 예견할 수 없었던 현저한 사정변경이라할 것이다. 이를 계약해지 사유로 한 2017. 8. 8. 자 해지통

보로 이 사건 계약은 해지되었거나 또는 위와 같은 의사가 표시된 이 사건 소장 부본의 송달로 원고들은 이 사건 계약을 해지하고, 이에 기한 원상회복으로 원고들이 피고에게 지급한 5,000만 원의 반환을 구한다. (중략) 이 사건 사업은 사업자등록시 식품자동판매기영업으로 업종을 등록하여 영위하는 형태인 것은 사실이나, 이는 이 사건 계약 체결 전부터 피고의 사업자등록증에 기재되어 있는 것으로 이미 공개가 되어 있는 사항일 뿐 아니라, 사업자등록상 사업의 종류 중 종목을 고지할 의무가 있다거나, 위 사항이 계약체결여부에 영향을 미칠 수 있는 중요부분이라고 보기도 어렵다. 원고들은 D가 별다른 근거 없이 '보건복지부 공무원들과 얘기가 되어 있다', '최소 7년 정도는 법적으로 문제되지 않는다', '향후 흡연카페가 금지되더라도 기존 흡연카페는 함부로 없애지 못한다'는 등의 말을 하여 원고들을 기망하였다고 주장하나, D가 '보건복지부 공무원들과 얘기가 되어 있다'고 원고들에게 말하였다는 것에 부합하는 듯한 제1심증인 G의 증언은 이 사건 계약에 대한 것이 아니어서 이를 인정하기에 부족하고, 제1심 증인 H의 증언은 D가 '보건복지부하고 다 확인하고 알아봤다'고 이야기했다는 것으로 그 내용을 달리하고 있어 이를 인정하기 부족할 뿐 아니라, H은 사실상 원고들과 같은 이해관계를 가지고 있고, 그 증언내용이 추측에 불과하거나 일관성이 없어 이를 그대로 믿기 어려우며, 달리 이를 인정할 증거가 없다. 또한 '최소 7년 정도는 법적으로 문제 되지 않는다', '향후 흡연카페가 금지되더라도 기존 흡연카페는 함부로 없애지 못한다'는 말은 D의 의견에 불과한 것으로 위와 같은 이야기를 하였다고 하여 피고 또는 D가 원고들을 기망하였다고 인정할 수 없고, 기타 피고 또는 D가 원고들에게 이 사건 계약체결시 고지한 사항이 일반 상거래의 관행상 용인될 수 없을 정도로 사실과 다르고, 이 사건 계약의 중요 부분이라고 인정할 증거가 없다. 이 사건 사업과 같은 형태의 흡연카페에 대해 2017. 3. 경 보건복지부가 규제하는 방향으로 법령 개정을 검토를 시작하였다는 내용의 언론 보도가 있었는데 이는 언론 보도에 불과하며 그 내용 역시 규제를 검토한다는 것이어서 피고 또는 D가 원고들에게 이를 고지할 의무가 있다고 보기 어려울 뿐 아니라, 이는 원고들이 조사를 하였다면 충분히 손쉽게 알 수 있는 것이었다. 흡연카페를 금연구역 의무지정 대상에 포함하는 내용의 국민건강증진법 개정법률안이 발의된 때는 2017. 9. 8. 이고, 개정되어 시행된 때는 2018. 7. 1. 인바, 모두 이 사건 계약체결 이후의 사정에 불과하다.

〈해설〉

이 사건에서 원고들은 피고 측에게 흡연카페의 운영이 가능한 것처럼 속이거나 법령의 변경으로 흡연이 불가능하게 되었음에도 이를 고지하지 않은 잘못이 있고, 법령의 규제사항은 계약의 중요부분이었다는 취지의 주장을 하였으나 법원은 이를 받아들이지 않았다. 오히려 이 사건의 제1심(부산지방법원 서부지원 2017가단108309)에서는, "이 사건 사업과 같은 형태의 사업에 대해서는 이 사건 계약 이전부터 규제 논의가 있었던 사실, (중략) 상황이 위와 같음에도 원고들이 피고 C과 이 사건 계약을 체결할 당시 피고 D가 별다른 근거 없이 '보건복지부 공무원들과 얘기가 되어 있다', '최소 7년 정도는 법적으로 문제되지 않는다', '향후 흡연카페가 금지되더라도 기존 흡연카페는 함부로 없애지 못한다'는 등의 말을 하면서 원고들을 착오에 빠뜨려 원고들로 하여금 이 사건 계약을 체결하도록 유도한 사실을 인정할 수 있고(위와 같은 말들이 일반 상거래의 관행과 신의칙에 비추어 시인될 수 있는 과장·허위의 범위에 속한다는 취지의 피고들의 주장은 받아들이지 아니한다), 을 제4호증의 1·2의 각 기재만으로는 위 인정을 뒤집기에 부족하다. 그렇다면 원고들의 이 사건 계약 체결의 의사표시는 이 사건 계약에 관하여 피고 E과 동일시할 수 있는 피고 D의 기망에 의한 것으로서 민법 제110조 제1항에 따라 취소할 수 있다"고 하여 전혀 다른 판단을 하였다. 계약의 해석은 배경이 되는 사정이 전혀 기재되어 있지 않은 간략한 계약서에 의해 판단되는 경향이 강하다. 원고들의 주장에 의한다면 자신들이 가맹하게 된 점포에서 흡연이 가능하느냐의 여부는 매우 중요한 것으로 볼 수 있지만 제1심과 항소심의 판단이 전혀 다른 것에서 알 수 있는 것처럼 객관적으로 명확한 것이 아니다. 특히 사업수행과 관련한 계약체결의 경우에 있어서는 이러한 모호함이 더 두드러지는 경향이 있다. 그러므로 계약을 체결할 때는 주요한 내용이 무엇이고, 거래 당사자가 무엇을 보증했는지를 명시하는 내용의 서면을 작성하는 것이 매우 중요하다는 것을 시사하는 사례이다.

1. 미국

　담배와 관련한 제조회사의 책임추궁에 가장 적극적인 나라는 미국이다. 미국에서의 담배소송의 특색은 흡연으로 인한 피해로 건강침해를 당한 개인뿐만 아니라 건강보험으로 인한 재정지출이라는 손해를 입었다고 주장하는 주정부 또한 담배소송에 적극적이었다는 것이다. 미국에서의 담배소송은 1950년부터 흡연으로 인해 건강이 훼손된 개인들에 의해 시작되었는데, 1960년대까지만 하더라도 흡연과 질병 간의 과학적 증거 부족과 담배회사의 로비 등으로 인하여 승소한 사례가 없었다. 그런데 1970년대에 들어서면서 흡연과 질병에 관한 보고서가 발간되고, 제조물책임 관련 법이 개정됨에 따라 흡연피해자들이 담배소송을 또다시 제기하였고, 담배회사들은 질병의 원인이 흡연에게만 있는 것이 아니라 개인의 생활 습관도 영향을 미친 것이므로 흡연과 질병간의 인과관계가 없음을 주장하고, 담배회사가 위험성을 이미 경고했음에도 불구하고 소비자가 선택한 것이므로 담배회사의 과실이 크지 않다는 주장으로 대응하였다. 1980년대까지도 담배회사들의 주장이 받아들여져 건강침해를 주장하는 피해자들의 주장이 받아들여지지 않았다.

　그런데 1994년에 담배회사 연구원들의 내부고발로 인하여 담배소송에 중요한 전환점을 맞이하게 된다.[22] 담배의 위해성, 중독성 등에 관련된 내부보고서들이 폭로되어 담배회사

---

22)　담배회사 브라운 & 윌리엄슨(Brown & Williamson)의 수석과학자이자 부사장을 지낸 제프리 위건드가 800만 페이지에 달하게 되는 내부 서류 중 수천 페이지를 언론에 공개하였다.

가 회사에 불리한 정보들을 적극적으로 은폐했다는 사실이 드러나게 되었다. 담배회사에 대한 비난 여론이 들끓는 등 담배회사에 대해 책임추궁을 해야 한다는 공감대의 확산으로 소송이 활발해짐과 동시에 책임추궁을 위한 다양한 논리들이 개발되었다. 즉 담배회사가 담배 판매를 위하여 여러 정보를 차단하고, 니코틴 중독성을 알면서도 지속적으로 허위 광고를 하며, 흡연의 위험성을 충분히 알리지 않고 은폐하려고 했던 행위들을 제조물책임법 위반, 고의적 불법행위, 소비자보호법 위반, 담보위반(담배회사가 광고 등으로 담배의 무해성을 명시적 또는 묵시적으로 담보하였다는 전제) 등의 논리로 불법임을 주장하였다.

이후 미시시피 주정부를 시작으로 주정부 및 시정부, 흡연 피해자 개인 또는 집단소송 형태로 담배소송이 적극적으로 제기되어 46개 주정부와 시정부가 제기한 의료비 변상 청구소송은 2,060억 달러에 합의하는 것으로 종결되었다. 또한 개인이 제기한 손해배상청구 소송에서말보로 담배를 피우다가 폐암으로 사망한 유가족이 담배회사인 필립 모리스를 상대로 한 1999년 Henley v. Philip Morris 사건(배심원들은 징벌적 배상금 5000만 달러, 일반배상금 150만 달러라는 평결을 하였으나 판사는 징벌적 배상금을 2500만 달러로 감액하여 1심 판결이 선고되었고, 항소심에서 일반배상금 150만 달러, 징벌적 배상금 900만 달러로 감액되어 확정되었다)과 Williams v. Philip Morris 사건(배심원들은 징벌적 배상금 7950만 달러와 일반배상금 821,485.50 달러를 평결하였으나, 판사는 징벌적 배상금 3200만 달러, 일반배상금 521,485.50 달러로 감액하여 1심 판결이 선고되었는데, 항소심에서는 오히려 징벌적 배상금을 7950만 달러로 증액, 추후 확정되었다)에서 승소한 경우가 있었다. 이러한 미국에서의 담배소송은 크게 3단계로 구분하는 것이 일반적이다.

1단계 담배소송은 1950년대 시작된 흡연피해자 개인의 손해배상청구소송을 시작으로 1980년대 중반까지의 기간에 이루어진 흡연자들의 소송들인데, 피해자들의 주장은 전혀 받아들여지지 않았다. 1954년 세인트루이스에서 시작된 Lowe 사건이 최초의 흡연자 담배 소송의 시작인데, 1984년까지 개별 피해자들이 808건의 담배소송을 제기하였으나 모두 패소하거나 취하되었다. 당시 피해자들은 담배회사에 대하여 과실책임(negligence)과 보증 책임(breach of warranty)을 주장하였는데, 담배회사가 불합리하게 위험한 제품인 담배를 판매한 책임을 추궁하였고(과실책임), 담배회사가 담배를 적정한 품질이라거나 합리적인 제품으로서 해롭지 않은 듯이 광고한 책임(보증책임)을 추궁하였으나 담배회사들은 자신들이 담배의 위험성을 예견하지 못하였다는 항변으로 대응하여 법원에 의해 담배회사들의 주장이 받아들여졌다. 대표적으로 Lartigue v. R. J. Reynolds 사건[23]에서 법원은 원고에게 폐암이 발생할 당시 담배회사로서는 담배의 위험성을 예견할 수 없었다는 점을 인정하여 원고의 청구를 기각하였다. 결국 당시 1단계 담배소송에서 피해자들이 패소하게 된 가장 중요한 이유는 흡연이 암과 다른 질병의 원인임을 밝혀주는 의학적 근거자료가 부족하여 폐암이 흡연에 대한 특이체질 현상으로 봄으로써 흡연과 질병발생 간의 인과관계를 입증하는 데 어려움을 겪었기 때문이었다.

2단계 담배소송은, 1980년대 중반부터 1990년대 중반까지 기간에 있었던 분쟁들에 관한 것이다. 1960년대부터 건강과 안전에 대한 사회적 관심이 높아지고 공기, 물, 폐기물 등을 관리하기 위해 소비자보호 및 환경규제와 관련된 독성물질, 예컨대 고엽제(Agent Orange), 유산방지홀몬제(DES), 자궁내피임기구(Dalkon Shields), 임신구토증치료제(Bendectin) 등 피해사건이 새로운 불법행위 소송영역으로 확산되는 경향이 나타났다. 이 당시 1단계 담배소송에서 흡연피해자들이 패소하여 활기를 잃고 있었지만 독성물질에 노출되었다가 예상하지 못한 질병에 걸린 희생자에 대한 손해배상 논리로 제조물책임의 인정가능성이 높아졌는데, 1973년 석면회사 책임을 인정한 Borel 사건 이후 10년 동안 제기된 2만 5천 건의 석면소송에서의 승소가 제2단계 담배소송을 자극하게 계기가 되었다. 이 과정에 1965년 담배의 표시 및 광고에 관한 법률(Federal Cigarette Labeling and Advertising Act)과 1969년 공중 건강 및 흡연에 관한 법률(Public Health Cigarette Smoking Act)이 제정되면서 담배에 경고문구 표시의무가 부과되고 텔레비전과 라디오에서의 담배광고가 금지되는 등 흡연과 관련한 제도적 환경변화도 영향을 미쳤다고 할 수 있다.

2단계 담배소송에서는 보증책임이 아닌 무과실책임인 엄격책임(strict liability)을 손해배상 근거로 제기되기 시작하였는데, 담배가 제2차 리스테이트먼트 제402 A조에서 규정한

---

23)   317 F. 2d 19(5th Circuit, 1963).

대로 "불합리하게 위험"하여 엄격책임이 부과되어야 한다고 주장한 것이다. 그러나 담배회사들은 소비자가 위험을 예견한 것이었고, 담배회사의 과실보다는 흡연자의 과실이 더 크다는 이유로 흡연피해자들의 청구는 단 한 건도 받아들여지지 않았다.

　3단계 담배소송은, 1994년 2월 FDA의 Kessler국장이 지적한 담배의 중독성과 담배업자들의 부당한 행위가 언론에 대대적으로 보도된 것이고 둘째는 ABC TV가 담배회사들의 니코틴 조작에 대하여 보도한 것이 직접적 계기로 여겨진다. 담배회사들의 니코틴 조작 보도는 담배회사 Brown & Williamson의 수석과학자이자 부사장을 지낸 제프리 위건이 내부문서를 폭로함으로써 담배회사들은 흡연이 폐암을 유발할 수 있다는 사실 및 니코틴과 담배의 각종 첨가물이 중독성 물질이라는 사실을 알았음에도 담배는 유해하지 않다는 취지로 거짓 홍보를 했으며, 고의로 니코틴 함량을 조작하여 흡연자들을 중독에 빠뜨렸다는 사실이 대중에 공개된 것이었다.

　담배회사들의 불법행위가 폭로되자 흡연피해자들은 담배회사들의 사기행위를 청구원인으로 주장하면서 소송을 제기하기 시작하였고, 법원에서도 이를 받아들여 담배회사의 배상책임을 인정하는 판결들이 나오기 시작하였다. Carter v. Brown & Williamson 사건에서 Florida주 법원은 담배회사가 담배와 건강에 관한 정보를 숨겼다는 것이 증명되었다고 하여 원고에게 750,000만 달러의 손해배상을 인정하였고, 최대의 징벌적 손해배상을 이끌어낸 Williams v. Philip Morris[24] 사건에서도 Oregon주 대법원은 담배회사의 거짓된 정보제공으로 인한 기망을 청구원인으로 하여 손해배상을 인정하였다.

　이런 움직임에 1996년 빌 클린턴 미국 대통령은 니코틴을 중독성 있는 마약(약물)으로 지정해 식품의약국(FDA)의 관리 아래 두고 규제하겠다는 행정명령을 내렸다. 압박이 거세지자 담배회사들도 거액의 손해배상금으로 인한 파산이라는 위기의식을 느끼고 화해에 응하기 시작했다. 그 발단이 된 사건이 1996년 뉴올리언스 연방법원에서 담배회사를 상대로 한 소송에서 담배회사 리겟(Rigget) 그룹이 세전이익의 5% 상당(상한 5000만 달러)을 25년간 매년 금연 프로그램에 출연한다는 내용의 화해를 한 것이다. 그 이전까지 담배회

---

24)　182 Or. App. 44, 48 P. 3d 824.

사들 사이의 결속은 강했지만 리겟 그룹이 화해하면서 흐름이 크게 바뀌게 되고, 1997년에는 대형 담배회사인 필립 모리스와 RJR 나비스코가 40개의 주정부와 합의하고, 향후 25년에 걸쳐 3,685억 달러를 지급하고 담배 옥외광고, 자판기 설치를 중단하며 포장에 건강염려 표시(면적의 1/4)를 받아들이고 대통령의 행정명령과 FDA의 규제도 받아들이게 된다.

미국의 주정부 등 정부기관이 담배회사들을 상대로 흡연소송을 하게 된 것은 당시 미국의 흡연관련 질병 의료비는 1989년 219억 달러, 1993년 727억 달러로 국민의료비의 약 9.2% 또는 11.8%에 달하였다는 사정이 배경으로 작용했다. 미국은 2001년부터 2004년간에도 흡연관련 의료비로 매년 960억 달러를 부담하였고 생산성 손실비용을 합하여 담배로 인한 경제손실비용은 연간 1,930억 달러에 이르며 그 이후에는 담배로 인한 경제적 손실비용이 연간 2,000억 달러를 넘었다.

미국의 국민의료비는 1960년(275억 달러) GDP대비 5.1%에서부터 1970년(749억 달러) 6.9%, 1980년(2,534억 달러) 8.7%, 1985년(4,393억 달러) 10.0% 수준이었다가 2000년대에 들어 2000년 12.5%(1조 2813억 달러), 2005년 14.6%(1조 9307억 달러), 2010년 16.2%(2조 4379억 달러), 2015년 16.4%(3조 39억 달러)가 되었고 2020년에는 3조 9593억 달러로 18.6%가 거의 4억 달러에 달하고 있다. [25] 그중 10% 정도가 흡연 관련 의료비용으로 추정

---

25) 다음과 같이 우리나라 및 일본의 경우와 비교해 보면 미국의 국민의료비 지출은 막대한 수준임을 알 수 있다.

	2000년	2005년	2010년	2015년	2020년
미국 GDP 단위 : 십억 US$	10,250.9	13,039.2	15,049.0	18,206.0	21,060.5
보건관련 지출비(%)	12.5	14.6	16.2	16.5	18.8
보건관련 지출액 단위 : 십억 US$	1,281.3	1,903.7	2,437.9	3,003.9	3,959.3
1인당 보건지출 단위 : US$	4,532.8	6,402.0	7,832.3	9,243.6	11,702.4
대한민국 GDP 단위 : 십억 US$	576.4	934.7	1,143.9	1,465.3	1,644.6
보건관련 지출비(%)	3.9	4.6	5.9	6.7	8.4
보건관련 지출액 단위 : 십억 US$	22.4	42.9	67.4	98.1	138.1
1인당 보건지출 단위 : US$	480.2	901.3	1,386.4	1,912.6	2,642.4
일본 GDP 단위 : 십억 US$	4,968.4	4,831.5	5,759.1	4,444.9	5,048.8
보건관련 지출비(%)	7.0	7.7	9.1	10.7	10.9
보건관련 지출액 단위 : 십억 US$	347.7	372.0	524.0	475.6	550.3
1인당 보건지출 단위 : US$	2,756.2	2,895.2	4,074.3	3,754.9	4,388.1

된다. 당시 주정부 등이 담배회사를 상대로 소송을 시작하게 된 배경으로는 이와 같은 의료비의 부담 증가라는 사실이 자리잡고 있었다.

1999년에는 연방정부도 흡연의 위험에 대하여 국민을 속이는 담배회사의 노력을 종식시키기 위해 담배소송을 제기하였다. 2006년 제1심에서 Glady Kessler 판사는 손해배상은 유보하였으나 담배회사들이 약 40년에 걸쳐 기만행위를 해왔다고 판결하였고 이것은 2009년 5월 DC 항소순회법원에서도 유지되었다.

2. 일본

다른 나라에 비해 흡연에 관대한 일본에서도 흡연으로 인한 암 발병을 이유로 여러 건의 민사소송이 제기되고 있다.

1995년 나고야 지방재판소에서 담배를 피우지 않는 주부들이 국가를 상대로 담배의 유해성을 알고 판매하는 것은 헌법 위반이라며 간접흡연으로 인한 피해를 방지하기 위해 국가에 담배 제조와 수입을 금지할 의무가 있음을 확인해 달라는 소송에 대한 판결이 있었다. 법원은 간접흡연 피해의 책임은 담배를 피우는 흡연자나 흡연 장소 관리자에게 있으며 국가에 대한 청구권은 없고 국가에 구체적 의무를 지울 수 없어 헌법을 근거로 한 주장을 할 수 없고 법률이나 조례로 흡연 장소 등의 규제는 가능할 수 있다는 판단을 했다. 그러나 간접흡연에 대해서는 수인한도 내에 있다는 이유로 피해자의 청구를 받아들이지 않는 판결들이 계속 나오고 있다고 한다.

1998년 도쿄 지방재판소는 흡연을 하던 폐암 환자 등 7명이 국가와 Japan Tabocco('JT')를 상대로 낸 1명당 1000만 엔의 손해배상소송에서 JT가 흡연과 각종 암 발생에 관한 동물실험 등의 조사보고를 모두 공개해야 한다는 원고들의 주장을 받아들이지 않았다. 일본 사법부는 피고가 기업이나 병원 등의 조직일 경우 내부자료 공개명령을 내리는 경우가 거의 없다는 평가를 받는다.

1998년 나고야 지방재판소는 아이치현 내 흡연자 4명이 JT를 상대로 담배를 끊을 수 없게 된 책임을 추궁한 소송에서 니코틴이 치료를 요할 정도로 병적인 의존 상태를 가져온다고 인정하기 어렵다며 청구를 기각했다. 대체로 일본 사법부는 니코틴의 의존성을 낮게 잡아 자신의 노력으로 금연할 수 있다는 이유로 비슷한 유형의 청구를 받아들이지 않고 있다. 1999년 나고야 고등재판소도 아이치현 내의 회사원 등이 JT를 상대로 니코틴 의존에 대한 책임을 물은 사건의 항소심에서도 이를 받아들이지 않았고, 2000년 최고재판소도 "담배와 건강 피해의 인과관계는 충분히 규명되지 않았다"며 원고들의 청구를 기각하였다.

한편 2003년 도쿄 지방재판소에서 선고한 다음의 판결을 보면 인과관계를 부정하고 있는 우리나라와 같은 논리로 흡연으로 인한 암 발생 피해를 주장하는 흡연자들의 주장을 받아들이지 않고 있음을 알 수 있다.

흡연으로 인한 폐암 발생 등을 이유로 담배제조회사를 상대로 한 손해배상청구사건
(도쿄지방재판소 2003. 10. 21. 선고 1998년(ワ)제 1 0 3 7 9 호 손해배상등청구사건)

〈사안의 개요〉

이 사건은 젊었을 때부터 약 30년 내지 50년간에 걸쳐서 흡연을 계속해 온 사람들인 원고들이 이 때문에 폐암, 후두암, 폐기종에 이환되었다고 하여 피고들이 담배와 건강에 관한 정확한 정보를 제공하는 등의 유효한 흡연 규제 대책을 취하지 않고 담배를 판매하거나 판매하게 한 것 등이 위법하다고 하여 피고 일본담배산업주식회사(Japan Tabocco, 'JT')에 대하여 민법 709조, 위 회사의 역대 대표이사인 피고들에게 상법 266조의3, 피고 국가에 대해서는 국가배상법 1조에 근거해, 각각 손해배상과 담배판매의 금지 등을 청구한 사안이다.

〈재판소의 판단〉

2. 쟁점(1) (담배의 유해성)에 대해서

  (1) 증거(갑 1, 2, 15, 26, 33, 38, 45, 61, 66, 85, 140)에 의하면 다음 사실이 인정된다.

    가. 담배 연기 중에는, 화학물질은 4000 종류 이상의 화학물질이 포함되어 있어 벤조피렌 등의 발암성

이 확인되고 있는 것만도 200종류에 이른다. 담배 연기 중의 화학물질 중 함유량과 독성의 강도로 인해 니코틴, 타르, 일산화탄소가 담배의 3대 유해물질이라고 한다.

담배 연기 중의 화학물질로, 급성 영향을 초래하는 것으로는 입자상에 포함된 니코틴과 기상에 포함된 일산화탄소가 대표적이며, 니코틴에 의해 중추신경계의 흥분, 심박수의 증가, 혈압상승, 말초 혈관의 수축 등이 일어나, 일산화탄소에 의해 적혈구에 의한 산소 운반 기능이 저해된다.

나. 능동 흡연의 만성적 영향으로서 다음과 같은 것이 있다.

폐, 식도, 췌장, 구강, 중인두, 하인두, 후두, 신우요관, 방광의 암은 흡연에 의해 이환될 위험이 크게 증대한다. 신장세포암, 위암, 간암, 백혈병에 대해서도 상기 암만큼은 아니지만 흡연에 의해 이환될 위험이 증대한다.

특히, 폐암에 대해서는, 흡연 남성은 비흡연 남성에 비해 폐암 사망이 4.45배 높고, 흡연량이 증가할수록 이환율이 높아진다. 폐암의 이환에 대해서는 일상의 음식 습관이나 기호 습관 중 흡연이 가장 밀접한 관계를 갖는다고 여겨지고 있으며, 이환 후의 생존율도 흡연자는 비흡연자에 비해 낮다. 후두암에 대해서는, 흡연 남성의 후두암 사망은 비흡연 남성의 32.5배 높고, 흡연의 기여위험도(어떤 집단에서 비흡연자와 흡연자의 이환자 수의 차이를 흡연자 수의 이환자 수로 나눈 값에 100을 곱한 것)는 95.8퍼센트로 암 중에서 가장 높고, 흡연 개시 연령이 낮으면 낮을수록 위험이 높다는 연구 보고도 있다.

또, 흡연에 의해, 만성 기관지염, 폐기종 등의 만성 폐쇄성 폐질환의 위험이 증대해, 만성 폐쇄성 폐질환에 흡연이 위험으로서 차지하는 비율은 80 내지 90퍼센트라고 하며, 1일의 흡연 개수가 많을수록, 만성 폐쇄성 폐질환에 의한 사망자수가 증가한다.

이 밖에 흡연으로 뇌졸중, 허혈성 심질환, 자연기흉 등 여러 질병의 발생 위험이 높아진다는 보고가 있다. 또, 흡연하고 있는 임산부는, 흡연하지 않는 임산부에 비해 저체중아 출산의 빈도는 약 2배 높고, 조산의 빈도도 임신의 전 기간 흡연을 하고 있던 임산부에서는 비흡연 임산부의 약 3배, 하루 16개 이상 흡연하고 있던 임산부에서는 약 7배 높고, 자연 유산의 빈도도 흡연 임산부는 비흡연 임산부의 1.5배로 흡연 개수가 많을수록 비율은 높아지는 등, 임신 중 흡연에 의해 저체중아 출산이나 조산 등의 위험이 높아진다.

다. 간접흡연에 대해서도 기침, 두통, 심박수 증가, 혈관 수축 등의 급성 영향이 있는 것 외에도 만성 영향으로서 폐암이나 호흡기 질환에 대한 위험이 높아진다는 보고가 이루어지고 있으며, 흡연자인 남편을 둔 비흡연자의 아내의 폐암 사망률은 남편의 1일 흡연 개수가 많을수록 증가하여 남편이 1일 20개 이상의 흡연자인 경우에는 남편이 비흡연자인 경우의 1.91배에 이르고, 마찬가지로 흡연자를 아내로 둔 남편의 폐암 사망률은 아내의 흡연 개수가 1일 1 내지 19개인 경우에는 2.14배, 1일 20개 이상인 경우에는 2.31배에 이른다는 연구 결과도 보고되고 있다(갑 85).

(2) 이상과 같이 흡연이 신체에 대해 여러 가지 급성적 영향을 주는 것 외에 폐암 등 많은 질병의 중대한 위험이 되고 있다는 것은 많은 연구·발표에 의해 뒷받침되고 있으며, 그 한도에서 흡연이 건강에 해롭다는 것은 이미 사회의 상식이 되고 있다.

3. 쟁점(2) (담배의 의존성)에 대하여

(1) 증거(갑 1, 45 내지 47, 을 8, 13 내지 15, 17, 증인)에 의하면 이하의 사실이 인정된다.

가. 약물의존이란 약물의 정신 효과를 체험하기 위해, 혹은 약물 섭취를 중지함에 따른 퇴약증상(이탈 증상이라고도 한다. 이른바 금단증상)에 의한 고통에서 벗어나기 위해서 그 약물을 연속적 혹은 주기적으로 섭취하고자 하는 강박적 욕구를 항상 수반하는 상태이다(을 13, 14). 약물의존은 정신 의존과 신체 의존의 2종류로 나뉘며, 약물 섭취가 중단되었을 때 신체적인 병적 이상인 퇴약 증상이 나타나는 경우를 신체 의존, 나타나지 않는 경우, 즉 섭취를 중단해도 병적 이상은 나타나지 않지만, 어떤 약물을 섭취하고 싶다는 욕구를 강하게 안고 있는 경우를 정신 의존이라고 한다(을 15).

장기적(적어도 몇 주간이라고 한다)으로 흡연을 계속한 후에 흡연을 중단하면, 집중 곤란, 초조감, 초조감, 초조감, 불안 등을 발생시키기 때문에 장기간 흡연한 후의 금연은 곤란을 수반한다. 이는 담배에 포함된 니코틴의 의존성 때문이며 니코틴의 장기적인 섭취가 약물의존을 일으킨다는 것은 널리 알려져 있다.

나. 니코틴 의존의 증상으로는 정신 의존이 주를 이룬다. 신체의존에 대해서는 인정되지 않는다고 하는 견해도 있었지만, 최근에는 상습적인 흡연자가 금연함으로써 짜증, 불안, 불면, 두통, 집중 곤란 등의 증상이 나타남에 따라 신체의존성도 인정된다고 하는 견해가 일반적이다.

니코틴의 정신 의존은 일단 흡연 습관이 다 된 후에 니코틴 섭취를 중단하면 흡연 갈망감이 생기고, 그 결과 금연을 방해한다. 그러나 니코틴 의존은 모르핀, 코카인 등의 다른 의존성 약물의 일부에 있듯이 그 약물이 생활의 중심이 되고, 그 약물만이 관심사가 되어 다른 사회생활에 방해가 되는 일은 없으며, 다른 의존 약물에 비해 그 영향은 적다.

동물실험의 결과에 의하면 니코틴, 카페인, 알코올, 헤로인, 코카인, 각성제의 정신의존성, 신체의존성을 비교하면 정신의존성에 대해서는 카페인은 '약하다', 니코틴은 '중등도', 알코올과 각성제는 '강하다', 헤로인과 코카인은 '최강'이라고 할 수 있으며 신체의존성은 코카인과 각성제는 '거의 없다', 니코틴과 카페인은 '미약', 알코올은 '강하다', 헤로인은 '최강'으로 구분할 수 있다.

니코틴을 반복 섭취한 후 섭취를 중단하면 사람의 경우 불안, 초조, 불면, 집중 곤란, 식욕 항진 등의 증상이 생긴다. 이것들은 니코틴의 퇴약 증상이라고 할 수 있지만, 니코틴의 퇴약 증상은 위와 같은 심리적인 것이 주를 이루고, 신체적인 퇴약 증상은 두통 등이 발생하는 경우가 있지만, 그다지 뚜렷한 것은 없다. 또, 동물실험에서는 니코틴의 퇴약 증상은 확인되지 않고, 니코틴의 퇴약 증상은 다른 의존 약물의 퇴약 증상에 비해 극히 약하다고 되어 있다(을14, 증인).

다. 의존약물에 관한 그 밖의 증상에 대하여

(가) 연구에 의하면, 니코틴은 모르핀이나 코데인 등의 다른 의존 약물과 달리, 신체 의존이 형성되는 것에 의한 정신 의존, 즉 약물 섭취에 대한 욕구의 증강은 보이지 않는다(을 8, 15).

또, 니코틴에는 니코틴의 섭취에 의한 행복감, 만족감에는 급성적인 내성(섭취함에 따라 섭취에 수반하는 효용이 저하하기 때문에, 섭취량이 끝없이 증가하는 현상)은 인정되어 1일 중에서는, 흡연 회수를 거듭함에 따라 1회의 흡연에 의해 얻을 수 있는 행복감, 만족감이 감약하지만, 이 내성은 단시간에 소실되기 때문에, 하룻밤 취침하는 동안 회복되어 다음 날 아침 흡연할 때는 전날의 최초의 흡연과 같은 만족을 얻을 수 있다. 이 때문에 니코틴을 습관적으로 섭취함으로써 그 섭취량이 끝없이 증가하는 일은 없다(을18, 증인). 쥐나 원숭이에게 의존 약물을 섭취하게 하는 실험의 결과에서도 코카인, 모르핀, 알코올에서는 높은 빈도로 섭취하고 섭취 빈도가 점차 증가하는 데 반해 니코틴은 비교적 낮은 빈도에서의 섭취가 유지된다는 것이 보고되었다(을18).

(나) 또, 알코올, 코카인, 각성제 등의 다른 의존 약물은, 정신 독성이 있어, 과잉 섭취에 의해서 정신 착란이 생기고, 더욱이 장기에 걸쳐 남용을 계속하고 있으면, 환각·망상 등의 증상이 출현한다. 그러나 니코틴에 대해서는 정신독성은 전혀 인정되지 않는다(을8, 15).

(중략)

(2) 이상의 사실로부터 보면, 담배에는 담배 연기 중에 포함되는 니코틴의 작용에 의한 의존성이 있어, 흡연 습관이 붙은 후의 금연에는 곤란을 수반하지만, 그 의존성의 정도는 신체 의존에 대해서는 심리적 증상이 대부분으로 의존의 정도는 미약하며, 정신 의존에 대해서도 어느 정도의 의존성은 있지만, 그 정도는 금제품이나 알코올보다 현격히 낮고, 흡연자 자신의 의사 및 노력에 의한 금연을 할 수 없을 정도의 것은 아니라고 인정된다.

4. 쟁점(3) (JT의 위법행위)에 대하여

(중략)

(3) 담배의 의존성에 대하여

담배의 의존성에 대해서는, 상기 3.(쟁점(2))에서 비교적 자세하게 언급한 대로, 담배에 포함되는 니코틴의 작용에 의한 의존성이 있지만, 신체적 의존의 정도는 미약하고, 정신적 의존의 정도도, 금제품이나 알코올보다 현격히 낮다. 의존성이 담배라는 상품의 특성이 되고 있는 것은 인정되지만, 금연을 할 수 있었던 사람도 상당수 있으므로, 흡연자가 금연을 결의하는 것에 대해 그 판단의 자유를 빼앗고, 혹은 이것을 현저하게 곤란하게 하는 강력한 의존성이 있다고는 인정되지 않는다.

(4) 원고들 주장의 법령에 대해서

원고들은 JT의 주의의무의 근거로 몇 가지 법령을 들으므로 이를 우선 검토한다. 소비자보호기본법 4조는 사업자가 그 공급하는 상품 또는 역무에 대해 적정한 표시 등을 실시해야 할 책무가 있음을 추상적으로 규정하고, 소비자보호행정 추진에 있어서의 사업자의 입장을 분명히 한 것으로, 사업자의 소비자에 대한 구체적인 작위의무를 정한 것은 아니다. 또, 가정용품 규제법 3조는 가정용품의 제조 또는 수입을 하는 사업자의 유해물질로부터 국민을 지키기 위한 행정상의 책무를 정한 것으로, 가정용품의 소비자에 대한 사업자 등의 구체적인 의무를 정한 것은 아니다.

이상과 같이, 상기 각 법령이 JT의 작위의무를 규정하는 것이 아닌 이상, 상기 법령의 존재로써 당연히 불법행위상의 주의의무를 근거로 삼는 사정도 되지 않는다.

(5) 제조·판매 자체의 위법성에 대하여

원고들은 'JT는 담배연기에 포함된 위험물질 등을 조사하여 인체 등에 해롭지 않도록 제품을 제조하고, 안전성에 의심이 생겼을 경우는 제조를 중지하고, 제품을 회수하는 등 위해를 방지하며, 안전성을 확인할 때까지는 판매를 자제하는 등의 흡연규제대책을 취해야 할 업무상 주의의무가 있었다'고 주장한다. 원고들의 주장은 담배의 본래적 용법(습관적으로 흡연하는) 자체가 흡연자 자신에게 해롭다고 하는 것이며, 안전성의 조사와 안전이 확인될 때까지 판매를 삼간다는 것은 판매를 해서는 안 된다는 것을 주장하고 있다고 이해하지 않을 수 없다. 거기서, 제조·판매 자체에 대한 위법성과 제조·판매의 본연의 자세에 대한 위법성을 나누어 검토하는 것으로 한다.

또한 제조·판매 그 자체에 대해 검토하기에 국가의 법률인 담배사업법에 따라 담배의 제조·판매를 시인하고 있으며, JT 자체, 일본담배산업주식회사법에 따라 설립된 것이므로 JT의 담배 제조·판매는 국법상 적법한 행위로 규정되어 있다고 할 수밖에 없다. 따라서 불법행위법상 JT가 실시하는 담배의 제조·판매가 위법하다고 하기 위해서는 상당한 논증을 필요로 하는 것이다.

상기와 같이, 흡연의 유해성은, 매스컴에서도 자주 다루어져 어느 정도 사회적으로 공통 인식이 되어 있던 것이다. 1972년부터는 담배 포장에 건강에 대한 위험성에 관한 주의표시가 부착되어 주의를 환기시키게 되었다. 흡연을 할지 말지는 본래 자유롭게 선택할 수 있는 것이며, 담배의 의존성 정도도 앞에서 기술한 바와 같으므로, 흡연을 계속할지 말지의 선택의 자유를 빼앗는 것은 아니다. 그리고, 흡연율이 저하했다고는 해도, 약 50퍼센트의 일본인 남성이 흡연을 계속하고 있는 등, 담배가 기호품으로 사회에 더욱 정착하고 있는 것임을 고려하면, 담배를 제조·판매하는 것 자체가 위법이라고는 말할 수 없다.

(6) 강력한 경고 표시를 하지 않는 것의 위법성에 대하여

원고들은 JT가 담배 포장에 표기하고 있는 '당신의 건강을 해칠 우려가 있으므로 과다하게 피우지 않도록 주의합시다'라는 표시는 외국의 것에 비해 불충분하고 위법하다고 주장한다.

앞에서 인정한 바와 같이 1970년 WHO의 권고를 계기로 일본에서도 담배와 건강에 대한 논의가 이루

어졌다. 대장대신의 자문기관인 전매사업 심의회에서는, M 도쿄대학 의학부 교수, N 도호쿠대학 의학부 교수, K 국립암센터 연구소 역학부장, O 도쿄대학 의학부 교수(내과학) 등의 학식 경험자 13명의 의견을 청취하는 등으로 답신을 정리했다. 1971년 3월의 이 답신은 「현단계에 있어서는, 궐련의 포장에 흡연이 건강에 장해를 끼친다는 취지의 표시는 하지 않고, (중략) 궐련 연기 중의 니코틴, 타르의 양을 개개의 포장에 명료하게 표시하는 수단에 의해 소비자의 흡연과 건강 문제에 대한 관심에 응하는 것이 적절한 조치라고 생각한다.」라고 하고 있다. 그 후 중의원 대장위원회에서 K 국립암센터 연구소 역학부장, L 암연구소 실험병리부장, P 암연구소 소장, Q 인간과학연구소장이 참고인으로서 의견을 밝혀 심의가 이루어졌다. 대장대신은 상기 대장위원회에서의 논의를 바탕으로 1972년 4월 20일, 전매공사 총재에게 '궐련형 전자담배의 포장에 대한 표시에 대해서는 니코틴, 타르의 양을 표시하는 대신, 과흡에 대해 주의를 촉구하는 취지의 표시를 하도록 한다.'는 지시를 내렸다. 이에 따라 전매공사는 같은 해 8월부터 '건강을 위해 과흡에 주의합시다'라는 주의 표시를 하게 됐다(을1 내지 3).

그 후, 전매제도가 폐지되고 전매공사가 JT에 사업을 인계하게 되어 1985년 4월 1일 시행된 담배사업법 39조 1항에 '회사(주: JT) 또는 특정 판매업자(주: 수입판매업자)는 제조담배로 대장성령에서 정하는 것을 판매용으로 제공하기 위해 제조하거나 수입한 경우에는 해당 제조담배를 판매할 때까지 해당 제조담배에 소비자에 대해 제조담배의 소비와 건강과의 관계에 관해 주의를 촉구하기 위한 대장성령에서 정하는 문언을 대장성령에서 정하는 바에 따라 표시해야 한다.'라고 규정하고 동법 시행규칙에서는 종전과 동일한 앞의 문언을 정했다.

1989년 주의표시가 개정되었는데, 그 경위는 다음과 같다. 대장대신은 1988년 4월 담배사업심의회에 '흡연과 건강에 관한 담배사업의 기본방향'에 대해 자문을 했다. 동 심의회는 R 재단법인 결핵예방회 상임이사, S 재단법인 흡연과학연구재단 연구심의회 회장, T 군마대학 의학부 교수, U 도쿄의과대학 명예교수, V 국립민속학박물관 교수 등 각 분야의 학식 경험자로부터의 의견 청취를 실시하는 등의 검토를 거쳐 답신을 정리했다. 그 답신은 '흡연의 건강에 미치는 영향에 대한 의학적 지견이 축적되어 과도한 흡연뿐만 아니라 흡연 일반에 대하여 주의를 환기할 필요가 있으므로 주의문언은 '당신의 건강을 해칠 우려가 있으므로 과다하게 들이마시는 것에 주의합시다'라고 하는 것이 적당하다고 생각한다.'라고 하고, '담배 연기 중의 타르(T)는 건강에 영향을 미칠 것이라고 생각되는 주된 성분이며, 니코틴(N)은 담배 연기 중의 주요 약리활성물질로 건강에 영향을 미칠 것으로 생각되므로 흡연자에 대해 흡연과 건강의 관계에 관해 주의를 촉구하기 위한 객관적인 정보제공의 하나로서 궐련 담배의 포장에 NT량을 표시하는 것이 적당하다.'라고 하고 있다. 그리고 대장대신은 1989년 10월 12일, 담배사업법 시행규칙 36조를 개정하여 주의 문언을 상기의 답신대로 하고, 또한 타르·니코틴의 양을 표시하기로 했다(을4,5).

재무대신은 2001년 1월 30일, 재정제도 등 심의회에 대해 최근의 담배사업을 둘러싼 상황을 바탕으로

JT의 경영의 방향성, 담배사업에 대한 공적 관여의 방향성 등 담배사업을 둘러싼 여러 과제에 대해 자문을 실시했다. 동 심의회는, 2002년 10월 10일, 중간 보고를 실시했다. 그 보고 속의 주의 문언에 관한 부분에서는 「주의 문언을 포장에 표시하는 것은 흡연이 건강에 대한 리스크이며, 이러한 리스크를 인식한 다음 개인의 자기책임에 의해 흡연을 실시할지 여부를 판단해야 하는 것이므로, 필요 불가결하다고 생각된다.」라고 하고, 전문가를 중심으로 한 워킹 그룹을 설치해 전문적 관점에서 구체적으로 검토를 진행하는 것이 적당하다고 하고 있다. 따라서 조만간 주의 문구가 개정될 것으로 기대된다 (병7).

상기와 같이 담배의 경고표시(주의 문언)는 1972년에 대장대신의 지시에 따라 구 주의 문언이 사용되어 전매제도의 폐지에 따라 담배사업법에 의해 주의 문언의 기재가 의무화되고(내용은 성령에 위임되었다), 1989년에 대장성령의 개정으로 현행의 주의 문언과 NT량 표시에 이르고 있다. 그리고 현재 주의 문언의 개정 작업이 이루어지고 있는 중이다.

그런데 담배에 경고표시를 할 것인지, 어떤 내용을 표시할 것인지는 외국에서도 그 나라의 실정에 따라 입법이나 행정규제에 의해 행해지고 있는 것이며, 이는 우리 나라에서도 마찬가지라고 할 수 있다. 담배의 포장에 구 주의 문언이 이용되게 된 1972년은 미합중국 1965년, 영국 1971년에 비해 늦었지만, 그렇다고 특히 늦었다고는 할 수 없다.

원고들은 주의문언이 '건강을 위해 과흡에 주의합시다'(구 표시), '당신의 건강을 해칠 우려가 있으므로 과흡에 주의합시다'(현행 표시)로는 불충분하며 니코틴 의존증이 있는 사람에 대해서는 도저히 효과가 있는 경고가 아니라고 주장한다. 그러나, 상품으로서 판매하는 물건에 '건강을 위해 과흡에 주의합시다'라든가 '당신의 건강을 해칠 우려가 있습니다'라는 기재가 있는 것 자체가 매우 특이한 사태이다. 1972년의 주의 표시 개시는 당시의 흡연가에게 있어서는 당시의 매스컴 보도 등과 맞물려 흡연이 건강에 해롭다는 것의 주의 환기로서는 일정한 역할을 한 것을 쉽게 추측할 수 있다. 또, 주의 문언을 어떠한 내용으로 할지, 문자뿐만 아니라 도안, 사진 등을 이용할지 등 전문적인 지견을 필요로 하는 사항이기도 하다.

상기와 같이 경고 표시 결정 과정은 전문가의 의견을 듣고 1972년의 주의 표시 실시에 대해서는 국회의 심의를 거치는 등 신중한 절차를 거쳐 결정된 것으로, 심의회 결론의 전제가 되는 담배의 유해성에 관한 사실 인식이 당시 담배의 유해성에 관한 일반적인 지견 수준과 현저하게 동떨어져 있다고는 인정되지 않는다. 또, 1989년 개정 시 문언은, 과도한 흡연뿐만 아니라 흡연 일반에 대해 주의를 환기할 필요가 있다고 하는 심의회의 방침과의 관계에서는 흡연 일반의 위험성을 경고하는 표시로서 약하다는 의심도 있지만, 당시의 상황에 비추어 당부당의 문제를 넘어 위법이라고는 할 수 없다.

어쨌든 담배 소비자가 담배 건강에 대한 유해성에 대해 의식하고, 흡연을 할지 여부를 자기결정하기에 적합한 문언이어야 한다. 이 견지에서 검토하면, 상기의 구 주의 문언, 현행 주의문언 모두 흡연자에 대한 경고로서의 기능을 하고 있는 것으로 인정할 수 있다.원고들의 주장과 같은 경고표시를 하지 않은 것이 불법행위법상 위법하다고 평가된다고 할 수 없다.

또한 JT는 주의 문언이 법령으로 정해져 있는 이상 이와 다르게 표시하는 것이 법률상 할 수 없다고 주장하나, 담배사업법 39조 1항에 의한 건강을 위한 주의 표시의 입법 취지에 비추어 법정된 표시를 하는 것 외에 이를 모순하지 않는 한도에서의 건강에 관한 주의 표시를 하는 것은 법이 금지하는 바가 아니라고 해석되므로, 이 점은 덧붙인다.

(7) 광고규제에 대해서

담배사업법 40조 1항은 '제조담배에 관한 광고를 실시하는 자는 미성년자의 흡연방지 및 제조담배의 소비와 건강과의 관계를 배려하는 동시에 그 광고가 과도하게 이루어지는 일이 없도록 노력해야 한다'고 규정하고, 2항 이하에서 재무대신이 광고의 지침을 나타낼 수 있는 것, 지침에 따르지 않는 광고를 실시한 자에 대한 권고 등을 정하고 있다. 일본담배협회에서는 자주규제로서 텔레비전, 라디오, TV 보드, 인터넷 사이트나 미성년자를 위한 잡지에서의 제품광고 금지, 학교 부근에서의 옥외광고 간판 금지, 옥외광고 간판에서의 면적규제 및 주의표시 게재 등을 규정하고 있다(병7). 담배광고는 담배소비량에 영향을 미치는 사항이며, 또한 미성년자의 흡연방지라는 관점에서 중요한 문제이며 심의회에서의 충실한 심의가 요망된다. 그러나, 상기와 같이 담배의 제조·판매가 위법하다고 말할 수 없는 이상, 광고를 하고 있는 것이, 위법성을 근거로 하는 사정은 되지 않는다.

(8) 자동판매기에 대해서

자동판매기에 대해서는 미성년자의 흡연 방지 관계로 문제가 되고 있다. 1989년 이후의 소매점포 허가 시 자동판매기가 점포에 병설되도록 취급되고 있으며, 1998년부터는 심야 자동판매기의 가동정지 조치가 이루어지고 있다. 또, 현재 성인 식별 기능이 있는 자동판매기의 도입이 검토되고 있다(병7).

원고들은 자동판매기가 없을 무렵에 흡연을 시작한 것이며, 성인이기 때문에 이러한 것도 본 건에 있어서 위법성의 근거가 되지 않는다.

(9) 기타

원고들은 JT는 자사에서의 연구결과를 거의 공표하지 않고 연구결과를 비밀로 하는 등(갑 139), 담배의 해를 부정 또는 애매화하는 리플릿을 배포하는 등 정보를 은폐했다고 주장한다. 그러나, 본건 전체 증거를 검토해도, JT가 어느 정도 연구 결과를 공표하거나 비공표로 하고 있었는지는 분명하지 않으며(갑 139의 표지에는 비밀이라는 기재가 인정되지만, 이것만으로 연구 결과나 유해성 정보가 은폐되어 있었다고 인정하기에는 부족하다.), JT가 연구 정보를 은폐했다고 인정할 수는 없다.

또, JT가 1980년에 배포한 「흡연과 건강 Q&A」(을 175)는, 「흡연이 폐암의 원인이라고 과학적으로 결론지을 수는 없습니다.」 「담배를 피웠기 때문에 실제로 수명이 짧아질지 모르겠습니다.」 등, 담배의 해를 애매화하고 있는 것처럼 읽을 수 있는 부분이 많아, 흡연의 유해성이 사회 상식이 되고 있던 당시의 사회의 흐름에 역행하는 것은 아니다. 그러나, 이 리플릿은 임산부나 호흡기에 이상이 있는 사람의 흡연에 대해서는 주의를 촉구하는 등 하고 있는 것, 흡연자 쪽이 비흡연자보다 폐암 사망률이 높다고 하는 통계적 결과가 있는 것을 인정하는 등으로 보면, 담배의 해에 관한 표현 등의 적절함은 의문이 있다고 해도, 어디까지나 판매자인 일본전매공사로서의 견해를 나타낸 것에 지나지 않으며 고의로 흡연과 건강에 관한 연구 결과를 왜곡해, 정보 은폐라고 평가될 정도의 것이라고는 인정되지 않는다. 덧붙여 이 리플릿은, 그 후, 매스컴 등에 의해 많은 비판에 노출되어 있다(갑 93, 을 160의 D111, 112).

(10) 소결론

이상 검토한 바에 의하면, JT(일본전매공사를 포함하여)가 실시해 온 담배의 제조·판매가 불법행위법상 위법하다고 할 수는 없다. 따라서 원고들의 JT에 대한 손해배상 청구는 이유 없다.

(중략)

6. 쟁점(5) (피고 국가의 위법행위)에 대하여

이 점 원고들의 주장은 JT(일본전매공사 시대를 포함한다.)의 담배의 제조·판매가 위법하고, 이에 대해 국가가 적절하게 그 권한을 행사하지 않은 것을 국가배상법상의 위법행위로 하는 것이다. 구체적으로는 제품 회수, 판매금지 조치를 취하지 않은 것, 안전한 담배, 니코틴리스 담배로 전환하도록 명령 지도하지 않은 것, 강력한 경고 표시를 한 후 판매하도록 명령 지도하지 않은 것을 위법행위로서 주장하고 있다.

그러나 전전 항에서 말한 바와 같이 JT의 제조·판매에 대해 위법하다고 보아야 할 점은 인정되지 않으므로, 피고 국가가 상기 조치를 취할 의무가 있었다고는 인정되지 않는다. 피고 국가가 담배사업에 대한 규제 조치의 적부에 대해서는 전전 항에서도 필요한 한도에서 언급하고 있으며, 국가가 원고들이 주장하는 바와 같은 법률상의 의무를 지고 있다고도 인정되지 않는다.

따라서 원고들의 피고 국가에 대한 손해배상 청구는 이유 없다.

7. 역학적 인과관계에 대하여

위와 같이 피고들의 행위에는 위법성이 인정되지 않고, 피고들에게 손해배상책임이 인정되지 않는 것은 분명하나, 원고들은 JT의 담배 제조·판매행위와 자신의 질병과의 인과관계에 관하여 JT의 제조·판매, 원고들의 흡연, 담배가 담배병의 원인이라는 점의 3점이 증명되면 피고들의 행위와 원고들이 질병에 대하여 개별적 인과관계가 입증된다고 주장하므로, 이 점에 관하여 덧붙인다.

불법행위 및 국가배상에 근거한 손해배상 청구가 성립하기 위해서는 각각의 피해자에 관한 개별적인 인과관계가 '그것이 없으면 이것이 없다'는 관계에서 고도의 개연성을 가지고 증명되어야 하며, 해당 원인에 의해 어떤 질병에 걸리기 쉬워졌다는 것만으로는 인과관계를 인정할 수 없다.

흡연에 의해 폐암, 후두암, 폐기종의 이환율이 높아지는 것은 앞에서 기술한 바와 같다. 그러나 역학에 의한 기여위험도 비율은 어떤 요인의 폭로군과 비폭로군의 이환자 수를 다른 요인을 섞지 않고 비교한 것이며, 어떤 요인과 다른 요인의 기여 위험도의 합이 100% 이상이 될 수도 있으므로, 그 수치를 해당 질병의 원인이 된 확률로서 그대로 사용할 수는 없다(을 170). 그런데 암은 흡연 외에 유전, 식생활, 노화 등 다양한 요인에 의해 발병하는 비특이 질환이며, 폐암은 대기오염, 흡연, 노화, 식생활, 직업 노출, 호흡기 질환의 기왕증(既往症·유전 등)이 원인이라고 알려져 후두암은 흡연·음주·구강위생·음식물의 오연·위식도산 역류증·음성의 혹사·직업 노출·바이러스·가령(加齡)·유전·남성 호르몬 등이 원인이라고 알려져 있다.

또 폐기종은 흡연 외에 노화, 대기오염, 효소결손, 만성기관지염, 인종, 성, 폐질환의 기왕증 등 다양한 요인에 의해 발병하는 비특이 질환이다. 그리고 통계에 의하면 원고들의 질병이 비특이 질환이며, 일본의 남성 흡연율은 구미 여러 나라와 비교해서 높지만, 일본의 폐암 사망률은 구미에 비해 현저하게 낮고, 프랑스인 남성 흡연율은 일본인 남성보다 약 20% 낮음에도 불구하고, 프랑스인 남성의 후두암 사망률은 일본인 남성의 약 10배가 되고 있는 등 흡연 이외의 요인을 시사하는 결과를 볼 수 있다.

따라서 이 사건에서는 역학상의 데이터로서 흡연자가 비흡연자에 비해 해당 질병에 이환될 확률이 상당 정도 높아지고 있다고 해도 그 결과를 다른 요인의 존재 여부나 그 기여 비율 등의 검토 없이는 개별적인 인과관계로 연결시킬 수 없다(갑2, 을28, 33, 34, 38, 40 내지 42, 46, 53, 56, 57, 59, 60 내지 68, 71, 73).

그리고 본건은 위와 같은 비특이질환임에도 불구하고 다른 요인의 부존재에 관한 검토는 전혀 이루어지지 않은 점, 흡연율과 폐암 사망률의 비율이 반드시 일치하지 않는 점 등 원고들의 질병에 대하여 흡연 이외의 요인의 영향이 강하게 고려되는 점으로 볼 때, 흡연으로 원고들의 질병의 이환율이 상당 정도 높아진다는 것이 역학에 의해 증명되었다고 하더라도, 그 점에서 개별 원고들에 대한 인과관계를 추인할 수는 없으며, 원고들의 질병은 담배에 의한 것이라고 인정할 수는 없다.

위 도쿄 지방재판소 사건에서는 ① 담배의 유해성, ② 담배의 의존성, ③ JT의 위법행위 여부, ④ JT배 역대 경영자들의 책임 유무, ⑤ 국가의 위법행위 여부, ⑥ 원고들의 손해(질병) 존재 여부 및 가해행위와 손해의 인과관계, ⑦ 손해배상청구권에 대한 소멸시효, ⑧ 금지 청구의 가부 등이 쟁점이 되었다. 그러나 담배의 유해성이나 의존성(의존성은 매우 낮다고 보았다)이 인정된다고 하더라도, JT의 담배 제조·판매행위의 위법성을 부정하여 그 이후의 쟁점에 대해서도 책임을 부정하는 결론에 이르고 있다. 특히 암과 같은 비특이성 질환의 경우는 원인행위와 질병발생 사이의 개별적 인과관계를 증명하여야 하는데, 비록 역학상의 데이터로서 흡연자가 비흡연자에 비해 해당 질병에 이환될 확률이 상당 정도 높아지고 있다고 해도 그 결과를 다른 요인의 존재 여부나 그 기여 비율 등의 검토 없이는 개별적인 인과관계로 연결시킬 수 없으므로 흡연으로 피해자들의 질병의 이환율이 상당 정도 높아진다는 것이 역학에 의해 증명되었다고 하더라도, 개별 피해자에 대한 인과관계를 인정할 수는 없다고 보았다는 점에서 우리의 경우와 다르지 않은 입장이다.

대체로 담배회사인 JT는 피해자들의 자발적인 흡연이나 인과관계 부재를 주장하는데, 일본 사법부는 이와 같은 불법행위를 이유로 하는 손해배상청구에 대해서는 미국이나 캐나다와 달리 손해발생의 인과관계를 부정함으로써 담배회사의 책임을 부정하는 경향이다.

3. 기타

가. 캐나다

캐나다는 흡연의 위해성을 심각하게 받아들여 정부 차원에서 적극적으로 흡연 피해 배상 법률을 제정하였다. 1997년 가장 먼저 브리티시 컬럼비아 주에서 담배손해배상법 (Tobacco Damage and Recovery Act)을 제정하였다. 다만 위 법률에 대하여 담배회사들은 위헌소송을 제기하였고, 주 대법원은 위헌결정을 내렸다. 브리티시 컬럼비아주는 위헌 결정이 난 부분을 수정하여 담배손해 및 치료비배상법(Tobacco Damage and Health Care Costs Recovery Act)을 다시 제정하고. 담배회사는 다시 위헌소송을 제기하였으나, 캐나다 연방 대법원은 최종적으로 합헌 결정을 내렸다.

담배손해 및 치료비배상법의 주요내용은 ① 주정부는 의료비 보장에 따른 진료비 지출에 대한 직접적인 소송권한이 있고, ② 인과관계에 대한 입증책임을 완화하여 흡연자의 발병원인이나 구체적인 의료비 액수의 입증이 필요로 하지 않으며, ③ 담배회사가 담배로 인하여 흡연자들이 해를 입지 않았음을 입증하여야 한다는 것이다. 브리티시 콜리비아 주법을 모델로 하여 온타리오, 퀘백 등을 비롯한 다른 주[26]에서도 주법을 제정하였다.

2012년부터 퀘백주에서는 세 담배회사들을 상대로 소송을 제기했고 그 결과 2015년 5월 퀘백 대법원과 2019년 퀘백 항소법원에서 담배회사들의 위법행위로 흡연자들이 피해를 입은 사실을 인정하고, 100,000명의 퀘백주 흡연 피해자에게 150억 달러를 보상하라는 명령을 했다.

그러나 담배회사들은 2019년 3월 토론토 법원에 파산보호를 신청하여, 모든 담배 소송이 2019년 3월부터 정지되었으며 2021년 3월 20일이 되어서야 재개되었고, 현재는 법원의 명령으로 합의를 위한 비밀 협상이 진행되고 있다.

나. 유럽 등

미국에서 진행되었던 담배소송의 영향으로 영국, 스코틀랜드, 아일랜드, 핀란드, 프랑스, 일본, 과테말라, 스리랑카, 태국과 노르웨이에서 담배회사들을 상대로 한 손해배상소송이 제기되었다. 유럽연합은 미국과 같이 1998년 담배표시지침을 채택하였는데, 이 지침에서는 각각의 회원국가들이 선택할 수 있는 경고문구의 목록을 제시하고 있다. 또한 유럽연합은 담배방송지침을 제정하여 담배회사가 직접 또는 간접적으로 광고를 위한 목적의 텔레비전 프로그램 협찬을 금지하였고, 2002년에는 신문, 잡지, 인터넷 및 스포츠 행사에서 담배광고를 불법화하였다. 그러나 이러한 입법적 노력과 별개로 담배소송 자체는 피해자가 자유로운 선택으로 흡연을 선택하였기 때문에 담배회사의 손해배상책임을 인정할 수 없다는 인식이 영국과 유럽연합에서의 일반적인 인식이다.

---

26) British Colombia, Saskatchewan, Manitoba, Ontario, Quebec, New Brunswick, Prince Edward Island, Newfoundland and Labrador 등이 담배손해 및 치료비배상법을 두고 있고, Alberta주는 'Crown's Right of Recovery Act'을 시행하고 있다.

다. 영국

    미국의 집단소송의 영향으로 영국에서도 흡연피해자들의 담배회사를 상대로 한 소송들이 진행되었으나 결과로만 판단한다면, 미국처럼 성과를 거두었다고 보기는 어렵다. 담배소송에서의 가장 중요한 난관은 흡연과 피해발생의 인과관계의 입증문제와 장기간의 소송에 따른 비용 부담이다. 또한 영국에서는 손해배상과 관련한 책임제한법으로 인한 담배소송의 제약이 문제가 되고 있다. 이 법률에서는 법원이 예외를 인정하는 경우가 아닌 한 암진단 이후 3년 이내에 소송을 제기하도록 하고 있어 기간 준수의 문제가 있기 때문이다.

    이러한 제약 다음에서도 영국에서는 일반적이지 않은 집단소송 형태로 담배회사를 상대로 한 손해배상청구가 진행되었는데, 대부분 디스커버리 절차단계에서 사건이 종결되었다. 대표적인 경우가 영국의 대형 담배회사 Gallaher와 Imperial Tobacco를 상대로 한 집단소송인 'Leigh Day 케이스'(Leigh Day는 피해자들을 대리한 법률회사의 이름이다)로 불리는 사건이다. 이 사건은 준비절차만 6년이 소요되었고, 법원이 암 진단 후 3년이 경과하였고, 과실책임의 근거가 부족하다는 중간 판결을 하자 52명의 원고 중 46명이 재판을 포기함으로써 결국 본안심리를 거치지 못하고 종결되었다.

    대부분 오랜 준비절차(디스커버리)로 인해 중도 포기가 되는 담배소송과 달리 최초로 본안심리까지 진행된 사건으로는 McTear v. Imperial Tobacco 사건이 있다. Alf McTear는 그가 20살이던 1964년부터 매일 하루 2갑의 담배를 피웠는데, 1992년 폐암을 진단받고 3개월 만에 사망하였다. 그가 사망한 직후 배우자가 담배회사인 Imperial Tobacco를 상대로 50만 파운드의 손해배상을 청구하는 소송을 제기하였다. McTear는 오랜 준비절차와 소송비용 부담 등으로 어려움을 겪었으나 처음으로 본안심리가 개시되어 재판의 결과에 관심이 집중되었으나 2005년 5월 스코틀랜드 법원은, 역학적 인과관계만으로는 흡연과 폐암 사이의 인과관계가 증명되었다고 볼 수 없고, 담배회사는 담배가 소비자에게 위험한 제품이라는 인식이 없었으며, 유해성에 관한 정보 부족에도 불구하고 소비자가 흡연의 위험성에 관하여 충분히 알고 있었다는 이유로 원고의 청구를 기각하였다. 이러한 판단은 2006

년 미국법원이 담배회사가 사기적인 방법으로 마케팅을 하였다고 인정한 것과 대조되는 결과였다(United States v. Phillip Morris, Inc. et al 사건[27]).

이러한 담배소송에서의 피해자들의 주장이 받아들여지지 않은 것과 달리 흡연에 대한 영국의 규제는 상당히 엄격한 상황인데, 이는 흡연으로 인하여 발생하는 사회적 비용과 관계가 있다. 영국 내 위암 사망자의 4명 중 1명이 흡연에 의한 사망이며, 잉글랜드에서만 흡연으로 2020년대에만 한해 6만명 이상의 사망자가 발생하고 흡연과 관계된 질병으로만 매달 75,000건의 지역보건의에 의한 진료가 이루어지고 있어 GP(지역보건의) 진료, NHS(국민의료보험)에 막대한 부담이 발생하고 있다. 흡연은, 실직, 조기사망, NHS 부담, 사회복지 등 전사회적으로 한해 1,700억 파운드에 달하는 경제적 비용이 발생하기 때문에 영국 정부는 2023년 기준 14세 이하의 인구를 대상으로 합법적인 담배 판매가 불가능하도록 하는 새로운 법안 도입을 예고했다. 역사상 처음으로 '흡연 없는 세대(smokefree generation)'을 만들기 위한 조치로서 이 법안에 따르면, 2009년 1월 1일 이후 태어난 사람들에게 담배를 판매하는 행위는 범죄화되며, 이후 사실상 전체 인구에 적용될 시점까지 흡연 가능한 연령을 1년씩 올리는 내용이다(특정한 날짜의 출생자부터는 흡연을 금지하는 법안은 2022년 뉴질랜드에서 세계 최초로 도입되었다).

1982년부터 2021년까지 영국 정부는 여러 가지 담배 규제 정책을 실시하였는데, 1986년 4월, 이전까지는 궐련(cigarettes)에만 해당되었던 16세 이하 판매금지품목의 범위를 모든 담배 제품에 확대하고, 1996년 2월, 청소년을 대상으로 한 금연 캠페인을 시작했다. 2003년 1월부터, 담배갑에 커다란 경고문이 붙게 되었으며, 같은 해 7월 모든 공공장소에서의 흡연이 금지되었다. 2007년 10월, 담배를 구매할 수 있는 법적 연령이 기존의 16세에서 18세로 상향 조정되었고, 2011년 10월부터 담배 자판기가 금지되었으며, 2012년 4월에는 대형 매장에서의 담배 진열이 금지되었다. 이와 같은 담배 진열 금지 조치는 2015년 4월 전 매장으로 확대되었다. 2014년 3월, 18세 이하의 청소년에게 성인이 대신하여 담배를 구입해주는 행위가 불법화되었고, 2015년 10월, 18세 이하 동석 시 차량 내 흡연이 금지되었다.

---

27)   449 F. Supp. 2d 1(D.D.C. 2006).

또한 2016년부터 담배갑포장의 규격화를 도입하고, 2020년 5월, 대다수의 청년층이 멘톨(menthol) 향의 궐련으로 흡연을 시작한다는 조사 결과에 따라, 멘톨 향의 궐련 및 손으로 말아서 피는 담배(hand rolling tobacco)의 판매가 금지되었다.

라. 호주

호주 정부는 1990년부터 2020년까지 약 30년 동안 여러 차례의 담뱃세 인상, 담배광고 금지, 담뱃갑 경고그림 부착 및 무광고 표준담뱃갑 도입 등의 담배규제정책 이행으로 약 30%이던 궐련 흡연율을 2020년 기준으로 15% 이하로 감소시킬 수 있었다. 이 기간 동안 호주 정부가 사용한 규제수단으로는 세금 인상, 인쇄 매체를 통한 광고 금지, 판매점에서의 광고 금지, 판매점에서의 전시 금지, 담배 포장에 경고문구 게재, 대규모 금연 캠페인 등이 있었다.

담뱃세 인상의 경우, 호주 정부는 2013년부터 2020년까지 매년 12.5%의 담뱃세를 꾸준히 인상하여 소비자의 구매력을 감소시키는 전략을 사용하였는데, 1990년부터 2020년까지의 네 차례 세금인상의 결과 2005년 0.59 호주달러였던 궐련 한 개비가 2022년에는 1.76 호주달러까지 인상되었다. 그러나 이러한 주기적이고 지속적인 담뱃세 인상 정책은 저렴한 대체 담배제품으로 이동하게 하거나 상대적으로 저렴한 다른 담배제품, 예컨대 스스로 말아 피우는 담배(roll-your-own tobacco)로 수요변화를 초래하였다. 그럼에도 불구하고 호주의 담뱃세 인상 정책은 전반적으로 성인 궐련 흡연율 감소에 효과적인 수단으로 인정되었고, 흡연자의 행태변화에 영향을 미치게 되었다.

호주의 경우 2021년 액상형 전자담배와 궐련형 전자담배 등 니코틴이 포함된 담배제품에 대한 새로운 정책을 시행하였고, 궁극적으로 호주 내 액상형 전자담배와 궐련형 전자담배는 의사의 처방을 통해서만 사용할 수 있게 되어 있다.

호주 정부는 2010년 이후에 출생한 호주 사람을 대상으로 흡연을 금지하는 담배 없는 세대(tobacco free generation) 정책을 추진하였고, 금연홍보캠페인 추진, 담배업계의 담배

규제정책 방해 전략 차단, 금연지원서비스 강화, 담배구매 감소, 포괄적 금연구역제도 도입, 담배광고 전면금지, 신종담배에 관한 규제 강화를 모색하고 있는 현실이다. 호주 정부는 국가담배규제전략(National Tobacco Strategy, 2022-2030)의 수립으로 2030년까지 성인 궐련 흡연율을 5% 이하로 낮추는 것을 목표로 하고 있다.

마. 뉴질랜드

뉴질랜드는 1963년부터 2008년까지 TV 및 라디오 광고금지(1963), 건강경고문(1974년), 실내 사업장 흡연금지(이하 1990년), 16세 미만 담배판매 금지, 담배광고금지, 식당 등에서의 흡연금지(2004), 흡연경고 그림 의무화(2008), 여러 차례의 세금인상 등 담배규제정책을 지속해서 강화해왔다.

뉴질랜드 정부는 2008년까지 추진된 강력한 담배규제정책에도 불구하고 흡연 관련 질병 발생 및 공중보건적 위협이 남아있어 기존 담배규제정책을 점진적으로 강화하는 것보다 근본적으로 흡연을 종결하기 위한 목표에 집중하여 WHO FCTC에서 권고하고 있는 담배규제정책을 뛰어넘는 새로운 정책(game changer) 도입에 높은 관심을 보였다. 이러한 배경에서 뉴질랜드 정부는 2011년 뉴질랜드 성인 궐련 흡연율을 최소 수준으로 낮춰서 2025년까지 담배 없는 뉴질랜드를 만들겠다는 'Smoke-free Aotearoa 2025'를 발표하였다.

뉴질랜드 정부는 이후 10년 동안 담뱃세 인상, 담배소매점 내 담배 진열금지, 흡연자 대상 금연지원서비스 제공, 무광고 표준담뱃갑 포장 도입, 금연캠페인, 담뱃갑 건강경고 그림 및 문구 확대, 교도소 내 금연, 자동차 내 금연 등의 담배규제정책을 시행하였지만, 2025년까지 목표 달성이 불투명한 상황이었다.

2021년 뉴질랜드 정부는 새로운 담배규제정책을 실행할 발표했는데, 첫째는 중독을 유발하지 않는 수준의 니코틴만 함유하고 있는 담배제품(Very low nicotine cigarettes, VLNCs)만을 허용하겠다는 것이다. 두 번째는 담배소매점 수를 줄이는 등 연기 나는 담배제품에 대한 접근, 사용 가능성을 낮추는 것이다. 세 번째로 연기 나는 담배제품에 대한 접근성을 줄이기 위한 다른 방법으로 특정 연도에 태어난 사람들에게는 담배제품을 판매하거나 공급하는 것을 원천적으로 금지하는 담배 없는 세대(tobacco free generation)를 지정하겠다는 것이다. 이 과정에서 뉴질랜드 정부는 2020년에 기존 The Smoking Environments and Regulated Products Act 1990을 개정하여 액상형 전자담배와 각종 무연담배(smokeless tobacco products)에 관한 포괄적인 규정을 마련하여 액상형 전자담배에 대한 포괄적 마케팅과 후원활동을 금지하고, 액상형 전자담배를 전문적으로 판매할 수 있는 사람이 없는 액상형 전자담배 매장에서는 제한적인 맛과 향이 포함된 제품만 판매할 수 있도록 규정하였다. 그리고 지난 2023년 1월 마침내 '흡연 없는 2025 사업계획(Smokefree 2025 Action Plan)'의 일환으로서 특정 날짜 이후에 출생한 이들에게 담배 판매를 전면 금지하는 법을 세계 최초로 도입하였다.

담배사업법

[시행 2020. 7. 1.] [법률 제17142호, 2020. 3. 31., 일부개정]

기획재정부(출자관리과) 044-215-5176

제1장 총칙 〈개정 2014. 1. 21.〉

제1조(목적) 이 법은 담배의 제조 및 판매 등에 관한 사항을 정함으로써 담배 산업의 건전한 발전을 도모하고 국민경제에 이바지하게 함을 목적으로 한다.

[전문개정 2014. 1. 21.]

제2조(정의) 이 법에서 사용하는 용어의 뜻은 다음과 같다.〈개정 2020. 6. 9.〉

1. "담배"란 연초(煙草)의 잎을 원료의 전부 또는 일부로 하여 피우거나, 빨거나, 증기로 흡입하거나, 씹거나, 냄새 맡기에 적합한 상태로 제조한 것을 말한다.
2. "저발화성담배"란 담배에 불을 붙인 후 피우지 아니하고 일정시간 이상 내버려둘 경우 저절로 불이 꺼지는 기능을 가진 담배로서 제11조의5제2항에 따른 인증을 받은 담배를 말한다.

[전문개정 2014. 1. 21.]

제3조 삭제 〈2014. 1. 21.〉

제2장 삭제 〈2001. 4. 7.〉

제4조 삭제 〈2001. 4. 7.〉

제5조 삭제 〈2001. 4. 7.〉

제6조 삭제 〈2001. 4. 7.〉

제7조 삭제 〈2001. 4. 7.〉

제8조 삭제 〈2001. 4. 7.〉

제9조 삭제 〈2001. 4. 7.〉

제10조 삭제 〈2001. 4. 7.〉

제3장 제조·판매 및 수입 〈개정 2014. 1. 21.〉

제11조(담배제조업의 허가) ① 담배제조업을 하려는 자는 대통령령으로 정하는 바에 따라 기획재정부장관의 허가를 받아야 한다. 허가받은 사항 중 대통령령으로 정하는 중요한 사항을 변경할 때에도 또한 같다.

② 기획재정부장관은 제1항에 따른 담배제조업의 허가(이하 "담배제조업허가"라 한다)를 받으려는 자가 대통령령으로 정하는 자본금, 시설, 기술인력, 담배 제조 기술의 연구·개발 및 국민건강 보호를 위한 품질관리 등에 관한 기준을 충족한 경우에는 허가를 하여야 한다.

[전문개정 2014. 1. 21.]

제11조의2(담배제조업허가의 결격사유) 다음 각 호의 어느 하나에 해당하는 자는 담배제조업허가를 받을 수 없다.〈개정 2020. 3. 31.〉

1. 미성년자 또는 피성년후견인·피한정후견인

2. 파산선고를 받고 복권되지 아니한 자

3. 이 법을 위반하여 징역의 실형을 선고받고 그 집행이 끝나거나(집행이 끝난 것으로 보는 경우를 포함한다) 집행이 면제된 날부터 1년이 지나지 아니한 사람

4. 이 법을 위반하여 징역형의 집행유예를 선고받고 그 유예기간 중에 있는 사람

5. 제11조의4에 따라 담배제조업허가가 취소(이 조 제1호 또는 제2호에 해당하여 담배제조업허가가 취소된 경우는 제외한다)된 후 2년이 지나지 아니한 자

6. 대표자가 제1호부터 제5호까지의 어느 하나에 해당하는 법인

[전문개정 2014. 1. 21.]

제11조의3(담배제조업의 양도·양수 등) ① 담배제조업허가를 받은 자(이하 "제조업자"라 한다)는 담배제조업을 양도하려고 하거나 다른 법인과 합병하려면 기획재정부령으로 정하는 바에 따라 기획재정부장관에게 신고하여야 한다.

② 제1항에 따른 양도 신고를 하였을 때에는 담배제조업을 양수한 자는 담배제조업을 양도한 자의 제조업자로서의 지위를 승계하며, 법인 합병의 신고를 하였을 때에는 합병으로 설립되거나 합병 후 존속하는 법인은 합병으로 소멸되는 법인의 제조업자로서의 지위를 승계한다.

③ 제조업자가 사망한 경우 상속인이 담배제조업을 계속하려면 피상속인이 사망한 날부터 30일 이내에 기획재정부령으로 정하는 바에 따라 기획재정부장관에게 신고하여야 한다.

④ 상속인이 제3항에 따른 상속 신고를 하였을 때에는 피상속인이 사망한 날부터 신고일까지의 기간 동안은 피상속인에 대한 담배제조업허가를 상속인에 대한 담배제조업허가로 본다.

⑤ 제3항에 따라 상속 신고를 한 상속인은 피상속인의 제조업자로서의 지위를 승계한다.

⑥ 제1항과 제3항에 따른 신고에 관하여는 제11조의2를 준용한다.

[전문개정 2014. 1. 21.]

제11조의4(담배제조업허가의 취소 등) 기획재정부장관은 제조업자가 다음 각 호의 어느 하나에 해당하는 경우에는 담배제조업허가를 취소하거나 기획재정부령으로 정하는 바에 따라 1년 이내의 기간을 정하여 그 영업의 정지를 명할 수 있다. 다만, 제1호, 제3호 또는 제4호에 해당하는 경우에는 그 허가를 취소하여야 한다.

1. 부정한 방법으로 담배제조업허가를 받은 경우

2. 제11조제2항에 따른 담배제조업허가의 기준을 충족하지 못하게 된 경우

3. 제11조의2 각 호의 결격사유 중 어느 하나에 해당하게 된 경우. 다만, 법인의 대표자가 그 사유에 해당하게 된 경우로서 6개월 이내에 그 대표자를 바꾸어 임명한 경우는 제외한다.

4. 제11조의5제3항에 따른 화재방지성능인증서를 제출하지 아니한 담배를 제조하여 판매한 경우

5. 제12조제3항을 위반하여 담배를 판매한 경우

6. 제25조 또는 제25조의2를 위반한 경우

7. 그 밖에 이 법 또는 이 법에 따른 명령을 위반한 경우

[전문개정 2014. 1. 21.]

제11조의5(저발화성담배의 제조·수입 및 성능인증) ① 제조업자 또는 수입판매업자(제13조제1항에 따른 담배수입판매업의 등록을 한 자를 말한다. 이하 같다)가 피우는 담배를 제조 및 수입하는 경우 그 담배는 대통령령으로 정하는 화재방지성능을 갖추어야 한다.

② 제조업자 또는 수입판매업자는 매 반기마다 소방청장으로부터 품목별로 저발화성담배

의 화재방지성능에 관한 인증(이하 "화재방지성능인증"이라 한다)을 받아야 한다.〈개정 2014. 11. 19., 2017. 7. 26.〉

③ 화재방지성능인증을 받은 제조업자 또는 수입판매업자는 화재방지성능인증서를 기획재정부장관에게 제출하여야 한다.

④ 화재방지성능인증을 위한 시험항목, 성능기준 및 수수료 등에 관한 사항과 화재방지성능인증 신청 및 성능인증서 발급절차 등에 관하여 필요한 사항은 대통령령으로 정한다.

⑤ 소방청장은 화재방지성능인증을 받지 아니한 담배를 제조 또는 수입·판매하는 것으로 의심되는 경우에는 해당 담배를 제조 또는 수입·판매한 자에게 화재방지성능인증을 받도록 명할 수 있다.〈개정 2014. 11. 19., 2017. 7. 26.〉

[본조신설 2014. 1. 21.]

제11조의6(화재방지성능인증기관의 지정) ① 소방청장은 제11조의5에 따른 화재방지성능인증 업무를 효율적으로 실시하기 위하여 화재방지성능인증기관을 지정할 수 있다.〈개정 2014. 11. 19., 2017. 7. 26.〉

② 제1항에 따른 화재방지성능인증기관의 지정에 필요한 시설, 전문인력 등의 요건과 지정절차 및 지정방법 등에 관하여 필요한 사항은 대통령령으로 정한다.

③ 제1항에 따라 지정된 화재방지성능인증기관은 제11조의5제4항의 인증기준에 적합한 담배에 대하여 화재방지성능인증서를 발급할 수 있다.

④ 소방청장은 제1항에 따라 지정된 화재방지성능인증기관이 다음 각 호의 어느 하나에 해당하면 그 지정을 취소하거나 9개월 이내의 범위에서 업무의 정지를 명할 수 있다. 다만, 제1호·제3호(고의 또는 중대한 과실인 경우에 한정한다) 또는 제4호에 해당하는 경우에는 지정을 취소하여야 한다.〈개정 2014. 11. 19., 2017. 7. 26.〉

  1. 거짓이나 그 밖의 부정한 방법으로 지정을 받은 경우

  2. 제2항에 따른 지정요건에 미달된 경우

  3. 제3항에 따른 화재방지성능인증서를 거짓으로 발급한 경우

4. 업무정지 기간 중에 업무를 한 경우

⑤ 제4항에 따른 행정처분의 기준 등 필요한 사항은 대통령령으로 정한다.

[본조신설 2014. 1. 21.]

제12조(담배의 판매) ① 제조업자가 제조한 담배는 그 제조업자가, 외국으로부터 수입한
담배는 그 수입판매업자가 다음 각 호에 해당하는 자에게 판매한다.

1. 도매업자(제13조제1항에 따른 담배도매업의 등록을 한 자를 말한다. 이하 같다)

2. 소매인(제16조제1항에 따른 소매인의 지정을 받은 자를 말한다. 이하 같다)

② 소매인이 아닌 자는 담배를 소비자에게 판매해서는 아니 된다.

③ 제조업자, 수입판매업자, 도매업자 또는 소매인은 다음 각 호의 담배를 판매해서는 아
니 된다.

1. 담배제조업허가를 받지 아니한 자가 제조한 담배

2. 「관세법」 제14조에 따라 부과되는 관세를 내지 아니하거나, 같은 법 제235조에 따라 보
호되는 상표권을 침해하거나, 같은 법 제241조에 따른 수입신고를 하지 아니하고 수입
된 담배

3. 절취 또는 강취(强取)된 담배

4. 제11조의5제3항을 위반하여 화재방지성능인증서를 제출하지 아니한 담배

④ 소매인이 담배를 소비자에게 판매하는 경우에는 우편판매 및 전자거래(「전자문서 및
전자거래 기본법」 제2조제5호에 따른 전자거래를 말한다. 이하 같다)의 방법으로 하여
서는 아니 된다.

[전문개정 2014. 1. 21.]

제13조(담배판매업의 등록) ① 담배수입판매업을 하려는 자는 그의 본점 또는 주된 사무
소의 소재지를 관할하는 특별시장·광역시장·특별자치시장·도지사 또는 특별자치
도지사(이하 "시·도지사"라 한다)에게 등록하고, 담배도매업(제조업자나 수입판매업

자로부터 담배를 매입하여 다른 도매업자나 소매인에게 판매하는 영업을 말한다. 이하 같다)을 하려는 자는 그의 본점 또는 주된 사무소의 소재지를 관할하는 특별자치시장·특별자치도지사·시장·군수 또는 구청장(구청장은 자치구의 구청장을 말하며, 이하 "시장·군수·구청장"이라 한다)에게 등록하여야 한다. 등록한 사항 중 기획재정부령으로 정하는 중요사항을 변경할 때에도 또한 같다.

② 제1항에 따른 등록을 하려는 자는 대통령령으로 정하는 요건을 갖추어야 한다.

③ 제1항에 따라 담배수입판매업의 등록업무를 한 시·도지사는 등록한 날부터 7일 이내에 기획재정부장관, 행정안전부장관, 보건복지부장관, 환경부장관, 여성가족부장관, 관세청장 및 다른 시·도지사에게 각각 그 내용을 통보하여야 한다.〈개정 2014. 11. 19., 2017. 7. 26.〉

[전문개정 2014. 1. 21.]

제14조(담배판매업 등록의 결격사유) 다음 각 호의 어느 하나에 해당하는 자는 제13조제1항에 따른 담배수입판매업 또는 담배도매업의 등록을 할 수 없다.〈개정 2020. 3. 31.〉

1. 미성년자 또는 피성년후견인·피한정후견인

2. 파산선고를 받고 복권되지 아니한 자

3. 이 법을 위반하여 징역의 실형을 선고받고 그 집행이 끝나거나(집행이 끝난 것으로 보는 경우를 포함한다) 집행이 면제된 날부터 1년이 지나지 아니한 사람

4. 이 법을 위반하여 징역형의 집행유예를 선고받고 그 유예기간 중에 있는 사람

5. 제15조제1항에 따라 등록이 취소(이 조 제1호 또는 제2호에 해당하여 등록이 취소된 경우는 제외한다)된 후 2년이 지나지 아니한 자

6. 대표자가 제1호부터 제5호까지의 어느 하나에 해당하는 법인

[전문개정 2014. 1. 21.]

제15조(담배판매업 등록의 취소 등) ① 시·도지사 또는 시장·군수·구청장은 수입판매

업자 또는 도매업자가 다음 각 호의 어느 하나에 해당하는 경우에는 그 등록을 취소하여야 한다.

1. 부정한 방법으로 등록을 한 경우

2. 제11조의5제3항에 따른 화재방지성능인증서를 제출하지 아니한 담배를 수입하여 판매한 경우

3. 제14조 각 호의 결격사유 중 어느 하나에 해당하게 된 경우

4. 최근 5년간 2회의 영업정지처분을 받은 사실이 있는 자가 다시 제3항 각 호의 어느 하나에 해당하게 된 경우

5. 영업정지기간 중에 영업을 한 경우

6. 제22조의2제1항에 따른 휴업 또는 폐업 신고를 하지 아니하고 1년 이상 영업을 하지 아니한 경우

② 제1항은 법인의 대표자가 제14조제6호에 해당하게 된 날부터 6개월 이내에 그 대표자를 바꾸어 임명한 경우 또는 수입판매업자나 도매업자의 지위를 승계한 상속인이 제14조제1호부터 제5호까지의 어느 하나에 해당하게 된 날부터 6개월이 되는 날까지는 적용하지 아니한다.

③ 시·도지사 또는 시장·군수·구청장은 수입판매업자 또는 도매업자가 다음 각 호의 어느 하나에 해당하는 경우에는 기획재정부령으로 정하는 바에 따라 1년 이내의 기간을 정하여 그 영업의 정지를 명할 수 있다.

1. 제12조제2항을 위반하여 소비자에게 담배를 판매한 경우

2. 제12조제3항을 위반하여 담배를 판매한 경우

3. 수입판매업자가 제18조제1항 또는 제2항에 따른 판매가격의 신고를 하지 아니한 경우

4. 제20조를 위반하여 담배의 포장 및 내용물을 바꾸어 판매한 경우

5. 제22조의2제1항에 따른 휴업신고를 하지 아니하고 계속하여 6개월 이상 휴업한 경우

6. 제25조 또는 제25조의2를 위반한 경우

7. 그 밖에 이 법 또는 이 법에 따른 명령을 위반한 경우

제16조(소매인의 지정) ① 담배소매업(직접 소비자에게 판매하는 영업을 말한다)을 하려는 자는 사업장의 소재지를 관할하는 시장·군수·구청장으로부터 소매인의 지정을 받아야 한다.

② 시장·군수·구청장은 제1항에 따른 소매인의 지정을 받으려는 자가 지정을 신청한 때에는 소매인 지정을 하여야 한다. 다만, 다음 각 호의 어느 하나에 해당하는 경우에는 그러하지 아니하다.〈개정 2020. 3. 31.〉

1. 다음 각 목의 어느 하나에 해당하는 자인 경우

  가. 미성년자 또는 피성년후견인·피한정후견인

  나. 파산선고를 받고 복권되지 아니한 자

  다. 이 법을 위반하여 징역의 실형을 선고받고 그 집행이 끝나거나(집행이 끝난 것으로 보는 경우를 포함한다) 집행이 면제된 날부터 1년이 지나지 아니한 사람

  라. 이 법을 위반하여 징역형의 집행유예를 선고받고 그 유예기간 중에 있는 사람

  마. 제17조제1항에 따라 지정이 취소(이 호 가목 또는 나목에 해당하여 지정이 취소된 경우는 제외한다)된 날부터 2년이 지나지 아니한 자

  바. 대표자가 가목부터 마목까지의 어느 하나에 해당하는 법인

2. 청소년(「청소년 보호법」 제2조제1호에 따른 청소년을 말한다. 이하 같다)이 담배에 쉽게 접근할 수 있는 장소 등 담배판매업을 하는 것이 부적당하다고 인정되는 장소로서 기획재정부령으로 정하는 장소에서 담배를 판매하려는 경우

3. 영업소 간의 거리 등 기획재정부령으로 정하는 지정기준에 적합하지 아니한 경우

4. 그 밖에 이 법 또는 다른 법령에 따른 제한에 위반되는 경우

③ 소매인의 지정절차, 그 밖에 지정에 필요한 사항은 기획재정부령으로 정한다.

[전문개정 2014. 1. 21.]

제17조(소매인 지정의 취소 등) ① 시장·군수·구청장은 소매인이 다음 각 호의 어느 하나에 해당하는 경우에는 그 지정을 취소하여야 한다.

1. 부정한 방법으로 소매인의 지정을 받은 경우

2. 제16조제2항제1호 각 목의 결격사유 중 어느 하나에 해당하게 된 경우. 다만, 법인의 대표자가 그 사유에 해당하게 된 경우로서 6개월 이내에 그 대표자를 바꾸어 임명한 경우에는 그러하지 아니하다.

3. 최근 5년간 2회의 영업정지처분을 받은 사실이 있는 자가 다시 제2항 각 호의 어느 하나에 해당하게 된 경우

4. 영업정지기간 중에 영업을 한 경우

5. 폐업신고 또는 휴업신고를 하지 아니하고 60일 이상 영업을 하지 아니한 경우

6. 정당한 사유 없이 90일 이상 제조업자, 수입판매업자 또는 도매업자로부터 담배를 매입하지 아니한 경우

7. 소매인으로 지정된 후 제16조제2항제3호에 따라 기획재정부령으로 정하는 지정기준을 충족하지 못하게 된 경우. 다만, 그 소매인에게 책임이 없는 사유로 지정기준을 충족하지 못한 경우는 제외한다.

② 시장·군수·구청장은 소매인이 다음 각 호의 어느 하나에 해당하는 경우에는 1년 이내의 기간을 정하여 그 영업의 정지를 명할 수 있다. 다만, 소매인이 제7호에 해당하는 경우로서 청소년의 신분증 위조·변조 또는 도용으로 청소년인 사실을 알지 못하였거나 폭행 또는 협박으로 청소년임을 확인하지 못한 사정이 인정되는 경우에는 기획재정부령으로 정하는 바에 따라 영업정지처분을 면제할 수 있다.〈개정 2020. 3. 31.〉

1. 제12조제3항을 위반하여 담배를 판매한 경우

2. 제18조제5항을 위반하여 담배를 판매한 경우

3. 제20조를 위반하여 담배의 포장 및 내용물을 바꾸어 판매한 경우

4. 제25조제3항에 따른 광고물의 제거 등 시정에 필요한 명령이나 조치를 이행하지 아니한 경우

5. 정당한 사유 없이 기획재정부령으로 정하는 기간 동안 계속하여 담배를 판매하지 아니한 경우

6. 정당한 사유 없이 60일 이상 제조업자, 수입판매업자 또는 도매업자로부터 담배를 매입하지 아니한 경우

7. 청소년에게 담배를 판매한 경우

8. 그 밖에 이 법 또는 이 법에 따른 명령을 위반한 경우

③ 제2항에 따른 영업정지처분의 기준 및 절차 등에 관하여 필요한 사항은 기획재정부령으로 정한다.

[전문개정 2014. 1. 21.]

제18조(담배의 판매가격) ① 제조업자나 수입판매업자는 대통령령으로 정하는 바에 따라 그가 제조하거나 수입한 담배의 판매가격을 결정하여 다음 각 호의 구분에 따른 자에게 신고하여야 한다. 신고한 판매가격을 변경할 때에도 또한 같다.

1. 제조업자: 기획재정부장관

2. 수입판매업자: 시·도지사

② 동일인이 담배제조업과 담배수입판매업을 모두 하는 경우에는 제1항에도 불구하고 기획재정부장관에게 담배의 판매가격을 신고할 수 있다. 신고한 판매가격을 변경할 때에도 또한 같다.

③ 제1항에 따른 판매가격의 신고를 받은 시·도지사는 신고받은 날부터 7일 이내에 기획재정부장관에게 그 내용을 통보하여야 한다.

④ 제조업자나 수입판매업자는 제1항에 따른 판매가격을 결정하여 신고하였을 때에는 기획재정부령으로 정하는 바에 따라 그 가격을 공고하여야 한다.

⑤ 소매인은 제4항에 따라 공고된 판매가격으로 담배를 판매하여야 한다.

[전문개정 2014. 1. 21.]

제19조(특수용 담배) ① 제조업자는 대통령령으로 정하는 특수용 담배를 제조·판매할 수 있다.

② 제1항에 따른 특수용 담배는 그 용도 외의 목적으로 판매해서는 아니 된다.

[전문개정 2014. 1. 21.]

제20조(다른 담배 포장지의 사용 금지 등) 누구든지 담배의 포장 및 내용물을 바꾸어 판매해서는 아니 된다.

[전문개정 2014. 1. 21.]

제21조 삭제〈2001. 4. 7.〉

제22조 삭제〈2001. 4. 7.〉

제22조의2(담배판매업 등의 휴업 또는 폐업) ① 수입판매업자, 도매업자 또는 소매인은 기획재정부령으로 정하는 기간 이상 휴업하거나 폐업하려면 다음 각 호의 구분에 따른 자에게 신고하여야 한다.

 1. 수입판매업자: 시·도지사

 2. 도매업자 및 소매인: 시장·군수·구청장

② 제1항에 따른 신고를 할 때의 휴업기간, 신고절차, 그 밖에 휴업 또는 폐업의 신고에 필요한 사항은 기획재정부령으로 정한다.

[전문개정 2014. 1. 21.]

제22조의3(청문) 기획재정부장관, 소방청장, 시·도지사 또는 시장·군수·구청장은 다음 각 호의 어느 하나에 해당하는 처분을 하려면 청문을 하여야 한다.〈개정 2014. 11. 19., 2017. 7. 26.〉

1. 제11조의4에 따른 담배제조업허가의 취소 또는 영업정지

2. 제11조의6제4항에 따른 화재방지성능인증기관의 지정의 취소

3. 제15조제1항에 따른 담배수입판매업 등록 또는 담배도매업 등록의 취소

4. 제15조제3항에 따른 수입판매업 또는 도매업의 영업정지

5. 제17조제1항에 따른 소매인 지정의 취소 또는 같은 조 제2항에 따른 영업정지

[전문개정 2014. 1. 21.]

제4장 보칙 〈개정 2014. 1. 21.〉

제23조 삭제 〈2004. 1. 20.〉

제24조(보고 및 관계 장부 등의 확인) ① 이 법의 시행을 위하여 필요하다고 인정하면 기획재정부장관은 제조업자에게, 소방청장은 화재방지성능인증기관의 장에게, 시·도지사는 수입판매업자에게, 시장·군수·구청장은 도매업자 및 소매인에게 각각 그 업무에 관한 보고를 하게 하거나, 그 소속 직원으로 하여금 관계 장부나 서류 등을 확인하거나 열람하게 할 수 있다.〈개정 2014. 11. 19., 2017. 7. 26.〉

② 제1항에 따라 확인 또는 열람을 하는 직원은 그 권한을 표시하는 증표를 지니고 이를 관계인에게 보여주어야 한다.

[전문개정 2014. 1. 21.]

제25조(담배에 관한 경고문구의 표시 및 광고의 제한) ① 담배 갑(匣)의 포장지 및 대통령령으로 정하는 광고에는 흡연은 건강에 해롭다는 내용이 명확하게 표현된 경고문구를 표시하여야 한다.

② 기획재정부장관은 대통령령으로 정하는 바에 따라 담배에 관한 광고를 금지하거나 제한할 수 있다.

③ 제1항에 따른 경고문구의 표시가 없거나 제2항에 따른 광고의 금지 또는 제한 내용을 위반한 경우 기획재정부장관은 제조업자에 대하여, 시·도지사는 수입판매업자에 대하여, 시장·군수·구청장은 도매업자 및 소매인에 대하여 각각 해당 담배의 수입 또는 판매를 제한하거나 광고물의 제거 등 시정에 필요한 명령 또는 조치를 할 수 있다.

④ 제1항에 따른 경고문구는 기획재정부장관이 보건복지부장관 및 여성가족부장관과 협의하여 정한다.

[전문개정 2014. 1. 21.]

제25조의2(담배 성분 등의 표시) ① 제조업자와 수입판매업자는 담배 한 개비의 연기에 포함된 주요 성분과 그 함유량을 담배의 포장지 및 대통령령으로 정하는 광고에 표시하여야 한다. 다만, 액체형태의 담배의 경우에는 대통령령으로 정하는 바에 따라 니코틴 용액의 용량을 표시하여야 한다. 〈개정 2016. 3. 2.〉

② 제조업자와 수입판매업자는 판매 중인 담배에 대하여 분기마다 분기가 시작된 후 1개월 이내에 기획재정부장관이 지정하는 측정기관에 품목별로 담배 성분 측정을 의뢰하여야 한다.

③ 제1항에 따라 표시하여야 할 성분의 종류, 측정기준, 측정기관의 지정, 표시방법 및 허용 오차의 범위, 성분 표시의 생략, 그 밖에 성분의 표시에 필요한 사항은 대통령령으로 정한다.

④ 제1항에 따른 성분과 그 함유량의 표시가 없거나 표시된 성분의 함유량이 허용 오차의 범위를 초과하는 경우에는 제25조제3항을 준용한다.

[전문개정 2014. 1. 21.]

[제목개정 2016. 3. 2.]

제25조의3(제조업자 등의 공익사업 참여) ① 기획재정부장관은 제조업자로 하여금 그가 판매하는 담배 중 궐련에 대하여 20개비당 20원의 범위에서 기획재정부령으로 정하는

바에 따라 보건의료·환경보호등의 공익사업과 연초경작지원 등의 사업을 직접 행하게 하거나 이들 사업을 하는 자에게 출연하도록 할 수 있다.

② 수입판매업자는 제1항에 준하는 공익사업을 직접 하거나 해당 사업을 하는 자에게 출연할 수 있다. 이 경우 제1항을 준용한다.

③ 기획재정부장관은 제1항 및 제2항에 따라 제조업자 또는 수입판매업자가 행하는 사업에 관한 기본적인 사항에 관하여 관계 중앙행정기관의 장과 협의하여야 한다.

④ 제1항에 따라 제조업자로부터 출연을 받아 연초 경작자의 영농기술 개발을 직접 지원하는 사업을 하려는 자는 기획재정부장관의 승인을 받아 법인을 설립하여야 한다.

⑤ 제4항에 따른 법인의 설립 및 운용에 관하여 이 법에서 규정한 사항을 제외하고는 「민법」 중 재단법인에 관한 규정을 준용한다.

[전문개정 2014. 1. 21.]

제25조의4(담배판매 촉진을 위한 금품 제공 등의 금지) 제조업자, 수입판매업자 및 도매업자는 소매인에게 담배의 판매를 촉진하기 위하여 금품을 제공하거나 그 밖에 이와 유사한 행위로서 대통령령으로 정하는 행위를 하여서는 아니 된다.

[전문개정 2014. 1. 21.]

제25조의5(담배에 대한 오도문구 사용제한) ① 제조업자 및 수입판매업자는 담배의 포장이나 광고에 담배가 건강에 미치는 영향이나 위험을 경시하여 담배에 관한 잘못된 인식을 가지게 할 우려가 있는 용어·문구·상표·형상 또는 그 밖의 표시(이하 "오도문구등"이라 한다)을 사용하여서는 아니 된다.

② 오도문구등은 대통령령으로 정한다.

[본조신설 2014. 1. 21.]

제26조(권한의 위임) 이 법에 따른 기획재정부장관의 권한은 대통령령으로 정하는 바에

따라 그 일부를 지방자치단체의 장에게 위임할 수 있다.

[전문개정 2014. 1. 21.]

제5장 벌칙 〈개정 2014. 1. 21.〉

제27조(벌칙) ① 다음 각 호의 어느 하나에 해당하는 자는 3년 이하의 징역 또는 3천만원 이하의 벌금에 처한다.

1. 제11조를 위반하여 담배제조업허가를 받지 아니하고 담배를 제조한 자

2. 제11조의5제3항에 따른 화재방지성능인증서를 제출하지 아니하고 담배를 제조하여 판매하거나 수입하여 판매한 자

② 제1항의 경우 미수범도 처벌한다.

③ 제1항과 제2항의 경우에는 징역형과 벌금형을 병과(倂科)할 수 있다.

[전문개정 2014. 1. 21.]

제27조의2(벌칙) ① 다음 각 호의 어느 하나에 해당하는 자는 1년 이하의 징역 또는 1천만원 이하의 벌금에 처한다.〈개정 2016. 3. 2.〉

1. 제11조의3제1항 또는 제3항을 위반하여 담배제조업의 양도·양수 등에 관한 신고를 하지 아니한 자

2. 제11조의5제5항의 명령을 정당한 이유 없이 위반한 자

3. 제11조의6제3항에 따른 화재방지성능인증서를 거짓으로 발급한 자

3의2. 제19조제2항을 위반하여 특수용 담배를 다른 용도로 판매한 자

4. 제25조제1항에 따른 경고문구가 표시되지 아니하거나 이를 위반한 경고문구를 표시한 담배를 제조하거나 수입한 자

5. 제25조제2항을 위반하여 담배에 관한 광고를 한 자

6. 제25조의2제1항에 따른 성분과 그 함유량이 표시되지 아니하거나 각 성분의 함유량을

거짓으로 표시한 담배를 제조하거나 수입한 자

7. 제25조의5를 위반하여 오도문구등을 표시한 담배를 제조 또는 수입한 자

② 다음 각 호의 어느 하나에 해당하는 자는 6개월 이하의 징역 또는 500만원 이하의 벌금에 처한다.

1. 제12조제2항을 위반하여 소매인 지정을 받지 아니하고 소비자에게 담배를 판매한 자

2. 제13조제1항을 위반하여 등록을 하지 아니하고 담배수입판매업 또는 담배도매업을 영위한 자

[전문개정 2014. 1. 21.]

제27조의3(벌칙) 다음 각 호의 어느 하나에 해당하는 자는 500만원 이하의 벌금에 처한다.

1. 소매인으로서 제12조제4항을 위반하여 담배를 우편판매 및 전자거래의 방법으로 소비자에게 판매한 자

2. 제25조제3항에 따른 광고물의 제거 등 시정에 필요한 명령이나 조치를 이행하지 아니한 자

3. 제25조의2제4항에 따른 담배의 수입 또는 판매의 제한 등 시정에 필요한 명령이나 조치를 이행하지 아니한 자

4. 제25조의4를 위반하여 금품제공 등의 행위를 한 자

[전문개정 2014. 1. 21.]

제28조(과태료) ① 다음 각 호의 어느 하나에 해당하는 자에게는 200만원 이하의 과태료를 부과한다.

1. 제12조제3항을 위반하여 담배를 판매한 자

2. 제18조제1항 또는 제2항을 위반하여 판매가격의 신고(변경신고를 포함한다)를 하지 아니한 자

3. 삭제 〈2016. 3. 2.〉

4. 제20조를 위반하여 담배의 포장 및 내용물을 바꾸어 판매한 자

5. 제25조의2제2항에 따른 담배 성분 측정을 의뢰하지 아니한 자. 다만, 사실상 폐업 상태에 있는 것으로 인정되는 경우는 제외한다.

② 다음 각 호의 어느 하나에 해당하는 자에게는 100만원 이하의 과태료를 부과한다.

1. 제18조제5항을 위반하여 담배를 판매한 소매인

2. 제22조의2제2항에 따른 휴업기간을 초과하여 휴업한 소매인

[전문개정 2014. 1. 21.]

제29조(과태료의 부과·징수) 제28조에 따른 과태료는 그 소관에 따라 기획재정부장관, 시·도지사 또는 시장·군수·구청장이 대통령령으로 정하는 바에 따라 부과·징수한다.

[전문개정 2014. 1. 21.]

제30조(몰수와 추징) ① 제27조·제27조의2 및 제27조의3의 범죄에 관련된 연초의 잎과 담배는 몰수한다.

② 제1항의 물건을 몰수할 수 없을 때에는 그 가액(價額)을 추징한다.

[전문개정 2014. 1. 21.]

제31조(「형법」의 적용 제한) 이 법에서 정한 죄를 저지른 자에 대해서는 「형법」 제9조, 제10조제2항, 제11조, 제16조, 제32조제2항, 제38조제1항제2호 중 벌금 경합에 관한 제한가중규정과 같은 법 제53조는 적용하지 아니한다. 다만, 징역형에 처할 경우 또는 징역형과 벌금형을 병과할 경우의 징역형에 대해서는 그러하지 아니하다.〈개정 2020. 6. 9.〉

[전문개정 2014. 1. 21.]

제32조(양벌규정) 법인의 대표자나 법인 또는 개인의 대리인, 사용인, 그 밖의 종업원이 그 법인 또는 개인의 업무에 관하여 제27조, 제27조의2 또는 제27조의3의 위반행위를 하

면 그 행위자를 벌하는 외에 그 법인 또는 개인에게도 해당 조문의 벌금형을 과(科)한다. 다만, 법인 또는 개인이 그 위반행위를 방지하기 위하여 해당 업무에 관하여 상당한 주의와 감독을 게을리하지 아니한 경우에는 그러하지 아니하다.

[전문개정 2009. 12. 29.]

부칙 〈제17339호, 2020. 6. 9.〉(법률용어 정비를 위한 기획재정위원회 소관 33개 법률 일부개정을 위한 법률)

이 법은 공포한 날부터 시행한다. 〈단서 생략〉

담배사업법 시행령

[시행 2024. 2. 27.] [대통령령 제34258호, 2024. 2. 27., 타법개정]

기획재정부(출자관리과) 044-215-5176

제1조(목적) 이 영은 담배사업법에서 위임된 사항과 그 시행에 관하여 필요한 사항을 규정함을 목적으로 한다.

제2조(담배제조업허가) ① 담배사업법(이하 "법"이라 한다) 제11조제1항 전단의 규정에 의하여 담배제조업의 허가(이하 "담배제조업허가"라 한다)를 받고자 하는 자는 다음 각호의 사항을 기재한 담배제조업허가신청서에 기획재정부령이 정하는 서류를 첨부하여 기획재정부장관에게 제출하여야 한다. 〈개정 2008. 2. 29.〉

1. 신청인의 인적사항
2. 주된 사무소 및 제조장의 소재지
3. 자본금
4. 제조할 담배의 종류
5. 연간 생산규모

② 제1항의 규정에 의하여 담배제조업허가신청을 받은 기획재정부장관은 담배제조업허가신청자가 제4조제1항제1호의 규정에 의한 자본금을 갖춘 경우에는 3년 이내에 동항 제2호 내지 제4호의 규정에 의한 제조시설·기술인력·실험설비 등을 갖출 것을 조건으로 하여 담배제조업허가를 할 수 있다. 다만, 기획재정부장관은 부득이한 사유가 있다고 인정되는 때에는 1년의 범위안에서 그 기간을 연장할 수 있다. 〈개정 2008. 2. 29.〉

제3조(허가사항의 변경) ① 법 제11조제1항 후단에서 "허가받은 사항중 대통령령이 정하는 중요한 사항"이라 함은 제2조제1항제3호 및 제5호에 규정된 사항의 변경(제4조제1항제2호 단서의 규정에 해당되지 아니하게 되어 원료가공시설을 추가로 설치하여야 하는 경우를 포함한다)을 말한다.

② 법 제11조제1항 후단의 규정에 의하여 변경허가를 받고자 하는 자는 담배제조업변경허가신청서에 기획재정부령이 정하는 서류를 첨부하여 기획재정부장관에게 제출하여야 한다. 이 경우 제4조제1항제2호 단서의 규정에 해당되지 아니하게 되어 원료가공시설을 추가로 설치하고자 하는 경우에는 동규정에 해당되지 아니하게 된 날부터 6월 이내에 동신청서를 제출하여야 한다. 〈개정 2008. 2. 29.〉

③ 제2항 후단의 규정에 의하여 담배제조업변경허가를 받은 자는 변경허가를 받은 날부터 3년 이내에 원료가공시설을 설치하여야 한다. 다만, 기획재정부장관은 부득이한 사유가 있다고 인정되는 때에는 1년의 범위안에서 그 기간을 연장할 수 있다.〈개정 2008. 2. 29.〉

제4조(담배제조업허가의 기준) ① 법 제11조제2항의 규정에 의한 자본금·시설기준·기술인력·담배제조 기술의 연구·개발 및 국민건강 보호를 위한 품질관리등에 관한 기준은 다음 각호와 같다.

 1. 자본금 : 300억원 이상일 것

 2. 시설기준 : 연간 50억개비(1일 16시간 작업 기준) 이상의 담배를 제조할 수 있는 시설로서 원료가공부터 궐련제조 및 제품포장에 이르는 일관공정을 갖춘 제조시설을 갖출 것. 다만, 연간 100억개비 미만의 담배를 제조할 때까지는 원료가공시설을 설치하지 아니할 수 있다.

 3. 기술인력 : 담배제조 및 품질관리 분야에서 3년 이상의 경력을 가진 5인 이상의 전문기술인력을 보유할 것

 4. 담배제조 기술의 연구·개발 및 국민건강 보호를 위한 품질관리 : 제품성능 및 품질분

석이 가능한 실험설비(항온항습설비·연기성분측정장치·공기희석률측정기·흡인저항측정기)를 구비하고, 품질관리기준 및 이에 관한 품질관리지침서를 마련할 것

② 제1항제2호 단서에 따른 연간 담배제조량의 산정은 법 제11조제1항에 따른 허가 또는 변경허가를 받으려는 자의 연간 담배제조량과 「독점규제 및 공정거래에 관한 법률」 제2조제12호에 따른 계열회사(법 제11조제1항에 따른 허가 또는 변경허가를 받으려는 자가 외국법인의 국내사업장인 경우에는 해당 외국법인을 말한다)에서 생산된 담배의 연간 수입량을 더하여 산정한다.〈개정 2017. 2. 28., 2021. 12. 28.〉

제4조의2(화재방지성능) 법 제11조의5제1항에서 "대통령령으로 정하는 화재방지성능"이란 담배에 불을 붙인 후 피우지 아니하고 방치하는 경우 담배가 모두 타기 전에 저절로 불이 꺼지는 성능을 말한다.

[본조신설 2015. 3. 24.]

제4조의3(화재방지성능인증 시험) 법 제11조의5제4항에 따른 화재방지성능인증을 위한 시험항목 및 성능기준은 별표 1과 같다.

[본조신설 2015. 3. 24.]

제4조의4(화재방지성능인증 신청 등) ① 법 제11조의5제4항에 따른 화재방지성능인증을 받으려는 법 제11조의3제1항에 따른 담배제조업허가를 받은 자(이하 "제조업자"라 한다) 또는 법 제13조제1항에 따른 담배수입판매업 등록을 한 자(이하 "수입판매업자"라 한다)는 별지 제1호서식의 화재방지성능인증 신청서에 다음 각 호의 자료 또는 서류를 첨부하여 법 제11조의6제1항에 따라 소방청장이 지정한 화재방지성능인증기관(이하 "화재방지성능인증기관"이라 한다)에 제출하여야 한다.〈개정 2017. 2. 28., 2017. 7. 26.〉

1. 담배의 길이 및 두께 등 담배의 형상에 대한 자료
2. 수입신고확인증 사본(수입판매업자가 신청하는 경우로 한정한다)

② 화재방지성능인증기관은 제1항에 따른 신청을 받은 날부터 15일 이내에 화재방지성능 인증을 위한 시험(이하 "인증시험"이라 한다)을 실시한 후 그 결과를 신청인에게 통보하여야 한다. 다만, 부득이한 사유가 있는 경우에는 신청인에게 미리 알리고 1회에 한정하여 15일 범위에서 그 기간을 연장할 수 있다.

③ 인증시험 결과에 대하여 이의가 있는 자는 제2항에 따른 통보를 받은 날부터 14일 이내에 화재방지성능인증기관에 재시험을 신청할 수 있다. 이 경우 화재방지성능인증기관은 15일 이내에 다시 인증시험을 실시한 후 그 결과를 신청인에게 통보하여야 한다.

[본조신설 2015. 3. 24.]

제4조의5(화재방지성능인증 수수료) ① 법 제11조의5제4항에 따른 수수료는 화재방지성능인증에 필요한 인력 및 설비 · 장비의 운영 비용 등을 고려하여 소방청장이 기획재정부장관과의 협의를 거쳐 정하여 고시한다.〈개정 2017. 7. 26.〉

② 화재방지성능인증을 신청하는 제조업자 또는 수입판매업자는 제1항에 따른 수수료를 화재방지성능인증을 신청하는 때에 화재방지성능인증기관에 납부하여야 한다.

[본조신설 2015. 3. 24.]

제4조의6(화재방지성능인증서 발급) 법 제11조의5제4항에 따라 화재방지성능인증기관은 인증시험 결과 해당 담배품목이 별표 1에 따른 시험항목 및 성능기준을 모두 충족하였다고 인정하는 경우에는 신청인에게 별지 제2호서식의 화재방지성능인증서를 발급하여야 한다.

[본조신설 2015. 3. 24.]

제4조의7(화재방지성능인증기관의 지정 요건) 법 제11조의6제2항에 따라 소방청장은 다음 각 호의 요건을 모두 갖춘 기관을 화재방지성능인증기관으로 지정할 수 있다.〈개정 2017. 1. 26., 2017. 7. 26., 2022. 11. 29.〉

1. 「소방시설 설치 및 관리에 관한 법률」 제46조제1항제1호 각 목의 어느 하나에 해당하는 기관일 것

2. 「국가표준기본법」 제23조제2항 및 같은 법 시행령 제16조제2항에 따라 인정기구로 지정된 국가기술표준원(이하 "국가기술표준원"이라 한다)으로부터 국제표준화기구(ISO)의 궐련의 발화성 평가를 위한 표준 시험 방법(ISO 12863)을 수행할 수 있는 능력을 인정받을 것

3. 별표 2에 따른 전문인력을 갖출 것

[본조신설 2015. 3. 24.]

제4조의8(화재방지성능인증기관 지정 절차 및 방법) ① 법 제11조의6제1항에 따라 화재방지성능인증기관으로 지정받으려는 자는 별지 제3호서식의 화재방지성능인증기관 지정 신청서에 다음 각 호의 자료 또는 서류를 첨부하여 소방청장에게 화재방지성능인증기관 지정을 신청하여야 한다.〈개정 2017. 7. 26.〉

1. 제4조의4제2항에 따른 인증시험의 방법 및 절차 등이 기재된 인증시험 수행 계획서

2. 제4조의7 각 호의 요건을 갖추었음을 증명할 수 있는 자료 또는 서류

② 소방청장은 제1항에 따라 화재방지성능인증기관의 지정을 신청한 기관이 화재방지성능인증 업무의 수행에 적합하다고 인정하는 경우 화재방지성능인증기관으로 지정하고, 별지 제4호서식의 화재방지성능인증기관 지정서를 발급한다.〈개정 2017. 7. 26.〉

③ 소방청장은 제2항에 따라 화재방지성능인증기관을 지정한 때에는 그 내용을 지체 없이 관보 및 소방청 인터넷 홈페이지에 공고하여야 한다.〈개정 2017. 7. 26.〉

[본조신설 2015. 3. 24.]

제4조의9(화재방지성능인증기관의 지정취소 등 행정처분의 기준) 법 제11조의6제4항에 따른 행정처분의 기준은 별표 3과 같다.

[본조신설 2015. 3. 24.]

제5조(담배판매업의 등록) ① 법 제13조에 따른 등록을 하려는 자가 갖추어야 할 요건은 다음 각 호의 구분에 따른다.〈개정 2017. 2. 28.〉

1. 담배수입판매업의 등록을 하려는 경우: 외국의 담배제조업자와 담배의 공급계약을 체결할 것

2. 담배도매업의 등록을 하려는 경우: 담배의 보관시설을 갖추고 제조업자, 수입판매업자 또는 다른 담배도매업자(이하 "도매업자"라 한다)와 담배의 공급계약을 체결할 것

② 법 제13조에 따른 담배수입판매업의 등록을 하려는 자의 신청을 받은 특별시장·광역시장 또는 도지사(이하 "시·도지사"라 한다) 및 담배도매업의 등록을 하려는 자의 신청을 받은 시장·군수 또는 구청장(구청장은 자치구의 구청장을 말한다. 이하 같다)은 다음 각 호의 어느 하나에 해당하는 경우를 제외하고는 등록을 해 주어야 한다.〈개정 2013. 1. 16.〉

1. 등록을 신청한 자가 제1항에 따른 요건을 갖추지 못한 경우

2. 등록을 신청한 자가 법 제14조 각 호의 어느 하나에 해당하는 경우

3. 그 밖에 이 법령 또는 다른 법령에 따른 제한에 위반되는 경우

[전문개정 2011. 12. 6.]

제6조(담배의 판매가격) 법 제18조제1항 및 제2항의 규정에 의하여 제조업자 또는 수입판매업자는 그가 제조하거나 수입한 담배의 소비자에 대한 판매가격을 품목별로 판매개시 6일전까지 신고하여야 한다. 신고한 판매가격을 변경하고자 할 때에도 또한 같다.

[전문개정 2004. 6. 29.]

제7조(특수용담배) ① 법 제19조제1항의 규정에 의한 특수용담배는 다음과 같다.〈개정 2004. 6. 29., 2015. 11. 20., 2016. 11. 29.〉

1. 국가원수가 외교사절 그밖의 자에게 제공하기 위하여 사용하는 담배

2. 국군·의무경찰대원 또는 국가유공자등예우및지원에관한법률 제63조의 규정에 의한

양로시설로서 한국보훈복지의료공단이 운영하는 양로시설에 수용중인 국가유공자 및 그 유족에게 공급하는 담배

3. 해외함상훈련에 참가하는 해군사관생도 및 승선장병에게 공급하는 담배

4. 해외에서 취업중인 근로자 및 재외공관 직원에게 공급하는 담배

5. 보세구역에서 판매하는 담배

6. 외항선 또는 원양어선의 선원에게 판매하는 담배

7. 국제항로에 취항하는 항공기 또는 여객선의 승객에게 판매하는 담배

8. 주한 외국군의 관할구역안에서 판매하는 담배

9. 남북교류협력에관한법률 제9조의 규정에 의하여 북한지역을 왕래하는 관광객에게 판매하는 담배

10. 외국에 주류하는 장병에게 공급하는 담배

② 제1항의 규정에 의한 담배의 공급범위 그밖에 공급에 관하여 필요한 사항은 기획재정부령으로 정한다.〈개정 2008. 2. 29.〉

③ 제1항의 규정에 의한 특수용담배에 대하여는 법 제12조의 규정에 의하여 판매되는 담배와 구분하여 표시하여야 한다. 이 경우 특수용담배의 구분표시에 관하여 필요한 사항은 기획재정부령으로 정한다.〈개정 2008. 2. 29.〉

제8조(흡연경고문구의 표시기준) 제조업자 또는 수입판매업자는 법 제25조제1항에 따라 다음 각 호의 어느 하나에 해당하는 것에는 흡연경고문구를 한글로 표시하여야 한다. 〈개정 2013. 4. 26., 2017. 2. 28.〉

1. 담배의 갑포장지 앞면·뒷면·옆면

2. 소매인의 영업소에 부착하는 스티커 또는 포스터에 의한 광고

3. 제9조제1항제2호의 규정에 의한 잡지광고

제9조(담배에 관한 광고) ① 담배에 관한 광고는 법 제25조제2항에 따라 다음 각 호의 방

법에 한정하여 할 수 있다.〈개정 2004. 6. 29., 2008. 2. 29., 2008. 12. 3., 2009. 4. 17., 2010. 1. 27., 2013. 4. 26.〉

1. 소매인의 영업소 내부에서 기획재정부령이 정하는 광고물을 전시 또는 부착하는 행위. 다만, 영업소 외부에 그 광고내용이 보이게 전시 또는 부착하는 것을 제외한다.

2. 품종군별로 연간 10회 이내(1회당 2쪽 이내)에서 잡지「잡지 등 정기간행물의 진흥에 관한 법률」에 따라 등록 또는 신고된 주 1회 이하 정기적으로 발행되는 제책된 정기간행물 및 「신문 등의 진흥에 관한 법률」에 따라 등록된 주 1회 이하 정기적으로 발행되는 신문과 「출판문화산업 진흥법」에 따른 외국간행물로서 동일한 제호로 연 1회 이상 정기적으로 발행되는 것(이하 "외국정기간행물"이라 한다)을 말하며, 여성 또는 청소년을 대상으로 하는 것을 제외한다)에 광고를 게재하는 행위. 다만, 기획재정부령이 정하는 판매부수 이하로 국내에서 판매되는 외국정기간행물로서 외국문자로만 쓰여져 있는 잡지인 경우에는 광고게재의 제한을 받지 아니한다.

3. 사회·문화·음악·체육 등의 행사(여성 또는 청소년을 대상으로 하는 행사를 제외한다)를 후원하는 행위. 이 경우 후원하는 자의 명칭을 사용하는 외에 제품광고를 하여서는 아니된다.

4. 국제선의 항공기 및 여객선 그밖에 기획재정부령이 정하는 장소안에서 행하는 광고

② 제조업자 또는 수입판매업자는 제1항의 규정에 의한 광고를 도매업자 또는 소매인으로 하여금 행하게 할 수 있다. 이 경우 도매업자 또는 소매인이 행한 광고는 제조업자 또는 수입판매업자가 행한 광고로 본다.

③ 제1항제1호·제2호 및 제4호의 규정에 의한 광고 또는 그에 사용되는 광고물 등은 흡연자에게 담배의 품명·종류 및 특징을 알리는 정도를 넘지 아니하는 것이어야 하며, 비흡연자에게 직접 또는 간접적으로 흡연을 권장 또는 유도하거나 여성 또는 청소년의 인물을 묘사하여서는 아니되며, 법 제25조제1항의 규정에 의하여 표시하는 흡연경고문구의 내용 및 취지에 반하는 내용 또는 형태이어서는 아니된다.

④ 제조업자 또는 수입판매업자는 담배에 관한 광고가 제1항 내지 제3항의 규정에 위배되

지 아니하도록 자율적으로 규제하여야 한다.

⑤ 기획재정부장관은 문화체육관광부장관에게 법 제25조제1항의 규정에 의한 흡연경고 문구의 표시가 없거나 법 제25조제2항의 규정에 의한 광고의 금지 또는 제한에 위반된 광고가 게재된 외국정기간행물의 수입업자에 대한 시정조치 등을 할 것을 요청할 수 있다.〈개정 2008. 2. 29.〉

제9조의2(담배 성분의 표시기준 등) ① 제조업자 또는 수입판매업자는 법 제25조의2제1항 본문에 따라 담배 갑포장지의 양 옆면 중 한 면에 담배 한 개비의 연기에 포함된 주요 성분과 그 함유량을 표시하여야 한다.

② 법 제25조의2제1항 본문에서 "대통령령으로 정하는 광고"란 다음 각 호의 광고를 말한다.

  1. 소매인의 영업소에 부착하는 스티커 또는 포스터에 의한 광고

  2. 제9조제1항제2호에 따른 잡지에 게재하는 광고

③ 제조업자 또는 수입판매업자는 법 제25조의2제1항 단서에 따라 액체형태 담배의 다음 각 호의 용기 및 포장에 니코틴 용액의 용량을 표시하여야 한다.

  1. 용기: 다음 각 목의 구분에 따른 것

    가. 니코틴 용액을 직접 담은 용기의 경우: 해당 용기

    나. 전자담배기기와 니코틴 용액이 결합된 1회용 제품의 경우: 해당 전자담배기기

  2. 포장: 용기를 담는 최종단계의 포장

④ 제3항에 따른 니코틴 용액의 구체적인 용량표시 방법은 기획재정부령으로 정한다.

[전문개정 2017. 2. 28.]

제9조의3(표시성분의 종류 및 표시방법) ① 법 제25조의2제3항의 규정에 의하여 표시하여 야 할 성분의 종류는 타르 및 니코틴을 말한다.〈개정 2004. 6. 29.〉

② 제1항의 규정에 의한 담배성분의 표시방법에 관하여 필요한 사항은 기획재정부령으로 정한다.〈개정 2008. 2. 29.〉

[본조신설 2002. 10. 23.]

제9조의4(담배성분의 측정기준 등) ① 법 제25조의2제3항의 규정에 의한 측정기준은 국제 표준화기구(ISO)가 정하고 있는 담배연기성분 시험방법에 의하는 것을 말하며, 그 구 체적인 측정기준은 기획재정부령으로 정한다.〈개정 2004. 6. 29., 2008. 2. 29.〉

② 제1항의 규정에 의한 담배성분의 측정주기, 측정을 위한 표본추출방법 그 밖에 측정에 관하여 필요한 사항은 기획재정부령으로 정한다.〈개정 2008. 2. 29.〉

[본조신설 2002. 10. 23.]

제9조의5(측정기관의 지정) ① 법 제25조의2제3항의 규정에 의한 측정기관은 기획재정부 장관이 국가기술표준원으로부터 담배연기성분 분야에 대한 시험·검사기관으로 인정 받은 자 중에서 지정할 수 있다.〈개정 2004. 6. 29., 2008. 2. 29., 2013. 12. 11., 2015. 3. 24.〉

② 제1항의 규정에 의한 측정기관의 지정에 관하여 필요한 사항은 기획재정부령으로 정한 다.〈개정 2008. 2. 29.〉

[본조신설 2002. 10. 23.]

제9조의6(허용오차 범위) ① 법 제25조의2제3항의 규정에 의한 담배연기성분 표시값의 허 용오차 범위는 다음 각호와 같다.〈개정 2004. 6. 29.〉

1. 타르

   5밀리그램 이상인 경우에는 ±20퍼센트 이내

   5밀리그램 미만인 경우에는 ±1밀리그램 이내

2. 니코틴

   0.5밀리그램 이상인 경우에는 ±20퍼센트 이내

   0.5밀리그램 미만인 경우에는 ±0.1밀리그램 이내

② 제1항의 규정에 의한 허용오차의 범위를 초과하는 지의 여부는 연속하는 4회의 측정을 통하여 얻어진 각 측정값을 산술평균한 값을 기준으로 결정한다. 다만, 4회의 측정이 이루어지기 전에 제9조의2 및 제9조의3의 규정에 의하여 표시된 내용이 변경되는 때에는 변경되기 전의 각 측정값을 산술평균한 값을 기준으로 결정한다.

[본조신설 2002. 10. 23.]

제9조의7(담배성분표시의 생략) 법 제25조의2제3항의 규정에 의하여 담배연기의 성분표시를 생략할 수 있는 경우는 궐련외의 것으로서 엽궐련, 파이프 담배, 각련, 씹는 담배 및 냄새맡는 담배에 한한다.〈개정 2004. 6. 29.〉

[본조신설 2002. 10. 23.]

제10조(담배판매촉진을 위한 금품제공 등의 금지) 법 제25조의4에서 "금품의 제공 그밖에 이와 유사한 행위로서 대통령령이 정하는 행위"라 함은 담배판매장려금·경품·상품권 그밖의 금전 또는 물품을 제공하는 행위를 말한다. 다만, 담배소매업에 필요한 물품으로서 기획재정부령이 정하는 물품을 제공하는 행위를 제외한다.〈개정 2002. 10. 23., 2008. 2. 29.〉

제10조의2(오도문구등의 범위) ① 법 제25조의5제2항에 따른 오도문구등은 다음 각 호의 어느 하나에 해당하는 용어·문구·상표·형상 또는 그 밖의 표시로 한다.

1. 라이트 또는 light

2. 연한, 마일드 또는 mild

3. 저타르 또는 low tar

4. 순 또는 純

5. 제1호부터 제4호까지와 유사한 내용을 기호, 도형, 그림, 입체적 형상 또는 이들을 결합하여 표시함으로써 담배가 건강에 미치는 영향이나 위험을 경시하여 담배에 관한

잘못된 인식을 가지게 할 우려가 있는 것

[본조신설 2014. 12. 23.]

제11조(고유식별정보의 처리) 기획재정부장관, 시·도지사 또는 시장·군수·구청장은 다음 각 호의 사무를 수행하기 위하여 불가피한 경우 「개인정보 보호법 시행령」 제19조제1호에 따른 주민등록번호가 포함된 자료를 처리할 수 있다.

 1. 법 제11조의2에 따른 담배제조업허가의 결격사유 확인에 관한 사무
 2. 법 제14조에 따른 담배판매업 등록의 결격사유 확인에 관한 사무
 3. 법 제16조에 따른 소매인의 지정에 관한 사무

[본조신설 2013. 1. 16.]

제12조(규제의 재검토) 기획재정부장관은 제4조에 따른 담배제조업허가의 기준에 대하여 2023년 1월 1일을 기준으로 3년마다(매 3년이 되는 해의 기준일과 같은 날 전까지를 말한다) 그 타당성을 검토하여 개선 등의 조치를 해야 한다.

[전문개정 2024. 2. 27.]

제13조(과태료의 부과기준) 법 제28조에 따른 과태료의 부과기준은 별표 4와 같다.

[본조신설 2018. 7. 3.]

 부칙 〈제34258호,2024. 2. 27.〉(규제 재검토기한 정비를 위한 16개 법령의 일부개정에 관한 대통령령)

이 영은 공포한 날부터 시행한다.

담배사업법 시행규칙

[시행 2024. 3. 29.] [기획재정부령 제1062호, 2024. 3. 29., 일부개정]

기획재정부(출자관리과) 044-215-5176

제1조(목적) 이 규칙은 「담배사업법」 및 같은 법 시행령에서 위임된 사항과 그 시행에 관하여 필요한 사항을 규정함을 목적으로 한다. 〈개정 2018. 12. 7.〉

제2조(담배제조업의 허가) ① 「담배사업법 시행령」(이하 "영"이라 한다) 제2조제1항에 따라 담배제조업의 허가(이하 "담배제조업허가"라 한다)를 받으려는 자는 별지 제1호서식의 담배제조업허가신청서에 다음 각 호의 서류를 첨부하여 기획재정부장관에게 제출해야 한다. 〈개정 2006. 7. 5., 2009. 7. 1., 2014. 1. 29., 2021. 10. 28.〉

1. 사업계획서(별표 1의 사업계획서 작성기준에 의하여 작성한다)
2. 자본금에 대한 다음 각 목의 구분에 따른 서류 각 1부
  가. 법인의 경우
    1) 정관
    2) 직전 사업연도의 재무상태표 및 손익계산서(신설 법인인 경우는 제외한다)
  나. 개인의 경우: 영업용 자산명세서와 그 증명서류
3. 제조시설에 관한 다음 각 목의 서류 각 1부
  가. 토지 및 건물의 소유권 또는 사용권을 증명하는 서류(제2항제2호의 서류에 의하여 확인할 수 없는 경우로 한정한다)
  나. 제조시설의 공정별·기종별 명세서
  다. 제조시설의 구입계약서 및 납품업체의 인증서 사본

4. 기술인력 현황 1부

5. 실험설비 명세서 1부

6. 품질관리기준 및 품질관리지침서 1부

② 제1항에 따라 담배제조업허가신청서를 제출받은 기획재정부장관은「전자정부법」제 36조제1항에 따른 행정정보의 공동이용을 통하여 다음 각 호의 서류를 확인하여야 한다.〈신설 2006. 7. 5., 2009. 7. 1., 2014. 1. 29.〉

1. 법인 등기사항증명서(법인인 경우로 한정한다)

2. 제조시설에 관한 토지등기사항증명서 및 건물등기사항증명서

③ 기획재정부장관은 담배제조업허가를 받은 자에게 별지 제2호서식의 담배제조업허가 증을 교부하여야 한다.〈개정 2006. 7. 5., 2009. 7. 1.〉

④ 영 제2조제2항에 따라 조건부 담배제조업허가를 받은 자는 제조시설 등의 공사에 착수 한 때와 그 허가에 필요한 제조시설 등을 갖춘 때에는 7일 이내에 그 내역을 기획재정 부장관에게 신고하여야 한다.〈개정 2006. 7. 5., 2009. 7. 1.〉

⑤ 제4항에 따라 제조시설 등을 갖추었다고 신고를 받은 기획재정부장관은 조건이행 여부 를 확인하고 허가기준에 적합한 때에는 별지 제2호서식의 담배제조업허가증을 교부하 여야 한다.〈개정 2006. 7. 5., 2009. 7. 1.〉

제3조(담배제조업 허가사항의 변경)「담배사업법」(이하 "법"이라 한다) 제11조제1항 후단 및 영 제3조제2항에 따라 변경허가를 받으려는 자는 별지 제3호서식의 담배제조업변 경허가신청서에 다음 각 호의 서류를 첨부하여 기획재정부장관에게 제출하여야 한다. 이 경우 기획재정부장관은「전자정부법」제36조제1항에 따른 행정정보의 공동이용을 통하여 신청인의 법인 등기사항증명서를 확인하여야 한다.〈개정 2006. 7. 5., 2009. 7. 1., 2014. 1. 29.〉

1. 자본금 변경의 경우: 총회 또는 이사회의 의결서 사본(개인의 경우에는 영업용자산명 세서와 그 증명서류)

2. 연간 생산규모 변경의 경우

　가. 직전연도(법인의 경우에는 직전사업연도)의 연간 생산실적(영 제4조제2항의 규정
　　에 의한 수입량을 포함한다)에 관한 자료

　나. 증설하려는 제조시설의 공정별·기종별 명세 및 연간 생산규모에 관한 자료

3. 원료가공시설 설치의 경우

　가. 직전연도(법인의 경우에는 직전사업연도)의 연간 생산실적(영 제4조제2항의 규정
　　에 의한 수입량을 포함한다)에 관한 자료

　나. 원료가공시설 설치의 개요

　다. 도입하려는 원료가공시설의 기종별 명세 및 원료가공처리능력에 관한 자료

제4조(담배제조업의 양도·양수신고 등) ① 법 제11조의3제1항에 따라 담배제조업을 양도
하려는 자는 양도계약일부터 7일 이내에 별지 제4호서식의 담배제조업의 양도·양수
신고서에 다음 각 호의 서류를 첨부하여 기획재정부장관에게 신고하여야 한다.〈개정
2009. 7. 1., 2014. 1. 29.〉

1. 양도·양수계약서 사본 1부

2. 사업의 양도·양수에 관한 총회 또는 이사회의 의결서 사본(법인의 경우로 한정한다)
　1부

② 법 제11조의3제1항에 따라 제조업자가 다른 법인과 합병하려는 경우에는 합병계약일
부터 7일 이내에 별지 제5호서식의 담배제조업의 합병신고서에 다음 각 호의 서류를
첨부하여 기획재정부장관에게 신고하여야 한다.〈개정 2009. 7. 1.〉

1. 합병계약서 사본 1부

2. 합병에 관한 총회 또는 이사회의 의결서 사본 1부

③ 법 제11조의3제3항에 따라 담배제조업의 상속신고를 하려는 자는 피상속인이 사망한
날부터 30일 이내에 별지 제6호서식의 담배제조업의 상속신고서에 다음 각 호의 서류
를 첨부하여 기획재정부장관에게 신고하여야 한다.〈개정 2009. 7. 1., 2014. 1. 29.〉

1. 피상속인이 사망하였음을 증명할 수 있는 서류 1부

2. 피상속인과의 관계를 증명할 수 있는 서류 1부

3. 신고인과 같은 순위에 있는 다른 상속인이 있는 경우에는 그 상속인의 동의서 1부

제4조의2(제조업자에 대한 영업정지 기준) 법 제11조의4에 따른 제조업자에 대한 영업정지처분의 기준은 별표 2와 같다.

[본조신설 2014. 12. 31.]

제5조(담배판매업의 등록) ① 법 제13조에 따른 담배수입판매업의 등록을 하려는 자는 별지 제7호서식의 담배수입판매업등록신청서에 외국의 담배제조업자와 체결한 담배의 공급계약서 사본 1부를 첨부하여 그의 본점 또는 주된 사무소의 소재지를 관할하는 특별시장·광역시장·특별자치시장·도지사 또는 특별자치도지사(이하 "시·도지사"라 한다)에게 제출하여야 한다. 〈개정 2004. 6. 29., 2009. 7. 1., 2014. 1. 29.〉

② 법 제13조에 따른 담배도매업의 등록을 하려는 자는 별지 제8호서식의 담배도매업등록신청서에 다음 각 호의 서류를 첨부하여 그의 본점 또는 주된 사무소의 소재지를 관할하는 특별자치시장·특별자치도지사·시장·군수 또는 구청장(이하 "시장·군수·구청장"이라 한다)에게 제출하여야 한다. 〈개정 2004. 6. 29., 2014. 1. 29., 2017. 3. 7.〉

1. 담배 보관시설의 사용에 관한 권리를 증명하는 서류 1부

2. 담배의 제조업자·수입판매업자 또는 다른 도매업자와 체결한 담배의 공급계약서 사본 1부

③ 시·도지사는 담배수입판매업의 등록을 한 자에 대하여 별지 제9호서식의 담배수입판매업등록증을 교부하여야 하며, 시장·군수·구청장은 담배도매업의 등록을 한 자에 대하여 별지 제10호서식의 담배도매업등록증을 교부하여야 한다. 〈개정 2004. 6. 29.〉

제6조(담배판매업의 등록사항 변경) ① 법 제13조제1항 후단에서 "기획재정부령이 정하는

중요사항"이란 다음 각 호의 것을 말한다.〈개정 2009. 7. 1.〉

1. 법인의 명칭 또는 대표자

2. 본점 또는 주된 사무소의 소재지

3. 담배공급자의 변경

② 제1항의 규정에 의하여 변경등록을 하고자 하는 자는 별지 제11호서식의 담배판매업등록변경신청서에 다음 각호의 서류를 첨부하여 시·도지사 또는 시장·군수·구청장에게 제출하여야 한다.〈개정 2004. 6. 29.〉

1. 담배수입판매업 또는 담배도매업의 등록증 원본

2. 변경사항을 증명하는 서류 1부

제6조의2(수입판매업자 또는 도매업자에 대한 영업정지 기준) 법 제15조제3항에 따른 수입판매업자 또는 도매업자에 대한 영업정지처분의 기준은 별표 2의2와 같다.

[본조신설 2014. 12. 31.]

제7조(소매인의 지정절차 등) ① 법 제16조제1항에 따라 소매인의 지정을 받으려는 자는 별지 제12호서식의 소매인지정신청서에 점포(적법하게 건축된 것을 말한다)의 사용에 관한 권리를 증명하는 서류를 첨부하여 사업장의 소재지를 관할하는 시장·군수·구청장에게 제출하여야 한다.〈개정 2014. 1. 29.〉

1. 삭제〈2014. 1. 29.〉

2. 삭제〈2014. 1. 29.〉

② 제1항에 따라 소매인지정신청서를 제출받은 시장·군수·구청장은 「전자정부법」 제36조제1항에 따른 행정정보의 공동이용을 통하여 다음 각 호의 사항을 확인하여야 하며, 신청인이 확인에 동의하지 아니하는 경우에는 해당 서류를 첨부하도록 하여야 한다. 다만, 신청인이 해당 점포에서 담배소매업만을 하려는 경우에는 소매인으로 지정된 후 제1호의 서류를 제출하도록 할 수 있다.〈신설 2014. 1. 29., 2017. 3. 7.〉

1. 사업자등록증 사본 1부

2. 국가유공자증명서류, 장애인등록증 또는 그 가족임을 증명하는 서류(제10항에 따라
   우선지정을 받으려는 경우로 한정한다)

3. 건물등기사항증명서 및 건축물대장

③ 시장·군수·구청장은 제1항에 따른 지정신청을 받은 때에는 7일 이내에 지정여부를
   결정하여야 한다. 이 경우 지정여부를 결정하는 기간을 계산할 때 제8항에 따른 재조
   사 기간, 제7조의2에 따른 공고 후 신청서 접수기간 및 「행정절차법 시행령」제11조 각
   호의 기간 등은 산입하지 아니한다.〈개정 2010. 3. 3., 2014. 1. 29.〉

④ 시장·군수·구청장은 소매인지정신청서를 받은 경우에는 사실조사를 한 후 제7조의3
   에 따른 지정기준에 적합한지를 결정하여야 한다. 다만, 사실조사를 직접 하기 곤란한
   경우로서 해당 시·군·구의 조례로 정한 경우에는 그 조례로 정하는 바에 따라 관련
   기관 또는 단체에 사실조사를 의뢰할 수 있다.〈개정 2010. 3. 3., 2014. 1. 29.〉

⑤ 제4항에 따라 사실조사를 한 경우에는 별지 제12호의2서식의 사실조사서를 작성하
   여야 한다. 이 경우 제4항 단서에 따른 기관 또는 단체는 사실조사서를 지체 없이 시
   장·군수·구청장에게 제출하여야 한다.〈신설 2010. 3. 3., 2014. 1. 29.〉

⑥ 제5항 후단에 따라 사실조사서를 제출받은 시장·군수·구청장은 그 조사결과에 대하
   여 소매인지정 신청인 또는 인근 영업소(제7조의3제4항에 따른 측정방법으로 측정한
   신청인의 점포로부터 최단 거리에 있는 모든 영업소를 말한다) 소매인의 의견을 들어
   야 한다.〈신설 2010. 3. 3., 2014. 1. 29., 2018. 12. 7.〉

⑦ 제4항 단서에 따른 조사결과에 대하여 이의가 있는 소매인지정 신청인 또는 인근 영업
   소 소매인은 별지 제12호의3서식의 재조사 요청서를 시장·군수·구청장에게 제출할
   수 있다.〈신설 2010. 3. 3., 2014. 1. 29.〉

⑧ 제7항에 따라 재조사 요청서를 제출받은 시장·군수·구청장은 3일 이내에 재조사를
   하여야 한다.〈신설 2010. 3. 3., 2014. 1. 29.〉

⑨ 시장·군수·구청장은 지정기준에 적합한 자에 한정하여 신청서를 접수한 순서대로 소

매인을 지정하되, 접수순서가 분명하지 아니한 경우에는 공개추첨의 방법으로 결정한다.〈개정 2010. 3. 3., 2014. 1. 29.〉

⑩ 제9항 또는 제7조의2에 따라 추첨의 방법으로 소매인을 결정하는 경우에 신청인 중 국가유공자 및 그 가족(같은 주민등록표의 직계존비속 및 배우자를 말한다. 이하 같다)이나 장애인 및 그 가족이 있으면 제9항 또는 제7조의2에도 불구하고 그 신청인을 다른 신청인에 우선하여 지정하되, 그 우선지정 대상자가 2명 이상이면 공개추첨의 방법으로 결정한다. 다만, 국가유공자 및 그 가족이나 장애인 및 그 가족이 이미 다른 장소에서 우선지정을 받아 담배소매업을 영위하고 있는 경우에는 중복하여 우선지정을 받을 수 없다.〈개정 2010. 3. 3., 2014. 1. 29.〉

⑪ 시장·군수·구청장은 소매인을 지정한 때에는 그 신청인에게 별지 제13호서식의 소매인지정서를 교부하여야 한다.〈개정 2010. 3. 3.〉

⑫ 시장·군수·구청장은 부득이한 사유가 있으면 제3항의 처리기간을 4일의 범위에서 연장할 수 있다. 이 경우 소매인지정신청인에게 그 사유를 통보하여야 한다.〈개정 2010. 3. 3., 2014. 1. 29.〉

⑬ 시장·군수·구청장은 소매인의 지정, 지정취소 또는 영업정지 등의 사실을 기록한 대장을 작성·보관하여 제조업자·수입판매업자 및 도매업자가 열람할 수 있도록 하여야 한다.〈개정 2010. 3. 3.〉

[전문개정 2009. 7. 1.]

제7조의2(소매인 지정신청에 관한 공고 등) ① 시장·군수·구청장은 제7조제9항에도 불구하고 다음 각 호의 어느 하나에 해당하는 경우에는 공고를 한 후 소매인 지정신청을 접수하고, 그 지정기준에 적합한 자를 대상으로 공개추첨하여 소매인을 결정한다.〈개정 2009. 7. 1., 2010. 3. 3., 2014. 1. 29.〉

  1. 신축된 상가지역 등 일정지역안에서 소매인의 지정을 받고자 하는 자가 다수로 예상되는 경우

2. 법 제17조의 규정에 의하여 소매인의 지정을 취소한 경우

3. 제14조제3항의 규정에 의하여 폐업신고서를 접수한 경우

② 제1항에 따른 공고에 관하여는 시장·군수·구청장이 규칙으로 정하되, 지정신청의 기간은 7일 이상으로 한다. 〈개정 2009. 7. 1.〉

[본조신설 2004. 6. 29.]

제7조의3(소매인의 지정 기준 등) ① 법 제16조제2항제2호에서 "기획재정부령으로 정하는 장소"란 다음 각 호의 어느 하나에 해당하는 장소를 말한다. 〈개정 2017. 3. 7., 2020. 6. 24.〉

1. 약국, 병원, 의원 등 보건의료 관련 영업장

2. 게임장, 문구점, 만화방 등 청소년(「청소년 보호법」 제2조제1호에 따른 청소년을 말한다. 이하 같다)이 주로 이용하는 장소

3. 그 밖에 담배판매업을 하는 것이 부적당한 장소로서 시장·군수 및 구청장이 규칙으로 정하는 장소

② 법 제16조제2항제3호에서 "영업소 간의 거리 등 기획재정부령으로 정하는 지정기준"이란 다음 각 호의 요건을 말한다. 〈신설 2017. 3. 7.〉

1. 소매인 영업소 간 거리를 50미터 이상으로 하여 일정하게 유지할 것

2. 「건축법」 등 관계법령에 따라 적법하게 건축된 점포를 갖출 것

③ 제2항제1호에도 불구하고 건축물 또는 시설물 내의 장소에는 건축물 등의 구조·상주인원·이용인원 등을 고려하여 소매인 영업소 간 거리를 달리 정하거나 제한하지 아니할 수 있다. 이 경우 소매인은 담배진열장 및 담배소매점 표시판을 건물 또는 시설물의 외부에 설치하여서는 아니된다. 〈개정 2017. 3. 7.〉

④ 제1항부터 제3항까지의 규정에 따른 영업장 및 장소의 범위, 영업소 사이의 거리 및 해당 거리의 측정방법 등 구체적인 기준은 지방자치단체의 인구, 면적 및 지역적 특성 등을 고려하여 시장·군수 및 구청장이 규칙으로 정한다. 〈개정 2017. 3. 7.〉

[본조신설 2009. 7. 1.]

제8조(소매인 영업소의 위치변경) ① 소매인의 지정을 받은 자가 그 영업소의 위치를 변경하려는 때에는 별지 제14호서식의 소매인영업소위치변경승인신청서에 변경하려는 점포의 사용에 관한 권리를 증명하는 서류(건물등기사항증명서에 의하여 확인할 수 없는 경우로 한정한다)를 첨부하여 시장·군수·구청장에게 제출하고 그 승인을 얻어야 한다. 이 경우 변경하려는 위치가 속하는 관할구역이 변경 전의 관할구역과 다른 경우에는 제7조·제7조의2 및 제7조의3에 따라 새로운 관할구역의 시장·군수·구청장에게 소매인 지정을 받아야 한다.〈개정 2004. 6. 29., 2009. 7. 1., 2010. 3. 3., 2014. 1. 29.〉

 1. 삭제〈2014. 1. 29.〉

 2. 삭제〈2014. 1. 29.〉

② 제1항에 따라 소매인영업소위치변경승인신청서를 제출받은 시장·군수·구청장은「전자정부법」제36조제1항에 따른 행정정보의 공동이용을 통하여 신청인의 사업자등록증과 변경하려는 점포의 건물등기사항증명서를 확인하여야 한다. 다만, 신청인이 사업자등록증의 확인에 동의하지 아니하는 경우에는 그 사본을 첨부하도록 하여야 한다.〈신설 2014. 1. 29.〉

③ 제1항에 따른 위치변경승인의 경우에는 제7조제3항·제4항·제12항 및 제7조의3을 준용한다.〈개정 2009. 7. 1., 2010. 3. 3., 2014. 1. 29.〉

④ 제1항에 따라 변경하려는 영업소의 위치가 제7조의2에 따른 추첨의 방법으로 소매인을 결정하여야 하는 지역에 해당하는 경우에는 제1항에 따른 신청을 제7조의2에 따른 신청으로 보아 같은 조에 따라 소매인을 결정한다.〈개정 2009. 7. 1., 2014. 1. 29.〉

⑤ 시장·군수·구청장은 제1항의 규정에 의한 승인을 한 때에는 소매인지정서를 고쳐서 교부하거나 새로이 교부하여야 한다.〈개정 2004. 6. 29., 2014. 1. 29.〉

⑥ 삭제〈2017. 3. 7.〉

제9조 삭제〈2009. 7. 1.〉

제10조 삭제〈2009. 7. 1.〉

제11조(소매인지정의 취소 등) ① 법 제17조제1항제7호 단서에서 "미달하게 된 사유가 당해 소매인의 귀책사유에 의하지 아니한 경우"란 다음 각 호의 어느 하나에 해당하는 경우를 말한다.〈신설 2004. 6. 29., 2008. 1. 14., 2009. 7. 1.〉

 1. 도시계획의 변경 등의 사유로 도로형태가 바뀜에 따라 제7조의3에 따른 영업소 간 거리기준에 미달하게 된 경우

 2. 삭제〈2009. 7. 1.〉

 3. 그 밖에 소매인의 귀책사유에 의하지 아니한 경우라고 시장·군수·구청장이 인정하는 경우

② 법 제17조제2항제5호에서 "기획재정부령이 정하는 기간"이란 30일 이상을 말한다. 다만, 건축물의 신축 또는 개축으로 인하여 영업을 계속할 수 없어 제14조제1항에 따른 휴업신고를 한 경우에는 그 건축물의 완성에 소요되는 기간은 제외한다.〈개정 2004. 6. 29., 2009. 7. 1., 2014. 12. 31.〉

③ 시장·군수·구청장은 법 제17조의 규정에 의하여 소매인의 지정을 취소하거나 그 영업의 정지를 명한 때에는 시장·군수·구청장이 정하는 규칙에 따라 이를 공고하여야 한다.〈개정 2004. 6. 29.〉

④ 시장·군수·구청장은 법 제17조제2항 각 호 외의 부분 단서에 따라 다음 각 호의 어느 하나에 해당하는 경우에는 해당 소매인에 대한 영업정지처분을 면제한다.〈개정 2024. 3. 29.〉

 1. 소매인이 청소년(「청소년 보호법」 제2조제1호에 따른 청소년을 말한다. 이하 같다)의 신분증 위조·변조 또는 도용으로 청소년인 사실을 알지 못한 사정이 영상정보처리기기에 촬영된 영상정보, 진술 또는 그 밖의 방법으로 확인된 경우

2. 소매인이 청소년의 폭행 또는 협박으로 청소년임을 확인하지 못한 사정이 영상정보처리기기에 촬영된 영상정보, 진술 또는 그 밖의 방법으로 확인된 경우

3. 소매인이 청소년의 신분증 위조·변조 또는 도용으로 청소년인 사실을 알지 못했거나 폭행 또는 협박으로 청소년임을 확인하지 못한 사정이 인정되어 불송치 또는 불기소(불송치 또는 불기소를 받은 이후 해당 사건에 대하여 다시 수사절차가 진행 중인 경우 또는 해당 사건에 대하여 공소가 제기되어 형사재판이 진행 중인 경우는 제외한다)를 받거나 선고유예 판결을 받은 경우

⑤ 제4항제1호 또는 제2호에도 불구하고 시장·군수·구청장은 같은 항 제1호 또는 제2호에 해당하는 소매인이 법원의 판결에 따라 유죄로 확정된 경우(선고유예 판결을 받은 경우는 제외한다)에는 영업정지처분을 면제하지 아니한다.〈신설 2024. 3. 29.〉

⑥ 법 제17조제3항에 따른 영업정지처분의 기준은 별표 3과 같다.〈개정 2004. 6. 29., 2020. 6. 24., 2024. 3. 29.〉

제12조(판매가격의 공고) ① 법 제18조제4항의 규정에 의한 담배 판매가격의 공고는 일간신문 또는 인터넷에 게재하거나 제조업자 또는 수입판매업자의 영업소 게시판에의 공고, 그 밖에 소비자가 잘 알 수 있는 방법으로 하여야 한다.〈개정 2004. 6. 29., 2014. 1. 29.〉

② 제1항의 규정에 의하여 판매가격을 일간신문에 공고하는 경우에는 다음 각호의 방법에 한하여 이를 할 수 있다.〈개정 2004. 6. 29.〉

1. 공고의 크기는 5단, 가로 18센티미터 이내로 할 것

2. 공고의 내용은 제품의 이름·규격·포장구분·포장단위·판매가격·판매개시일로 할 것

③ 제1항의 규정에 의하여 판매가격을 일간신문 또는 인터넷에 공고하는 경우에는 판매개시일 5일 전부터 판매개시일까지만 하여야 한다.〈신설 2004. 6. 29., 2014. 1. 29.〉

제13조(특수용담배의 공급) ① 특수용담배는 영 제7조제2항의 규정에 의하여 제조업자

가 다음 각호에서 정하는 자와의 공급계약에 의하여 이를 공급할 수 있다.〈개정 2004. 6. 29.〉

1. 영 제7조제1항제1호에 해당되는 담배 : 대통령비서실장

2. 영 제7조제1항제2호·제3호 및 제10호에 해당되는 담배 : 국군·전투경찰대원·교정 시설경비교도대원·국가유공자 및 그 유족에게 공급하는 담배를 관장하는 기관의 장

3. 영 제7조제1항제4호 및 제9호에 해당되는 담배

   가. 해외취업 근로자용(북한에 취업중인 근로자에 한한다) 및 북한지역 관광객용 : 남 북교류협력에관한법률 제13조의 규정에 의하여 통일부장관으로부터 북한으로의 반출승인을 받은 자

   나. 재외공관 직원용 : 재외공관에 사무용품 및 일상생활용품을 6월 이상 공급한 자

4. 영 제7조제1항제5호에 해당되는 담배 : 세관장으로부터 특허보세구역 설치·운영특허 를 받고 보세판매장안에 면세담배 판매사업권을 갖고 있는 자

5. 영 제7조제1항제6호에 해당되는 담배 : 항만운송사업법 제26조의3의 규정에 의하여 물품공급업 신고를 한 자

6. 영 제7조제1항제7호에 해당되는 담배

   가. 항공기승객용 : 세관장으로부터 특허보세구역 설치·운영특허를 받고 국제선 항공 기안에서 기내용품 판매영업을 행하는 자

   나. 여객선승객용 : 항만운송사업법 제26조의3의 규정에 의하여 물품공급업 신고를 한 자

7. 영 제7조제1항제8호에 해당되는 담배 : 주한 외국군으로부터 면세담배 판매사업권을 받은 자

② 제조업자는 영 제7조제3항의 규정에 의하여 특수용담배를 제조·판매할 경우에 담배갑 포장지에 가로 1센티미터, 세로 3센티미터의 사각형 안에 "면세용, Duty Free"라고 표 시하여야 한다.〈개정 2004. 6. 29.〉

제14조(담배판매업 등의 휴업·폐업) ① 수입판매업자·도매업자 또는 소매인이 90일(소

매인의 경우에는 20일) 이상 휴업하려는 경우에는 법 제22조의2에 따라 수입판매업자는 시·도지사에게, 도매업자 및 소매인은 시장·군수·구청장에게 각각 신고해야 한다.〈개정 2004. 6. 29., 2021. 12. 29.〉

② 수입판매업자 또는 도매업자가 법 제22조의2제1항에 따라 휴업신고 또는 폐업신고를 하려는 때에는 별지 제18호서식의 담배판매업 휴업·폐업신고서를 시·도지사 또는 시장·군수·구청장에게 제출해야 한다.〈개정 2004. 6. 29., 2010. 3. 3., 2021. 12. 29.〉

③ 소매인이 법 제22조의2제1항에 따라 휴업신고 또는 폐업신고를 하려는 때에는 별지 제19호서식의 담배소매업 휴업·폐업신고서를 시장·군수·구청장에게 제출해야 한다.〈개정 2010. 3. 3., 2021. 12. 29.〉

④ 소매인이 휴업을 하는 경우에 그 휴업기간은 30일 이내로 해야 하며, 연간 총휴업일수는 60일 이내로 해야 한다. 다만, 제11조제2항 단서에 해당하는 경우에는 같은 항 단서의 기간은 제외한다.〈개정 2004. 6. 29., 2021. 12. 29.〉

⑤ 제2항 또는 제3항에 따른 폐업신고를 하려는 도매업자 또는 소매인이 「부가가치세법」 제8조제8항에 따른 폐업신고를 같이 하려는 경우에는 제2항에 따른 담배판매업 휴업·폐업신고서 또는 제3항에 따른 담배소매업 휴업·폐업신고서(이하 이 조에서 "폐업신고서등"이라 한다)에 「부가가치세법 시행규칙」 별지 제9호서식의 폐업신고서를 함께 제출해야 한다. 이 경우 시장·군수·구청장은 함께 제출받은 「부가가치세법 시행규칙」 별지 제9호서식의 폐업신고서를 지체 없이 관할 세무서장에게 송부(정보통신망을 이용한 송부를 포함한다. 이하 이 조에서 같다)해야 한다.〈신설 2017. 3. 7., 2021. 12. 29.〉

⑥ 관할 세무서장이 「부가가치세법 시행령」 제13조제5항에 따라 같은 조 제1항에 따른 폐업신고를 받아 이를 해당 시·도지사 또는 시장·군수·구청장에 송부한 경우에는 폐업신고서등이 제출된 것으로 본다.〈신설 2017. 3. 7.〉

제15조(흡연경고문구의 표시기준 등) ① 법 제25조제1항의 규정에 의한 흡연경고문구의 표시는 별표 4의 기준에 의한다.

② 기획재정부장관은 법 제25조제4항에 따라 흡연경고문구를 3개 이상 정하고, 그 내용과 표시기간(각 경고문구는 2년씩 순환하여 표시한다)을 6개월 전에 일간신문에 공고하거나 관보에 고시하여야 한다. 공고·고시된 경고문구를 변경하려는 경우에도 또한 같다.〈개정 2004. 6. 29., 2009. 7. 1.〉

③ 담배제조업자 및 수입판매업자는 제2항의 규정에 의하여 공고·고시된 경고문구를 그 표시기간동안 담배 갑포장지와 담배 광고물에 표시하여야 한다.〈신설 2004. 6. 29.〉

④ 다음 각호의 1에 해당하는 담배는 종전의 경고문구를 담배 갑포장지에 표시하여 판매할 수 있다.〈개정 2004. 6. 29.〉

 1. 제2항의 규정에 의한 공고 또는 고시전에 발주된 담배

 2. 제2항의 규정에 의한 2년의 만료일 또는 공고·고시된 경고문구사용개시일 이전에 제조되었거나 보세구역에 반입된 담배

제16조(담배에 관한 광고) ① 영 제9조제1항제1호에서 "기획재정부령이 정하는 광고물"이란 표시판·스티커 및 포스터를 말한다.〈개정 2009. 7. 1.〉

② 영 제9조제1항제2호 본문에서 "여성 또는 청소년을 대상으로 하는 것"이란 잡지의 명칭·내용·독자, 그밖에 그 성격에 비추어 여성 또는 청소년이 주로 구독하는 것을 말하며, 같은 호 단서에서 "기획재정부령이 정하는 판매부수"란 1만부를 말한다.〈개정 2009. 7. 1.〉

③ 영 제9조제1항제3호에서 "여성 또는 청소년을 대상으로 하는 행사"라 함은 행사의 목적·내용·참가자·관람자·청중 그밖에 그 성격에 비추어 여성 또는 청소년을 주대상으로 하는 행사를 말한다.

제16조의2(담배성분 등의 표시방법) ① 영 제9조의3제2항의 규정에 의한 담배성분의 표시방법은 별표 5의 기준에 의한다.〈개정 2017. 3. 7.〉

② 영 제9조의2제4항에 따른 니코틴 용액의 용량 표시방법은 별표 6에 따른다.〈신설 2017.

3. 7.〉

[본조신설 2002. 10. 30.]

[제목개정 2017. 3. 7.]

제16조의3(담배성분의 측정기준) 영 제9조의4제1항의 규정에 의한 구체적인 담배성분의
측정기준은 다음 각호와 같다.

1. 타르의 경우 : 국제표준화기구(ISO)의 측정기준 4387
2. 니코틴의 경우 : 국제표준화기구(ISO)의 측정기준 10315

[본조신설 2002. 10. 30.]

제16조의4(담배성분의 측정 및 측정결과의 통보 등) ① 영 제9조의4제2항의 규정에 의한
담배성분의 측정은 다음 각호의 방법에 의한다.〈개정 2004. 6. 29.〉

1. 측정기관은 제조업자 및 수입판매업자로부터 품목별로 담배성분의 측정을 직접 의뢰
받아 매분기마다 측정을 실시한다. 다만, 측정기관이 제조업자 및 수입판매업자로부터
담배의 판매중단을 통보받은 때에는 그 통보받은 날 이후 1회 이상 측정하여야 한다.

2. 담배신제품의 경우에는 제조업자 및 수입판매업자가 영 제6조의 규정에 의하여 신고
한 판매개시일 이후 최초로 도래하는 분기부터 담배성분의 측정을 받아야 한다.

3. 제16조의2의 규정에 의한 담배성분의 표시가 변경된 경우에는 변경된 담배성분의 표
시가 표기된 담배의 판매개시일 이후 최초로 도래하는 분기부터 담배성분의 측정을
받아야 한다.

4. 담배성분의 측정에 사용될 품목별 궐련표본은 전체 모집단을 대표할 수 있는 궐련 60
개비로 하고, 복수의 포장단위가 있는 경우 최소 포장단위로부터 추출하되, 1개의 포
장단위당 3개비를 초과하여 추출할 수 없다.

② 측정기관이 제1항의 규정에 의한 측정을 완료한 때에는 그 결과를 제조업자 및 수입판
매업자에게 서면으로 통보하여야 한다.

③ 측정기관은 품목별 측정결과를 해당 연도 종료 후 30일 이내에 기획재정부장관에게 보고하여야 한다. 다만, 연속하는 4회의 측정을 통하여 얻어진 각각의 측정값을 산술평균한 값이 영 제9조의6제1항에서 정한 허용오차범위를 초과하는 경우에는 측정기관은 즉시 기획재정부장관에게 보고하여야 한다.〈개정 2009. 7. 1.〉

④ 제조업자 및 수입판매업자는 제2항에 따라 통보받은 측정결과에 대하여 이의가 있는 때에는 그 통보받은 날부터 14일 이내에 측정기관에 재측정을 요구할 수 있다. 이 경우 측정기관은 재측정을 실시하고 측정결과를 해당 의뢰자 및 기획재정부장관에게 통보 및 보고하여야 한다.〈개정 2009. 7. 1.〉

[본조신설 2002. 10. 30.]

제16조의5(측정기관의 지정 등) ① 영 제9조의5제2항에 따라 측정기관으로 지정받으려는 자는 별지 제20호서식의 담배성분측정기관지정신청서에 다음 각 호에 해당하는 서류를 첨부하여 기획재정부장관에게 제출하여야 한다. 이 경우 기획재정부장관은 해당 신청인이 측정업무수행에 적합하다고 인정되는 때에는 별지 제21호서식의 담배성분측정기관지정서를 교부하여야 한다.〈개정 2009. 7. 1.〉

1. 영 제9조의5제1항의 규정에 의한 인정기구가 발급한 담배연기성분 분야에 대한 시험·검사기관인정서 사본

2. 측정업무를 위한 인력 및 시험설비에 관한 현황

3. 측정수수료에 관한 사항

4. 제16조의4제1항제4호에 따른 궐련표본의 추출방법에 관한 사항

② 제1항에 따라 측정기관으로 지정받은 자는 다음 각 호의 어느 하나에 해당하는 사항이 변경된 때에는 그 사유가 발생한 날부터 30일 이내에 별지 제22호서식의 지정사항변경신고서에 담배성분측정기관지정서와 변경사항을 증명할 수 있는 서류를 첨부하여 기획재정부장관에게 제출하여야 한다.〈개정 2009. 7. 1.〉

1. 대표자

2. 측정기관의 명칭 및 소재지

3. 측정수수료

4. 궐련표본의 추출방법

[본조신설 2002. 10. 30.]

제17조(연초경작지원 등 사업을 위한 출연) ① 법 제25조의3제1항에 따라 제조업자는 같은 조 제4항에 따라 연초 경작자의 영농기술 개발을 직접 지원하기 위하여 기획재정부장관의 승인을 받아 설립된 법인(이하 이 조에서 "지원법인"이라 한다)에 출연하여야 한다.

② 제1항에 따라 출연하여야 하는 금액은 제조업자가 제조하여 판매하는 담배 중 궐련(「지방세법」 제48조제2항제1호가목에 따른 담배로서, 「지방세법」 제54조에 따라 담배소비세가 면제되는 것과 같은 법 제63조제1항제1호 및 제2호에 따라 담배소비세액이 공제 또는 환급되는 것은 제외한다. 이하 이 조에서 같다) 20개비당 5원으로 한다.

③ 제조업자는 매월 1일부터 말일까지 제조장에서 반출된 궐련에 대하여 제2항에 따라 산출한 출연금을 지원법인에 다음 달 말일까지 납입하여야 한다.

④ 지원법인은 사업연도마다 출연받은 금액과 출연금의 사용 계획 등이 기재된 사업계획서 및 예산안을 해당 사업연도 개시 2개월 전까지 기획재정부장관에게 제출하고, 해당 사업연도 개시 전까지 기획재정부장관의 승인을 받아야 한다.

[본조신설 2014. 12. 31.]

제18조 삭제 〈2002. 1. 31.〉

제19조(담배소매업에 필요한 물품의 제공범위) 영 제10조 단서에서 "담배소매업에 필요한 물품으로서 기획재정부령이 정하는 물품"이란 담배진열장·스티커 및 포스터를 말한다. 〈개정 2004. 6. 29., 2009. 7. 1.〉

제19조의2(규제의 재검토) ① 기획재정부장관은 다음 각 호의 사항에 대하여 다음 각 호의 기준일을 기준으로 3년마다(매 3년이 되는 해의 기준일과 같은 날 전까지를 말한다) 그 타당성을 검토하여 개선 등의 조치를 하여야 한다.〈개정 2014. 12. 31., 2020. 6. 24.〉

1. 제4조의2 및 별표 2에 따른 담배제조업자에 대한 영업정지처분 기준: 2015년 1월 1일

2. 제6조의2 및 별표 2의2에 따른 수입판매업자 또는 도매업자에 대한 영업정지처분 기준: 2015년 1월 1일

3. 제11조제5항 및 별표 3에 따른 담배소매인에 대한 영업정지처분 기준: 2015년 1월 1일

4. 제12조에 따른 판매가격의 공고: 2014년 1월 1일

5. 제14조에 따른 담배판매업 등의 휴업·폐업: 2014년 1월 1일

6. 제17조에 따른 연초경작지원 등 사업을 위한 출연: 2015년 1월 1일

② 기획재정부장관은 담배소매인의 지정을 정한 제7조의3제2항제1호에 따른 담배영업소 간 거리제한 기준에 대하여 2019년 1월 1일을 기준으로 3년마다(매 3년이 되는 해의 1월 1일 전까지를 말한다) 그 타당성을 검토하여 개선 등의 조치를 하여야 한다.〈개정 2018. 12. 7.〉

[전문개정 2013. 12. 27.]

제20조(허가증등의 재발급) 제조업자·수입판매업자·도매업자 또는 소매업자는 그 허가증·등록증 또는 지정서(이하 이 조에서 "허가증등"이라 한다)를 잃어버렸거나 헐어서 못 쓰게 된 경우 또는 기재사항에 변경이 있어 허가증등을 재발급 받으려는 경우에는 별지 제23호 서식의 신청서를 다음 각 호의 구분에 따른 자에게 제출하여야 한다. 이 경우 허가증등이 헐어서 못쓰게 되거나 또는 기재사항에 변경이 있어 허가증등을 재발급 받으려면 해당 허가증등을 첨부하여야 한다.

1. 제조업자의 경우: 기획재정부장관

2. 수입판매업자의 경우: 수입판매업자의 본점 또는 주된 사무소의 소재지를 관할하는 시·도지사

3. 도매업자의 경우: 도매업자의 본점 또는 주된 사무소의 소재지를 관할하는 시장·군수·구청장

4. 소매업자의 경우: 사업장의 소재지를 관할하는 시장·군수·구청장

[본조신설 2017. 3. 7.]

부칙 〈제1062호,2024. 3. 29.〉

제1조(시행일) 이 영은 공포한 날부터 시행한다.

제2조(행정처분 기준에 관한 경과조치) 별표3 제2호 사목의 개정규정은 이 규칙 시행 전의 위반행위에 대하여 이 규칙 시행 이후에 행정처분을 하는 경우에도 적용한다.

담배의 유해성 관리에 관한 법률(약칭: 담배유해성관리법)

[시행 2025. 11. 1.] [법률 제19815호, 2023. 10. 31., 제정]

보건복지부(건강증진과) 044-202-2822
식품의약품안전처(위생용품정책과) 043-719-1736

제1조(목적) 이 법은 담배의 유해성 관리에 관한 사항을 규정함으로써 담배의 유해성에 관한 국민의 알권리를 보장하고, 담배의 위해(危害)로부터 국민의 건강을 보호하는 것을 목적으로 한다.

제2조(정의) 이 법에서 사용하는 용어의 뜻은 다음과 같다.

1. "담배"란 「담배사업법」 제2조에 따른 담배를 말한다.

2. "제조자등"이란 「담배사업법」에 따른 담배의 제조업자 또는 수입판매업자를 말한다.

3. "담배첨가물"이란 제조장에서 담배를 제조하는 과정에서 연초 및 니코틴 용액 이외에 첨가하는 일체의 물질을 말한다.

4. "담배배출물"이란 담배로부터 생성되거나 방출되는 연기 또는 증기를 포함한 일체의 물질을 말한다.

5. "담배성분"이란 담배(담배첨가물을 포함한다. 이하 같다) 및 담배배출물에 포함된 성분을 말한다.

6. "유해성"이란 독성 등 사람의 건강에 해로운 영향을 미치는 물질 고유의 성질을 말한다.

7. "유해성분"이란 담배성분 중 유해성이 있는 물질로서 제11조제2항에 따라 식품의약품안전처장이 고시한 성분을 말한다.

8. "담배의 유해성 관리"란 유해성분의 종류와 함유량을 분석하여 유해성분 정보를 공개하고, 유해성분 정보를 금연정책에 활용하는 등의 제반활동을 말한다.

제3조(다른 법률과의 관계) 이 법은 담배의 유해성 관리에 관하여 다른 법률에 우선하여 적용한다.

제4조(국가의 책무) 국가는 담배의 위해로부터 국민의 건강을 보호하기 위한 정책을 수립·시행하여야 한다.

제5조(담배의 유해성 관리에 관한 기본계획) ① 보건복지부장관과 식품의약품안전처장은 담배의 유해성 관리에 관한 기본계획(이하 "기본계획"이라 한다)을 5년마다 공동으로 수립·시행하여야 한다.

② 보건복지부장관과 식품의약품안전처장은 기본계획을 수립하는 경우 미리 기획재정부장관 등 관계 중앙행정기관의 장과 협의한 후 제9조에 따른 담배유해성관리정책위원회의 심의를 거쳐야 한다. 기본계획을 변경하려는 경우에도 또한 같다.

③ 기본계획에는 다음 각 호의 사항이 포함되어야 한다.

1. 담배의 유해성 관리 정책의 기본목표 및 추진방향

2. 담배의 유해성에 관한 조사·연구에 관한 사항

3. 담배의 유해성에 관한 대국민 홍보에 관한 사항

4. 제12조제1항 각 호의 사항에 관한 자료 및 유해성분 정보를 활용한 금연정책의 추진방향, 계획 수립 등에 관한 사항

5. 그 밖에 담배의 유해성 관리를 위하여 필요한 사항으로서 대통령령으로 정하는 사항

④ 기본계획의 수립 및 시행 등에 필요한 사항은 대통령령으로 정한다.

제6조(연도별 시행계획) ① 보건복지부장관과 식품의약품안전처장은 기본계획에 따라 연도별 시행계획(이하 "시행계획"이라 한다)을 공동으로 수립·시행하여야 한다.

② 보건복지부장관과 식품의약품안전처장은 시행계획을 수립하는 경우 미리 기획재정부장관 등 관계 중앙행정기관의 장과 협의하여야 한다.

③ 시행계획의 수립 및 시행 등에 필요한 사항은 대통령령으로 정한다.

제7조(조사·연구) ① 보건복지부장관과 식품의약품안전처장은 기본계획과 시행계획을 효율적으로 수립·시행하기 위하여 공동으로 담배 및 담배배출물 등에 관한 조사·연구를 실시할 수 있고 그 결과를 기본계획과 시행계획에 반영할 수 있다.

② 제1항에 따른 조사·연구의 범위와 방법 등에 필요한 사항은 대통령령으로 정한다.

제8조(계획 수립 등의 협조) ① 보건복지부장관 또는 식품의약품안전처장은 기본계획과 시행계획의 수립·시행, 제7조에 따른 조사·연구를 위하여 필요한 경우에는 관계 중앙행정기관의 장, 지방자치단체의 장 또는 「공공기관의 운영에 관한 법률」에 따른 공공기관의 장, 그 밖의 관련 법인이나 단체의 장에게 자료제공 등의 협조를 요청할 수 있다.

② 제1항에 따른 요청을 받은 자는 정당한 사유가 없으면 이에 따라야 한다.

제9조(담배유해성관리정책위원회의 구성·운영) ① 담배의 유해성 관리에 관한 다음 각 호의 사항을 심의하기 위하여 「인체적용제품의 위해성평가에 관한 법률」 제8조제6항에 따른 위해성평가정책위원회의 특별위원회로 담배유해성관리정책위원회(이하 "정책위원회"라 한다)를 둔다.

 1. 기본계획 및 시행계획

 2. 유해성분의 검사방법에 관한 사항

 3. 제11조제2항에 따른 검사대상이 되는 유해성분의 범위 및 기준에 관한 사항

 4. 제14조에 따른 유해성분 정보의 공개 범위 및 방법에 관한 사항

 5. 그 밖에 위원장이 담배의 유해성 관리를 위하여 필요하다고 인정하는 사항

② 정책위원회는 위원장 2명을 포함한 15명 이내의 위원으로 구성한다.

③ 위원장은 식품의약품안전처 차장과 보건복지부 소속 고위공무원단에 속하는 공무원 중에서 보건복지부장관이 지명하는 사람으로 한다.

④ 위원은 다음 각 호의 어느 하나에 해당하는 사람 중에서 보건복지부장관과 식품의약품 안전처장이 협의하여 임명 또는 위촉한다. 이 경우 제3호에 해당하는 사람이 위원의 과반수가 되도록 한다.

1. 기획재정부 등 중앙행정기관의 고위공무원단에 속하는 공무원으로서 담배의 유해성 관리에 관한 업무를 담당하는 공무원

2. 「소비자기본법」 제29조에 따라 등록한 소비자단체에서 추천하는 법인이나 단체의 대표

3. 담배의 유해성 관리에 관한 학식과 경험이 풍부한 사람

⑤ 공무원인 위원의 임기는 해당 직(職)에 재직하는 기간으로 하고, 위촉직 위원의 임기는 2년으로 한다. 다만, 위원이 궐위된 경우 그 보궐위원의 임기는 전임위원 임기의 남은 기간으로 한다.

⑥ 그 밖에 정책위원회의 구성과 운영에 필요한 사항은 대통령령으로 정한다.

제10조(의견청취) 정책위원회는 제9조제1항 각 호의 사항을 심의하기 위하여 필요한 경우 에는 담배에 관한 전문지식이 있는 사람, 전문 연구기관 및 제조자등을 포함한 관계 사 업자 등의 의견을 들을 수 있다.

제11조(유해성분의 정기검사) ① 제조자등은 2년마다 연도 개시 후 6개월 이내에 판매 중 인 담배에 대하여 품목별로 유해성분의 함유량에 관한 검사를 제16조에 따른 검사기관 에 의뢰하여야 한다.

② 제1항에 따른 검사의 대상이 되는 유해성분은 식품의약품안전처장이 정하여 고시한다.

③ 제1항 또는 제4항에 따라 검사를 의뢰받은 검사기관은 검사 수행 후 그 결과에 대한 검 사결과서를 제조자등에게 발급하고, 이를 3년간 보관하여야 한다.

④ 제조자등은 제3항에 따른 검사결과서를 발급받은 후 유해성분의 변경이 있는 경우에는 지체 없이 제1항에 따른 검사를 다시 의뢰하여야 한다.

⑤ 제1항 및 제4항에 따른 검사 의뢰 절차와 제3항에 따른 검사결과서 보관 등에 필요한

사항은 총리령으로 정한다.

제12조(검사결과서 등 자료의 제출) ① 제조자등은 제11조제3항에 따라 검사결과서를 발급받으면 다음 각 호의 사항에 관한 자료(이하 "검사결과서등"이라 한다)를 식품의약품안전처장에게 제출하여야 한다.

 1. 해당 담배의 제조에 사용된 원료 및 담배첨가물 등에 포함된 성분의 명칭

 2. 검사결과서

 3. 그 밖에 담배의 위해로부터 국민의 건강을 보호하기 위하여 필요한 정보로서 대통령령으로 정하는 사항

② 제1항에 따른 검사결과서등의 제출 시기와 방법 등에 필요한 사항은 총리령으로 정한다.

제13조(검사결과서등의 송부 등) 식품의약품안전처장은 제12조에 따라 제출된 검사결과서등을 지체 없이 기획재정부장관, 보건복지부장관 등 관계 중앙행정기관의 장에게 송부하여야 한다.

제14조(유해성분 정보의 공개) ① 식품의약품안전처장은 검사결과서등을 검토한 후 담배 품목별 유해성분에 관한 정보를 누구든지 쉽게 볼 수 있도록 공개하여야 한다.

② 제1항에 따른 유해성분에 관한 정보의 공개 범위, 공개 시기 및 방법, 그 밖에 공개에 필요한 사항은 대통령령으로 정한다.

제15조(유해성분 정보의 활용) 보건복지부장관과 식품의약품안전처장은 검사결과서등과 제14조에 따른 담배 품목별 유해성분에 관한 정보를 건강증진 정책에 활용할 수 있다.

제16조(담배 검사기관의 지정) ① 식품의약품안전처장은 제11조에 따른 검사업무를 수행할 기관을 지정하여야 한다.

② 제1항에 따라 검사업무를 수행할 기관으로 지정을 받고자 하는 자는 총리령으로 정하는 시설·장비 및 인력 등의 요건을 갖추어 식품의약품안전처장에게 지정 신청을 하여야 한다.

③ 제1항에 따라 지정을 받은 기관(이하 "검사기관"이라 한다)은 지정받은 사항 중 총리령으로 정하는 중요사항을 변경하고자 하는 때에는 미리 식품의약품안전처장의 승인을 받아야 한다. 다만, 총리령으로 정하는 경미한 사항을 변경할 때에는 변경 사항 발생일부터 1개월 이내에 식품의약품안전처장에게 신고하여야 한다.

④ 검사기관은 검사결과서 보관 등 총리령으로 정하는 사항을 준수하여야 한다.

⑤ 검사기관의 지정, 변경의 요건·절차 등에 필요한 사항은 총리령으로 정한다.

제17조(지정취소) ① 식품의약품안전처장은 제16조에 따라 지정한 검사기관이 다음 각 호의 어느 하나에 해당하면 그 지정을 취소하거나 6개월 이내의 기간을 정하여 그 업무의 정지를 명할 수 있다. 다만, 제1호부터 제3호까지에 해당하면 그 지정을 취소하여야 한다.

 1. 거짓이나 그 밖의 부정한 방법으로 지정을 받은 경우

 2. 고의 또는 중대한 과실로 제11조에 따른 검사결과서를 거짓으로 작성·발급한 경우

 3. 업무정지 기간 중에 검사 업무를 한 경우

 4. 제16조제3항에 따른 변경 승인을 받지 아니하거나 변경 신고를 1개월 이내에 하지 아니한 경우

 5. 제16조제4항에 따른 준수사항을 위반한 경우

② 제1항에 따라 지정취소 처분을 받은 기관은 지정이 취소된 날부터 2년이 지나지 아니한 경우에는 검사기관으로 다시 지정받을 수 없다.

③ 제1항에 따른 지정취소 또는 업무정지의 세부적 기준은 총리령으로 정한다.

④ 식품의약품안전처장은 제1항에 따라 검사기관의 지정을 취소하고자 하는 경우에는 청문을 하여야 한다.

제18조(시정명령 등) ① 식품의약품안전처장은 제조자등이 다음 각 호의 어느 하나에 해당하는 경우에는 기간을 정하여 시정을 명하여야 한다.

 1. 제11조제1항 또는 제4항을 위반하여 유해성분의 검사를 의뢰하지 아니한 경우

 2. 제12조제1항을 위반하여 검사결과서등을 제출하지 아니한 경우

② 식품의약품안전처장은 제조자등이 제1항에 따른 시정명령을 기간 내에 이행하지 아니한 경우로서 국민건강에 위해가 발생하거나 발생할 우려가 있다고 인정되는 때에는 해당 담배를 회수·폐기하거나 그 밖에 필요한 조치를 하도록 명할 수 있다.

③ 식품의약품안전처장은 제2항에 따른 명령을 받은 사람이 그 명령을 이행하지 아니하는 경우에는 「행정대집행법」에 따라 대집행을 하고 그 비용을 명령위반자로부터 징수할 수 있다.

④ 제1항부터 제3항까지에 따른 시정명령, 회수·폐기의 절차 등 그 밖에 필요한 사항은 총리령으로 정한다.

제19조(비밀유지의무) 이 법에 따른 직무에 종사하거나 종사하였던 정책위원회 위원, 공무원 또는 정책위원회의 업무를 담당하거나 담당하였던 자는 그 업무상 알게 된 비밀을 누설하거나 목적 외의 용도로 이용하여서는 아니 된다.

제20조(수수료) ① 제16조제2항에 따라 검사기관의 지정을 신청하려는 자는 수수료를 식품의약품안전처장에게 납부하여야 한다.

② 제1항에 따른 수수료의 금액 및 납부방법 등에 필요한 사항은 총리령으로 정한다.

제21조(보고 및 출입·검사 등) ① 식품의약품안전처장은 필요하다고 인정하는 경우 제조자등에 대하여 필요한 보고를 하게 할 수 있고, 관계 공무원으로 하여금 그의 사업소 또는 사업장에 출입하여 담배의 제조·판매와 관련된 서류 또는 물건을 검사하게 하거나 검사에 필요한 최소 분량의 물건을 무상으로 수거하게 할 수 있다.

② 제1항에 따라 관계 공무원이 출입·검사·수거를 하는 때에는 그 권한을 표시하는 증표를 지니고 이를 관계인에게 내보여야 한다.

③ 제1항에 따른 출입·검사·수거를 하고자 하는 경우 사전통지에 관하여는 「행정조사기본법」 제17조를 준용한다.

④ 제1항에 따른 보고 및 출입·검사·수거의 세부기준이나 절차 등에 필요한 사항은 총리령으로 정한다.

제22조(권한의 위임) 식품의약품안전처장은 이 법에 따른 권한의 일부를 대통령령으로 정하는 바에 따라 식품의약품안전평가원장 또는 지방식품의약품안전청장에게 위임할 수 있다.

제23조(벌칙 적용에서 공무원 의제) 정책위원회 위원 중 공무원이 아닌 사람은 「형법」 제127조 및 제129조부터 제132조까지를 적용할 때에는 공무원으로 본다.

제24조(벌칙) 다음 각 호의 어느 하나에 해당하는 자는 1년 이하의 징역 또는 1천만원 이하의 벌금에 처한다.

1. 제11조제1항 또는 제4항에 따른 유해성분 검사를 거짓으로 의뢰한 자
2. 제12조를 위반하여 검사결과서등을 거짓으로 제출한 자
3. 제18조제1항에 따른 시정명령을 이행하지 아니한 자
4. 제18조제2항에 따른 회수·폐기 등의 명령을 이행하지 아니한 자

제25조(양벌규정) 법인의 대표자나 법인 또는 개인의 대리인, 사용인, 그 밖의 종업원이 그 법인 또는 개인의 업무에 관하여 제24조의 위반행위를 하면 그 행위자를 벌하는 외에 그 법인 또는 개인에게도 해당 조문의 벌금형을 과(科)한다. 다만, 법인 또는 개인이 그 위반행위를 방지하기 위하여 해당 업무에 관하여 상당한 주의와 감독을 게을리하지 아

니한 경우에는 그러하지 아니하다.

제26조(과태료) ① 제21조제1항을 위반하여 보고를 하지 아니하거나 거짓으로 보고하거나 같은 항에 따른 출입·검사·수거를 거부·방해·기피한 자에게는 300만원 이하의 과태료를 부과한다.

② 제1항에 따른 과태료는 대통령령으로 정하는 바에 따라 식품의약품안전처장 또는 지방식품의약품안전청장이 부과·징수한다.

부칙 〈제19815호, 2023. 10. 31.〉

제1조(시행일) 이 법은 공포 후 2년이 경과한 날부터 시행한다.

제2조(유해성분의 정기검사에 관한 특례) 제조자등은 이 법 시행 당시 판매 중인 담배에 대하여는 이 법 시행일부터 3개월 이내에 제11조제1항에 따른 검사를 의뢰하여야 한다.

제3조(다른 법률의 개정) 인체적용제품의 위해성평가에 관한 법률 일부를 다음과 같이 개정한다.

제8조제6항을 제7항으로 하고, 같은 조에 제6항을 다음과 같이 신설한다.

⑥ 위원회는 위해성평가 등에 관한 특정 사안을 효율적으로 심의하기 위하여 특별위원회를 둘 수 있다. 이 경우 제1항부터 제5항까지에도 불구하고 대통령령으로 정하는 바에 따라 특별위원회의 위원을 달리 구성할 수 있다.

국민건강증진법

[시행 2024. 7. 10.] [법률 제19958호, 2024. 1. 9., 타법개정]

보건복지부(건강증진과-금연) 044-202-2822
보건복지부(재정운용담당관-담배부담금) 044-202-2329
보건복지부(건강정책과-그 외 사항) 044-202-2802
보건복지부(건강증진과-절주) 044-202-2828

제1장 총칙

제1조(목적) 이 법은 국민에게 건강에 대한 가치와 책임의식을 함양하도록 건강에 관한 바른 지식을 보급하고 스스로 건강생활을 실천할 수 있는 여건을 조성함으로써 국민의 건강을 증진함을 목적으로 한다.

제2조(정의) 이 법에서 사용하는 용어의 정의는 다음과 같다.〈개정 2016. 3. 2., 2019. 12. 3.〉

1. "국민건강증진사업"이라 함은 보건교육, 질병예방, 영양개선, 신체활동장려, 건강관리 및 건강생활의 실천등을 통하여 국민의 건강을 증진시키는 사업을 말한다.

2. "보건교육"이라 함은 개인 또는 집단으로 하여금 건강에 유익한 행위를 자발적으로 수행하도록 하는 교육을 말한다.

3. "영양개선"이라 함은 개인 또는 집단이 균형된 식생활을 통하여 건강을 개선시키는 것을 말한다.

4. "신체활동장려"란 개인 또는 집단이 일상생활 중 신체의 근육을 활용하여 에너지를 소비하는 모든 활동을 자발적으로 적극 수행하도록 장려하는 것을 말한다.

5. "건강관리"란 개인 또는 집단이 건강에 유익한 행위를 지속적으로 수행함으로써 건강한 상태를 유지하는 것을 말한다.

6. "건강친화제도"란 근로자의 건강증진을 위하여 직장 내 문화 및 환경을 건강친화적으로 조성하고, 근로자가 자신의 건강관리를 적극적으로 수행할 수 있도록 교육, 상담 프로그램 등을 지원하는 것을 말한다.

[제목개정 2019. 12. 3.]

제3조(책임) ① 국가 및 지방자치단체는 건강에 관한 국민의 관심을 높이고 국민건강을 증진할 책임을 진다.

② 모든 국민은 자신 및 가족의 건강을 증진하도록 노력하여야 하며, 타인의 건강에 해를 끼치는 행위를 하여서는 아니된다.

제3조의2(보건의 날) ① 보건에 대한 국민의 이해와 관심을 높이기 위하여 매년 4월 7일을 보건의 날로 정하며, 보건의 날부터 1주간을 건강주간으로 한다.

② 국가와 지방자치단체는 보건의 날의 취지에 맞는 행사 등 사업을 시행하도록 노력하여야 한다.

[본조신설 2014. 1. 28.]

제4조(국민건강증진종합계획의 수립) ① 보건복지부장관은 제5조의 규정에 따른 국민건강증진정책심의위원회의 심의를 거쳐 국민건강증진종합계획(이하 "종합계획"이라 한다)을 5년마다 수립하여야 한다. 이 경우 미리 관계중앙행정기관의 장과 협의를 거쳐야 한다.〈개정 2008. 2. 29., 2010. 1. 18.〉

② 종합계획에 포함되어야 할 사항은 다음과 같다.〈개정 2014. 3. 18.〉

 1. 국민건강증진의 기본목표 및 추진방향

 2. 국민건강증진을 위한 주요 추진과제 및 추진방법

 3. 국민건강증진에 관한 인력의 관리 및 소요재원의 조달방안

 4. 제22조의 규정에 따른 국민건강증진기금의 운용방안

4의2. 아동·여성·노인·장애인 등 건강취약 집단이나 계층에 대한 건강증진 지원방안

5. 국민건강증진 관련 통계 및 정보의 관리 방안

6. 그 밖에 국민건강증진을 위하여 필요한 사항

[전문개정 2006. 9. 27.]

제4조의2(실행계획의 수립 등) ① 보건복지부장관, 관계중앙행정기관의 장, 특별시장·광역시장·특별자치시장·도지사·특별자치도지사(이하 "시·도지사"라 한다) 및 시장·군수·구청장(자치구의 구청장에 한한다. 이하 같다)은 종합계획을 기초로 하여 소관 주요시책의 실행계획(이하 "실행계획"이라 한다)을 매년 수립·시행하여야 한다. 〈개정 2008. 2. 29., 2010. 1. 18., 2017. 12. 30.〉

② 국가는 실행계획의 시행에 필요한 비용의 전부 또는 일부를 지방자치단체에 보조할 수 있다.

[본조신설 2006. 9. 27.]

제4조의3(계획수립의 협조) ① 보건복지부장관, 관계중앙행정기관의 장, 시·도지사 및 시장·군수·구청장은 종합계획과 실행계획의 수립·시행을 위하여 필요한 때에는 관계 기관·단체 등에 대하여 자료 제공 등의 협조를 요청할 수 있다.〈개정 2008. 2. 29., 2010. 1. 18.〉

② 제1항의 규정에 따른 협조요청을 받은 관계 기관·단체 등은 특별한 사유가 없는 한 이에 응하여야 한다.

[본조신설 2006. 9. 27.]

제5조(국민건강증진정책심의위원회) ① 국민건강증진에 관한 주요사항을 심의하기 위하여 보건복지부에 국민건강증진정책심의위원회(이하 "위원회"라 한다)를 둔다.〈개정 2008. 2. 29., 2010. 1. 18.〉

② 위원회는 다음 각 호의 사항을 심의한다.〈개정 2010. 3. 26., 2016. 5. 29.〉

1. 종합계획

2. 제22조의 규정에 따른 국민건강증진기금의 연도별 운용계획안·결산 및 평가

3. 2 이상의 중앙행정기관이 관련되는 주요 국민건강증진시책에 관한 사항으로서 관계 중앙행정기관의 장이 심의를 요청하는 사항

4. 「국민영양관리법」 제9조에 따른 심의사항

5. 다른 법령에서 위원회의 심의를 받도록 한 사항

6. 그 밖에 위원장이 심의에 부치는 사항

[전문개정 2006. 9. 27.]

제5조의2(위원회의 구성과 운영) ① 위원회는 위원장 1인 및 부위원장 1인을 포함한 15인 이내의 위원으로 구성한다.

② 위원장은 보건복지부차관이 되고, 부위원장은 위원장이 공무원이 아닌 위원 중에서 지명한 자가 된다.〈개정 2008. 2. 29., 2010. 1. 18.〉

③ 위원은 국민건강증진·질병관리에 관한 학식과 경험이 풍부한 자, 「소비자기본법」에 따른 소비자단체 및 「비영리민간단체 지원법」에 따른 비영리민간단체가 추천하는 자, 관계공무원 중에서 보건복지부장관이 위촉 또는 지명한다.〈개정 2008. 2. 29., 2010. 1. 18.〉

④ 그 밖에 위원회의 구성·운영 등에 관하여 필요한 사항은 대통령령으로 정한다.

[본조신설 2006. 9. 27.]

제5조의3(한국건강증진개발원의 설립 및 운영) ① 보건복지부장관은 제22조에 따른 국민 건강증진기금의 효율적인 운영과 국민건강증진사업의 원활한 추진을 위하여 필요한 정책 수립의 지원과 사업평가 등의 업무를 수행할 수 있도록 한국건강증진개발원(이하 이 조에서 "개발원"이라 한다)을 설립한다.〈개정 2008. 2. 29., 2010. 1. 18., 2014. 1. 28.〉

② 개발원은 다음 각 호의 업무를 수행한다.〈개정 2014. 1. 28., 2015. 5. 18., 2019. 12. 3.〉

 1. 국민건강증진 정책수립을 위한 자료개발 및 정책분석

 2. 종합계획 수립의 지원

 3. 위원회의 운영지원

 4. 제24조에 따른 기금의 관리·운용의 지원 업무

 5. 제25조제1항제1호부터 제10호까지의 사업에 관한 업무

 6. 국민건강증진사업의 관리, 기술 지원 및 평가

 7. 「지역보건법」 제7조부터 제9조까지에 따른 지역보건의료계획에 대한 기술 지원

 8. 「지역보건법」 제24조에 따른 보건소의 설치와 운영에 필요한 비용의 보조

 9. 국민건강증진과 관련된 연구과제의 기획 및 평가

10. 「농어촌 등 보건의료를 위한 특별조치법」 제2조의 공중보건의사의 효율적 활용을 위한
    지원

11. 지역보건사업의 원활한 추진을 위한 지원

12. 그 밖에 국민건강증진과 관련하여 보건복지부장관이 필요하다고 인정한 업무

③ 개발원은 법인으로 하고, 주된 사무소의 소재지에 설립등기를 함으로써 성립한다.〈신
   설 2014. 1. 28.〉

④ 개발원은 다음 각 호를 재원으로 한다.〈신설 2014. 1. 28.〉

 1. 제22조에 따른 기금

 2. 정부출연금

 3. 기부금

 4. 그 밖의 수입금

⑤ 정부는 개발원의 운영에 필요한 예산을 지급할 수 있다.〈신설 2014. 1. 28.〉

⑥ 개발원에 관하여 이 법과 「공공기관의 운영에 관한 법률」에서 정한 사항 외에는 「민법」
   중 재단법인에 관한 규정을 준용한다.〈신설 2014. 1. 28.〉

[본조신설 2006. 9. 27.]

[제목개정 2014. 1. 28.]

제2장 국민건강의 관리

제6조(건강친화 환경 조성 및 건강생활의 지원 등) ① 국가 및 지방자치단체는 건강친화 환경을 조성하고, 국민이 건강생활을 실천할 수 있도록 지원하여야 한다.〈개정 2019. 12. 3.〉

② 국가는 혼인과 가정생활을 보호하기 위하여 혼인전에 혼인 당사자의 건강을 확인하도록 권장하여야 한다.

③ 제2항의 규정에 의한 건강확인의 내용 및 절차에 관하여 필요한 사항은 보건복지부령으로 정한다.〈개정 1997. 12. 13., 2008. 2. 29., 2010. 1. 18.〉

[제목개정 2019. 12. 3.]

제6조의2(건강친화기업 인증) ① 보건복지부장관은 건강친화 환경의 조성을 촉진하기 위하여 건강친화제도를 모범적으로 운영하고 있는 기업에 대하여 건강친화인증(이하 "인증"이라 한다)을 할 수 있다.

② 인증을 받고자 하는 자는 대통령령으로 정하는 바에 따라 보건복지부장관에게 신청하여야 한다.

③ 인증을 받은 기업은 보건복지부령으로 정하는 바에 따라 인증의 표시를 할 수 있다.

④ 인증을 받지 아니한 기업은 인증표시 또는 이와 유사한 표시를 하여서는 아니 된다.

⑤ 국가 및 지방자치단체는 인증을 받은 기업에 대하여 대통령령으로 정하는 바에 따라 행정적·재정적 지원을 할 수 있다.

⑥ 인증의 기준 및 절차는 대통령령으로 정한다.

[본조신설 2019. 12. 3.]

제6조의3(인증의 유효기간) ① 인증의 유효기간은 인증을 받은 날부터 3년으로 하되, 대통령령으로 정하는 바에 따라 그 기간을 연장할 수 있다.

② 제1항에 따른 인증의 연장신청에 필요한 사항은 보건복지부령으로 정한다.

[본조신설 2019. 12. 3.]

제6조의4(인증의 취소) ① 보건복지부장관은 인증을 받은 기업이 다음 각 호의 어느 하나에 해당하면 보건복지부령으로 정하는 바에 따라 그 인증을 취소할 수 있다. 다만, 제1호에 해당하는 경우에는 인증을 취소하여야 한다.

1. 거짓이나 그 밖의 부정한 방법으로 인증을 받은 경우

2. 제6조의2제6항에 따른 인증기준에 적합하지 아니하게 된 경우

② 보건복지부장관은 제1항제1호에 따라 인증이 취소된 기업에 대해서는 그 취소된 날부터 3년이 지나지 아니한 경우에는 인증을 하여서는 아니 된다.

③ 보건복지부장관은 제1항에 따라 인증을 취소하고자 하는 경우에는 청문을 실시하여야 한다.

[본조신설 2019. 12. 3.]

제6조의5(건강도시의 조성 등) ① 국가와 지방자치단체는 지역사회 구성원들의 건강을 실현하도록 시민의 건강을 증진하고 도시의 물리적·사회적 환경을 지속적으로 조성·개선하는 도시(이하 "건강도시"라 한다)를 이루도록 노력하여야 한다.

② 보건복지부장관은 지방자치단체가 건강도시를 구현할 수 있도록 건강도시지표를 작성하여 보급하여야 한다.

③ 보건복지부장관은 건강도시 조성 활성화를 위하여 지방자치단체에 행정적·재정적 지원을 할 수 있다.

④ 그 밖에 건강도시지표의 작성 및 보급 등에 관하여 필요한 사항은 보건복지부령으로 정한다.

[본조신설 2021. 12. 21.]

제7조(광고의 금지 등) ① 보건복지부장관은 국민건강의식을 잘못 이끄는 광고를 한 자에 대하여 그 내용의 변경 등 시정을 요구하거나 금지를 명할 수 있다.〈개정 1997. 12. 13., 2008. 2. 29., 2010. 1. 18., 2016. 12. 2.〉

② 제1항의 규정에 따라 보건복지부장관이 광고내용의 변경 또는 광고의 금지를 명할 수 있는 광고는 다음 각 호와 같다.〈신설 2006. 9. 27., 2008. 2. 29., 2010. 1. 18.〉

1. 삭제〈2020. 12. 29.〉

2. 의학 또는 과학적으로 검증되지 아니한 건강비법 또는 심령술의 광고

3. 그 밖에 건강에 관한 잘못된 정보를 전하는 광고로서 대통령령이 정하는 광고

③ 삭제〈2016. 12. 2.〉

④ 제1항의 규정에 의한 광고내용의 기준, 변경 또는 금지절차 기타 필요한 사항은 대통령령으로 정한다.〈개정 2006. 9. 27.〉

[제목개정 2016. 12. 2.]

제7조(광고의 금지 등) ① 보건복지부장관 또는 시 · 도지사는 국민건강의식을 잘못 이끄는 광고를 한 자에 대하여 그 내용의 변경 등 시정을 요구하거나 금지를 명할 수 있다.〈개정 1997. 12. 13., 2008. 2. 29., 2010. 1. 18., 2016. 12. 2., 2024. 1. 30.〉

② 제1항에 따라 보건복지부장관 또는 시 · 도지사가 광고내용의 변경 또는 광고의 금지를 명할 수 있는 광고는 다음 각 호와 같다.〈신설 2006. 9. 27., 2008. 2. 29., 2010. 1. 18., 2024. 1. 30.〉

1. 삭제〈2020. 12. 29.〉

2. 의학 또는 과학적으로 검증되지 아니한 건강비법 또는 심령술의 광고

3. 그 밖에 건강에 관한 잘못된 정보를 전하는 광고로서 대통령령이 정하는 광고

③ 삭제〈2016. 12. 2.〉

④ 제1항의 규정에 의한 광고내용의 기준, 변경 또는 금지절차 기타 필요한 사항은 대통령령으로 정한다.〈개정 2006. 9. 27.〉

[제목개정 2016. 12. 2.]

[시행일: 2025. 7. 31.] 제7조

제8조(금연 및 절주운동등) ① 국가 및 지방자치단체는 국민에게 담배의 직접흡연 또는 간접흡연과 과다한 음주가 국민건강에 해롭다는 것을 교육·홍보하여야 한다.〈개정 2006. 9. 27.〉

② 국가 및 지방자치단체는 금연 및 절주에 관한 조사·연구를 하는 법인 또는 단체를 지원할 수 있다.

③ 삭제〈2011. 6. 7.〉

④「주류 면허 등에 관한 법률」에 의하여 주류제조의 면허를 받은 자 또는 주류를 수입하여 판매하는 자는 대통령령이 정하는 주류의 판매용 용기에 과다한 음주는 건강에 해롭다는 내용과 임신 중 음주는 태아의 건강을 해칠 수 있다는 내용의 경고문구를 표기하여야 한다.〈개정 2016. 3. 2., 2020. 12. 29.〉

⑤ 삭제〈2002. 1. 19.〉

⑥ 제4항에 따른 경고문구의 표시내용, 방법 등에 관하여 필요한 사항은 보건복지부령으로 정한다.〈개정 2002. 1. 19., 2007. 12. 14., 2008. 2. 29., 2010. 1. 18., 2011. 6. 7.〉

제8조의2(주류광고의 제한·금지 특례) ①「주류 면허 등에 관한 법률」에 따라 주류 제조면허나 주류 판매업면허를 받은 자 및 주류를 수입하는 자를 제외하고는 주류에 관한 광고를 하여서는 아니 된다.

② 제1항에 따른 광고 또는 그에 사용되는 광고물은 다음 각 호의 사항을 준수하여야 한다.

 1. 음주자에게 주류의 품명·종류 및 특징을 알리는 것 외에 주류의 판매촉진을 위하여 경품 및 금품을 제공한다는 내용을 표시하지 아니할 것

2. 직접적 또는 간접적으로 음주를 권장 또는 유도하거나 임산부 또는 미성년자의 인물, 목소리 혹은 음주하는 행위를 묘사하지 아니할 것

3. 운전이나 작업 중에 음주하는 행위를 묘사하지 아니할 것

4. 제8조제4항에 따른 경고문구를 광고와 주류의 용기에 표기하여 광고할 것. 다만, 경고문구가 표기되어 있지 아니한 부분을 이용하여 광고를 하고자 할 때에는 경고문구를 주류의 용기하단에 별도로 표기하여야 한다.

5. 음주가 체력 또는 운동 능력을 향상시킨다거나 질병의 치료 또는 정신건강에 도움이 된다는 표현 등 국민의 건강과 관련하여 검증되지 아니한 내용을 주류광고에 표시하지 아니할 것

6. 그 밖에 대통령령으로 정하는 광고의 기준에 관한 사항

③ 보건복지부장관은 「주세법」에 따른 주류의 광고가 제2항 각 호의 기준을 위반한 경우 그 내용의 변경 등 시정을 요구하거나 금지를 명할 수 있다.

[본조신설 2020. 12. 29.]

제8조의3(절주문화 조성 및 알코올 남용·의존 관리) ① 국가 및 지방자치단체는 절주문화 조성 및 알코올 남용·의존의 예방 및 치료를 위하여 노력하여야 하며, 이를 위한 조사·연구 또는 사업을 추진할 수 있다.

② 삭제 〈2024. 1. 9.〉

③ 보건복지부장관은 5년마다 「정신건강증진 및 정신질환자 복지서비스 지원에 관한 법률」 제10조에 따른 실태조사와 연계하여 알코올 남용·의존 실태조사를 실시하여야 한다.

[본조신설 2020. 12. 29.]

제8조의4(금주구역 지정) ① 지방자치단체는 음주폐해 예방과 주민의 건강증진을 위하여 필요하다고 인정하는 경우 조례로 다수인이 모이거나 오고가는 관할구역 안의 일정한 장소를 금주구역으로 지정할 수 있다.

② 제1항에 따라 지정된 금주구역에서는 음주를 하여서는 아니 된다.

③ 특별자치시장·특별자치도지사·시장·군수·구청장은 제1항에 따라 지정된 금주구역을 알리는 안내표지를 설치하여야 한다. 이 경우 금주구역 안내표지의 설치 방법 등에 필요한 사항은 보건복지부령으로 정한다.

[본조신설 2020. 12. 29.]

제9조(금연을 위한 조치) ① 삭제 〈2011. 6. 7.〉

② 담배사업법에 의한 지정소매인 기타 담배를 판매하는 자는 대통령령이 정하는 장소외에서 담배자동판매기를 설치하여 담배를 판매하여서는 아니된다.

③ 제2항의 규정에 따라 대통령령이 정하는 장소에 담배자동판매기를 설치하여 담배를 판매하는 자는 보건복지부령이 정하는 바에 따라 성인인증장치를 부착하여야 한다.〈신설 2003. 7. 29., 2008. 2. 29., 2010. 1. 18.〉

④ 다음 각 호의 공중이 이용하는 시설의 소유자·점유자 또는 관리자는 해당 시설의 전체를 금연구역으로 지정하고 금연구역을 알리는 표지를 설치하여야 한다. 이 경우 흡연자를 위한 흡연실을 설치할 수 있으며, 금연구역을 알리는 표지와 흡연실을 설치하는 기준·방법 등은 보건복지부령으로 정한다.〈개정 2011. 6. 7., 2014. 1. 21., 2016. 12. 2., 2017. 12. 30., 2021. 12. 21.〉

1. 국회의 청사

2. 정부 및 지방자치단체의 청사

3. 「법원조직법」에 따른 법원과 그 소속 기관의 청사

4. 「공공기관의 운영에 관한 법률」에 따른 공공기관의 청사

5. 「지방공기업법」에 따른 지방공기업의 청사

6. 「유아교육법」·「초·중등교육법」에 따른 학교[교사(校舍)와 운동장 등 모든 구역을 포함한다]

7. 「고등교육법」에 따른 학교의 교사

8. 「의료법」에 따른 의료기관, 「지역보건법」에 따른 보건소 · 보건의료원 · 보건지소

9. 「영유아보육법」에 따른 어린이집

10. 「청소년활동 진흥법」에 따른 청소년수련관, 청소년수련원, 청소년문화의집, 청소년특
    화시설, 청소년야영장, 유스호스텔, 청소년이용시설 등 청소년활동시설

11. 「도서관법」에 따른 도서관

12. 「어린이놀이시설 안전관리법」에 따른 어린이놀이시설

13. 「학원의 설립 · 운영 및 과외교습에 관한 법률」에 따른 학원 중 학교교과교습학원과 연
    면적 1천제곱미터 이상의 학원

14. 공항 · 여객부두 · 철도역 · 여객자동차터미널 등 교통 관련 시설의 대기실 · 승강장, 지
    하보도 및 16인승 이상의 교통수단으로서 여객 또는 화물을 유상으로 운송하는 것

15. 「자동차관리법」에 따른 어린이운송용 승합자동차

16. 연면적 1천제곱미터 이상의 사무용건축물, 공장 및 복합용도의 건축물

17. 「공연법」에 따른 공연장으로서 객석 수 300석 이상의 공연장

18. 「유통산업발전법」에 따라 개설등록된 대규모점포와 같은 법에 따른 상점가 중 지하도
    에 있는 상점가

19. 「관광진흥법」에 따른 관광숙박업소

20. 「체육시설의 설치 · 이용에 관한 법률」에 따른 체육시설로서 1천명 이상의 관객을 수용
    할 수 있는 체육시설과 같은 법 제10조에 따른 체육시설업에 해당하는 체육시설로서
    실내에 설치된 체육시설

21. 「사회복지사업법」에 따른 사회복지시설

22. 「공중위생관리법」에 따른 목욕장

23. 「게임산업진흥에 관한 법률」에 따른 청소년게임제공업소, 일반게임제공업소, 인터넷
    컴퓨터게임시설제공업소 및 복합유통게임제공업소

24. 「식품위생법」에 따른 식품접객업 중 영업장의 넓이가 보건복지부령으로 정하는 넓이
    이상인 휴게음식점영업소, 일반음식점영업소 및 제과점영업소와 같은 법에 따른 식품

소분·판매업 중 보건복지부령으로 정하는 넓이 이상인 실내 휴게공간을 마련하여 운영하는 식품자동판매기 영업소

25. 「청소년보호법」에 따른 만화대여업소

26. 그 밖에 보건복지부령으로 정하는 시설 또는 기관

⑤ 특별자치시장·특별자치도지사·시장·군수·구청장은 「주택법」 제2조제3호에 따른 공동주택의 거주 세대 중 2분의 1 이상이 그 공동주택의 복도, 계단, 엘리베이터 및 지하주차장의 전부 또는 일부를 금연구역으로 지정하여 줄 것을 신청하면 그 구역을 금연구역으로 지정하고, 금연구역임을 알리는 안내표지를 설치하여야 한다. 이 경우 금연구역 지정 절차 및 금연구역 안내표지 설치 방법 등은 보건복지부령으로 정한다.〈신설 2016. 3. 2., 2017. 12. 30.〉

⑥ 특별자치시장·특별자치도지사·시장·군수·구청장은 흡연으로 인한 피해 방지와 주민의 건강 증진을 위하여 다음 각 호에 해당하는 장소를 금연구역으로 지정하고, 금연구역임을 알리는 안내표지를 설치하여야 한다. 이 경우 금연구역 안내표지 설치 방법 등에 필요한 사항은 보건복지부령으로 정한다.〈신설 2017. 12. 30.〉

 1. 「유아교육법」에 따른 유치원 시설의 경계선으로부터 10미터 이내의 구역(일반 공중의 통행·이용 등에 제공된 구역을 말한다)

 2. 「영유아보육법」에 따른 어린이집 시설의 경계선으로부터 10미터 이내의 구역(일반 공중의 통행·이용 등에 제공된 구역을 말한다)

⑦ 지방자치단체는 흡연으로 인한 피해 방지와 주민의 건강 증진을 위하여 필요하다고 인정하는 경우 조례로 다수인이 모이거나 오고가는 관할 구역 안의 일정한 장소를 금연구역으로 지정할 수 있다.〈신설 2010. 5. 27., 2016. 3. 2., 2017. 12. 30.〉

⑧ 누구든지 제4항부터 제7항까지의 규정에 따라 지정된 금연구역에서 흡연하여서는 아니 된다.〈개정 2010. 5. 27., 2016. 3. 2., 2017. 12. 30.〉

⑨ 특별자치시장·특별자치도지사·시장·군수·구청장은 제4항 각 호에 따른 시설의 소유자·점유자 또는 관리자가 다음 각 호의 어느 하나에 해당하면 일정한 기간을 정하여

그 시정을 명할 수 있다.〈신설 2016. 12. 2., 2017. 12. 30.〉

1. 제4항 전단을 위반하여 금연구역을 지정하지 아니하거나 금연구역을 알리는 표지를 설치하지 아니한 경우

2. 제4항 후단에 따른 금연구역을 알리는 표지 또는 흡연실의 설치 기준·방법 등을 위반한 경우

[제목개정 2016. 12. 2.]

제9조(금연을 위한 조치) ① 삭제〈2011. 6. 7.〉

② 담배사업법에 의한 지정소매인 기타 담배를 판매하는 자는 대통령령이 정하는 장소외에서 담배자동판매기를 설치하여 담배를 판매하여서는 아니 된다.

③ 제2항의 규정에 따라 대통령령이 정하는 장소에 담배자동판매기를 설치하여 담배를 판매하는 자는 보건복지부령이 정하는 바에 따라 성인인증장치를 부착하여야 한다.〈신설 2003. 7. 29., 2008. 2. 29., 2010. 1. 18.〉

④ 다음 각 호의 공중이 이용하는 시설의 소유자·점유자 또는 관리자는 해당 시설의 전체를 금연구역으로 지정하고 금연구역을 알리는 표지를 설치하여야 한다. 이 경우 흡연자를 위한 흡연실을 설치할 수 있으며, 금연구역을 알리는 표지와 흡연실을 설치하는 기준·방법 등은 보건복지부령으로 정한다.〈개정 2011. 6. 7., 2014. 1. 21., 2016. 12. 2., 2017. 12. 30., 2021. 12. 21.〉

1. 국회의 청사

2. 정부 및 지방자치단체의 청사

3. 「법원조직법」에 따른 법원과 그 소속 기관의 청사

4. 「공공기관의 운영에 관한 법률」에 따른 공공기관의 청사

5. 「지방공기업법」에 따른 지방공기업의 청사

6. 「유아교육법」·「초·중등교육법」에 따른 학교[교사(校舍)와 운동장 등 모든 구역을 포함한다]

7. 「고등교육법」에 따른 학교의 교사

8. 「의료법」에 따른 의료기관, 「지역보건법」에 따른 보건소·보건의료원·보건지소

9. 「영유아보육법」에 따른 어린이집

10. 「청소년활동 진흥법」에 따른 청소년수련관, 청소년수련원, 청소년문화의집, 청소년특화시설, 청소년야영장, 유스호스텔, 청소년이용시설 등 청소년활동시설

11. 「도서관법」에 따른 도서관

12. 「어린이놀이시설 안전관리법」에 따른 어린이놀이시설

13. 「학원의 설립·운영 및 과외교습에 관한 법률」에 따른 학원 중 학교교과교습학원과 연면적 1천제곱미터 이상의 학원

14. 공항·여객부두·철도역·여객자동차터미널 등 교통 관련 시설의 대기실·승강장, 지하보도 및 16인승 이상의 교통수단으로서 여객 또는 화물을 유상으로 운송하는 것

15. 「자동차관리법」에 따른 어린이운송용 승합자동차

16. 연면적 1천제곱미터 이상의 사무용건축물, 공장 및 복합용도의 건축물

17. 「공연법」에 따른 공연장으로서 객석 수 300석 이상의 공연장

18. 「유통산업발전법」에 따라 개설등록된 대규모점포와 같은 법에 따른 상점가 중 지하도에 있는 상점가

19. 「관광진흥법」에 따른 관광숙박업소

20. 「체육시설의 설치·이용에 관한 법률」에 따른 체육시설로서 1천명 이상의 관객을 수용할 수 있는 체육시설과 같은 법 제10조에 따른 체육시설업에 해당하는 체육시설로서 실내에 설치된 체육시설

21. 「사회복지사업법」에 따른 사회복지시설

22. 「공중위생관리법」에 따른 목욕장

23. 「게임산업진흥에 관한 법률」에 따른 청소년게임제공업소, 일반게임제공업소, 인터넷컴퓨터게임시설제공업소 및 복합유통게임제공업소

24. 「식품위생법」에 따른 식품접객업 중 영업장의 넓이가 보건복지부령으로 정하는 넓이

이상인 휴게음식점영업소, 일반음식점영업소 및 제과점영업소와 같은 법에 따른 식품소분·판매업 중 보건복지부령으로 정하는 넓이 이상인 실내 휴게공간을 마련하여 운영하는 식품자동판매기 영업소

25. 「청소년보호법」에 따른 만화대여업소

26. 그 밖에 보건복지부령으로 정하는 시설 또는 기관

⑤ 특별자치시장·특별자치도지사·시장·군수·구청장은 「주택법」 제2조제3호에 따른 공동주택의 거주 세대 중 2분의 1 이상이 그 공동주택의 복도, 계단, 엘리베이터 및 지하주차장의 전부 또는 일부를 금연구역으로 지정하여 줄 것을 신청하면 그 구역을 금연구역으로 지정하고, 금연구역임을 알리는 안내표지를 설치하여야 한다. 이 경우 금연구역 지정 절차 및 금연구역 안내표지 설치 방법 등은 보건복지부령으로 정한다.〈신설 2016. 3. 2., 2017. 12. 30.〉

⑥ 특별자치시장·특별자치도지사·시장·군수·구청장은 흡연으로 인한 피해 방지와 주민의 건강 증진을 위하여 다음 각 호에 해당하는 장소를 금연구역으로 지정하고, 금연구역임을 알리는 안내표지를 설치하여야 한다. 이 경우 금연구역 안내표지 설치 방법 등에 필요한 사항은 보건복지부령으로 정한다.〈신설 2017. 12. 30., 2023. 8. 16.〉

1. 「유아교육법」에 따른 유치원 시설의 경계선으로부터 30미터 이내의 구역(일반 공중의 통행·이용 등에 제공된 구역을 말한다)

2. 「영유아보육법」에 따른 어린이집 시설의 경계선으로부터 30미터 이내의 구역(일반 공중의 통행·이용 등에 제공된 구역을 말한다)

3. 「초·중등교육법」에 따른 학교 시설의 경계선으로부터 30미터 이내의 구역(일반 공중의 통행·이용 등에 제공된 구역을 말한다)

⑦ 지방자치단체는 흡연으로 인한 피해 방지와 주민의 건강 증진을 위하여 필요하다고 인정하는 경우 조례로 다수인이 모이거나 오고가는 관할 구역 안의 일정한 장소를 금연구역으로 지정할 수 있다.〈신설 2010. 5. 27., 2016. 3. 2., 2017. 12. 30.〉

⑧ 누구든지 제4항부터 제7항까지의 규정에 따라 지정된 금연구역에서 흡연하여서는 아

니 된다.〈개정 2010. 5. 27., 2016. 3. 2., 2017. 12. 30.〉

⑨ 특별자치시장·특별자치도지사·시장·군수·구청장은 제4항 각 호에 따른 시설의 소유자·점유자 또는 관리자가 다음 각 호의 어느 하나에 해당하면 일정한 기간을 정하여 그 시정을 명할 수 있다.〈신설 2016. 12. 2., 2017. 12. 30.〉

1. 제4항 전단을 위반하여 금연구역을 지정하지 아니하거나 금연구역을 알리는 표지를 설치하지 아니한 경우

2. 제4항 후단에 따른 금연구역을 알리는 표지 또는 흡연실의 설치 기준·방법 등을 위반한 경우

[제목개정 2016. 12. 2.]

[시행일: 2024. 8. 17.] 제9조

제9조의2(담배에 관한 경고문구 등 표시) ① 「담배사업법」에 따른 담배의 제조자 또는 수입판매업자(이하 "제조자등"이라 한다)는 담배갑포장지 앞면·뒷면·옆면 및 대통령령으로 정하는 광고(판매촉진 활동을 포함한다. 이하 같다)에 다음 각 호의 내용을 인쇄하여 표기하여야 한다. 다만, 제1호의 표기는 담배갑포장지에 한정하되 앞면과 뒷면에 하여야 한다.〈개정 2015. 6. 22.〉

1. 흡연의 폐해를 나타내는 내용의 경고그림(사진을 포함한다. 이하 같다)

2. 흡연이 폐암 등 질병의 원인이 될 수 있다는 내용 및 다른 사람의 건강을 위협할 수 있다는 내용의 경고문구

3. 타르 흡입량은 흡연자의 흡연습관에 따라 다르다는 내용의 경고문구

4. 담배에 포함된 다음 각 목의 발암성물질

   가. 나프틸아민

   나. 니켈

   다. 벤젠

   라. 비닐 크롤라이드

마. 비소

바. 카드뮴

5. 보건복지부령으로 정하는 금연상담전화의 전화번호

② 제1항에 따른 경고그림과 경고문구는 담배갑포장지의 경우 그 넓이의 100분의 50 이상에 해당하는 크기로 표기하여야 한다. 이 경우 경고그림은 담배갑포장지 앞면, 뒷면 각각의 넓이의 100분의 30 이상에 해당하는 크기로 하여야 한다.〈신설 2015. 6. 22.〉

③ 제1항 및 제2항에서 정한 사항 외의 경고그림 및 경고문구 등의 내용과 표기 방법·형태 등의 구체적인 사항은 대통령령으로 정한다. 다만, 경고그림은 사실적 근거를 바탕으로 하고, 지나치게 혐오감을 주지 아니하여야 한다.〈개정 2015. 6. 22.〉

④ 제1항부터 제3항까지의 규정에도 불구하고 전자담배 등 대통령령으로 정하는 담배에 제조자등이 표기하여야 할 경고그림 및 경고문구 등의 내용과 그 표기 방법·형태 등은 대통령령으로 따로 정한다.〈신설 2014. 5. 20., 2015. 6. 22.〉

[본조신설 2011. 6. 7.]

제9조의3(가향물질 함유 표시 제한) 제조자등은 담배에 연초 외의 식품이나 향기가 나는 물질(이하 "가향물질"이라 한다)을 포함하는 경우 이를 표시하는 문구나 그림·사진을 제품의 포장이나 광고에 사용하여서는 아니 된다.

[본조신설 2011. 6. 7.]

제9조의4(담배에 관한 광고의 금지 또는 제한) ① 담배에 관한 광고는 다음 각 호의 방법에 한하여 할 수 있다.

1. 지정소매인의 영업소 내부에서 보건복지부령으로 정하는 광고물을 전시(展示) 또는 부착하는 행위. 다만, 영업소 외부에 그 광고내용이 보이게 전시 또는 부착하는 경우에는 그러하지 아니하다.

2. 품종군별로 연간 10회 이내(1회당 2쪽 이내)에서 잡지[『잡지 등 정기간행물의 진흥에

관한 법률」에 따라 등록 또는 신고되어 주 1회 이하 정기적으로 발행되는 제책(製冊)된 정기간행물 및 「신문 등의 진흥에 관한 법률」에 따라 등록된 주 1회 이하 정기적으로 발행되는 신문과 「출판문화산업 진흥법」에 따른 외국간행물로서 동일한 제호로 연 1회 이상 정기적으로 발행되는 것(이하 "외국정기간행물"이라 한다)을 말하며, 여성 또는 청소년을 대상으로 하는 것은 제외한다)에 광고를 게재하는 행위. 다만, 보건복지부령으로 정하는 판매부수 이하로 국내에서 판매되는 외국정기간행물로서 외국문자로만 쓰여져 있는 잡지인 경우에는 광고게재의 제한을 받지 아니한다.

3. 사회·문화·음악·체육 등의 행사(여성 또는 청소년을 대상으로 하는 행사는 제외한다)를 후원하는 행위. 이 경우 후원하는 자의 명칭을 사용하는 외에 제품광고를 하여서는 아니 된다.

4. 국제선의 항공기 및 여객선, 그 밖에 보건복지부령으로 정하는 장소 안에서 하는 광고

② 제조자등은 제1항에 따른 광고를 「담배사업법」에 따른 도매업자 또는 지정소매인으로 하여금 하게 할 수 있다. 이 경우 도매업자 또는 지정소매인이 한 광고는 제조자등이 한 광고로 본다.

③ 제1항에 따른 광고 또는 그에 사용되는 광고물은 다음 각 호의 사항을 준수하여야 한다. 〈개정 2014. 5. 20.〉

1. 흡연자에게 담배의 품명·종류 및 특징을 알리는 정도를 넘지 아니할 것

2. 비흡연자에게 직접적 또는 간접적으로 흡연을 권장 또는 유도하거나 여성 또는 청소년의 인물을 묘사하지 아니할 것

3. 제9조의2에 따라 표기하는 흡연 경고문구의 내용 및 취지에 반하는 내용 또는 형태가 아닐 것

4. 국민의 건강과 관련하여 검증되지 아니한 내용을 표시하지 아니할 것. 이 경우 광고내용의 사실 여부에 대한 검증 방법·절차 등 필요한 사항은 대통령령으로 정한다.

④ 제조자등은 담배에 관한 광고가 제1항 및 제3항에 위배되지 아니하도록 자율적으로 규제하여야 한다.

⑤ 보건복지부장관은 문화체육관광부장관에게 제1항 또는 제3항을 위반한 광고가 게재된 외국정기간행물의 수입업자에 대하여 시정조치 등을 할 것을 요청할 수 있다.

[본조신설 2011. 6. 7.]

제9조의5(금연지도원) ① 시·도지사 또는 시장·군수·구청장은 금연을 위한 조치를 위하여 대통령령으로 정하는 자격이 있는 사람 중에서 금연지도원을 위촉할 수 있다.

② 금연지도원의 직무는 다음 각 호와 같다.

 1. 금연구역의 시설기준 이행 상태 점검

 2. 금연구역에서의 흡연행위 감시 및 계도

 3. 금연을 위한 조치를 위반한 경우 관할 행정관청에 신고하거나 그에 관한 자료 제공

 4. 그 밖에 금연 환경 조성에 관한 사항으로서 대통령령으로 정하는 사항

③ 금연지도원은 제2항의 직무를 단독으로 수행하려면 미리 시·도지사 또는 시장·군수·구청장의 승인을 받아야 하며, 시·도지사 또는 시장·군수·구청장은 승인서를 교부하여야 한다.

④ 금연지도원이 제2항에 따른 직무를 단독으로 수행하는 때에는 승인서와 신분을 표시하는 증표를 지니고 이를 관계인에게 내보여야 한다.

⑤ 제1항에 따라 금연지도원을 위촉한 시·도지사 또는 시장·군수·구청장은 금연지도원이 그 직무를 수행하기 전에 직무 수행에 필요한 교육을 실시하여야 한다.

⑥ 금연지도원은 제2항에 따른 직무를 수행하는 경우 그 권한을 남용하여서는 아니 된다.

⑦ 시·도지사 또는 시장·군수·구청장은 금연지도원이 다음 각 호의 어느 하나에 해당하면 그 금연지도원을 해촉하여야 한다.

 1. 제1항에 따라 대통령령으로 정한 자격을 상실한 경우

 2. 제2항에 따른 직무와 관련하여 부정한 행위를 하거나 그 권한을 남용한 경우

 3. 그 밖에 개인사정, 질병이나 부상 등의 사유로 직무 수행이 어렵게 된 경우

⑧ 금연지도원의 직무범위 및 교육, 그 밖에 필요한 사항은 대통령령으로 정한다.

[본조신설 2014. 1. 28.]

제10조(건강생활실천협의회) ①시·도지사 및 시장·군수·구청장은 건강생활의 실천운동을 추진하기 위하여 지역사회의 주민·단체 또는 공공기관이 참여하는 건강생활실천협의회를 구성하여야 한다.

② 제1항의 규정에 의한 건강생활실천협의회의 조직 및 운영에 관하여 필요한 사항은 지방자치단체의 조례로 정한다.

제11조(보건교육의 관장) 보건복지부장관은 국민의 보건교육에 관하여 관계중앙행정기관의 장과 협의하여 이를 총괄한다.〈개정 1997. 12. 13., 2008. 2. 29., 2010. 1. 18.〉

제12조(보건교육의 실시 등) ① 국가 및 지방자치단체는 모든 국민이 올바른 보건의료의 이용과 건강한 생활습관을 실천할 수 있도록 그 대상이 되는 개인 또는 집단의 특성·건강상태·건강의식 수준등에 따라 적절한 보건교육을 실시한다.〈개정 2016. 3. 2.〉

② 국가 또는 지방자치단체는 국민건강증진사업관련 법인 또는 단체등이 보건교육을 실시할 경우 이에 필요한 지원을 할 수 있다.〈개정 1999. 2. 8.〉

③ 보건복지부장관, 시·도지사 및 시장·군수·구청장은 제2항의 규정에 의하여 보건교육을 실시하는 국민건강증진사업관련 법인 또는 단체 등에 대하여 보건교육의 계획 및 그 결과에 관한 자료를 요청할 수 있다.〈개정 1997. 12. 13., 1999. 2. 8., 2008. 2. 29., 2010. 1. 18.〉

④ 제1항의 규정에 의한 보건교육의 내용은 대통령령으로 정한다.〈개정 1999. 2. 8.〉

[제목개정 2016. 3. 2.]

제12조의2(보건교육사자격증의 교부 등) ① 보건복지부장관은 국민건강증진 및 보건교육에 관한 전문지식을 가진 자에게 보건교육사의 자격증을 교부할 수 있다.〈개정 2008.

2. 29., 2010. 1. 18.〉

② 다음 각호의 1에 해당하는 자는 보건교육사가 될 수 없다.〈개정 2005. 3. 31., 2014. 3. 18.〉

1. 피성년후견인

2. 삭제〈2013. 7. 30.〉

3. 금고 이상의 실형의 선고를 받고 그 집행이 종료되지 아니하거나 그 집행을 받지 아니하기로 확정되지 아니한 자

4. 법률 또는 법원의 판결에 의하여 자격이 상실 또는 정지된 자

③ 제1항의 규정에 의한 보건교육사의 등급은 1급 내지 3급으로 하고, 등급별 자격기준 및 자격증의 교부절차 등에 관하여 필요한 사항은 대통령령으로 정한다.

④ 보건교육사 1급의 자격증을 교부받고자 하는 자는 국가시험에 합격하여야 한다.

⑤ 보건복지부장관은 제1항의 규정에 의하여 보건교육사의 자격증을 교부하는 때에는 보건복지부령이 정하는 바에 의하여 수수료를 징수할 수 있다.〈개정 2008. 2. 29., 2010. 1. 18.〉

⑥ 제1항에 따라 자격증을 교부받은 사람은 다른 사람에게 그 자격증을 빌려주어서는 아니 되고, 누구든지 그 자격증을 빌려서는 아니 된다.〈신설 2020. 4. 7.〉

⑦ 누구든지 제6항에 따라 금지된 행위를 알선하여서는 아니 된다.〈신설 2020. 4. 7.〉

[본조신설 2003. 9. 29.]

제12조의3(국가시험) ① 제12조의2제4항의 규정에 의한 국가시험은 보건복지부장관이 시행한다. 다만, 보건복지부장관은 국가시험의 관리를 대통령령이 정하는 바에 의하여 「한국보건의료인국가시험원법」에 따른 한국보건의료인국가시험원에 위탁할 수 있다.〈개정 2008. 2. 29., 2010. 1. 18., 2015. 6. 22.〉

② 보건복지부장관은 제1항 단서의 규정에 의하여 국가시험의 관리를 위탁한 때에는 그에 소요되는 비용을 예산의 범위안에서 보조할 수 있다.〈개정 2008. 2. 29., 2010. 1. 18.〉

③ 보건복지부장관(제1항 단서의 규정에 의하여 국가시험의 관리를 위탁받은 기관을 포함

한다)은 보건복지부령이 정하는 금액을 응시수수료로 징수할 수 있다.〈개정 2008. 2. 29., 2010. 1. 18.〉

④ 시험과목·응시자격 등 자격시험의 실시에 관하여 필요한 사항은 대통령령으로 정한다.

[본조신설 2003. 9. 29.]

제12조의4(보건교육사의 채용) 국가 및 지방자치단체는 대통령령이 정하는 국민건강증진 사업관련 법인 또는 단체 등에 대하여 보건교육사를 그 종사자로 채용하도록 권장하여야 한다.

[본조신설 2003. 9. 29.]

제12조의5(보건교육사의 자격취소) 보건복지부장관은 보건교육사가 제12조의2제6항을 위반하여 다른 사람에게 자격증을 빌려준 경우에는 그 자격을 취소하여야 한다.

[본조신설 2020. 4. 7.]

제12조의6(청문) 보건복지부장관은 제12조의5에 따라 자격을 취소하려는 경우에는 청문을 하여야 한다.

[본조신설 2020. 4. 7.]

제13조(보건교육의 평가) ① 보건복지부장관은 정기적으로 국민의 보건교육의 성과에 관하여 평가를 하여야 한다.〈개정 1997. 12. 13., 2008. 2. 29., 2010. 1. 18.〉

② 제1항의 규정에 의한 평가의 방법 및 내용은 보건복지부령으로 정한다.〈개정 1997. 12. 13., 2008. 2. 29., 2010. 1. 18.〉

제14조(보건교육의 개발등) 보건복지부장관은 정부출연연구기관등의설립·운영및육성에관한법률에 의한 한국보건사회연구원으로 하여금 보건교육에 관한 정보·자료의 수

집·개발 및 조사, 그 교육의 평가 기타 필요한 업무를 행하게 할 수 있다.〈개정 1997. 12. 13., 1999. 1. 29., 2008. 2. 29., 2010. 1. 18.〉

제15조(영양개선) ① 국가 및 지방자치단체는 국민의 영양상태를 조사하여 국민의 영양개선방안을 강구하고 영양에 관한 지도를 실시하여야 한다.

② 국가 및 지방자치단체는 국민의 영양개선을 위하여 다음 각호의 사업을 행한다.〈개정 1997. 12. 13., 2008. 2. 29., 2010. 1. 18.〉

1. 영양교육사업

2. 영양개선에 관한 조사·연구사업

3. 기타 영양개선에 관하여 보건복지부령이 정하는 사업

제16조(국민건강영양조사 등) ① 질병관리청장은 보건복지부장관과 협의하여 국민의 건강상태·식품섭취·식생활조사등 국민의 건강과 영양에 관한 조사(이하 "국민건강영양조사"라 한다)를 정기적으로 실시한다.〈개정 1997. 12. 13., 2008. 2. 29., 2010. 1. 18., 2020. 8. 11., 2023. 3. 28.〉

② 특별시·광역시 및 도에는 국민건강영양조사와 영양에 관한 지도업무를 행하게 하기 위한 공무원을 두어야 한다.〈개정 2023. 3. 28.〉

③ 국민건강영양조사를 행하는 공무원은 그 권한을 나타내는 증표를 관계인에게 내보여야 한다.〈개정 2023. 3. 28.〉

④ 국민건강영양조사의 내용 및 방법, 그 밖에 국민건강영양조사와 영양에 관한 지도에 관하여 필요한 사항은 대통령령으로 정한다.〈개정 2023. 3. 28.〉

[제목개정 2023. 3. 28.]

제16조의2(신체활동장려사업의 계획 수립·시행) 국가 및 지방자치단체는 신체활동장려에 관한 사업 계획을 수립·시행하여야 한다.

[본조신설 2019. 12. 3.]

제16조의3(신체활동장려사업) ① 국가 및 지방자치단체는 국민의 건강증진을 위하여 신
  체활동을 장려할 수 있도록 다음 각 호의 사업을 한다.

  1. 신체활동장려에 관한 교육사업

  2. 신체활동장려에 관한 조사·연구사업

  3. 그 밖에 신체활동장려를 위하여 대통령령으로 정하는 사업

② 제1항 각 호의 사업 내용·기준 및 방법은 보건복지부령으로 정한다.

[본조신설 2019. 12. 3.]

제17조(구강건강사업의 계획수립·시행) 국가 및 지방자치단체는 구강건강에 관한 사업
  의 계획을 수립·시행하여야 한다.

제18조(구강건강사업) ① 국가 및 지방자치단체는 국민의 구강질환의 예방과 구강건강의
  증진을 위하여 다음 각호의 사업을 행한다.〈개정 2003. 7. 29., 2024. 2. 20.〉

  1. 구강건강에 관한 교육사업

  2. 수돗물불소농도조정사업

  3. 구강건강에 관한 조사·연구사업

  4. 아동·노인·장애인·임산부 등 건강취약계층을 위한 구강건강증진사업

  5. 기타 구강건강의 증진을 위하여 대통령령이 정하는 사업

② 제1항 각호의 사업내용·기준 및 방법은 보건복지부령으로 정한다.〈개정 1997. 12.
  13., 2008. 2. 29., 2010. 1. 18.〉

[제목개정 2024. 2. 20.]

제19조(건강증진사업 등) ① 국가 및 지방자치단체는 국민건강증진사업에 필요한 요원 및

시설을 확보하고, 그 시설의 이용에 필요한 시책을 강구하여야 한다.

② 특별자치시장·특별자치도지사·시장·군수·구청장은 지역주민의 건강증진을 위하여 보건복지부령이 정하는 바에 의하여 보건소장으로 하여금 다음 각호의 사업을 하게 할 수 있다.〈개정 1997. 12. 13., 2008. 2. 29., 2010. 1. 18., 2017. 12. 30., 2019. 12. 3.〉

 1. 보건교육 및 건강상담

 2. 영양관리

 3. 신체활동장려

 4. 구강건강의 관리

 5. 질병의 조기발견을 위한 검진 및 처방

 6. 지역사회의 보건문제에 관한 조사·연구

 7. 기타 건강교실의 운영등 건강증진사업에 관한 사항

③ 보건소장이 제2항의 규정에 의하여 제2항제1호 내지 제5호의 업무를 행한 때에는 이용자의 개인별 건강상태를 기록하여 유지·관리하여야 한다.〈개정 2019. 12. 3.〉

④ 건강증진사업에 필요한 시설·운영에 관하여는 보건복지부령으로 정한다.〈개정 1997. 12. 13., 2008. 2. 29., 2010. 1. 18.〉

[제목개정 2019. 12. 3.]

제19조의2(시·도건강증진사업지원단 설치 및 운영 등) ① 시·도지사는 실행계획의 수립 및 제19조에 따른 건강증진사업의 효율적인 업무 수행을 지원하기 위하여 시·도건강증진사업지원단(이하 "지원단"이라 한다)을 설치·운영할 수 있다.

② 시·도지사는 제1항에 따른 지원단 운영을 건강증진사업에 관한 전문성이 있다고 인정하는 법인 또는 단체에 위탁할 수 있다. 이 경우 시·도지사는 그 운영에 필요한 경비의 전부 또는 일부를 지원할 수 있다.

③ 제1항 및 제2항에서 규정한 사항 외에 지원단의 설치·운영 및 위탁 등에 관하여 필요한 사항은 보건복지부령으로 정한다.

[본조신설 2021. 12. 21.]

제20조(검진) 국가는 건강증진을 위하여 필요한 경우에 보건복지부령이 정하는 바에 의하여 국민에 대하여 건강검진을 실시할 수 있다.〈개정 1997. 12. 13., 2008. 2. 29., 2010. 1. 18.〉

제21조(검진결과의 공개금지) 제20조의 규정에 의하여 건강검진을 한 자 또는 검진기관에 근무하는 자는 국민의 건강증진사업의 수행을 위하여 불가피한 경우를 제외하고는 정당한 사유없이 검진결과를 공개하여서는 아니된다.

제3장 국민건강증진기금

제22조(기금의 설치 등) ① 보건복지부장관은 국민건강증진사업의 원활한 추진에 필요한 재원을 확보하기 위하여 국민건강증진기금(이하 "기금"이라 한다)을 설치한다.〈개정 1997. 12. 13., 2008. 2. 29., 2010. 1. 18.〉

② 기금은 다음 각호의 재원으로 조성한다.〈신설 2002. 1. 19.〉

 1. 제23조제1항의 규정에 의한 부담금

 2. 기금의 운용 수익금

[제목개정 2002. 1. 19.]

제23조(국민건강증진부담금의 부과·징수 등) ① 보건복지부장관은 「지방세법」 제47조제4호 및 제6호에 따른 제조자 및 수입판매업자가 판매하는 같은 조 제1호에 따른 담배(같은 법 제54조에 따라 담배소비세가 면제되는 것, 같은 법 제63조제1항제1호 및 제2호에 따라 담배소비세액이 공제 또는 환급되는 것은 제외한다. 이하 이 조 및 제23조의2에서 같다)에 다음 각 호의 구분에 따른 부담금(이하 "부담금"이라 한다)을 부과·징수

한다.〈개정 2011. 6. 7., 2014. 5. 20., 2014. 12. 23., 2017. 3. 21., 2017. 12. 30., 2021. 7. 27.〉

1. 궐련: 20개비당 841원

2. 전자담배

   가. 니코틴 용액을 사용하는 경우: 1밀리리터당 525원

   나. 연초 및 연초 고형물을 사용하는 경우:

       1) 궐련형: 20개비당 750원

       2) 기타 유형: 1그램당 73원

3. 파이프담배: 1그램당 30.2원

4. 엽궐련(葉卷煙): 1그램당 85.8원

5. 각련(刻煙): 1그램당 30.2원

6. 씹는 담배: 1그램당 34.4원

7. 냄새 맡는 담배: 1그램당 21.4원

8. 물담배: 1그램당 1050.1원

9. 머금는 담배: 1그램당 534.5원

② 제1항에 따른 제조자 및 수입판매업자는 매월 1일부터 말일까지 제조장 또는 보세구역에서 반출된 담배의 수량과 산출된 부담금의 내역에 관한 자료를 다음 달 15일까지 보건복지부장관에게 제출하여야 한다.〈개정 2008. 2. 29., 2010. 1. 18., 2011. 6. 7., 2014. 5. 20., 2021. 7. 27.〉

③ 보건복지부장관은 제2항에 따른 자료를 제출 받은 때에는 그 날부터 5일 이내에 부담금의 금액과 납부기한 등을 명시하여 해당 제조자 및 수입판매업자에게 납부고지를 하여야 한다.〈개정 2008. 2. 29., 2010. 1. 18., 2021. 7. 27.〉

④ 제1항에 따른 제조자 및 수입판매업자는 제3항에 따른 납부고지를 받은 때에는 납부고지를 받은 달의 말일까지 이를 납부하여야 한다.〈개정 2021. 7. 27.〉

⑤ 보건복지부장관은 부담금을 납부하여야 할 자가 제4항의 규정에 의한 납부기한 이내에

부담금을 내지 아니하는 경우 납부기한이 지난 후 10일 이내에 30일 이상의 기간을 정하여 독촉장을 발부하여야 하며, 체납된 부담금에 대해서는 「국세기본법」 제47조의4를 준용하여 가산금을 징수한다.〈개정 2008. 2. 29., 2010. 1. 18., 2016. 3. 2., 2019. 12. 3.〉

⑥ 보건복지부장관은 제5항의 규정에 의하여 독촉을 받은 자가 그 기간 이내에 부담금과 가산금을 납부하지 아니한 때에는 국세체납처분의 예에 의하여 이를 징수한다.〈개정 2008. 2. 29., 2010. 1. 18.〉

⑦ 제1항에 따른 담배의 구분에 관하여는 담배의 성질과 모양, 제조과정 등을 기준으로 하여 대통령령으로 정한다.〈신설 2014. 5. 20.〉

[전문개정 2002. 1. 19.]

제23조의2(부담금의 납부담보) ① 보건복지부장관은 부담금의 납부 보전을 위하여 대통령령이 정하는 바에 따라 제23조제1항에 따른 제조자 및 수입판매업자에게 담보의 제공을 요구할 수 있다.〈개정 2008. 2. 29., 2010. 1. 18., 2021. 7. 27.〉

② 보건복지부장관은 제1항에 따라 담보제공의 요구를 받은 제조자 및 수입판매업자가 담보를 제공하지 아니하거나 요구분의 일부만을 제공한 경우 특별시장·광역시장·특별자치시장·특별자치도지사·시장·군수 및 세관장에게 담배의 반출금지를 요구할 수 있다.〈개정 2008. 2. 29., 2010. 1. 18., 2021. 7. 27.〉

③ 제2항에 따라 담배의 반출금지 요구를 받은 특별시장·광역시장·특별자치시장·특별자치도지사·시장·군수 및 세관장은 이에 응하여야 한다.〈개정 2021. 7. 27.〉

[본조신설 2006. 9. 27.]

제23조의3(부담금 부과·징수의 협조) ① 보건복지부장관은 부담금의 부과·징수와 관련하여 필요한 경우에는 중앙행정기관·지방자치단체 그 밖의 관계 기관·단체 등에 대하여 자료제출 등의 협조를 요청할 수 있다.〈개정 2008. 2. 29., 2010. 1. 18.〉

② 제1항의 규정에 따른 협조요청을 받은 중앙행정기관·지방자치단체 그 밖의 관계 기

관·단체 등은 특별한 사유가 없는 한 이에 응하여야 한다.

③ 제1항 및 제2항의 규정에 따라 보건복지부장관에게 제출되는 자료에 대하여는 사용료·수수료 등을 면제한다.〈개정 2008. 2. 29., 2010. 1. 18.〉

[본조신설 2006. 9. 27.]

제24조(기금의 관리·운용) ① 기금은 보건복지부장관이 관리·운용한다.〈개정 1997. 12. 13., 2008. 2. 29., 2010. 1. 18.〉

② 보건복지부장관은 기금의 운용성과 및 재정상태를 명확히 하기 위하여 대통령령이 정하는 바에 의하여 회계처리하여야 한다.〈개정 1997. 12. 13., 2008. 2. 29., 2010. 1. 18., 2017. 12. 30.〉

③ 기금의 관리·운용 기타 필요한 사항은 대통령령으로 정한다.

제25조(기금의 사용 등) ① 기금은 다음 각호의 사업에 사용한다.〈개정 2004. 12. 30., 2016. 3. 2., 2019. 12. 3.〉

1. 금연교육 및 광고, 흡연피해 예방 및 흡연피해자 지원 등 국민건강관리사업

2. 건강생활의 지원사업

3. 보건교육 및 그 자료의 개발

4. 보건통계의 작성·보급과 보건의료관련 조사·연구 및 개발에 관한 사업

5. 질병의 예방·검진·관리 및 암의 치료를 위한 사업

6. 국민영양관리사업

7. 신체활동장려사업

8. 구강건강관리사업

9. 시·도지사 및 시장·군수·구청장이 행하는 건강증진사업

10. 공공보건의료 및 건강증진을 위한 시설·장비의 확충

11. 기금의 관리·운용에 필요한 경비

12. 그 밖에 국민건강증진사업에 소요되는 경비로서 대통령령이 정하는 사업

② 보건복지부장관은 기금을 제1항 각호의 사업에 사용함에 있어서 아동·청소년·여성·노인·장애인 등에 대하여 특별히 배려·지원할 수 있다.〈신설 2004. 12. 30., 2008. 2. 29., 2010. 1. 18., 2011. 6. 7.〉

③ 보건복지부장관은 기금을 제1항 각호의 사업에 사용함에 있어서 필요한 경우에는 보조금으로 교부할 수 있다.〈개정 1997. 12. 13., 2008. 2. 29., 2010. 1. 18.〉

[제목개정 2019. 12. 3.]

제4장 보칙

제26조(비용의 보조) 국가 또는 지방자치단체는 매 회계연도마다 예산의 범위안에서 건강증진사업의 수행에 필요한 비용의 일부를 부담하거나 이를 수행하는 법인 또는 단체에 보조할 수 있다.

제27조(지도·훈련) ① 보건복지부장관 또는 질병관리청장은 보건교육을 담당하거나 국민건강영양조사 및 영양에 관한 지도를 담당하는 공무원 또는 보건복지부령으로 정하는 단체 및 공공기관에 종사하는 담당자의 자질향상을 위하여 필요한 지도와 훈련을 할 수 있다.〈개정 1997. 12. 13., 2008. 2. 29., 2010. 1. 18., 2020. 8. 11., 2023. 3. 28.〉

② 제1항에 따른 훈련에 관하여 필요한 사항은 보건복지부령으로 정한다.〈개정 1997. 12. 13., 2008. 2. 29., 2010. 1. 18., 2023. 3. 28.〉

[제목개정 2023. 3. 28.]

제28조(보고·검사) ① 보건복지부장관, 시·도지사 및 시장·군수·구청장은 필요하다고 인정하는 때에는 제7조제1항, 제8조제4항, 제8조의2, 제9조제2항부터 제4항까지, 제9조의2, 제9조의4 또는 제23조제1항의 규정에 해당하는 자에 대하여 당해업무에 관

한 보고를 명하거나 관계공무원으로 하여금 그의 사업소 또는 사업장에 출입하여 장부·서류 기타의 물건을 검사하게 할 수 있다.〈개정 1997. 12. 13., 1999. 2. 8., 2008. 2. 29., 2010. 1. 18., 2011. 6. 7., 2020. 12. 29.〉

② 제1항의 규정에 의하여 검사를 하는 공무원은 그 권한을 나타내는 증표를 관계인에게 내보여야 한다.

제29조(권한의 위임·위탁) ① 이 법에 따른 보건복지부장관의 권한은 대통령령으로 정하는 바에 따라 그 일부를 시·도지사에게 위임할 수 있다.〈개정 1997. 12. 13., 2008. 2. 29., 2010. 1. 18.〉

② 보건복지부장관은 이 법에 따른 업무의 일부를 대통령령으로 정하는 바에 따라 건강증진사업을 행하는 법인 또는 단체에 위탁할 수 있다.〈개정 1997. 12. 13., 2008. 2. 29., 2010. 1. 18., 2023. 3. 28.〉

③ 이 법에 따른 질병관리청장의 권한은 대통령령으로 정하는 바에 따라 그 일부를 소속기관의 장에게 위임할 수 있다.〈신설 2023. 3. 28.〉

[제목개정 2023. 3. 28.]

제30조(수수료) ① 지방자치단체의 장은 건강증진사업에 소요되는 경비중 일부에 대하여 그 이용자로부터 조례가 정하는 바에 의하여 수수료를 징수할 수 있다.

② 제1항의 규정에 의하여 수수료를 징수하는 경우 지방자치단체의 장은 노인, 장애인, 생활보호법에 의한 생활보호대상자등에 대하여 수수료를 감면하여야 한다.

제5장 벌칙

제31조(벌칙) 제21조를 위반하여 정당한 사유 없이 건강검진의 결과를 공개한 자는 3년 이하의 징역 또는 3천만원 이하의 벌금에 처한다.

[본조신설 2014. 3. 18.]

[종전 제31조는 제31조의2로 이동〈2014. 3. 18.〉]

제31조의2(벌칙) 다음 각 호의 어느 하나에 해당하는 자는 1년 이하의 징역 또는 1천만원 이하의 벌금에 처한다.〈개정 2001. 4. 7., 2006. 9. 27., 2007. 12. 14., 2011. 6. 7., 2014. 3. 18., 2015. 6. 22., 2020. 4. 7., 2020. 12. 29.〉

1. 정당한 사유 없이 제8조의2제3항에 따른 광고내용의 변경 등 명령이나 광고의 금지 명령을 이행하지 아니한 자

2. 제8조제4항을 위반하여 경고문구를 표기하지 아니하거나 이와 다른 경고문구를 표기한 자

3. 제9조의2를 위반하여 경고그림·경고문구·발암성물질·금연상담전화번호를 표기하지 아니하거나 이와 다른 경고그림·경고문구·발암성물질·금연상담전화번호를 표기한 자

4. 제9조의4를 위반하여 담배에 관한 광고를 한 자

5. 제12조의2제6항을 위반하여 다른 사람에게 자격증을 빌려주거나 빌린 자

6. 제12조의2제7항을 위반하여 자격증을 빌려주거나 빌리는 것을 알선한 자

[제31조에서 이동〈2014. 3. 18.〉]

제32조(벌칙) 제7조제1항의 규정에 위반하여 정당한 사유없이 광고의 내용변경 또는 금지의 명령을 이행하지 아니한 자는 100만원 이하의 벌금에 처한다.

[전문개정 1999. 2. 8.]

제33조(양벌규정) 법인의 대표자나 법인 또는 개인의 대리인, 사용인 그 밖의 종업원이 그 법인 또는 개인의 업무에 관하여 제31조, 제31조의2 또는 제32조의 위반행위를 하면 그 행위자를 벌하는 외에 그 법인 또는 개인에게도 해당 조문의 벌금형을 과(科)한다.

다만, 법인 또는 개인이 그 위반행위를 방지하기 위하여 해당 업무에 관하여 상당한 주의와 감독을 게을리하지 아니한 경우에는 그러하지 아니하다.〈개정 2014. 3. 18.〉

[전문개정 2010. 5. 27.]

제34조(과태료) ① 다음 각 호의 어느 하나에 해당하는 자에게는 500만원 이하의 과태료를 부과한다.〈개정 1999. 2. 8., 2002. 1. 19., 2011. 6. 7., 2016. 12. 2., 2017. 12. 30., 2019. 12. 3.〉

1. 거짓이나 그 밖의 부정한 방법으로 제6조의2제1항에 따른 인증을 받은 자

1의2. 제6조의2제4항을 위반하여 인증표시 또는 이와 유사한 표시를 한 자

1의3. 제9조제2항의 규정에 위반하여 담배자동판매기를 설치하여 담배를 판매한 자

2. 제9조제9항에 따른 시정명령을 따르지 아니한 자

3. 제9조의3을 위반하여 가향물질을 표시하는 문구나 그림·사진을 제품의 포장이나 광고에 사용한 자

4. 제23조제2항의 규정에 위반하여 자료를 제출하지 아니하거나 허위의 자료를 제출한 자

② 다음 각호의 1에 해당하는 자는 300만원 이하의 과태료에 처한다.〈신설 2002. 1. 19., 2003. 7. 29., 2011. 6. 7.〉

1. 제9조제3항의 규정에 위반하여 성인인증장치가 부착되지 아니한 담배자동판매기를 설치하여 담배를 판매한 자

2. 삭제〈2011. 6. 7.〉

3. 제28조의 규정에 의한 보고를 하지 아니하거나 허위로 보고한 자와 관계공무원의 검사를 거부·방해 또는 기피한 자

③ 다음 각 호의 어느 하나에 해당하는 자에게는 10만원 이하의 과태료를 부과한다.〈신설 2010. 5. 27., 2016. 3. 2., 2017. 12. 30., 2020. 12. 29.〉

1. 제8조의4제2항을 위반하여 금주구역에서 음주를 한 사람

2. 제9조제8항을 위반하여 금연구역에서 흡연을 한 사람

④ 제1항부터 제3항까지의 규정에 따른 과태료는 대통령령으로 정하는 바에 따라 보건복지부장관, 시·도지사 또는 시장·군수·구청장이 부과·징수한다.〈신설 2017. 12. 30.〉

⑤ 제3항에도 불구하고 과태료 납부 대상자가 대통령령으로 정하는 바에 따라 일정 교육 또는 금연지원 서비스를 받은 경우 시·도지사 또는 시장·군수·구청장은 과태료를 감면할 수 있다.〈신설 2019. 12. 3.〉

[제목개정 2016. 12. 2.]

제35조 삭제〈2017. 12. 30.〉

제36조 삭제〈1999. 2. 5.〉

　부칙〈제20325호, 2024. 2. 20.〉

이 법은 공포한 날부터 시행한다.

국민건강증진법 시행령

[시행 2023. 9. 29.] [대통령령 제33755호, 2023. 9. 26., 일부개정]

보건복지부(재정운용담당관-담배부담금) 044-202-2329
보건복지부(건강증진과-금연) 044-202-2822
보건복지부(건강증진과-절주) 044-202-2828
보건복지부(건강정책과-그 외 사항) 044-202-2802

제1조(목적) 이 영은 「국민건강증진법」에서 위임된 사항과 그 시행에 관하여 필요한 사항을 규정함을 목적으로 한다.〈개정 2007. 2. 8.〉

제2조(국민건강증진종합계획의 수립 등) ① 보건복지부장관은 「국민건강증진법」(이하 "법"이라 한다) 제4조에 따른 국민건강증진종합계획(이하 "종합계획"이라 한다)의 효율적인 수립을 위하여 미리 종합계획안 작성지침을 작성하여 종합계획이 시행되는 해의 전전년도 12월말까지 관계 중앙행정기관의 장에게 통보하여야 한다.〈개정 2008. 2. 29., 2010. 3. 15.〉

② 관계 중앙행정기관의 장은 제1항에 따른 종합계획안 작성지침에 따라 소관별 계획안을 작성하여 종합계획이 시행되는 해의 전년도 3월말까지 보건복지부장관에게 제출하고, 보건복지부장관은 이를 종합한 종합계획안을 작성하여 법 제5조에 따른 국민건강증진정책심의위원회의 심의를 거쳐 확정한다.〈개정 2008. 2. 29., 2010. 3. 15.〉

③ 보건복지부장관은 확정된 종합계획을 관계 중앙행정기관의 장과 특별시장·광역시장·특별자치시장·도지사·특별자치도지사(이하 "시·도지사"라 한다)에게 통보해야 한다.〈개정 2008. 2. 29., 2010. 3. 15., 2018. 12. 18.〉

[본조신설 2007. 2. 8.]

제3조(실행계획의 수립) ① 특별시장·광역시장·도지사·특별자치도지사(관할 구역 안

에 지방자치단체인 시·군이 있는 특별자치도의 도지사를 말한다)는 통보된 종합계획에 따라 특별시·광역시·도·특별자치도(관할 구역 안에 지방자치단체인 시·군이 있는 특별자치를 말한다)의 매년도 실행계획을 수립하여 이를 시장·군수·구청장(자치구의 구청장을 말한다. 이하 같다)에게 통보하고, 시장·군수·구청장은 통보된 실행계획에 따라 시·군·구(자치구를 말한다)의 실행계획을 수립·시행해야 한다.〈개정 2018. 12. 18., 2023. 9. 26.〉

② 특별자치시장·특별자치도지사(관할 구역 안에 지방자치단체인 시·군이 있는 특별자치도의 도지사는 제외한다. 이하 제22조 및 제33조에서 같다)는 통보된 종합계획에 따라 특별자치시·특별자치도(관할 구역 안에 지방자치단체인 시·군이 있는 특별자치도는 제외한다)의 매년도 실행계획을 수립·시행해야 한다.〈신설 2018. 12. 18., 2023. 9. 26.〉

[본조신설 2007. 2. 8.]

제4조(국민건강증진정책심의위원회 위원의 임기 및 운영 등) ① 법 제5조에 따른 국민건강증진정책심의위원회(이하 "위원회"라 한다) 위원의 임기는 2년으로 하되, 연임할 수 있다. 다만, 공무원인 위원의 임기는 그 재직기간으로 한다.

② 위원회의 위원장은 위원회를 대표하고 위원회의 사무를 총괄한다.

③ 위원회의 회의는 재적위원 과반수의 출석으로 개의하고 출석위원 과반수의 찬성으로 의결한다.

④ 위원회는 심의사항을 전문적으로 연구·검토하기 위하여 분야별로 전문위원회를 둘 수 있다.

⑤ 이 영에서 정한 것 외에 위원회의 운영에 관하여 필요한 사항은 위원회의 의결을 거쳐 위원장이 정한다.

[본조신설 2007. 2. 8.]

제4조의2(위원회 위원의 해촉 등) 보건복지부장관은 법 제5조의2제3항에 따른 위원이 다

음 각 호의 어느 하나에 해당하는 경우에는 해당 위원을 해촉(解囑)하거나 지명을 철회할 수 있다.

1. 심신장애로 인하여 직무를 수행할 수 없게 된 경우
2. 직무와 관련된 비위사실이 있는 경우
3. 직무태만, 품위손상이나 그 밖의 사유로 인하여 위원으로 적합하지 아니하다고 인정되는 경우
4. 위원 스스로 직무를 수행하는 것이 곤란하다고 의사를 밝히는 경우

[본조신설 2015. 12. 31.]

제5조(수당의 지급 등) 위원회 회의에 출석한 위원에게 예산의 범위 안에서 수당 및 여비를 지급할 수 있다. 다만, 공무원인 위원이 그 소관업무와 직접 관련하여 출석하는 경우에는 그러하지 아니하다.

[본조신설 2007. 2. 8.]

제6조(간사) 위원회의 사무를 처리하기 위하여 위원회에 간사 1인을 두되, 간사는 보건복지부 소속공무원 중에서 보건복지부장관이 임명한다.〈개정 2008. 2. 29., 2010. 3. 15.〉

[본조신설 2007. 2. 8.]

제7조(건강친화기업 인증의 기준) ① 보건복지부장관은 법 제6조의2제1항에 따라 건강친화인증(이하 "건강친화인증"이라 한다)을 하려는 경우 다음 각 호의 사항을 심사·평가해야 한다.

1. 건강친화 환경 조성을 위한 경영의 적극성
2. 직원의 건강증진을 위한 근로 환경 조성
3. 건강친화 프로그램의 수립 및 실시
4. 그 밖에 보건복지부장관이 건강친화 환경의 조성을 촉진하는 데 필요하다고 인정하여

고시하는 사항

② 건강친화인증의 기준 등에 관하여 필요한 세부사항은 보건복지부장관이 정하여 고시한다.

[본조신설 2021. 11. 30.]

제8조(건강친화인증의 절차) ① 법 제6조의2제2항에 따라 건강친화인증을 신청하려는 자는 보건복지부령으로 정하는 건강친화인증 신청서에 다음 각 호의 서류를 첨부하여 보건복지부장관에게 제출해야 한다.

1. 건강친화 환경 조성을 위한 경영계획 및 실적

2. 직원의 건강증진을 위한 근로 환경 조성 실적

3. 건강친화 프로그램의 수립 및 실시 결과

4. 그 밖에 건강친화 환경 조성에 관한 자료

② 보건복지부장관은 제1항에 따른 신청이 제7조에 따른 건강친화인증의 기준에 적합한 경우 신청자에게 보건복지부령으로 정하는 건강친화기업 인증서를 발급해야 한다.

③ 제1항 및 제2항에서 규정한 사항 외에 건강친화인증 절차에 관하여 필요한 세부사항은 보건복지부령으로 정한다.

[본조신설 2021. 11. 30.]

제9조(건강친화인증 기업에 대한 지원) 보건복지부장관과 지방자치단체의 장은 건강친화인증을 받은 기업에 법 제6조의2제5항에 따라 다음 각 호의 사항을 지원할 수 있다.

1. 건강친화기업 홍보

2. 건강친화 관련 시설개선 지원

3. 건강친화 프로그램의 개발 및 보급 지원

4. 건강친화 우수기업 선정 및 포상

5. 그 밖에 보건복지부장관이 건강친화 환경의 조성을 촉진하는 데 필요하다고 인정하는

지원

[본조신설 2021. 11. 30.]

제9조의2(건강친화인증의 유효기간 연장) 보건복지부장관은 법 제6조의3제1항에 따라 건
　강친화인증의 유효기간을 연장하려는 경우 제7조에 따른 건강친화인증의 기준에 따라
　재심사하여 3년의 범위에서 연장할 수 있다.

[본조신설 2021. 11. 30.]

제10조(주류광고의 기준) 법 제8조의2제2항제6호에서 "대통령령으로 정하는 광고의 기
　준"이란 별표 1에 따른 기준을 말한다.

[전문개정 2021. 6. 15.]

제11조 삭제〈2021. 6. 15.〉

제12조 삭제〈2012. 12. 7.〉

제13조(경고문구의 표기대상 주류) 법 제8조제4항에 따라 그 판매용 용기에 과다한 음주는
　건강에 해롭다는 내용의 경고문구를 표기해야 하는 주류는 국내에 판매되는 「주세법」
　에 따른 주류 중 알코올분 1도이상의 음료를 말한다.〈개정 2007. 2. 8., 2018. 12. 18.〉

제14조 삭제〈2011. 12. 6.〉

제15조(담배자동판매기의 설치장소) ① 법 제9조제2항에 따라 담배자동판매기의 설치가
　허용되는 장소는 다음 각 호와 같다.〈개정 2012. 12. 7.〉
　1. 미성년자등을 보호하는 법령에서 19세 미만의 자의 출입이 금지되어 있는 장소

2. 지정소매인 기타 담배를 판매하는 자가 운영하는 점포 및 영업장의 내부

3. 법 제9조제4항 각 호 외의 부분 후단에 따라 공중이 이용하는 시설 중 흡연자를 위해 설치한 흡연실. 다만, 담배자동판매기를 설치하는 자가 19세 미만의 자에게 담배자동판매기를 이용하지 못하게 할 수 있는 흡연실로 한정한다.

② 제1항의 규정에 불구하고 미성년자등을 보호하는 법령에서 담배자동판매기의 설치를 금지하고 있는 장소에 대하여는 담배자동판매기의 설치를 허용하지 아니한다.

제16조(담배갑포장지에 대한 경고그림등의 표기내용 및 표기방법) ① 법 제9조의2제1항 및 제3항에 따라 다음 각 호의 담배의 담배갑포장지에 표기하는 경고그림 및 경고문구의 표기내용은 법 제9조의2제1항제1호부터 제3호까지의 내용을 명확하게 알릴 수 있어야 한다.

1. 제27조의2제1호의 궐련

2. 제27조의2제3호의 파이프담배

3. 제27조의2제4호의 엽궐련

4. 제27조의2제5호의 각련

5. 제27조의2제7호의 냄새 맡는 담배

② 제1항에 따른 경고그림 및 경고문구의 구체적 표기내용은 보건복지부장관이 정하여 고시한다. 이 경우 보건복지부장관은 그 표기내용의 사용기준 및 사용방법 등 그 사용에 필요한 세부사항을 함께 고시할 수 있다.

③ 보건복지부장관은 제2항에 따라 경고그림 및 경고문구의 구체적 표기내용을 고시하는 경우에는 다음 각 호의 구분에 따른다. 이 경우 해당 고시의 시행에 6개월 이상의 유예기간을 두어야 한다.

1. 정기 고시: 10개 이하의 경고그림 및 경고문구를 24개월 마다 고시한다.

2. 수시 고시: 경고그림 및 경고문구의 표기내용을 새로 정하거나 변경하는 경우에는 수시로 고시한다.

④ 법 제9조의2제1항 및 제3항에 따라 이 조 제1항 각 호의 담배의 담배갑포장지에 표기하는 경고그림·경고문구·발암성물질 및 금연상담전화의 전화번호(이하 "경고그림등"이라 한다)의 표기방법은 별표 1의2와 같다.

⑤ 제4항에 따른 경고그림등의 표기방법을 변경하는 경우에는 그 시행에 6개월 이상의 유예기간을 두어야 한다.

⑥ 「담배사업법」에 따른 담배(제1항 각 호의 담배를 말한다)의 제조자 또는 수입판매업자(이하 "제조자등"이라 한다)는 다음 각 호의 어느 하나에 해당하는 담배에 대해서는 제3항에 따른 고시 또는 제5항에 따른 변경이 있는 날부터 1년까지는 종전의 내용과 방법에 따른 경고그림등을 표기하여 판매할 수 있다.

  1. 고시 또는 변경 이전에 발주·제조 또는 수입된 담배

  2. 고시 또는 변경 이후 6개월 이내에 제조되거나 수입된 담배

⑦ 제1항부터 제6항까지에서 규정한 사항 외에 경고그림등의 표기내용 및 표기방법 등에 필요한 세부사항은 보건복지부령으로 정한다.

[본조신설 2016. 6. 21.]

[종전 제16조는 제16조의2로 이동 〈2016. 6. 21.〉]

제16조의2(전자담배 등에 대한 경고그림등의 표기내용 및 표기방법) ① 법 제9조의2제4항에서 "전자담배 등 대통령령으로 정하는 담배"란 다음 각 호의 담배를 말한다.

  1. 제27조의2제2호의 전자담배

  2. 제27조의2제6호의 씹는 담배

  3. 제27조의2제8호의 물담배

  4. 제27조의2제9호의 머금는 담배

② 법 제9조의2제4항에 따라 이 조 제1항 각 호에 해당하는 담배의 담배갑포장지에 표기하는 경고그림 및 경고문구의 표기내용은 흡연의 폐해, 흡연이 니코틴 의존 및 중독을 유발시킬 수 있다는 사실과 담배 특성에 따른 다음 각 호의 구분에 따른 사실 등을 명확하

게 알릴 수 있어야 한다.

1. 제27조의2 제2호의 전자담배: 담배 특이 니트로사민(tobacco specific nitrosamines), 포름알데히드(formaldehyde) 등이 포함되어 있다는 내용

2. 제27조의2제6호의 씹는 담배 및 제27조의2제9호의 머금는 담배: 구강암 등 질병의 원인이 될 수 있다는 내용

3. 제27조의2 제8호의 물담배: 타르 검출 등 궐련과 동일한 위험성이 있다는 내용과 사용 방법에 따라 결핵 등 호흡기 질환에 감염될 위험성이 있다는 내용

③ 법 제9조의2 제4항에 따라 이 조 제1항 각 호에 해당하는 담배의 담배갑포장지에 표기하는 경고그림등(발암성물질은 제외한다. 이하 이 조에서 같다)의 표기방법은 별표 1의2와 같다.

④ 제1항 각 호에 해당하는 담배의 담배갑포장지에 표기하는 경고그림등의 표기내용, 표기방법 및 시행유예 등에 관하여는 제16조제2항, 제3항 및 제5항부터 제7항까지의 규정을 준용한다.

[전문개정 2016. 6. 21.]

[제16조에서 이동, 종전 제16조의2는 제16조의3으로 이동 〈2016. 6. 21.〉]

제16조의3(담배광고에 대한 경고문구등의 표기내용 및 표기방법) ① 법 제9조의2 제1항 각 호 외의 부분 본문에서 "대통령령으로 정하는 광고"란 다음 각 호의 광고(판매촉진 활동을 포함한다. 이하 같다)를 말한다.〈개정 2019. 7. 2.〉

1. 법 제9조의4 제1항 제1호에 따라 지정소매인의 영업소 내부에 전시(展示) 또는 부착하는 표시판, 포스터, 스티커(붙임딱지) 및 보건복지부령으로 정하는 광고물에 의한 광고

2. 법 제9조의4 제1항 제2호에 따라 잡지에 게재하는 광고

② 법 제9조의2 제1항 각 호 외의 부분 본문 및 같은 조 제3항에 따라 담배광고에 표기하는 경고문구의 표기내용은 다음 각 호의 구분에 따른다. 이 경우 경고문구의 구체적 표기 내용은 보건복지부장관이 정하여 고시한다.

1. 담배(제16조의2 제1항 각 호에 해당하는 담배는 제외한다)의 경우: 흡연이 건강에 해롭다는 사실, 흡연이 다른 사람의 건강을 위협할 수 있다는 사실 및 타르 흡입량은 흡연자의 흡연습관에 따라 다르다는 사실 등을 명확하게 알릴 수 있을 것

2. 제16조의2 제1항 각 호에 해당하는 담배의 경우: 흡연이 니코틴 의존 및 중독을 유발시킬 수 있다는 사실 등을 명확하게 알릴 수 있을 것

③ 보건복지부장관은 제2항 각 호 외의 부분 후단에 따라 경고문구의 구체적 표기내용을 고시하는 경우에는 그 시행에 6개월 이상의 유예기간을 두어야 한다.

④ 법 제9조의2 제1항 각 호 외의 부분 본문 및 같은 조 제3항에 따라 담배광고에 표기하는 경고문구·발암성물질 및 금연상담전화의 전화번호(이하 "경고문구등"이라 한다)의 표기방법은 별표 1의3과 같다.

⑤ 제4항에 따른 경고문구등의 표기방법을 변경하는 경우에는 그 시행에 6개월 이상의 유예기간을 두어야 한다.

[전문개정 2016. 6. 21.]

[제16조의2에서 이동, 종전 제16조의3은 제16조의4로 이동 〈2016. 6. 21.〉]

제16조의4(광고내용의 검증 방법 및 절차 등) ① 보건복지부장관은 담배 광고에 국민의 건강과 관련하여 검증되지 아니한 내용이 포함되어 있다고 인정되면 해당 광고내용의 사실 여부에 대한 검증을 실시할 수 있다.

② 제조자등은 담배 광고를 실시하기 전에 보건복지부령으로 정하는 바에 따라 보건복지부장관에게 해당 광고내용의 사실 여부에 대한 검증을 신청할 수 있다.

③ 보건복지부장관은 제1항 또는 제2항에 따라 광고내용의 사실 여부에 대한 검증을 실시하기 위하여 필요한 경우에는 제조자등에게 관련 자료의 제출을 요청할 수 있고, 제출된 자료에 대하여 조사·확인을 할 수 있다.

④ 보건복지부장관은 제1항 또는 제2항에 따라 광고내용의 사실 여부에 대한 검증을 실시한 경우에는 그 결과를 제조자등에게 서면으로 통보하여야 한다.

[본조신설 2014. 11. 20.]

[제16조의3에서 이동, 종전 제16조의4는 제16조의5로 이동 〈2016. 6. 21.〉]

제16조의5(금연지도원의 자격 등) ① 법 제9조의5제1항에서 "대통령령으로 정하는 자격이 있는 사람"이란 다음 각 호의 어느 하나에 해당하는 사람을 말한다.〈개정 2020. 3. 17.〉

1. 「민법」 제32조에 따른 비영리법인 또는 「비영리민간단체 지원법」 제4조에 따라 등록된 비영리민간단체에 소속된 사람으로서 해당 법인 또는 단체의 장이 추천하는 사람

2. 시·도지사 또는 시장·군수·구청장이 정하는 건강·금연 등 보건정책 관련 교육과정을 4시간 이상 이수한 사람

② 법 제9조의5제2항제4호에서 "대통령령으로 정하는 사항"이란 다음 각 호의 업무를 말한다.〈개정 2021. 11. 30.〉

1. 지역사회 금연홍보 및 금연교육 지원 업무

2. 지역사회 금연 환경 조성을 위한 지도 업무

③ 법 제9조의5제2항에 따른 금연지도원의 직무범위는 별표 1의4와 같다.〈개정 2016. 6. 21.〉

④ 시·도지사 또는 시장·군수·구청장은 법 제9조의5제5항에 따라 금연지도원에 대하여 금연 관련 법령, 금연의 필요성, 금연지도원의 자세 등에 대한 교육을 실시하여야 한다. 이 경우 시·도지사 또는 시장·군수·구청장은 효율적인 교육을 위하여 금연지도원에 대한 합동교육을 실시할 수 있다.

⑤ 시·도지사 또는 시장·군수·구청장은 금연지도원의 활동을 지원하기 위하여 예산의 범위에서 수당을 지급할 수 있다.

⑥ 제1항부터 제5항까지에서 규정한 사항 외에 금연지도원 제도 운영에 필요한 사항은 해당 지방자치단체의 조례로 정한다.

[본조신설 2014. 7. 28.]

[제16조의4에서 이동 〈2016. 6. 21.〉]

제17조(보건교육의 내용) 법 제12조에 따른 보건교육에는 다음 각 호의 사항이 포함되어야 한다.〈개정 2018. 12. 18.〉

1. 금연·절주등 건강생활의 실천에 관한 사항
2. 만성퇴행성질환등 질병의 예방에 관한 사항
3. 영양 및 식생활에 관한 사항
4. 구강건강에 관한 사항
5. 공중위생에 관한 사항
6. 건강증진을 위한 체육활동에 관한 사항
7. 그 밖에 건강증진사업에 관한 사항

제18조(보건교육사 등급별 자격기준 등) ① 법 제12조의2제3항에 따른 보건교육사의 등급별 자격기준은 별표 2와 같다.

② 보건교육사 자격증을 발급받으려는 자는 보건복지부령으로 정하는 바에 따라 보건교육사 자격증 발급신청서에 그 자격을 증명하는 서류를 첨부하여 보건복지부장관에게 제출하여야 한다.〈개정 2010. 3. 15.〉

[본조신설 2008. 12. 31.]

제18조의2(국가시험의 시행 등) ① 보건복지부장관은 법 제12조의3에 따른 보건교육사 국가시험(이하 "시험"이라 한다)을 매년 1회 이상 실시한다.〈개정 2010. 3. 15.〉

② 보건복지부장관은 법 제12조의3제1항 단서에 따라 시험의 관리를 「한국보건의료인국가시험원법」에 따른 한국보건의료인국가시험원에 위탁한다.〈개정 2015. 12. 22.〉

③ 제2항에 따라 시험의 관리를 위탁받은 기관(이하 "시험관리기관"이라 한다)의 장은 시험을 실시하려면 미리 보건복지부장관의 승인을 받아 시험일시·시험장소 및 응시원서의 제출기간, 합격자 발표의 예정일 및 방법, 그 밖에 시험에 필요한 사항을 시험 90일 전까지 공고하여야 한다. 다만, 시험장소는 지역별 응시인원이 확정된 후 시험 30일

전까지 공고할 수 있다.〈개정 2010. 3. 15., 2012. 5. 1.〉

④ 법 제12조의3제4항에 따른 시험과목은 별표 3과 같다.

⑤ 시험방법은 필기시험으로 하며, 시험의 합격자는 각 과목 4할 이상, 전과목 총점의 6할 이상을 득점한 자로 한다.

[본조신설 2008. 12. 31.]

제18조의3(시험의 응시자격 및 시험관리) ① 법 제12조의3제4항에 따른 시험의 응시자격 은 별표 4와 같다.

② 시험에 응시하려는 자는 시험관리기관의 장이 정하는 응시원서를 시험관리기관의 장 에게 제출(전자문서에 따른 제출을 포함한다)하여야 한다.

③ 시험관리기관의 장은 시험을 실시한 경우 합격자를 결정·발표하고, 그 합격자에 대한 다음 각 호의 사항을 보건복지부장관에게 통보하여야 한다.〈개정 2010. 3. 15.〉

1. 성명 및 주소
2. 시험 합격번호 및 합격연월일

[본조신설 2008. 12. 31.]

제18조의4(시험위원) ① 시험관리기관의 장은 시험을 실시하려는 경우 시험과목별로 전 문지식을 갖춘 자 중에서 시험위원을 위촉한다.

② 제1항에 따른 시험위원에게는 예산의 범위에서 수당과 여비를 지급할 수 있다.

[본조신설 2008. 12. 31.]

제18조의5(관계 기관 등에의 협조요청) 시험관리기관의 장은 시험 관리업무를 원활하게 수행하기 위하여 필요하면 국가·지방자치단체 또는 관계 기관·단체에 대하여 시험장 소 제공 및 시험감독 지원 등 협조를 요청할 수 있다.

[본조신설 2008. 12. 31.]

제19조(국민건강영양조사의 주기) 법 제16조제1항에 따른 국민건강영양조사(이하 "국민건강영양조사"라 한다)는 매년 실시한다.〈개정 2023. 9. 26.〉

[전문개정 2017. 11. 7.]

[제목개정 2023. 9. 26.]

제20조(조사대상) ① 질병관리청장은 보건복지부장관과 협의하여 매년 구역과 기준을 정하여 선정한 가구 및 그 가구원에 대하여 국민건강영양조사를 실시한다.〈개정 2018. 12. 18., 2020. 9. 11., 2023. 9. 26.〉

②질병관리청장은 보건복지부장관과 협의하여 노인·임산부등 특히 건강 및 영양 개선이 필요하다고 판단되는 사람에 대해서는 따로 조사기간을 정하여 국민건강영양조사를 실시할 수 있다.〈개정 2008. 2. 29., 2010. 3. 15., 2018. 12. 18., 2020. 9. 11., 2023. 9. 26.〉

③ 질병관리청장 또는 질병관리청장의 요청을 받은 시·도지사는 제1항에 따라 조사대상으로 선정된 가구와 제2항에 따라 조사대상이 된 사람에게 이를 통지해야 한다.〈개정 2018. 12. 18., 2023. 9. 26.〉

제21조(조사항목) ① 국민건강영양조사는 건강조사와 영양조사로 구분하여 실시한다.

② 건강조사는 국민의 건강 수준을 파악하기 위하여 다음 각 호의 사항에 대하여 실시한다.

 1. 가구에 관한 사항

 2. 건강상태에 관한 사항

 3. 건강행태에 관한 사항

③ 영양조사는 국민의 영양 수준을 파악하기 위하여 다음 각 호의 사항에 대하여 실시한다.

 1. 식품섭취에 관한 사항

 2. 식생활에 관한 사항

④ 제2항 및 제3항에 따른 조사사항의 세부내용은 보건복지부령으로 정한다.

[전문개정 2023. 9. 26.]

제22조(국민건강영양조사원 및 영양지도원) ① 질병관리청장은 국민건강영양조사를 담당하는 사람(이하 "국민건강영양조사원"이라 한다)으로 건강조사원 및 영양조사원을 두어야 한다. 이 경우 건강조사원 및 영양조사원은 다음 각 호의 구분에 따른 요건을 충족해야 한다.〈개정 2023. 9. 26.〉

1. 건강조사원: 다음 각 목의 어느 하나에 해당할 것

   가. 「의료법」 제2조제1항에 따른 의료인

   나. 「약사법」 제2조제2호에 따른 약사 또는 한약사

   다. 「의료기사 등에 관한 법률」 제2조제1항에 따른 의료기사

   라. 「고등교육법」 제2조에 따른 학교에서 보건의료 관련 학과 또는 학부를 졸업한 사람 또는 이와 같은 수준 이상의 학력이 있다고 인정되는 사람

2. 영양조사원: 다음 각 목의 어느 하나에 해당할 것

   가. 「국민영양관리법」 제15조에 따른 영양사(이하 "영양사"라 한다)

   나. 「고등교육법」 제2조에 따른 학교에서 식품영양 관련 학과 또는 학부를 졸업한 사람 또는 이와 같은 수준 이상의 학력이 있다고 인정되는 사람

② 특별자치시장·특별자치도지사·시장·군수·구청장은 법 제15조 및 법 제16조의 영양개선사업을 수행하기 위한 국민영양지도를 담당하는 사람(이하 "영양지도원"이라 한다)을 두어야 하며 그 영양지도원은 영양사의 자격을 가진 사람으로 임명한다. 다만, 영양사의 자격을 가진 사람이 없는 경우에는 「의료법」 제2조제1항에 따른 의사 또는 간호사의 자격을 가진 사람 중에서 임명할 수 있다.〈개정 2018. 12. 18., 2023. 9. 26.〉

③ 국민건강영양조사원 및 영양지도원의 직무에 관하여 필요한 사항은 보건복지부령으로 정한다.〈개정 2008. 2. 29., 2010. 3. 15., 2023. 9. 26.〉

④ 질병관리청장 또는 특별자치시장·특별자치도지사·시장·군수·구청장은 국민건강영양조사원 또는 영양지도원의 원활한 업무 수행을 위하여 필요하다고 인정하는 경우에는 그 업무 지원을 위한 구체적 조치를 마련·시행할 수 있다.〈신설 2017. 11. 7., 2020. 9. 11., 2023. 9. 26.〉

제22조의2(신체활동장려사업) 법 제16조의3제1항제3호에서 "대통령령으로 정하는 사업"이란 다음 각 호의 사업을 말한다.

1. 신체활동증진 프로그램의 개발 및 운영 사업
2. 체육시설이나 공원시설 등 신체활동장려를 위한 기반시설 마련 사업
3. 신체활동장려에 관한 홍보사업
4. 그 밖에 보건복지부장관이 신체활동장려를 위해 필요하다고 인정하는 사업

[본조신설 2021. 11. 30.]

제23조(구강건강사업) 법 제18조제1항제4호에서 "대통령령이 정하는 사업"이란 다음 각 호의 사업을 말한다.〈개정 2008. 2. 29., 2010. 3. 15., 2011. 12. 6.〉

1. 충치예방을 위한 치아홈메우기사업
2. 불소용액양치사업
3. 구강건강의 증진을 위하여 보건복지부령이 정하는 사업

제24조 삭제〈2002. 2. 25.〉

제25조 삭제〈2002. 2. 25.〉

제26조(기금계정) 보건복지부장관은 법 제22조의 규정에 의한 국민건강증진기금(이하 "기금"이라 한다)의 수입과 지출을 명확히 하기 위하여 한국은행에 기금계정을 설치하여야 한다.〈개정 2002. 2. 25., 2008. 2. 29., 2010. 3. 15.〉

제27조(기금의 회계기관) 보건복지부장관은 기금의 수입과 지출에 관한 사무를 수행하게

하기 위하여 소속공무원중에서 기금수입징수관·기금재무관·기금지출관 및 기금출납공무원을 임명하여야 한다.〈개정 2008. 2. 29., 2010. 3. 15.〉

[전문개정 2002. 12. 30.]

제27조의2(담배의 구분) 법 제23조제1항에 따른 담배의 구분은 다음 각 호와 같다.〈개정 2017. 5. 29., 2018. 12. 18., 2021. 11. 30.〉

1. 궐련(卷煙): 연초에 향료 등을 첨가하여 일정한 폭으로 썬 후 궐련제조기를 이용하여 궐련지로 말아서 피우기 쉽게 만들어진 담배와 이와 유사한 형태의 것으로서 흡연용으로 사용될 수 있는 담배

2. 전자담배: 니코틴 용액이나 연초 및 연초 고형물을 전자장치를 사용해 호흡기를 통해 체내에 흡입함으로써 흡연과 같은 효과를 낼 수 있도록 만든 담배와 이와 유사한 형태의 담배로서 그 구분은 다음 각 목에 따른다.

   가. 니코틴 용액을 사용하는 전자담배

   나. 연초 및 연초 고형물을 사용하는 전자담배

      1) 궐련형

      2) 기타 유형

3. 파이프담배: 고급 특수 연초를 중가향(重加香) 처리하고 압착·열처리 등 특수가공을 하여 각 폭을 비교적 넓게 썰어서 파이프를 이용하여 피울 수 있도록 만든 담배와 이와 유사한 형태의 담배

4. 엽궐련(葉券煙): 흡연 맛의 주체가 되는 전충엽을 체제와 형태를 잡아 주는 중권엽으로 싸고 겉모습을 아름답게 하기 위하여 외권엽으로 만 잎말음 담배와 이와 유사한 형태의 담배

5. 각련(刻煙): 하급 연초를 경가향(輕加香)하거나 다소 고급인 연초를 가향하여 가늘게 썰어, 담뱃대를 이용하거나 흡연자가 직접 궐련지로 말아 피울 수 있도록 만든 담배와 이와 유사한 형태의 담배

6. 씹는 담배: 입에 넣고 씹음으로써 흡연과 같은 효과를 낼 수 있도록 가공처리된 담배와 이와 유사한 형태의 담배

7. 냄새 맡는 담배: 특수 가공된 담배 가루를 코 주위 등에 발라 냄새를 맡음으로써 흡연과 같은 효과를 낼 수 있도록 만든 가루 형태의 담배와 이와 유사한 형태의 담배

8. 물담배: 장치를 이용하여 담배연기를 물로 거른 후 흡입할 수 있도록 만든 담배와 이와 유사한 형태의 담배

9. 머금는 담배: 입에 넣고 빨거나 머금으면서 흡연과 같은 효과를 낼 수 있도록 특수가공하여 포장된 담배가루, 니코틴이 포함된 사탕 및 이와 유사한 형태로 만든 담배

[본조신설 2014. 7. 28.]

[종전 제27조의2는 제27조의3으로 이동〈2014. 7. 28.〉]

제27조의3(국민건강증진부담금의 납부담보) ① 법 제23조의2에 따라 담배의 제조자 또는 수입판매업자로부터 제공받을 수 있는 국민건강증진부담금(이하 "부담금"이라 한다)의 담보액은 다음 각 호에서 정한 금액의 100분의 120(현금 또는 납부보증보험증권의 경우에는 100분의 110) 이상으로 한다.

1. 담배제조자의 경우에는 다음 각 목의 금액을 합한 금액

가. 법 제23조제3항에 따라 당해 제조자에게 납부고지할 예정인 부담금의 금액

나. 납부고지한 부담금 중 납부하지 아니한 금액

2. 담배수입판매업자의 경우에는 다음 각 목의 금액을 합한 금액

가. 법 제23조제3항에 따라 당해 수입판매업자에게 납부고지할 예정인 부담금의 금액

나. 납부고지한 부담금 중 납부하지 아니한 금액

② 담보의 종류는 다음 각 호의 어느 하나에 해당하는 것에 한한다.〈개정 2008. 2. 29., 2010. 3. 15.〉

1. 금전

2. 국채 또는 지방채

3. 보건복지부장관이 정하여 고시하는 유가증권

4. 납부보증보험증권

5. 토지

6. 보험에 든 등기 또는 등록된 건물·공장재단·광업재단·선박·항공기나 건설기계

③ 담배수입판매업자가 수입한 담배를 통관하려는 때에는 보건복지부장관이 보건복지부령이 정하는 바에 따라 발행한 국민건강증진부담금 납부담보확인서(이하 "납부담보확인서"라 한다)를 통관지 세관장에게 제출하여야 하며, 세관장은 납부담보확인서에 기재된 담보의 범위 내에서 통관을 허용하여야 한다.〈개정 2008. 2. 29., 2010. 3. 15.〉

[본조신설 2007. 2. 8.]

[제27조의2에서 이동, 종전 제27조의3은 제27조의4로 이동 〈2014. 7. 28.〉]

제27조의4(담보의 제공방법 및 평가 등) ① 부담금의 담보제공방법은 다음 각 호와 같다.〈개정 2008. 2. 29., 2010. 3. 15.〉

1. 부담금담보를 금전 또는 유가증권으로 제공하려는 자는 이를 공탁하고 그 공탁수령증을 보건복지부장관에게 제출하여야 한다. 다만, 등록된 국채·지방채 또는 사채의 경우에는 담보 제공의 뜻을 등록하고 그 등록필증을 제출하여야 한다.

2. 납부보증보험증권을 부담금담보로 제공하려는 자는 그 보험증권을 보건복지부장관에게 제출하여야 한다.

3. 토지·건물·공장재단·광업재단·선박·항공기 또는 건설기계를 부담금담보로 제공하려는 자는 그 등기필증 또는 등록필증을 보건복지부장관에게 제시하여야 하며, 보건복지부장관은 이에 따라 저당권의 설정을 위한 등기 또는 등록절차를 밟아야 한다.

② 납부담보 가액의 평가에 대하여는 「지방세기본법」 제66조를 준용한다. 이 경우 "납세보증보험증권"은 "납부보증보험증권"으로 본다.〈개정 2010. 9. 20., 2017. 3. 27.〉

[본조신설 2007. 2. 8.]

[제27조의3에서 이동, 종전 제27조의4는 제27조의5로 이동 〈2014. 7. 28.〉]

제27조의5(담보제공요구의 제외) 보건복지부장관은 담배제조업 또는 수입판매업을 3년 이상 계속해서 영위하고 최근 3년간 부담금을 체납하거나 고의로 회피한 사실이 없는 자와 신용평가기관으로부터 보건복지부장관이 정하는 기준 이상의 평가를 받은 자에게는 부담금담보의 제공을 요구하지 아니할 수 있다.〈개정 2008. 2. 29., 2010. 3. 15.〉

[본조신설 2007. 2. 8.]

[제27조의4에서 이동, 종전 제27조의5는 제27조의6으로 이동〈2014. 7. 28.〉]

제27조의6(담보에 의한 부담금충당) 제27조의3에 따른 담보를 제공한 자가 기한 내에 부담금을 납부하지 아니하거나 부족하게 납부한 때에는 그 담보물로 부담금·가산금 및 체납처분비에 충당할 수 있다. 이 경우 부족액이 있는 때에는 이를 징수하며, 잔액이 있는 때에는 이를 반환한다.〈개정 2014. 7. 28., 2019. 7. 2.〉

[본조신설 2007. 2. 8.]

[제27조의5에서 이동〈2014. 7. 28.〉]

제28조 삭제〈2007. 2. 8.〉

제29조 삭제〈2007. 2. 8.〉

제30조(기금의 사용) 법 제25조제1항제12호에서 "대통령령이 정하는 사업"이란 다음 각 호의 사업을 말한다.〈개정 2011. 12. 6., 2014. 7. 28., 2021. 11. 30.〉

1. 만성퇴행성질환의 관리사업

2. 법 제27조의 규정에 의한 지도·훈련사업

3. 건강증진을 위한 신체활동 지원사업

4. 금연지도원 제도 운영 등 지역사회 금연 환경 조성 사업

5. 건강친화인증 기업 지원 사업

6. 절주문화 조성 사업

제31조(권한의 위임) ① 법 제29조제1항에 따라 보건복지부장관은 다음 각 호의 사항을 시·도지사에게 위임한다.〈개정 2007. 2. 8., 2008. 2. 29., 2010. 1. 27., 2010. 3. 15., 2011. 12. 6., 2018. 12. 18.〉

1. 법 제7조에 따른 광고내용의 변경·금지명령 또는 관련 법령에 따른 시정의 요청(신문·잡지의 경우에는 관할지역에 발행소의 소재지가 있는 것에 한정하되 「신문 등의 진흥에 관한 법률」 제9조제1항제9호에 따라 주된 보급지역이 전국으로 등록된 것은 제외하며, 광고방송의 경우에는 관할지역의 주민을 주된 대상으로 하여 제작되어 방송되는 것에 한정하며, 그 밖의 광고의 경우에는 관할지역에 설치되거나 주로 배포되는 것에 한정한다)

2. 법 제9조의4에 따른 담배에 관한 광고의 금지 또는 제한(관할지역에서 행해지는 광고에 한정하며, 잡지에 게재하는 광고는 제외한다)

② 질병관리청장은 법 제29조제3항에 따라 다음 각 호의 권한을 질병대응센터장에게 위임한다.〈신설 2023. 9. 26.〉

1. 법 제16조제1항 및 이 영 제20조에 따라 실시하는 국민건강영양조사의 수행

2. 제22조에 따른 국민건강영양조사원의 채용 및 운영

제32조(업무위탁) ① 법 제29조제2항에 따라 보건복지부장관은 다음 각 호의 업무를 제2항에 따른 법인 또는 단체에 위탁할 수 있다.〈개정 2008. 2. 29., 2008. 12. 31., 2010. 3. 15., 2014. 11. 20., 2016. 6. 21., 2018. 12. 18., 2020. 6. 2., 2021. 11. 30.〉

1. 법 제6조제1항에 따른 건강친화 환경 조성과 건강생활의 지원사업

1의2. 법 제6조의2 및 제6조의3에 따른 건강친화인증과 그 유효기간 연장에 관한 접수·심사·평가

2. 법 제12조제1항에 따른 보건교육의 실시

3. 법 제12조의2제1항에 따른 보건교육사 자격증 교부를 위한 업무

4. 건강증진 및 만성퇴행성질환의 예방을 위한 조사·연구

5. 법 제20조에 따른 건강검진

6. 건강증진을 위한 신체활동장려와 절주문화 조성에 관한 사항

7. 제16조의4제3항에 따른 담배 광고내용의 사실 여부에 대한 검증에 필요한 자료의 조사·확인 업무

8. 법 제34조제5항에 따른 교육 또는 금연지원 서비스를 받았는지 여부의 확인 및 과태료 감면 대상자의 정보 관리에 관한 업무

② 보건복지부장관이 법 제29조제2항에 따라 그 업무의 일부를 위탁할 수 있는 법인 또는 단체는 다음 각 호의 기관으로 한다.〈개정 2002. 2. 25., 2007. 2. 8., 2008. 2. 29., 2008. 12. 31., 2010. 3. 15., 2014. 11. 20.〉

1. 「국민건강보험법」에 의한 국민건강보험공단

2. 「의료법」에 의한 종합병원 및 병원(치과병원 및 한방병원을 포함한다)

3. 보건복지부장관이 정하여 고시하는 보건교육 관련 법인 또는 단체

3의2. 법 제5조의3에 따른 한국건강증진개발원

4. 기타 건강증진사업을 행하는 법인 또는 단체

③ 보건복지부장관은 제1항 각 호에 따른 업무를 위탁한 때에는 수탁기관 및 위탁업무의 내용을 고시하여야 한다.〈신설 2014. 11. 20.〉

제32조의2(민감정보 및 고유식별정보의 처리) ① 보건복지부장관(제18조의2 및 제32조에 따라 보건복지부장관의 권한을 위탁받은 자를 포함한다)은 다음 각 호의 사무를 수행하기 위하여 불가피한 경우 「개인정보 보호법」 제23조에 따른 건강에 관한 정보, 같은 법 시행령 제18조제2호에 따른 범죄경력자료에 해당하는 정보, 같은 영 제19조제1호 또는 제4호에 따른 주민등록번호 또는 외국인등록번호가 포함된 자료를 처리할 수 있다.

1. 법 제12조의2에 따른 보건교육사 자격증 교부 및 결격사유의 확인에 관한 사무

2. 법 제12조의3에 따른 국가시험의 관리 및 합격자 발표에 관한 사무

② 질병관리청장(법 제29조제3항에 따라 질병관리청장의 권한을 위임받은 자를 포함한다)은 법 제16조에 따른 국민건강영양조사에 관한 사무를 수행하기 위하여 불가피한 경우「개인정보 보호법」제23조에 따른 건강에 관한 정보나 같은 법 시행령 제19조제1호에 따른 주민등록번호가 포함된 자료를 처리할 수 있다.〈개정 2020. 9. 11., 2023. 9. 26.〉

③ 보건복지부장관(제32조에 따라 보건복지부장관의 업무를 위탁받은 자를 포함한다)은 법 제34조제5항에 따른 교육 또는 금연지원 서비스를 받았는지 여부의 확인 및 과태료 감면 대상자의 정보 관리에 관한 사무를 수행하기 위하여 불가피한 경우「개인정보 보호법 시행령」제19조제1호에 따른 주민등록번호가 포함된 자료를 처리할 수 있다.〈신설 2020. 6. 2.〉

[본조신설 2012. 1. 6.]

제32조의3 삭제 〈2018. 12. 24.〉

제33조(과태료의 부과기준 등) ① 법 제34조에 따른 과태료의 부과기준은 별표 5와 같다.

② 법 제34조에 따른 과태료의 부과권자는 다음 각 호의 구분에 따른다.〈개정 2012. 12. 7., 2017. 5. 29., 2018. 12. 18., 2021. 6. 15., 2021. 11. 30.〉

1. 법 제34조제1항제1호 및 제1호의2의 경우: 보건복지부장관

1의2. 법 제34조제1항제1호의3·제2호, 같은 조 제2항제1호 및 같은 조 제3항제2호(법 제9조제4항부터 제6항까지의 규정에 따른 금연구역에서 흡연한 경우만 해당한다)의 경우: 특별자치시장·특별자치도지사·시장·군수·구청장

2. 법 제34조제1항제3호 및 제4호의 경우: 보건복지부장관

3. 법 제34조제2항제3호의 경우: 보건복지부장관, 시·도지사 또는 시장·군수·구청장

3의2. 법 제34조제3항제1호의 경우: 해당 금주구역을 지정한 시·도지사 또는 시장·군수·구청장

4. 법 제34조제3항제2호(법 제9조제7항에 따른 금연구역에서 흡연한 경우만 해당한다)

의 경우: 해당 금연구역을 지정한 시·도지사 또는 시장·군수·구청장

[전문개정 2011. 12. 6.]

제34조(과태료 감면의 기준 및 절차) ① 법 제34조제5항에 따라 과태료를 감면받으려는 사

람은 보건복지부장관이 정하는 바에 따라 다음 각 호의 어느 하나에 해당하는 교육 또

는 금연지원 서비스를 받아야 한다.

1. 법 제12조제1항·제2항에 따른 보건교육(흡연의 폐해, 금연의 필요성 등에 관한 교육

으로 한정한다) 또는 법 제25조제1항제1호에 따른 국민건강관리사업으로 실시하는 금

연교육

2. 법 제25조제1항제1호에 따른 국민건강관리사업으로 실시하는 금연치료 및 금연상담

등 금연지원 서비스

② 법 제34조제5항에 따라 과태료를 감면받으려는 사람은 해당 과태료에 대한 의견 제출

기한까지 보건복지부령으로 정하는 교육 및 금연지원 서비스 신청서를 시·도지사 또

는 시장·군수·구청장에게 제출해야 한다. 이 경우 교육과 금연지원 서비스를 중복하

여 신청할 수 없다.

③ 시·도지사 또는 시장·군수·구청장은 과태료 납부 대상자가 제2항에 따라 교육 및 금

연지원 서비스를 신청한 경우에는 다음 각 호의 구분에 따른 기간 동안 과태료의 부과

를 유예할 수 있다.

1. 제1항제1호에 따른 교육을 신청한 경우: 교육을 신청한 날부터 1개월

2. 제1항제2호에 따른 금연지원 서비스를 신청한 경우: 금연지원 서비스를 신청한 날부

터 6개월

④ 법 제34조제5항에 따라 시·도지사 또는 시장·군수·구청장은 제3항에 따라 과태료의

부과를 유예받은 사람이 그 유예기간 이내에 보건복지부령으로 정하는 과태료 감면 신

청서에 제1항에 따른 교육 또는 금연지원 서비스를 받았음을 증명하는 자료를 첨부하

여 제출하는 경우에는 다음 각 호의 구분에 따른 기준에 따라 과태료를 감면할 수 있다. 다만, 과태료를 체납하고 있는 사람 또는 최근 2년간 법 제34조제5항에 따라 과태료를 2회 이상 감면받은 사람에 대해서는 과태료를 감면할 수 없다.

1. 제1항제1호에 따른 교육을 받은 경우: 100분의 50 감경

2. 제1항제2호에 따른 금연지원 서비스를 받은 경우: 전액 면제

⑤ 제4항제1호에 따른 과태료의 감경은 「질서위반행위규제법」 제18조에 따른 자진납부자에 대한 과태료의 감경과 중복하여 적용하지 않는다.

⑥ 시·도지사 또는 시장·군수·구청장은 제3항에 따라 과태료의 부과를 유예받은 사람이 그 유예기간 이내에 제4항에 따른 자료를 제출하지 않은 경우에는 지체 없이 법 제34조제3항에 따라 과태료를 부과해야 한다.

⑦ 시·도지사 또는 시장·군수·구청장은 제3항에 따라 과태료의 부과를 유예받은 사람이 그 유예기간 동안 법 제9조제8항을 위반하여 금연구역에서 흡연을 한 사실이 적발된 경우에는 지체 없이 법 제34조제3항에 따라 과태료를 부과해야 한다.

[본조신설 2020. 6. 2.]

부칙 〈제33755호, 2023. 9. 26.〉

제1조(시행일) 이 영은 2023년 9월 29일부터 시행한다.

제2조(영양조사원에 관한 경과조치) 이 영 시행 당시 질병관리청에서 영양조사원으로 근무 중인 사람은 제22조제1항의 개정규정에 따른 국민건강영양조사원으로 본다.

제3조(다른 법령의 개정) ① 국민영양관리법 시행령 일부를 다음과 같이 개정한다.

제4조제1항 중 "국민영양조사"를 "국민건강영양조사"로 한다.

② 질병관리청과 그 소속기관 직제 일부를 다음과 같이 개정한다.

제16조제3항제10호 중 "국민건강·영양조사"를 "국민건강영양조사"로 하고, 제25조제9호 중 "국민영양조사"를 "국민건강영양조사"로 한다.

국민건강증진법 시행규칙

[시행 2023. 12. 22.] [보건복지부령 제980호, 2023. 11. 29., 일부개정]

보건복지부(건강증진과-금연) 044-202-2822
보건복지부(건강증진과-절주) 044-202-2828
보건복지부(건강정책과-그 외 사항) 044-202-2802
보건복지부(재정운용담당관-담배부담금) 044-202-2329

제1조(목적) 이 규칙은 「국민건강증진법」 및 같은 법 시행령에서 위임된 사항과 그 시행에 관하여 필요한 사항을 규정함을 목적으로 한다.〈개정 2006. 4. 25., 2016. 9. 2.〉

제2조(실행계획의 통보) ① 시장·군수·구청장(자치구의 구청장에 한한다. 이하 같다)은 「국민건강증진법 시행령」(이하 "영"이라 한다) 제3조에 따라 수립한 당해 시·군·구(자치구에 한한다. 이하 같다)의 실행계획을 매년 1월 31일까지 특별시장·광역시장·특별자치시장·도지사 또는 특별자치도지사(이하 "시·도지사"라 한다)에게 통보해야 하며, 이를 통보받은 시·도지사는 영 제3조에 따라 수립한 당해 특별시·광역시·특별자치시·도 또는 특별자치도(이하 "시·도"라 한다)의 실행계획과 관할시·군·구의 실행계획을 종합하여 매년 2월 10일까지 보건복지부장관에게 통보해야 한다.〈개정 2006. 4. 25., 2007. 2. 8., 2008. 3. 3., 2010. 3. 19., 2018. 6. 29., 2023. 11. 17.〉

② 시장·군수·구청장은 해당 연도의 실행계획추진실적을 다음해 1월 31일까지 시·도지사에게 통보해야 하며, 이를 통보받은 시·도지사는 해당 시·도의 실행계획추진실적과 관할시·군·구의 실행계획추진실적을 종합하여 다음해 2월 10일까지 보건복지부장관에게 통보해야 한다.〈개정 2007. 2. 8., 2008. 3. 3., 2010. 3. 19., 2023. 11. 17.〉

[제목개정 2023. 11. 17.]

제3조(건강확인의 내용 및 절차) ① 「국민건강증진법」(이하 "법"이라 한다) 제6조제3항의

규정에 의한 건강확인의 내용은 다음 각호의 질환으로서 보건복지부장관이 정하는 질환으로 한다.〈개정 2006. 4. 25., 2008. 3. 3., 2010. 3. 19.〉

1. 자녀에게 건강상 현저한 장애를 줄 수 있는 유전성질환

2. 혼인당사자 또는 그 가족에게 건강상 현저한 장애를 줄 수 있는 전염성질환

② 특별자치시장·특별자치도지사·시장·군수·구청장은 혼인하고자 하는 자가 제1항의 규정에 의한 내용을 확인하고자 할 때에는 보건소 또는 특별자치시장·특별자치도지사·시장·군수·구청장이 지정한 의료기관에서 그 내용을 확인받을 수 있도록 하여야 한다.〈개정 2018. 6. 29.〉

③ 제2항의 규정에 의하여 보건소장 또는 의료기관의 장이 혼인하고자 하는 자의 건강을 확인한 경우에는 「의료법」에 의한 진단서에 그 확인내용을 기재하여 교부하여야 한다.〈개정 2006. 4. 25.〉

제3조의2(건강친화기업 인증) ① 영 제8조제1항에 따른 건강친화인증 신청서는 별지 제1호서식에 따른다.

② 영 제8조제2항에 따른 건강친화기업 인증서(이하 "건강친화기업인증서"라 한다)는 별지 제1호의2서식에 따른다.

③ 건강친화기업인증서를 발급받은 자가 다음 각 호에 해당하는 경우에는 별지 제1호의3서식의 건강친화기업인증서 재발급 신청서에 다음 각 호의 구분에 따른 서류를 첨부하여 건강친화기업인증서의 재발급을 신청할 수 있다.

1. 건강친화기업인증서를 잃어버린 경우: 사유서

2. 건강친화기업인증서가 헐어 못쓰게 된 경우: 그 인증서

3. 건강친화기업인증서의 기재사항이 변경된 경우: 변경 사항을 증명하는 서류

④ 법 제6조의2제3항에 따른 건강친화기업 인증(이하 "인증"이라 한다)의 표시는 별표 1과 같다.

[본조신설 2021. 12. 3.]

제3조의3(인증의 유효기간 연장 신청) ① 보건복지부장관은 인증의 유효기간이 끝나기 8개월 전까지 인증을 받은 자에게 연장의 절차에 관한 사항을 알려야 한다.

② 법 제6조의3제1항 및 영 제9조의2에 따라 인증의 유효기간을 연장하려는 자는 인증의 유효기간이 끝나기 6개월 전까지 별지 제1호서식의 인증 연장 신청서에 영 제8조제1항 각 호의 서류 및 건강친화기업인증서를 첨부하여 보건복지부장관에게 제출해야 한다.

[본조신설 2021. 12. 3.]

제3조의4(인증의 취소) ① 보건복지부장관은 법 제6조의4제1항에 따라 인증을 취소하려는 경우에는 미리 인증을 받은 자에게 취소 사유와 소명자료의 제출기간을 구체적으로 밝혀 취소의 예고통보를 해야 한다.

② 보건복지부장관은 제1항에 따라 취소의 예고통보를 받은 자가 제출기간 내에 소명자료를 제출하지 않은 경우에는 2차로 취소의 예고통보를 해야 한다.

③ 보건복지부장관은 인증을 받은 자가 2차로 예고통보한 소명자료의 제출기간 내에 소명자료를 제출하지 않거나 제출된 소명자료가 이유 없다고 인정되면 인증을 취소한다.

④ 보건복지부장관은 인증을 취소한 때에는 그 사실을 지체 없이 인증을 취소받는 자에게 통보해야 한다.

[본조신설 2021. 12. 3.]

제3조의5(건강도시지표의 작성 및 보급 등) ① 법 제6조의5제2항에 따른 건강도시지표(이하 이 조에서 "건강도시지표"라 한다)는 다음 각 호의 사항을 포함한다.

1. 법 제6조의5제1항에 따른 건강도시(이하 이 조에서 "건강도시"라 한다)를 이루기 위해 필요한 정책 기반 조성 현황

2. 건강도시를 구현하기 위한 관계 지방자치단체, 공공기관(「공공기관의 운영에 관한 법률」 제4조에 따른 공공기관을 말한다), 교육기관 및 연구단체 등과의 협력 정도

3. 건강도시 조성 활성화를 위한 지역 주민의 참여 수준

4. 그 밖에 건강도시를 구현하기 위하여 보건복지부장관이 필요하다고 인정하는 사항

② 보건복지부장관은 건강도시지표를 간행물 발간 또는 인터넷 홈페이지 게시 등을 통하여 지방자치단체 및 주민에게 널리 보급해야 한다.

[본조신설 2023. 11. 29.]

제4조(과음에 관한 경고문구의 표시내용 등) ①법 제8조제4항에 따른 경고문구 표기는 과다한 음주가 건강에 해롭다는 사실을 명확하게 알릴 수 있도록 하되, 그 구체적인 표시내용은 보건복지부장관이 정하여 고시한다.〈개정 2008. 3. 3., 2008. 10. 10., 2010. 3. 19., 2012. 12. 7.〉

② 제1항에 따른 과음에 대한 경고문구의 표시방법은 별표 1의2와 같다.〈개정 2012. 12. 7., 2021. 12. 3.〉

③ 보건복지부장관은 제1항에 따른 경고문구와 제2항에 따른 경고문구의 표시방법을 정하거나 이를 변경하려면 6개월 전에 그 내용을 일간지에 공고하거나 관보에 고시하여야 한다.〈개정 2008. 3. 3., 2008. 10. 10., 2010. 3. 19., 2012. 12. 7.〉

④ 다음 각 호의 어느 하나에 해당하는 주류는 제3항에 따른 공고 또는 고시를 한 날부터 1년까지는 종전의 경고문구를 표기하여 판매할 수 있다.〈개정 2008. 10. 10., 2012. 12. 7.〉

 1. 공고 또는 고시 이전에 발주·제조 또는 수입된 주류

 2. 공고 또는 고시 이후 6월 이내에 제조되거나 수입된 주류

[전문개정 2003. 4. 1.]

[제목개정 2012. 12. 7.]

제4조의2(음주폐해예방위원회의 구성 및 운영) ① 법 제8조의3제2항에 따른 음주폐해예방위원회(이하 이 조에서 "위원회"라 한다)는 위원장과 부위원장 각 1명을 포함하여 15명 이내의 위원으로 구성한다.

② 위원장은 위원 중에서 호선하고, 부위원장은 위원장이 지명한다.

③ 위원회의 위원은 알코올 남용·의존의 예방 및 치료 관련 분야에 관한 전문 지식과 경험이 풍부한 사람 중에서 성별을 고려하여 보건복지부장관이 위촉한다.

④ 위원회 위원의 임기는 2년으로 한다. 다만, 위원의 해촉 등으로 인하여 새로 위촉된 위원의 임기는 전임 위원 임기의 남은 기간으로 한다.

⑤ 보건복지부장관은 위원회의 위원이 다음 각 호의 어느 하나에 해당하는 경우에는 해당 위원을 해촉할 수 있다.

 1. 심신장애로 인하여 직무를 수행할 수 없게 된 경우

 2. 직무와 관련된 비위사실이 있는 경우

 3. 직무태만, 품위손상이나 그 밖의 사유로 인하여 위원으로 적합하지 않다고 인정되는 경우

 4. 위원 스스로 직무를 수행하는 것이 곤란하다고 의사를 밝히는 경우

⑥ 위원회의 회의는 위원 과반수의 출석으로 개의하고, 출석위원 과반수의 찬성으로 의결한다.

⑦ 제1항부터 제6항까지에서 규정한 사항 외에 위원회의 구성 및 운영에 관하여 필요한 사항은 위원회의 의결을 거쳐 위원장이 정한다.

[본조신설 2021. 6. 25.]

제5조(금주구역 안내표지의 설치 방법) 법 제8조의4제3항 전단에 따른 금주구역을 알리는 안내표지를 설치하는 방법은 별표 1의3과 같다.〈개정 2021. 12. 3.〉

[본조신설 2021. 6. 25.]

제5조의2(성인인증장치) 법 제9조제3항의 규정에 따라 담배자동판매기에 부착하여야 하는 성인인증장치는 다음 각호의 1에 해당하는 장치로 한다.〈개정 2008. 3. 3., 2010. 3. 19.〉

 1. 담배자동판매기 이용자의 신분증(주민등록증 또는 운전면허증에 한한다)을 인식하는

방법에 의하여 이용자가 성인임을 인증할 수 있는 장치

2. 담배자동판매기 이용자의 신용카드·직불카드 등 금융신용거래를 위한 장치를 이용하여 이용자가 성인임을 인증할 수 있는 장치

3. 그 밖에 이용자가 성인임을 인증할 수 있는 장치로서 보건복지부장관이 정하여 고시하는 장치

[본조신설 2004. 7. 29.]

제6조(금연구역 등) ① 법 제9조제4항제24호에 따라 해당 시설의 전체를 금연구역으로 지정하여야 하는 휴게음식점영업소, 일반음식점영업소 및 제과점영업소는 다음 각 호의 구분에 따른 영업소로 한다.〈개정 2018. 6. 29.〉

1. 2013년 12월 31일까지: 150제곱미터 이상인 영업소

2. 2014년 1월 1일부터 2014년 12월 31일까지: 100제곱미터 이상인 영업소

3. 2015년 1월 1일부터: 모든 영업소

② 법 제9조제4항제24호에 따라 해당 시설의 전체를 금연구역으로 지정하여야 하는 식품자동판매기 영업소는 다음 각 호의 구분에 따른 영업소로 한다.〈신설 2018. 6. 29.〉

1. 2018년 12월 31일까지: 실내 휴게공간의 넓이가 75제곱미터 이상인 영업소

2. 2019년 1월 1일부터: 실내 휴게공간이 있는 모든 영업소

③ 법 제9조제4항제26호에서 "보건복지부령으로 정하는 시설 또는 기관"이란 「도로법」 제2조제2호가목에 따른 휴게시설 중 고속국도에 설치한 휴게시설(주유소, 충전소 및 교통·관광안내소를 포함한다) 및 그 부속시설(지붕이 없는 건물 복도나 통로, 계단을 포함한다)을 말한다.〈개정 2018. 6. 29.〉

④ 법 제9조제4항 후단 및 제6항 후단에 따른 금연구역을 알리는 표지와 흡연실을 설치하는 기준·방법은 별표 2와 같다.〈개정 2018. 6. 29.〉

[전문개정 2012. 12. 7.]

제6조의2(공동주택 금연구역의 지정) ① 법 제9조제5항 전단에 따라 「주택법」 제2조제3호에 따른 공동주택(이하 "공동주택"이라 한다)의 복도 등에 대하여 금연구역의 지정을 받으려는 경우에는 별지 제1호의4서식의 공동주택 금연구역 지정 신청서(전자문서로 된 신청서를 포함한다)에 다음 각 호의 서류(전자문서를 포함한다)를 첨부하여 특별자치시장·특별자치도지사·시장·군수·구청장에게 제출하여야 한다. 이 경우 제2호에 따른 서류는 금연구역의 지정 신청일 전 3개월 이내에 동의한 것만 해당한다.〈개정 2018. 6. 29., 2021. 12. 3.〉

1. 해당 공동주택의 세대주 명부에 관한 서류

2. 별지 제1호의5서식의 금연구역 지정 동의서 또는 공동주택 세대주 2분의 1 이상이 금연구역 지정에 동의함을 입증하는 서류(공동주택의 복도·계단·엘리베이터 또는 지하주차장의 구분에 따라 동의한 서류를 말한다)

3. 해당 공동주택의 도면에 관한 서류

4. 해당 공동주택의 복도·계단·엘리베이터 또는 지하주차장의 내역에 관한 서류

5. 그 밖에 보건복지부장관이 공동주택 금연구역 지정을 위하여 필요하다고 인정하여 고시하는 서류

② 특별자치시장·특별자치도지사·시장·군수·구청장은 제1항에 따른 금역구역의 지정 신청을 받은 경우에는 세대주 동의에 대한 진위 여부를 확인하여야 한다.〈개정 2018. 6. 29.〉

③ 특별자치시장·특별자치도지사·시장·군수·구청장은 제1항에 따른 금연구역의 지정 검토를 위하여 필요한 경우에는 그 신청인에 대하여 제출 서류의 보완 또는 추가 서류의 제출 등을 명할 수 있다.〈개정 2018. 6. 29.〉

④ 특별자치시장·특별자치도지사·시장·군수·구청장은 법 제9조제5항 전단에 따라 금연구역을 지정한 경우에는 특별자치시·특별자치도·시·군·구의 인터넷 홈페이지와 해당 공동주택의 인터넷 홈페이지(인터넷 홈페이지가 있는 경우만 해당한다) 및 게시판에 다음 각 호의 사항을 공고하여야 한다.〈개정 2018. 6. 29.〉

1. 해당 공동주택의 명칭 및 소재지

2. 금연구역 지정 번호

3. 금연구역 지정 범위

4. 금연구역 지정 시행일

⑤ 제1항부터 제4항까지의 규정에 따른 금연구역 지정 신청, 지정 검토 또는 지정 공고 등에 필요한 세부사항은 보건복지부장관이 정하여 고시한다.

⑥ 공동주택의 금연구역 지정 해제에 관하여는 제1항부터 제4항까지의 규정을 준용한다.

[본조신설 2016. 9. 2.]

[종전 제6조의2는 제6조의4로 이동 〈2016. 9. 2.〉]

제6조의3(공동주택 금연구역 안내표지) ① 특별자치시장·특별자치도지사·시장·군수·구청장은 법 제9조제5항 전단에 따라 금연구역을 지정한 경우에는 해당 공동주택의 출입구 및 금연구역 지정 시설의 출입구 등 보건복지부장관이 정하여 고시하는 장소에 금연구역 안내표지를 설치하여야 한다. 〈개정 2018. 6. 29.〉

② 제1항에 따른 금연구역 안내표지에는 다음 각 호의 사항이 포함되어야 한다.

1. 금연을 상징하는 그림 또는 문자

2. 금연구역에서 흡연한 경우 법 제34조제3항에 따라 과태료 부과대상이 된다는 사실

3. 위반사항에 대한 신고전화번호

4. 그 밖에 금연구역의 안내를 위하여 보건복지부장관이 필요하다고 인정하는 사항

③ 제1항 및 제2항에 따른 금연구역 안내표지의 설치장소 및 안내내용에 필요한 세부사항은 보건복지부장관이 정하여 고시한다.

[본조신설 2016. 9. 2.]

[종전 제6조의3은 제6조의5로 이동 〈2016. 9. 2.〉]

제6조의4(금연상담전화 전화번호) 법 제9조의2 제1항 제5호에서 "보건복지부령으로 정하

는 금연상담전화의 전화번호"란 1544-9030을 말한다.

[전문개정 2016. 12. 23.]

제6조의5 삭제 〈2016. 12. 23.〉

제6조의6(광고내용의 사실 여부에 대한 검증 신청) 영 제16조의3제2항에 따라 담배 광고 내용의 사실 여부에 대한 검증을 신청하려는 자는 별지 제1호의6서식의 담배광고 검증 신청서에 담배광고안과 광고내용을 증명할 수 있는 자료를 첨부하여 보건복지부장관 에게 제출해야 한다. 〈개정 2016. 9. 2., 2021. 12. 3.〉

[본조신설 2014. 11. 21.]

[제6조의4에서 이동 〈2016. 9. 2.〉]

제7조(담배에 관한 광고) ① 법 제9조의4 제1항 제1호 본문 및 영 제16조제1호에서 "보건복 지부령으로 정하는 광고물"이란 표시판, 스티커 및 포스터를 말한다. 〈개정 2012. 12. 7.〉

② 법 제9조의4 제1항 제2호 본문에서 "여성 또는 청소년을 대상으로 하는 것"이란 잡지의 명칭, 내용, 독자, 그 밖의 그 성격을 고려할 때 여성 또는 청소년이 주로 구독하는 것을 말한다.

③ 법 제9조의4 제1항 제2호 단서에서 "보건복지부령으로 정하는 판매부수"란 판매부수 1 만부를 말한다.

④ 법 제9조의4 제1항 제3호에서 "여성 또는 청소년을 대상으로 하는 행사"란 행사의 목적, 내용, 참가자, 관람자, 청중, 그 밖의 그 성격을 고려할 때 주로 여성 또는 청소년을 대 상으로 하는 행사를 말한다.

[본조신설 2011. 12. 8.]

[종전 제7조는 제6조의2로 이동 〈2011. 12. 8.〉]

제7조의2(보건교육사 관련 교과목) 영 별표 4에서 "보건복지부령으로 정하는 보건교육 관련 교과목"이란 별표 4의 교과목을 말한다.〈개정 2010. 3. 19.〉

[본조신설 2008. 12. 31.]

제7조의3(보건교육사 자격증 발급절차) ① 영 제18조에 따라 보건교육사의 자격증(이하 "자격증"이라 한다)을 발급받으려는 자는 별지 제1호의7서식의 보건교육사 자격증 발급신청서(전자문서로 된 신청서를 포함한다)에 다음 각 호의 서류(전자문서를 포함한다)를 첨부하여 보건복지부장관(영 제32조에 따라 업무를 위탁한 경우에는 위탁받은 보건교육 관련 법인 또는 단체의 장을 말한다. 이하 이 조에서 같다)에게 제출해야 한다.〈개정 2010. 3. 19., 2014. 11. 21., 2016. 9. 2., 2021. 12. 3., 2022. 3. 18.〉

1. 6개월 이내에 촬영한 탈모 정면 상반신 반명함판(3 × 4센티미터) 사진 2매

2. 보건복지부장관이 정하여 고시하는 보건교육 업무 경력을 증명하는 서류(보건교육사 1급 자격증 발급을 신청하는 자 및 보건교육사 3급 자격을 취득한 자로서 보건교육 업무에 3년 이상 종사하고 보건교육사 2급 자격증 발급을 신청하는 자만 제출한다)

3. 졸업증명서 및 별표 4의 보건교육 관련 교과목 이수를 증명하는 서류

② 제1항에 따라 자격증을 발급받은 자가 그 자격증을 잃어버리거나 헐어서 못쓰게 되어 재발급 받으려는 때에는 별지 제2호서식의 보건교육사 자격증 재발급 신청서(전자문서로 된 신청서를 포함한다)에 다음 각 호의 서류(전자문서를 포함한다)를 첨부하여 보건복지부장관에게 제출하여야 한다.〈개정 2010. 3. 19., 2022. 3. 18.〉

1. 보건교육사 자격증(헐어서 못쓰게 된 경우에만 제출한다)

2. 6개월 이내에 촬영한 탈모 정면 상반신 반명함판(3 × 4센티미터) 사진 1매

③ 보건복지부장관은 제1항 및 제2항에 따라 자격증의 발급 또는 재발급신청을 받은 때에는 별지 제3호서식의 보건교육사 자격증 발급대장에 이를 기재한 후 별지 제4호서식의 보건교육사 자격증을 발급하여야 한다.〈개정 2010. 3. 19.〉

④ 보건교육사 3급 자격을 취득하고 보건교육 업무에 3년 이상 종사하여 보건교육사 2급

자격증 발급을 신청하는 자 또는 자격증을 재발급 받으려는 자는 법 제12조의2제5항에 따라 수수료로 1만원을 납부하여야 한다.

[본조신설 2008. 12. 31.]

제7조의4(응시수수료) ① 법 제12조의3제3항에 따른 보건교육사 국가시험의 응시수수료는 7만8천원으로 한다.

② 보건교육사 국가시험에 응시하려는 사람은 제1항에 따른 응시수수료를 수입인지로 내야 한다. 다만, 시험 시행기관의 장은 이를 현금으로 납부하게 하거나 정보통신망을 이용하여 전자화폐·전자결제 등의 방법으로 납부하게 할 수 있다.〈신설 2012. 12. 7.〉

③ 제1항에 따른 응시수수료는 다음 각 호의 구분에 따라 반환한다.〈개정 2011. 4. 7., 2012. 12. 7.〉

1. 응시수수료를 과오납한 경우: 그 과오납한 금액의 전부

2. 시험 시행기관의 귀책사유로 시험에 응시하지 못한 경우: 납입한 응시수수료의 전부

3. 응시원서 접수기간 내에 접수를 취소하는 경우: 납입한 응시수수료의 전부

4. 시험 시행일 전까지 응시자격심사 과정에서 응시자격 결격사유로 접수가 취소된 경우: 납입한 응시수수료의 전부

5. 응시원서 접수 마감일의 다음 날부터 시험 시행 20일 전까지 접수를 취소하는 경우: 납입한 응시수수료의 100분의 60

6. 시험 시행 19일 전부터 시험 시행 10일 전까지 접수를 취소하는 경우: 납입한 응시수수료의 100분의 50

[본조신설 2008. 12. 31.]

제8조(보건교육의 평가방법 및 내용) ① 보건복지부장관이 법 제13조의 규정에 의하여 국민의 보건교육의 성과에 관한 평가를 할 때에는 세부계획 및 그 추진실적에 기초하여 평가하여야 한다.〈개정 2008. 3. 3., 2010. 3. 19.〉

② 보건복지부장관은 필요하다고 인정하는 경우에는 제1항의 규정에 의한 평가외에 다음 각호의 사항을 조사하여 평가할 수 있다.〈개정 2008. 3. 3., 2010. 3. 19., 2019. 9. 27.〉

1. 건강에 관한 지식·태도 및 실천

2. 주민의 질병·부상 유무 등 건강상태

③ 영 제17조제7호에서 "기타 건강증진사업에 관한 사항"이라 함은 「산업안전보건법」에 의한 산업보건에 관한 사항 기타 국민의 건강을 증진시키는 사업에 관한 사항을 말한다.〈개정 2006. 4. 25.〉

제9조(영양개선사업) 법 제15조제2항 제3호에서 "보건복지부령이 정하는 사업"이라 함은 다음 각호의 사업을 말한다.〈개정 2008. 3. 3., 2010. 3. 19.〉

1. 국민의 영양상태에 관한 평가사업

2. 지역사회의 영양개선사업

제10조 삭제〈2017. 11. 29.〉

제11조(조사대상가구의 선정 등) ① 질병관리청장 또는 질병관리청장의 요청을 받은 시·도지사는 영 제20조제1항에 따라 법 제16조제1항에 따른 국민건강영양조사(이하 "국민건강영양조사"라 한다)를 실시할 조사대상 가구가 선정된 때에는 영 제20조제3항에 따라 별지 제5호서식의 국민건강영양조사 가구 선정통지서를 해당 가구주에게 송부해야 한다.〈개정 2023. 9. 27.〉

② 영 제20조에 따라 선정된 조사가구중 전출·전입등의 사유로 선정된 조사가구에 변동이 있는 경우에는 같은 구역안에서 조사가구를 다시 선정하여 조사할 수 있다.〈개정 2008. 12. 31.〉

③ 질병관리청장은 보건복지부장관과 협의하여 조사지역의 특성이 변경된 때에는 조사지역을 달리하여 조사할 수 있다.〈개정 2008. 3. 3., 2010. 3. 19., 2020. 9. 11.〉

[제목개정 2023. 9. 27.]

제12조(조사내용) ① 영 제21조제2항에 따른 건강조사의 세부내용은 다음 각 호와 같다.

  1. 가구에 관한 사항: 가구유형, 주거형태, 소득수준, 경제활동상태 등

  2. 건강상태에 관한 사항: 신체계측, 질환별 유병(有病) 및 치료 여부, 의료 이용 정도 등

  3. 건강행태에 관한 사항: 흡연·음주 행태, 신체활동 정도, 안전의식 수준 등

  4. 그 밖에 건강상태 및 건강행태에 관하여 질병관리청장이 정하는 사항

② 영 제21조제3항에 따른 영양조사의 세부 내용은 다음 각 호와 같다.

  1. 식품섭취에 관한 사항: 섭취 식품의 종류 및 섭취량 등

  2. 식생활에 관한 사항: 식사 횟수 및 외식 빈도 등

  3. 그 밖에 식품섭취 및 식생활에 관하여 질병관리청장이 정하는 사항

[전문개정 2023. 9. 27.]

제13조(국민건강영양조사원) 영 제22조제1항에 따른 건강조사원(이하 "건강조사원"이
    라 한다) 및 영양조사원(이하 "영양조사원"이라 한다)의 직무는 다음 각 호와 같다.

  1. 건강조사원: 제12조제1항에 따른 건강조사의 세부 내용에 대한 조사·기록

  2. 영양조사원: 제12조제2항에 따른 영양조사의 세부 내용에 대한 조사·기록

[전문개정 2023. 9. 27.]

제14조(조사원증) 법 제16조제3항의 규정에 의한 조사원증은 별지 제9호서식에의한다.

제15조(조사표 작성 등) 질병관리청장은 국민건강영양조사가 끝난 때에는 조사표를 작성
    하여 분류·집계 등 통계처리를 하고 이를 매년 공표해야 한다.〈개정 2008. 3. 3., 2010.
    3. 19., 2020. 9. 11., 2023. 9. 27.〉

[제목개정 2023. 9. 27.]

제16조(조사자료의 분석과 이용) 보건복지부장관 및 질병관리청장은 국민건강영양조사의 시기·대상·세부내용·결과 등을 분석하여 이를 국민건강영양개선을 위한 자료로 활용해야 한다.〈개정 2008. 3. 3., 2010. 3. 19., 2020. 9. 11., 2023. 9. 27.〉

제17조(영양지도원) 영 제22조제2항에 따른 영양지도원의 업무는 다음 각 호와 같다.〈개정 2023. 9. 27.〉

1. 영양지도의 기획·분석 및 평가
2. 지역주민에 대한 영양상담·영양교육 및 영양평가
3. 지역주민의 건강상태 및 식생활 개선을 위한 세부 방안 마련
4. 집단급식시설에 대한 현황 파악 및 급식업무 지도
5. 영양교육자료의 개발·보급 및 홍보
6. 그 밖에 제1호부터 제5호까지의 규정에 준하는 업무로서 지역주민의 영양관리 및 영양개선을 위하여 특히 필요한 업무

[전문개정 2017. 11. 29.]

제17조의2(신체활동장려사업) ① 법 제16조의3 제1항 제1호에 따른 신체활동장려에 관한 교육사업은 영·유아, 아동, 청소년, 중·장년, 노인 등 생애주기별 특성에 맞는 신체활동이 이루어질 수 있는 내용으로 구성한다.

② 법 제16조의3 제1항 제2호에 따른 신체활동장려에 관한 조사·연구사업은 국민건강영양조사와 함께 실시할 수 있다.〈개정 2023. 9. 27.〉

③ 영 제22조의2 제1호에 따른 신체활동증진 프로그램의 개발 및 운영 사업은 직장, 학교 등 생활 환경을 고려하여 수립한다.

④ 제1항부터 제3항까지에서 규정한 사항 외에 신체활동장려사업의 구체적 내용·기준 및 방법은 보건복지부장관이 정할 수 있다.

[본조신설 2021. 12. 3.]

제18조(구강건강사업의 내용등) ① 시·도지사 또는 시장·군수·구청장은 법 제18조의 규정에 의하여 구강건강실태를 조사하여 지역주민의 구강건강증진을 위한 사업을 시행하여야 한다.

② 시·도지사 또는 시장·군수·구청장이 수돗물에 대한 불소농도조정사업을 시행하고자 할 때에는 미리 보건복지부장관과 협의하여야 한다.〈개정 2004. 2. 28., 2008. 3. 3., 2010. 3. 19.〉

③ 수돗물에 대한 불소농도조정사업·불소용액양치사업등 구강건강사업의 관리기준 및 운영방법은 보건복지부장관이 정한다.〈개정 2004. 2. 28., 2008. 3. 3., 2010. 3. 19.〉

제19조(건강증진사업의 실시 등) ① 법 제19조에 따라 건강증진사업을 행하는 특별자치시장·특별자치도지사·시장·군수·구청장은 보건교육·영양관리·신체활동장려·구강건강관리·건강검진 등에 필요한 인력을 확보해야 한다.〈개정 2018. 6. 29., 2021. 12. 3.〉

② 보건복지부장관은 법 제4조에 따른 기본시책과 건강증진사업 실시지역의 생활여건 등을 고려하여 법 제19조제2항에 따라 보건소장이 행하는 건강증진사업을 단계적으로 실시하게 할 수 있다.〈개정 2008. 3. 3., 2010. 3. 19., 2021. 7. 7.〉

③ 법 제19조제2항에 따라 건강증진사업을 행하는 보건소장은 다음 각 호의 시설 및 장비를 확보하여 지역주민에 대한 건강증진사업을 수행해야 한다.〈개정 2021. 12. 3.〉

 1. 시청각교육실 및 시청각교육장비

 2. 건강검진실 및 건강검진에 필요한 장비

 3. 신체활동지도실 및 신체활동지도에 필요한 장비

 4. 영양관리·구강건강사업등 건강증진사업에 필요한 시설 및 장비

④법 제19조제3항에 따라 보건소장이 개인별 건강상태를 기록한 때에는 보건복지부장관이 정하는 바에 따라 이를 유지·관리해야 한다.〈개정 2008. 3. 3., 2010. 3. 19., 2021. 12. 3.〉

[제목개정 2021. 12. 3.]

제19조의2(시·도건강증진사업지원단의 운영 등) ① 법 제19조의2제1항에 따른 시·도건강증진사업지원단(이하 이 조에서 "지원단"이라 한다)의 업무는 다음 각 호와 같다.

1. 영 제3조에 따른 시·도 및 시·군·구 실행계획의 수립·시행 지원

2. 관할 지역 내 건강증진사업 수행에 대한 기술 지원

3. 관할 지역 내 민·관 건강증진 협력 사업 수행

4. 관할 지역 내 건강증진사업에 대한 성과 관리 지원

5. 그 밖에 관할 지역주민의 건강증진을 위하여 필요한 사항

② 시·도지사는 법 제19조의2제2항에 따라 지원단의 운영을 다음 각 호의 어느 하나에 해당하는 법인 또는 단체에 위탁할 수 있다.

1. 「공공기관의 운영에 관한 법률」 제4조제1항에 따른 공공기관

2. 「비영리민간단체 지원법」 제4조에 따라 등록된 비영리민간단체

3. 「고등교육법」 제2조에 따른 학교

4. 「의료법」 제3조제2항제3호에 따른 병원급 의료기관

5. 「민법」 제32조에 따라 설립된 비영리법인

6. 그 밖에 보건복지부장관이 건강증진사업에 관한 전문성이 있다고 인정하는 법인 또는 단체

③ 시·도지사는 지원단의 운영을 위탁하려면 미리 위탁의 절차 및 방법 등을 7일 이상 공고해야 한다.

④ 지원단의 운영을 위탁받으려는 자는 다음 각 호의 서류(전자문서를 포함한다)를 시·도지사에게 제출해야 한다.

1. 사업계획서 및 예산서

2. 건강증진 업무 수행 실적에 관한 자료

3. 고유번호증 사본(사업자등록증이 없는 경우에 한정한다)

⑤ 제4항에 따른 신청을 받은 시·도지사는「전자정부법」제36조제1항에 따른 행정정보의 공동이용을 통하여 다음 각 호의 서류를 확인해야 한다. 다만, 제2호의 경우 위탁을 받으려는 자가 그 확인에 동의하지 않는 경우에는 해당 서류의 사본을 첨부하도록 해야 한다.

1. 법인 등기사항증명서(법인인 경우만 해당한다)

2. 사업자등록증

⑥ 제1항부터 제5항까지에서 규정한 사항 외에 지원단의 운영 및 운영의 위탁 등에 필요한 사항은 지방자치단체의 조례로 정한다.

[본조신설 2022. 6. 22.]

제20조(건강검진) ① 법 제20조의 규정에 의하여 국가가 건강검진을 실시하는 경우에는 특별자치시장·특별자치도지사·시장·군수·구청장으로 하여금 보건소장이 이를 실시하도록 하여야 한다. 다만, 필요한 경우에는 영 제32조제2항제2호 또는 제3호의 기관에 위탁하여 실시하게 할 수 있다.〈개정 2018. 6. 29.〉

② 제1항의 규정에 의한 건강검진은 연령별·대상별로 검진항목을 정하여 실시하여야 한다.

제20조의2(부담금 내역에 관한 자료제출의 서식 등) ① 법 제23조제2항에 따른 부담금의 내역에 관한 자료 제출은 별지 제11호서식(전자문서를 포함한다)에 따른다. 이 경우 다음 각 호의 서류(전자문서를 포함한다)를 첨부하여야 한다.〈개정 2015. 12. 31.〉

1. 제조담배 출고실적(보세구역 반출실적)을 증명할 수 있는 서류 1부

2. 과오납금을 증명할 수 있는 서류 1부(필요한 경우에 한정한다)

② 법 제23조제3항의 규정에 의한 부담금의 납부고지는 별지 제12호서식에 의한다.

[본조신설 2002. 3. 4.]

제20조의3(납부담보확인서 등) ① 영 제27조의2제3항에 따라 수입담배를 통관하려는 담

배수입판매업자는 별지 제13호서식의 국민건강증진부담금 납부담보확인신청서에 담보제공사실을 증명할 수 있는 서류를 첨부하여 보건복지부장관에게 제출하여야 한다. 〈개정 2008. 3. 3., 2010. 3. 19.〉

② 보건복지부장관은 제1항에 따라 국민건강증진부담금 납부담보확인신청서를 접수한 때에는 그 내용을 확인하고 별지 제14호서식의 국민건강증진부담금 납부담보확인서를 발급하여야 한다.〈개정 2008. 3. 3., 2010. 3. 19.〉

[본조신설 2007. 2. 8.]

제21조(지도·훈련대상) 법 제27조제1항에서 "보건복지부령이 정하는 단체 및 공공기관"이라 함은 법 제29조제2항의 규정에 의하여 보건복지부장관의 업무를 위탁받아 건강증진사업을 행하는 단체 및 공공기관을 말한다.〈개정 2008. 3. 3., 2010. 3. 19.〉

제22조(훈련방법등) ① 법 제27조의 규정에 의한 훈련은 보건복지부장관, 질병관리청장 또는 한국보건사회연구원장이 지정한 훈련기관이 행한다.〈개정 2003. 12. 27., 2008. 3. 3., 2010. 3. 19., 2020. 9. 11.〉

② 제1항의 규정에 의한 훈련기관의 장이 훈련대상자를 선발할 때에는 보건복지부장관 또는 질병관리청장이 정하는 바에 의하여 훈련을 받을 자가 공무원인 경우에는 보건복지부장관, 질병관리청장 또는 시·도지사, 단체 및 공공기관의 종사자인 경우에는 당해소속단체 및 공공기관의 장의 추천을 받아야 한다.〈개정 2008. 3. 3., 2010. 3. 19., 2020. 9. 11.〉

③ 기타 이 규칙에서 정한 것외에 훈련방법·시기등 훈련에 필요한 사항은 훈련기관의 장이 보건복지부장관 또는 질병관리청장의 승인을 얻어 정한다.〈개정 2008. 3. 3., 2010. 3. 19., 2020. 9. 11.〉

제22조의2(과태료 감면 신청서 등) ① 영 제34조제2항에 따른 교육 및 금연지원 서비스 신

청서는 별지 제15호서식에 따른다.

② 영 제34조제4항에 따른 과태료 감면 신청서는 별지 제16호서식에 따른다.

[본조신설 2020. 6. 4.]

제23조(규제의 재검토) 보건복지부장관은 제4조제2항 및 별표 1의2에 따른 과음에 대한 경고문구의 표시방법에 대하여 2014년 1월 1일을 기준으로 3년마다(매 3년이 되는 해의 1월 1일 전까지를 말한다)그 타당성을 검토하여 개선 등의 조치를 해야 한다.〈개정 2021. 12. 3.〉

[본조신설 2013. 12. 31.]

담배광고에 대한 경고문구 표기내용

[시행 2016. 12. 23.] [보건복지부고시 제2016-240호, 2016. 12. 22., 제정]

보건복지부(건강증진과), 044-202-2825

[담배광고 표기내용]

흡연은 폐암 등 각종 질병의 원인! 그래도 피우시겠습니까?

담배연기에는 발암성 물질인 나프틸아민, 니켈, 벤젠, 비닐 크롤라이드, 비소, 카드뮴이 들어있습니다.

금연상담전화 1544 - 9030

[전자담배등 담배광고 표기내용]

구분	경고문구
1. 전자담배	전자담배는 니코틴 중독을 일으킵니다. 금연상담전화 1544 - 9030
2. 씹는담배	씹는 담배는 니코틴 중독을 일으킵니다. 금연상담전화 1544 - 9030
3. 물담배	물담배는 니코틴 중독을 일으킵니다. 금연상담전화 1544 - 9030
4. 머금는 담배	머금는 담배는 니코틴 중독을 일으킵니다. 금연상담전화 1544 - 9030

○ (재검토기한) 보건복지부장관은 「훈령·예규 등의 발령 및 관리에 관한 규정」에 따라 이 고시에 대하여 2017년 1월 1일을 기준으로 매 2년이 되는 시점(매 2년째의 12월 31일 까지를 말한다)마다 그 타당성을 검토하여 개선 등의 조치를 하여야 한다.

부칙 〈제2016-240호, 2016. 12. 22.〉

이 고시는 2016년 12월 23일부터 시행한다.

담배 형태의 흡입제류 청소년유해물건 결정 고시

[시행 2017. 12. 11.] [여성가족부고시 제2017-55호, 2017. 12. 11., 제정]

여성가족부(청소년보호환경과), 02-2100-6299

◎ 청소년유해물건 : 담배와 유사한 형태인 피우는 방식의 기능성 제품으로 흡연습관을 조
  장할 우려가 있는 흡입제류

【제품 예시】 비타민 흡입제류, 흡연욕구 저하제류 등

◎ 결정일 : 2017년 12월 11일

◎ 효력발생일 : 이 고시는 고시한 날부터 시행한다.

◎ 결정기관 : 청소년보호위원회

◎ 결정사유

  - 피우는 방식의 흡입제류는 담배와 유사한 형태로 기체를 반복하여 흡입하는 물건으
    로서 청소년의 사용을 제한하지 아니하면 청소년의 유해약물 이용 습관을 심각하게
    조장할 수 있으므로 이러한 종류의 제품에 대해 청소년대상 판매·유통을 적극 차단
    함으로써 청소년이 건강하게 성장할 수 있도록 지원하고자 함

◎ 의무사항

  - 「청소년 보호법」 제28조에 따라 누구든지 청소년을 대상으로 하여 동 물건을 판
    매·대여·배포하여서는 아니 되며, 동 물건을 제작·수입하는 자는 동법 시행령 제
    25조가 정하는 바에 따라 누구나 쉽게 알아볼 수 있는 방법으로 청소년유해표시를 하

여야 함.

* 별표7에 의거 '18년 1월 1일부터 판매되는 제품부터는 반드시 청소년판매금지 문구를 표시하여야 함. (다만, '18년 1월 1일 이전 판매되는 제품은 청소년에게 유해하다는 권장문구를 포함한 기존 상표의 사용이 가능함)

- 위 사항을 위반하는 경우 「청소년 보호법」에 규정된 벌칙과 과징금을 부과 받게 됨

저발화성담배의 화재방지성능인증 수수료 및 시료추출 등에 관한 규정

[시행 2018. 12. 14.] [소방청고시 제2018-53호, 2018. 12. 14., 일부개정]

소방청(소방산업과), 044-205-7512

제1조(목적) 이 규정은 「담배사업법」(이하 "법"이라 한다) 제11조의5제3항 및 제4항, 「담배사업법 시행령」(이하 "영"이라 한다) 제4조의3 및 제4조의5제1항에 따른 저발화성담배의 화재방지성능인증 수수료, 시료추출 등에 관한 사항 및 그 시행에 필요한 사항에 대하여 정함을 목적으로 한다.

제2조(수수료) ① 법 제11조의5제4항 및 영 제4조의5제1항에 따른 화재방지성능인증 수수료는 담배 1개 품목당 971,960원(부가가치세를 포함한다)으로 한다.

② 제1항에 의하여 납부한 수수료는 과 오납한 것 이외에는 반환하지 아니한다. 다만, 화재방지성능인증기관에서 담배의 시료추출을 위해 제조공장 등을 방문하지 않은 상태에서 신청을 철회하는 때에는 납부한 수수료의 100 %의 비용을 반환하여야 한다.

③ 제2항에 따라 수수료의 반환을 요구하는 때에는 별지 서식의 수수료 반환요청서를 화재방지성능인증기관에 제출하여야 한다.

④ 영 제4조의4제3항에 따라 재시험을 실시할 경우, 재시험에 대한 수수료는 면제한다.

제3조(화재방지성능인증 시험을 위한 담배시료 추출방법) ① 영 제4조의3 별표 1에 따른 화재방지성능인증 시험을 위한 담배시료는 다음 각 호의 기준에 따라 추출한다.

1. 시료 추출 장소

   가. 담배의 제조업자가 화재방지성능인증을 신청한 경우 : 그 제조업자의 담배 제조 공장

   나. 수입판매업자가 화재방지성능인증을 신청한 경우 : 그 수입판매업자의 담배가 보관되어 있는 보세구역 또는 창고

2. 시료를 추출하는 방법 : 담배를 품목별로 판매하기 위하여 담배 1갑 이상을 묶어서 포장한 담배 묶음(이하 "보루"라 한다) 중에서 40개의 보루를 무작위로 추출하고, 추출된 40개의 보루를 대상으로 각각의 보루 별로 다시 담배 1갑씩을 무작위로 추출하며, 추출된 40개의 담뱃갑을 대상으로 각각의 담뱃갑 별로 다시 담배 2개비씩을 무작위로 추출하여 영 제4조의3 별표 1의 2개의 성능기준을 시험하기 위하여 1개비씩 사용

② 영 제4조의4제3항에 따른 재시험을 실시하는 경우에는 화재방지성능인증기관에 보관되어 있는 40개의 담배갑을 대상으로 무작위로 추출한다.

제4조(재검토기한) 소방청장은「훈령·예규 등의 발령 및 관리에 관한 규정」에 따라 이 고시에 대하여 2019년 1월 1일 기준으로 매3년이 되는 시점(매 3년째의 12월 31일까지를 말한다)마다 그 타당성을 검토하여 개선 등의 조치를 하여야 한다.〈개정 2018. 12. 14.〉

제5조(규제의 재검토) 「행정규제기본법」제8조에 따라 2016년 1월 1일을 기준으로 매 3년이 되는 시점(매 3년째의 12월 31일까지를 말한다)마다 이 고시의 타당성을 검토하여 개선 등의 조치를 하여야 한다.

부칙〈제2018-53호, 2018. 12. 14.〉
이 고시는 발령한 날부터 시행한다.

전자담배 기기장치류 청소년유해물건 결정 고시

[시행 2017. 10. 30.] [여성가족부고시 제2017-46호, 2017. 10. 30., 일부개정]

여성가족부(청소년보호환경과), 02-2100-6299

◎ 청소년유해물건 : 전자담배 기기장치류

- 니코틴 용액 등 담배성분을 흡입할 수 있는 전자장치 및 그 부속품(배터리, 무화기, 카트리지 등)을 말하며 물건의 형태 및 제품명(Brand)에 상관없이 기능이 동일한 물건

◎ 결정일 : 2017년 10월 18일

◎ 효력발생일 : 이 고시는 고시한 날부터 시행한다.

◎ 결정기관 : 청소년보호위원회

◎ 결정사유

- 전자담배 기기장치류는 흡연기구로서 청소년의 사용을 제한하지 아니하면 청소년의 건강을 심각하게 훼손할 수 있으므로 전자담배의 청소년 유통을 적극 차단하여 유해한 물건으로 부터 청소년을 보호하기 위함

◎ 의무사항

-「청소년 보호법」 제28조에 따라 누구든지 청소년을 대상으로 하여 동 물건을 판매 대여 배포하여서는 아니 되며, 동 물건을 제작·수입하는 자는 동법 시행령 제25조가 정하는 바에 따라 누구나 쉽게 알아볼 수 있는 방법으로 청소년유해표시를 하여야 함.
- 위 사항을 위반하는 경우「청소년 보호법」에 규정된 벌칙과 과징금을 부과 받게 됨

판례 색인

제2장 해외 담배 관련 사건 및 판결 소개

　2. 일본

담배 관련 법률과
사건 해설

ⓒ 이동형·김태민, 2024

초판 1쇄 발행 2024년 9월 1일

지은이   이동형·김태민
편집   좋은땅 편집팀
펴낸곳   위메이크미디어
주소   서울특별시 송파구 올림픽로8길 20, 10층 1017호(잠실동, 잠실 아이파크)
이메일   wmm@wemakemedia.co.kr

ISBN   979-11-987905-2-1 (13360)